AF748552

Les deux visages de la juridicité

André AKAM AKAM

Les deux visages de la juridicité

Écrits sur le droit et la justice en Afrique

Préface de Philippe Delebecque

L'Harmattan

Du même auteur

La Politique africaine de Jean Paul II. L'Église et les défis de l'Afrique noire, L'Harmattan, 2009.

Les Mutations juridiques dans le système OHADA, (dir), L'Harmattan, 2009.

Droit des sociétés commerciales OHADA, L'Harmattan, 2017.

5-7, rue de l'Ecole-Polytechnique, 75005 Paris

http://www.editions-harmattan.fr

ISBN : 978-2-343-21307-1
EAN : 9782343213071

À Paul-Henri AMVAM ZOLLO,

1951-2020

In Memoriam

SOMMAIRE

PRÉFACE

La « somme » que le doyen André Akam Akam nous offre dans l'ouvrage que nous avons l'honneur et le plaisir de présenter est le fruit de réflexions auxquelles le temps et l'expérience ont donné tout leur sel. Reflétant de longues heures de travail et de lecture, elles sont encore et surtout l'expression d'une grande culture, non seulement juridique, mais aussi générale. C'est donc très justement qu'André Akam Akam se réfère à trois des plus grands auteurs de la fin du XXe siècle : le doyen Carbonnier, le doyen Cornu et Bruno Oppetit. Il aurait pu également s'en réclamer, tant ses analyses qui ne restent jamais en surface coulent dans une même veine d'érudition.

La question transversale de tous les articles reproduits est celle de la « juridicité ». Celle-ci aurait deux visages : le droit et la justice. Le droit a certainement cette dimension, qu'il soit rigoureux ou flexible, public ou privé, civil ou commercial. Le droit que conçoit le doyen André Akam Akam n'est pas uniquement une ou la réponse aux besoins économiques. Il est fait de principes, de techniques, de règles diverses et variées, de textes, de jurisprudence, bien entendu. Mais c'est avant tout un ordre mettant du lien dans les relations sociales et donnant une direction aux sociétés qui en ont pris la mesure. Cette conception sociologique du droit n'est pas une reproduction, elle est une traduction de ce que l'auteur pense profondément. La juridicité, c'est aussi pour le doyen André Akam Akam la justice. La justice qui est là, plus concrètement, pour cimenter les rapports sociaux et guider les décisions que les édiles qui nous gouvernent sont appelés à prendre. Cette justice confine à la justesse dont de récents Mélanges (cf. Mélanges L. Aynès, 2020) ont fait le fil directeur de la meilleure des pensées juridiques.

L'ouvrage s'ouvre sur un premier titre consacré à la nécessité du droit. On ne saurait s'en passer, même s'il existe d'autres modes de régulation sociale que les normes de droit. C'est à un état de droit (avec très exactement des minuscules) que le doyen aspire. À un état addition de concepts et de technique, mais porté aussi par un raisonnement clair et enlevé. On comprend à travers les lignes combien l'auteur est préoccupé de méthodologie et en même temps animé par le souci de trouver derrière la paille des mots le grain des choses la matière. Il sait aussi, comme aurait dit le doyen Carbonnier, faire la part des institutions et la part des hommes.

Ce premier titre qui, comme les suivants, reprend certains articles du doyen André Akam Akam, contient de nombreuses analyses pertinentes contenues dans une série d'écrits conçus au fil du temps, de préparations de cours et de conférences ou, peut-être, d'insomnies car quand on connaît les emplois du temps des universitaires qui plus est des universitaires ayant de lourdes responsabilités administratives, comme celle de doyen, il est permis de se demander quand l'auteur a pu trouver autant d'heures disponibles pour une telle écriture dense, solidement documentée et rédigée avec la plus parfaite des syntaxes.

On retiendra, dans ce premier titre, les libres propos sur l'adage « Nul n'est censé ignorer la loi », que justifie l'efficacité de la norme juridique et l'action des pouvoirs publics, mais que l'auteur souhaiterait, à juste titre, subordonner aux exigences d'accessibilité et d'intelligibilité. Viennent ensuite une série d'articles sur l'OHADA et l'intégration juridique en Afrique, sur l'attractivité et l'efficacité de la norme en droit OHADA et sur l'harmonisation du droit des contrats en Afrique : propos introductifs. L'auteur démontre, au-delà de sa profonde connaissance du droit OHADA, l'intérêt de cette magnifique construction juridique. C'est l'avenir d'un continent qui est en cause, car l'économie et le droit, comme l'a bien compris le doyen, marchent nécessairement de conserve. En outre, derrière les activités juridiques et judiciaires, il y a tout un éco-système dont il faut prendre la mesure et favoriser l'essor. Les juristes de *common* law en ont pris conscience depuis longtemps et l'on ne peut que se réjouir de voir des juristes relevant de la famille romano-germanique partager cette politique une fois encore d'attractivité et d'efficacité. Derrière l'attractivité, notamment, ne retrouve-t-on pas les idées d'expansion et d'extension, et donc de quoi donner au droit OHADA une vocation de droit commun ?

La deuxième partie de l'ouvrage s'attarde sur la théorie des obligations chère au doyen André Akam Akam. Les deux premières colonnes de la cité, aurait dit encore le doyen Carbonnier, la supportent et la sculptent. Autant dire que le contrat et la responsabilité fournissent au doyen les matériaux de belles analyses. L'auteur y plaide avec de solides arguments pour un rapprochement entre les contrats privés et les contrats administratifs, mieux pour une théorie unitaire de la matière contractuelle, chante avec une nostalgie de très bon aloi un « Requiem pour les groupes de contrats » et défend implicitement l'idée, selon nous particulièrement pertinente, de « mitigation », c'est à dire de minimisation des dommages dans le droit de la responsabilité. On retrouvera aussi dans l'article sur l'obligation d'information dans le contrat de transport par route, le spécialiste d'une discipline qui sert souvent de laboratoire à la théorie générale des obligations et dont l'intérêt et l'importance pratiques se vérifient tous les jours.

La troisième partie des textes, sous l'intitulé « Le droit et l'entreprise », permettra de se persuader, si besoin était, des qualités de commercialiste du doyen André Akam Akam. Trois thèmes particuliers et d'une actualité brûlante sont développés : d'abord, celui de la responsabilité sociale de l'entreprise, la fameuse *RSE* qui n'a de responsabilité que le nom, le concept renvoyant avant tout à la déontologie des affaires, lesquelles ne peuvent prospérer que dans un climat social apaisé ; ensuite, celui de la responsabilité civile des dirigeants sociaux, responsabilité évanescente et peut-être introuvable, du moins dans les rapports à l'égard des tiers, sauf à ne plus réduire les dirigeants à de simples préposés, étant précisé que dans les relations à l'égard des associés et de la société, la qualité de mandataire du dirigeant social et non pas de simple organe social mériterait d'être restaurée. Le dernier thème abordé, enfin, est celui de la cessation des fonctions des dirigeants des sociétés commerciales dans le droit OHADA, article dans lequel le praticien trouvera la plupart des réponses à ses questions.

La somme de l'auteur s'achève, comme on pouvait s'y attendre, par des considérations sur la justice et le règlement des litiges. L'auteur fait ici passer au lecteur sa foi dans « la médiation de la justice ». Cette confiance dans la justice, dans le « neminem laedere » et dans ce qu'il faut rendre à chacun, permettra, l'auteur en est convaincu, de résoudre « la crise de la justice au Cameroun » et de restituer aux institutions judiciaires le « pouvoir » – et pas seulement la simple autorité – qu'elles n'auraient jamais dû perdre. Le deuxième article de cette dernière partie consacrée à la justice est encore plus profond en mettant le juge devant toutes ses responsabilités qui sont avant tout de « vouloir ce qui est bon et juste en soi et pour soi ». Le troisième article reproduit est plus technique : il porte sur « L'émergence de l'action collective en droit camerounais », action appelée, un jour ou l'autre, à être mise en musique et qu'il appartient donc aux juristes camerounais de mieux saisir. Le doyen Akam Akam insiste enfin, dans son dernier article, sur l'importance de la formation en arbitrage dans l'espace OHADA. L'arbitrage est devenu, comme on le sait, le mode ordinaire de règlement des litiges de caractère international dans le monde des affaires. Inutile de dire combien sa maîtrise est indispensable, compte tenu de ses nombreuses chausse-trappes et de ses aléas qu'il convient de savoir réduire.

Deux derniers traits méritent d'être soulignés dans cette continuité d'écritures de grande qualité. En premier lieu, la parfaite méthodologie qui sous-tend les analyses de l'auteur. Les exemples du fameux plan en deux parties et deux sous parties, si séduisant, abondent. La technique si rationnelle de la leçon est parfaitement maîtrisée et est, en l'occurrence, un modèle du genre. On envie les étudiants du doyen Akam Akam d'avoir un tel maître ! On appréciera en second lieu la rigueur du juriste et, au-delà, du jurisconsulte qu'est le doyen André Akam Akam. Ce n'est pas l'esprit de système, dont il faut se méfier, qui le guide, mais plutôt l'esprit de finesse, esprit qui se distille à travers tous ses écrits.

On se félicitera par-dessus tout de voir s'exprimer dans l'ouvrage que nous invitons le lecteur à découvrir, à étudier et à méditer, la puissance doctrinale d'un des meilleurs représentants du continent africain. Nous avions personnellement eu la chance de connaître le doyen Melone, qui avait su former et lancer toute une équipe de jeunes docteurs. Nous pouvons dire aujourd'hui et nous nous en réjouissons que le relais est on ne peut mieux assuré avec la plume et la science du doyen André Akam Akam. La voie est tracée et nous sommes sûrs que les jeunes et dynamiques docteurs qui aspirent à la belle carrière universitaire sauront suivre les exemples de leurs aînés. En attendant, ils ont beaucoup, avec les praticiens et les juristes de toutes les familles de droit, à apprendre d'André Akam Akam.

Philippe Delebecque

Professeur à l'Université de Paris-I (Panthéon-Sorbonne)

AVANT-PROPOS

La présente publication est singulière à plus d'un titre.

Elle l'est d'abord par sa nature. Il s'agit en effet d'un recueil d'articles établi à partir de publications diverses et éparses. C'est une sorte de « mélanges » de travaux scientifiques d'un unique auteur, ce qui n'est pas très courant dans le monde universitaire en Afrique, plus habitué à des « mélanges » écrits par plusieurs contributeurs en l'honneur d'un maître de l'université. En choisissant ce genre, j'ai simplement voulu mettre à la disposition du public intéressé ou averti, les résultats de mes recherches dans divers domaines du droit. Si une telle entreprise pourrait susciter des initiatives du même type, cela contribuerait grandement à la vulgarisation des travaux des chercheurs africains.

Elle l'est ensuite par le moment choisi pour sa parution. L'on peut s'étonner, avec raison d'ailleurs, qu'une telle œuvre soit produite en cours de carrière, alors qu'il eût été plus opportun qu'elle le fût après la retraite, c'est-à-dire à un moment où l'on peut raisonnablement penser que l'œuvre scientifique est accomplie pour l'essentiel, et qu'elle peut être envisagée de manière holistique. Sans faire fi de cette possible objection, je dois néanmoins observer qu'il n'y a pas de temps approprié pour exposer sa pensée ou soumettre sa réflexion intellectuelle à l'appréciation ou à la critique des autres. Loin d'être un point final, le présent ouvrage me rappelle l'immensité de l'œuvre cognitive qui me reste à réaliser avant le terme de ma carrière d'enseignement-chercheur qui se profile déjà à l'horizon.

Elle l'est enfin par sa densité (plus de quatre cents pages de textes et de bibliographie). On écrit des articles, on fait des communications, sans se soucier de leur ampleur ni du nombre de pages. Je me suis étonné, en compilant les travaux qui composent le présent ouvrage, de la « taille » de certains articles, qui m'a rappelé celle des grands articles de la *Revue Trimestrielle de Droit Civil* d'antan. De tels articles n'ont plus cours dans les revues actuelles qui privilégient des articles « ramassés ». Autres temps, autres mœurs, question de générations ! En publiant ces articles comme tels, je n'avais qu'un seul objectif : exposer mes vues ou points de vue relatifs à quelques problématiques liées à la juridicité. Comme le colibri de la légende dont on se moquait de porter une goutte d'eau dans son bec pour éteindre un feu de forêt, je puis dire : « j'ai fait ma part ».

Au seuil de cette publication, je voudrais rendre un hommage mérité, fût-il posthume, au Doyen Stanislas Meloné[1] qui a été, sans doute, à l'origine de ma vocation d'enseignant et dont je ne saluerais jamais assez la mémoire. Il demeure pour moi un maître vénéré et une source d'inspiration constante. Il incarnait une certaine idée de l'université, c'est-à-dire une institution consciente de sa place et de son rôle unique dans la société et fière de sa grandeur et de son prestige. Il lui consacra sa vie professionnelle de manière quasi exclusive. En ces temps où les vraies vocations au métier d'enseignant deviennent rares et où la profession est envahie par le « tout venant » et autres « intermittents », sa fidélité à l'université n'en est que plus exemplaire et stimulante. En cela, il restera un modèle et une référence.

Après m'être acquitté de cette dette de reconnaissance, je voudrais exprimer ma gratitude au Professeur Philippe Delebecque de l'université Paris-I (Panthéon-Sorbonne) qui a bien voulu préfacer le présent ouvrage. J'y vois un signe fort de son amitié et de son estime. Mes remerciements vont aussi à l'endroit du Professeur Voudwé Bakréo qui a retrouvé la plupart des articles et établi la bibliographie avec dévouement et rigueur ; et à mes amis de L'Harmatthan Cameroun : Jacques D. Koukam, Éric M. Kamtchueng et Huguette Moualieu pour leur contribution à l'édition de ce recueil.

L'auteur

Yaoundé, le 1er août 2020.

[1] Premier agrégé de droit privé originaire d'Afrique sub-saharienne, il fut notamment Doyen de la faculté de droit et des sciences économiques de l'Université de Yaoundé et premier Recteur de l'Université de Douala.

« Le droit n'est pas la justice ».

J. Derrida, *Force de la loi*, Paris, Galilée, 1994, p. 38.

« Le droit et la justice sont les forces d'un ordre ».

S. Pimont, *Jurisprudence*, Revue critique, 2012, p. 13.

INTRODUCTION

Le droit et la justice sont certainement les deux visages les plus expressifs de la juridicité. Certes, la notion de « juridicité » est au centre de controverses et divise les juristes et les anthropologues qui la conçoivent différemment. En effet, si pour les anthropologues, la juridicité est un concept qui traduit l'idée que le phénomène juridique se trouve émancipé de sa réduction au droit, et qui, comme tel, englobe le droit et toutes les autres normes de conduite[1], en revanche, pour les juristes, la juridicité désigne le caractère ou la qualité de ce qui est juridique[2]. En d'autres termes, elle renvoie à ce qui relève du droit *stricto sensu.* Ainsi, la juridicité s'entend à la fois de la règle qui prescrit une norme de conduite et de la décision de justice qui en fait application dans un cas d'espèce. Dans cette perspective, la juridicité tient autant du discours du producteur de la norme qui établit, énonce ou dit le droit, et/ou de l'œuvre du juge (étatique ou arbitral) qui réalise le droit en l'appliquant à une situation particulière. C'est dans ce sens que l'on considère que la juridicité d'un discours est avérée lorsque le message tend à l'établissement ou à l'application des normes juridiques.

Les critères de la juridicité peuvent être déterminés en fonction soit de l'auteur du discours juridique (le législateur ou le juge), soit de l'objet de celui-ci, soit même de sa finalité. Il faudrait ainsi appréhender tant l'œuvre du législateur que la décision du juge si l'on veut véritablement comprendre les manifestations de la juridicité dans la société. Ce qui distingue fondamentalement les deux pôles de la juridicité que sont le droit et la justice, c'est leur portée. Alors que la règle de droit a une portée large en ce qu'elle s'applique au plus grand nombre, la décision du juge ne produit d'effets qu'entre les parties au litige.

---

[1] C'est dans ce sens que Jean Carbonnier affirme, dans *Flexible droit* (LGDJ, coll. Anthologie du droit, 10e édition, 2001, 493 p.) que « le droit est plus grand que les sources formelles » et que « le droit est plus petit que l'ensemble des relations entre les hommes ». Dans le même ordre d'idées, Étienne Leroy observe que « la juridicité est plus grande que la conception du droit développée par les sociétés occidentales modernes tout en la comprenant » (in « La juridicité du don. Approche anthropologique », in *Le don en droit public*, LGDJ, p. 9-39, n° 22). En somme, dans cette perspective anthropologique, la juridicité comprend tant le droit positif que les autres modes de régulation. Comme l'écrit Chr. Eberhard, « la juridicité est la mise en forme et la mise de formes à la reproduction de nos vies en société et à la résolution de nos conflits » (in *Le droit au miroir des cultures. Pour une autre mondialisation*, LGDJ, 2010, p. 15.

[2] V° S. Goyard-Fabre, *Les fondements de l'ordre juridique*, puf, 1992, 387 p, qui évoque la juridicité du juridique (v° p. XIV).

Les études réunies dans ce recueil introduisent le lecteur au cœur de la problématique de la juridicité, au travers des réflexions sur le droit et la justice. De manière générale, elles montrent comment le droit et la justice participent au jeu social, en régulant les rapports sociaux ou en arbitrant entre les intérêts en conflit. La décision de les publier procède d'un constat préoccupant : la diffusion des résultats de la recherche juridique[1] et leur accessibilité ne sont point aisées en Afrique[2]. La conséquence est que les travaux scientifiques des enseignants-chercheurs africains circulent difficilement et sont très peu connus et exploités, ce qui affecte certainement leur reconnaissance et leur rayonnement dans la communauté scientifique à l'ère de la globalisation des savoirs et des connaissances. Lors de mes multiples déplacements dans diverses universités camerounaises ou africaines, dans le cadre des missions d'enseignement ou de coopération, ou lors de mes participations à des manifestations scientifiques diverses telles que les colloques, les journées d'études et autres séminaires, j'ai souvent fait l'objet d'interpellations de la part de bon nombre d'étudiants, d'enseignants ou de praticiens du droit qui m'exprimaient leur plaisir d'avoir lu tel ou tel de mes articles, ou qui me faisaient part de leurs difficultés à accéder à telle ou telle autre de mes publications.

C'est en pensant notamment à tous ceux-là que je me suis résolu à réaliser cette somme. Je me suis lancé dans cette entreprise exaltante, en ayant comme sources d'inspiration, les œuvres de trois illustres devanciers dans ce genre particulier de publications[3] et qui occupent une place particulière dans ma bibliographie personnelle. Il s'agit respectivement de : « *Flexible droit. Pour une sociologie du droit sans rigueur* [4]» du doyen Jean Carbonnier, « *Droit et modernité*[5] » de Bruno Oppetit, et « *L'art du droit en quête de sagesse*[6] », du doyen Gérard Cornu. Les titres de ces ouvrages sont entrés dans la postérité et font foi de la grande culture juridique de ces éminents auteurs. Les lecteurs, éblouis par leur science et leur notoriété, en viennent, cependant, à oublier que ces œuvres sont des recueils de travaux divers et variés, portant sur différents thèmes qui, parfois, n'ont pas de lien direct, mais témoignent de la qualité et

---

[1] Sur le contenu de cette notion, v° B. Barraud, *La recherche juridique. Sciences et pensées du droit*, L'Harmattan, coll. Logiques juridiques, 2016, 550 p.

[2] Nonobstant l'avènement d'internet qui a quand même contribué à l'amélioration de la situation, il faut bien constater que c'est une infime partie de la production scientifique africaine qui est accessible ou visible.

[3] Sur l'origine de ce type de publication, v° J. Boudon, « Les premiers mélanges juridiques en France. Naissance d'une littérature », Revue d'histoire des facultés de droit, numéro 31, 2011, pp. 139-180, qui précise (p. 141) que les mélanges au sens ancien et littéral du terme, désignaient un florilège d'œuvres d'un seul auteur, c'est-à-dire un rassemblement d'articles épars, le plus souvent confidentiels ou difficiles d'accès.

[4] LGDJ, coll. Anthologie du droit, 10e édition, 2001, 493 pages.

[5] Puf, coll. « Doctrine juridique », 1998, 299 pages.

[6] Puf, coll. « Doctrine juridique », 1998, 424 pages.

de la densité de la pensée juridique de ces maîtres des facultés de droit. À titre personnel, j'ai eu un bonheur indescriptible en lisant ces ouvrages, et, aujourd'hui encore, je relis ces « monuments » de la pensée juridique française avec la même admiration, la même curiosité, et surtout le même intérêt scientifique. J'éprouve toujours beaucoup de plaisir à relire un article en particulier ou à découvrir un autre auquel je n'avais point accordé l'attention nécessaire auparavant.

À part un inédit, les articles qui sont réunis dans le présent ouvrage ont été publiés à des époques différentes, dans des revues universitaires camerounaises ou dans des revues étrangères, dans des actes de colloques ou dans des mélanges. Ils sont reproduits tels qu'ils ont été publiés originellement, de sorte que ceux qui sont consacrés à des matières ou à des domaines régis par des textes ayant fait l'objet d'abrogations, de révisions ou de modifications postérieures mériteraient une actualisation de la part des lecteurs[1]. Tous sont le fruit d'une activité intellectuelle intense et d'une réflexion scientifique constante autour des questions théoriques et pratiques qui concernent le droit et la justice. D'une manière générale, ils portent sur mes matières de prédilection ou mettent en exergue mes principaux centres d'intérêt scientifiques : théorie du droit, droit des obligations, droit des affaires, droit processuel, droit et pratique de l'arbitrage, etc. Quelles que soient leurs perspectives particulières, ces travaux présentent une certaine cohérence qui permet leur regroupement thématique.

Pour l'essentiel, nos réflexions sont centrées sur les ordres juridiques camerounais et OHADA. Il apparaît que ces deux ordres juridiques se caractérisent par l'omniprésence et la domination des règles de droit dans la régulation des rapports socio-économiques. En effet, l'ordonnancement juridique a pour sources majeures les lois et règlements, en ce qui concerne le droit camerounais, et des actes uniformes et quelques règlements pour ce qui est du droit OHADA. On pourrait, à ce propos, parler de la « fortune de la règle », en empruntant l'expression que Philippe Jestaz[2] utilise pour s'étonner de la manière dont la règle de droit s'est imposée comme principal mode de régulation sociale, au détriment des autres normes de conduite. Dans un tel contexte « d'envahissement » de la règle juridique, le rôle du juge apparaît bien modeste, voire secondaire, contrairement à ce qu'il fut originairement[3].

---

[1] Il en est notamment de certains articles traitant de questions soumises à l'OHADA. Ainsi, non seulement le Traité de Port-Louis de 1993 a été remplacé par celui de Québec en 2007, de même l'Acte uniforme de 1997 relatif au droit des sociétés commerciales et du groupement d'intérêt économique a été remplacé par un nouvel acte uniforme de 2015. Aussi, les articles consacrés à la cessation des fonctions des dirigeants sociaux et à la responsabilité civile des dirigeants sociaux ne reflètent plus l'état du droit positif.

[2] *Le droit*, Dalloz, 8e éd., Avant-propos, p. VI.

[3] Ibid. L'auteur rappelle qu'« avant qu'il y eût des règles, il y avait un juge (…) pour arbitrer les litiges ».

Ainsi, le droit, entendu comme l'ensemble des règles gouvernant la vie en société, cantonne l'office du juge à l'application des règles juridiques[1] et au prononcé de sanctions en cas de violation desdites règles. Dans sa conquête, le droit se sert de son instrument privilégié qu'est la loi[2], pour « soumettre » l'univers des faits et des rapports sociaux. « Et de fait, observe encore Jestaz[3] (...), nous baignons tous, consciemment ou non, dans une matière juridique plus ou moins dense selon les lieux. Même s'il subsiste des espaces vides de droit, nous agissons beaucoup selon le droit ou contre lui, pour éviter ses contraintes ou profiter de ses avantages, donc sous sa possible emprise (...). Si arides qu'elles paraissent, ses règles reflètent la société tout entière ou peu s'en faut ».

En Afrique comme ailleurs, le droit s'affirme donc par sa nécessité, en tant que forme de pouvoir social s'exerçant dans l'intérêt des personnes qu'il soumet, soit parce qu'il prétend assurer ou garantir la paix sociale, soit parce qu'il se déploie comme un instrument d'intégration, soit parce qu'il assure la sécurité juridique, c'est-à-dire la prévisibilité, la certitude et la stabilité des situations juridiques. Dans cette orientation, le droit s'impose, prescrit des conduites ou des comportements, délimite, distribue ou rétribue, et sanctionne le cas échéant. Sûr de sa puissance, il se présente alors comme la véritable source d'obligations, même en matière contractuelle où on a souvent cru que la volonté était bien le fondement de la force obligatoire du contrat. En tout cas, quelle que soit la nature de la convention, celle-ci n'emporte de conséquences juridiques que dans le cadre fixé par la loi[4]. Rien, décidément, ne saurait échapper à son emprise, pas même les entreprises dont la forme par excellence est la société commerciale. Indépendamment des principes de liberté, de responsabilité et de flexibilité qui gouvernent la matière commerciale (ou le monde des affaires), le droit et notamment le droit OHADA, entend également tout régir, n'hésitant pas à énoncer le caractère d'ordre public de la plupart de ses dispositions[5]. Cependant, on constate bien qu'il y a « des espaces vides de droit » ou encore des engagements volontaires qui vont au-delà des exigences légales. C'est dans ces cas que la médiation du juge devient nécessaire pour pallier les limites ou les lacunes du droit.

---

[1] Selon la formule de Montesquieu, le juge n'est que la « bouche de la loi ».
[2] Pour une vue d'ensemble, v° Denis Baranger, *Penser la loi. Essai sur le législateur des temps modernes*, Gallimard, 2018.
[3] Idem.
[4] C'est dans ce sens que des auteurs ont pu écrire que « *Contracter, ce n'est pas seulement vouloir, c'est aussi employer un instrument forgé par le droit* », v°. MM. Ancel et Lequette, *Grands arrêts de la jurisprudence française de droit international privé*, 5e éd. 2006, p. 197.
[5] Cela doit-il vraiment surprendre ! On est dans une époque où on a tendance à oublier ou méconnaitre cet avertissement de Portalis selon lequel « *La loi gouvernerait mal si elle gouvernait trop* ». Texte cité par J.L. Sourioux, « Le bon législateur selon Portalis », in « *Libres propos sur les sources du droit* », Mélanges en l'honneur de Ph. Jestaz, Dalloz, 2006, p. 515 et s.

En effet, droit et justice constituent un couple inséparable, le premier ayant besoin du second pour s'imposer et se faire respecter[1]. Pour le dire autrement, il n'y a pas de droit sans justice, ce qui montre à quel point les deux sont entremêlés[2]. Dans l'opuscule qu'il consacre à la justice, Philippe Fontaine[3] rappelle que celle-ci « *désigne (...) à la fois ce qui est conforme au droit, la justice rendue par le pouvoir judiciaire lui-même, mais aussi ce qui est de l'ordre du sentiment : le sentiment d'équité, l'esprit de justice, relevant non plus d'une institution, mais d'une exigence morale, d'un sens éthique* ». Il y a comme un rapport dialectique entre les deux entités, le droit ayant besoin des institutions juridictionnelles pour assurer des relations justes entre ses sujets, la justice, en tant qu'idée, quant à elle, ayant besoin des règles de droit pour que s'incarne l'exigence individuelle et collective de justice.

Tous les enjeux que charrie le droit, qu'ils soient matériels ou spirituels, collectifs ou individuels, se cristallisent dans la justice. La justice en tant qu'institution ou administration est sollicitée chaque fois que le droit échoue à se réaliser concrètement et ne satisfait pas les attentes de ses sujets. Quand la règle de droit s'avère inefficace ou manque son but, lorsqu'elle est violée ou bafouée, alors le recours à un tiers-arbitre devient nécessaire. La médiation d'un tiers, juge ou arbitre, s'impose, comme l'a bien montré Paul Ricœur[4], car elle établit une distance entre les protagonistes du jeu social et impose un délai entre le moment de l'offense et celui de la réparation. Développant cette vision, Philippe Fontaine précise que « *seule l'instauration d'une distance entre les protagonistes d'un conflit, ou plus simplement d'une relation sociale litigieuse, rend possible une sérieuse application, par des tiers, de règles de justice préalablement constituées. La justice requiert l'espace d'une médiation...*[5] »

---

[1] C'est dans ce sens que P. Ricœur (In *Le juste*, p. 185-186) considère que l'acte de juger exprime « la force du droit ».

[2] Il en est ainsi, comme le montre S. Pimont (in Présentation Actes du séminaire Théories du droit, théories de la justice-Rupture ou dialogue, Aix-en-Provence, 16 septembre 2011, Jurisprudence *Revue critique*, 2012, pp. 11-13 et not. P. 13) parce que « dans une certaine approche, le droit et la justice sont les forces d'un ordre. La première est la revendication (et la promesse correlative de l'État) du rétablissement d'un ordre troublé dans le cadre d'un processus dialogique ; quant au droit, il est cet ordre même : un système, des codes, un langage ; ceux dont la *connnaissance* permet l'exercice de la justice, c'est-à-dire la prise de décision ». L'auteur reconnait néanmoins que l'union de la justice et de l'ordre est fragile, car l'ordre est une violence ou une injustice de sorte qu'au nom de la justice, sa contestation est légitime. Mais il demeure que « le droit comme système inspire notre imaginaire de la justice ».

[3] *La justice*, Paris, Ellipses poche, 2018, p. 7.

[4] « Justice et vengeance », in *Le Juste* 2, Paris, éd. Esprit, 2001, p. 257. Et Paul Ricœur ajoute : « C'est au bénéfice d'une telle distance qu'un tiers, une tierce partie, est requis entre l'offenseur et sa victime, entre crime et châtiment. Un tiers comme garant de la juste distance entre deux actions et deux agents. C'est l'établissement de cette distance qui requiert la transition entre la justice en tant que vertu et la justice en tant qu'institution ».

[5] Ibid., p. 13.

La justice s'incarne bien dans le « marbre » des institutions judiciaires et dans la figure du juge, les deux étant chargés d'administrer le service public de la justice et de rendre justice aux parties. En effet, comme l'observe un auteur, « *Toute société sans exception met en place un système d'institutions et d'hommes chargés de dire la loi, et, selon l'expression consacrée, de rendre la justice* [1]». La mission ainsi reconnue au juge est essentielle pour la paix sociale et la sécurisation des relations et des transactions juridiques. L'importance du juge au sein de l'ordre juridique n'est donc pas contestable, ce d'autant plus que c'est lui, en arbitre neutre et impartial, qui se prononce par rapport aux intérêts en jeu, par une décision légalement justifiée et pleinement juste. La recherche juridique se doit alors de se pencher sur l'institution et la pratique judiciaires, autant que sur l'acte de juger. En définitive, la justice en tant qu'institution et comme valeur (ou vertu) mérite sa place dans la réflexion scientifique non seulement parce qu'elle exprime la « force du droit », mais aussi, et surtout parce qu'elle fait partie « de l'ensemble des alternatives qu'une société oppose à la violence et qui toutes définissent un État de droit [2]». Les études publiées ci-dessous et qui lui sont consacrées sont l'exact reflet de cette conviction.

Telle est l'économie de cet ouvrage qui s'intéresse à la vie du droit et de la justice en Afrique. Reste une question en suspens, qu'il n'aborde pas directement, c'est celle de l'ancrage africain du droit produit par les États et les organisations sous-régionales ou régionales. L'exemple du droit OHADA est au cœur de cette préoccupation, dès lors qu'il apparaît à bien des égards comme un droit « venu d'ailleurs » et qui ne s'accorde pas aux réalités africaines. Or, c'est bien le doyen Carbonnier[3] qui rappelle que « *la société se reflète dans le droit* », signifiant par là même que le droit est par essence le miroir de la société. Mais, bien plus, le droit a aussi une dimension axiologique[4], c'est même une éthique dès lors qu'il consacre les valeurs essentielles du groupe dont il émane ou qu'il entend régir, et une idéologie, en ce qu'il porte la vision du monde de celui-ci[5]. C'est alors un challenge qui s'impose aux juristes africains et qui consiste à relever le défi de penser (ou repenser) la relation entre le droit et l'être africain. Il s'agit d'œuvrer à ce que

---

[1] Ibid., p. 8.

[2] P. Ricœur, op. cit., p.189.

[3] « L'avenir d'un passé », in *L'avenir du droit*, Mélanges en hommage à Fr. Terré, Dalloz, Puf, 1999, p. 5.

[4] Comme s'interroge Maurice Kamto, « *Mais qu'est-ce que le droit positif sinon la transcription de l'axiologie du groupe* ? », « Une justice entre tradition et modernité », in Afrique contemporaine, *La justice en Afrique*, n° 156, 1990, p. 57.

[5] Dans ce sens, Christoph Eberhard rappelle que « l'anthropologie du Droit (...) enseigne que la juridicité est la mise en forme et la mise de formes à la reproduction de nos vies en société et à la résolution de nos conflits. Elles s'inscrivent toujours dans des logiques et des visions du monde particulières », in *Le droit au miroir des cultures. Pour une autre mondialisation*, LGDJ, 2010, p. 15.

ceux qui sont en charge d'édicter les règles communes s'emploient à adapter la production du droit à la réalité sociale, car, comme le relève Duguit[1] « les lois positives portées par le législateur doivent être conformes aux lois sociologiques et à l'état social pour lequel elles sont faites ». Cette exigence doit être l'aiguillon de la fonction normative pour une Afrique qui se veut maîtresse de sa production et de sa construction juridique[2].

La même exigence d'ancrage social doit s'étendre à la justice. Dans son ouvrage intitulé *Les Africains et l'Institution de la justice. Entre mimétismes et métissages*[3], Étienne Leroy dénonce le manque d'originalité des systèmes judiciaires africains. Il observe pourtant qu'il existe bien des conceptions endogènes de la justice en Afrique, soulignant que « les Africains n'avaient et n'ont pas encore, de manière générale, la même conception de la justice que les Occidentaux, ce qui affecte nécessairement les pratiques juridiques et judiciaires… »[4]. À l'évidence, il apparaît que les Africains « ont mal » à leur justice, car l'institution judiciaire ne reflète ni leur conception du règlement des conflits entre les parties opposées ni la fonction « cathartique » que doit remplir la justice, à savoir la réconciliation des individus et la restauration du lien social. C'est la charge de la pensée juridique africaine actuelle, « décomplexée », de réhabiliter cette vision et de proposer les modalités d'une réalisation concrète de cette « inculturation » judiciaire. Elle ne pourrait y parvenir que si elle est convaincue, elle-même, de ce que les sociétés africaines « avaient une conception originale et respectable de la justice » à laquelle une très large majorité d'Africains, reste attachée, « en dépit de la conversion de leurs élites dites modernes, mais en fait occidentalisées, aux exigences de l'institution judiciaire »[5]. L'objectif est, *in fine*, de permettre l'adhésion effective des justiciables à l'institution judiciaire et de légitimer son rôle et son impact sociaux. Il s'agit simplement d'aller vers une refondation de la justice en Afrique.

---

1 « Le droit constitutionnel et la sociologie », Revue internationale de l'enseignement, Tome 18, cité par J. Commaille, in *Les nouveaux territoires du droit*, (dir. Sonia Leverd), L'Harmattan, 2013, pp. 36-37.

2 C'est même plus qu'une exigence, un devoir, car l'avenir de nos sociétés en dépend. À cet effet, Chr. Eberhard relève : « Si les ex-colonies s'inscrivent dans les phénomènes de globalisation et ne peuvent se couper du reste du monde, les enjeux d'une réinvention de leurs contemporanéités bâtissant sur leurs ressources et visions endogènes apparaissent de plus en plus clairement. À défaut, elles courent le risque, déjà réalisé dans une large mesure, de leur aliénation, au sens qu'elles deviennent étrangères à elles-mêmes » (op. cit., p. 15).

3 Dalloz, série Regards sur la justice, 2004.

4 Ibid., p. VII.

5 Ibid., p. XVII.

PREMIÈRE PARTIE

LA NÉCESSITÉ DU DROIT

À quoi nous sert le droit ? Tel est le titre d'un ouvrage[1] de Jacques Commaille qui renouvelle la réflexion sur les rapports entre le droit et la sociologie. Mais, dans la perspective qui est envisagée ici, cette interrogation pose inévitablement la question de la nécessité du droit. De fait, il convient d'observer que si les sociétés modernes privilégient le droit comme mode de régulation sociale, il n'en a pas toujours été ainsi dans les sociétés traditionnelles qui avaient recours à d'autres moyens. La tradition chinoise, par exemple, s'est toujours montrée hostile au droit, considérant que les relations sociales doivent être régies par l'honneur, sous peine de perdre la face[2]. C'est dire que le droit n'est toujours pas ressenti comme une nécessité de la vie en société.

Quelle que soit l'idée que l'on se fait du droit, force est de reconnaître qu'il s'est imposé dans la canalisation des rapports sociaux et la gouvernance des conduites humaines parce qu'il est avant tout et surtout un phénomène d'autorité, reflet par excellence de la puissance de l'État qui détient le monopole de la violence légitime. Vu sous cet angle, le droit est certainement nécessaire en raison des multiples fonctions qui lui sont dévolues et notamment celle d'assurer la sécurité juridique. Par ailleurs, le rôle du droit ne saurait se limiter à régir les rapports inter-individuels, il s'étend aussi à l'organisation de la vie en société et à la régulation des relations internationales. En effet, le droit est autant utile dans la construction de la société que dans l'établissement des institutions ou organisations qui participent à l'ordonnancement juridique, qu'il soit national, régional ou international.

Les études réunies dans cette partie rendent compte de l'importance du droit dans nos sociétés. En effet, dans le contexte spécifique de l'Afrique contemporaine dont la plupart des pays sont en quête d'un véritable État de droit et d'une intégration juridique, la place du droit dans l'encadrement et la pacification des relations sociales et/ou économiques est déterminante. Pour assurer l'empire du droit, le respect de la maxime « nul n'est censé ignorer la loi » s'impose sans restriction. Il s'agit d'une maxime d'ordre qui garantit le règne de la loi et empêche que les citoyens puissent exciper l'excuse de l'ignorance de la loi pour échapper à ses exigences ou à ses sanctions (article 1).

Mais le droit va bien au-delà de la régulation des rapports sociaux, il est aussi un élément d'intégration, notamment dans la perspective d'établir un espace juridique supranational à l'instar de l'OHADA, en vue de promouvoir le développement économique des pays membres (article 2). Au-delà de la sécurisation juridique et judiciaire, le droit OHADA a aussi pour objectif de rendre les États membres de l'organisation attractifs pour les investisseurs

---

[1] Éditions Gallimard, Paris, 2015.

2 J. L Aubert, E. Savaux, *Introduction au droit*, Sirey, 14e éd., 2012, p. 2.

étrangers. La question demeure de savoir si l'OHADA a réalisé cet objectif d'attractivité et d'efficacité, si l'on en juge à l'aune de la situation et de l'état des économies des pays membres de cette organisation (article 3). Dès lors, on ne peut ne pas s'interroger sur l'extension matérielle du droit OHADA (par l'adoption de nouveaux actes uniformes) qui tend à attraire dans son giron des matières, tel le droit des contrats, qui ne relèvent pas traditionnellement du droit commercial ou du droit des affaires, selon l'expression à la mode depuis quelques décennies. À cet égard, une certaine prudence s'impose, autant dans le choix des matières soumises à l'harmonisation que dans le rythme à suivre dans cette œuvre d'élaboration d'un droit uniforme (article 4).

-1-

LIBRES PROPOS SUR L'ADAGE « NUL N'EST CENSÉ IGNORER LA LOI »*

1. La science juridique entretient d'étranges rapports avec la vérité[1], notamment dans la formulation directe ou indirecte des principes et des règles juridiques, voire dans leur application. Pour ce faire, elle a notamment recours à deux instruments abstractifs bien connus des juristes : la présomption[2] et la fiction[3].

La présomption part des vraisemblances ou des probabilités en vue de généraliser des solutions isolées et permet de découvrir l'inconnu à partir du connu. L'expérience permet alors de supposer que tel fait a eu lieu ou est établi quand tel autre est démontré, parce que, la plupart du temps, la liaison entre les deux fait partie de l'ordre normal des choses. La présomption ne procure pas de certitude absolue ; mais, en la consacrant, le droit se contente de l'apparence[4] et en tire des conséquences juridiques.

La fiction s'oppose à la présomption en ce qu'elle n'est pas établie sur la base de la vraisemblance ; bien au contraire, elle nie la réalité. Elle établit ainsi une « *vérité juridique* » qui s'oppose à la « *vérité matérielle*[5] ». Le refus

---

*** Article publié in *Revue de la Recherche Juridique. Droit prospectif*, n° 2007-3, p. 30 et s.**

[1] G. Cornu, « La vérité et le droit », in *L'art du droit en quête de sagesse*, puf, 1998, p. 211 ; A. Rabagny, *L'image juridique du monde*, puf, coll. Droit, Ethique, Société, 2003.

[2] Sur cette notion, v°. R. Decottignies, *Les présomptions en droit privé*, thèse Lille, 1949 ; P. Brun, *Les présomptions dans le droit de la responsabilité civile*, thèse ronéot. Grenoble, 1993 ; V°. Le Baleh, *Les présomptions en droit social*, thèse ronéot. Panthéon-Assas, 1999.

[3] V°. L. Lecocq, *De la fiction comme procédé juridique*, thèse Paris, 1914 ; J. Issa-Sayeg, *Les fictions en droit privé*, thèse ronéot. Dakar, 1968 ; G. Wicker, *Les fictions juridiques*, thèse Perpignan, 1994 ; J. Schmidt-Szalewski, *Les fictions en droit privé*, Arch. Phil. Droit, t. 20, 1975, p. 273 s ; D. Costa, *Les fictions juridiques en droit administratif*, thèse Paris I (Panthéon-Sorbonne), éd. 2000.

[4] Sur la notion d'apparence, v. Ionesco, *Les effets juridiques de l'apparence en droit privé*, thèse Strasbourg, 1927 ; P. Barbier, *L'apparence en droit civil et en droit fiscal*, thèse Paris, 1945 ; J-C Auloy, *Essai sur la notion d'apparence en droit commercial*, thèse Montpellier, 1959 ; J-P. Arrighi, *Apparence et réalité en droit privé*, thèse (ronéot) Nice, 1974 ; Jouve, « Recherche sur la notion d'apparence en droit administratif français », RD. Publ. 1968, 283.

[5] V° P. Louis-Lucas, « Vérité matérielle et vérité juridique », in Mélanges R. Savatier, 1965, p. 584. L'auteur montre bien que dans certains cas, le droit déforme la vérité matérielle, et dans d'autres, la rejette simplement. Sur ce thème en général, v. G. Cornu, op.cit ; A. Rabagny, op.cit.

délibéré de l'évidence qu'exprime la fiction est donc voulu par le droit pour imposer la solution désirée ou atteindre l'objectif recherché.

L'aphorisme « *Nemo legem ignorare censetur* », que l'on rend en français par « *nul n'est censé ignorer la loi*[1] », participe de cette double démarche qui vient d'être décrite. Il tient à la fois de la présomption et de la fiction[2]. Il présume, en effet, la connaissance de la loi par tous ceux qui se trouvent sur un territoire donné, ce qui est certainement contraire à la réalité.

2. L'adage « *nul n'est censé ignorer la loi* » a son origine en droit romain. Il apparut à une époque où les sources du droit étaient relativement peu nombreuses et pouvaient donc être connues de l'ensemble des citoyens. Reçu d'abord en droit français[3] et bien plus tard en droit camerounais, cet adage n'est inscrit dans aucun texte. Il s'impose ainsi aux sujets du droit sans jamais avoir été consacré ni relayé par la loi. Sa force obligatoire, comme celle de nombreux principes généraux de droit, procède simplement de sa reconnaissance et de son application par les juges[4]. Il fait donc partie intégrante du droit positif, grâce à la médiation de la jurisprudence.

3. L'adage « *nul n'est censé ignorer la loi* » signifie que toute personne se trouvant sur le territoire national est présumée avoir connaissance des multiples normes juridiques en vigueur et doit strictement les observer. La connaissance de la loi s'entend autant de son accessibilité matérielle que de sa compréhension intellectuelle. En quelque sorte, l'adage postule la perception de la *lettre* et de *l'esprit des lois* par les citoyens. Ainsi entendue, la maxime n'exprime aucune règle en elle-même. Elle n'a pas un caractère normatif. Il s'agit d'une simple « *maxime d'ordre*[5] » qui établit une présomption irréfragable de connaissance de la loi qui ne peut être combattue par la preuve contraire. Elle interdit, par conséquent, à quiconque de se retrancher derrière son ignorance de la loi pour échapper à son commandement ou à ses conséquences. Au regard des effets qui sont ainsi attachés à la maxime, il importe de bien préciser son domaine et son fondement.

---

[1] Pour une vue générale, v. Dereux, « Étude critique de l'adage Nul n'est censé ignorer la loi », RTD civ. 1907. 513 ; Fr. Terré, « Le rôle actuel de la maxime Nul n'est censé ignorer la loi », Travaux et recherches de l'Institut de droit comparé, t.XXX, 1966, p. 91 s ; J. Carbonnier, « La maxime « Nul n'est censé ignorer la loi » en droit français », Journées de la Société de législation comparée, 1984, p. 321.

[2] Le professeur G. Cornu parle expressément d'une « *présomption proche d'une fiction* », v. *Droit civil, Introduction, les personnes, les biens*, 11e éd., Montchrestien, 2003, p. 150, n° 351 in fine. V° aussi B. Starck, *Introduction au droit*, 2e éd., Litec, p. 202, n° 498.

[3] V. Dereux, « Étude critique de l'adage Nul n'est censé ignorer la loi », RTD civ. 1907. 513

[4] V° J. Boulanger, « Principes généraux du droit et droit positif », in Mélanges Ripert, 1950, t. 1, p. 59, n° 10.

[5] La formule est de Fr. Terré, *Introduction générale au droit*, 6e éd, Dalloz, 2003, p. 373, n° 367.

4. S'agissant du domaine, il convient d'abord de déterminer les personnes auxquelles la maxime s'applique et les règles dont elle postule la connaissance.

Il est traditionnellement admis que la maxime concerne les particuliers et le juge. Force est de dire qu'elle s'applique aussi à l'État.

L'adage concerne d'abord toutes les personnes qui se trouvent sur le territoire national. Comme tel, il s'applique indifféremment aux individus, sans égard à leurs qualités particulières. La maxime tend alors à assurer une sorte d'égalité des citoyens devant la loi[1].

Ensuite, l'adage concerne les juges. Ceux-ci sont censés connaître le droit (*jura novit curia*). Les justiciables sont donc dispensés de prouver la règle de droit qu'ils invoquent à l'appui de leurs prétentions[2].

Enfin, la maxime s'applique bien à l'État. En tant que producteur de normes, l'État doit être le premier à connaître les lois et à les observer. Dans cette optique, le droit est « *une création de l'État qui s'impose à son propre géniteur*[3] ». Il y a là une exigence fondamentale de l'État de droit[4]. Malheureusement, l'expérience montre que l'État est souvent le premier à méconnaître les règles de droit qu'il édicte lui-même. Ce comportement doit être stigmatisé, car il ne va pas sans danger. Comme Paul Roubier[5] l'a si bien relevé, « L'État peut constituer une très haute valeur humaine, s'il se soumet au droit ; dans le cas contraire, il ne constitue qu'une manifestation de la force brutale et un agent de régression ».

5. En ce qui concerne les règles de droit dont la connaissance s'impose aux sujets de droit, il ne faudrait pas se méprendre sur les termes. Certes, l'adage vise expressément *la loi*, mais il ne s'agit pas seulement de la loi au sens technique du terme, c'est-à-dire une règle de droit écrite, générale et

---

[1] C'est pourquoi l'adage n'admet que quelques rares exceptions ou tempéraments. Par exemple, en droit français, l'art. 4 du décret du 5 novembre 1870 permet aux tribunaux d'accueillir selon les circonstances, l'exception d'ignorance alléguée par les contrevenants, si la contravention a eu lieu dans le délai de trois jours francs à partir de la promulgation. De même, le nouveau Code pénal de 1992 fait de l'erreur de droit, une cause générale d'exonération de la responsabilité pénale (art. 122-3). V° Fr. Terré, op. cit, p. 374.

[2] Il n'en va autrement qu'en ce qui concerne les règles coutumières et pour les conventions collectives, v°. Soc, 3 mars 1993, D. 1993, IR., 83.

[3] C'est la conception notamment défendue par Carré de Malberg. V° G. Lebreton, « Y-a-t-il un progrès du droit ? » D. 1991, chron, 99. La même idée se retrouve aussi chez A. Soupiot (*Homo juridicus. Essai sur la fonction anthropologique du droit*, Seuil, 2005, p. 99) qui, partant des travaux de Panofsky, observe que « conçue comme règle générale et abstraite, la loi humaine s'impose également à tous, y compris à l'État de droit qui en est la source vive ».

[4] Contrairement à Hans Kelsen qui défendait l'idée de l'identité de l'État et du droit, J. Chevallier a montré que l'État de droit repose sur la dissociation de l'État et du droit. V° J. Chevallier, *L'État de droit*, Montchrestien, 2e éd, 1995.

[5] « De la légitimité des situations juridiques », in Mélanges J. Dabin, Sirey 1963, p. 269.

permanente, élaborée par le parlement à son initiative ou à celle du gouvernement[1]. Par loi, il faut aussi entendre les *règlements* qui sont des actes de portée générale édictés par les autorités exécutives compétentes (ex. : décrets, arrêtés). Il faut naturellement y intégrer *les traités et accords internationaux* régulièrement approuvés ou ratifiés dans les conditions prévues par la Constitution. S'agissant de la *coutume*, des *principes généraux de droit* et de la *jurisprudence*, on considère que leur accès difficile pour les citoyens explique le recul de la maxime en ce qui les concerne[2].

6. N'étant consacrée par aucun texte, quel serait alors le fondement de la maxime ? Certains ont invoqué la publicité qui crée une opposabilité *erga omnes*[3]. En d'autres termes, dès la publication de la loi, l'universalité des particuliers est censée en avoir eu connaissance. À l'évidence, il apparaît surtout que la maxime se justifie par les nécessités de gouvernement ou d'ordre pratique. Le Doyen Carbonnier[4] observe, en effet, que la maxime « repose sur une nécessité pratique : la loi étant par définition une disposition générale, son pouvoir ne peut, sous peine d'anarchie, dépendre des circonstances propres à chaque individu ». Telle est aussi la position de Boris Starck[5] quand il écrit que « l'efficacité commande qu'on ne reçoive pas l'excuse d'ignorance ; l'égalité du citoyen devant la loi interdit de restreindre son empire selon des circonstances subjectives ». Quant au professeur François Terré[6], il estime que la maxime est indispensable à la stabilité sociale, car « l'autorité du droit ne saurait dépendre des circonstances de fait propres à un sujet de droit, spécialement à ses connaissances... ou à son ignorance ». En somme, la maxime « *nul n'est censé ignorer la loi* » se justifie par le souci d'assurer le « règne de la loi » et l'efficacité de l'ordre juridique. Comme telle, elle domine le système juridique et constitue le socle sur lequel repose l'autorité de l'État.

7. L'adage « *nul n'est censé ignorer la loi* » crée donc une véritable obligation de connaissance de la loi à la charge du citoyen. Celui-ci doit pratiquement tout mettre en œuvre pour accéder à la loi et s'y conformer. Si ses propres moyens (matériels ou intellectuels) ne lui permettent pas de connaître la loi, il peut ou doit avoir recours aux professionnels du droit (avocats, notaires, huissiers, professeurs, etc.) pour accéder à l'information juridique. Il n'y a donc plus d'excuse possible à l'ignorance du droit. C'est

---

[1] Sur la loi en général, v°. Fr.Terré, La « crise de la loi », in La loi, Archives de philosophie du droit, tome 25, p. 17.
[2] Fr. Terré, op. cit., n° 367.
[3] V°. J. Carbonnier, *Droit civil, Introduction*, 1e éd. Quadrige, 2004, p. 229.
[4] Idem.
[5] Idem.
[6] Idem.

dans ce sens que le doyen Carbonnier[1] constate que « le vrai est que l'homme quelconque est présumé en faute pour n'avoir pas consulté ceux qui savaient ». Par conséquent, la maxime devrait être lue : « Chacun est censé avoir eu la possibilité de s'informer de la loi ». Autrement dit, le devoir n'est plus seulement de connaître (passivement) la loi, mais (activement) de se renseigner sur son existence et son contenu[2]. La présomption légale de connaissance de la loi aboutit ainsi à une opposabilité absolue de la loi aux assujettis. Cependant, on est en droit de se demander si une telle conception est véritablement compatible avec l'État de droit et le principe de sécurité juridique[3].

8. En effet, l'État de droit et l'exigence de sécurité juridique supposent un système juridique dans lequel chacun peut savoir à quelle règle sa situation est ou sera soumise[4]. Cela suppose que la règle de droit soit mise à la disposition des sujets de droit par l'autorité productrice des normes. Or, c'est bien l'État qui, à travers ses organes (législatif, exécutif et judiciaire), exerce l'essentiel du pouvoir normatif. C'est donc à l'État qu'il revient, au premier chef, de mettre le droit à la portée des citoyens. Dans un contexte caractérisé par la prolifération des sources et des règles de droit d'une part, et d'autre part, par la complexité, l'hermétisme ou la technicité des lois, la maxime « *nul n'est censé ignorer la loi* » paraît fort artificielle, voire arbitraire. L'établissement de l'État de droit, qui implique la garantie et l'effectivité des droits des citoyens, impose une relecture de cette maxime. Il s'agit de créer un rapport dialectique entre l'État et le citoyen, dans lequel chacun est en droit d'attendre quelque chose de l'autre : l'État réclamant la connaissance du droit au citoyen ; ce dernier exigeant de l'État que le droit lui soit plus et réellement accessible.

9. L'accès au droit doit donc devenir un objectif majeur de notre système juridique, comme c'est déjà le cas ailleurs. Pour ne prendre que l'exemple du droit français qui a si souvent servi de source d'inspiration au nôtre, il suffit

---

[1] op. cit, n° 128.

[2] V°. Di Malta, « Le renseignement administratif », D. 1964, chr. 225.

[3] Sur cette notion, cf. E. Ben Merzouk, « La fausse consécration du « principe de sécurité juridique », note sous Cass. 2e civ, 30 janv. 2003, D. 2003, p. 2722 ; D. Soulas de Russel, R. Rimbault, « Nature et racines du principe de sécurité juridique : une mise au point », RID comp. 2003,1, p.85 ; A. Cristau, « L'exigence de sécurité juridique », D. 2002, chr. 2814 ; F. Pollaud-Dulian, « À propos de la sécurité juridique », RTD civ. 2001. 487 ; A-L. Valembois, *La constitutionnalisation du principe de sécurité juridique en droit français*, LGDJ, 2004 ; P. Cassia, « La sécurité juridique, un « nouveau » principe général du droit aux multiples facettes », D. 2006, chron. p. 1190.

[4] Sur cette question de la prévisibilité de la loi, v°. P. Muzni, « Quelques considérations en faveur d'une meilleure prévisibilité de la loi », D.2006, p. 2214.

de relever que dans une décision du 16 décembre 1999[1], le Conseil constitutionnel a consacré « *l'objectif de valeur constitutionnelle d'accessibilité et d'intelligibilité de la loi* » qui doit être réalisé par l'État. Il a notamment rappelé que « *l'égalité devant la loi énoncée par l'article 6 de la Déclaration des droits de l'homme et du citoyen et la garantie des droits requise par son article 16 pourraient ne pas être effectives si les citoyens ne disposaient pas d'une connaissance suffisante des normes qui leur sont applicables ; qu'une telle connaissance est en outre nécessaire à l'exercice des droits et libertés…* »

À la lumière de cette décision, la maxime « *nul n'est censé ignorer la loi* » se trouve « transfigurée ». Si elle porte sans conteste l'énoncé d'une *obligation* pour les particuliers de connaître la loi, il reste cependant que la nécessité de donner une réalité concrète à l'État de droit conduit, à notre sens, à y voir le fondement implicite du *droit* pour les citoyens à une loi accessible (I), d'une part, et à une loi intelligible (II), d'autre part.

I. LE DROIT DES CITOYENS A UNE LOI ACCESSIBLE

10. L'État de droit tend à assurer l'effectivité des droits des citoyens. À cet effet, l'État doit mettre en œuvre les moyens nécessaires pour permettre l'accessibilité matérielle des citoyens à la loi. Ceux-ci ont un véritable « *droit subjectif à l'information aux règles de droit* ». Il s'agit d'un droit fondamental, car comme l'observe Nicolas Molfessis[2] « accéder au droit est aussi nécessaire qu'accéder au savoir ou aux soins : une condition de la dignité de la personne humaine ». Mais, en réalité, l'accès au droit n'est pas chose aisée dans un système caractérisé par la profusion du juridique (*A*). Dès lors, la concrétisation du droit des citoyens à une loi matériellement accessible impose une remise en cause des techniques actuelles de mise à disposition et de diffusion du droit (*B*).

A. La profusion du droit

11. Elle est marquée par un double phénomène qui constitue un véritable obstacle à la connaissance de la loi par les citoyens : la prolifération des sources (1) et l'inflation des lois (2).

[1] Sur le commentaire de cette décision, v. B. Mathieu, « La sécurité juridique : un produit d'importation dorénavant « made in France » (à propos des décisions 99-421 DC et 99-422 DC du Conseil constitutionnel), D. 2000, n° 4, point de vue, p. VII.

[2] « La sécurité juridique et l'accès aux règles de droit », RTD civ. 2000. 662.

1. La prolifération des sources du droit

12. Les sources du droit, a écrit Philippe Jestaz[1], ne coulent pas de source. Cette formule exprime certainement la difficulté qu'il y a de nos jours à déterminer la nomenclature des sources. En effet, toute discussion sur les sources du droit s'avère délicate, car celles-ci touchent à l'*ontologie juridique* et non pas simplement à ses manifestations. En outre, le mot « sources » lui-même est polysémique[2]. Mais, dans le sens qui nous intéresse ici, les sources du droit consistent en normes juridiques dotées de la force obligatoire. Il s'agit de la loi et la coutume. Après leur examen, on s'intéressera aux principes généraux et à la jurisprudence qui revendique la qualité de source du droit.

13. Dans un État de droit, la *loi* est sans conteste la principale source du droit en ce qu'elle est l'émanation de la souveraineté nationale. Au sens strict, elle désigne la Constitution et toutes les lois adoptées par le parlement. Mais, d'une manière générale, la loi désigne aussi les ordonnances prises par le Président de la République sur habilitation du parlement[3] et les règlements[4], c'est-à-dire les actes réglementaires pris par les autorités exécutives sous la forme de décrets ou d'arrêtés. Elle englobe enfin les traités et accords internationaux liant l'État. Il importe d'ailleurs de préciser que dans la hiérarchie des normes, les traités et accords internationaux se retrouvent au-dessous de la Constitution à laquelle ils ne doivent pas être contraires[5], et au-dessus des lois qui doivent leur être conformes[6]. Il va de soi que ce sont les *traités-lois* ou *traités normatifs*[7], c'est-à-dire ceux qui ont pour objet de poser des règles de droit, qui doivent retenir l'attention lorsqu'on envisage les sources du droit objectif. On pense notamment aux conventions internationales ou aux textes communautaires, tels que les règlements de la CEMAC[8] ou les actes uniformes de l'OHADA[9].

14. La *coutume* est traditionnellement considérée comme une source du droit. Elle désigne les règles de droit qui se dégagent des faits et des pratiques dans un milieu social donné en dehors de l'intervention du législateur. Il s'agit

---

[1] « Source délicieuse… (Remarques en cascades sur les sources du droit) », RTD civ. 1993. 73. Sur le même sujet, v. F. Zenati, « L'évolution des sources dans les pays de droit civil », D. 2003, chr.15.

[2] v. Jestaz, op. cit, p. 73.

[3] V°. art. 28 de la Constitution camerounaise.

[4] V°. art. 27 de la Constitution.

[5] C'est dire que la suprématie conférée aux engagements internationaux ne s'applique pas, dans l'ordre interne, aux dispositions de nature constitutionnelle.

[6] Cette primauté des traités ou des accords est prévue par l'article 45 de la Constitution.

[7] Sur ces notions, v°. F. Terré, op.cit, n° 224.

[8] Communauté Economique et Monétaire de l'Afrique Centrale.

[9] Organisation pour l'Hamonisation en Afrique du Droit des Affaires. Regroupant aujourd'hui 16 pays membres, elle a été instituée par le Traité relatif à l'harmonisation du droit des affaires en Afrique signé à Port Louis (Ile Maurice) le 17 octobre 1993.

donc d'un droit non légiféré d'une source de droit extra-légale. Dans le cas du Cameroun, le statut de la coutume comme source de droit n'est pas discuté[1]. L'État reconnaît l'existence d'un droit coutumier qui est loin d'être homogène en raison de la diversité ethnique[2]. Il existe même des juridictions chargées de connaître des litiges devant être tranchés sur la base de la coutume des parties[3].

Le problème que pose la coutume est celui de la difficulté de son accès. Il n'existe pas en la matière de supports de diffusion comme en matière légale. Sa connaissance s'avère malaisée pour les particuliers et pour les juges. C'est pourquoi il revient aux plaideurs de rapporter la preuve de l'existence de la coutume alléguée. La maxime « *nul n'est censé ignorer la loi* » est donc d'une application difficile en matière coutumière[4].

15. On ne saurait traiter des sources du droit sans évoquer les *principes généraux du droit*. Que ce soit en droit public ou en droit privé[5], les principes généraux jouent un rôle important[6]. Il s'agit d'une source non négligeable du droit dont les règles s'appliquent même en l'absence d'un texte[7].

La portée des principes généraux est discutée et notamment leur place par rapport à la loi. La difficulté vient de ce que certains principes opèrent *secundum legem* (ils coexistent avec des textes de loi ou sont déduits de ceux-ci) ou *praeter legem* (ils sont applicables en l'absence d'un texte), d'autres

---

[1] V°. V-E. Bokalli, « La coutume, source de droit au Cameroun », RGD 1997, p. 37 et s.

[2] V°. P-G. Pougoué, « Considérations sur le droit traditionnel devant la Cour suprême du Cameroun », in *Les cours suprêmes en Afrique*, ouvr. coll. Sous la direction de G. Conac, Economica, Paris, 1990 ; B. Banamba, « Regard nouveau sur un texte déjà trentenaire : le cas du décret du 19 décembre 1969 portant organisation et fonctionnement des juridictions traditionnelles de l'ex-Cameroun oriental », Rev. afr. Sc. Jur. (Université. Ydé II), 2000, vol. 1, n° 2, p. 102 ; V°. Akomdja Avom, « L'énonciation de la coutume en droit camerounais de la famille : leurre ou réalité ? », Rev. afr. Sc. Jur, 2001, vol. 2, n° 2, p. 97.

[3] V°. Décret n° 544 du 19 décembre 1969 fixant l'organisation judiciaire et la procédure devant les juridictions traditionnelles du Cameroun oriental, modifié par le décret n° 71/DF/607 du 3 décembre 1971.

[4] Dans le même sens, v. J. Fometheu, « Nul n'est censé ignorer la… coutume » (Chronique d'humeur à propos d'une législation d'un genre particulier) », Lex Lata, 1995, n° 17, p. 12.

[5] Leur rôle est aussi important en droit international. v. B. Oppetit, « L'ascension des principes généraux : l'exemple du droit international privé », in. *Droit et modernité*, puf, 1998, p. 83.

[6] J. Boulanger, « Principes généraux du droit et droit positif », in Mélanges Ripert, 1950, t. I, p. 51 ; R. Chapus, « De la valeur juridique des principes généraux du droit et autres règles jurisprudentielles en droit administratif », D. 1966, chron. 99 ; J-P.Gridel, « La Cour de cassation française et les principes généraux du droit privé », D. 2002, chron. 228 et 345.

[7] Par exemple, la Cour de cassation a consacré la théorie de l'enrichissement sans cause (l'action *de in rem verso*) comme « *dérivant du principe d'équité qui défend de s'enrichir aux dépens d'autrui* » et qui pourtant n'a été « *réglementé par aucun texte de nos lois…* » v°. Req, 15 juin 1892, DP 1892, 1, 596.

contra legem (ils sont contraires à la loi). Appliqués par les cours et tribunaux, les principes sont assimilés à des normes juridiques[1].

16. Reste la question de la nature et de la place de la *jurisprudence* parmi les sources de droit[2]. Il s'agit, en effet, de savoir si la jurisprudence est une simple autorité ou une authentique source formelle du droit ! La doctrine est particulièrement divisée.

Pour certains auteurs tels que Carbonnier[3], Cornu[4] ou Aubert[5], la jurisprudence n'est pas une source du droit. Le rôle du juge, affirment-ils, n'est pas de créer la règle de droit, mais de l'appliquer, de l'interpréter pour révéler son sens véritable. En tout état de cause, le juge ne saurait créer du droit en vertu du principe de la séparation des pouvoirs, et notamment des pouvoirs judiciaire et législatif[6]. Mais, pour ces auteurs, ce qui s'oppose irréductiblement à l'admission de la jurisprudence comme source du droit, ce sont la lenteur (la jurisprudence ne se forme pas instantanément), l'incertitude et l'insécurité (notamment en cas de revirement de jurisprudence[7]) qui lui sont inhérentes[8].

D'autres auteurs, comme Marty et Raynaud[9], Mazeaud et Chabas[10], considèrent par contre que la jurisprudence est bel et bien une source de droit. Quant au professeur Terré[11], il résume bien le rôle irremplaçable du juge

---

[1] V°. N. Molfessis, « La notion de principe dans la jurisprudence de la Cour de cassation », RTD civ. 2001. 699 ; J-P. Gridel, article précité.

[2] Dans un sens général, « *la jurisprudence est l'ensemble des décisions de justice rendues pendant une certaine période soit dans une matière, soit dans une branche du droit, soit dans l'ensemble du droit* » (v° Vocabulaire juridique, Asooc. H. Capitant). Dans un sens plus précis, c'est « *la solution suggérée par un ensemble de décisions suffisamment concordantes rendues par les juridictions sur une question de droit* » (Lexique des termes juridiques).

[3] op. cit, n° 144.

[4] op. cit, n° 440.

[5] *Introduction au droit*, 8e éd, Armand Colin, n° 172.

[6] Pour J-L Aubert, le juge ne saurait créer le droit, car il est sous la dépendance du législateur, ce qui l'oblige toujours à se référer à la loi pour décider. V°. op.cit., n° 172.

[7] Sur les revirements et notamment leur rétroactivité, v°. C. Atias, « Sur les revirements de jurisprudence », RTD civ. 2005. 298 ; J-L. Aubert, « Faut-il « moduler » dans le temps les revirements de jurisprudence », ibid, p. 300 ; X. Bachellier, M-N Jobard-Bachellier, « Les revirements de jurisprudence », ibid, p. 304 ; Ph. Malinvaud, « A propos des revirements de jurisprudence », ibid., p. 312 ; Y-M. Serinet, « Par elle, avec elle et en elle ? La Cour de cassation et l'avenir des revirements de jurisprudence », ibid, p. 328 ; C. Radé, « De la rétroactivité des revirements de jurisprudence », D. 2005. 988 ; V. Heuzé, « À propos du rapport sur les revirements de jurisprudence. Une réaction entre indignation et incrédulité », JCP. 2005.I. 130 ; A. Bolzé, « La norme jurisprudentielle et son revirement », RRJ 1997. 855 ; R. Colson, « Genèse du concept de revirement de jurisprudence », RRJ 2000. 991.

[8] V°. notam. Carbonnier, idem.

[9] *Introduction générale*, n° 119.

[10] *Leçons de droit civil*, t. I, vol. 1, *Introduction à l'étude du droit*, n° 105.

[11] op. cit, n° 284.

lorsqu'il écrit : « La loi ne peut tout régler : parfois obscure, elle est souvent incomplète et devient progressivement obsolète. Il faut donc l'interpréter, la compléter, l'adapter. Si le législateur s'en abstient, qui mieux que le juge peut remplir cette triple tâche ! En lui faisant obligation de juger malgré le silence, l'obscurité ou l'insuffisance de la loi, l'article 4 du Code civil l'y incite et lui reconnaît implicitement un pouvoir propre lui permettant de créer le droit lorsque cela est nécessaire à la solution du litige dont il a à connaître ».

17. Tels sont les éléments qui nourrissent la controverse sur la reconnaissance de la jurisprudence comme source de droit. S'il n'est point besoin de se prononcer en faveur de l'une ou l'autre des opinions sus évoquées, il y a simplement lieu de constater que l'évolution actuelle du système juridique s'oriente vers ce que Bruno Oppetit a appelé « l'affirmation d'un droit jurisprudentiel[1] ». L'auteur précise que cette activité créatrice de normes par la jurisprudence se développe par trois voies : soit *l'interprétation extensive de la loi*, soit la *participation indirecte à l'élaboration de la loi*, soit le *dépassement de la loi et la mise en œuvre de normes supérieures*[2]. Si la jurisprudence n'est pas juridiquement ou formellement une source de droit, elle n'en a pas moins acquis un *pouvoir normatif de facto*[3], en donnant au système juridique des règles prétoriennes qui sont de droit positif[4]. Comme l'a écrit Ripert[5], « La règle qui se dégage des arrêts de justice est aussi obligatoire que celle de la loi ». Le principe du réalisme pousse donc à l'admission du pouvoir créateur du juge[6]. Mais, les désaccords persisteront toujours sur les modalités d'exercice de ce pouvoir, son fondement, son expression et ses limites.

18. Les différentes sources traditionnelles qui viennent d'être examinées subissent la concurrence d'autres sources. Il s'agit d'abord des *sources privées* qui contribuent, à leur manière, à la régulation sociale. C'est notamment le cas des Codes de bonnes conduites, des Codes de déontologie ou d'éthique, qui se développent dans divers secteurs d'activités[7]. Les juges les accueillent volontiers et en sanctionnent les violations. Elles s'imposent donc aux

---

[1] C'est le titre d'un article qui figure dans son ouvrage *Droit et modernité*, puf, 1998, p. 65.
[2] Sur ces différents procédés, v°. B. Oppetit, op. cit, p. 66 s.
[3] C'est la position de B. Starck, op.cit, n° 833.
[4] G. Cornu, *Droit civil*, n° 442.
[5] *Les forces créatrices du droit*, LGDJ 1955, p. 385, n° 161.
[6] M. Gobert, « La jurisprudence, source du droit triomphante, mais menacée », RTD civ. 1992. 344.
[7] V°. F. Osman, « Sources privées : avis, directives, codes de bonnes conduites, recommandations, déontologies, éthique, etc. : réflexions sur la dégradation des sources privées du droit », RTD civ. 1995. 509 ; N. Decoopman, « Droit et déontologie. Contribution à l'étude des modes de régulation », in *Les usages sociaux du droit*, puf, 1989, p. 87 ; G. Fariat, « Réflexions sur les codes de conduites privés », in *Le droit des relations économiques internationales*, Études offertes à B. Goldman, Litec, 1982, p. 47.

professionnels concernés. Il y a également lieu d'évoquer les actes des autorités administratives ou gouvernementales telles que les *circulaires*[1] ou les *réponses ministérielles*[2], qui ne sont pas sans intérêt pour la théorie des sources du droit, bien qu'elles n'aient aucune force obligatoire pour le juge judiciaire (comme étant des mesures internes à l'administration). Il en va autrement s'il s'agit des circulaires réglementaires[3]. Les unes et les autres sont, pour le moins, des manifestations d'interprétation de la loi.

19. En définitive, une telle diversité de sources rend difficile, voire illusoire, la connaissance de la loi par les sujets de droit. L'inflation des règles de droit provenant de ces sources aggrave davantage leur situation.

2. L'inflation des règles de droit

20. On l'observe notamment en ce qui concerne les textes législatifs ou réglementaires et les normes jurisprudentielles. En effet, comme l'a si bien relevé le Doyen Carbonnier dans un ouvrage fort remarqué[4], ce qui caractérise l'époque actuelle, c'est « *la passion de faire du droit, de légiférer, de juger* ». Le droit camerounais n'échappe pas à cette passion. Chaque année, ce sont des dizaines de lois (au sens de *loi parlementaire*) qui sont adoptées par l'Assemblée nationale[5] ; des centaines de décrets qui sont pris par le président de la République et le Premier ministre ; des centaines d'arrêtés qui sont édictés par les diverses autorités exerçant à quelque titre le pouvoir réglementaire (autorités administratives ou municipales). L'activité créatrice du droit par les organes étatiques est donc particulièrement intense. On peut, sans excès, parler d'une inflation des lois[6]. Le citoyen semble alors pris dans une sorte de « *tourmente juridique* », submergé qu'il est par le flot continu des règles nouvelles. Comment expliquer ce phénomène ?

21. Il convient d'abord de relever que le phénomène de l'inflation des lois va de pair avec la modernisation et la complexification des rapports sociaux

---

[1] Y. Gaudemet, « Remarques à propos des circulaires administratives », in Mélanges Stassinopoulos, 1974, p. 561.

[2] R. Libchaber, « Réponses ministérielles, pratiques administratives et sources du droit », RTD civ. 1998. 216 ; B. Oppetit, « L'essor des réponses ministérielles », in *L'art du droit en quête de sagesse*, op. cit, p. 137.

[3] Sur la distinction entre circulaires réglementaires et circulaires interprétatives, v°. CE, 29 janv. 1954, Rec. P. 64.

[4] *Droit et passion du droit sous la Ve République*, Flammarion, 1996. Sur le phénomène de l'inflation des lois, v°. R. Savatier, « L'inflation des lois et l'indigestion du corps social », D. 1977, chron., 43 ; P. Pactet, « La loi, permanence et changements », Mélanges Chapus, 1992, p. 503 ; Ph. Malaurie, « L'effet pervers des lois », Mélanges Cornu, 1994, p. 309.

[5] Lors de la récente présentation des vœux au président de l'auguste institution, le secrétaire général a indiqué que pas moins de 70 lois avaient été adoptées au courant de l'année 2005.

[6] Certains n'hésitent pas à parler « d'excès et de dérives », cf. A. Outin-Adam et A.-M. Reita-Tran, « Excès et dérives dans l'art de légiférer, Quelques réflexions axées sur le droit des affaires », D. 2006, p. 2919.

d'une part, et la multiplication et le changement des besoins sociaux, d'autre part. Reflet de la vie ou de la réalité sociale, le droit doit changer dans une société qui, elle-même, change sans cesse. C'est dans ce sens que François Terré[1] a pu écrire que « la loi a été déstabilisée, parce que, dans un milieu social instable, on est constamment enclin à chercher des responsables et à réclamer des changements ». La prolifération des lois manifeste donc le désir des dirigeants de régir un nombre toujours croissant de rapports sociaux en leur apportant des solutions spécifiques. Il en résulte d'ailleurs une *législation catégorielle*[2] (ex, un droit pour les commerçants, un droit pour les agriculteurs, un droit pour les artisans, etc.) qui divise autant le système juridique par la multiplication des régimes ou statuts spéciaux.

À cette première explication, il faut ajouter une autre qui est aussi déterminante. C'est la *politisation de la loi.* À ce sujet, le professeur Terré écrit[3] : « Moyen au service d'une politique, la loi est fréquemment présentée et utilisée comme un procédé de nature à permettre l'instauration d'une société nouvelle ou d'une nouvelle société. Elle est souvent l'élément d'un programme..., elle suit de plus en plus les fantaisies du réel, épouse les orientations de la politique au jour le jour... ». L'inflation des lois traduit une conception volontariste des pouvoirs publics qui repose sur l'idée de la toute-puissance de la loi à « changer le monde ». En produisant toujours plus de textes, le gouvernement et la bureaucratie administrative « pensent que, par la loi et le décret – le décret de préférence- l'État est en position d'agir sur la société[4] ».

Le Doyen Ripert partageait ce point de vue tout en ayant une autre explication : « La multiplicité des lois fait croire à la valeur de la puissance législative ? Elle vient en réalité de l'oubli des règles techniques fondamentales. Là où il suffirait d'une règle générale et permanente, dont l'application serait assurée pour longtemps par l'assentiment général et à défaut par une sanction efficace, le législateur est obligé d'accumuler les règles spéciales et temporaires[5] ». L'inflation des lois procède ainsi de l'ignorance de l'art et de la technique législatifs, qui se traduit notamment par

---

[1] « La « crise de la loi », p. 23.

[2] Des auteurs ont toujours dénoncé cette tendance du droit contemporain à édicter des règles spéciales, ce qui compromet la cohérence du système juridique. V°. notamment B. Oppetit, « Les tendances régressives dans l'évolution du droit contemporain », in Mélanges D. Holleaux, Litec, 1990, p. 137.

[3] Idem.

[4] Carbonnier, op. cit, p. 17.

[5] *Les forces créatrices du droit*, LGDJ 1955, p. 324, n° 131.

l'adoption de lois inutiles ou qui n'ont même pas un caractère normatif[1]. De telles lois imparfaites accusent un déclin du droit[2].

22. À l'inflation des lois paraît répondre, comme en écho, l'excès de jurisprudence. Rendant compte de la situation française, un auteur[3] observe que « la fécondité de la jurisprudence est inversement proportionnelle à celle des lois ». Ainsi, la jurisprudence contribue, à sa manière, à l'encombrement normatif. En raison de l'incapacité du législateur de faire face à l'extrême diversité des cas particuliers et de fixer par avance la règle qui doit les régir, le juge entreprend une véritable œuvre de création du droit. Et les règles qu'il dégage sont nombreuses et variées. Ce développement de la jurisprudence aboutit sans conteste à un accroissement du volume du droit en vigueur dans la société.

Des auteurs ont dénoncé ce phénomène. Le professeur Cornu[4] se montre particulièrement critique : « Le corps social n'a nul besoin d'un supplément prétorien de normes. Il en regorge, et les arrêts sont aussi dans l'indigestion. La hiérarchie des normes est obèse. Au pullulement des lois, la prolifération prométhéenne des arrêts n'est pas un remède ». Cet état de choses lui paraît d'autant plus regrettable tant il considère que le juge « a les moyens de rendre justice sans fabriquer du droit, sans apporter au moulin de la pollution normative : il a les moyens d'une économie du droit, d'une écologie juridique ».

23. La diversité des sources et la multiplication des lois constituent donc de vrais obstacles à l'accessibilité au droit. À ce sujet, on a très justement relevé que « ce qui sépare les citoyens de leur droit, plus encore que le langage de celui-ci, c'est la monstruosité du droit, le gigantisme de la masse des normes, la complexité du système juridique, la prolifération des lois, des règlements, des directives, en deux mots, la pollution normative[5] ». Cette « ardeur juridique » des pouvoirs législatif, exécutif et judiciaire n'est pas sans

---

[1] Le problème de la normativité de la loi est au centre du débat en droit français aujourd'hui. Ainsi, le président de l'Assemblée nationale, M. Jean-Louis Debré a déposé un projet de loi constitutionnelle tendant à faire inscrire dans la Constitution que la loi est par nature de portée normative. Mais surtout, le Conseil constitutionnel a récemment censuré une loi sur le fondement de l'article 6 de la Déclaration des droits de l'homme et du citoyen de 1789, en posant qu'« *il résulte de cet article comme de l'ensemble des autres normes de valeur constitutionnelle relatives à l'objet de la loi que, sous réserve de dispositions particulières prévues par la Constitution, la loi a pour vocation d'énoncer des règles et doit par suite être revêtue d'une portée normative* ». V. sur cette question, P. Deumier, « Les qualités de la loi », RTD civ. 2005. 93 ; B. Mathieu, « Le Conseil constitutionnel renforce les exigences relatives à la qualité du travail législatif et à la sécurité juridique », JCP G 2007, n° 1-2, act. 1.

[2] Sur ce constat, v°. G. Ripert, *Le déclin du droit*, LGDJ. 1949.

[3] G. Cornu, in *L'art du droit en quête de sagesse*, p. 174.

[4] ibid, p. 175.

[5] *Droit civil*, op. cit, p. 57.

effets pour eux-mêmes. Comme l'a montré Christian Atias[1], les pouvoirs, à trop s'exprimer, exposent leurs faiblesses et se déconsidèrent ; ils perdent en autorité, voire en légitimité. En tout cas, l'inflation des normes est le signe d'un certain « *dérèglement du droit*[2] », ce qui a pour conséquence la perte du prestige des règles de droit et de leur effectivité. Celles-ci sont devenues trop nombreuses pour être connues des sujets de droit et représenter pour eux une garantie de protection[3]. Dans un tel contexte, l'amélioration de l'accès matériel au droit devient un enjeu majeur. Elle est un devoir pour l'État.

B. La mise en œuvre du droit à une loi accessible

24. La maxime « *nul n'est censé ignorer la loi* » implique que le droit soit accessible à tous. Il en résulte, pour l'État, l'obligation de mettre le droit à la portée des sujets de droit. Ceux-ci bénéficient donc d'un droit à l'information juridique (1). Pour satisfaire ce « *droit au droit* » des citoyens, l'État utilise des techniques de diffusion du droit qui s'avèrent insuffisantes, voire obsolètes, et méritent, par conséquent, d'être rénovées (2).

1. L'affirmation du droit du citoyen à l'information juridique

25. Aucun pays ne saurait rester indifférent aux évolutions ou transformations modernes des systèmes juridiques notamment en ce qui concerne l'information juridique des citoyens. C'est que l'accès au droit est de plus en plus considéré comme un élément de la dignité de la personne humaine et une exigence du principe de sécurité juridique[4]. Sans conteste, il constitue une condition indispensable d'une citoyenneté véritable. Comme des auteurs[5] l'ont montré, « Pour que la citoyenneté soit effective, il faut que la personne puisse obtenir la garantie de ses droits. Pour que la garantie de ses droits soit effective, il faut que la loi lui soit accessible ». Au demeurant, l'égalité des citoyens devant la loi et la garantie de leurs droits ne pourraient pas être effectives si les citoyens ne disposaient pas d'une connaissance suffisante des normes qui leur sont applicables. Dans cette perspective, « Connaître le droit n'est plus seulement un devoir ; c'est devenu également

---

[1] « Les maux du droit et les mots pour le dire », D. 1997, chron., 231.
[2] Carbonnier, *Droit et passion du droit sous la Ve République*, p. 106 s.
[3] J. de Clausade, « La loi protège-t-elle encore le faible lorsqu'elle est aussi complexe, foisonnante et instable ? » JCP G 2006.I. 121.
[4] V°. en ce sens, E. Ben Merzouk, « La fausse consécration du « principe de sécurité juridique », D. 2003, jurisp, p. 2722. L'auteur écrit justement que le principe de sécurité juridique impose la certitude du droit, à savoir la clarté, la précision, la cohérence, l'accessibilité et l'intelligibilité des règles de droit.
[5] M-A Frison-Roche, W. Baranès, « Le principe constitutionnel de l'accessibilité et de l'intelligibilité de la loi », D. 2000. chron., 361.

un droit[1] ». Des lois ou des décisions du juge constitutionnel français posent les bases de ce « droit à l'information aux règles de droit ».

C'est d'abord une décision du Conseil constitutionnel en date du 16 décembre 1999 qui a reconnu l'objectif de valeur constitutionnelle d'accessibilité et d'intelligibilité de la loi. Cette jurisprudence revêt donc un *caractère comminatoire* pour l'État. La réalisation de l'objectif d'accessibilité matérielle qu'elle consacre constitue une obligation de résultat pour l'État. La loi n° 2000-321 du 12 avril 2000 relative aux droits des citoyens dans leurs relations avec les administrations réitère la nécessité pour l'État de faciliter l'accessibilité matérielle des lois et règlements[2]. L'article 2 énonce un droit à l'information aux règles de droit applicables aux citoyens. D'une manière générale, la loi précitée affirme que « *la mise à disposition et la diffusion des textes juridiques constituent une mission de service public au bon accomplissement de laquelle il appartient aux autorités administratives de veiller* ». L'objectif final est d'assurer l'accessibilité matérielle de la législation et de la réglementation, c'est-à-dire « la possibilité pour les citoyens d'avoir sous leurs yeux et entre les mains le texte officiel intégral de la loi[3] ».

26. L'accès matériel au droit devient ainsi, en ce début de siècle, un véritable droit pour les citoyens. La construction d'un droit à l'information juridique est donc en marche. Elle interpelle le gouvernement et l'administration de notre pays. S'ils croient franchement à l'avènement et à la nécessité d'un État de droit, ils doivent travailler à l'amélioration de l'accès matériel à la règle de droit, et réduire par là même la distance qui sépare trop souvent le citoyen de la loi. Cet effort doit donc viser à rendre le droit de moins en moins introuvable et inaccessible à ses destinataires[4]. Cela ne peut sc faire que par la réforme des techniques et modalités de diffusion l'information juridique.

2. La rénovation des techniques de diffusion du droit

27. Deux procédés contribuent à l'entrée en vigueur des textes législatifs et à leur connaissance par les citoyens : la promulgation et la publication[5]. En ce qui concerne les règlements, la publication seule est exigée.

---

[1] V°. N. Molfessis, « La sécurité juridique et l'accès aux règles de droit », RTD civ. 2000. 662.
[2] J.O 13 avril 2000, p. 5646.
[3] G. Cornu, *Droit civil*, op. cit, p. 57.
[4] V°. G. Nicolau, « Inaccessible droit », RRJ 1998-1, p. 15 s.
[5] G. Jèze, « La promulgation des lois », RD publ. 1918, 378 s ; H. Puget et J-C. Seché, « La promulgation et la publication des actes législatifs en droit français », Rev. adm. 1959, 239 ; P. Deumier, « La publication de la loi et le mythe de sa connaissance », Petites Affiches, 6 mars 2000, 6.

Aux termes de l'article 31 al. 1er de la Constitution camerounaise, « Le Président de la République promulgue les lois adoptées par le parlement dans un délai de quinze (15) jours à compter de leur transmission, s'il ne formule aucune demande de seconde lecture ou s'il n'en saisit le Conseil constitutionnel ». Par cet acte, le Président de la République atteste l'existence de la loi et donne l'ordre aux autorités publiques de l'observer et de la faire exécuter. La promulgation est suivie de la publication. L'alinéa 3 de l'article 31 susvisé prévoit que « la publication des lois est effectuée au Journal officiel de la République en français et en anglais ». C'est cette formalité qui met la loi promulguée ou les règlements du pouvoir exécutif à la disposition du public. Le Code civil camerounais précise les délais à compter desquels les textes juridiques sont exécutoires[1]. À l'expiration de ces délais, la loi (ou le règlement) est présumée connue de tous sur l'ensemble du territoire national. Ainsi commence l'application de la maxime « nul n'est censé ignorer la loi ».

La publication au Journal officiel est donc le principal mode d'information des citoyens quant à l'existence de la loi ou du règlement. Mais, faut-il le relever d'une part, sa parution est devenue aléatoire sinon épisodique et d'autre part, sa diffusion est particulièrement restreinte pour ne pas dire confidentielle. Dès lors, la publication des textes juridiques suivant la *procédure d'urgence* est pratiquement devenue la règle. L'affichage public n'ayant pratiquement pas ou plus cours, celui-ci se fait essentiellement par voie de presse (écrite ou parlée). C'est ainsi que le journal *Cameroon Tribune* et la *Cameroon Radio and Television* (ci-après CRTV) sont devenus les canaux réguliers de diffusion de l'information juridique, l'un comme support de publication des textes officiels ; l'autre comme vecteur de vulgarisation du droit à travers des émissions comme « *Le point du droit* »[2]. Cette utilisation des médias publics ne va pourtant pas sans risques ni sans susciter des réserves, notamment en ce qui concerne l'authenticité, la fiabilité et l'intégrité des textes publiés à travers ces médias. Il y a lieu de craindre que les textes mis à la disposition du public comportent des erreurs qui peuvent en altérer le sens ou la portée.

28. Si l'on s'intéresse à la jurisprudence, il y a lieu de constater l'inexistence de tout support de publication des décisions de justice, et particulièrement des arrêts de la Cour suprême. La dernière parution du Bulletin des arrêts de la Cour suprême remonte à quelques décennies déjà. Pour avoir connaissance de quelques arrêts importants, il faut se retourner soit vers les revues universitaires (dont la parution est d'ailleurs fort irrégulière pour ne pas dire anecdotique), soit vers des revues privées telles que le

---

[1] V°. art. 1er.

[2] Il faut en effet relever que *Cameroon Tribune* publie systématiquement les lois promulguées par le Président de la République ainsi que de nombreux décrets et arrêtés.

trimestriel « *Juridis périodique* ». Il y a donc une imperfection, voire une absence manifeste, de la diffusion des décisions de justice[1]. Cela a de quoi surprendre dans un État qui, dans sa Constitution[2], a pourtant consacré le pouvoir judiciaire.

29. Au total, la diffusion du droit dans notre pays (comme d'ailleurs dans la plupart des États africains) souffre dramatiquement d'un manque de supports. L'accès au droit est donc une véritable gageure. L'État est ainsi interpellé et doit réagir pour répondre au besoin légitime des citoyens à un droit matériellement accessible. Pour ce faire, de nombreuses voies s'offrent à lui : création de bulletins officiels des lois et règlements dans les ministères, relance de l'affichage public (un moyen efficace pour apporter directement les textes juridiques au plus prés des populations), mise en place de sites Internet gratuits[3] (l'expérience de la Direction générale des impôts qui a mis en ligne les textes fiscaux pourrait servir d'exemple), réactivation du Bulletin des arrêts de la Cour suprême, développement de l'informatique juridique[4], modernisation de la communication juridique[5], etc. Outre ces solutions, deux actions nous semblent cependant prioritaires.

30. En premier lieu, l'État doit tout mettre en œuvre pour assurer une publication régulière du Journal officiel. Il faut pour cela un peu de volonté politique et des moyens matériels ou financiers conséquents. Dans ce registre, il est aussi urgent de prendre en compte les nouvelles technologies de l'information et de la communication pour moderniser ce système de

---

[1] Sur les conséquences d'une telle situation, v. Dunes, « La non-publication des décisions de justice », R.I.D.C., 1986, p. 757.

[2] V°. Titre V.

[3] Le Cameroun pourra s'inspirer de l'exemple français. V. le décret n° 2002-1064 du 7 août 2002 relatif au service public de la diffusion du droit par l'internet (J.O du 9 août 2002) et l'arrêté du 9 octobre 2002 relatif au site internet de Légifrance (J.O du 11 oct. 2002). Pour une vue d'ensemble, v°. Y. Tanguy, *La recherche documentaire en droit*, puf, coll. Droit fondamental, 1991.

[4] Sa principale fonction est documentaire. Face à la multitude (toujours croissante) des textes juridiques –lois, décrets, arrêtés, règlements CEMAC, Actes uniformes OHADA- et des décisions de justice, le recours à l'outil informatique s'impose si l'on veut faciliter leur accès aux citoyens par la constitution de banques de données juridiques. Sur ces questions, v. P. Catala, *Le droit à l'épreuve du numérique*, puf, 1998 ; « Le fichier national informatisé de la jurisprudence française », JCP 1995.I. 3873 ; M. Vivant, « Quelques mots sur l'informatique juridique », JCP 1985.I. 3211 ; J-L. Bergel, « Informatique et légistique », D. 1987. chron.171 ; Annales de l'Institut de recherche et d'étude pour le traitement de l'informatique juridique (Montpellier), *Apports de l'informatique à la connaissance du droit*, 1990 ; *Droit et informatique, L'hermine et la puce*, préf. J. Carbonnier, 1992 ; S. Bories, « Mieux communiquer le Droit. Réflexions à propos de la création de structures d'indexation de l'information judiciaire », JCP.I. 140.

[5] Il s'agit de repenser l'utilisation de la radio et de la télévision comme vecteurs de l'information juridique. L'intensification et la rationalisation de leur emploi devront cependant éviter que le droit soit réduit en « fiches-cuisine ». Une bonne vulgarisation du droit implique la mise en œuvre de méthodes appropriées.

publication. Ainsi, la publication des lois et règlements doit se faire au Journal officiel, non seulement sous la forme papier, mais aussi sous forme électronique. Une telle expérience est déjà mise en œuvre en droit français. En effet, l'Ordonnance n° 2004-164 du 20 février 2004 relative aux modalités et effets de la publication des lois et de certains actes administratifs[1] prévoit que la publication des lois, ordonnances et décrets « *est assurée, le même jour, dans les conditions de nature à garantir leur authenticité, sur papier et sous forme électronique. Le Journal officiel de la République française est mis à la disposition du public sous forme électronique de manière permanente et gratuite* [2]». Ce texte qui consacre l'utilisation d'Internet comme moyen de publication des lois[3] pourrait valablement inspirer les autorités nationales compétentes.

31. En second lieu, l'État doit ouvrir le chantier de la codification[4]. En effet, le droit camerounais se caractérise par le pullulement et surtout l'éparpillement des textes juridiques. Aucune matière n'échappe à cette situation, pas même celles qui font déjà l'objet d'une codification comme le droit pénal. Dans cette matière, par exemple, on a observé ces dernières années, la multiplication de règles pénales spéciales dans divers domaines (ex. : droit pénal des sociétés, droit pénal de l'environnement, etc.) à la faveur de l'adoption de lois particulières, sans que le législateur ait le souci des incohérences qui en résultent[5]. Le droit pénal a ainsi perdu son unité, ce qui rend son accès et sa maîtrise fort difficiles aux citoyens. Il en est d'ailleurs ainsi de bien d'autres matières.

La codification s'avère donc nécessaire et urgente. Deux possibilités sont alors proposées aux pouvoirs publics, s'ils s'engagent dans cette voie. La première, c'est la *codification à droit constant* qui consiste simplement à « centraliser » l'information juridique sans y apporter de modifications de fond[6]. Elle a pour unique objet de réunir des textes législatifs ou réglementaires préexistants en vue d'en faciliter l'accès et la consultation. Une

---

[1] V°. J.O 21 février 2004, p. 3514.
[2] V°. art. 3.
[3] V°. P. Deumier, « Des myriamètres à l'internet : les nouvelles règles d'entrée en vigueur de la loi », RTD civ. 2004. 585.
[4] Sur la codification en général, v. B. Oppetit, *Essai sur la codification*, puf, coll. Droit, Ethique, société, 1998 ; F. Zenati, « Les notions de code et de codification », Mélanges C. Mouly, 1998, p. 217 ; R. Cabrillac, « Le symbolisme des codes », Mélanges Fr. Terré, 1999, p. 211.
[5] Sur cette tendance du droit contemporain, v. J-J. Bresson, *L'inflation pénale et les législations et réglementations techniques*, R.S.C., 1995, p. 165.
[6] M. Suel, *Essai sur la codification à droit constant, Précédents, débuts, réalisation*, 2e éd., Impr. des journaux officiels, 1995 ; N. Molfessis, « L'avènement du droit de la codification à droit constant », RTD civ. 2002. 592 ; « Les illusions de la codification à droit constant et la sécurité juridique », RTD civ. 2000. 186. V°. aussi H. Moysan, « La consolidation des codes, lois, décrets : positions doctrinales d'éditeurs ou devoir de l'État ? », JCP G 2006.I. 2317.

telle codification peut être entreprise par voie réglementaire puisqu'elle n'a guère d'effet novatoire.

La seconde possibilité consiste à entreprendre une *codification réelle.* Il s'agit alors de procéder à la construction d'un corps cohérent de règles juridiques susceptible de restaurer l'unité et la stabilité du système juridique. Une telle codification implique la révision et parfois l'abrogation de nombreuses règles de droit. Une politique législative soucieuse de sécurité juridique opterait pour cette deuxième voie. Au demeurant, peu importe finalement le choix qui pourrait être fait. Toutes les codifications rendent le droit plus accessible. Elles sont utiles en ce qu'elles « revivifient l'adage *nemo censetur ignorare legem* en procédant au classement raisonné de normes proliférantes[1] ».

32. La mise en œuvre des différentes propositions qui viennent d'être envisagées a naturellement un coût. L'objet de la réflexion entreprise n'est pas de s'interroger sur le coût des institutions ou des mécanismes juridiques. Cela relève de l'économie juridique[2]. Il s'agit simplement de dire que des raisons d'ordre économique ne doivent pas compromettre la réalisation méthodique du droit des citoyens à une loi accessible. Mais, la concrétisation du droit à l'information juridique serait incomplète si elle se limitait à l'accessibilité matérielle. Elle exige aussi de l'État de faire en sorte que la loi soit intelligible pour les citoyens.

II. LE DROIT DES CITOYENS A UNE LOI INTELLIGIBLE

33. La maxime « *nul n'est censé ignorer la loi* » ne présume pas seulement la connaissance de l'existence matérielle de la loi, mais aussi sa connaissance intellectuelle. Elle tient pour acquise la compréhension de la loi par le citoyen, c'est-à-dire, la maîtrise de son sens et de ses conséquences. En réalité, peut-on vraiment croire que le citoyen peut accéder intellectuellement aux règles de droit, en avoir une intelligibilité parfaite sans formation juridique ? Rien n'est moins sûr. La question est d'autant plus difficile que les textes juridiques ou les décisions judiciaires sont le plus souvent hermétiques en raison de l'utilisation d'un langage spécialisé (A). Or, l'effectivité du droit du citoyen à un droit intelligible oblige l'État à œuvrer à la compréhensibilité des lois, en mettant au centre de son office, le souci de la qualité et de la clarté des normes

---

[1] V°. R. Libchaber, « *Sur l'effet novatoire de la codification à droit constant* », RTD civ. 1997. 778.

[2] Sur les rapports entre le droit et l'économie, v. *Droit et économie*, Arch. Phil. Droit, t. 37, 1992 ; R.A. Posner, *Economic analysis of law*, Little Brown and C°, Ee éd. 1977; E. Mac Kaay, « La règle juridique observée par le prisme de l'économiste, une histoire stylisée du mouvement de l'analyse économique du droit », RID économique, 1986, t. 1, p. 43.B. Lemennicier, *Économie du droit*, éd. Cujas, 1991 ; R.H. Coase, *Le coût du droit*, trad. par Y-M. Morisette, puf, 2000 ; A. Ogus, M. Faure, *Économie du droit : le cas français*, éd. Panthéon-Assas, 2003.

qu'il produit[1]. Il y a là, incontestablement, une exigence de simplification des règles de droit (B).

A. Le langage du droit

34. À l'ère de la communication triomphante, le droit ne saurait rester à l'écart ou en retrait de ses exigences. La réception et la compréhension du droit dépendent beaucoup des modalités de sa communication au public. Il importe alors de s'intéresser à la manière dont le message juridique parvient à ses destinataires que sont les citoyens. À l'évidence, le droit se communique essentiellement par le langage[2]. Il s'agit d'un langage qui varie selon les émetteurs, et qui a des caractéristiques propres.

35. Le langage du droit est un véhicule intellectuel de la communication destiné à l'énonciation des principes et des règles juridiques[3]. Il repose sur un fonds commun à tous ceux qui sont en charge de la production des règles ou des solutions juridiques. Ce fonds est constitué de termes, de formules ou d'énoncés qui sont couramment employés. C'est ce fonds commun qui constitue le « *jargon juridique*[4] ». En effet, comme les philosophes ou les médecins, les juristes ont un langage qui leur est propre, qu'il soit oral ou écrit[5]. Ce langage se démarque soit par le sens particulier qu'il donne à des mots pourtant empruntés du langage ordinaire (ex : le mot *absence* n'a pas en droit le même sens qu'en langage commun), soit par l'usage qu'il fait, pour désigner des choses ou des situations juridiques, de termes exclusivement juridiques (par ex : le mot *antichrèse* qui désigne une sûreté réelle portant sur un immeuble). Partant de cette source unique, le langage juridique se diversifie néanmoins en fonction des émetteurs ou locuteurs. Force est de constater que le langage du législateur (ou de l'administration : il n'y a pas de différence de rédaction entre la loi, le décret ou l'arrêté) et celui du juge ne sont pas le même.

36. Le législateur a, si on peut dire, sa « *façon* » de parler ou de s'exprimer[6]. Il a souvent un ton impératif puisque la fonction de la loi est

---

[1] Sur cette question, cf. B. Mathieu, *La loi*, Dalloz, 2e éd., 2004.
[2] Notre réflexion laisse de côté l'examen ou l'étude des supports, documents, signes ou instruments de la communication juridique.
[3] V°. Th. Ivainer, *« Introduction à un discours sur le langage du droit »*, JCP G 1983.I. 3097.
[4] Fr. Gény considère même que la législation représente une œuvre littéraire *sui generis*. V°. « La technique législative dans la codification civile moderne (A propos du centenaire du Code civil) », in *Le Code civil 1804-1904*, Livre du Centenaire, Dalloz, 2004, p.996.
[5] V°. G. Cornu, « L'acte de langage (Réflexion finale sur le modèle juridique) », in *L'art du droit en quête de sagesse*, puf, 1998, p. 243 ; « L'écrit dans les perspectives du droit (Réflexions sur un symbole et des pratiques) », ibid, p. 246.
[6] V°. G. Cornu, « Le langage du législateur », op. cit, p. 283.

d'imposer des normes de conduite[1]. Ainsi, la loi « *dispose* », « *énonce* », « *édicte* », « *prescrit* », etc. Pour l'essentiel, le législateur s'exprime par écrit. Son langage est spécifique par deux aspects : sa technique et sa généralité.

S'agissant de la technique de la rédaction législative, il convient d'observer que le discours législatif a ceci de caractéristique qu'il se présente sous la forme d'un texte minutieusement découpé en titres, chapitres, sections ou articles. Le texte de loi n'est donc pas un bloc compact, mais une suite d'articles numérotés qui se suivent et qui, surtout, expriment une idée particulière. Il n'y a donc aucun souci « d'affichage » ni fantaisie dans l'attitude du législateur. Gérard Cornu explique effectivement que « Le législateur s'exprime par articulet. Il émet sa pensée, proposition par proposition, pause après pause, et le principe de cette discipline est : une idée, un article ». C'est dire que la démarche du législateur est empreinte de logique.

Quant à la généralité du langage juridique, elle procède de la nature même de la loi. En effet, comme l'a précisé Portalis[2], « L'office de la loi est de fixer, par de grandes vues, les maximes générales du droit ; d'établir des principes féconds en conséquence, et non de descendre dans le détail des questions qui peuvent naître sur chaque matière ». Traduisant cet objectif, le langage législatif doit s'exprimer à travers des formules qui contiennent des principes de solutions applicables aux rapports sociaux.

37. Le langage judiciaire se retrouve notamment dans les décisions que rendent les juridictions : jugements pour les tribunaux, arrêts pour les cours. Quel que soit le type de décision considéré, la construction est la même : il y a, d'une part, les motifs qui comprennent l'évocation des faits et des règles juridiques applicables ; et, d'autre part, le dispositif qui contient la solution apportée au litige par le juge. À la différence du langage du législateur qui est découpé par les divisions du texte, le jugement ou l'arrêt est constitué d'une seule phrase composée de divers paragraphes commençant généralement par « *Attendu que* » ou « *Considérant que* ». La fonction de juger, qui oblige le juge à appliquer des règles de droit à des faits précis, commande certainement cette manière de rédiger les arrêts qui expose la démarche et le raisonnement adoptés pour se prononcer directement.

38. Deux éléments caractérisent le langage juridique, que ce soit celui du législateur ou celui du juge : le vocabulaire et le style.

---

[1] Comme l'a bien montré Fr. Gény (op. cit, p.994 s), « *il s'agit, en effet, pour le législateur, de formuler des règles fixes, impérieuses, catégoriques, qui soient de nature à établir une délimitation certaine des intérêts humains en conflit et à assurer l'ordre nécessaire au développement de la vie sociale* ».

[2] *Discours préliminaire sur le projet de Code civil*, in *Ecrits et Discours juridiques et politiques*, PUAM, 1988, P. 26.

Le *vocabulaire juridique* emprunte naturellement au vocabulaire commun. Cependant, il s'agit d'un vocabulaire spécialisé, fait de termes spécifiquement juridiques et qui ont un sens particulier qui échappe normalement au profane. Ainsi, des mots tels que : *antichrèse, gage, nantissement, hypothèque, legs, litispendance*, etc., ne se rencontrent que dans les textes juridiques ou les décisions judiciaires, et ont un sens précis pour les juristes. Certains termes appartiennent exclusivement au vocabulaire juridique et n'ont par conséquent qu'une signification juridique. On peut citer, comme exemple, le terme « *synallagmatique* » (adjectif qu'on utilise pour qualifier un contrat bilatéral) ou *chirographaire* (adjectif qui est employé pour désigner le créancier qui n'est pas muni de sûreté). D'autres termes revêtent un sens en langage juridique différent de celui du langage courant à l'instar de l'*absence* ou de la *disparition*. Enfin, il est des termes qui peuvent avoir plusieurs sens[1] dans le langage juridique même. En général, ce sens change suivant la matière considérée. Par exemple, le mot *liquidation* n'a pas la même signification en matière pénale, commerciale, civile ou financière. Il suffit de consulter les vocabulaires juridiques publiés par certaines maisons d'édition pour se rendre compte de ce que la polysémie est un trait caractéristique du langage juridique.

En ce qui concerne le *style*[2], il y a lieu d'observer que le langage du droit, notamment le langage judiciaire[3], se caractérise par l'utilisation considérable d'expressions latines[4] comme : *pretium doloris, in limine litis, penitus extranei, fraus omnia corrumpit, in bonis, ultra petita*, etc ; le recours à des locutions surannées ou archaïques telles que : « *agissant poursuites et diligences de* (représenté par), « *jugement querellé ou entrepris* » (jugement attaqué ou contesté), « *condamne en tous les dépens* » (condamne aux dépens) ; l'emploi d'expressions peu intelligibles ou ambiguës comme : « *déboute X de toutes ses demandes, fins et conclusions* », « *venir aux droits et actions de* », « *aux torts et griefs* », etc. Le langage du droit est ainsi parsemé de locutions ou d'expressions de ce genre qui le rendent hermétique ou ésotérique pour le « non-initié ». La situation se complique davantage de nos jours avec « l'invasion » de lois dites techniques, c'est-à-dire des lois qui organisent des activités ou des professions particulières (ex. : banques, médecine, métrologie, etc.). Ces lois sont généralement rédigées par des « techniciens » qui sont certes compétents dans leur spécialité, mais qui n'ont pas la culture juridique ou la maîtrise de l'art de légiférer. On trouve ainsi des lois remplies de termes, de concepts ou formules techniques ou scientifiques

---

[1] V°. Becquart, *Les mots à sens multiples dans le droit civil français*, thèse Lille, 1928.

[2] V°. G. Rouhette, *Le style de la loi : normes narratives et normes contraignantes*, éd. Athènes-La Haye, 1996.

[3] V°. Mimin, *Le style des jugements*, 1962 ; Schoerder, *Le nouveau style judiciaire*, 1978.

[4] G. Cornu, « Au jardin des lettres latines du langage du droit », ibid, p. 305. L'auteur explique l'usage du latin par la force poétique de cette langue morte, sa capacité à exprimer des principes juridiques dans des formules concises et le sentiment de tradition qui s'y attache.

qui sont incompréhensibles pour l'honnête citoyen ! En effet, ces « lois professionnelles » ne s'adressent qu'à des hommes avertis du sens des termes utilisés, ce qui n'est pas le cas des simples citoyens. On comprend alors que le Doyen Ripert ait dénoncé avec véhémence cette multiplication « des textes rédigés à la hâte par des hommes qui peuvent être d'excellents techniciens, mais qui ne connaissent pas l'ordre juridique dans toute son étendue et le troublent involontairement par des mesures partielles mal formulées[1] ».

39. Ainsi présenté, le langage juridique pose incontestablement le problème de la compréhension de la loi, notamment pour tous ceux qui n'ont aucune formation juridique. Comment en serait-il autrement quand ce langage se veut spécialisé, parfois ésotérique ou archaïque et souvent complexe ou compliqué ? C'est sans conteste un « jargon de spécialistes » (avocats, juges, professeurs, notaires, etc.), un langage pour initiés à la « chose juridique ». Un auteur[2] a raison d'écrire que « La matière juridique marque ici sa spécificité : censée être offerte à l'entendement de tous *–nul n'est censé ignorer la loi-*, elle est l'objet d'un savoir qui se spécialise chaque jour ». Il se pose alors le problème de la communication du message juridique aux profanes c'est-à-dire en réalité, à la très grande majorité des citoyens. Comment ceux-ci peuvent saisir directement la lettre et l'esprit de la loi lorsque le sens des mots utilisés par le législateur leur échappe, ou quand l'énoncé des règles ou principes juridiques se fait par des formules sibyllines ou subtiles ? À la vérité, l'idée d'une connaissance présumée de la loi telle qu'exprimée par la maxime « *nul n'est censé ignorer la loi* » paraît totalement factice, en raison de l'opacité du langage du droit. Dans un tel contexte, la présomption dégénère en fiction, compromettant la garantie des droits des citoyens. Or, pour que la garantie des droits soit effective, il faut que la loi soit accessible au citoyen et qu'elle lui soit intelligible. C'est l'obligation de l'État de rendre la loi intelligible. Reste à savoir comment il doit s'y prendre pour ce faire.

B. La réalisation de l'objectif d'intelligibilité de la loi

40. L'exigence d'une loi intelligible n'est pas propre à notre époque. En effet, on trouve déjà chez Bentham[3] cette préoccupation : « il faut, autant qu'il est possible, ne mettre dans un corps de lois que des termes de droit familiers au peuple ». Cette directive de rédaction législative montre bien que l'État doit s'efforcer de rendre la loi intellectuellement accessible aux citoyens par la simplification du langage juridique. Mais, la délimitation de l'office du législateur ou du juge implique que la notion de loi intelligible soit explicitée au préalable.

---

[1] *Les forces créatrices du droit*, LGDJ, 1955, p. 361, n° 149.

[2] N. Molfessis, « La sécurité juridique et l'accès aux règles de droit », RTD civ. 2000. 664.

[3] *Traité de législation civile et pénale*, 2e éd., 1820, t. III, chap. XXXIII, *Du style des lois*, p. 591.

41. C'est la décision du Conseil constitutionnel en date du 16 décembre 1999 qui est venue relancer le débat sur la question de l'intelligibilité de la loi, en consacrant « *l'objectif de valeur constitutionnelle d'accessibilité et d'intelligibilité de la loi* ». On peut en déduire un postulat : le citoyen peut (absolument) comprendre la loi. Cette compréhensibilité, comme l'a récemment montré un auteur[1], est à la fois politique et juridique. La compréhensibilité politique de la loi « signifie que le citoyen peut accéder aux intentions de la législation[2] ». En revanche, « la compréhensibilité juridique d'une loi consiste en la compréhension de tous les éléments juridiques impliqués par le texte de la loi : les conditions d'application, les conséquences, les actions qu'il permet, les principes qu'il applique, les autres conclusions concurrentes[3]... ». Seule la compréhensibilité juridique doit être assurée par l'Etat, en vue de rendre effectif le droit des citoyens à une loi intelligible. Force est cependant de dire que cette compréhensibilité ne peut pas être la même pour tous les individus.

42. D'une manière générale, une loi est intelligible lorsque son sens peut être perçu ou saisi par l'activité intellectuelle de son destinataire. Des auteurs[4] considèrent que l'intelligibilité n'implique pas la clarté absolue de la loi. Ainsi, écrivent-ils, « la loi est intelligible non pas parce qu'elle serait parfaitement claire, mais tant qu'elle n'est pas manifestement incompréhensible ». L'intelligibilité ne signifie pas également que tout soit forcément compréhensible dans la loi. L'essentiel est que le destinataire puisse en comprendre les dispositions fondamentales et en tirer toutes les conséquences. En tout état de cause, la loi est intelligible lorsque le citoyen, en la lisant, peut réellement comprendre ce que le législateur a voulu dire. En d'autres termes, la loi intelligible est celle qui « dévoile » au lecteur la volonté du législateur sans difficulté particulière, sans le recours obligatoire aux « hommes de l'art » juridique que sont les professionnels du droit.

L'intelligibilité de la règle de droit se définit par rapport à la compréhension effective qu'en ont ceux auxquels elle s'applique. Elle dépend donc entre autres de leurs aptitudes, de leur degré d'instruction, de leur formation ou de leur maîtrise de la langue française. L'intelligibilité est donc une notion subjective, ce qui signifie qu'elle doit être appréciée par rapport à la situation particulière des destinataires de la loi. En tout cas, le sens d'un texte n'existe pas a priori, il n'est pas donné par avance, il est fonction des

---

[1] V°. Lasserre-Kiesow, « La compréhensibilité des lois à l'aube du XXIe siècle », D. 2002. 1157.
[2] ibid, p. 1159.
[3] Idem.
[4] M-A Frison-Roche, W. Baranès, « Le principe constitutionnel de l'accessibilité et de l'intelligibilité de la loi », D. 2000. 361.

sujets qui le construisent[1]. Dans cette conception, l'intelligibilité de la loi implique l'effort de compréhension et d'interprétation du message juridique qu'elle véhicule par le sujet de droit. Comment concilier de telles considérations avec l'applicabilité générale de la loi à tous, sans tenir compte des différences qui peuvent exister ou existent réellement entre les individus ? Comment affirmer l'égalité des citoyens devant la loi si certains ont les moyens de comprendre le sens des règles qu'elle édicte et que d'autres ne l'ont pas ?

43. Cette contradiction n'est pas insurmontable même si un éminent auteur[2] pense qu'« une présomption de connaissance effective qui pèserait sur l'universalité des habitants ne serait pas cohérente à un système de droit qui, en instituant des diplômes, des professions juridiques, des administrations, paraît avoir réservé cette connaissance à quelques heureux ». L'inégalité de fait entre les individus est une réalité que l'on ne saurait méconnaître. Il va de soi que l'on ne peut véritablement accéder « intellectuellement » aux règles de droit sans formation juridique. Et quand bien même l'aptitude des profanes à comprendre le sens de la loi était admise, il n'en reste pas moins que leur connaissance de la loi serait toujours inférieure à celle des juristes. Cette différence entre les individus ne doit pas décourager l'État ni devenir un obstacle péremptoire à la réalisation de l'objectif d'intelligibilité de la loi. Certes, la compréhensibilité ou l'incompréhensibilité de la loi se mesure à la capacité des destinataires de la loi. Mais, la nécessité d'assurer ou de maintenir l'égalité juridique des citoyens oblige l'État à faire référence à un citoyen moyen. L'appréciation de l'intelligibilité se ferait, dans ce cas, *in abstracto*. Le droit canadien est dans ce sens, puisque, pour apprécier le caractère compréhensible de la loi, les juges se réfèrent à un destinataire d'intelligence moyenne[3]. En fin de compte, on devrait considérer que la loi intelligible est celle qui est accessible à un citoyen doté d'une intelligence moyenne.

44. L'intelligibilité de la loi pose la question de la qualité (technique) de la loi[4]. Que faut-il entendre par là ? Dans un propos fort imagé, Maurice Hauriou[5] a donné la réponse suivante : « Chaque loi est une chaussée publique bien pavée sur laquelle on peut marcher avec assurance ». Seule une loi rédigée de manière à exprimer ou à représenter clairement la volonté du législateur, à la faire connaître et accepter par tous, répond à l'exigence d'intelligibilité. Celle-ci ne peut véritablement être effective que si les

---

[1] G. Cornu, « La découverte du sens en droit », in *L'art du droit en quête de sagesse*, p. 313. V°. aussi, B. Oppetit, « La découverte du sens en droit positif », in *Droit et modernité*, p. 129.

[2] J. Carbonnier, *Droit civil, Introduction*, op. cit, p. 129.

[3] P. Garant, « Le contrôle juridictionnel de l'imprécision des textes législatifs et réglementaires au Canada », in *L'État de droit*, Mélanges G. Braibant, Dalloz, 1996, p. 275.

[4] D. Mandelkern, *La qualité de la réglementation*, Doc. Fr., 2002, bibliothèque des rapports publics, p. 25.

[5] *Précis de droit public*, p. 238.

rédacteurs de la loi se conforment aux principes de ce que le Doyen Ripert[1] appelle « *l'art de légiférer* » et recherchent les deux qualités essentielles (de la loi) mises en évidence par Bentham[2], à savoir la clarté et la brièveté.

En effet, la première qualité que doit rechercher le législateur pour que la loi soit intelligible, c'est la clarté ou la précision[3]. En droit français, la clarté de la loi est devenue une exigence constitutionnelle, au même titre que l'accessibilité et l'intelligibilité[4]. Le Conseil constitutionnel[5] l'a notamment formulé en ces termes : « *il appartient au législateur d'exercer pleinement la compétence que lui confie l'article 34 de la Constitution. À cet égard, le principe de clarté de la loi qui découle du même article de la Constitution, et l'objectif de valeur constitutionnelle d'intelligibilité et d'accessibilité de la loi qui découle des articles 4, 5, 6 et 16 de la Déclaration des droits de l'homme et du citoyen de 1789 lui imposent d'adopter des dispositions suffisamment précises et des formules non équivoques* ». Il est donc rappelé au législateur (tout comme au juge) de s'exprimer clairement. Il doit le faire en utilisant des mots ou des termes chargés de sens, qui énoncent des règles de droit ou des principes de solutions compréhensibles. À ce propos, François Gény[6] observait que le législateur doit chercher à construire des formules pleinement expressives de sa volonté. Il est évident que l'imprécision des termes, leur mauvais emploi ou encore l'imprécision des phrases constituent des barrières à la compréhensibilité de la loi. Le législateur doit apporter un soin particulier dans la rédaction des textes en ayant le souci de la technique formelle. Une bonne technique contribue à la qualité et à la valeur de la loi et ajoute certainement à son prestige[7].

45. L'objectif d'intelligibilité de la loi, qui constitue un devoir pour l'Etat, ne peut donc être atteint que si un effort est fait dans le but d'assurer la clarté et la précision des lois, des règlements et des jugements. Concrètement, il

---

[1] op. cit, p. 346, n° 142 s. V°. aussi, Fr. Gény, « La technique législative dans la codification civile moderne (A propos du centenaire du Code civil) », in *Le Code civil 1804-1904, Livre du Centenaire*, Dalloz, 2004, p.989 s.

[2] *Traité de législation civile et pénale*, t. III, p. 391, 2e éd., 1820.

[3] Dans *L'Esprit des lois*, Montesquieu insistait déjà sur cette exigence en ces termes : « *Le style des lois doit être concis. Il doit être simple : l'expression directe s'entend toujours mieux que l'expression réfléchie* ». V°. Gény, op.cit, p. 1006.

[4] Le Conseil constitutionnel l'a expressément consacré dans une décision rendue le 10 juin 1998, Rec. Cons., p. 258 ; AJDA 1998, p. 495, chron., J-E. Schoettl ; D. 2000, somm. p. 60, obs. L. Favoreu.

[5] Décision n° 2004-449 DC du 29 avril 2004 (loi relative à la formation professionnelle tout au long de la vie et au dialogue social), Petites affiches, 14 mai 2004, n° 97, note J.-E. Schoetl, p. 3 ; D. 2004. 3029. Sur cette question, v°. D. Chamussy, « Le Conseil constitutionnel et la qualité de la législation », RD publ. 2004, p. 1739.

[6] op. cit, p. 999.

[7] G. Ripert, *Les forces créatrices du droit*, n° 149.

s'agit de moderniser le langage du droit[1] par un travail important sur la terminologie et la phraséologie utilisées[2] : emploi de la langue commune ou de termes courants (il s'agit d'exprimer les règles de droit d'une manière facile à comprendre pour les profanes), de tournures linguistiques claires, d'énoncés simples ; suppression des archaïsmes de vocabulaire ou de construction, définitions des termes techniques[3], la traduction des expressions et locutions latines en français, etc. C'est donc à une rénovation de la « *communication linguistique* » de la loi que les pouvoirs publics doivent s'atteler. Cet effort de modernisation et de simplification du langage se justifie par le fait que « le droit est non seulement un ensemble de règles, mais encore un savoir dont la technicité constitue une barrière à l'entrée, barrière dont le vocabulaire n'est qu'un des aspects les plus relevés[4] ». Mais, comme en toutes choses, il faut se garder des excès, en ayant à cœur cet avertissement de François Terré[5] : « La matière juridique impose un certain recul par rapport au langage profane, faute de quoi l'expression du juridique en termes élémentaires est de nature à le corrompre et à nuire à sa prévisibilité, donc à la sécurité juridique ».

46. L'autre qualité qui peut contribuer à l'intelligibilité de la loi, c'est la concision. À ce propos, l'observation de Bentham[6] reste d'actualité : « Tout ce qui contribue à la brièveté contribue à la clarté ». C'est dire que dans les lois, les rédacteurs ne doivent y inscrire que des prescriptions essentielles. Pour ainsi dire, la loi ne doit pas « descendre dans le détail des questions qui peuvent naître de chaque matière[7] ». Il faut garder à la règle de droit sa vocation primordiale d'être générale. Dans cette optique, le rôle du législateur est de formuler des règles abstraites, impérieuses, catégoriques et qui soient de nature à contenir des principes de solutions aux conflits pouvant opposer des intérêts divergents. Il doit résister à la tentation de vouloir tout régler dans

---

[1] Sur ce thème, v°. L. Fougère, *La modernisation du langage juridique*, EDCE, n° 36, 1984-1985.

[2] Un tel effort a été fait en France en ce qui concerne le langage judiciaire. En 1973, une commission de modernisation du langage fut instituée auprès du ministère de la Justice. Il en résulta de nombreuses circulaires dont celle du 15 septembre 1977 relative à la modernisation du vocabulaire judiciaire. Il s'est agi de rendre le langage judiciaire plus clair, moderne, intelligible.

[3] Sur l'utilité des définitions, v°. G. Cornu, « Les définitions dans la loi », Mélanges J. Vincent, 1981, p. 77 ; « Les définitions dans la loi et les textes réglementaires », RRJ. 1987. 1175.

[4] V° A. Frison-Roche, G. Baranès, op.cit, n° 27.

[5] *Introduction générale au droit*, préc., n° 329. Dans le même sens, signalons cette réserve de Fr. Gény qui considère que le législateur « devra se demander s'il peut se contenter de l'imprécision et des équivoques de la langue vulgaire, ou s'il ne satisfera pas mieux à sa mission en se créant une terminologie sui generis, empruntée au fonds traditionnel du langage juridique, mais accentuant encore la netteté et la certitude de celui-ci, en visant à assigner à la plupart des termes employés un sens invariablement établi et dont l'inflexibilité limite, le plus qu'il soit possible, les tâtonnements de l'interprétation », op. cit, p. 999.

[6] op. cit, p. 591.

[7] V°. Portalis, op. cit. p. 26.

les plus petits détails. En somme, « dans la composition générale des lois... un principe d'économie commande de ne dire que l'essentiel ; dans la rédaction élémentaire des articles, la recherche de la concision est l'aiguillon permanent de l'écrivain[1] ».

Exprimée de manière concise, c'est-à-dire par des formules simples et « ramassées » (à l'instar de nombreux textes du Code civil), la loi devient certainement plus accessible pour les citoyens, même si cela n'exclut pas toute difficulté d'interprétation pouvant justifier le recours aux professionnels du droit. En tout état de cause, son acceptation et sa réception n'en sont que plus facilitées ou renforcées. Son efficacité, son observation et sa durée mêmes sont aussi tributaires de sa brièveté[2]. Faisant l'éloge de ce style lapidaire, Gérard Cornu[3] écrit : « Le postulat de ce style est que la loi, si elle espère devenir, dans les œuvres, règle de vie plutôt que de demeurer, sur le papier, lettre morte, doit sourire à la chance d'être gravée dans les cœurs. C'est à la mémoire que se confie la loi ». La loi doit, en définitive, se limiter à l'énoncé de principes généraux.

47. La nécessité de mettre des lois intelligibles à la disposition des citoyens contraint finalement l'État à entreprendre la modernisation du langage juridique, et partant, la simplification du droit[4]. Il ne fait aucun doute que la mauvaise qualité rédactionnelle des lois, le luxe de détails de certaines législations ou réglementations constituent des facteurs qui obscurcissent le sens des lois et rendent illusoire toute compréhension de leur contenu par les profanes. Il convient donc de simplifier la rédaction des textes. Sous d'autres cieux, et particulièrement en droit français, cet objectif de simplification est devenu un véritable enjeu de politique juridique. Cette évolution s'observe au double plan législatif et juridictionnel[5].

La simplification du droit est effectivement devenue l'objectif de toute activité normative. Cela se traduit par l'édiction de nombreux textes juridiques ou de circulaires qui envisagent les moyens pour y parvenir[6]. L'ambition affichée des pouvoirs publics est d'améliorer la qualité de la réglementation et partant, de faire en sorte que le langage du droit soit véritablement compréhensible pour les citoyens. Dans le même ordre d'idées, l'effort de

---

[1] G.Cornu, ibid, p. 285.

[2] Ripert a effectivement démontré que la mauvaise qualité des lois est un facteur de désobéissance ou de refus de soumission aux lois. V° *Le déclin du droit*, n° 97 s.

[3] *« Le langage du législateur »*, op. cit, p. 285.

[4] D. Gutmann, « L'objectif de simplification du langage législatif », in *Les mots de la loi* (sous la dir. de N. Molfessis), coll. Études juridiques, Economica, 1999, p. 73.

[5] V° N. Molfessis, « Simplification du droit et déclin de la loi », RTD civ. 2004. 155.

[6] V° Loi du 2 juillet 2003 habilitant le gouvernement à simplifier le droit (JO 3juil. 2003, p. 11192) ; Circulaire du 30 septembre 2003 relative à la qualité de la réglementation (JO 2 oct. 2003, p. 16824) ; Circulaire du 26 août 2003 relative à la maîtrise de l'inflation normative et à l'amélioration de la qualité de la réglementation (JO 29 août 2003, p. 14720).

simplification doit viser aussi le contenu même de certains textes. Ainsi de nombreuses matières doivent faire l'objet de réformes. À l'évidence, cette entreprise de simplification traduit la lutte du système juridique contre ses propres dérèglements que sont, entre autres, la mauvaise rédaction des textes, l'extension d'une législation de détails, la complexité des règles, l'ésotérisme du langage juridique.

Le Conseil constitutionnel français apporte aussi sa pierre à l'avènement d'une loi intelligible, en consacrant l'objectif de valeur constitutionnelle d'accessibilité et d'intelligibilité de la loi[1] et en exerçant le contrôle de la clarté et de la précision de la loi[2]. Ce faisant, il rejoint la position de la Cour européenne des droits de l'homme qui exige depuis fort longtemps que les lois soient prévisibles et précises[3].

Il y a donc, en définitive, convergence entre les volontés du législateur, du gouvernement et du juge constitutionnel français de travailler à l'amélioration de la qualité de la loi en vue d'en faciliter la connaissance et la compréhensibilité pour les citoyens[4]. Les autorités publiques camerounaises pourraient s'inspirer de cette démarche qui vise à renforcer l'État de droit.

48. Rien ne menace absolument l'existence et le « règne » de la maxime « *nul n'est censé ignorer la loi* ». Elle continuera certainement à dominer notre système juridique puisqu'elle est un puissant facteur de l'efficacité et de la force obligatoire de la loi. Celles-ci seraient ruinées si les citoyens pouvaient exciper l'ignorance de la loi pour échapper à ses prescriptions et à ses effets. La survie de l'ordre juridique (et partant, le maintien de la paix et de la stabilité sociales) dépend de la force reconnue à cette maxime et de son application ferme par la jurisprudence. Son utilité sociale et politique plaide en faveur de son maintien.

C'est dire, en définitive, qu'il n'y a absolument rien à craindre de la nouvelle lecture de la maxime proposée dans la présente étude. L'affirmation du droit des citoyens à une information juridique accessible (matériellement)

---

[1] V° Décision du 16 décembre 1999 déjà citée.

[2] V° Décision di 10 juin 1998 précitée.

[3] V°. Arrêts *Kruslin c/ France* et *Huvig c/ France* du 24 avril 1990, in V. Berger, *Jurisprudence de la Cour européenne des droits de l'homme*, 9e éd., Dalloz, p. 466, n° 165. Dans ces deux affaires portant sur des écoutes téléphoniques, la Cour a notamment rappelé que les écoutes et autres formes d'interception des entretiens téléphoniques représentent une atteinte grave au respect de la vie privée et de la correspondance, et comme telles, doivent se fonder sur une loi d'une précision particulière, c'est-à-dire sur des règles claires et détaillées. V°. sur cette jurisprudence, P. Lambert, « Les écoutes téléphoniques. Arrêts Huvig et Kruslin c. la France, du 24 avril 1990, de la C.E.D.H », J.T 1990, p. 749-750 ; R. Koeling-Joulin, « De l'art de faire l'économie d'une loi (à propos de l'arrêt Kruslin et de ses suites) », D. 1990, chron., 187.

[4] L'on doit également signaler le rôle important joué par le Conseil d'État en la matière. v. R.D de Saint Marc, « Le Conseil d'État, acteur déterminant de l'élaboration des lois et règlements », JCP G 2006.I.118.

et compréhensible (intellectuellement), loin de conduire à la disparition de l'adage « *nul n'est censé ignorer la loi* », vise plutôt à lui rendre son effectivité. La présomption de connaissance de la loi qu'elle édicte n'aurait de sens que si elle s'accompagne d'un effort réel de modernisation et d'intensification des techniques et modalités de la communication de l'information juridique. Ce n'est qu'à cette condition que la « vérité juridique » qu'elle exprime pourrait enfin se rapprocher de la « vérité matérielle »[1]./.

[1] Sur ces notions, v. P. Louis-Lucas, « Vérité matérielle et vérité juridique », in Mélanges R. Savatier, 1965, p. 584.

-2-

L'OHADA ET L'INTÉGRATION JURIDIQUE EN AFRIQUE*

1. L'idée et la volonté d'intégration ne sont pas nouvelles en Afrique. Bien avant l'indépendance de la plupart des États africains, les tenants du panafricanisme (dont la figure de proue est sans doute N'khrumah) avaient plaidé pour une *intégration politique et économique* de l'Afrique. On comprend dès lors pourquoi de nombreuses organisations panafricaines ou régionales furent créées même si beaucoup disparaîtront avec l'avènement de l'Organisation de l'Unité Africaine (OUA) en 1963. Celle-ci est devenue l'Union Africaine et regroupe aujourd'hui 53 pays membres. Dans l'optique des panafricanistes, l'ambition était de constituer un véritable État fédéral qui devait prendre en charge l'avenir du continent noir. De nos jours, certains leaders africains appellent à une organisation politique quasi identique bien que la réalisation d'une telle entreprise s'avère fort illusoire pour ne pas dire, utopique. Force est de considérer que si l'objectif d'une intégration politique et économique a été mis en avant[1], la nécessité d'une *intégration juridique* ne fut pas en reste et, s'est progressivement imposée[2].

2. Les facteurs ou raisons pouvant justifier cette intégration juridique ne manquent pas. Pour ne prendre que l'espace francophone, il suffit de rappeler que nonobstant une commune source d'inspiration constituée par le droit français, de nombreuses différences ou disparités existent entre les systèmes juridiques des États anciennement sous domination française. L'intégration se justifie alors par le souci « de réaliser un environnement juridique commun en

---

***Article publié in *Les mutations juridiques dans le système OHADA*, ouvrage collectif (dir. A. Akam Akam), L'Harmattan, Paris, 2009, pp. 21-36.**

[1] Sur cette intégration, v°. par exemple A. Watteyne, « Une intégration économique africaine à l'image de l'intégration économique européenne : le cas de l'UEMOA », Revue Burkinabé de droit, n° spécial 2001 (39-40), p. 83 ; J. Djeukou, « La CEMAC, rétrospective et perspectives : réflexions sur l'évolution récente du droit communautaire de l'Afrique centrale », Juridis périodique 2001, n° 47, p. 106.

[2] V°. Kéba Mbaye, « L'unification du droit en Afrique », Revue sénégalaise de droit, n° 10, décembre 1971, p. 65 ; M. Alliot, « Problèmes de l'unification du droit africain », Journal of African law, vol. II, n° 2, 1967 ; J. Issa-Sayegh et R. Degni-Segui, « Codification et uniformisation du droit », Encyclopédie juridique de l'Afrique, Tome 1. Sur l'impact de l'intégration juridique, v°. E. Cerexhe, « L'intégration juridique comme facteur d'intégration régionale », Revue Burkinabé de droit, n° spécial 2001 (39-40), p. 21.

atténuant, voire en éliminant les distorsions entre les systèmes juridiques[1] ». Au-delà, l'intégration juridique, qui peut se traduire par l'*unification* ou l'*harmonisation* des normes, présente un double avantage sur le plan de la sécurité juridique, d'une part, parce que la connaissance de la législation unifiée d'un pays donné garantit qu'il s'agit de la même dans les autres États faisant partie de l'espace juridique intégré ; d'autre part, parce que « toute modification de la loi unifiée se fait selon une procédure communautaire plus lente qu'une procédure nationale ». Enfin, l'intégration juridique élimine ou atténue les conflits de lois dans les relations entre ressortissants des États membres d'une même organisation.

3. Toutes ces raisons expliquent certainement le choix fait par les pays membres de l'OHADA (Organisation pour l'Harmonisation en Afrique du Droit des Affaires) de créer un espace juridique commun. Mais, il faut relever que ce n'est pas la première entreprise d'élaboration d'un ordre juridique communautaire en Afrique. On peut, par exemple citer des initiatives plus anciennes telles que *l'Organisation Africaine de la Propriété Intellectuelle* (OAPI) qui s'est traduite par l'édiction d'une législation unique en cette matière. Il y a également lieu de rappeler les efforts d'intégration en matière sociale, notamment en ce qui concerne la prévoyance (sécurité) sociale dans le cadre de la CIPRES (*Conférence Interafricaine de la Prévoyance Sociale*) créée en 1992 et qui regroupe 14 Etats francophones. Cette organisation a, entre autres missions, de favoriser la ratification des conventions de l'OIT par tous les États parties et de permettre l'adoption de conventions multilatérales[2]. Une autre expérience réussie d'intégration juridique est celle de la CIMA (*Conférence Interafricaine des Marchés d'Assurances*) instituée par un Traité du 10 juillet 1992[3]. Cette organisation a adopté des règles communes en ce qui concerne les entreprises et les opérations d'assurance et notamment les contrats d'assurance terrestres.

4. Cela dit, le Traité instituant l'OHADA a été signé à Port-Louis (Ile Maurice) le 17 octobre 1993. Cette organisation qui regroupe 16 États membres (pays membres de la zone franc et les Comores) constitue l'entreprise la plus hardie d'intégration juridique en Afrique, eu égard notamment à son champ d'application. Il s'agit, comme son nom l'indique, d'une organisation ayant pour but l'harmonisation du droit des affaires en Afrique. L'OHADA a une conception particulièrement large du droit des

[1] Issa-Sayegh (J), Lohouès-Oble (J), *OHADA, Harmonisation du droit des affaires*, Bruylant, 2002, p. 42.

[2] J. Issa-Sayegh, J. Kaufmann, « Les conventions multilatérales interafricaines de sécurité sociale dans les pays francophones au sud du Sahara », Revue Penant, n° 791, p. 302 ; J. Issa-Sayegh, « Les tendances actuelles du droit des relations du de travail dans les Etats d'Afrique noire francophone », in Mélanges P.F Gonidec, L'Etat moderne, horizon 2000, LGDJ 1985, p. 426.

[3] Assi-Esso, Issa-Sayegh, Lohoues-Oble, *CIMA, Droit des assurances*, Bruylant, 2002.

affaires. En effet, aux termes de l'article 2 du Traité, « *entrent dans le domaine du droit des affaires l'ensemble des règles relatives au droit des sociétés et au statut juridique des commerçants, au recouvrement des créances, aux sûretés et aux voies d'exécution, au régime du redressement des entreprises et de la liquidation judiciaire, au droit de l'arbitrage, au droit du travail, au droit comptable, au droit de la vente et des transports, et toute autre matière que le Conseil des ministres déciderait, à l'unanimité, d'y inclure, conformément à l'objet du présent Traité* [1]». Ce texte, en adoptant une énumération non limitative des matières relevant du droit des affaires, consacre l'extension « continue » de celui-ci. Il y a fort à parier que le droit OHADA devient à terme un véritable *droit commun*, cela est d'autant plus vraisemblable que parmi les projets d'actes uniformes en cours, figure celui relatif au droit des contrats. On peut donc penser qu'à terme, c'est l'ensemble ou l'essentiel du droit privé qui risque de relever de l'empire de l'OHADA. En tout état de cause, comme l'affirme un spécialiste éminent du droit OHADA, on assiste à un abandon progressif de la distinction droit civil/droit commercial[2].

Comment justifier une telle expansion du droit des affaires ? On peut penser que, pour les initiateurs du projet, l'objectif était de réaliser un droit unifié des affaires en vue de rationaliser et de moderniser l'environnement juridique des entreprises en Afrique. Il s'agit alors de favoriser les échanges entre les États ; d'instaurer la confiance des investisseurs et d'encourager la délocalisation vers l'Afrique d'entreprises ; d'assurer la sécurité juridique, etc. La mise en place de l'OHADA a donc obéi au souci de disposer d'une institution capable de « sécréter un droit des affaires unique, moderne et adapté[3] ». Il s'agit d'« un outil juridique imaginé et réalisé par l'Afrique pour servir l'intégration économique et la croissance[4] ».

5. La question cruciale à laquelle les auteurs du projet ont été confrontés a été celle du choix entre les deux techniques d'intégration : l'unification et l'harmonisation. Il s'agit là d'une problématique bien connue des

---

[1] À la suite de cette disposition, l'article 11 du Traité précise que le Conseil des ministres approuve le programme annuel d'harmonisation du droit des affaires. Lors d'un conseil qui s'est tenu à Bangui (RCA), les matières suivantes ont été incluses dans le droit des affaires : le droit des sociétés coopératives et mutualistes, le droit bancaire, le droit de la concurrence, le droit des contrats.

[2] Il s'agit de P-G. Pougoué, in *L'OHADA en perspectives*, inédit, p. 11.

[3] Kéba Mbaye, « L'histoire et les objectifs de l'OHADA », in *L'organisation pour l'harmonisation du droit des affaires en Afrique (OHADA)*, Petites aff, 13 oct. 2004, n° 205, p. 4.

[4] Ibid, p. 7.v°. aussi J. Lohouès-Oble, « La création du nouvel environnement juridique de l'entreprise », in Actes du colloque de l'Association ivoirienne Henri Capitant, Abidjan, 2 avril 2001, sur le thème « L'environnement juridique des entreprises dans la zone franc : quel bilan ? », p. 38 et s ; J. Youmsi, « L'OHADA : un instrument pour le développement des investissements dans un climat de sécurité juridique et judiciaire », Juridis périodique, n° 30, p. 98 et s ; R. Foche et V°. Ouafo Bepyassi, « Le droit de l'Ohada : un capital vital pour le redressement de l'économie africaine », in *L'effectivité du droit de l'OHADA*, PUA, 2006, p. 49 et s.

comparatistes qui distinguent bien ces deux techniques. En effet, on considère habituellement que l'*harmonisation* consiste dans un simple rapprochement entre deux ou plusieurs systèmes juridiques. Le but n'est pas alors de créer des règles identiques, mais d'édicter un corps de règles reposant simplement sur un socle commun, ce qui laisse une certaine place aux différences ou aux nuances entre les règles applicables dans les différents pays. En revanche, l'*unification* correspond à l'uniformisation du droit applicable à une matière juridique donnée dans un ou plusieurs pays. Elle consiste donc dans l'adoption de normes identiques de sorte que l'on peut véritablement parler d'un droit uniforme.

En apparence, on peut penser que l'option retenue par les initiateurs de l'OHADA a été l'harmonisation puisque la dénomination de l'organisation vise expressément le terme. Mais, à l'analyse de l'œuvre accomplie, il est incontestable que c'est à une véritable unification du droit des affaires qu'on a abouti[1]. En effet, quelle que soit la matière considérée (droit commercial, droit des sociétés, droit des sûretés, etc.), on est en présence de règles uniformes. L'OHADA constitue donc *un droit communautaire matérialisé par des actes uniformes qui se substituent aux législations nationales et qui sont d'application directe* sur le territoire de chaque État membre. L'objectif primordial de cette institution est de mettre fin à la « balkanisation juridique » de l'espace francophone africain.

6. L'avènement de l'OHADA marque donc une étape décisive dans l'œuvre d'intégration juridique des États francophones qui la constituent. Pour présenter, fût-ce succinctement, cette contribution majeure à la construction d'un droit international des affaires unifié[2], il convient d'abord d'évoquer brièvement les institutions mises en place par l'OHADA pour conduire le processus d'intégration juridique (I) avant d'envisager les instruments juridiques (II) qui assurent la réalisation effective de cette intégration.

I. LES ORGANES ŒUVRANT A L'INTÉGRATION

7. L'article 3 du Traité instituant l'OHADA prévoit que la réalisation des missions confiée à l'OHADA incombe au Conseil des ministres (A) et à la Cour commune de justice et d'arbitrage[3] (B). Il s'agit des deux organes institutionnels de l'OHADA qu'il faut présenter avant de dire un mot sur le Secrétariat permanent (C).

---

[1] B.Martor, S. Thouvenot, « L'uniformisation du droit des affaires en Afrique par l'OHADA », JCP éd. E, supplé. N° 5 au numéro 44 du 28 octobre 2004.

[2] P. Tiger, *Le droit des affaires en Afrique OHADA*, Puf, Que sais-je, 1e éd. 1999.

[3] Sur les institutions de l'OHADA, v. Sietchoua Djuitchoko (C), « Les sources du droit de l'Organisation pour l'Harmonisation en Afrique du Droit des Affaires (OHADA) », Recueil Penant 2003, n° 843, p. 140 ; Larba Yarga, « L'OHADA, ses institutions et ses mécanismes de fonctionnement », Revue Burkinabé de droit, n° spécial 2001 (39-40), p. 29.

A. Le Conseil des ministres

8. C'est l'organe suprême de l'OHADA. Pour l'accomplissement de ses missions, il est assisté d'un Secrétariat permanent auquel est rattachée l'École régionale supérieure de la magistrature. Il convient de s'intéresser d'abord à sa composition et son fonctionnement avant de préciser ces attributions.

1. Composition et fonctionnement

9. Il ressort des dispositions de l'article 27 alinéa 1er du Traité que « le Conseil des ministres est composé des ministres chargés de la Justice et des ministres chargés des Finances ». Chaque État membre dispose donc de deux représentants au sein du conseil. La désignation du garde des Sceaux et du ministre chargé des Finances marque le caractère technique de l'OHADA qui est essentiellement en charge de problèmes juridiques et économiques qui sont normalement de la compétence de ces ministres.

Quant au fonctionnement, il y a lieu de préciser que chaque État membre assure la présidence du conseil pour un an, suivant une liste dressée par ordre alphabétique. Le conseil se réunit au moins une fois par an sur convocation du président ou à la demande du tiers des États parties. Il ne peut valablement délibérer que si les deux tiers (2/3) au moins des Etats parties sont représentés. Chaque État membre dispose d'une voix (art. 30).

2. Attributions

10. Le Conseil des ministres dispose du pouvoir normatif et du pouvoir de décision. Au titre du *pouvoir normatif*, le Conseil des ministres est le véritable organe législatif de l'OHADA. Il s'agit là d'une incontestable originalité en ce sens que contrairement à d'autres organisations communautaires où le pouvoir législatif est dévolu à des parlements supranationaux, l'OHADA réserve ce pouvoir à un organe exécutif[1]. Ceci dit, il ressort des dispositions du Traité que, d'une part, le Conseil des ministres prend, à la majorité absolue, des règlements pour l'application du Traité (art. 4) et, d'autre part, qu'il adopte les actes uniformes (ce sont les actes pris pour l'édiction des règles communes) à l'unanimité des représentants des États parties présents et votants (art. 6). Dans les deux cas envisagés ici, le Conseil des ministres exerce une compétence exclusive. C'est dire que l'avis de la CCJA ne lie pas le conseil[2].

---

[1] Sur cette question, v° J.S. Nkotto Zengue, *Répartition des compétences législatives entre l'OHADA et les États parties : regard prospectif sur les rapports entre le législateur OHADA et le législateur national*, Mémoire de DEA, Université de Yaoundé II, 2005/2006.

[2] L'article 6 du Traité prévoit que les actes uniformes sont délibérés et adoptés par le conseil après avis de la CCJA. Ce texte ne précise pas la force ou la portée de cet avis. Rien n'autorise à dire qu'il s'agit d'un avis conforme.

Outre le pouvoir normatif, le Conseil des ministres dispose d'un *pouvoir de décision*. Il s'agit d'un pouvoir qui lui est dévolu à l'effet de prendre soit des décisions de portée générale (le conseil a ainsi pris une décision relative aux frais d'arbitrage de la CCJA le 3 février 1999 et une autre en date du 12 mars 1999 portant approbation de la décision relative aux frais d'arbitrage), soit des décisions individuelles (telles que celles qui concernent la nomination des responsables de différentes institutions ou structures de l'OHADA : Secrétariat permanent, Ersuma, CCJA).

11. Le Conseil des ministres est enfin chargé, suivant les termes de l'article 11 du Traité, d'*approuver, sur proposition du Secrétaire permanent, le programme annuel d'harmonisation du droit des affaires*. Il s'agit, pour le conseil d'arrêter, pour chaque année, les matières qui figurent à l'énumération de l'article 2 du Traité ou même des matières nouvelles qui doivent faire l'objet d'actes uniformes. C'est ainsi que depuis l'entrée en vigueur du Traité, huit matières ont déjà fait l'objet d'actes uniformes. Dans le cadre de l'application de l'article 11 susvisé, le conseil des ministres qui s'est tenu à Brazzaville (Congo) les 16, 17 et 18 février 2002 a recommandé d'harmoniser en premier le droit des contrats et le droit des sociétés coopératives et mutualistes parmi les matières incluses en 2001 dans le droit des affaires.

B. La Cour Commune de justice et d'arbitrage

12. C'est le second organe de l'OHADA[1]. Il s'agit d'une institution originale en ce qu'elle assume des fonctions de nature différente sur lesquelles il faudra s'étendre après avoir précisé sa composition et son fonctionnement.

1. Composition et fonctionnement de la CCJA

13. La CCJA est composée de sept juges élus par le Conseil des ministres pour une durée de sept (7) ans renouvelable une fois. Pouvant être soit des magistrats de carrière, soit des avocats ou professeurs de droit (ces derniers ne sauraient être plus de deux) ayant au moins quinze ans d'expérience, ces juges sont choisis sur une liste présentée par les États parties. La présidence est assurée par un président assisté de deux vice-présidents, tous les trois élus au sein de la cour pour une durée de trois ans non renouvelable. Ils entrent en fonction après avoir prêté serment. Ils ne peuvent exercer aucune fonction politique ou administrative sauf autorisation de la Cour (art. 37).

Les magistrats de la CCJA sont inamovibles pendant la durée de leur mission (art. 36). Cette inamovibilité doit leur permettre d'assumer leurs

---

[1] B. Diallo, « La Cour commune de justice et d'arbitrage (CCJA) et le contentieux des actes uniformes », Recueil Penant, n° 850, p. 22 et s ; E. Nsié, « La Cour commune de justice d'arbitrage », Penant 1998, n° 828, p. 308.

fonctions en toute indépendance. En outre, ils bénéficient de privilèges et d'immunités diplomatiques dans l'exercice de leurs fonctions (art. 49).

14. La CCJA a son siège à Abidjan (Côte d'Ivoire) où elle tient ses audiences ou réunions. Toutefois, elle peut se réunir en d'autres lieux, sur le territoire d'un État partie, avec l'accord préalable de celui-ci. Il peut donc être tenu des « sessions foraines » dans l'optique de rapprocher la justice communautaire des ressortissants des États parties. La cour siège en formation plénière et peut aussi constituer des chambres. Les délibérations ont lieu en chambre de conseil et sont et demeurent secrètes.

2. Les fonctions de la CCJA

15. Celles-ci[1] peuvent être appréhendées au regard de l'application et de l'interprétation des textes juridiques de l'OHADA d'une part, et au regard de l'institution d'arbitrage qu'elle abrite.

16. Relativement à l'interprétation et l'application du Traité, des règlements et des actes uniformes, la CCJA assume une double fonction : une fonction consultative et une fonction contentieuse[2]. S'agissant de la *fonction consultative*, il convient de rappeler que la CCJA peut être consultée soit par un Etat partie, soit par le Conseil des ministres, soit par une juridiction nationale (art. 14 al. 2). Si pour les États parties et le Conseil des ministres, la saisine se fait par requête d'avis, il en va autrement pour les juridictions de fond qui doivent saisir la cour par une décision dont la forme n'est pas précisée. Cela dit, quand la CCJA est effectivement saisie, elle émet un avis consultatif[3] qui ne la lie point, mais qui doit être contraignant pour la juridiction étatique l'ayant sollicité. Autrement dit, la juridiction nationale doit suivre l'avis émis par la cour. Cette solution nous semble garantir une interprétation ou une application identique des dispositions des règlements ou des actes uniformes dans tous les États membres de l'OHADA.

Quant à la *fonction jurisprudentielle*[4], elle est celle qui suscite le plus de discussions en raison des difficultés de délimitation des compétences entre la CCJA et les juridictions suprêmes des États parties[5]. Quoi qu'il en soit, la

---

[1] P. Moudoudou, « Réflexions sur les fonctions de la Cour commune de justice et d'arbitrage de l'OHADA », Revue EDJA, n° 64, janvier-février-mars 2005, p. 7-24.

[2] Sur cet aspect de la compétence de la CCJA, v. B. Diallo, op. cit, p. 22 et s.

[3] Depuis son entrée en fonction, la CCJA a eu l'occasion de rendre de nombreux avis. V.Issa-Sayegh et Lohouès-Oble, op. cit, p. 172 et s ; P. Agboyibor, in Revue de droit des affaires internationales 1999, n° 5 et 6.

[4] V. J. Issa-Sayegh, « La fonction jurisprudentielle de la CCJA », www.ohada.com, ohadata D-02-16.

[5] Sur cette question si délicate, v. Fr. Anoukaha, « La délimitation de la compétence entre la CCJA et les Cours suprêmes nationales en matière de recouvrement des créances », Juridis périodique 2004, n° 59, p. 118 et s ; J. Mbosso, « Le rôle des juridictions nationales et le droit

saisine de la CCJA a pour effet de suspendre toute procédure de cassation engagée devant une juridiction nationale, sauf en ce qui concerne les procédures d'exécution (art. 16). La CCJA saisie par la voie du recours en cassation, statue en dernier ressort sur toutes les affaires connues par les juridictions d'appel des États parties et sur les décisions non susceptibles d'appel et qui concernent les questions relatives à l'application des actes uniformes (art. 14). La CCJA n'est cependant pas compétente pour connaître des décisions appliquant des sanctions pénales qui relèvent des cours suprêmes nationales.

Ce qui fait l'originalité de la CCJA, c'est qu'en cas de recours en cassation, elle « *évoque et statue sur le fond* [1]». En prévoyant cela, l'alinéa 5 de l'article 14 du Traité fait de la CCJA un troisième degré de juridiction. Celle-ci statue par ailleurs sans renvoi. Cette disposition exorbitante peut s'expliquer par le souci des promoteurs de l'OHADA d'éviter les divergences de solutions retenues par les juridictions des États. Il s'agit, en quelque sorte, de garantir une certaine « unité de jurisprudence ».

Les arrêts rendus par la CCJA ont l'autorité de la chose jugée et la force exécutoire dans tous les États parties (art. 20). Sur le premier point, il faut dire que les décisions de la CCJA ne peuvent faire l'objet que de *voies de recours extraordinaires*, à savoir la tierce opposition et le recours en révision (il faut dans ce cas démontrer l'existence d'un fait nouveau). Sur le second, il y a lieu d'indiquer que les arrêts de la CCJA peuvent donner lieu à exécution forcée sur le territoire de chaque État partie dans les mêmes conditions que ceux des juridictions nationales, sans qu'il soit besoin d'avoir recours à la procédure d'exequatur.

17. En matière d'*arbitrage*[2], la CCJA joue un double rôle : celui de centre d'arbitrage, d'une part, et celui de juge d'appui, d'autre part[3]. En effet, la CCJA est un centre administratif d'arbitrage. À ce titre, elle ne tranche pas elle-même les litiges soumis à l'arbitrage (il s'agit des litiges concernant des contrats exécutés dans l'un des États parties ou dont l'une des parties a son domicile ou sa résidence dans un tel État). D'une manière générale, la CCJA exerce différentes attributions : elle nomme ou confirme les arbitres, est informée du déroulement de l'instance arbitrale, examine les projets de

---

harmonisé », RDAI 2000, n° 2, p. 216 ; B. Boumakani, « Le juge interne et le droit OHADA », Penant 2002, p. 146.

[1] E. Assi Assepo, « La CCJA de l'OHADA, un troisième degré de juridiction ? », Revue internationale de droit comparé, 4. 2005.

[2] Le droit de l'arbitrage OHADA est constitué du Traité (art. 21 à 25), d'un Acte uniforme du 11 mars 1999 relatif à l'arbitrage et du Règlement d'arbitrage CCJA.

[3] Sur cette question, v°. Travaux du Centre R-J. Dupuy, *L'OHADA et les perspectives de l'arbitrage en Afrique*, Actes du colloque, éd. Bruylant, Bruxelles, 2000 ; P-G. Pougoué, J-M. Tchakoua, A. Fénéon, *Droit de l'arbitrage dans l'espace OHADA*, Presses universitaires d'Afrique, 2000.

sentence. Comme juge d'appui, la CCJA a compétence exclusive pour accorder ou refuser l'exequatur (art. 25 R). En réalité, l'exequatur est accordé par une ordonnance du président de la CCJA ou du juge délégué à cet effet et c'est cette formalité qui confère à la sentence un caractère exécutoire dans tous les États parties. Quant au refus de l'exequatur, il ne peut intervenir que dans des cas limités : inexistence, nullité ou expiration de la convention d'arbitrage, violation de sa mission par l'arbitre, non-respect du principe du contradictoire, atteinte à l'ordre public international.

Telles sont les missions de la CCJA tant en matière juridictionnelle qu'arbitrale. En tout état de cause, il s'agit donc d'une institution aux fonctions duales et qui est chargée de la bonne application du droit uniforme.

C. Le Secrétariat permanent

18. Aux termes de l'article 3 du Traité, le Conseil des ministres est assisté d'un Secrétariat permanent. Il s'agit de l'organe exécutif de l'OHADA en ce sens qu'il est chargé de l'administration. À ce titre, il assure le lien entre les États parties et les instances de l'OHADA (Conseil des ministres, CCJA, École régionale supérieure de la magistrature[1]) ainsi qu'entre celles-ci. Parmi ses attributions, la plus importante sans doute est la préparation des projets d'actes uniformes. Ceux-ci sont ensuite soumis aux États parties pour examen et observations ainsi qu'à la CCJA pour avis. Il met au point le projet définitif et en propose l'inscription à l'ordre du jour du Conseil des ministres.

Le Secrétariat permanent a son siège à Yaoundé (Cameroun). Il est dirigé par un Secrétaire permanent nommé par le Conseil des ministres.

19. Telles sont les institutions mises en place par le Traité OHADA. Force est de reconnaître que ces différents organes jouent pleinement leur rôle dans l'élaboration et l'application du droit uniforme. Le bilan est globalement positif et considérable si l'on en juge par le nombre important d'actes uniformes adoptés depuis l'entrée en vigueur du traité ayant institué l'OHADA.

II. LES INSTRUMENTS RÉALISANT L'INTÉGRATION

20. Le droit uniforme OHADA est essentiellement contenu dans des instruments juridiques sui generis que sont les Actes uniformes (C). Avant de les évoquer, il convient de rappeler le rôle important joué par le Traité (A) et les règlements (B) dans l'œuvre de réalisation de l'intégration juridique de l'espace francophone africain.

---

[1] L'ERSUMA est une institution spécialisée de l'OHADA qui est appelée à jouer un rôle déterminant dans le processus d'intégration juridique et notamment dans l'uniformisation de l'application et de l'interprétation du droit OHADA. Son siège est à Porto-Novo au Bénin.

A. Le Traité

21. C'est à Port-Louis (Ile Maurice) que le Traité relatif à l'harmonisation du droit des affaires en Afrique a été signé le 17 octobre 1993[1]. En application de l'article 52, il fut soumis à la ratification des États signataires et ce n'est que le 18 septembre 1995 qu'il est entré en vigueur. Au regard de notre sujet et notamment en ce qui concerne l'intégration juridique, c'est surtout le contenu de ce traité qui nous intéresse. À cet effet, les titres I à V sont les plus importants en ce qu'ils traitent des dispositions générales (objet du Traité, délimitation des matières entrant dans le domaine du droit des affaires), des Actes uniformes en général (art. 5 à 12) et du contentieux relatif à leur application et à leur interprétation, de l'arbitrage, des institutions et organes de l'OHADA.

En instituant une organisation communautaire, le Traité de Port-Louis a pour ambition de doter les États membres « de règles communes, simples, modernes et adaptées à la situation de leurs économies, par la mise en œuvre de procédures judiciaires appropriées, et par l'encouragement au recours à l'arbitrage pour le règlement des différends contractuels » (art. 1er). Le Traité apparaît ainsi comme l'instrument juridique majeur de l'harmonisation du droit des affaires dans les pays africains relevant de l'espace OHADA.

B. Les règlements

22. Il s'agit d'une catégorie d'actes juridiques pris par le conseil des ministres pour l'application du Traité. On considère qu'ils sont des actes de même nature que le Traité et, par conséquent, sont d'application directe et obligatoire dans tous leurs éléments, et ce dans tous les États parties[2]. Pris en application du Traité, les règlements édictent des dispositions générales et impersonnelles et portent sur diverses matières. À ce jour, parmi les règlements émis par le Conseil des ministres, on doit notamment citer le *Règlement de procédure de la CCJA (11 avril 1996), le Règlement d'arbitrage CCJA (11 mars 1999), le Règlement financier des institutions de l'OHADA, le Règlement portant statut des fonctionnaires et le régime applicable au personnel de l'OHADA (30 janvier 1998).*

En définitive, il y a lieu de considérer que si le Traité contient les règles fondamentales régissant l'OHADA (missions, institutions, fonctionnement, etc.), il revient aux règlements de fixer les règles complémentaires et nécessaires à la réalisation effective de l'œuvre d'harmonisation du droit des affaires.

---

[1] V°. J. Youmsi, « Traité relatif à l'harmonisation du droit des affaires en Afrique », Juridis périodique, n° 30, avril-mai-juin 1997, p. 98.
[2] Issah-Sayegh et Lohoues-Oble, op. cit, p. 112, n° 250.

C. Les Actes uniformes

23. Rompant avec la tradition juridique habituée aux termes de lois, règlements ou autres directives, l'OHADA crée une catégorie nouvelle, celle des *Actes uniformes*. L'article 5 du Traité énonce que « *les actes pris pour l'adoption des règles communes* (…) *sont qualifiés « Actes uniformes* ». En application des dispositions de l'article 2, le Conseil des ministres de l'OHADA a pris huit actes uniformes qui sont déjà entrés en vigueur. Il s'agit de l'Acte uniforme relatif au droit commercial général, de l'Acte uniforme relatif au droit des sociétés commerciales et du GIE, de l'Acte uniforme portant organisation des sûretés (17 avril 1997), de l'Acte uniforme portant organisation des procédures simplifiées de recouvrement et des voies d'exécution, de l'Acte uniforme portant organisation des procédures collectives d'apurement du passif (10 avril 1998), de l'Acte uniforme relatif à l'arbitrage (11 mars 1999), de l'Acte uniforme portant organisation et harmonisation des comptabilités des entreprises (24 mars 2000), de l'Acte uniforme sur les contrats de transport de marchandises par route (22 mars 2003). Parmi les projets en préparation, il convient de citer le projet d'acte uniforme relatif au droit des contrats.

Ce sont les dispositions contenues dans ces divers actes uniformes qui constituent ce qu'il est convenu d'appeler *le droit OHADA* (celui-ci intègre bien entendu les règles prévues dans le Traité et les règlements). Il convient d'en préciser les sources et la portée.

24. Les actes uniformes constituent un ensemble de règles matérielles qui empruntent ou s'inspirent de différentes sources telles que le droit français (pour ce qui est du droit commercial général, du droit des sociétés, etc.), le droit international[1] (on peut citer la Convention de Vienne de 1990 sur la vente internationale de marchandises, les lois types de la CNUDCI sur l'arbitrage et l'insolvabilité, la Convention de Genève relative au contrat de transport de marchandises par route, etc.). Pour ce qui est du projet d'acte uniforme sur le droit des contrats, il s'inspire largement des Principes Unidroit[2]. Considérant ces diverses influences, certains auteurs se montrent critiques sur le fond même du choix fait par les rédacteurs de certains actes uniformes. S'agissant notamment de l'emprunt fait à certains textes internationaux, si certains[3] estiment que dans de nombreux cas la reprise des règles a été faite de manière

[1] Sur les sources d'inspiration du droit OHADA, v° Kenfack Douajni, « L'influence de l'internationalité dans l'élaboration du droit OHADA », Penant, n° 851, avril-juin 2005, p. 174 ; C. Sietchoua Djuitchoko, « Les sources du droit de l'Organisation pour l'Harmonisation en Afrique du Droit des Affaires (OHADA) », Recueil Penant 2003, n° 843, p. 140

[2] V°. Fontaine (M), « Le projet d'acte uniforme OHADA sur les contrats et les principes d'Unidroit relatifs aux contrats du commerce international », Revue de droit uniforme, 2004-2, p.253.

[3] V° notamment Khalil Diallo, « La problématique de l'intégration africaine : l'équation de la méthode », Ohadata D-05- 16, p. 2.

servile, d'autres regrettent surtout que l'on se soit davantage inspiré de textes régissant le commerce international et qui peuvent apparaître inadaptés dans la vie juridique et économique interne. Pour clore sur cette question des sources, il faut dire que le droit OHADA s'inspire aussi de législations existantes dans certains pays membres ou non. Il en est notamment ainsi de l'exigence d'inscription des sûretés mobilières au registre du commerce et du crédit mobilier qui a son origine en droit sénégalais. C'est encore au droit sénégalais que l'on doit la consécration du droit de rétention comme une sûreté autonome.

25. En ce qui concerne la portée des actes uniformes, il faut dire que les règles qu'ils instituent constituent un *droit supranational* qui s'impose à tous les États parties. À cet effet, l'article 10 du Traité dispose que « l*es actes uniformes sont directement applicables et obligatoires dans les États parties nonobstant toute disposition contraire de droit interne, antérieure ou postérieure* ». Ce texte affirme ainsi la force obligatoire des actes uniformes et leur substitution aux normes nationales. Les actes uniformes abrogent donc d'office tout texte de droit interne ayant le même objet et dont les dispositions lui sont contraires[1]. Dans un avis rendu le 30 avril 2001 à la demande des autorités ivoiriennes, la CCJA a confirmé la portée abrogatoire de l'article 10 précité. Elle a notamment rappelé que « *l'article 10 contient une règle de supranationalité par ce qu'il prévoit l'application directe et obligatoire des actes uniformes et institue, par ailleurs, leur suprématie sur les dispositions de droit interne antérieures et postérieures. En vertu du principe de la supranationalité*[2] *qu'il consacre, l'article 10 du Traité... contient bien une règle relative à l'abrogation du droit interne par les actes uniformes dans les États parties* ». En revanche, il y a possibilité de coexistence entre des actes uniformes et des lois nationales non contraires[3]. Le règne du droit uniforme n'est donc pas sans partage[4]. Si les États parties doivent se soumettre à son empire, il reste qu'ils peuvent continuer à légiférer dans les matières faisant l'objet de l'harmonisation. En outre, le droit uniforme leur reconnaît pleine compétence en matière de sanction pénale des infractions qu'il détermine[5]. Enfin, certains actes uniformes renvoient expressément ou implicitement au

---

[1] Issa Sayegh et Lohoues-Oble, op. cit, p. 134, n° 307.

[2] Abarchi Djibril, « La supranationalité de l'OHADA », Revue EDJA, n° 44, janv-févrrier-mars 2000, p. 7 et s.

[3] C'est ce que confirme expressément l'article 1er de l'Acte uniforme relatif au droit commercial général qui prévoit d'une part que tout commerçant est soumis à ses dispositions, et d'autre part, que tout commerçant demeure soumis aux lois non contraires qui sont applicables dans un État partie.

[4] Sur cette répartition des compétences, v° Nkotto Zengue.

[5] L'article 5 du Traité prévoit que « *les actes uniformes peuvent inclure des dispositions d'incrimination pénale. Les États parties s'engagent à déterminer les sanctions pénales encourues* ».

droit interne dans certaines matières ou admettent la possibilité pour les États parties de prévoir des règles particulières[1].

26. En définitive, l'apport du droit OHADA est considérable en ce qui concerne l'uniformisation, la modernisation et la sécurisation de l'environnement juridique et judiciaire des affaires en Afrique francophone[2]. Cet apport peut d'ailleurs s'apprécier au-delà. En effet, le droit OHADA a enrichi de manière significative la théorie générale du droit, tant sur la forme avec l'institution d'une catégorie nouvelle d'acte juridique à savoir : les actes uniformes[3], que sur le fond. Sur ce point, il n'y a qu'à relever le dépassement progressif de *la distinction droit privé/droit public* à travers notamment la soumission des personnes morales de droit public à des règles de droit privé ou encore de celle entre *droit civil/droit commercial* avec l'extension considérable du champ d'application du droit des affaires qui intègre des matières relevant traditionnellement du droit civil, ou encore *l'émergence d'une nouvelle distinction entre droit des professionnels et droit des non-professionnels*, le droit OHADA ayant la prétention de s'appliquer à tous ceux qui exercent une activité professionnelle salariée ou indépendante. C'est dire que l'intérêt scientifique du droit OHADA, autant que l'intérêt économique et politique, n'est point négligeable. Tout cela plaide en faveur d'une meilleure connaissance de cette expérience extraordinaire d'intégration juridique qui arrime définitivement l'Afrique francophone à la modernité juridique. L'on comprend alors la nécessité d'évaluer l'OHADA quinze ans après son avènement[4] tant en ce qui concerne son effectivité que ses perspectives./.

[1] Il en est par exemple ainsi de la quotité saisissable ou cessible des salaires servant d'assiette au super privilège des salaires, de l'incapacité des mineurs ou de certains majeurs incapables d'exercer une activité commerciale, des incompatibilités ou interdictions de faire le commerce, etc.

[2] Il reste le problème de la cohabitation du droit OHADA avec les autres droits édictés par des organisations telles que la CEMAC, l'UEMOA, etc. Sur cette question, v ° F. M. Sawadogo, « La problématique de la cohabitation des ordres juridiques OHADA, UEMOA, CEDEAO », in *Actes du Colloque sur la mise en cohérence des processus d'intégration économique et juridique*, Ouagadougou, 8,9 et 10 janvier 2007, inédit ; Ba Demba Boubakar, « Le problème de la compatibilité entre l'UEMOA et l'OHADA », in *La libéralisation de l'économie dans le cadre de l'intégration régionale : le cas de l'UEMOA*, Actes du colloque de Ouagadougou, 16 et 17 décembre 1999, sous la direction de Pierre Meyer, Publication du CEI, n° 3, Ouagadougou 2001.

[3] Comme le relève la doctrine, cette nouvelle dénomination enrichit le vocabulaire de la nomenclature des actes adoptés par les organisations internationales. V°. B. Gueye et S.N. Tall, « Commentaire sous l'article 5 du Traité », in *OHADA, Traité et actes uniformes commentés et annotés*, Juriscope, 3e éd., 2008, p. 28.

[4] Sur l'évaluation du droit OHADA en général, v°. A. Cissé, « L'harmonisation du droit des affaires en Afrique : l'expérience de l'OHADA à l'épreuve de sa première décennie », Revue internationale de droit économique. 2004-2. p. 197 et s ; P-G. Pougoué, Y.R. Kalieu, *Introduction critique à l'OHADA*, PUA, 2008.

-3-

L'ATTRACTIVITÉ ET l'EFFICACITÉ DU DROIT OHADA

1. Il n'est pas évident de traiter de l'attractivité et de l'efficacité d'une norme juridique, d'un droit, voire d'un système juridique. C'est qu'en premier lieu, il s'agit d'apprécier la norme juridique à l'aune de concepts qui procèdent non de la science juridique, mais plutôt d'autres sciences sociales et notamment de la science économique[1], et dont l'appropriation et la manipulation peuvent s'avérer complexes pour le juriste qui ne dispose pas des outils ou instruments techniques nécessaires et qui peut donc estimer que leur mesure échappe à sa compétence[2]. En second lieu, il s'agit d'évaluer la norme juridique à partir de deux critères qui relèvent incontestablement de l'exigence de qualité de la norme[3] en général. En effet, il apparaît de plus en plus que l'attractivité et l'efficacité constituent des propriétés qui sont désormais attendues d'une règle de droit à côté de bien d'autres comme

---

***Article publié in *L'OHADA au service de l'économie et de l'entreprise : efficacité et compétitivité (1993-2013)*, (dir. J. Diffo-Tchuenkam), 2014.**

[1] V° par ex. M. Fatin-Rouge Stéfanini, L. Gay, A. Vidal-Naquet, Préface in *L'efficacité de la norme juridique*, Bruylant, Bruxelles, 2012, p. 14 qui rappellent que l'évaluation de l'efficacité de la norme juridique mobilise des instruments d'analyse qui relèvent d'autres sciences sociales que le droit, à savoir la sociologie traditionnellement et l'économie.

[2] J. Caillosse, « Esquisse d'une réflexion sur une fausse évidence : l'efficacité du droit », in M. Fatin-Rouge Stéfanini, L. Gay, A. Vidal-Naquet, *L'efficacité de la norme juridique*, op.cit., p. 153. L'auteur rappelle que « l'appréhension ou la mesure des résultats produits par le droit dans ses expressions les plus courantes ne sont pas en tant que telles des opérations juridiques. Il y a là tout un travail qui relève, pour l'essentiel, de la sociologie du droit ».

[3] M. Fatin-Rouge Stéfanini, L. Gay, J. Pini, *Autour de la qualité des normes*, Bruylant, Bruxelles, 2010 ; P. Deumier, « Les qualités de la loi », RTD civ. 2005. 93 ; B. Mathieu, « Le Conseil constitutionnel renforce les exigences relatives à la qualité du travail législatif et à la sécurité juridique », JCP G 2007, n° 1-2, act. 1.

l'accessibilité et l'intelligibilité[1], la simplicité[2], la prévisibilité, l'effectivité[3] et qui posent, pour l'attractivité, la question du rayonnement de la norme considérée, et pour l'efficacité, celle de la capacité de la règle à produire les effets visés par l'auteur. La science juridique s'intéresse ainsi à ces nouveaux critères (qui ne sauraient être rejetés ou maintenus hors du champ juridique), se demandant même s'ils ne sont pas devenus les *nouveaux vecteurs de légitimité des normes juridiques*. Aussi, avant d'aborder directement la problématique de l'attractivité et de l'efficacité du droit OHADA, convient-il de procéder à la clarification de ces deux concepts qui bien qu'entretenant un lien nécessaire, n'en sont pas moins distincts.

2. L'attractivité, dit le Petit Larousse, est le caractère de ce qui est attractif. Elle signifie, d'une manière générale, la capacité d'une personne ou d'une chose à susciter de l'intérêt, à attirer ou à plaire. S'agissant d'une norme (ou d'un système) juridique, on dira qu'elle est attractive lorsqu'elle s'avère apte à attraire sous son empire les comportements des acteurs sociaux ou des personnes auxquelles elle s'applique. Ainsi comprise, l'attractivité est un facteur d'évaluation du degré de rayonnement d'une règle de droit, soit à travers son expansion territoriale, c'est-à-dire par la conquête de nouveaux espaces ou territoires, soit au regard de son extension matérielle qui se traduit par la conquête de nouveaux domaines ou l'application à un plus grand nombre de situations juridiques, par exemple. La question de l'attractivité de la norme se pose ainsi dans la phase d'application de la norme et permet, in fine, de s'interroger sur la pertinence de la norme considérée. En tout état de cause, elle se rattache certainement à la problématique de l'impact de la règle sur le champ social. Et c'est en cela qu'elle est liée à celle de l'efficacité.

3. La notion d'efficacité, quant à elle, s'appréhende comme la qualité ou la propriété d'une personne qui atteint le but poursuivi ou le résultat attendu ou d'une chose qui produit les effets attendus. S'agissant de la norme juridique, on dira qu'elle est efficace quand les effets concrets produits par celle-ci dans la réalité sociale sont conformes aux objectifs de l'auteur. Aussi, l'évaluation de l'efficacité d'une norme consiste à mesurer le degré de correspondance

---

[1] Sur l'accessibilité et l'intelligibilité, v° A. Akam Akam, « Libres propos sur l'adage Nul n'est censé ignorer la loi », RRJ, 2007/3, p. 30 et s ; M-A Frison-Roche, W. Baranès, « Le principe constitutionnel de l'accessibilité et de l'intelligibilité de la loi », D. 2000. 361 ; N. Molfessis, « La sécurité juridique et l'accès aux règles de droit », RTD civ. 2000. 662.

[1] J.O 13 avril 2000, p. 5646 ; V. Lasserre-Kiesow, « La compréhensibilité des lois à l'aube du XXIe siècle », D. 2002. 1157.

[1] ibid, p. 1159.

[2] D. Gutmann, « L'objectif de simplification du langage législatif », in *Les mots de la loi* (sous la dir. de N. Molfessis), coll. Études juridiques, Economica, 1999, p. 73 ; N. Molfessis, « Simplification du droit et déclin de la loi », RTD civ. 2004. 155.

[3] J. Carbonnier, « Effectivité et ineffectivité de la règle de droit », Année sociologique, 1958, p. 14 ; Ch. Mincke, « Effets, effectivité, efficience et efficacité du droit : le pôle réaliste de la validité », RIEJ, 1998, p. 130.

entre les effets produits et les objectifs poursuivis, ou, comme on l'a relevé[1], « l'écart entre l'objectif poursuivi par une règle de droit et le résultat obtenu ». L'efficacité se distingue ainsi, d'une part, de l'effectivité qui mesure le degré de correspondance entre la prescription énoncée par la norme et les comportements sociaux, et, d'autre part, de l'efficience qui est la propriété d'une norme à atteindre le but poursuivi par l'auteur au moindre coût.

4. Au regard de ce qui précède, il apparaît que l'évaluation de l'attractivité et de l'efficacité de la norme juridique amène à envisager ou à s'intéresser aux effets produits en aval par celle-ci. Elle postule que le discours juridique doit aller au-delà de l'appréciation de la légitimité du pouvoir de produire les normes fondées sur l'élaboration démocratique de la règle de droit, pour s'intéresser à la prégnance sociale de la norme. Cette option, qui met au cœur de la réflexion de la science juridique des préoccupations d'ordre téléologique, invite à une nécessaire étude de la finalité ou du but des règles de droit. On est alors loin de la démarche de Hans Kelsen et de bien d'autres positivistes qui considèrent que « la science se doit de décrire le droit positif tel qu'il est ; elle n'a pas à l'évaluer à l'aune d'un but externe, d'ordre politique[2] ». Dans cette perspective, « tout ce qui se situe en amont de la norme (les origines sociales du droit) et en aval (l'application dans la réalité sociale) ne doit pas préoccuper la science juridique qui est une science des normes. En revanche, les écoles sociologiques ou encore le courant dit de l'analyse économique du droit (AED) soutiennent qu'« il revient à la science juridique d'identifier les effets sociaux réels des institutions juridiques et de réfléchir aux moyens de rendre le droit à la fois plus effectif et efficace ». Force est de dire que ce sont des considérations d'ordre économique qui font prospérer aujourd'hui, tant dans le discours politique que dans celui des juristes, l'idée selon laquelle la règle de droit (ou le droit d'une manière générale) doit être attractive et surtout efficace sur le plan économique. À l'heure où les rapports *Doing business* de la Banque Mondiale classent les pays en fonction du degré de facilité que le système juridique permet de faire des affaires, la tentation est alors grande d'apprécier prioritairement les règles de droit à travers les prismes économiques de l'attractivité et de l'efficacité[3]. Le mandat du producteur de normes, dans un tel contexte, est clair : rendre le droit dans son ensemble attractif, performant et efficace. En posant d'emblée la question de

---

[1] Encinas de Munagorri(R), L'Huilier (G), *Introduction au droit*, Flammarion, 2002, p. 212.

[2] L. Heuschling, « Effectivité, Efficacité, Efficience et Qualité d'une norme/du droit. Analyse des mots et des concepts », in M. Fatin-Rouge Stéfanini, L. Gay, A. Vidal-Naquet, op.cit., p. 57. J. Caillosse ne relève-t-il pas que « pour le juriste, la prise en charge de l'efficacité suppose une sorte de changement de terrain, un déplacement… », op.cit, p. 159.

[3] B. Coeuré, « Systèmes juridiques et performance économique : droit efficace ou droit compétitif ? », www. Le cercle des économistes. asso.fr ; A. Raynouard, « Faut-il avoir recours à l'analyse économique du droit (AED) pour assurer l'efficacité économique du droit ? », v° www.crdp. umontreal.ca.

l'attractivité et de l'efficacité du droit OHADA dès l'ouverture du présent colloque commémorant les vingt ans de l'organisation, les organisateurs souscrivent en quelque sorte au discours économique dominant qui considère que le droit est ou doit être au service de l'économie. Il n'y a là rien d'étonnant dès lors que c'est aussi la conviction des promoteurs de l'OHADA.

5. En effet, l'idée que le droit doit favoriser le développement économique se découvre d'abord dans le préambule du Traité de Port Louis instituant l'OHADA. Les Hautes parties contractantes après avoir proclamé leur détermination « *à accomplir de nouveaux progrès sur la voie de l'unité africaine et à établir un courant de confiance en faveur des économies de leurs pays en vue de créer un nouveau pôle de développement en Afrique* », ont reconnu que « *la réalisation de ces objectifs suppose la mise en place dans leurs États d'un droit des affaires harmonisé, simple, moderne et adapté, afin de faciliter l'activité des entreprises* ». Ensuite, l'article 1er du Traité précise notamment que celui-ci « *a pour objet l'harmonisation du droit des affaires dans les États parties par l'élaboration et l'adoption de règles simples, modernes et adaptées à la situation de leurs économies...* ». Tout le droit OHADA, qu'il soit issu du Traité, des règlements ou des actes uniformes, est donc orienté vers cette fin, de sorte que l'intégration juridique qu'il réalise apparaît manifestement comme « un levier indispensable de l'intégration économique[1] ». On est donc en présence d'une production normative justifiée par des considérations économiques et qui, comme telle, ne saurait ou ne pourrait demeurer indifférente aux exigences d'attractivité et d'efficacité des normes élaborées[2]. La question, au demeurant, est alors de se demander si, dans les faits, le droit OHADA s'avère attractif et efficace au plan économique.

6. Comment répondre à une telle question sans les outils ou les instruments qui permettent une évaluation sérieuse, à savoir : enquêtes, observations ou études de terrains, éléments statistiques, etc. ! De même, comment juger de l'attractivité ou de l'efficacité sans l'aide de critères précis et reconnus ! Une chose est sûre : le droit OHADA s'applique tant bien que mal dans les pays membres de cette organisation, de sorte que la question de son effectivité ne devrait plus se poser[3]. Il en va autrement pour ce qui est de son attractivité et surtout de son efficacité. Si l'on prend en considération les rapports *Doing Business* qui classent nos États parmi les moins compétitifs au plan juridique, on est en droit de douter de l'impact réel du droit OHADA sur

---

[1] P-G. Pougoué, Y.R. Kalieu, *Introduction critique à l'OHADA*, Presses universitaires d'Afrique, Yaoundé, 2008, p. 26 ; K.L. Johnson, « Philosophie économique et stratégie de l'OHADA », ohadata DE-04-09, p. 5 ; R. Foche, V. Ouafo Bepyassi, « Le droit de l'OHADA : un capital vital pour le redressement de l'économie africaine », in J. Gatsi (sous la dir.), *L'effectivité du droit de l'OHADA*, PUA, 2006, p. 49.

[2] P-G. Pougoué, Y.R. Kalieu, op.cit., p. 172 s.

[3] J. Gatsi (sous la dir.), *L'effectivité du droit de l'OHADA*, PUA, 2006.

l'environnement économique et le climat des affaires dans l'ensemble de l'espace couvert par l'OHADA. Il faut néanmoins relever que certains actes uniformes et certaines règles s'avèrent attractifs ou efficaces pris individuellement eu égard à leur impact sur les activités économiques[1]. Dans un contexte aussi contrasté, toute appréciation de l'attractivité et de l'efficacité du droit OHADA dans son ensemble s'apparente à un jugement de valeur. L'on peut alors se risquer à un postulat sceptique en deux propositions :

– le droit OHADA est d'une attractivité relative (I) ;

– le droit OHADA est d'une efficacité mitigée (II).

I. UNE ATTRACTIVITÉ RELATIVE

7. L'idée selon laquelle une norme juridique (ou le droit) doit être attractive n'est pas mauvaise en soi. Dans un environnement économique concurrentiel et dans lequel les systèmes juridiques sont évalués et comparés selon leur capacité à faciliter les affaires et à attirer les investisseurs, le droit ne saurait méconnaître l'exigence d'attractivité. Comme l'a si bien relevé un auteur[2], « le droit s'instrumentalise dans la course à la capture des capitaux mobiles ». Aucun droit n'échappe à cette réalité[3]. Le droit OHADA est bel et bien dans cette perspective, en se voulant dès l'origine un droit territorialement expansif (A) et un droit matériellement extensif (B).

A. Un droit territorialement expansif

8. Il est évident que la question de l'attractivité du droit OHADA se pose d'abord au niveau de chaque État membre et dans l'ensemble de l'espace OHADA. On peut ici parler de *l'attractivité interne* du droit OHADA. À ce sujet, l'on peut mesurer le degré d'attractivité dudit droit en observant le comportement des opérateurs économiques, qu'il s'agisse des commerçants, personnes physiques ou personnes morales d'une part, et de tous ceux qui exercent des activités informelles d'autre part. Si les premiers sont astreints à se soumettre aux exigences du droit OHADA qui a institué des règles

[1] V° par ex. P-G. Pougoué, « L'impact de l'acte uniforme de l'OHADA relatif au droit des sociétés commerciales et du GIE sur le contrôle et le développement des entreprises locales », Juridis périodique, n° 66, avr-mai-juin, 2006, p. 107 et s ; H. Ibrahima, « Impact du système comptable OHADA sur la gouvernance des entreprises camerounaises, Mémoire DEA, Université de Ngaoundéré, 2003, 153 p.

[2] H. Muir Watt, « Le droit comparé et l'internationalisation du droit », in J. du Bois de Gaudusson (dir. de), *Le devenir du droit comparé en France*, PUAM, 2005, p. 99.

[33] V° par ex. X. Lagarde, « Brèves réflexions sur l'attractivité économique du droit français des contrats », D. 2005, n° 39, p. 2745 ; B. du Marais, « Attractivité économique du droit : le droit français peut-il survivre dans la compétition internationale ? » Droit et Patrimoine, n° 170, mai 2008, p. 38.

directement applicables et obligatoires[1], il en va autrement des acteurs du secteur informel qui, malgré l'avènement du statut de l'entreprenant[2], peine à arborer les « nouveaux habits » imposés par ce statut. Sur ce point précisément, il faudra juger de l'attractivité du droit OHADA en évaluant sa capacité à amener les agents économiques opérant dans l'informel à en sortir pour adopter finalement soit le statut de commerçant, soit celui d'entreprenant.

Mais la question de l'attractivité du droit OHADA se pose peut-être surtout par rapport à ceux qui se trouvent en dehors de sa sphère d'application. Il s'agit de *l'attractivité externe*. Il s'agit alors d'envisager l'attractivité du droit OHADA par rapport à son potentiel d'expansion territoriale d'une part (*1*), et d'autre part, par rapport à sa capacité à attirer les investisseurs étrangers (*2*).

1. La mesure de l'attractivité par l'adhésion de nouveaux pays à l'OHADA ou l'inspiration du modèle OHADA

9. C'est le Traité instituant l'OHADA qui prévoit expressément l'expansion territoriale de ce droit en énonçant à l'article 53 alinéa 1 qu'il est « *ouvert à l'adhésion de tout État membre de l'OUA et non signataire du traité. Il est également à l'adhésion de tout autre État non membre de l'OUA invité à y adhérer du commun accord de tous les États parties* ». Ce texte envisage deux situations bien spécifiques. En premier lieu, il prévoit la possibilité d'adhésion d'autres États africains membres de l'Organisation de l'Unité Africaine qui est devenue l'Union Africaine, qu'ils soient arabophones, francophones, anglophones, lusophones ou hispanophones. Force est de constater que cette disposition n'est pas restée lettre morte puisque si à l'origine, le Traité a été signé par quatorze (14) États parties le 17 octobre 1993 à Port Louis, aujourd'hui, l'OHADA compte désormais 17 membres à la suite de l'adhésion de la Guinée Equatoriale (pays hispanophone), la Guinée Bissau (pays lusophone) et de la République Démocratique du Congo. On doit néanmoins observer que l'OHADA n'a pas encore pu jusqu'à présent attirer dans son giron aucun pays anglophone. En second lieu, le Traité envisage l'hypothèse d'une adhésion des États non membres de l'Union Africaine. Dans l'état actuel du continent, un seul pays correspond à cette catégorie et peut éventuellement prétendre à son adhésion : c'est le Maroc qui ne fait pas partie de l'Union Africaine. Sinon, l'ouverture est envisageable envers des pays extérieurs au continent africain qui

---

[1] Il convient de rappeler que l'article 10 du Traité prévoit que « *les Actes uniformes sont directement applicables et obligatoires dans les États Parties nonobstant toute disposition contraire de droit interne, antérieure ou postérieure* ».

[2] C'est le titre II du Livre I de l'Acte uniforme du 15 décembre 2010 portant sur le droit commercial général qui organise le statut juridique de l'entreprenant.

souhaiteraient rejoindre l'organisation. Pour ce faire, l'État candidat devrait obtenir le commun accord de tous les pays membres de l'OHADA.

10. L'attractivité d'un droit peut aussi s'apprécier au travers de sa capacité de circulation en dehors de son espace naturel. Il s'agit alors de considérer son attractivité internationale, c'est-à-dire sa capacité à inspirer ou à servir de modèles à d'autres expériences de création des normes. Autrement dit, une règle attractive est certainement une règle qui a vocation à circuler ou à se propager au-delà de sa sphère originelle. En est-il ainsi du droit OHADA ? On peut affirmer que pour l'instant, l'exportation du modèle OHADA tant en Afrique qu'en dehors n'est pas encore effective. Peut-être que d'autres régions pourraient s'en inspirer, à l'instar de certains pays de la zone Caraïbes qui envisageraient la mise en place d'une organisation du même type[1].

2. La mesure de l'attractivité par le développement des investissements étrangers et des échanges

11. La problématique de l'attractivité du droit OHADA doit également être envisagée sur le plan des investissements étrangers dans les États membres de l'organisation. Il est évident que l'objectif des promoteurs de l'OHADA était de mettre en place un système juridique suffisamment attractif pour les investisseurs. On peut même dire, sans excès, que le droit OHADA se présente en quelque sorte comme le droit des investisseurs étrangers[2]. Il convient de rappeler que dès le préambule du Traité, les Hautes parties contractantes ont émis le souhait que le droit OHADA « soit appliqué avec diligence, dans les conditions à garantir la sécurité juridique des activités économiques afin de favoriser l'essor de celles-ci et d'encourager l'investissement ». L'objectif est clairement d'encourager les investissements nationaux, mais aussi, et surtout les investissements étrangers. S'il est incontestable que le climat des affaires s'est considérablement amélioré dans l'espace OHADA, de sorte que l'on fait état d'une hausse sensible des flux de capitaux étrangers dans les différents États membres, l'on doit cependant relever que ce phénomène ne signifie pas pour autant que le droit OHADA soit attractif. En effet, il y a lieu de relativiser l'attractivité du droit OHADA dès lors que dans la plupart des contrats internationaux, les investisseurs ou les partenaires étrangers « imposent » presque toujours comme loi applicable la loi de leur pays d'origine ou les textes internationaux, et ce au détriment du droit OHADA. La « défiance » des investisseurs ou des partenaires extérieurs envers le droit OHADA va jusqu'au choix préférentiel des institutions d'arbitrage situées en dehors du continent (CIRDI, CCI) au détriment de l'arbitrage de la Cour commune de

---

[1] P-G. Pougoué, Y.R. Kalieu, p. 176.

[2] L. D. Muka. Tshibende, « Les voies comparées africaine et européenne du régime juridique de la société anonyme », Penant, n° 856, juill-sept., 2007, p. 294 s qui relève qu'« à travers ses règles, le droit OHADA vise en premier lieu les investissements étrangers, c'est-à-dire les non ressortissants des États membres de son espace ».

justice et d'arbitrage de l'OHADA pour régler les différends éventuels. D'une manière générale, il y a lieu de se demander si l'afflux important des investissements étrangers en Afrique ne procède pas davantage des efforts accomplis par les différents pays pour améliorer le climat des affaires et la gouvernance que de l'institution et de l'application d'un droit des affaires uniforme.

B. Un droit matériellement extensif

12. La force attractive de l'OHADA se traduit par le choix fait en faveur d'une conception extensive du droit des affaires uniforme (*1*) qui s'accompagne d'une réelle modernisation des règles régissant les activités économiques (*2*).

1. L'extension du domaine du droit des affaires

13. C'est l'article 2 qui délimite le domaine du droit des affaires tel que le conçoit l'OHADA en précisant qu'« *entrent dans le domaine du droit des affaires l'ensemble des règles relatives au droit des sociétés et au statut juridique des commerçants, au recouvrement des créances, aux sûretés et aux voies d'exécution, au régime du redressement des entreprises et de la liquidation judiciaire, au droit de l'arbitrage, au droit du travail, au droit comptable, au droit de la vente et des transports, et de toute autre matière que le conseil des ministres déciderait, à l'unanimité, d'y inclure, conformément à l'objet du présent Traité* ». Le droit des affaires OHADA s'inscrit ainsi dans un vaste domaine dont la croissance est annoncée par le texte précité. En effet, outre les matières spécialement visées ci-dessus, il est expressément reconnu au conseil des ministres le pouvoir d'étendre davantage le champ d'application du droit des affaires OHADA. D'ores et déjà, le droit des affaires OHADA couvre un domaine considérable, soit neuf (9) matières faisant l'objet d'actes uniformes, à savoir le droit de l'arbitrage, le droit commercial général, le droit des sociétés commerciales et du groupement d'intérêt économique, le droit des sûretés, le droit comptable, les procédures simplifiées de recouvrement et les voies d'exécution, les procédures collectives d'apurement du passif, le transport de marchandises par route, le droit des sociétés coopératives. Ce domaine est appelé encore à s'élargir à de nouvelles matières. Il convient, à ce sujet, de rappeler en premier lieu que des projets d'actes uniformes ont été élaborés, l'un relatif au droit des contrats et l'autre au droit du travail, mais n'ont jusqu'à ce jour connu de suite « législative » ; en second lieu que le Secrétariat permanent de l'OHADA a, à la demande du Conseil des ministres, engagé une vaste consultation auprès des experts, en vue d'examiner les possibilités d'élaboration de nouveaux actes uniformes sur les matières suivantes : *le crédit-bail, l'affacturage, la sous-traitance, la franchise, la médiation commerciale, le règlement des conflits de lois et de la circulation des actes publics, les contrats de partenariat public-privé (BOT :*

built, operate and transfer). Cette expansion du droit OHADA témoigne incontestablement de sa force d'attraction. Ce faisant, elle emporte des conséquences sur le plan de la théorie du droit. Comme on l'a déjà relevé dans une précédente étude[1], l'expansion du droit OHADA se traduit par « le dépassement progressif de *la distinction droit privé/droit public* à travers notamment la soumission des personnes morales de droit public à des règles de droit privé[2] ou encore de celle entre *droit civil/droit commercial* avec l'extension considérable du champ d'application du droit des affaires qui intègre des matières relevant traditionnellement du droit civil[3], ou encore l'émergence d'une nouvelle *distinction entre droit des professionnels et droit des non-professionnels* ». Tout se passe comme si le droit OHADA avait la prétention de devenir progressivement un véritable droit commun.

14. L'expansion matérielle ne va pas sans difficultés ou résistances, comme en témoigne le non aboutissement des avant-projets d'actes uniformes relatifs au droit des contrats ou au droit du travail. Cela tient peut-être au fait qu'il s'agit là de matières qui ne relèvent pas traditionnellement du droit des affaires. Faut-il y voir un frein au risque de « démesure » de l'OHADA que des auteurs[4] ont si bien décrite ? Par ailleurs, l'attractivité du droit OHADA est entravée par la compétence revendiquée par d'autres organisations à édicter les règles applicables à certaines matières qui relèvent bien du droit des affaires. Il en est par exemple ainsi de la Conférence Interafricaine des Marchés d'Assurance (CIMA) qui a produit les règles régissant les contrats d'assurance ou encore de la Commission bancaire de l'Afrique centrale (COBAC) et de celle de l'UEMOA qui légifèrent en exclusivité en matière bancaire. Le conflit de compétence serait donc inévitable si l'OHADA s'engage à légiférer également dans ces matières et dans bien d'autres qui font l'objet de règlementations spécifiques[5].

Malgré ces quelques réserves, on ne saurait passer sous silence le fait que l'attractivité du droit OHADA tient aussi à la modernisation des règles régissant les activités économiques.

---

1 A. Akam Akam, «L'OHADA et l'intégration juridique en Afrique » in *Les mutations juridiques dans le système OHADA*, (sous la dir. de A. Akam Akam), L'Harmattan, 2008, p. 21 s et précisément pp. 35-36.

2 P-G. Pougoué, « Les sociétés d'État à l'épreuve du droit OHADA », Juridis périodique, n° 65, 2006, p. 99.

3 Pour une vue générale, v° P-G. Pougoué, Y.R. Kalieu Elongo, *Introduction critique à l'OHADA*, op. cit., p. 130 s.

4 P-G. Pougoué, Y.R. Kalieu Elongo, *Introduction critique à l'OHADA*, op. cit., p. 67 s.

5 V° par ex. F. M. Sawadogo, « La problématique de la cohabitation des ordres juridiques OHADA, UEMOA, CEDEO », in Actes du colloque sur la mise en cohérence des processus d'intégration économique et juridique, Ouagadougou, 8, 9 et 10 janvier 2007, inédit.

2. La modernisation du droit des affaires

15. Le droit OHADA avait vocation à se substituer aux législations nationales jugées inadaptées par rapport aux enjeux et exigences du développement économique de nos États. Ce faisant, les règles contenues dans les actes uniformes se veulent attractives pour les opérateurs économiques nationaux ou étrangers parce qu'elles visent principalement à assurer la sécurité juridique et judiciaire. Au-delà de cet objectif général, chaque acte uniforme doit mettre en place des règles simples, modernes et adaptées afin de faciliter les activités économiques d'une manière générale, et celle des commerçants, personnes physiques et morales en particulier. À ce titre, et pour ne prendre que quelques exemples, il faut citer le cas de l'Acte uniforme relatif aux sociétés commerciales et du groupement d'intérêt économique qui instaure des règles modernes en ce qui concerne la création, la gouvernance, la transparence et la performance des sociétés commerciales (simplification des formes sociales, distinction des pouvoirs de délibération, de gestion et de contrôle, droit à l'information des associés, qualité des informations, responsabilité des dirigeants, procédures de contrôle par les associés ou par les commissaires aux comptes, etc.). De même, faut-il souligner que cet acte uniforme a enrichi le paysage juridique en ce qui concerne les formes sociales en instituant la société unipersonnelle et le groupement d'intérêt économique, devançant ainsi le droit français qui l'a pourtant largement inspiré. De manière générale, d'importants travaux ont mis en exergue les « points d'attractivité » du droit OHADA qui témoignent, à n'en pas douter, de « la modernité » dudit droit tant en ce qui concerne les règles de fond que les règles de procédure[1].

16. Au terme de ce bref survol, et en l'absence d'instruments de mesure reconnus ou de données empiriques suffisantes, l'attractivité économique proclamée du droit OHADA semble bien relative. Qu'en est-il de son efficacité ?

II. UNE EFFICACITÉ MITIGÉE

17. L'efficacité n'est pas considérée comme une valeur juridique en soi. Il n'en demeure pas moins qu'elle est désormais considérée comme une exigence nécessaire des règles de droit[2]. En tout cas, comme on l'a si bien relevé, « la production normative quelle qu'elle soit, Constitution, loi, règlement voire jurisprudence, peut être perçue comme un moyen au service

---

[1] P.G pougoué, Y. R Kalieu, op.cit, p. 178 et s ; A. Akam Akam (sous la dir.), *Les mutations juridiques dans le système OHADA*, L'Harmattan 2009.

[2] Certains auteurs mettent cependant en doute cette orientation du droit moderne. V° par ex. J. Caillosse, « Esquisse d'une réflexion sur une fausse évidence : l'efficacité du droit », in M. Fatin-Rouge Stéfanini, L. Gay, A. Vidal-Naquet, Préface in *L'efficacité de la norme juridique*, Bruylant, Bruxelles, 2012, p. 153 s.

d'une fin et, à ce titre, ne peut être indifférente à la notion d'efficacité[1] ». C'est incontestablement le mouvement de l'analyse économique du droit[2] (AED) qui a favorisé la prise en compte de l'exigence d'efficacité au sein des systèmes juridiques. Cette tendance est accentuée de nos jours par les rapports *Doing Business* qui mettent en concurrence les différents systèmes juridiques en procédant à leur classement en fonction de leur efficacité économique[3]. Dans un tel contexte, l'on est en droit de s'interroger sur la place de l'exigence d'efficacité dans l'ordre juridique OHADA quand on considère le classement médiocre de la plupart des États parties dans ces rapports. Le droit OHADA aurait-il hérité des « tares » de son modèle français qui, comme les autres droits de tradition romano-germanique en général, est jugé trop rigide et inefficace économiquement comparé au droit de *Common law*[4] ? Rien n'est moins sûr. En tout état de cause, dès lors que les promoteurs du droit OHADA l'ont perçu comme un droit au service de l'économie, il y a lieu de conclure que l'efficacité économique est le vrai objectif de ce droit. Dès lors, l'efficacité du droit OHADA est susceptible d'être mesurée en fonction du degré de facilité à faire des affaires qu'il permet (A) et du degré de sécurité qu'il procure aux entrepreneurs ou aux investisseurs (B).

A. L'évaluation de l'efficacité du droit OHADA par rapport à la facilitation des affaires

18. Parmi les objectifs généraux poursuivis par l'OHADA, figure en bonne place celui de la facilitation des affaires dans les différents pays membres de l'organisation. Le préambule du Traité précise que le dessein de créer un nouveau pôle de développement en Afrique suppose « *la mise en place dans les États d'un droit des affaires harmonisé, simple, moderne et adapté, afin de faciliter l'activité des entreprises* ». Faisant écho à cette proclamation, un auteur[5] affirme de manière péremptoire que « le droit doit faciliter l'activité économique au lieu de la contrarier ». S'il en est ainsi, l'évaluation de l'efficacité du droit OHADA impose que l'on confronte l'objectif de facilitation des activités économiques fixé par les hautes parties contractantes

---

[1] M. Fatin-Rouge Stéfanini, L. Gay, A. Vidal-Naquet, Préface in *L'efficacité de la norme juridique*, Bruylant, Bruxelles, 2012, p. 19.

[2] Sur ce mouvement en général, v° E. Mackay, S. Rousseau, *Analyse économique du droit*, Dalloz, coll. Méthodes du droit, 2e ed., 2008, 728 p ; J.-F. Calmette, « Réflexions sur la valeur de l'AED : le cas du droit public », RRJ-Droit prospectif, 2004-2 (2), p. 905 s.

[3] Pour une vue critique, v° Association H. Capitant, *Les droits de tradition civiliste en question. À propos des rapports Doing Business de la Banque Mondiale*, Société de législation comparée, 2006.

[4] Pour une vue d'ensemble du débat sur le modèle français, v ° F. Rouvillois (dir), *Le modèle juridique français : un obstacle du développement économique ?*, Dalloz, coll. Thèmes et commentaires, 2005, 144 p.

[5] J. Paillusseau, « Une révolution juridique en Afrique : l'OHADA », in Dialogues avec M. Jeantin, Dalloz 1999, p. 93 s.

avec son degré de réalisation par l'adoption et la mise en œuvre des normes contenues dans les actes uniformes ou les règlements pris en application du Traité. En effet, ce sont surtout les actes uniformes qui doivent édicter des règles de droit susceptibles de permettre aux commerçants, aux professionnels, aux entreprenants ou aux agents économiques en général, d'exercer leurs activités sans trop de difficultés, de contraintes ou d'entraves. De ce point de vue, le droit issu des actes uniformes se doit de répondre aux exigences de simplicité, de modernité et d'adaptabilité. De ces trois exigences, celle qui semble évidente, c'est la modernité de nombre de règles de droit prévues par les actes uniformes, ne serait-ce qu'en comparaison des textes antérieurs en vigueur dans les États avant l'institution de l'OHADA. Quant à la simplicité du droit OHADA, on peut la relativiser eu égard à la densité de certains actes uniformes (citons par exemple l'Acte uniforme relatif au droit des sociétés commerciales du 17 avril 1998 qui compte plus de 900 articles ou l'Acte uniforme portant organisation des procédures simplifiées de recouvrement et des voies d'exécution qui en comporte 338). Les acteurs économiques doivent ainsi « compter » avec une masse de règles qui ne rendent pas le recours au droit OHADA aussi aisé qu'on peut le souhaiter. Si l'apport de l'OHADA est indéniable quant à l'amélioration de l'environnement juridique des affaires, il reste que son articulation au droit national de chaque État doit se faire dans une logique de cohérence qui doit tendre à l'instauration d'un droit des affaires moins formaliste et « bureaucratique ». En tout cas, dans la plupart des États parties de l'OHADA, le souci d'améliorer le climat des affaires est devenu une préoccupation majeure. Des initiatives sont prises pour faciliter les affaires. C'est dans ce sens que s'inscrit le *Cameroon Business Forum* qui se veut un cadre de concertation entre les pouvoirs publics et le secteur privé dont l'objectif est d'identifier et d'éliminer les principaux obstacles qui empêchent ou entravent l'accomplissement des activités économiques. Il s'agit entre autres de simplifier les formalités administratives et de réduire les exigences d'ordre juridiques qui compromettent la bonne marche des affaires. Autrement dit, il s'agit de « réduire le coût de la réglementation pour les acteurs économiques[1] ».

19. Le classement médiocre de l'ensemble des pays membres de l'OHADA dans les rapports annuels *Doing business* de la Banque mondiale amènent à s'interroger sur l'apport réel du droit OHADA à l'amélioration du climat des affaires. Sans qu'il soit nécessaire de discuter ici des méthodes utilisées ou des critères retenus pour assurer la comparaison des droits applicables dans les États, il faut simplement rappeler que la Banque mondiale s'appuie sur un certain nombre d'indicateurs qui visent à mesurer, pour chaque pays membre,

[1] J. Caillosse, « Esquisse d'une réflexion sur une fausse évidence : l'efficacité du droit », op.cit., p. 162.

le degré de complexité de la réglementation à laquelle sont confrontés les entrepreneurs. Force est de constater que cette mise en concurrence des divers systèmes juridiques aboutit à la conclusion que le système de common law parce que plus que flexible est jugé plus efficace que le système romano-germanique dont s'inspire largement l'OHADA. En somme, les rapports *Doing business* montrent que dans les différents pays membres de l'OHADA, l'environnement juridique ne favorise pas l'exercice et le développement des activités économiques.

20. Dans un monde où les investisseurs se tournent volontiers vers les pays dont le droit offre un bon degré de facilité des affaires, l'OHADA doit entreprendre l'évaluation du droit qu'elle a produit depuis vingt ans pour en recenser les avantages et les inconvénients en vue de procéder aux modifications nécessaires. Au fait, l'étude d'impact du droit OHADA doit se faire autant *a priori* qu'*a posteriori*. A priori, parce qu'il s'agit d'évaluer l'opportunité et la pertinence des projets d'actes uniformes envisagés afin d'anticiper sur l'utilité et l'efficacité des règles proposées ; a posteriori parce qu'il faut bien vérifier si les actes uniformes ont permis d'atteindre les objectifs poursuivis ou les résultats escomptés lors de leur élaboration. Plus précisément, « il s'agira d'identifier et analyser les effets économiques directs ou indirects de l'OHADA en déterminant dans quelle mesure l'intervention de ce nouveau droit a eu pour effet, par rapport à la situation antérieure, de rendre certaines opérations économiques possibles ou de les faciliter ; de diminuer les coûts de transaction des opérations économiques entre les pays membres et les pays tiers, d'améliorer la sécurité juridique de ces opérations économiques ; d'améliorer l'insertion des pays membres dans le commerce international ; d'assurer l'évolution de l'économie informelle vers le secteur formel[1] ».

B. La mesure de l'efficacité du droit OHADA par rapport à la sécurité des affaires

21. En se référant au préambule du Traité de Port Louis, on perçoit clairement cet autre objectif majeur de l'OHADA. Au-delà de l'adoption de règles communes adaptées à la situation des économies des Etats parties, les hautes parties contractantes ont admis la nécessité de veiller à ce que « ce droit soit appliqué avec diligence, dans les conditions propres à garantir la sécurité juridique des activités économiques, afin de favoriser l'essor de celles-ci et d'encourager l'investissement ». Il faut se souvenir du contexte de la naissance de l'OHADA pour saisir la pertinence de cet objectif de sécurité juridique et judiciaire[2]. Éreintés par la crise économique, les pays africains se

---

[1] P-G. Pougoué, Y.R Kalieu, op.cit., p. 178.

[2] J. Youmsi, « L'OHADA : un instrument pour le développement des investissements dans un climat de sécurité juridique et judiciaire », Juridis périodique, n° 30, avril-mai-juin, 1997, p. 98 s.

débattaient dans un paysage juridique fait de règles disparates, obsolètes ou inadaptées. D'un pays à l'autre, les investisseurs étaient confrontés à des régimes juridiques différents et à des systèmes judiciaires n'offrant véritablement pas des garanties d'une bonne administration de la justice ou l'exécution des décisions judiciaires. Dans un tel contexte, le climat des affaires était globalement négatif et s'avérait peu attractif, notamment pour les investisseurs étrangers. L'avènement de l'OHADA a ainsi correspondu à la volonté des États concernés d'établir un environnement juridique assurant la sécurité juridique et judiciaire aux opérateurs économiques[1]. L'adoption de règles uniformes directement applicables et obligatoires dans les États parties est un gage de prévisibilité et de sécurité juridique[2]. En effet, le droit OHADA offre un cadre juridique précis et concret pour l'exercice des activités économiques dans l'ensemble des pays membres de l'organisation. Les sujets de droit d'une manière générale et les investisseurs en particulier peuvent y accéder aisément dès lors que les actes uniformes font l'objet de publication au journal officiel de l'OHADA et au journal officiel de chaque État partie voire par tout autre moyen approprié.

22. Il reste que le choix fait par l'OHADA en matière pénale peut s'avérer préjudiciable à l'objectif d'intégration et de sécurité juridiques poursuivi par l'édiction d'un droit uniforme. En effet, le Traité a procédé à une répartition des compétences : à l'OHADA la charge de prévoir des incriminations pénales dans les actes uniformes, aux États, la responsabilité de déterminer les sanctions pénales encourues par les auteurs. Cette situation conduit nécessairement à la multiplication des législations nationales divergentes et porte en germe le risque d'une inégalité juridique entre les acteurs économiques dans la mesure où certains pays peuvent devenir de véritables « paradis pénaux ». En tout cas, cet état de choses pourrait être source d'insécurité juridique. C'est avec raison que le professeur Yawaga considère qu'il aurait fallu, en matière pénale, promouvoir un droit unifié en vue d'assurer la sécurité juridique. Il écrit notamment : « En effet, l'unité du droit particulièrement en matière pénale présente plusieurs avantages au regard de la sécurité juridique. D'une part, elle permet un accès plus facile à la règle de droit qui se trouverait, du fait de l'unification, dans un corps unique de règles. Ce qui n'est pas le cas de l'approche retenue par le droit communautaire et qui procède d'un renvoi aux législations nationales éparpillées que l'on a de plus en plus de mal à connaître… D'autre part, et c'est la conséquence du recours à une source unifiée du droit, celle-ci impose un corps de règles unique pour tous les États de l'espace OHADA dont la modification se fera par voie de

---

[1] Idem.

[2] Le caractère d'ordre public des dispositions de certains actes uniformes renforce certainement la sécurité juridique. V° dans ce sens, P. Nguhe Kante, « Le caractère d'ordre public du droit uniforme des sociétés commerciales en Afrique », in A. Akam Akam (sous la dir.), *Les mutations juridiques dans le système OHADA*, op. cit., p. 181 s.

conséquence de façon très lente, ce qui donne le temps aux opérateurs économiques et aux consommateurs de réagir en commun préventivement aux velléités inconsidérées de changement[1] ».

23. Cela étant, la sécurité juridique et la sécurité judiciaire sont aussi garanties par l'institution d'une Cour commune de justice et d'arbitrage qui « *assure l'interprétation et l'application communes du Traité ainsi que des règlements pris pour son application, des actes uniformes et des décisions* » (art. 14 al. 1 du Traité)[2]. En effet, la CCJA assume à la fois des fonctions consultative et jurisprudentielle qui lui permettent d'assurer une interprétation et une application conforme et identique du droit OHADA. Par le pouvoir d'évocation qui lui est reconnu, la CCJA dispose d'un moyen particulièrement efficace pour garantir une certaine « unité de jurisprudence » dans l'espace OHADA. Par ailleurs, la sécurité judiciaire est renforcée par le fait que les arrêts rendus par la CCJA ont l'autorité de chose jugée et la force exécutoire dans tous les États parties. Ils sont donc susceptibles d'exécution forcée sur le territoire de chaque État contractant sans qu'il soit besoin de requérir l'exequatur.

24. La sécurité judiciaire est cependant menacée par la concurrence qui peut survenir entre la CCJA et les juridictions suprêmes nationales. En principe, la CCJA est normalement compétente pour connaître en dernier des pourvois formés contre les décisions rendues par les cours d'appel des différents pays membres. Mais il faut bien relever quelques velléités émanant des cours suprêmes nationales de se déclarer compétentes dans certains cas, notamment lorsque le litige ne met pas exclusivement en cause le droit OHADA, autrement dit lorsqu'il implique l'application à la fois de ce dernier et des règles de droit national[3]. On se retrouve ainsi dans une situation d'incertitude non seulement juridique, mais également juridictionnelle.

26. Il est évident que l'instauration d'un droit des affaires uniforme a considérablement contribué à la sécurité des investissements dans l'espace

---

[1] S. Yawaga, « Regard sur l'émergence d'un droit pénal des affaires en Afrique : le cas du droit pénal OHADA », in in A. Akam Akam (sous la dir.), *Les mutations juridiques dans le système OHADA*, op. cit., p. 71 s ; v° aussi, A. Foko, « Analyse critique de quelques aspects du droit pénal OHADA », Penant, n° 859, p 193 et s ; J.J. Fomchigbou Mbanchout, « De quelques réflexions sur la « codification » pénale communautaire du législateur de l'OHADA », in J. Gatsi, op.cit., p. 63 et s.

[2] P. Moudoudou, « Réflexions sur les fonctions de la Cour commune de justice et d'arbitrage de l'OHADA », Revue EDJA, n° 64 (janv-févr-mars 2005), p. 7 et s.

[3] Sur cette question délicate en général, v° J. Fometeu, « Le clair-obscur de la répartition des compétences entre la Cour commune de justice et d'arbitrage et lez juridictions nationales de cassation », in A. Akam Akam (sous la dir.), *Les mutations juridiques dans le système OHADA*, op. cit., p. 37 s ; sur un point particulier, v° Fr. Anoukaha, « La délimitation de la compétence entre la Cour commune de justice et d'arbitrage et les Cours suprêmes nationales en matière de recouvrement des créances (à propos de l'affaire Pamol ») , Juridis périodique, n° 59 (juil-août-sept), 2004, p. 118.

couvert par l'OHADA. Cependant, on ne peut ne pas relever que l'ineffectivité de certaines règles ou de certains instruments juridiques affecte quelque peu l'apport de l'OHADA à la sécurisation de l'environnement des affaires. Il en est par exemple ainsi du Registre du commerce et du crédit mobilier (RCCM) qui constitue l'une des innovations majeures apportées au paysage juridique par l'OHADA[1]. Il s'agit d'un instrument dont la mise en œuvre renforcerait incontestablement la sécurité juridique eu égard notamment à ses fonctions d'immatriculation, d'inscription et de publicité. Sur ce dernier point particulièrement, le souci de l'OHADA de renforcer l'information du public à tous les niveaux. Ainsi, le RCCM comprend un registre local tenu au greffe du tribunal compétent, un fichier national centralisant les informations contenues dans les registres locaux, un fichier régional tenu au siège de la CCJA qui centralise les informations contenues dans les fichiers nationaux. Si le RCCM devenait effectif, nul doute qu'il renforcerait davantage la sécurité des affaires en permettant aux investisseurs de connaître la situation réelle de leurs partenaires éventuels.

Conclusion

27. La production normative de l'OHADA est dense et importante. Il est dès lors difficile de se prononcer sur l'attractivité et l'efficacité de chacune des règles qui constituent aujourd'hui le droit uniforme des affaires. On ne peut que se limiter à un jugement d'ensemble en considérant l'objectif général poursuivi par le droit OHADA : instituer des règles nouvelles et communes ayant pour ambition d'apporter la sécurité juridique et judiciaire aux agents économiques. En vingt ans, l'avènement et l'application progressive du droit OHADA ont considérablement transformé l'environnement des affaires. Toutefois, l'impact du droit OHADA reste limité du fait de l'inadaptation de nombre de règles aux réalités socio-économiques africaines.

Le débat sur l'attractivité et l'efficacité du droit OHADA reste donc ouvert. Il revient aux organes compétents de l'OHADA (notamment le Conseil des ministres et le Secrétariat permanent) de prendre en compte cette double exigence et d'avoir désormais à l'esprit que la production des normes va de pair avec l'évaluation de l'impact que celles-ci ont effectivement sur les destinataires et l'espace économique régional. Dans un contexte de mondialisation caractérisé par la concurrence entre les systèmes juridiques, le droit OHADA ne saurait rester indifférent à l'exigence d'attractivité et d'efficacité des normes dès lors qu'il est généralement admis aujourd'hui que la qualité de la législation ou de la règlementation détermine les résultats économiques. Aussi, il s'agit de produire un droit qui soit en même temps attractif tant pour les acteurs internes que pour les acteurs externes en ce qu'il

[1] Y-R. Kalieu Elongo, « Le rôle du registre du commerce et du crédit mobilier OHADA dans l'amélioration de l'accès au crédit », in A. Akam Akam (sous la dir.), *Les mutations juridiques dans le système OHADA*, op. cit., p. 133 s.

répond effectivement à leurs attentes ou besoins, et efficace en ce qu'il leur permet de réaliser les buts ou objectifs concrets qu'ils se sont fixés. En définitive, cette recherche d'attractivité et d'efficacité pose d'une manière nouvelle la question de la qualité de la législation en général et de l'art de légiférer en particulier. Le législateur OHADA, comme tout créateur de normes, doit s'employer à « mieux légiférer » et se convaincre que l'exigence d'attractivité et d'efficacité conduit à repenser et à remodeler les modes de production normative./.

-4-

L'HARMONISATION DU DROIT DES CONTRATS EN AFRIQUE : PROPOS INTRODUCTIFS*

1. L'article 2 du Traité du 17 octobre 1993 relatif à l'harmonisation du droit des affaires en Afrique[1] adopte une conception large du droit des affaires en y intégrant, outre les matières qui sans conteste en relèvent, d'autres qui échappent traditionnellement à la sphère du droit commercial, tels les sûretés et les voies d'exécution ou le droit du travail. Bien plus, il laisse toute liberté au conseil des ministres de l'OHADA, d'y inclure, à l'unanimité, toute autre matière. C'est ainsi qu'en mars 2001, le conseil des ministres avait décidé d'étendre l'harmonisation aux matières suivantes : le droit de la concurrence, le droit bancaire, le droit de la propriété intellectuelle, le droit des sociétés civiles, le droit des sociétés coopératives, le droit de la preuve, le droit des contrats[2]. S'agissant notamment du droit des contrats, il convient de rappeler qu'un projet d'acte uniforme a été rédigé par le professeur Marcel Fontaine sous l'égide d'UNIDROIT ; mais n'a pas finalement été adopté par le conseil des ministres[3]. Faut-il alors penser que l'OHADA ait renoncé à toute tentative d'harmonisation du droit des contrats ? Seul l'avenir le dira.

2. La journée de réflexion organisée conjointement par le DIU Juriste OHADA (Universités Paris 2 et 13) et la Faculté des sciences juridiques et politiques de l'Université de Dschang (Cameroun) le 25 juin 2015, sans

---

***Article publié in *Petites affiches*, n° 192 (spécial), « Le droit OHADA, Bilans et perspectives », 2015, p.37 et s.**

[1] Révisé à Quebec (Canada) le 17 octobre 2008. Cet article dispose : « *Pour l'application du présent traité, entrent dans le domaine du droit des affaires l'ensemble des règles relatives au droit des sociétés et au statut juridique des commerçants, au recouvrement des créances, aux suretés et aux voies d'exécution, au régime du redressement des entreprises et de la liquidation judiciaire, au droit de l'arbitrage, au droit du travail, au droit comptable, au droit de la vente et des transports, et toute autre matière que le Conseil des ministres déciderait, à l'unanimité, d'y inclure, conformément à l'objet du présent Traité et aux dispositions de l'article 8 ci-après* ».

[2] Il faut d'emblée relever que derrière l'harmonisation se cache en réalité l'uniformisation. Dans ce sens, on a observé à juste titre, à propos de l'OHADA, qu'« a priori, il s'agit plus d'uniformisation que d'harmonisation. Dans les matières concernées, est recherchée une réglementation unique, identique en tous points pour tous les États parties. Il n'ya pas de place, en principe, pour des différences. On est très loin de l'harmonisation ». V° P-G. Pougoué, Y-R. Kalieu Elongo, *Introduction critique à l'OHADA*, PUA, Bruxelles, 2008, p. 51, n° 37.

[3] Pour une présentation générale des enjeux de cette entreprise, v° I. Kere, « L'OHADA et l'harmonisation du droit des contrats : propos et questions préliminaires », Rev.dr. unif. 2008, p. 197 s.

prétendre apporter de réponse à la question ci-dessus posée, veut néanmoins contribuer au débat. Pour ce faire, les communications portent, d'une part, sur le contexte de l'harmonisation, et d'autre part, sur la technique de l'harmonisation. Il apparaît ainsi que l'idée d'une harmonisation du droit des contrats dans l'espace OHADA n'est pas définitivement abandonnée, nonobstant les réserves qu'une telle extension du droit OHADA pourrait susciter[1]. Sans qu'il soit nécessaire de prendre parti, il y a lieu simplement, dans ces propos introductifs, de poser quelques questions préalables et de relever d'utiles repères pouvant guider toute tentative nouvelle de relance du projet d'harmonisation.

I. QUESTIONS

3. S'il y a lieu d'envisager l'harmonisation du droit des contrats dans l'espace OHADA, les instances compétentes de cette organisation devraient, à notre avis, répondre à la triple question de la nécessité, de la faisabilité et de l'opportunité d'une telle entreprise.

A. La nécessité

4. L'on ne peut ne pas poser la question de la nécessité de l'harmonisation du droit des contrats en Afrique et dans l'espace OHADA en particulier. Certes, les raisons ne manquent pas : facilitation des échanges et transactions économiques, besoins de sécurité juridique et judiciaire, etc. Tout cela ne saurait pourtant occulter le problème des valeurs ou des principes qui doivent justifier ou sous-tendre l'œuvre d'harmonisation. En effet, dans le contexte propre qui est celui de l'Afrique, et bien que celle-ci ne saurait pour autant échapper aux enjeux et aux exigences de la mondialisation, l'élaboration d'un droit des contrats harmonisé ou même unifié implique un arbitrage équilibré entre les principes de liberté et de sécurité qui sont nécessaires au développement des échanges, et les principes de justice et de solidarité qui doivent imprégner les rapports contractuels. S'il ne fait aucun doute que les principes de liberté contractuelle et de sécurité juridique doivent être sauvegardés pour inspirer confiance aux contractants et d'une manière générale aux investisseurs, il n'en demeure pas moins qu'une législation qui méconnaîtrait les valeurs de justice, de solidarité, voire de fraternité si chères aux sociétés africaines a peu de chances de prospérer et d'être efficace. En tout état de cause, l'harmonisation du droit des contrats devrait être comprise comme le reflet d'une « identité africaine commune et authentique ».

---

[1] C'est le risque de la « démesure » matérielle de l'OHADA que l'on vise ici d'une manière générale. V° P-G. Pougoué, Y-R. Kalieu, op.cit. p. 67, n° 52.

B. La faisabilité

5. Il ne suffirait pas que l'harmonisation soit nécessaire ; il faudrait encore que l'on s'interroge sur sa faisabilité. Dans cette optique, il s'agit surtout de s'interroger sur la méthode d'harmonisation. La tentative avortée d'harmonisation consistait en un projet d'acte uniforme devant instituer des règles uniformes et directement applicables en matière contractuelle. Si les organes compétents de l'OHADA venaient à relancer le projet d'harmonisation du droit des contrats, la question du choix de la méthode se poserait sans doute. En premier lieu, il s'agit de savoir si l'on va opter pour l'élaboration d'un Acte uniforme énonçant des règles identiques ou pour une sorte de « loi modèle » édictant des principes directeurs et devant simplement inspirer les législateurs nationaux. Dans ce dernier cas, il faudrait alors envisager la révision du Traité qui ne prévoit ni loi modèle ni directive. En second lieu, il faudrait poser la question de l'étendue ou du champ d'application de l'harmonisation : s'agirait-il d'élaborer un droit commun des contrats de portée générale ou alors un droit commun seulement limité aux contrats d'affaires régis par l'OHADA ? Enfin, la question des référents devrait également être abordée. En effet, il y aurait lieu de déterminer les sources d'inspiration du droit commun des contrats envisagé : droit français, common law, conventions internationales, droit spécial des contrats OHADA, principes UNIDROIT, droits nationaux, etc. Le choix est donc large et les rédacteurs d'un éventuel projet devraient tirer de ces différentes sources les règles ou les solutions les mieux adaptées au contexte africain, sans nullement brider leur capacité d'invention ou d'innovation.

C. L'opportunité

6. L'espace OHADA a-t-il besoin, en ce moment, d'une harmonisation du droit des contrats ? La réponse, bien évidemment, dépend des autorités compétentes de l'OHADA (Conseil des ministres, Secrétariat permanent) et de la volonté des États membres de l'organisation. Au fait, il y a lieu de se demander s'il est sage d'engager une œuvre aussi importante dont l'impact va bien au-delà du monde des affaires et affecte la vie quotidienne des gens, sans avoir entrepris l'évaluation des effets des différents actes uniformes. Il est temps que l'on pose la question de l'étude d'impact (*a priori et/ou a posteriori*) de l'œuvre immense accomplie par l'OHADA avant d'aller plus loin. Au-delà, l'on ne saurait entreprendre l'élaboration d'un droit commun des contrats sans prendre en compte la question de l'accès des sujets de droit et plus précisément des personnes physiques à la justice. En effet, comment ne pas relever que le juge suprême en matière de droit OHADA est la Cour commune de justice et d'arbitrage (CCJA) qui siège à Abidjan et qui détient le monopole en matière de cassation ! Il est certain que l'on n'éviterait pas l'engorgement de cette juridiction, si elle devait connaître de tout le contentieux relatif tant aux contrats civils qu'aux contrats commerciaux.

7. Telles sont les quelques questions qu'il paraissait nécessaire de poser à l'entame d'une journée de réflexion consacrée à l'harmonisation du droit des contrats dans l'espace OHADA. Mais au-delà de ces questions qui n'appellent pas forcément des réponses, il faut indiquer des repères en guise d'aiguillons.

II. REPÈRES

8. Pour entreprendre l'harmonisation envisagée, l'enthousiasme ne devrait point l'emporter sur le réalisme. La refonte du droit des contrats n'est jamais une affaire simple et notamment en ce siècle qui charrie tant d'enjeux à la fois économiques, humains et culturels. Le doyen Jean Carbonnier a écrit avec justesse que « *la société se reflète dans son droit et celui-ci a pu aider à la construire* ». Cela est particulièrement vrai pour l'Afrique, où la conception de la société est essentiellement construite sur les valeurs de justice, de solidarité et de fraternité. Dans un tel contexte, si la recherche de l'intérêt particulier n'est point condamnée, celui-ci n'a véritablement de sens que s'il contribue aussi à l'utilité sociale. Le contrat est un instrument formidable d'échanges de biens et de services. Mais il n'est pas que cela. Il crée avant tout un lien entre les hommes et, par cela même, œuvre à la sociabilité. Cette dimension fortement « sociale » du contrat ne saurait être perdue de vue.

Ainsi, l'œuvre d'harmonisation du droit des contrats en Afrique devrait, à notre avis, être entreprise sous la triple exigence de pertinence, de cohérence et de tempérance.

A. La pertinence

9. Devant la multitude des référents et des solutions possibles, l'œuvre d'harmonisation du droit des contrats devrait opérer des choix pertinents afin de proposer des règles adaptées à la vie économique et à la réalité sociale. Il ne saurait être question de venir « placarder » des règles ou des principes qui exacerbent l'individualisme ou qui prônent un libéralisme outrancier, reléguant ainsi au second plan les idéaux de justice et de solidarité. S'il faut établir un droit des contrats harmonisé ou uniforme, celui-ci doit être conforme aux aspirations et aux valeurs qui structurent la réalité africaine. Dans des sociétés où la conciliation, l'entraide et la sollicitude envers l'autre sont des vertus cardinales, l'avènement d'un nouveau droit des contrats n'aura d'intérêt réel que s'il véhicule des valeurs ou des principes qui transcendent l'égoïsme naturel des contractants et les engagent dans un rapport égalitaire et équilibré. Dans un tel contexte, des obligations telles que de bonne foi ou de loyauté, de coopération, de renégociation pourraient être mises à la charge des parties comme une traduction concrète de la solidarité contractuelle.

B. La cohérence

10. De nombreux contrats ont déjà été réglementés par le droit OHADA. Il en est ainsi de la vente commerciale, du bail commercial, ou du contrat de transport de marchandises par route, etc. Les règles prévues par le droit OHADA, pour ne prendre que le cas de la vente commerciale, sont inspirées de conventions internationales et instituent des solutions nouvelles ou abordent des questions que le droit antérieur n'envisageait pas. Le projet d'harmonisation du droit des contrats devrait en tenir compte et s'en inspirer en vue de réaliser une œuvre cohérente. Autrement dit, il faudrait que les solutions envisagées dans le cadre du droit commun des contrats ne fassent pas faire table rase des droits spéciaux préexistants à peine de remettre en cause tous les Actes uniformes antérieurs. Il s'agirait donc de veiller à la convergence entre les droits spéciaux régissant ces contrats et les règles qui pourraient constituer le droit commun des contrats, si tel était, en définitive, le choix des organes compétents de l'OHADA.

C. La tempérance

12. C'est une exigence de modération. L'expérience européenne doit servir d'exemple à l'OHADA. En effet, cela fait des décennies que l'Union européenne est à la recherche d'un « droit européen » des contrats et n'est pas toujours parvenue à réaliser cet objectif[1]. L'on est ainsi passé d'un projet de code européen[2] à une tentative d'harmonisation du droit des contrats[3] et finalement à un projet de cadre commun de référence en droit des contrats[4], ce qui témoigne de la difficulté à trouver ou à adopter une approche consensuelle en la matière. Les autorités compétentes de l'OHADA devraient donc tirer les leçons d'une telle expérience de « parturition » difficile d'un droit « harmonisé » des contrats. C'est qu'il est difficile de légiférer en la matière parce que le droit des contrats « impacte » directement la vie concrète des individus et influence concrètement les activités économiques. En réalité, l'harmonisation du droit des contrats (comme d'ailleurs du droit civil en général) est une question « politiquement » sensible. Une telle œuvre, fût-elle souhaitable, ne peut être entreprise que dans la durée.

---

[1] Cl. Witz, « La longue gestation du code européen des contrats, Rappel de quelques initiatives oubliées », R.T.D.civ. 2003. 447 ; D. Blanc, J. Deroulez, « La longue marche vers un droit européen des contrats », D. 2007, chron. 1615 ; D. Blanc, « Droit européen des contrats : un processus en voie de dilution ? », D. 2008, chron .564

[2] Cl. Witz, « La longue gestation du code européen des contrats, Rappel de quelques initiatives oubliées », R.T.D.civ. 2003. 447.

[3] P. Rémy-Corlay, « Harmonisation européenne du droit des contrats, l'acquis communautaire, les avancées », R.T.D. civ. 2005. 350.

[4] B. Fauvarque-Cosson, « Un nouvel élan pour le cadre commun de référence en droit européen des contrats », D. 2010. Chron. 1362.

13. Telles sont quelques-unes des idées qu'il m'a paru utile d'évoquer en ouverture de ce colloque consacré à l'harmonisation du droit des contrats en Afrique. Le temps, me semble-t-il, est venu pour que l'Afrique assume sa « maturité » juridique, c'est-à-dire de prendre réellement en charge la construction de son ordre juridique, certes en regardant et en s'inspirant d'autres expériences juridiques, mais en veillant à ne pas adopter, comme l'a si bien relevé un auteur[1], « le mimétisme juridique comme méthode de construction du droit ». Le droit des contrats auquel les Africains aspirent doit être à l'image d'eux-mêmes, c'est-à-dire empreint de justice et de solidarité./.

---

[1] D. Abarchi, « Problématique des réformes législatives en Afrique : le mimétisme juridique comme méthode de construction du Droit », in *Les grands articles de doctrine de l'OHADA*, (sous dir. A. Feneon), Ed. Juris Africa, 2013, p. 37 s.

DEUXIÈME PARTIE

LE DROIT ET L'OBLIGATION

L'un des débats sans fin en droit des obligations est celui qui concerne les sources des obligations en général, et la place du droit parmi celles-ci en particulier. Traditionnellement, on considère que la loi est la source principale des obligations. Ainsi, on a pu observer que « s'agissant des contrats, les rédacteurs du code ont généralement laissé aux contractants une grande liberté d'action juridique, la plupart des lois régissant les contrats présentant un caractère supplétif de la volonté individuelle. S'agissant des obligations extra-contractuelles, le siège des dispositions les régissant se trouve également dans le Code civil, c'est-à-dire dans la loi [1]». Au côté de la loi, d'autres sources étaient reconnues : la jurisprudence, les usages.

Le droit demeure ainsi une source importante d'obligations même si le pouvoir de la volonté individuelle est essentiel. En effet, la volonté contractuelle ne connaît d'autres limites dans la création d'obligations que celles fixées par la loi. C'est ainsi qu'en matière contractuelle, toutes sortes de contrats des plus simples aux plus complexes peuvent être conclus par les parties. Cependant, si la théorie privatiste du contrat privilégie la volonté comme source essentielle des obligations, la théorie publiciste tend, *a contrario*, à la minimiser. Dès lors, il faut bien constater la force de la volonté dans la création des obligations privées sauf dans les contrats dans lesquels les obligations des parties sont d'essence légale et ont un caractère d'ordre public.

Toutes ces considérations transparaissent dans certaines études ici reprises. L'une de ces études part des oppositions ou divergences entre les théories privatiste et publiciste du contrat pour mettre en exergue quelques éléments qui « plaident » en faveur d'une théorie unitaire du contrat (article 5). Attestant du rôle de la volonté dans la création des situations juridiques, notamment par la création de figures ou d'ensembles contractuels complexes, l'étude consacrée aux groupes de contrats montre cependant que la jurisprudence entend néanmoins limiter les conséquences juridiques en décidant qu'il n'y a pas de lien de droit entre les contractants extrêmes (article 6). La limitation de la force de la volonté s'apprécie davantage dans certains contrats, à l'instar du contrat de transport de marchandises par route dont les obligations imposées aux parties, notamment en matière d'information, sont d'origine légale (article 7). Enfin, en ce qui concerne les délits, la responsabilité est régie par des règles d'ordre public et dès lors, le comportement de la victime affecte d'une manière ou d'une autre son droit à la réparation (article 8).

---

[1] Fr. Terré, Ph. Simler, Y. Lequette, *Droit civil, Les obligations*, 11e éd., 2013, p. 13, n° 10.

ÉLÉMENTS POUR UNE THÉORIE UNITAIRE DU CONTRAT*

1. Peut-on sereinement envisager les rapports entre le contrat privé (civil ou commercial) et le contrat administratif, et plus particulièrement, rechercher les éléments qui les rapprochent et qui permettent d'esquisser une théorie unitaire du contrat, sans évoquer au préalable les méfiances, les suspicions, les querelles et les incompréhensions qui émaillent les relations entre le droit privé et le droit public en général[1] ? En effet, sur une distinction fondée sur des nécessités pratiques de séparer la sphère privée de la sphère publique, la doctrine tant privatiste que publiciste en est arrivée à une opposition radicale entre les deux grandes divisions du droit, faisant « de deux hémisphères d'un même monde, deux mondes contraires, sinon même antagonistes »[2]. En tout cas, on a voulu séparer le droit public du droit privé par « une sorte de rideau de fer », oubliant que « les frontières entre ces deux branches du droit sont quelque peu artificielles ». Cette atmosphère « lourde » qui caractérise la coexistence entre le droit privé et le droit public a fortement affecté l'étude du contrat civil et du contrat administratif, l'accent étant prioritairement mis sur ce qui les oppose que sur ce qui les rapproche. Au fond, tout ceci a été accentué par l'exagération de la revendication d'autonomie du droit administratif par rapport au droit civil.

2. Quand il a fallu opposer le contrat administratif au « contrat de droit commun » (ou plus généralement au contrat privé), il a toujours été mis en avant les différences évidentes entre les deux types de contrats, notamment en ce qui concerne leurs modes de formation, leurs modalités d'exécution ou encore les prérogatives reconnues aux parties[3]. Ainsi, s'agissant de la formation du contrat, il est facile de relever que si le contrat privé repose sur la volonté des parties qui expriment librement leurs consentements, en

---

***Article inédit. Il est issu d'une communication faite lors du colloque international ayant pour thème « *Le contrat au début du XXIe Regards croisés droit privé, droit public, common law* », organisé par la Faculté des sciences juridiques et politiques de l'Université de Douala, du 1er au 3 juin 2015.**

[1] Il suffit d'évoquer les controverses doctrinales autour du débat sur la publicisation du droit privé ou de la privatisation du droit public.

[2] Enseinmann, « Droit public-droit privé, en marge d'un livre sur l'évolution du droit civil français du XIXe au XXe siècle », RDP, 1952, 903.

[3] Pour une vue d'ensemble, A. de Laubadère, *Traité pratique des contrats administratifs*, tome 1, LGDJ, 156.

revanche, le contrat administratif est l'expression de la volonté de l'Administration ou de l'État s'imposant à celle de son partenaire. Quant à l'exécution du contrat, il a été observé que la puissance publique ne pouvait jamais être soumise à l'exécution forcée du contrat contrairement à son cocontractant. Enfin, pour ce qui est des prérogatives des parties, il ne fait aucun doute que l'Administration, partie au contrat dispose de prérogatives exorbitantes de droit privé[1], qui lui permettent notamment de modifier[2] ou de mettre unilatéralement fin au contrat. En somme, du constat de ces éléments divergents, on en a déduit que « la théorie générale du contrat administratif écarterait, par principe, la théorie civiliste ».

3. Sans qu'il soit nécessaire de nier l'originalité du régime juridique du contrat administratif, il convient néanmoins de relever que celui-ci n'échappe pas à l'application de règles communes avec le droit civil des contrats[3]. Aussi, nombreux sont ceux qui reconnaissent qu'au-delà des différences, il y a lieu de constater des rapprochements certains entre les régimes juridiques applicables aux contrats administratif et privé[4]. Comme on l'a si bien observé à propos du contrat administratif, « depuis toujours, son régime juridique est façonné par des principes structurants, communs au droit public et au droit privé, gouvernant tout aussi bien la formation que l'exécution des contrats administratifs... Ces points communs entre le contrat administratif et le contrat privé ont souvent été passés sous silence, peut-être par souci de légitimation du contrat administratif...»[5]. S'il y a ainsi lieu d'admettre l'existence d'un fonds commun de règles applicables aux contrats privé et administratif, faudrait-il pour autant en déduire la nécessité d'une théorie

---

[1] Sur ce point, M. Canedo, « L'exorbitance du droit des contrats administratifs », in F. Malleray (dir), *L'exorbitance en droit administratif en questions*, LGDJ, Coll. « Faculté de droit et des sciences sociales de Poitiers », 2004, p. 125.

[2] V. M. Ubaud-Bergeron, *La mutabilité du contrat administratif*, thèse Montpellier, 2004 ; H. Hoepffner, *La modification du contrat administratif*, tome 260, LGDJ, coll. « Bibliothèque de droit privé », 2009.

[3] Cependant, A de Laubadère relève « que toute une série de principes consacrés par le Code civil constituent des éléments d'une théorie générale du contrat dont il n'y a pas de raison d'exclure l'application aux contrats administratifs eux-mêmes », ibid., p. 20.

[4] Il y a lieu d'observer que le droit des contrats privés et le droit des contrats administratifs s'influencent réciproquement et vivent d'emprunts réciproques. V. par ex. Ch. Conan, *La réception du droit privé par le droit administratif français*, thèse Poitiers, 2000 ; B. Plessix, *L'utilisation du droit civil dans l'élaboration du droit administratif*, thèse, éd. Panthéon-Assas, 2003 ; J-B. Seube, « Contrats privés ?, contrats administratifs : points de convergences ? in *Mélanges en l'honneur du professeur M. Guibal*, vol. I, Université de Montpellier, coll. Mélanges, 2006, p. 367 ; J. Martin, *Les sources de droit privé du droit des contrats administratifs*, thèse Paris 2, 2008 ; Fr. Chénedé, « Les emprunts du droit privé au droit public en matière contractuelle », AJDA, 2009, p. 923 ; N. Boulouis, « Regards d'un rapporteur public du côté du droit privé des contrats », AJDA 2009, 921.

[5] F. Brenet, *Les contrats administratifs*, in P. Gonod, F. Melleray, Y. Yolka, (dir), *Traité de droit administratif*, Dalloz, tome 2, p. 246.

commune aux deux types de contrats et qui rendrait finalement compte de leur identité fondamentale ? Rien n'est sûr.

4. Il convient de préciser que dans les propos qui suivent, la théorie ne saurait être confondue avec l'ensemble des règles applicables aux contrats administratifs et privés. Très souvent, la doctrine désigne de manière abusive par théorie générale du contrat ce qui n'est en fait qu'un groupe de règles régissant le contrat administratif ou le contrat privé. Il y a là une confusion entre le régime juridique et la théorie qui est essentiellement une construction visant à rendre un phénomène intelligible. Dans ce sens, par théorie unitaire du contrat, on envisage les principes ou fondements qui permettent de rendre compte de la réalité contractuelle au-delà de la diversité des règles applicables au contrat administratif et au contrat privé. La question demeure alors de savoir si au-delà de ces régimes juridiques différents, il n'y aurait pas des principes directeurs qui permettent d'appréhender de manière globale et cohérente l'essence du contrat, quelle que soit sa nature. La présente étude entend y répondre en relevant qu'il y a des éléments qui militent en faveur de la reconnaissance d'un fondement unique aux contrats de droit privé et aux contrats administratifs.

5. À l'évidence, il apparaît que les doctrines privatiste et administrativiste se sont traditionnellement opposées sur cette question en développant des théories explicatives distinctes du contrat administratif et du contrat privé articulées autour de l'exaltation ou la suspicion (voire le rejet) envers le dogme de l'autonomie de la volonté (I). Toutefois, prenant acte de l'évolution des idées en matière contractuelle tant en droit administratif qu'en droit privé, et notamment du recul du dogme de l'autonomie de la volonté en droit commun, certains auteurs contemporains plaident en faveur d'une théorie unitaire du contrat administratif et du contrat privé [1] (II).

I. L'OPPOSITION CLASSIQUE DES THÉORIES EXPLICATIVES DES CONTRATS PRIVÉ ET PUBLIC

6. Le droit administratif s'est construit dans une logique de « différenciation » au droit civil. Aussi, en matière contractuelle, « la jurisprudence a dû faire un certain effort de différenciation pour justifier l'existence d'un contrat administratif distinct du contrat privé »[2]. L'on comprend alors qu'il existe deux analyses du contrat élaborées par les

[1] Cette tendance est notamment incarnée par J. Waline, « La théorie générale du contrat en droit civil et en droit administratif », in Études offertes à J. Ghestin, *Le contrat au début du XXIe siècle*, LGDJ, 2001, p. 965 ; M. H. Sikondo, « La notion de contrat administratif : acte unilatéral à contenu contractuel ou contrat civil de l'Administration », RTD civ. 1993, p. 239.

[2] F. Brenet, « Les contrats administratifs », in P. Gonod, F. Melleray, Y. Yolka, (dir), *Traité de droit administratif*, Dalloz, tome 2, p. 219.

doctrines civiliste et « administrativiste » qui s'opposent tant sur la nature (A) que sur le fondement (B) des contrats privé et administratif.

A. L'opposition portant sur la nature du contrat

7. Les auteurs de droit privé et de droit public ne conçoivent pas le contrat de la même manière. Si pour les premiers le contrat est avant tout un lien de droit entre les parties (1), pour les seconds, il est plutôt et davantage un moyen d'action pour l'administration (2).

1. Le contrat privé crée un lien entre les parties

8. Dans la théorie générale du contrat en droit civil, le contrat est essentiellement perçu comme une rencontre de volontés destinée à créer un lien de droit, un lien d'obligation entre les parties contractantes[1]. Ainsi, le contrat est un accord des volontés du créancier et du débiteur qui vise à établir un lien de droit en vertu duquel le premier peut exiger du second de donner, de faire ou de ne pas faire quelque chose. Le contrat institue un lien d'obligation entre les parties qui s'impose à elles et qui les engage mutuellement. Le lien de droit ainsi créé est un lien personnel en ce qu'il oblige le débiteur à fournir la prestation ou à donner la chose promise soit personnellement, soit exceptionnellement par l'entremise d'une tierce personne.

9. C'est donc la notion d'obligation qui structure le lien entre les parties contractantes. Il faut d'ailleurs relever qu'une fois établi, ce *lien* de droit se transforme en un *bien* susceptible de s'intégrer dans le circuit juridique et de faire alors l'objet de transactions juridiques. En effet, l'obligation née d'un contrat légalement formé est un bien qui prend place dans le patrimoine du créancier et peut être transféré ou transmis à un tiers au contrat.

En définitive, la théorie civiliste appréhende le contrat comme un accord de volontés créateur d'obligations entre les parties. Il n'en va pas de même pour la théorie administrativiste.

2. Le contrat administratif est un moyen au service de l'Administration

10. Du point de vue de la doctrine publiciste, le contrat administratif est prioritairement conçu comme un moyen d'action dont dispose l'Administration, à côté ou en plus de l'instrument privilégié de l'action administrative qu'est l'acte administratif unilatéral. Autrement dit, le contrat administratif est avant tout un mode d'action publique, c'est-à-dire un moyen que l'Administration utilise pour satisfaire les besoins d'intérêt général. Il

---

[1] C'est la doctrine de l'autonomie de la volonté qui a été systématisée par E. Gounot, *Le principe de l'autonomie de la volonté en droit privé*, th. Dijon, 172, p. 76.

s'agit d'un instrument d'exécution du service public[1]. Cette conception du contrat comme moyen privilégie la finalité poursuivie par l'une des parties au contrat, à savoir l'Administration, et procède d'une vision qui a longtemps dénié la nature contractuelle du contrat administratif.

En effet, la nature contractuelle du contrat administratif a donné lieu à des débats[2]. L'on rappellera que le contrat administratif fut d'abord une procédure avant d'être un contrat dès lors qu'il consistait plus en l'adhésion d'un particulier à un acte dont le contenu aurait été défini par l'Administration[3]. Le particulier était perçu moins comme un cocontractant que comme le subordonné de l'Administration. Comme l'écrit André de Laubadère[4] : « le cocontractant de l'administration, précisément parce que le contrat administratif est conclu en vue du service public, apparaît comme un collaborateur, plus ou moins direct selon le cas, du service public ; le contrat administratif apparaît ainsi comme un système de collaboration entre l'administration et son cocontractant ».

11. En tout état de cause, le contrat administratif « n'est pas né contrat[5] ». Il apparaît ainsi que l'accent mis sur les conditions de formation du contrat et le constat de la position léonine de l'Administration ont pu faire douter du caractère contractuel du contrat administratif. Aujourd'hui, le débat semble clos. Le contrat administratif est bel et bien un contrat quand bien même il tend à la satisfaction de l'intérêt général[6]. Comme l'observe un auteur[7], « L'existence du consentement suffit à caractériser le contrat. Celui-ci ne tient sa qualité et sa valeur ni de son contenu ni des conditions dans lesquelles ses clauses ont été élaborées ». Il s'agit là, en somme, d'un constat qui vaut autant pour le contrat administratif que pour le contrat privé.

B. L'opposition tenant au fondement du contrat

12. C'est indiscutablement sur ce point que l'opposition fut la plus radicale entre les thèses privatiste et publiciste. En effet, alors que la doctrine civiliste a fondé le contrat sur le dogme de l'autonomie de la volonté (1), la doctrine

[1] V. Conseil d'État, *Le contrat, mode d'action publique et de production des normes*, La documentation française, 2008, EDCE n° 59.
[2] Pour une vue générale, B. Plessix, « Autonomie de la volonté et droit des contrats administratifs », Droit et philosophie-Annuaire de l'Institut Michel Villey, vol. 4. 2012.
[3] F. Brenet, Les contrats administratifs, in P. Gonod, F. Melleray, Y. Yolka, (dir), *Traité de droit administratif*, Dalloz, tome 2, p. 219.
[4] *Traité théorique et pratique des contrats administratifs*, tome I, LGDJ, 1956, n° 7.
[5] Y. Gaudemet, « Pour une nouvelle théorie générale du droit des contrats administratifs : mesurer les difficultés d'une entreprise nécessaire », RD publ. 2010. 313.
[6] V. F. Brenet, ibid, p. 222.
[7] M-H. Sinkondo, article précité.

publiciste par contre l'a simplement ignoré ou rejeté, invoquant comme fondement du contrat administratif, le service public (2).

1. Le contrat privé est fondé sur le dogme de l'autonomie de la volonté

13. La théorie civiliste du contrat fait reposer l'édifice contractuel sur l'autonomie de la volonté[1]. Ainsi, le contrat est le produit d'un accord de volontés libres et égales destiné à produire des effets de droit, plus concrètement à créer des droits et des obligations. Il en résulte que les parties sont libres : de contracter ou de ne pas contracter, de s'engager comme elles l'entendent, et ce, par le seul échange des consentements, de déterminer le contenu de leurs engagements respectifs, de mettre fin à leurs rapports contractuels, etc. C'est donc la rencontre des volontés des deux parties qui crée le contrat et qui fonde sa force obligatoire. Autrement dit, le contrat est obligatoire parce que les parties se sont engagées librement et ont accepté de fournir la prestation ou de donner la chose promise. Il n'y a rien qui soit imposé de l'extérieur aux parties, les tiers et même le juge devant respecter cette « sphère d'autonomie » créatrice de droits et d'obligations. Tout, en matière contractuelle, s'explique donc par la volonté : la formation du contrat (*la liberté de contracter ou celle de ne pas contracter, le consensualisme*), l'exécution du contrat (*la force obligatoire du contrat, la relativité du contrat*), l'interprétation du contrat par le juge (*recherche de la commune intention des parties*), la disparition du contrat (*nécessité de la volonté commune des deux parties ou résolution judiciaire*). Dans un tel contexte, « La seule tâche du droit est d'assurer l'égalité des libertés en présence[2] ».

La valorisation du rôle de la volonté par la doctrine civiliste permet, en définitive, de mettre en avant l'idée que les parties sont, par principe, placées sur un pied d'égalité et s'engagent librement dans le rapport contractuel. Le contrat privé est ainsi confiné dans la sphère privée et est tout entier centré sur la satisfaction d'intérêts privés. Or, tel n'est pas le cas pour ce qui est du contrat administratif.

2. Le contrat administratif est fondé sur la participation au service public

14. En effet, l'explication du contrat privé essentiellement perçu comme la rencontre de volontés égales n'a pas rencontré l'assentiment de la doctrine publiciste. L'on a même à juste titre observé le « silence » de la doctrine publiciste à l'égard de la théorie de l'autonomie de la volonté[3]. Au-delà des critiques visant la théorie de l'autonomie de la volonté, ce silence tiendrait de

[1] Cette théorie a été systématisée et critiquée par E. Gounot, *Le principe de l'autonomie de la volonté en droit privé ; Contribution à l'étude critique de l'individualisme*, th. Dijon, 1912.
[2] Gounot, op. cit, p. 76.
[3] B. Plessix, article précité.

ce que « le contrat administratif ne fut jamais pensé comme un acte de volonté[1] ». Plutôt soucieuse d'affirmer l'autonomie du droit administratif par rapport au droit civil, la doctrine publiciste s'est évertuée à rechercher le fondement du contrat administratif non sur la nature de l'acte, mais sur son but, à savoir assurer le fonctionnement du service public. Dans une telle perspective, le partenaire de l'administration n'est pas vraiment considéré comme un cocontractant. Comme l'a relevé André de Laubadère, « *le cocontractant de l'administration, précisément parce que le contrat administratif est conclu en vue d'un service public, apparaît comme un collaborateur, plus ou moins direct selon les cas, du service public ; le contrat administratif apparaît ainsi comme un système de collaboration entre l'administration et son cocontractant*[2] ».

15. Cela dit, l'accord des volontés n'est certes pas absent dans le contrat administratif. Il se trouve simplement que pour la doctrine de droit administratif, ce n'est pas tant le mode de formation du contrat que la finalité poursuivie par celui-ci qui importe. Ce qui fait la spécificité du contrat administratif, c'est son utilité sociale, c'est-à-dire le fonctionnement, la réalisation et l'exécution du service public. Si l'on admet que le service public désigne une activité d'intérêt général prise en charge directement ou indirectement par une personne publique, il apparaît que cette notion permet de définir le contrat administratif et, en tout état de cause, de justifier certaines de ses caractéristiques. Ainsi peuvent s'expliquer, d'une part, les règles particulières qui régissent le mode de passation des marchés publics caractérisé par l'élaboration préalable et unilatérale des cahiers de charges, la reconnaissance de prérogatives exorbitantes de droit commun à l'Administration (pouvoirs unilatéraux de contrôle et de direction, de modification, de sanction ou de résiliation) ; et, d'autre part, la situation d'inégalité qui caractérise les rapports entre l'administration et son cocontractant[3].

16. Le recours à la notion de service public est donc au centre de la théorie générale des contrats administratifs. C'est elle qui permet, en définitive, d'expliquer l'ampleur des prérogatives administratives dans toutes les phases de l'opération contractuelle : la conclusion, l'exécution et l'extinction[4]. L'on comprend alors le rejet de la théorie de l'autonomie de la volonté par la doctrine publiciste. Il en est notamment ainsi de Péquignot qui voyait dans le contrat administratif non un accord de volontés libres et égales, mais plutôt la

---

[1] Idem.

[2] Op.cit, n° 7.

[3] G. Jèze relevait que « le contrat administratif proprement dit, suppose essentiellement deux contractants placés sur un pied d'inégalité : l'un représente l'intérêt général, le service public ; l'autre l'intérêt privé du contractant ». In *Contrats*, 1927, I, p. 8.

[4] V. par ex. G. Eckert, « Les pouvoirs de l'administration dans l'exécution du contrat et la théorie générale des contrats administratifs », Contrats Marchés publ. 2010, chron. 9.

manifestation d'une volonté unique, celle de l'Administration, capable d'obliger ses « cocontractants »[1]. C'est dire finalement qu'en ce qui concerne le droit administratif classique, les exigences du service public l'emportent sur la volonté des parties dans la théorisation du contrat administratif[2].

17. En somme, les positions traditionnelles des doctrines civiliste et publiciste paraissent inconciliables et postulent une théorisation différenciée des contrats privé et administratif. Tout se passe comme si les privatistes et les publicistes ont de part et d'autre voulu surtout insister sur ce qui oppose le contrat privé du contrat administratif, minorant ainsi les points de rapprochement qui traduisent l'essence commune aux deux contrats. Fort heureusement, le renouveau observé dans la pensée juridique moderne, tant en droit privé qu'en droit administratif, entend mettre en exergue les éléments pouvant fonder une théorie unitaire du contrat au-delà des différences.

II. L'ORIENTATION CONTEMPORAINE EN FAVEUR D'UNE THÉORIE UNITAIRE DU CONTRAT

18. L'idée d'une théorie unitaire du contrat repose sur le constat préalable que malgré ses spécificités indéniables, le contrat administratif est, autant que le contrat civil, un contrat. Autrement dit, elle se fonde sur la conviction « que la notion de contrat est suffisamment large et souple pour tenir les prérogatives exorbitantes de l'Administration en accord avec la logique contractuelle[3] ». Il faut alors tenter d'esquisser une théorie unitaire pour rendre compte d'un phénomène identique malgré les apparences, c'est-à-dire d'une réalité contractuelle unique. Cette tendance que l'on observe dans les travaux récents n'a été rendue possible que par la critique des fondements classiques des contrats administratif et privé (A) et s'appuie finalement sur de nouveaux paradigmes explicatifs du contrat (B).

A. La crise des fondements classiques du contrat

19. Il est évident que les théories contractuelles ci-dessus exposées sont aujourd'hui largement remises en cause tant en droit privé qu'en droit public. Les critiques concernent ainsi le « volontarisme » fondant le contrat privé (1) que le « fonctionnalisme » qui sous-tend le contrat administratif (2).

1. La critique du « volontarisme » en droit privé

20. Le dogme de l'autonomie de la volonté n'a jamais vraiment suffi à justifier pleinement ou exclusivement ni le pouvoir des parties de créer des

---

[1] G. Péquignot, *Contribution à la théorie générale du contrat administratif*, thèse Montpellier, 1944.

[2] V. J-M. Rainaud, « Le contrat administratif : volonté des parties ou loi de service public ? », RD publ. 1985. 1183.

[3] M.H. Sinkondo, article précité.

droits et des obligations ni la force obligatoire du contrat. L'idée que la volonté seule ne suffit pas à créer du droit ou à justifier les effets du contrat est constante dans la doctrine nonobstant le « règne » de l'autonomie de la volonté. Cette critique du volontarisme est fondée sur la reconnaissance du rôle de la loi ou la recherche de la justice. Il y a là une critique positiviste d'une part, et une autre qui se veut « idéaliste » ou morale, d'autre part.

21. En effet, il a d'abord été reproché à la doctrine de l'autonomie de la volonté d'exagérer la toute-puissance de la volonté dans l'établissement des rapports contractuels et d'oublier que *c'est de la loi que le contrat tire sa force obligatoire et son effet relatif.* C'est ainsi que les doctrines dites « positivistes » du contrat ont mis l'accent sur l'idée que c'est le droit positif qui confère au contrat sa force obligatoire. Pour Hans Kelsen[1], il conviendrait de distinguer la procédure et les effets du contrat. Dans le processus de formation du contrat, il admet que c'est l'accord des volontés des parties qui constitue le contrat dans le cadre permis par le droit. En revanche, pour ce qui est des effets du contrat et notamment de sa force obligatoire, ils trouvent leur fondement dans la loi. Envisageant le contrat en tant que norme, Kelsen considère que c'est la loi (norme d'un degré supérieur) qui autorise les parties, à créer par délégation, par le truchement du contrat, une norme d'un degré inférieur. En définitive, sans totalement renier le rôle de la volonté, Kelsen estime néanmoins que les effets du contrat trouvent leur fondement dans la loi. Dans une telle conception, les volontés individuelles évoluent dans le cadre fixé par la loi et ne peuvent agir que dans les limites permises par celle-ci. Le contrat « réintègre » ainsi l'espace public et doit se conformer aux exigences de l'ordre public, qu'il soit politique, économique ou social. Comme l'a écrit un auteur s'inspirant de Durkheim, « *la loi n'est plus le complément utile des conventions particulières, elle en devient la norme fondamentale*[2] ».

22. Ensuite, c'est au nom de la justice, voire de la solidarité que l'on s'est attaqué au dogme de l'autonomie de la volonté. En effet, il est apparu que l'égalité entre les parties que postule ce principe demeure artificielle, dès lors que le plus fort peut imposer sa volonté au plus faible. Aussi s'est développé un courant doctrinal dit « solidariste » dont l'ambition est de substituer « l'union des intérêts » au conflit des intérêts[3]. Dans cette nouvelle vision, le contrat « devient un haut lieu de sociabilité et d'amitié où chacune des parties tache de rendre toute justice à l'autre ». L'accent est ainsi mis sur la justice

[1] In « La théorie juridique de la convention », Arch. Philosophie du droit, 1940, p. 33 à 76.
[2] Ch. Jamin, « Quelle nouvelle crise du contrat ? Quelques mots en guise d'introduction », in Ch. Jamin, D. Mazeaud (dir), *La nouvelle crise du contrat*, Dalloz, 2003, p. 10.
[3] V. D. Mazeaud, « Loyauté, solidarité, fraternité : la nouvelle devise contractuelle ? », in Mélanges Fr. Terré, Dallz 1999, p. 667 et s ; Ch. Jamin, « Plaidoyer pour le solidarisme contractuel », in Études J. Ghestin, LGDJ, 2001, p. 441 et s ; C. Thibierge-Guelfucci, « Libres propos sur la transformation du droit des contrats », RTD civ. 17, chr. P. 357.

contractuelle qui repose sur l'exigence fondamentale de bonne foi. Aussi, de nombreux devoirs et obligations, tels l'obligation de renseignement, les devoirs de loyauté, de coopération, de renégociation, par exemple, sont imposés aux parties par le juge qui joue désormais un rôle de premier plan. Comme l'écrit un auteur[1], le juge devient « l'artisan de la justice contractuelle et cette mission lui donne, à l'égard du contrat, un pouvoir d'intervention au sens quasiment procédural du terme, comme si de tiers, le juge devenait partie au contrat ». En tout état de cause, la critique solidariste du dogme de l'autonomie de la volonté repose sur l'idée bien exprimée par Christphe Jamin[2] que « la volonté individuelle ne peut plus être une pure puissance créatrice, pas plus qu'elle n'est en mesure de modeler seule les effets de droit qu'elle engendre ». Ce faisant, sans renier le rôle de la loi, le solidarisme proclame la « primauté du social » et postule ainsi une « nouvelle conception du contrat qui organise de manière différente les liens du privé et du public en soumettant les volontés individuelles au contrôle social[3] ».

23. En définitive, il apparaît que l'explication classique du contrat fondée sur le dogme de l'autonomie de la volonté est désormais contestée. Résumant la transformation de la théorie du contrat, Madame Thibierge Guelfucci[4] précise que « L'idée est aujourd'hui communément admise que le contrat tire sa force obligataire non pas de la volonté des parties, mais du droit objectif qui la lui confère ».

2. La remise en cause du « fonctionnalisme » en droit administratif

24. Pour expliquer la spécificité du contrat administratif et, surtout, pour justifier les prérogatives exorbitantes de l'administration (il s'agit notamment des pouvoirs d'action unilatérale : pouvoir de contrôle et de direction, pouvoir de sanction unilatérale, pouvoir de modification unilatérale, pouvoir de résiliation unilatérale), la doctrine invoque l'intérêt général. Plus exactement, elle relève que ces prérogatives peuvent s'expliquer par leur utilité ou leur fonction sociale. Autrement dit, les pouvoirs unilatéraux de l'administration qui traduisent une situation d'inégalité entre les parties sont l'expression de la puissance publique ainsi que l'expression de l'intérêt général.

25. C'est cette présentation classique qui est aujourd'hui critiquée, voire contestée. En effet, mettant en avant la nature contractuelle du contrat administratif, un auteur[5] considère que « la notion de contrat est suffisamment

---

[1] L. Cadiet, « Les jeux du contrat et du procès : esquisse », Mélanges J. Ghestin, 2001, p. 177 et s.

[2] Ch. Jamin, « Plaidoyer pour le solidarisme contractuel », in Etudes J. Ghestin, LGDJ, 2001, p. 447.

[3] Ibid, p. 449.

[4] Idem.

[5] M. H. Sikondo, « La notion de contrat administratif : acte unilatéral à contenu contractuel ou contrat civil de l'Administration », RTD civ. 1993, p. 239 et s.

large et souple pour tenir les prérogatives exorbitantes de l'administration en accord avec la logique contractuelle ». Dans cet ordre d'idées, il soutient que si « les prérogatives de l'Administration peuvent s'expliquer et se justifier par leur fonction sociale, elles tirent aussi leur compatibilité avec la logique contractuelle de leur conformité à la justice contractuelle ». En somme, les pouvoirs unilatéraux de l'administration trouvent leurs fondements non seulement dans leur utilité sociale, mais aussi dans leur conformité à la justice sociale. D'une manière générale, l'idée défendue par ceux qui critiquent la justification des pouvoirs unilatéraux de l'Administration par l'expression de la puissance publique ou les nécessités du service public est que ces prérogatives s'inscrivent bien dans la logique contractuelle. Comme l'affirme M.H. Sinkondo[1], « L'État n'a pas lui-même d'intérêts propres à faire valoir. Ceux auxquels il a « pour fonction de pourvoir ne sont autres que ceux de ses membres". Mais son rôle est d'arbitrer entre les intérêts particuliers, de les pondérer, de les hiérarchiser en s'efforçant de les équilibrer et de les rendre compatibles les uns avec les autres. Ainsi perçues, les prérogatives de l'Administration, loin de s'opposer à la logique contractuelle, tendent au contraire, au fond, à la renforcer en créant les conditions d'un développement harmonieux des contrats ».

26. L'on assiste ainsi tant en droit privé qu'en droit administratif, à une remise en cause des explications traditionnelles du contrat et qui n'est finalement que la conséquence d'une transformation en profondeur du droit des contrats. Le reflux de l'autonomie de la volonté d'une part, et la récusation du « fonctionnalisme », d'autre part, sont de nature à permettre l'avènement d'une théorie unitaire du contrat à partir de nouveaux paradigmes.

B. L'utilité et la justice, nouveaux paradigmes d'une théorie unitaire du contrat

27. L'esquisse d'une théorie unitaire du contrat ne vise ni à souhaiter la fin du contrat administratif[2], ni même à ignorer sa spécificité. L'objectif est simplement de mettre l'accent sur des éléments qui rendent compte de la proximité « naturelle » entre le contrat privé et le contrat administratif. Car, si l'on admet que les contrats administratifs et privés participent de la même nature contractuelle, alors il est aisé de transcender l'opposition persistante entre la théorie générale du contrat administratif et celle du contrat privé. À cet effet, Jean Waline[3] relève fort opportunément que « la logique voudrait

---

[1] M. H. Sikondo, « La notion de contrat administratif : acte unilatéral à contenu contractuel ou contrat civil de l'Administration », RTD civ. 1993, p. 239 et s.

[2] Sur cette problématique, V° D. Mrad, « La fin du contrat administratif », in A. Zaradny et alli (sd), *La fin du droit* ?, Actes du colloque des 5 et 6 décembre 2013, mare et martin, 2015, p. 133 et s.

[3] J. Waline, « La théorie générale du contrat en droit civil et en droit administratif », in Études offertes à J. Ghestin, *Le contrat au début du XXIe siècle*, LGDJ, 2001, p. 965.

qu'à un concept unique corresponde une théorie générale unique ». Il s'agit alors de déterminer les fondements d'une théorie générale commune au contrat civil et au contrat administratif.

28. Dans un contexte où l'on n'hésite pas à parler du déclin ou de la crise du droit administratif en général[1], des travaux publiés ces trois dernières décennies, partant du constat que le principe de l'autonomie de la volonté (répudié par les auteurs classiques pour affirmer l'autonomie de cette matière) ne suffisait plus à expliquer la force obligatoire du contrat privé, considèrent, à la suite de Jacques Ghestin[2] que le juste et l'utile peuvent servir de fondements communs aux contrats civil et administratif[3]. Il convient de rappeler que pour cet auteur, l'utile et le juste sont les principes fondamentaux de la théorie générale du contrat. Dans le sillage de Kelsen[4], il reconnaît certes que le contrat tire sa force obligatoire du droit objectif, mais il considère que celui-ci ne le sanctionne que parce qu'il est utile et à la condition qu'il soit juste[5]. Ainsi, s'agissant d'abord de l'utilité, M. Ghestin explique que le contrat est obligatoire parce qu'il poursuit soit une utilité particulière (intérêt des parties) soit une utilité publique ou sociale (intérêt général). Dans ce dernier cas, le contrat est sanctionné par le droit objectif comme un instrument qui permet la réalisation d'opérations socialement utiles. Cette utilité sociale permet finalement de contrôler les abus commis par les parties lors de la formation ou de l'exécution du contrat. En second lieu, pour ce qui est de la justice dans le contrat, il s'agit essentiellement de la justice commutative. Le principe est que dans le rapport contractuel, chacune des parties dit recevoir l'équivalent de ce qu'elle donne. En fondant la force obligatoire du contrat, le droit objectif entend sanctionner la conformité du contrat à la justice qui commande l'équilibre des prestations.

29. Se référant à ces idées, M.H. Sikondo considère que l'utilité sociale et la justice contractuelle sont les fondements du pouvoir unilatéral de l'Administration dans le contrat administratif[6]. Cependant, il rappelle que ce pouvoir unilatéral est prévu par le droit objectif et reconnu à l'administration

---

[1] B. Ferrari, « Le déclin du droit administratif français : entre chimère et réalité », AJDA 2006, p. 1021 et s ; J.-J. Bienvenu, « Le droit administratif : une crise sans catastrophe », Droits 1986, n° 4, p. 93 ; M-P. Cauchard, « La crise du droit administratif : entre discontinuité et continuité », in H. Simonian-Gineste (sd), *La (dis) continuité en droit*, Actes du colloque annuel de l'IFRD, LGDJ, PUT 1 Capitole, 2014, p. 123 et s.

[2] *Traité de droit civil, Les obligations, Le contrat : formation*, 2e éd., LGDJ, 1988, p. 178 et s.

[3] M. H. Sikondo, « La notion de contrat administratif : acte unilatéral à contenu contractuel ou contrat civil de l'Administration », RTD civ, 1993, p. 239 ; J. Waline, « La théorie générale du contrat en droit civil et en droit administratif », in Études offertes à J. Ghestin, *Le contrat au début du XXIe siècle*, LGDJ, 2001, p. 965.

[4] « La théorie juridique de la convention », Arch. Philosophie du droit, 1940, p. 33 à 76.

[5] Op.cit, p. 181.

[6] Idem.

dans le cadre de son échange avec le milieu social. Et l'auteur de conclure : « Il est finalement permis d'affirmer que le contrat administratif est qualifié de contrat et rendu obligatoire comme tel parce qu'il est utile, mais aussi parce qu'il est juste, c'est-à-dire conforme à la justice contractuelle. Les prérogatives de l'Administration ne visent pas à donner à ce "juste contractuel" un contenu différent pour l'essentiel. Elles ont pour seule fonction d'adapter le "juste contractuel" à la situation particulière de l'Administration... parce qu'elles servent indirectement les intérêts du contractant, les prérogatives de l'Administration ne présentent nulle incompatibilité avec le procédé contractuel. L'utile et le juste rattachent ainsi les contrats administratifs à la théorie générale des contrats ». Dans l'opinion de l'auteur, la logique contractuelle peut « accueillir » et justifier les prérogatives unilatérales de l'Administration dès lors qu'elles permettent à celle-ci de veiller à l'intérêt général sans sacrifier l'équilibre entre les patrimoines de l'État et de son contractant. Il y a là une conciliation nécessaire par le droit objectif de l'utile (fonction sociale) et le juste (équilibre des prestations).

30. Cette vision nouvelle du contrat administratif est partagée par Jean Waline qui considère lui aussi que les idées de Jacques Ghestin peuvent servir de support à la construction d'une théorie commune susceptible de rendre compte des contrats en droit privé et en droit administratif[1]. Il observe, en effet, que « le droit administratif doit toujours s'efforcer de trouver l'équilibre le plus harmonieux possible entre deux séries de données contradictoires : d'une part, tenir compte des nécessités qu'implique la défense de l'intérêt général dont l'Administration a la charge, d'autre part, assurer la protection des droits des administrés face aux prérogatives de l'Administration ». Cet équilibre peut se faire par le recours aux principes de l'utilité et de justice. D'une part, il relève qu'il n'y aurait pas de difficultés à ce que l'on admette en droit administratif l'idée que le contrat est obligatoire parce qu'il est utile dès lors que l'utilité générale commande toute l'action administrative. D'autre part, il observe que « l'idée qu'un contrat n'est obligatoire que s'il est juste correspond déjà très largement à l'état du droit positif en droit administratif ». Sur ce dernier point, il convient de relever que le juge administratif s'est toujours montré soucieux du respect de l'équilibre financier du contrat[2] en accordant une juste indemnisation au contractant de l'administration, que ce

---

[1] Ibid., p. 981 et s.

[2] L. Vidal, *L'équilibre financier du contrat dans la jurisprudence administrative*, Bruylant, 2005.

soit en cas de modification unilatérale du contrat[1] ou en cas d'imprévision[2]. De même, le juge administratif se veut désormais plus sensible à l'exigence de bonne foi en matière contractuelle en consacrant une obligation de loyauté à la charge de l'administration[3].

31. Au regard de ce qui précède, il apparaît que les principes d'utilité et de justice peuvent servir de fondements communs aux contrats privé et administratif dans un contexte général où la spécificité du droit administratif à l'égard du droit commun s'estompe progressivement. C'est que la physionomie du contrat administratif a connu d'importantes mutations qui ont davantage affirmé son caractère contractuel sans toutefois « dissiper » son aspect administratif[4]. En quelque sorte, le contrat administratif se retrouve à la croisée des chemins. Mais alors, s'interroge une auteure[5], « le contrat administratif est-il condamné à un éternel mouvement de balancier entre son aspect administratif et son aspect contractuel sans qu'un véritable équilibre ne soit trouvé, interrogeant ainsi toujours son autonomie et plus globalement sa légitimité ? ». Dans le fond, les contrats administratif et privé se rapprochent sans pourtant perdre leur identité propre.

Nonobstant cette évolution, il reste que les cadres de compréhension élaborés par la doctrine administrativiste classique demeurent paradoxalement inchangés. La doctrine publiciste reste en effet marquée par le rejet du dogme de l'autonomie de la volonté[6] qui a servi de prétexte pour affirmer l'autonomie du contrat administratif par rapport au contrat privé. De ce fait, elle n'a pas suffisamment pris en compte le fait que même en droit privé, le principe de l'autonomie de la volonté était largement mis en cause et n'était plus considéré comme le fondement de la force obligatoire du contrat. Au fond, cette constance de l'opposition et de la distinction entre les contrats administratif et

---

[1] C.E 11 mars 1910, Compagnie générale française des tramways, Rec. P. 216. Pur une vue d'ensemble, v° M. Ubaud-Bergson, *La mutabilité du contrat administratif*, th. Montpellier, 2004 ; H. Hoepfner, *La modification du contrat administratif*, LGDJ, coll. Bibliothèque de droit privé, tome 260, 2009.

[2] C.E 30 mars 1916, Compagnie générale d'éclairage au gaz de Bordeaux, Lebon, 125.

[3] C.E 28 décembre 2009, AJDA 2010. 142 ; D. 2011. 472 (*Commune de Béziers*). Sur l'obligation de loyauté de l'Administration en général, v° M. Lombard, *Recherches sur le rôle de la bonne foi et de la mauvaise foi en droit administratif français*, th. Strasbourg, 1978 ; F. Llorens, P. Soler-Couteaux, « De la loyauté dans le contentieux administratif des contrats », Contrats Marchés publ. 2010, repère 2 ; A. Beduschi-rtiz, « La notion de loyauté en droit administratif », AJDA 2011 p. 1 et s.

[4] R. Drago, « Le contrat administratif aujourd'hui », Droits 1990, n° 12, p. 117 et s ; F. Brenet, *Recherches sur l'évolution du contrat administratif*, th. Poitiers, 2 tomes, 2002 ; N. Symchowicz, « De la mort des critères du contrat administratif à celle de la théorie du contrat administratif ? », CP 2010, n° 100, p. 16 et s.

[5] D. Mrad, ibid., p. 141.

[6] , B. Plessix, « Autonomie de la volonté et droit des contrats administratifs », Droit et philosophie-Annuaire de l'Institut Michel Villey, vol. 4. 2012.

privé s'explique certainement par ce que M.P Cauchard[1] appelle « la permanence idéologique en droit administratif » qui se caractérise par le refus chez certains d'admettre « l'hybridation croissante du droit administratif » et son « métissage avec le droit privé »[2].

32. En tout état de cause, pour les auteurs qui privilégient, dans la perception du contrat administratif, « la prévalence de la théorie contractuelle sur les prérogatives de l'Administration », « on cerne mieux la notion de contrat administratif en la replaçant dans son centre naturel qui est sans aucun doute la théorie civiliste du contrat [3]». Une telle approche est sans doute excessive en ce qu'elle ne fait pas progresser le débat d'idées et laisse croire qu'il suffit de revenir à la théorie civiliste pour affirmer l'ancrage contractuel du contrat administratif. Ce qui importe, c'est de surmonter l'opposition artificielle entre les théories explicatives des contrats administratif et privé fondée traditionnellement sur la différence de leurs régimes juridiques. Pour ce faire, il convient d'explorer la voie de la conciliation qui consiste en l'élaboration d'une théorie commune du contrat autour des principes d'utilité et de justice.

33. En ces temps où des interrogations se font jour sur le sort du droit administratif[4], où on en vient même à douter de sa pertinence, cette option témoigne de ce que le contrat administratif et le contrat privé peuvent bien coexister parce qu'ils sont avant tout et simplement des contrats. Le reconnaître, c'est tout simplement admettre l'existence d'une unité conceptuelle du droit contractuel au-delà des divergences de régimes juridiques. Si cela advenait, la « guerre des tranchées » entre privatistes et publicistes pourrait, à défaut de prendre fin, connaître une trêve durable en matière contractuelle./.

---

[1] Ibid., p. 134.

[2] A. Beduschi-rtiz, « La notion de loyauté en droit administratif », AJDA, p. 1 et s.

[3] M. H. Sikondo, « La notion de contrat administratif : acte unilatéral à contenu contractuel ou contrat civil de l'Administration », RTD civ, 1993, p. 239.

[4] J-J. Bienvenu, « Le droit administratif : une crise sans catastrophe », Droits 1986, n° 4, p. 93 ; B. Boulis, « Supprimer le droit administratif», Pouvoirs 1988, n° 46, p. 5 et s. ; D. Truchet, « Avons-nous encore besoin du droit administratif ? », in Mélanges Francis Lachaume, Paris, Dallz, 2007, p. 103 et s. ; B. Ferrari, « Le déclin du droit administratif français : entre chimère et réalité », AJDA 2006, p. 1021 et s.

-6-

REQUIEM POUR LES GROUPES DE CONTRATS ?*

Vues sur le renouvellement avorté de la théorie de la relativité des conventions

1. Le droit des contrats serait-il une mer tranquille que rien ne vient jamais perturber ? De prime abord, la question mériterait d'être posée si cette matière était comparée au droit de la responsabilité civile délictuelle. En effet, celui-ci, tel un océan agité par de forts courants, a connu de constantes et profondes mutations. C'est que face à la multiplication des dommages liés à l'essor industriel, législation, doctrine et jurisprudence ont pratiquement conjugué leurs efforts pour faciliter l'indemnisation des victimes des dommages que les règles du Code civil ne permettaient pas de réparer aisément, soit en trouvant des fondements et des champs d'application nouveaux à la responsabilité civile, soit en développant des mécanismes collectifs de réparation[1]. La responsabilité civile délictuelle a ainsi acquis « le rôle de grande vedette du droit civil »[2]. Dans un tel contexte, les transformations subies par le droit des contrats, cette « oasis de stabilité »[3], sont le plus souvent passées au second plan. Une telle infortune est injustifiée tant la théorie générale du contrat s'est renouvelée et enrichie[4], grâce notamment à l'apparition de figures juridiques nouvelles, comme celle dite des *groupes de contrats*.

***Article publié in *Cahiers Juridiques Politiques (Université de Ngaoundéré)*, n° 2009, pp. 3-30.**

[1] Sur cette évolution, v. G.Viney, *Traité de droit civil, Introduction à la responsabilité*, 2e éd, LGDJ, 1995, n° 17 et s.

[2] *Ibid*, n° 17.

[3] L'expression est de Ph. Malaurie, in *Le droit civil français des contrats à la fin du XXe siècle*, Mélanges Cabrillac, Litec, 1999, p. 187.

[4] Sur l'évolution du droit des contrats en général, v. M. Cabrillac, « Remarques sur la théorie générale du contrat et les créations récentes de la pratique commerciale », Mélanges Marty, 1978, p. 235 ; G.Cornu, « L'évolution du droit des contrats en France », Journées de la Société de législation comparée, RID comp., n° spéc., vol.1, p.447 s ; P.Jestaz, « L'évolution du droit des contrats spéciaux dans la loi depuis 1945 », *in L'évolution contemporaine du droit des contrats*, Journées Savatier, 1985, p. 117 s ; J.Mestre, « L'évolution du contrat en droit privé », ibid, p. 59 ; B. Berlioz-Houin et G. Berlioz, « Le droit des contrats face à l'évolution économique », Mélanges R. Houin, Dalloz-Sirey, 1985, p. 3s ; C.Thiebierge-Guelfucci, *« Libres propos sur la transformation du droit des contrats »*, RTD civ., 1997.357.

2. L'émergence des groupes de contrats comme catégorie à part entière du droit des contrats est l'œuvre de la doctrine moderne[1]. Ce faisant, celle-ci n'a fait qu'accorder enfin une attention méritée à un « phénomène » que le Code civil avait déjà pressenti dans certaines de ses dispositions[2], et qui s'était, depuis fort longtemps, manifesté en jurisprudence[3]. Le vrai mérite des auteurs fut d'avoir consacré et imposé la notion, et surtout, d'avoir ouvert le vaste chantier de la construction d'une théorie générale des groupes de contrats que d'importants travaux[4] viennent encore enrichir. Les groupes de contrats sont ainsi devenus une notion familière du droit privé contemporain.

3. « *Ce qui est familier n'est pas pour cela connu* ». Cette opinion que l'on prête à Hegel peut fort bien s'appliquer aux groupes de contrats. En effet, malgré l'abondante littérature qui lui est consacrée et l'importante jurisprudence qu'elle a suscitée, la notion présente toujours des contours incertains ou imprécis et reste difficile à appréhender[5]. Toutefois, il est d'une manière générale admis qu'un groupe de contrats est « *un ensemble de contrats distincts qui se rattachent les uns aux autres, soit parce qu'ils portent, en tout ou partie, sur un même bien, soit parce qu'ils contribuent ou participent, à une même opération* »[6]. Il s'agit donc d'un regroupement de deux ou plusieurs contrats ayant chacun son individualité et son régime juridiques propres. C'est dans ce sens que le groupe de contrats se distingue du contrat complexe qui est un contrat unique résultant de la combinaison de plusieurs contrats[7].

---

[1] B.Teyssié, *Les groupes de contrats*, LGDJ, 1975, *préface* Mousseron ; J.Néret, *Le sous-contrat*, LGDJ, 1979, *préface* Catala.

[2] V. par ex. *l'art. 1753 qui envisage les rapports entre le bailleur et le sous-locataire ; l'art. 1994 qui permet au mandant d'agir directement contre le mandataire substitué.*

[3] V. par ex.Civ *.25 janv.1820*, S. 20.1.213 *qui a reconnu au sous-acquéreur une option entre l'action contractuelle et l'action délictuelle contre le fabricant ou l'un quelconque des vendeurs intermédiaires.*

[4] G. Morin, *Les groupes de contrats dans les projets G.N.L.*, thèse 3e cycle, Dijon, 1979 (*dactyl*) ; F.Ficter-Boulvard, *La transmission de l'engagement dans les contrats en chaîne*, thèse Grenoble, 1992 *(dactyl) ;* F.Leborgne, *L'action en responsabilité dans les groupes de contrats*, thèse Rennes I, 1995 *(dactyl)* ; F. Leclerc, *Les chaînes de contrats en droit international privé*, J.D.I. 1995, p. 267 *;* M.Bacache-Gibeili, *La relativité des conventions et les groupes de contrats*, LGDJ, 1996, *préface* Y. Lequette *;* M.Salah Mohamed Mahmoud, « Groupe de contrats : intérêt de la notion en droit international privé et dans le droit de l'arbitrage international » ,RDAI/IBLJ, n° 5, 1996. 693.

[5] Sur l'imprécision du critère du groupe de contrats, v. J. Mestre, R.T.D.civ 1989. 75 ; Ph. Delebecque, JCP. 1988, éd. E. 15294 ; P. Jourdain, R.T.D.civ, 1990. 290. Cependant, l'ambition de cette étude n'est pas de proposer de critères permettant de mieux cerner ou préciser la notion de groupe de contrats.

[6] J.Flour, J-L Aubert, *Les obligations, 1. L'acte juridique*, 6e éd. 1994, n° 468.

[7] F.Terré, Ph. Simler, Y.Lequette, *Les obligations*, 7e éd, n° 71 et 72. Le credit-bail est l'exemple type de contrat complexe. Il combine en effet trois contrats : la vente, le louage et la promesse unilatérale de vente.

4. Trois principales formes de groupes de contrats ont été mises en évidence par la doctrine[1]. La première est l'ensemble constitué par un contrat-cadre [2] et ses contrats d'application. Le contrat-cadre « définit les conditions générales des relations entre les parties pour une longue période » et entraîne la conclusion d'une série de contrats d'application ou d'exécution qui réalisent le but poursuivi par les contractants[3]. La deuxième est la chaîne de contrats qui « est formée de contrats unis parce qu'ils portent sur la même chose, en tout ou en partie »[4]. La chaîne est dite homogène lorsque les contrats qui la constituent sont de même nature (ex. des contrats de vente) ; elle est dite hétérogène lorsque les contrats sont de nature différente (ex. un contrat de vente et un contrat de louage). La troisième est l'ensemble contractuel qui « désigne des contrats qui sont unis par une identité de cause, au sens de but commun »[5]. On distingue l'ensemble interdépendant dans lequel les contrats sont d'égale importance et l'ensemble à dépendance unilatérale dans lequel un contrat domine le groupe. L'ensemble à dépendance unilatérale peut être constitué soit d'un contrat principal et d'un contrat accessoire (ex. un contrat de crédit assorti d'un cautionnement), soit d'un contrat principal et d'un sous-contrat[6]. Celui-ci est une convention qui vient se greffer sur le contrat principal, soit en vue d'en permettre l'exécution, soit en vue de transférer le bénéfice de l'obligation à une autre personne[7].

5. Il apparaît ainsi que la notion de groupe de contrats vise des réalités diverses qui ne correspondent pas toujours à des critères identiques[8]. Néanmoins, elle postule l'unité au sein d'un ensemble constitué de contrats qui, pour être liés par le même objet ou par un but commun, n'en sont pas moins juridiquement indépendants. Certes, lorsque les contrats sont conclus entre les mêmes parties, il est possible d'imaginer que celles-ci ont eu l'intention de créer un groupe de contrats interdépendants ou ont conscience d'appartenir à un tel groupe, de sorte que des liens concrets existent autant

---

[1] V. Ph. Malaurie, L. Aynès, Droit civil, *Les obligations*, éd. Cujas, 2e éd. 1990, n° 691 et s.

[2] Sur cette notion et ses applications, v. J.Gatsi, *Le contrat-cadre*, LGDJ. 1996, *préface* M. Béhar-Touchais ; A.Seube, *Le contrat de fourniture, thèse Montpellier,* 1970 *;* Mousseron et Seube, « A propos des contrats d'assistance et de fourniture », D.1973.*chron.* 197 ; J. Schmidt, « Le prix du contrat de fourniture », D. 1985.Chron,. p. 176 ; M. Behar-Touchais, « La structure du contrat-cadre de distribution et la détermination du prix des contrats d'application », JCP. 1994 .I. 3800.

[3] Ph.Malaurie, L.Aynès, *op.cit*, n° 691.

[4] V. F. Terré, Ph. Simleret Y. Lequette, *op.cit*, n° 72 ; B. Teyssié, *op.cit*, n° 69, p. 39.

[5] F. Terré, Ph. Simler et Y. Lequette, *op.cit* ; B. Teyssié, *op.cit.* n° 174, p. 95.

[6] V. J. Néret, *op.cit.*

[7] F. Terré, Ph. Simler et Y. Lequette, *op.cit*, n° 72, p. 81.

[8] Ph. Delebecque, « La notion de groupes de contrats : quels critères ? » Cah. Dr. Entreprise 1989/2, n° 4, p. 26.

entre elles qu'entre les différents contrats[1]. En revanche, dans les cas où les personnes ayant conclu les contrats diffèrent d'un contrat à un autre, le groupe de contrats procède plus d'une « communauté de fin économique »[2] que du jeu normal des volontés contractuelles. En tout cas, le lien entre les contrats ou entre les *contractants extrêmes* (c'est-à-dire les personnes qui font partie du même groupe de contrats, mais qui n'ont pas directement échangé leurs consentements) paraît être davantage un lien de fait que de droit[3]. S'il en est ainsi, alors se pose la question de la valeur juridique du résultat auquel aboutit la théorie des groupes de contrats.

6. En effet, la théorie des groupes de contrats appréhende aussi bien les rapports entre les contrats formant un groupe de contrats que les rapports entre les personnes ayant conclu ces différents contrats. D'une part, considérant **l'intensité des liens entre les contrats**, elle admet, dans certains cas, que les « évènements » qui affectent l'un des contrats ont « nécessairement » des répercussions sur les autres (I). D'autre part, surévaluant **la nature des liens** qui existent **entre les contractants extrêmes**, elle soutient que leurs rapports sont d'ordre contractuel en raison de leur appartenance à un même groupe de contrats (II). Ainsi, la théorie des groupes des contrats tend à *une extension de la sphère contractuelle*[4] qui repose sur une remise en cause du principe de la relativité des contrats. Ce résultat, qui semble manifestement excessif, explique certainement que sa fortune soit toute relative en droit positif.

I. LES RAPPORTS ENTRE LES CONTRATS FORMANT UN GROUPE DE CONTRATS

7. Quelle est l'intensité des liens qui existent entre les contrats constituant un groupe de contrats ? La réponse à cette question est importante, car d'elle dépend l'extension ou non à tout le groupe des effets d'un « évènement » qui concerne l'un des contrats. En principe, les contrats étant indépendants, ce qui « arrive » à l'un n'a pas de conséquences sur les autres (A). Toutefois, lorsqu'il y a un lien d'interdépendance juridique entre les contrats, ce qui affecte l'un a forcément des effets sur les autres (B).

A. Le principe : l'indépendance des contrats

8. Un groupe de contrats est constitué de deux ou plusieurs contrats ayant chacun une existence autonome et un régime juridique propre. Autrement dit, chaque contrat est un acte juridique indépendant résultant de la volonté des

---

[1] Tel est par exemple le cas lorsqu'un contrat-cadre contient le consentement des parties aux différents contrats d'application. V. J. Schmidt, *op.cit*, n° 5 et s.
[2] *L'expression est de* MM. Flour et Aubert, *op.cit*, n° 469.
[3] V. Ph. Delebecque, *op.cit ;* R. de Quenaudon, note sous Civ. *31 octobre 1989*, J.C.P. 1990, II. 21568.
[4] J. Flour et J-L. Aubert, *idem.*

parties l'ayant formé et se suffisant à lui-même. Dès lors, la formation, la validité, l'exécution ou les effets d'un contrat ne dépendent point du ou des contrats auxquels il serait (ou pourrait être) lié. Le fait que différents contrats portent sur la même chose (chaîne de contrats) ou poursuivent le même but (ensemble contractuel), ou sont conclus par les mêmes personnes (contrat-cadre et contrats d'application), n'a pas forcément pour effet de placer ceux-ci dans une relation d'interdépendance juridique. L'indépendance des actes juridiques reste la règle[1]. Et cette règle vaut en présence d'une pluralité de contrats. M. Jacques Moury [2] relève fort justement que « s'il est vrai que certains contrats s'ordonnent aisément en ensembles, il reste que, en application du principe d'autonomie des actes juridiques, ils se peuvent toujours concevoir isolément, se rencontrent par ailleurs simplement juxtaposés, de sorte que rien, en dehors de l'hypothèse d'une indivisibilité qui serait imposée par le législateur, ne semble pouvoir les unir indivisiblement sans que les contractants en aient exprimé, explicitement ou implicitement, la volonté ».

9. Le principe de l'autonomie des contrats ainsi rappelé a pour conséquence que le sort d'un contrat n'a pas d'effets sur d'autres contrats. En d'autres termes, ce qui affecte un contrat faisant partie d'un groupe de contrats (par exemple la nullité ou la résolution) n'a pas d'incidence sur les autres contrats. De même, les stipulations ou clauses d'un contrat ne sauraient être étendues à d'autres contrats du groupe. Ces solutions qui sont quelquefois consacrées par la législation sont constantes en jurisprudence.

10. D'abord, s'agissant des prévisions légales, il convient de citer le cas du droit de l'OHADA[3] qui offre quelques exemples de dispositions affirmant l'indépendance des contrats. Il en est ainsi de *l'acte uniforme portant organisation des sûretés*[4] qui régit les lettres de garantie et les lettres de contre-garantie[5]. Aux termes de l'article 29 al. 2 de cet acte, les lettres de garantie et les lettres de contre-garantie « créent des engagements autonomes,

---

[1] V. F.Terré, *L'influence de la volonté individuelle sur les qualifications*, LGDJ, 1957, p 392, n° 488 qui relève que « l'indépendance des actes juridiques constitue la règle. L'indivisibilité qui, en l'absence d'un texte précis, ne saurait résulter que de la volonté des parties, doit donc être prouvée ».

[2] « L'indivisibilité entre les obligations et entre les contrats », RTD civ. 1994.225, n° 10.

[3] Il s'agit de l'Organisation pour l'Harmonisation en Afrique du Droit des Affaires instituée par un traité signé à Port-Louis le *17 octobre 1993*, et qui regroupe aujourd'hui seize pays africains.

[4] Pour son commentaire, v. F. Anoukaha, *Le droit des sûretés dans l'acte uniforme OHADA*, P.U.A, 1998.

[5] La lettre de garantie est une convention par laquelle une personne, le garant, s'engage à la requête ou sur instructions du donneur d'ordre, à payer une somme déterminée au bénéficiaire, sur première demande de ce dernier (art.28.1 Acte uniforme). La lettre de contre- garantie est une convention par laquelle, à la requête ou sur instructions du donneur d'ordre ou du garant, le contre- garant s'engage à payer une somme déterminée au garant sur première demande de la part de ce dernier (art. 28.2 Acte uniforme).

distincts des conventions, actes et faits susceptibles d'en constituer la base ». En d'autres termes, les lettres de garantie et les lettres de contre-garantie sont des conventions indépendantes de la convention principale[1]. Elles ne dépendent donc ni de l'existence ni de la validité de celle-ci[2]. Ainsi, le garant ou le contre-garant s'engage à payer non seulement la dette du débiteur (comme c'est le cas en matière de cautionnement), mais sa propre dette issue de son engagement envers le bénéficiaire. Il ne saurait, par conséquent, opposer à celui-ci quelques exceptions[3] que ce soit tenant au contrat de base, telles la nullité, la résolution ou la résiliation.

11. L'acte uniforme relatif au droit de l'arbitrage contient un autre exemple d'indépendance juridique des contrats. En effet, il dispose à l'article 4 que « *la convention d'arbitrage est indépendante du contrat principal. Sa validité n'est pas affectée par la nullité de ce contrat…* » Ce texte consacre ainsi la complète autonomie de la convention d'arbitrage à l'égard de la convention de base à laquelle elle est pourtant liée. Il y a là une innovation remarquable du droit de l'arbitrage de l'OHADA par rapport à d'autres textes existant en matière d'arbitrage commercial international[4].

12. Quant à la jurisprudence, elle a eu l'occasion dans quelques espèces tant en matière interne qu'en matière internationale, à rappeler le principe de l'indépendance juridique des contrats.

13. Ainsi, en droit interne, dans un arrêt rendu le 17 novembre 1981[5], la Cour de cassation a par exemple décidé que l'annulation, à la demande du mari, de l'hypothèque constituée par son épouse sur l'immeuble servant de logement commun, n'autorisait pas cette dernière à obtenir l'annulation de son engagement de caution en garantie du même prêt, celui-ci étant distinct de l'affectation hypothécaire. De même, dans un arrêt du 7 juin 1990[6], la Cour

---

[1] Sur cette indépendance, v. M. Contamine-Raynaud, « Les rapports entre la garantie à première demande et le contrat de base en droit français », in Mélanges Roblot, 1984, p. 413 ; Ch. Mouly, « Pour la liberté des garanties personnelles », Banque, 1987, 1166.

[2] Dans le même sens, v. art 3 de la Convention des Nations Unies sur les garanties indépendantes et les lettres de crédit stand-by. Il convient de rappeler que la Cour de cassation a depuis longtemps reconnu le caractère autonome de la garantie à première demande à l'égard du contrat de base. v. Com, *20 décembre 1982, 2 esp.* D. 1983.365. ; RTD com. 1983.446.

[3] V. par ex. Com, *17 octobre 1984*, D. 1985. 269 ; JCP 1985.II. 20436. qui décide que le garant ne peut invoquer le fait que l'inexécution du contrat de base soit due à la force majeure ou au fait d'un tiers pour se libérer de son engagement.

[4] Aucun autre texte en matière d'arbitrage international ne comporte, à notre connaissance, pareille disposition. V. pour le commentaire de cet acte, P. Leboulanger, « L'arbitrage et l'harmonisation du droit des affaires en Afrique », Rev. Arb., 1999. p. 541 et s. Il convient cependant de préciser que cette disposition s'inspire de la jurisprudence de la Cour de cassation. V. infra, n° 14.

[5] Cass.com., *17 novembre 1981*, Bull.civ, I, n° 337, p. 285 ; D. 1982.I.R. p. 475.

[6] V. J. Gatsi, *op.cit*, n° 423 ; v. aussi Com, *4 fév. 1986*, Bull.civ., IV, n° 1, p. 1 ; *17 novembre 1982*, J.C.P. 1984.IV. p. 285.

d'appel de Paris a confirmé l'indépendance du contrat-cadre par rapport aux contrats d'application, en limitant les effets de la nullité pour indétermination du prix au seul contrat-cadre. Approuvant cette solution, un auteur[1] relève que cette indépendance « s'explique par le fait qu'en réalité, deux séries de contrats sont conclus par les contractants. À chacun des contrats, un consentement est donné, et l'annulation de l'un ne peut s'étendre à l'autre, le contrat-cadre n'étant pas un contrat successif. Les contrats d'application même s'ils sont conclus dans le prolongement du contrat-cadre, s'y dissocient véritablement ».

14. En matière internationale, la Cour de cassation[2] s'est prononcée pour l'autonomie de la clause compromissoire par rapport au contrat de base en ces termes : « En matière d'arbitrage international, l'accord compromissoire, qu'il soit conclu séparément ou inclus dans l'acte juridique auquel il a trait, présente toujours, sauf circonstances exceptionnelles (...), une complète autonomie juridique, excluant qu'il puisse être affecté par une éventuelle invalidité de cet acte ». La nullité du contrat de base n'affecte pas la clause compromissoire. Celle-ci demeure valable. D'ailleurs, elle survit également en cas de caducité[3] ou de résolution[4] du contrat principal.

En droit international privé *stricto sensu*, et notamment en matière de conflit de juridictions, la Cour de cassation, faisant application du principe de l'indépendance des contrats, a rejeté toute extension des effets de la clause attributive de juridiction contenue dans un contrat à un autre qui n'en comportait pas[5].

---

[1] J.Gatsi, *op.cit*, n° 123.

[2] D. 1963. 545, J.C.P. 1963.II .13405 ; Rev.crit.DIP. 1963. 615 ; *18 mai 1971*, Rev. Arb. 1972.2. D. 1972.37. Sur l'ensemble de la question, v. Ph. Francescakis, « Le principe jurisprudentiel de l'autonomie de l'accord compromissoire après l'arrêt Hecht de la Cour de cassation », Rev. Arb. 1974. 67. ; J-P Ancel, « L'actualité de l'autonomie de la clause compromissoire », Travaux comité fr. DIP 1991-1992, p. 75. Il convient de relever une situation proche de la convention d'arbitrage, à savoir celle du contrat de transaction. En effet, M. Ch. Jarrosson, (in *Le contrat de transaction dans les relations commerciales internationales*, Rev.crit. DIP. 1997. 657 et notam. n° 7-9) soutient également l'autonomie du contrat de transaction par rapport au contrat principal ou à la situation d'origine dont il procède[2]. Cette autonomie se justifierait par l'idée selon laquelle le contrat de transaction n'est pas un contrat *accessoire*, mais un contrat *dérivé* de la situation d'origine

[3] Civ, 1re, *6 décembre 1988*, Rev. Arb. 1989.641 ; JDI. 1990.134. Dans cette espèce, la cour décide que la clause compromissoire produit tous ses effets « même lorsque le contrat signé par les parties n'a pu entrer en vigueur, dès lors que le différend qui les oppose est lié à sa conclusion ». Sur la notion de caducité, V. F. Garron, *La caducité du contrat* (*Étude de droit privé*), P.U.Aix-Marseille, 1999, *préf*ace J.Mestre ; Y. Buffelan-Lanore, *Essai sur la notion de caducité des actes juridiques en droit civil*, LGDJ 1963, *préface* P. Hébraud.

[4] Paris, *21 février 1964*, JDI 1965. 113 ; Rev. Crit. DIP. 1964.543.

[5] Com, *12 décembre 1989*, Rev. DIP. 1990, p. 358, note H. Gaudemet-Tallon. V. aussi, Paris, *22 mai 1991*, D. 1992.163. Sur l'ensemble de la question, v. Salah Mohamed Mahmoud, op.cit, p. 697 et s.

15. En définitive, tous ces exemples montrent que l'indépendance des contrats est la règle. Il n'en va autrement que lorsque les liens entre les différents contrats sont tellement étroits que l'on peut véritablement parler d'interdépendance entre les contrats.

B. L'exception : l'interdépendance des contrats

16. La « communauté de fin économique » qui existerait entre plusieurs contrats ne présume pas de leur interdépendance juridique. Celle-ci ne peut normalement résulter que soit d'une disposition expresse de la loi, soit de la volonté des parties. Dans ce dernier cas, il appartient aux juges du fond de rechercher l'intention des parties, c'est-à-dire de constater qu'elles ont réellement voulu que les différents contrats soient juridiquement interdépendants. En tout cas, la jurisprudence déduit cette interdépendance de l'existence soit d'un *lien d'indivisibilité* (1), soit d'un *rapport de principal à accessoire* (2) entre les contrats.

1. L'interdépendance fondée sur un lien d'indivisibilité

17. On a observé à raison que le recours à la notion d'indivisibilité[1] s'est développé en droit privé[2] et notamment en droit des contrats, où elle permet, en matière de groupe de contrats, de lier étroitement les différents contrats qui le constituent[3]. En effet, en présence de contrats égaux ou pouvant exister de manière autonome, l'indivisibilité peut justifier leur interdépendance. Il peut en être ainsi lorsque les personnes ayant conclu les contrats ont effectivement voulu constituer un ensemble indivisible. L'intention de créer un tel ensemble, qu'elle soit explicite ou implicite, doit être certaine. En tout cas, l'indivisibilité des contrats ne saurait être présumée ou déduite du simple constat que ceux-ci ont été conclus par les mêmes personnes ou poursuivent le même but. Elle doit être prouvée par celui qui l'invoque[4].

18. L'indivisibilité d'un groupe de contrats ne saurait exister *ex nihilo*. On considère qu'elle pourrait être fondée soit sur la notion de cause, soit sur l'idée de condition déterminante.

---

[1] L'indivisibilité est la qualité de ce qui ne peut être divisé. En d'autres termes, c'est l'état de ce qui ne peut être divisé soit matériellement, soit intellectuellement. L'indivisibilité est dite objective lorsqu'elle tient à la nature des choses ; elle est dite subjective lorsqu'elle résulte de l'intention des parties. V. F. Derrida, Rép. Civ. D., v° *Indivisibilité*.

[2] Sur les diverses utilisations de l'indivisibilité, v. J. Boulanger, « Usage et abus de la notion d'indivisibilité des actes juridiques », RTD. Civ. 1950. 1 ; Ph. Simler, *La nullité partielle des actes juridiques*, LGDJ, 1969 ; J-B. Seube, *L'indivisibilité entre les actes juridiques*, thèse Montpellier, 1998 ;

[3] J. Moury, *op.cit*, n° 3.

[4] F. Terré, *op.cit*, n° 488 ; Civ, *8 avril 1924*, D. 1924.1. 118 ; *18 mai 1925*, DH. 1925. 448 ; *18 mars 1927*, DH. 1927. 242.

19. S'agissant de la *cause*, certains auteurs considèrent que dans le cadre d'un groupe de contrats, elle serait sous-jacente à l'indivisibilité qui fonde le lien existant entre les différents contrats[1]. Ainsi, il est soutenu qu'en présence d'une pluralité de contrats, « une identité de cause annonce leur possible indivisibilité »[2]. Il ne s'agit pas de la cause de chaque contrat, mais de la cause profonde à tous les contrats du groupe, c'est-à-dire le but contractuel commun aux parties ou celui poursuivi par l'une d'elles et qui est pris en compte par les autres[3]. M. Teyssié[4] observe en effet que « si les conventions ont, chacune, une *causa proxima* différente qui les caractérise (...), elles sont unies par une *causa remota* identique, laquelle constitue la cause du complexe contractuel, globalement envisagé ». C'est donc cette cause profonde et commune à tous les contrats qui implique leur indivisibilité et établit leur interdépendance. Autrement dit, l'identité de *causa remota* fait qu'il existe entre des contrats pourtant distincts, « une véritable unité fonctionnelle »[5].

20. Quant à l'idée de *condition*, on y a également recours pour expliquer l'indivisibilité d'un groupe de contrats. Dans cette conception, chaque contrat du groupe est la condition ayant déterminé la conclusion des autres. Ainsi, les différents contrats sont interdépendants comme unis par un lien d'indivisibilité qui procède de ce que chaque contrat justifie l'existence ou la formation de l'autre. C'est dans cette optique que M. Moury observe que « l'indivisibilité des différents éléments d'un ensemble paraît pouvoir s'induire de ce que chacun d'eux a été envisagé par les parties comme une condition de l'existence des autres, en d'autres termes de ce que toutes les composantes de l'ensemble ont été regardées par les contractants comme autant de conditions non seulement de sa validité, mais également de son exécution »[6].

21. Quelle que soit sa justification, il est admis que l'indivisibilité établit une interdépendance entre les contrats. Les conséquences juridiques de cette interdépendance dépendent de l'intensité du lien d'indivisibilité[7]. En tout cas,

---

[1] F. Terré, Ph. Simler et Y. Lequette, *op.cit*, n° 327.

[2] J. Moury, *ibid*, n° 15. V. aussi, Paris, *17 novembre 1994*, RTD. Civ. 1995. 363, obs. J. Mestre. La cour relève notamment : « en dépit des quelques précautions prises pour créer une apparence autonomie des deux contrats, la Société Thon ne peut raisonnablement soutenir que soient indépendantes, l'une de l'autre, deux conventions proposées par le même démarcheur, concernant un même matériel et dont l'une n'a pas d'objet ni de cause sans l'existence de l'autre ».

[3] V. Ph.Reigné, *La notion de cause efficiente du contrat*, Thèse, Paris II, 1993 (multigr), n° 250, p. 279.

[4] *Op.cit*, n° 66. Signalons que cette conception particulièrement extensive de la cause a été critiquée. V. notamment J. Ghestin, Ch. Jamin et M. Billiau, *op. cit*, n° 757.

[5] V. Terré, Simler et Lequette, *op.cit*, n° 327-3.

[6] J.Moury, *op.cit*, n° 16.

[7] V. F. Terré, *op .cit*, n° 483, p. 389. Il appartient aux juges du fond d'apprécier souverainement l'intensité du lien unissant les contrats et d'en tirer toutes les conséquences.

lorsqu'il paraît suffisamment marqué, les tribunaux décident que l'extinction ou la prorogation d'un contrat du groupe produit des effets sur tout l'ensemble.

22. La jurisprudence décide effectivement que la nullité[1], la résolution ou la résiliation[2] d'un contrat (de même que le licenciement [3] ou la démission d'un salarié[4] lié à un autre salarié par un contrat de travail contenant une clause d'indivisibilité) entraîne par ricochet l'extinction du contrat auquel il serait lié. Cependant, il convient de préciser que cette extinction n'est pas automatique ou ne se produit pas de plein droit. Comme le souligne un auteur[5], « il n'est de toute façon pas sûr que l'indivisibilité (...) puisse entraîner à elle seule l'extinction automatique du second contrat. Son effet est seulement de faire subir le même sort aux actes juridiques unis par ses liens (...). Il est acquis cependant que ceux-ci ne tombent pas de plein droit ». C'est dire qu'il revient à la partie qui a intérêt, selon le cas, de demander au juge l'annulation ou la résolution du contrat, ou de faire usage de son droit de résiliation unilatérale du contrat. L'indivisibilité sert donc simplement de fondement à toute action ou initiative en vue de l'extinction du second contrat.

23. D'autres décisions ont pu décider que la prorogation[6] d'un contrat au-delà du terme conventionnellement prévu doit être étendue au contrat auquel il est indivisiblement lié. Cette solution doit être approuvée. En effet, si un contrat faisant partie d'un ensemble indivisible ne peut se maintenir seul en cas d'extinction de l'autre, il est tout aussi normal qu'en cas de prorogation de l'un au-delà du terme prévu pour les deux, l'autre doit également être prorogé dans les mêmes conditions.

24. L'indivisibilité joue donc un rôle important en matière de groupe de contrats, en ce que les tribunaux y font recours pour conclure à l'interdépendance des contrats. Il reste que, comme s'interroge M. Goubeaux[7], « l'on ne sait pas toujours si l'indivisibilité est constatée avant d'en tirer les conséquences ou si la qualification « indivisible » n'est pas

---

[1] V. Com, *9 mars 1964*, Bull.civ., I, n° 134, p. 99 ; *8 juillet 1970*, Bull.civ. IV, n° 234, p. 204 ; *17 décembre 1985*, Juris-Data n° 85-3424 ; Civ. 1re, *22 janvier 1975*, Bull. Civ. I, n° 26, p. 25 ; Civ. 3e, *21 février 1978*, Bull. Civ.II, n° 90, p. 70 ; Paris, *4 mars 1987*, JCP 1987, éd. E.I.16646 ; *22 mars 1991* et *3 déc 1991*, D. 1992, Somm. 389, obs D. Ferrier.

[2] Civ,. 1re, *9 mars 1964*, Bull. civ. I, n° 134, p. 99 ; *17 décembre 1991*, JCP 1992, éd. E. I.199, p. 568, n° 8 ; Com. *29 novembre 1971*, Bull.civ.IV, n° 286, p. 267 ; *8 janvier 1991*, Bull.civ.IV, n° 20, p. 12 ; RTD.civ. 1991.528, obs.J.Mestre ; Cass . Ch. Mixte, *23 novembre 1990*, JCP. 1991, II. 21642, note Legeais ; D.S. 1991.121, note Ch. Larroumet.

[3] Soc. *30 novembre 1977*, Bull.civ. V, n° 654, p. 521 ; Reims, *5 juin 1979*, JCP 1980, éd. E. 8465, obs. Teyssié. ; Limoges, *17 décembre 1990*, D. 1991.596.

[4] Soc. *4 mars 1981*, Bull. civ. V, n° 177 ; D. 1982.IR .80.

[5] V. J. Mouly, *obs. sous* Limoges, *op.cit*, n° 6 et *s*.

[6] Civ. *21novembre 1923*, DP. 1924.I. 59 ; Req. *27 avril 1926*, DH 1926.281. Sur la prorogation du contrat en général, V. J. Ghestin, Ch. Jamin et M. Billiau, *Traité de droit civil, Les effets du contrat*, 2 éd. LGDJ. 1994, n° 228 et s.

[7] Note sous Civ. 1re, *13 janvier 1987*, JCP 1987. II. 20860.

attribuée *a posteriori*, pour justifier une solution jugée souhaitable ». La même question se pose aussi pour la règle de l'accessoire qui constitue, dans certains cas, la justification du groupe de contrats.

2. L'interdépendance basée sur un rapport de principal à accessoire

25. Si l'indivisibilité permet d'établir l'interdépendance entre des contrats a priori autonomes et placés sur un même pied d'égalité[1], la maxime « *accessorium sequitur principale* »[2] implique par contre que l'un des contrats du groupe soit sous la dépendance de l'autre. Le contrat accessoire est étroitement lié au contrat principal et ne saurait exister ni s'exécuter indépendamment de celui-ci[3]. Il existe comme un rapport hiérarchique, mieux un rapport de « *dominant à dominé* » entre les deux conventions. M.Goubeaux[4] explique cette situation en ces termes : « La prépondérance du principal par rapport à l'accessoire apparaît au niveau des buts qui leur sont fixés : le principal poursuit une certaine fin (...). C'est pour faciliter la réalisation de cet objectif qu'un accessoire est adjoint au principal. L'ensemble formé par la réunion du principal et de l'accessoire vise alors le but qui était déjà celui du principal seul. L'accessoire a donc en définitive la même fin que le principal, mais ne peut atteindre ce but qu'*indirectement,* au travers du principal dont le service est son but direct ». Cette dépendance unilatérale du contrat accessoire vis-à-vis du contrat principal, quelle que soit sa source, justifie que celui-là est affecté par tout ce qui arrive à celui-ci.

26. L'existence d'un rapport de principal à accessoire entre des contrats peut procéder d'une disposition de la loi. Ainsi, l'article 2012 du Code civil prévoit la dépendance du cautionnement par rapport au contrat principal lorsqu'il édicte que « le cautionnement ne peut exister que sur une obligation valable ». En d'autres termes, le sort du cautionnement est étroitement lié à celui du contrat qui lui sert de base. Tant que l'obligation reste valable ou n'est pas éteinte, le cautionnement subsiste[5]. En revanche, en cas d'extinction du contrat de base, le cautionnement disparaît[6]. De même, l'article 1829 du Code civil énonce que le « cheptel finit avec le bail à métairie »[7]. Autrement dit, le

---

[1] J. Moury*, op.cit*, n° 29.
[2] Sur cette maxime en général, v. G. Goubeaux, *La règle de l'accessoire en droit privé.* LGDJ, 1969, *préface* D.Tallon.
[3] Tel est notamment le cas du sous-contrat qui vient se greffer au contrat principal. V. F.Terré, Ph. Simler et Y. Lequette, *op.cit,* n° 72, p. 81.
[4] *Op.cit*, n° 20, p. 37.
[5] V. par ex. Com, *17 nov. 1982*, D. 1983. 527 ; JCP. 1984. II. 20216.
[6] V. Com. *17 novembre 1982*, D. 1983.527 ; JCP. 1984. II. 20216 ; *4 février 1986*, Bull. civ. IV, n° 1
[7] Il convient de préciser que le bail à cheptel est un contrat par lequel le propriétaire fournit du bétail au métayer pour lui permettre d'assurer l'exploitation du fonds

bail à cheptel est un contrat accessoire au métayage, et comme tel, ne saurait survivre à celui-ci[1].

D'autres exemples de subordination d'un contrat à un autre sont prévus par des lois particulières. Tel est notamment le cas de la loi n° 78-22 du 10 janvier 1978 relative à l'information et à la protection des consommateurs dans le domaine de certaines opérations de crédit. Elle établit une véritable interdépendance entre le contrat de prêt et le contrat principal auquel il est lié (vente, location-vente ou crédit-bail, etc.). En effet, l'article 9 alinéa 2 de cette loi prévoit que « le contrat de crédit est résolu ou annulé de plein droit lorsque le contrat en vue duquel il a été conclu est lui- même judiciairement résolu ou annulé ». Le contrat de crédit subit donc de plein droit le sort du contrat principal[2]. Par ailleurs, la loi n° 79-596 du 13 juillet 1979 relative à l'information et à la protection des emprunteurs dans le domaine immobilier prévoit, à l'article 11, que « lorsque le contrat en vue duquel le prêt a été demandé n'est pas conclu dans le délai fixé (...), l'emprunteur est tenu de rembourser la totalité des sommes que le prêteur lui aurait déjà effectivement versées... ». Il en résulte que la non conclusion du contrat principal entraîne la disparition du contrat de prêt.

27. L'existence d'une relation de principal à accessoire entre des contrats peut évidemment résulter de la *volonté des parties*[3]. En vertu du principe de la liberté contractuelle, des personnes peuvent décider de lier étroitement les différents contrats qu'ils concluent en instituant entre ceux-ci une relation de subordination. Il importe simplement que leur volonté (explicite ou implicite) soit certaine. Dès lors que le lien d'interdépendance est réel, le contrat accessoire partage le sort du contrat principal ou emprunte son régime juridique dans certains cas. Cette solution est acquise en droit positif.

---

[1] V. T.Par. Arr. Agen, *1er décembre 1947*, JCP. 1948, N II, 4614, note P. Voirin.
[2] V. Civ, 1re, *11 février. 1986*, D. 1986. 541 ; RTD.civ. 1987.100, *obs*. Mestre. Dans cette espèce, la Cour a reconnu au locataire de demander *la résolution* de la vente de la chose louée. V. aussi Civ, 3e, *12 mars 1992*, Bull.civ., III, n° 79, p. 47 ; Civ. 1re, *1er décembre 1992*, Bull. civ., I, n° 355, p. 248.
[3] V. par ex .Soc. *3mars 1966*, JCP. 1966, G. IV, p. 53 ; Gaz.Pal. 1966, 1, 352 (contrat de bail conclu entre l'employeur et l'employé sur la base d'un contrat de travail). En revanche, certaines décisions n'admettent pas l'existence d'un rapport de principal à accessoire entre le contrat de travail et le contrat de bail conclu par l'employé avec une personne autre que l'employeur ». V. Civ., *24 novembre 1944*, Rev. Loyers, 1947, 658 ; Colmar, *29 juin 1951*, Rev. Loyers, 1951,485 ; T. Civ. Toulouse, *2 décembre 1948,* Gaz.Pal. 1949, 1, 1698. Or, comme le relève R. Désiry (note sous Soc. *9 février 1956*, D.1956.737), un tel lien peut bien exister dès lors que la convention locative n'a été consentie par le tiers logeur à son bénéficiaire qu'en raison et pour la durée de ses fonctions au service de l'entreprise... Sur cette question en général, v. G. Vivier, *La fourniture de logement au salarié par l'employeur,* thèse, Nancy, 1949, *préface* Voirin ; Goubeaux, *op.cit*, n° 51 s.

D'abord, en droit interne, la jurisprudence décide que si le contrat principal est annulé ou résolu, ou s'il est arrivé à son terme, le contrat accessoire ne peut être maintenu[1].

Ensuite, en droit international privé, il est généralement admis, en matière de conflit de lois, que les contrats accessoires sont, sauf volonté contraire des parties, soumis à la loi régissant le contrat principal auquel ils sont liés[2]. Par ailleurs, en matière de conflit d'interprétation, et notamment en cas de divergence ou de contradiction, soit entre le contrat principal et les contrats accessoires, on considère que l'interprétation du contrat principal « prime » celle des contrats accessoires[3]. Autrement dit, les contrats accessoires sont interprétés « à la lumière » du contrat de base.

Enfin, en matière d'arbitrage international, il a été jugé que la clause compromissoire insérée dans une convention principale s'applique aux contrats accessoires qui en sont dépourvus[4].

28. En définitive, lorsqu'il existe un lien d'indivisibilité ou un rapport de principal à accessoire entre deux ou plusieurs contrats, ceux-ci constituent un groupe de contrats au sens juridique du terme. Il en résulte que les « évènements positifs ou négatifs » qui concernent l'un quelconque des contrats ont nécessairement des répercussions sur les autres. Il reste à se demander si cette « communauté contractuelle » emporte également des conséquences juridiques sur les rapports entre les contractants extrêmes.

II. LES RAPPORTS ENTRE LES MEMBRES DU GROUPE DE CONTRATS

29. Deux catégories de membres coexistent au sein d'un groupe de contrats : les *contractants directs* et les *contractants extrêmes*. Les premiers sont les personnes qui ont conclu l'un quelconque des contrats du groupe. Il s'agit donc de personnes qui ont effectivement donné leur consentement pour

---

[1] V. par ex. Com, *21 juin 1992*, Bull. civ.IV, n° 249, p. 173, JCP 1992.II .21794, qui a décidé que la nullité d'un contrat-cadre entraîne celles des ventes successives réalisées en exécution de celui-ci. V. aussi Civ, 1re, *3 octobre 1979*, Bull.civ.I, n° 233, p. 186.

[2] Civ. 1re, *1 juillet 1981*, JDI. 1982. p.148. Dans cette espèce, la Cour de cassation relève que « si le contrat de cautionnement est soumis à sa propre loi, il y a lieu de présumer dans le silence de la convention à cet égard qu'il est régi par la loi de l'obligation garantie. V. aussi Paris, *21 mai 1957*, Rev.crit. DIP. 1958, p. 128. La doctrine partage la même position, v. B.Teyssié, *op.cit*, n° 453 ; H.Batiffol, *Les conflits de lois en matière de contrat,* 1938, p. 120, n° 136.

[3] V. Ph. Kahn, « L'interprétation des contrats internationaux », JDI. 1981. 5 et notam. p. 16.

[4] V. Com.*5 mars 1991*, Rev. Arb. 1992, p. 67 ; T. com. Bobigny, *29 mars 1990*, Rev. Arb. 1991, p. 66. Ces décisions ont été rendues à propos des ensembles contractuels. En revanche, la jurisprudence semble refuser toute possibilité de transmission de la clause compromissoire dans les chaînes de contrats. V. Com. *6 novembre 1990*, Rev. Arb. 1991, p. 73. Sur cette question, v. Ph. Delebecque, « La transmission de la clause compromissoire », Rev. Arb. 1991, p. 19 ; Salah Mohamed Mahmoud, *op. cit*, p. 710 s.

la formation d'un contrat du groupe. En vertu de leur qualité de parties contractantes, leurs rapports sont d'ordre contractuel et ne soulèvent pas de problème particulier. Tel n'est pas le cas en ce qui concerne les rapports entre les contractants extrêmes, c'est-à-dire les membres du groupe qui n'ont pas directement échangé leurs consentements. En effet, la question qui se pose est celle de leur nature, de leurs rapports, et partant de la responsabilité qui peut en résulter. Selon qu'on qualifie les contractants extrêmes de « parties » ou de « tiers » les uns vis-à-vis des autres (A), leurs rapports seraient d'ordre contractuel ou délictuel (B).

A. La qualification des contractants extrêmes

30. Le principe de la relativité des conventions énoncé par l'article 1165 du Code civil est au centre du débat entre les tenants et les adversaires de la théorie des groupes de contrats[1]. En effet, on est en présence de deux thèses : la première, qui pourrait aujourd'hui se prévaloir d'importants travaux de la doctrine moderne[2], prône une interprétation extensive du principe de la relativité des conventions qui conduit à considérer les contractants extrêmes comme des *parties* (1) ; la seconde, plutôt fidèle à une conception restrictive, nie l'existence de tout lien contractuel entre les contractants extrêmes et aboutit à la conclusion que ceux-ci sont et demeurent des *tiers* les uns par rapport aux autres (2). Il est pourtant possible de sortir de cette controverse en adoptant une autre approche des relations entre les membres d'un groupe de contrats n'ayant pas directement contracté (3).

1. La thèse extensive : les contractants extrêmes sont des « parties »

31. On croyait le principe de l'effet relatif inébranlable comme fortement adossé sur la règle de l'autonomie de la volonté. Il n'en est rien. La théorie des groupes de contrats fait certainement entorse à ce principe en reconnaissant une action contractuelle aux contractants extrêmes. En effet, comme le relève un auteur[3], « la théorie des ensembles contractuels (...)

---

[1] Sur ce principe en général, V. R. Savatier, « Le prétendu principe de l'effet relatif des contrats », RTD. Civ. 1934.525 ; A. Weil, *La relativité des conventions en droit privé français*, thèse Strasbourg, 1938 ; S. Calastreng, *La relativité des conventions*, thèse Toulouse, 1939 ; J-L. Goutal, *Essai sur le principe de l'effet relatif des contrats*, LGDJ, 1981 ; Y. Flour, *L'effet des contrats à l'égard des tiers en droit international privé*, thèse, Paris II, 1977 ; Bacache-Gibeili, *op.cit.*

[2] Ces travaux portent essentiellement sur la redéfinition des notions de partie et de tiers. V. par ex. J. Ghestin, Ch. Jamin et M. Billiau, *Traité de droit civil, Les effets du contrat*, 2e éd. LGDJ, 1994, n° 228 s ; C. Guelfucci-Thibierge, « De l'élargissement de la notion de partie au contrat... à l'élargissement de la portée du principe de l'effet relatif », RTD. Civ. 1994. 275 ; J. Ghestin, « Nouvelles propositions pour un renouvellement de la distinction des parties et des tiers », RTD.civ. 1994. 777. Comp. J.L Aubet, « À propos d'une distinction renouvelée des parties et des tiers », RTD. Civ. 1993. 263.

[3] J. Kullman, note sous Civ. 3e, *13 déc. 1989* et *28 mars 1990*, D. 1991. 26, n° 5.

repose sur une interprétation extensive de la notion de parties contractantes au sens de l'article 1165 du Code civil. Le lien contractuel n'est plus seulement celui qui unit les parties à un même contrat. Chaque partie à l'une des conventions composant un tel ensemble se trouve contractuellement liée à chacune des autres ». Or, faut-il le rappeler, la jurisprudence ne s'est jamais prononcée expressément sur la qualité de parties ou de tiers des contractants extrêmes. Pour leur reconnaître une action contractuelle, elle a eu recours soit à la règle de l'accessoire, soit à l'idée de prévisibilité.

32. En effet, dans les *chaînes de contrats* (qu'elles soient homogènes ou hétérogènes), la jurisprudence, pour admettre l'action directe en garantie des acquéreurs successifs de la chose, s'est fondée sur la *règle de l'accessoire*[1]. C'est ainsi que dans un arrêt du 7 février 1986[2], l'Assemblée plénière de la Cour de cassation rappelle que « le maître de l'ouvrage, comme le sous-acquéreur, jouit de tous les droits et actions attachés à la chose qui appartenait à son auteur ». Cette solution repose sur l'idée que l'obligation de garantie est transmise *propter rem* comme un accessoire de la chose vendue ou acquise[3]. Le contractant extrême est alors un ayant-cause à titre particulier qui, en acquérant la propriété de la chose, recueille aussi les droits et actions en tant qu'accessoires de celle-ci[4].

33. Dans les *ensembles contractuels*, c'est-à-dire les groupes de contrats dans lesquels n'intervient aucun transfert de propriété d'une chose, la jurisprudence a reconnu une action contractuelle de droit commun aux contractants extrêmes en se fondant sur *l'idée de prévisibilité*[5]. C'est ce qui ressort clairement de l'arrêt rendu le 21 juin 1988 par la première chambre

---

[1] Sur l'évolution de la jurisprudence, v. Ch. Larroumet, note sous Civ. 1re, *21 juin 1988*, p. 6 et s ; G. Viney, *« L'action en responsabilité entre participants à une chaîne de contrats »*, in Mélanges Holleaux, Litec 1990, p. 399 et s.

[2] D. 1986. 293, note A. Bénabent, JCP. 1986, I. 20616, note P. Malinvaud, RTD.civ 1986.364, obs. J. Huet, 594, obs. J. Mestre, et 605, obs. Rémy. Quoique la Cour de justice des communautés européennes (*17 juin 1992*, D. 1993, som. 214 ; JCP 1992, éd. E.II. 363, note P. Jourdain, éd. G.II.21297, note Larroumet ; RTD. Civ. 1993. 173, obs. Jourdain) ait décidé qu'il n'existe aucun lien contractuel entre le sous-acquéreur et le fabricant, la Cour de cassation a maintenu sa position. V. Civ. 1re, *27 janvier 1993*, deux arrêts, *Contrats, conc., consom.*, mai 1993, n° 3, chron. L. Leveneur, p. 1 ; *23 juin 1993*, ibid, 1993, n° 190, obs. Leveneur.

[3] P. Malinvaud, « L'action directe du maître de l'ouvrage contre les fabricants et fournisseurs de matériaux et composants », D. 1984. chron., p. 41 ; B. Boubli, « Soliloque sur la transmission de l'action en garantie », JCP. 1974. I. 2646.

[4] V. J. Lepargneur, « De l'effet à l'égard de l'ayant cause particulier des contrats générateurs d'obligations relatifs au bien transmis », RTD. Civ., 1924.499 ; J-H Du Garreau de la Méchenie, « La vocation de l'ayant cause a titre particulier aux droits et obligations de son auteur », RTD. Civ., 1944. 499.

[5] V. J. Flour et J-L Aubert, *op.cit*, n° 468 ; Ph. Delebecque, « L'appréhension judiciaire des groupes de contrats », in *Le juge et l'exécution du contrat*, PU Aix-Marseille, 1993, p. 117 s, et notamment au n° 11 ; R. de Quenaudon, *op.cit*, n° 8 ; L. Bouilloux-Laffont, note sous Civ. 3e, *13 déc. 1989*, JCP. 1990. II. 21554.

civile de la Cour de cassation[1] : « Dans un groupe de contrats, la responsabilité contractuelle régit nécessairement la demande en réparation de tous ceux qui n'ont souffert du dommage que parce qu'ils avaient un lien avec le contrat initial ; qu'en effet, dans ce cas, le débiteur ayant dû prévoir les conséquences de sa défaillance selon les règles contractuelles applicables en la matière, la victime ne peut disposer contre lui que d'une action de nature contractuelle, même en l'absence de contrat entre eux ». Il résulte de ce qui précède que lorsqu'un membre d'un groupe de contrats a aménagé sa situation juridique par un contrat, il doit « conserver le bénéfice de cet aménagement tant qu'il demeure dans le cadre de l'opération à laquelle son contrat participe »[2]. Ces prévisions s'imposent tant à son cocontractant qu'aux contractants extrêmes. L'existence du groupe de contrats justifie par elle-même la dérogation à l'article 1165 du Code civil et constitue le fondement de l'action contractuelle directe[3].

34. Ces fondements sur lesquels la jurisprudence s'est appuyée ont fait l'objet de critiques[4], notamment de la part de ceux qui souhaitaient que la qualité de parties soit reconnue à tous les membres des groupes de contrats. Ainsi, Mme Viney[5] critiquant le recours à la théorie de l'accessoire, souligne qu'on ne peut rechercher le fondement de l'action contractuelle des contractants extrêmes qu'en renouvelant l'interprétation de l'article 1165 du Code civil. Pour l'éminent auteur, le principe de la relativité doit pouvoir « se manifester non plus seulement à l'échelle du contrat lui-même, mais aussi de l'ensemble contractuel ». Son opinion est que « la finalité commune des contrats faisant partie du même groupe place les contractants dans une position particulière qui explique qu'ils ne soient pas traités comme des tiers absolus dans leurs relations réciproques[6] ». M. Larroumet[7] semble partager ce point de vue lorsqu'il relève que « les contrats qui constituent un ensemble, parce qu'ils sont économiquement liés et que cela se manifeste juridiquement par une succession de contrats ou par une interdépendance entre deux ou plusieurs contrats, ne sont pas *res inter alios acta,* ce dont il résulte qu'une partie à l'un des contrats n'est pas un tiers dans ses rapports avec une partie à un contrat de l'ensemble ». Si un membre du groupe de contrats n'est pas un tiers par rapport à un autre membre avec lequel il n'a pas directement

---

[1] D. 1989. 5, note Ch. Larroumet. Cette solution était déjà préconisée par M. Durry (RTD.civ. 1980. 355) qui observe notamment qu'il ne faut pas tolérer que la qualification de tiers au contrat permette de déjouer les prévisions contractuelles.
[2] Idem.
[3] B. Teyssié, *op.cit*, n° 476 et s ; J. Kullman, *op.cit*, n° 7.
[4] V. par ex. J. Ghestin, Ch. Jamin et M. Billiau, *op.cit*, n° 734, p. 794 s et n° 747, p. 805. ; Ph. Delebecque, *op. cit*, n° 15, p. 127 ; J-L Aubert, obs. sous Ass. Plén., *12 juillet 1991*, D. 1991, somm. P. 321. Cet auteur rappelle par exemple que la problématique de l'effet du contrat à l'égard de l'ayant cause particulier est distincte de celle des groupes de contrats.
[5] G. Viney, *op.cit*, p.416-414.
[6] *Ibid*, p. 417 ; B. Teyssié, *op.cit*, n° 584, p. 292.
[7] Note sous Civ. 1re, *21 juin 1988*, D. 1989. p. 7.

contracté, il est donc forcément une partie. Telle est la conclusion à laquelle Mme Bacache-Gibeili[1] aboutit quand elle écrit : « devraient être considérés comme parties au sens de l'article 1165 du Code civil, tous ceux qui sont concernés par le contrat entendu comme instrument de respect des prévisions et de réalisation de la justice commutative[2] autrement dit non seulement les cocontractants, mais aussi les membres du groupe contractuel. La notion de partie comporterait deux sous-catégories d'inégale perfection, celle des parties à un même contrat et celle des parties à un même groupe de contrats, autrement dit celle des cocontractants et celle de simples parties contractantes ». Ainsi, le groupe de contrats crée, par sa seule existence, des liens contractuels directs entre ses membres et leur confère « naturellement » la qualité de parties.

35. Pour certains auteurs[3], cet élargissement de la notion de partie à tous les membres d'un groupe de contrats, repose sur le refoulement du dogme de l'autonomie de la volonté et sur une réinterprétation de l'article 1165 du Code civil, à la lumière du principe selon lequel, c'est la loi qui accorde au contrat sa force obligatoire. Ainsi, Mme Thibierge-Guelfucci écrit que « les parties par l'effet de la loi : ce sont toutes personnes qui, indépendamment de leur volonté d'être liées par effets du contrat, intègrent le cercle contractuel après la conclusion du contrat, par l'effet d'une disposition légale[4] ». Un tel recours à la volonté de la loi pour justifier l'extension des effets du contrat tient plus de l'affirmation que de la démonstration.

36. En effet, faire de la loi la source de la qualité de partie au sein d'un ensemble contractuel ne serait exact que dans les cas où une disposition légale le prévoit expressément. Force est de constater qu'aucun texte de ce genre n'existe en matière de groupe de contrats, sauf à invoquer ceux qui reconnaissent une action directe à certains contractants extrêmes[5]. Or, faut-il le souligner, la reconnaissance d'une action directe n'est ni révélatrice de

---

[1] *Op. cit*, p. 336, n° 4.V. aussi, Ch. Larroumet, « L'action de nature nécessairement contractuelle et la responsabilité civile dans les ensembles contractuels », JCP. 1988, I. 3357.

[2] Sur la justice commutative considérée comme un mécanisme correcteur du principe de la relativité des contrats, V. aussi J. Ghestin, C. Jamin et M. Billiau, *op. cit*, n° 756 et s.

[3] *Ibid*, p. 239, n° 270 et s, p. 336, n° 4. V. aussi C. Guelfucci-Thibierge, *op. cit*, n° 24 qui relève " qu'il est généralement admis aujourd'hui que la loi fonde la force obligatoire du contrat, qu'elle contribue à en définir voire à en modifier le contenu, rien n'empêche d'admettre un élargissement quant à la source de la qualité de partie : le droit positif révèle en effet que celle-ci peut résulter non seulement de la volonté, mais aussi de la loi ».

[4] *Op.cit*, n° 31. Dans le même sens, Ghestin, Jamin et Billiau, *op.cit*, n° 329, p. 382.

[5] V. par ex. l'article 1792 du Code civil qui reconnaît une action directe aux acquéreurs successifs de l'ouvrage contre le constructeur ; la loi du 31 décembre 1975 qui accorde une action directe au sous-traitant contre le maître de l'ouvrage. Sur cette notion en général, v. M. Cozian, *L'action directe,* LGDJ, 1969, *préface* A. Ponsard ; Ch. Jamin, *La notion d'action directe,* LGDJ, 1991, *préface* J. Ghestin.

l'existence de liens contractuels entre les membres d'un groupe de contrats[1], ni attributive de la qualité de partie. En conférant une action directe à certaines catégories de personnes, le législateur fait un choix de politique juridique en décidant de bouleverser les prévisions contractuelles, sans remettre en question le statut juridique de ces personnes. En tout cas, comme l'observe M. Ghestin[2], « la loi ne peut pas faire n'importe quoi et notamment, en transposant une formule anglaise, faire d'un homme une femme, ou d'un tiers une partie ». Les bénéficiaires d'une action directe sont et demeurent des tiers par rapport aux personnes contre lesquelles agissent, bien qu'ils soient liés aux cocontractants de celles-ci.

37. En définitive, la thèse « légaliste » ne démontre point, en l'absence de disposition expresse, comment la loi peut conférer la qualité de parties aux contractants extrêmes.

2. La thèse restrictive : les contractants extrêmes sont des « tiers »

38. Contrairement à la thèse extensive, les tenants d'une interprétation restrictive du principe de la relativité des contrats limitent le cercle contractuel aux membres du groupe des contrats ayant directement échangé leurs consentements. Autrement dit, ont seules la qualité de parties, les personnes qui ont conclu chaque contrat faisant partie de l'ensemble. En revanche, celles qui n'ont pas participé à la formation du contrat sont et demeurent des tiers. Telle est la position qui se dégage de la jurisprudence dominante.

39. Dans la querelle l'ayant opposé à la première, la troisième chambre civile [3]de la Cour de cassation s'en est toujours tenue à une lecture restrictive des dispositions de l'article 1165 du Code civil, considérant ainsi que les contractants extrêmes sont tiers les uns par rapport aux autres, en l'absence de tout lien contractuel direct entre eux. L'Assemblée plénière lui a finalement donné raison par un arrêt rendu le 12 juillet 1991[4] en relevant que « le sous traitant n'est pas contractuellement lié au maître de l'ouvrage ». En décidant ainsi, la haute juridiction identifie les parties aux personnes ayant effectivement échangé leurs consentements en vue de former un contrat.

---

[1] V. en sens contraire, B. Teyssié, *op.cit*, n° 584, p. 292 qui considère que l'essor des actions directes révèlerait [1] « l'existence de rapports contractuels entre les parties à un même groupe ».
[2] V. *article précité*, n° 8, p. 787.
[3] V. notamment : *22 juin 1988*, JCP. 1988 .II. 21125, note P. Jourdain ; *31 octobre 1989*, JCP 1989. IV, p. 422 ; *13 décembre 1989* et *18 mars 1990*, D. 1991. 25, note J. Kullman ; JCP. 1990. II. 21154, note L. Bouilloux-Laffont.
[4] D. 1991. 549, note J. Ghestin ; JCP. 1991. II. 21743, note G. Viney ; RTD.civ. 1991.750, obs. P. Jourdain. V. Ch. Larroumet, « L'effet relatif des contrats et la négation d'une action nécessairement contractuelle dans les ensembles contractuels », JCP 1991.I.3531 ; Ch. Jamin, « Une restauration de l'effet relatif du contrat », D. 1991.257 ; P. Jourdain, « La nature de la responsabilité civile dans les chaînes de contrats après l'arrêt d'Assemblée plénière du 12 juillet 1991 », D. 1992, chron, p. 149

40. Cette condamnation de la théorie des groupes de contrats a bénéficié des soutiens en doctrine[1]. En particulier, de la part de ceux qui font reproche à celle-ci d'avoir porté atteinte au principe de la relativité des conventions. Ainsi, MM. Flour et Aubert[2] écrivent : « Il y a (...) de sérieuses raisons de douter du bien-fondé d'une telle prise en compte de l'idée de groupe de contrats à l'encontre du principe de l'effet relatif du contrat. Il convient en effet de souligner que le propos n'est plus, ici, de constater la transmission d'une obligation, voire de l'ensemble de droits et d'obligations que crée le contrat. Il s'agit bel et bien d'étendre la portée obligatoire d'un contrat à certaines personnes – contractantes de l'une des parties – en même temps qu'il continue de s'appliquer aux parties originaires. Malgré les apparences – l'existence d'un contrat rattachant le tiers à l'une des parties – il ne s'agit plus d'un effet médiat : par leur seule volonté, les parties obligent les tiers qui traiteront avec eux à se soumettre aux obligations dont ils conviennent. Il y a alors, contradiction directe infligée au principe de l'effet relatif du contrat. Celui-ci se trouve purement et simplement refoulé au dehors d'un ensemble de contrats au nom d'une communauté de fin économique, sans égard pour l'individualité des différents contractants, que l'article 1165 vise précisément à sauvegarder ».

41. La jurisprudence Besse maintient donc une conception restrictive de la notion de contractant et finalement de partie. En l'absence de tout lien contractuel direct entre eux, les contractants extrêmes ne peuvent se voir reconnaître la qualité de parties. Le fait qu'ils soient membres d'un groupe de contrats n'influe ni sur l'interprétation de l'article 1165 du Code civil ni sur leur qualification juridique. Ils sont et demeurent tiers par rapport aux personnes ayant conclu l'un des contrats composant l'ensemble contractuel dès lors qu'ils n'y ont point participé. En mettant ainsi un terme à ce mouvement de « contractualisation » des rapports entre les membres des groupes de contrats[3], la Cour de cassation a-t-elle pour autant clos le débat autour de leur responsabilité ? Rien n'est moins sûr.

B. La responsabilité des contractants extrêmes

42. En apparence, le droit positif semble fixé en ce qui concerne le système de responsabilité susceptible de s'appliquer aux membres des groupes de contrats. Celui-ci oscille entre les deux pôles que sont les arrêts du 7 février 1986 et du 12 juillet 1991 de l'Assemblée plénière de la Cour de cassation. Si le second arrêt, en condamnant la théorie des groupes de contrats, consacre

---

[1] Les critiques de la théorie des groupes de contrats sont brillamment résumées par G. Viney, *note précitée*. V. aussi H. Capitant, F.Terré et Y. Lequette, *Les grands arrêts de la jurisprudence civile*, t. 2, 11e éd. Dalloz. 2000, p. 173, n° 11.

[2] *Op.cit*, n° 469.

[3] V. P. Jourdain, observations in RTD. Civ. 1991. 750.

l'application de la responsabilité délictuelle en cas de litige entre les contractants extrêmes (1), le premier maintient cependant l'application de la responsabilité contractuelle lorsqu'il s'agit des chaînes de contrats translatifs de propriété (2).

1. La prédominance de la responsabilité délictuelle

43. L'arrêt Besse ayant consacré le caractère délictuel de la responsabilité encourue par les contractants extrêmes, la première chambre civile[1] s'est depuis lors inclinée. Il est donc acquis en droit positif qu'en l'absence de tout lien contractuel direct entre des membres d'un groupe de contrats, ce sont les règles de la responsabilité délictuelle qui s'appliquent. C'est ce que résume fort bien Mme Viney[2] en précisant que « lorsque l'auteur et la victime font partie du même groupe de contrats, mais se trouvent sans lien direct entre eux en raison de l'interposition d'un ou plusieurs contrats intermédiaires, celui qui a compromis, par sa défaillance, les intérêts de l'autre est délictuellement responsable vis-à-vis de ce dernier ».

Il reste alors simplement à préciser le champ et les conditions d'application de cette responsabilité.

a. Le champ d'application de la responsabilité délictuelle

44. La responsabilité délictuelle ou quasi-délictuelle régit les rapports entre les membres des groupes de contrats dans lesquels n'intervient aucun transfert de propriété d'une chose. Ainsi en est-il par exemple des rapports entre le sous-traitant et le maître d'ouvrage[3], entre le bailleur et le sous-locataire[4], entre le transporteur substitué et l'ayant-droit à la marchandise[5], ou entre le fréteur et le sous- affréteur[6]. En tout cas, la responsabilité délictuelle s'applique aux rapports entre les membres d'ensembles contractuels et aux rapports entre les parties au contrat principal et à un sous-contrat n'ayant pas directement contracté. À ces cas, une partie de la doctrine[7] voudrait ajouter les rapports entre les membres des chaînes de contrats hétérogènes.

---

[1] Civ. 1re *23 juin 1992*, Bull.civ. I, n° 195, JCP 1993. I. 3664, obs. Viney ; 7 juillet 1992, Bull. Civ. I, n° 221 ; *16 février 1994*, Défrénois 1994.798, obs. Delebecque.

[2] V. *article précité*, p. 404. V. aussi, J. Overstake, « La responsabilité du fabricant de produits dangereux », RTD.civ. 1972. 485 et notam., au n° 49, p. 507 où l'auteur relève qu'en l'absence de tout contrat entre le fabricant et la victime, la responsabilité du fabricant est délictuelle ou quasi délictuelle.

[3] V. Civ. 1re, *op.cit*, p. 17, note n° 3.

[4] V. Req. *4 juillet 1905*. S. 1906, 1. 230 (responsabilité du bailleur à l'égard du sous-locataire) ; Civ. *6 mai 1935*, D.H. 1935. 332 (responsabilité du sous-locataire envers le bailleur).

[5] V. Com. *4 février 1964*, Bull.civ. II, n° 57, p. 63 ; Ch. mixte, *23 mars 1973*, D. 1973. 305.

[6] V. Com. *22 janvier 1973*, Bull.civ.IV, n° 28, p. 22.

[7] V. Mazeaud et Chabas, *op.cit*, n° 756 ; P. Jourdain, obs. in RTD.civ. 1991. 750 ; Ph. Delebecque, *op.cit*, p. 127, n° 15.

45. En effet, la contestation de la reconnaissance d'une action contractuelle directe aux membres des chaînes de contrats non homogènes. est notamment fondée sur l'idée que le maître de l'ouvrage n'est pas un ayant cause. M. Delebecque[1] observe : « Le contrat d'entreprise n'est pas translatif de propriété. Le maître n'acquiert la propriété de la chose que par la seule voie de l'accession (...). Or, l'accession confère au maître de l'ouvrage un droit nouveau, un droit qui lui est propre et non un droit transmis d'un autre patrimoine au sien. Dans ces conditions, il est difficile d'admettre que le maître de l'ouvrage peut agir directement contre le fabricant : s'il ne tient pas de son auteur (l'entrepreneur) la chose, il peut difficilement se prévaloir des droits et actions attachés à cette chose ». En d'autres termes, la théorie de l'accessoire ne saurait être invoquée ici pour justifier l'action directe du maître d'ouvrage contre le fabricant[2]. Par conséquent, celui-ci ne devrait normalement agir que sur le fondement de la responsabilité délictuelle. La Cour de cassation n'a pas encore fait droit à cette objection et continue d'admettre l'action contractuelle du maître de l'ouvrage contre le fabricant ou le vendeur de matériaux intégrés à la construction[3].

b. Les conditions de la responsabilité délictuelle

46. Le demandeur doit faire la preuve du dommage dont il a souffert, de la faute de l'auteur présumé du dommage et du lien de causalité entre cette faute et le dommage. Il s'agit là des conditions classiques de la responsabilité civile délictuelle qui ne soulèvent pas de difficultés particulières, sauf en ce qui concerne la faute. La question qui se pose est de savoir si un membre du groupe de contrats peut se prévaloir de la faute contractuelle commise par un autre membre dans l'exécution d'un contrat dont il est étranger. Autrement dit, est-ce qu'une faute contractuelle peut constituer un fait générateur de responsabilités délictuelles à l'égard d'un contractant extrême[4] ? La réponse affirmative donnée par la jurisprudence fait l'objet de sérieuses critiques en doctrine.

47. D'une manière générale, la jurisprudence a toujours admis qu'un même fait peut constituer une faute contractuelle à l'égard d'une partie et un fait

---

[1] Idem.

[2] Rappelons que pendant très longtemps, la jurisprudence décidait que le maître de l'ouvrage ou l'acquéreur d'un immeuble ne pouvait pas exercer une action directe en garantie des vices cachés contre le vendeur des matériaux ayant été intégrés à la construction. V. G. Bonet et B. Gross, « La réparation des dommages causés aux constructions par les vices de matériaux », JCP. 1974. I, 2602 ; Civ. 1re, *29 mai 1984*, D. 1985. 213, note Bénabent, JCP. 1985. II, 20387, note P. Malinvaud.

[3] V. Civ. 3e *30 octobre 1991*, RJDA 1/92, n° 32, *Contrats-conc.consommation*, février 1992, 25, obs. Leveneur.

[4] Sur cette question en général, v. G.Viney, *La responsabilité : conditions*, LGDJ, 1982, n° 214 et s ; J. Huet, *Responsabilité contractuelle et responsabilité délictuelle*, thèse Paris II, 1978, n° 643 et s.

générateur de responsabilités délictuelles à l'égard d'un tiers[1]. C'est ainsi que dans un arrêt du 16 janvier 1973[2], la chambre commerciale de la Cour de cassation a notamment relevé qu'« un même fait susceptible de constituer un manquement à une obligation existant entre deux parties liées à un contrat peut être au regard des tiers étrangers au contrat, une faute quasi-délictuelle engageant la responsabilité de son auteur ». L'examen des décisions rendues en matière de groupes de contrats montre que la jurisprudence, pour admettre la responsabilité délictuelle, s'est d'abord employée à établir l'existence d'une faute délictuelle proprement dite, c'est-à-dire une « faute envisagée en elle – même indépendamment de tout point de vue contractuel »[3], et par la suite, elle s'est souvent contentée de la violation d'une obligation contractuelle[4]. En somme, un membre du groupe de contrats qui agit en réparation contre un membre autre que son cocontractant, peut établir la responsabilité délictuelle de celui-ci, soit en invoquant sa faute délictuelle, soit sa faute contractuelle. Ce recours à la faute contractuelle est critiqué par une partie de la doctrine.

48. En effet, pour les auteurs[5] qui s'élèvent contre l'admission de la responsabilité délictuelle sur la base d'une faute contractuelle du défendeur, la jurisprudence méconnaît la règle de l'indépendance des fautes délictuelle et contractuelle en permettant à un contractant extrême, tiers au contrat, de s'appuyer sur celui-ci tout en échappant à ses stipulations. Comme le souligne Mme Viney[6], le contractant extrême « peut, tout en invoquant le contrat auquel il n'a pas été partie, dans la mesure où ce contrat lui est utile -pour justifier la responsabilité-, écarter les clauses de ce même contrat qui le gênent. C'est là une situation qui peut paraître anormale, car elle favorise, par l'extension des règles de la responsabilité délictuelle, un véritable bouleversement des prévisions contractuelles ». Cette situation est illogique et injuste en ce qu'elle introduit des différences injustifiées entre la situation du contractant direct du débiteur (application des clauses du contrat) et celle du contractant extrême (application des règles de la responsabilité délictuelle). Par conséquent, certains auteurs[7] estiment que pour rester fidèle à la jurisprudence Besse qui a adopté une interprétation restrictive du principe de l'effet relatif des contrats, il conviendrait d'interdire ou de refuser au

---

[1] V. Soc, *21 mars 1972*, JCP 1972.II .17236, RTD. Civ. 1973.129. Civ., 3e *5 février 1992*, JCP 1992.IV .1021 ; 1re *16 décembre 1992*, Bull.civ.I, n° 316, p. 207, RTD. Civ. 1993.362.

[2] Bull.civ. IV, n° 28.

[3] V. G. Viney, *op.cit*, et surtout les arrêts cités aux notes 243 et 251.

[4] V. G. Viney, *article précité*, p. 406 et 407.

[5] B. Teyssié, *op.cit,* n° 492 à 495, 564 à 572 ; J. Néret, *op.cit* ; J. Huet, *op. cit*, 2e partie ; F. Bertrand, *op.cit,* n° 277 et s ; M. Espagnon, *La règle du non-cumul des responsabilités contractuelle et délictuelle*, thèse Paris I. 1980, n° 188 et s ; G. Durry, *op.cit*, n° 120 à 128 ; G. Viney, *article précité*, p. 407 ; Ph. Delebecque, *op.cit*, p. 129, n° 18.

[6] *Op.cit*, p. 407.

[7] V. Delebecque, *op. cit.* qui observe : « puisque le contrat ne peut nuire ni profiter aux tiers, ceux-ci ne peuvent s'en prévaloir pour fonder une action en responsabilité.

contractant extrême de se prévaloir des faits qui concernent un contrat auquel il est étranger, pour établir la faute de celui contre qui il agit. En somme, seule une faute délictuelle résultant d'un manquement à un devoir général de prudence et de diligence devrait être prise en compte pour que la responsabilité de la personne poursuivie soit engagée[1]. En d'autres termes, la faute que le contractant extrême peut reprocher à une partie contractante doit être une faute détachable du contrat[2].

49. Autant que la solution critiquée, l'exigence par la doctrine d'une faute délictuelle dénuée de tout lien avec le contrat peut s'avérer excessive. On voit mal, en effet, comment une telle faute pourrait s'apprécier ou être établie sans aucune référence au contrat. En outre, recommander aux juges du fond de refuser d'admettre l'existence d'une faute délictuelle lorsque celle-ci est fondée sur un manquement à une obligation contractuelle, risquerait d'enlever toute substance à la responsabilité délictuelle et par conséquent, de « laisser le créancier sans recours contre le débiteur de son débiteur »[3]. Il semble alors que la recherche d'un équilibre entre les situations de la victime et de l'auteur du dommage, non liés par un même contrat au sein du groupe, passe moins comme le suggère Mme Bacache-Gibeili[4], par la redéfinition de la notion de groupe de contrats (comme étant une entité juridique constituée par des contrats unis par une identité d'obligations, de sorte que l'inexécution de l'une se répercutant sur l'autre, une action contractuelle devrait être accordée aux membres d'un tel groupe) que par l'application d'un régime identique, quelle que soit la nature de l'action, ou par la délimitation stricte des domaines respectifs des deux ordres de responsabilité.

50. D'abord, en ce qui concerne l'application d'un régime juridique identique aux actions fondées sur la responsabilité délictuelle ou sur la responsabilité contractuelle, il faut dire qu'elle est de nature à « vider » le débat sur l'utilisation par un membre du groupe de contrats des éléments du contrat pour établir la responsabilité délictuelle d'un membre avec lequel il n'a pas de lien contractuel direct. Le législateur (ou à défaut la jurisprudence) peut effectivement consacrer la notion de groupe de contrats et décider qu'au sein d'un tel groupe, le régime de responsabilité serait le même, que l'action soit contractuelle ou délictuelle[5]. À cet effet, le choix pourrait être fait entre la responsabilité contractuelle et la responsabilité délictuelle ou s'orienter vers un régime hybride rapprochant les deux types de responsabilités. Quelle que

---

[1] V. P. Jourdain, « La nature de la responsabilité civile dans les chaînes de contrats après l'arrêt de l'assemblée plénière du 12 juillet 1991 », D.1992. 149 et notam., n° 155.

[2] V. Delebecque, *op.cit*, n° 20, p. 130 ; G. Viney, obs. JCP 1993. I. 3664, n° 1 ; A. Bénabent, obs. D. 1992, somm. 120 ; P. Jourdain, RTD.civ. 1993. 362, n° 2.

[3] G. Viney, note JCP. 1991. II . 21743, p. 358.

[4] V. M. Bacache-Gibeili, *op.cit*, n° 105.

[5] En ce sens, v. G. Viney, *op.cit*, p. 359.

soit la voie retenue, les critères[1] de définition de la notion de groupe de contrats devraient être précisés clairement pour faciliter l'office du juge, notamment en ce qui concerne la qualification.

51. Ensuite, pour ce qui est de la délimitation des domaines respectifs des responsabilités délictuelle et contractuelle, il semble plus logique que celle-ci soit basée non comme le préconise Mme Geneviève Viney[2], sur la distinction entre les actions fondées sur les atteintes à la sécurité (responsabilité délictuelle) et celles fondées sur les manquements au contrat (responsabilité contractuelle), mais sur la nature de la faute reprochée au défendeur. Ainsi, lorsque la faute résulte d'un manquement à un devoir général de prudence et de diligence, elle constitue une faute « détachable » du contrat qui peut justifier l'application des règles de responsabilité délictuelle. En revanche, lorsqu'il est établi que la faute procède d'un manquement aux obligations contractuelles, les règles de responsabilité contractuelle devraient seules s'appliquer afin que les prévisions du contrat soient respectées[3]. Cette solution est d'autant plus justifiée que la victime a la faculté d'agir contre son contractant direct. Dès lors, en décidant de poursuivre le cocontractant de ce dernier, il doit accepter le risque de se voir opposer les règles contractuelles. En définitive, l'un ou l'autre régime serait applicable selon que la faute est ou non détachable du contrat.

52. Il apparaît ainsi que la jurisprudence Besse n'a pas résolu toutes les difficultés juridiques posées par les groupes de contrats. En affirmant le primat de la responsabilité délictuelle en cette matière, elle a pratiquement limité l'application de la responsabilité contractuelle à quelques cas seulement.

2. La marginalisation de la responsabilité contractuelle

53. La théorie des groupes de contrats construite par une partie de la doctrine et par la première chambre civile de la Cour de cassation postulait l'application générale des règles contractuelles à tous les rapports entre les membres d'un groupe de contrats. L'idée défendue était que chaque partie à l'un quelconque des contrats du groupe se trouve contractuellement liée à chacune des autres. Aussi, la constatation de ce lien justifie la nature contractuelle de l'action en responsabilité exercée par l'un des membres du groupe contre un autre, qu'il soit ou non son cocontractant direct[4]. Le régime contractuel avait donc vocation à régir leurs rapports tant au sein des ensembles contractuels qu'au sein des chaînes de contrats. Mais, l'arrêt Besse

---

[1] On sait que l'une des raisons ayant conduit à l'échec de la théorie des groupes de contrats est incontestablement l'imprécision de cette notion. En effet, les groupes de contrats revêtent des formes diverses et variées, ce qui ne facilite pas leur appréhension juridique.

[2] *Op.cit*, p. 358.

[3] Comp. G. Viney, *op.cit*, p. 359 qui plaide pour l'octroi d'une " action directe" fondée sur le contrat au créancier qui agit contre le débiteur de son débiteur.

[4] V. J. Kullman, *op.cit*, n° 5.

ayant mis un terme à l'application de la responsabilité contractuelle aux ensembles contractuels non translatifs, celle-ci ne régirait, hormis les cas où la loi reconnaît une action directe à certaines personnes[1], que les actions dans les chaînes de contrats translatifs de propriété, que celles-ci soient homogènes ou hétérogènes[2]. Autrement dit, le sous –acquéreur, tiers au contrat intervenu entre le vendeur initial et son vendeur direct, peut exercer directement toutes les actions relatives aux obligations nées de la vente[3], à l'instar de l'obligation de délivrance[4], de la garantie des vices cachés[5], de la garantie d'éviction[6], de l'obligation de sécurité[7]. En revanche, la controverse existe à propos de l'exercice de l'action pour non-conformité[8].

54. Il n'est pas inutile de rappeler que la reconnaissance d'une action contractuelle directe[9] au sous-acquéreur ou au maître de l'ouvrage, repose sur l'idée de transmission fondée sur la règle de l'accessoire. En effet, rejetant les divers fondements qui avaient été avancés pour les justifier, telles la cession

---

[1] Sur ces actions et sur l'action directe en général, v. L. Sergent, *Étude sur les actions directes*, thèse Paris, 1903 ; H. Solus, *L'action directe et l'interprétation des articles 1753,1798 et 1994 du Code civil*, thèse Paris, 1914 ; R. Debray, *Privilèges sur les créances et actions directes*, thèse Paris, 1928 ; A. Plancqueel, *Contribution à l'étude des actions directes*, thèse Lille, 1935 ; M. Cozian, *op.cit* ; Ch. Jamin, *op.cit* ;

[2] Ass. Plén. *7 février 1986*, v. *supra*, p. 11, note 6 ; Civ. 3e, *30 octobre 1991*, RJDA. 1/92, n° 32, *26 mai 1992*, JCP 1992.I. 3625, n° 14, *obs.* G .Viney. V. supra, n° 37.

[3] V. F. Collart Dutilleul et Ph. Delebecque, *Contrats civils et commerciaux*, Dalloz, 3e éd, 1996, n° 329.

[4] V. par ex. Civ. 1re *9 mars 1983*, Bull.civ. I., n° 92, RTD.civ. 1983. 753, obs. Rémy.

[5] V. Civ. 1re *4 mars 1986*, Bull.civ. I, n° 57, D. 1986. IR 320, *20 juin 1995*, D. 1995, IR. 188 ; Com. *24 novembre 1987*, Bull.civ. IV, n° 250, D. 1987. IR 254 ; Civ 3e *7mars 1990*, Bull.civ. III, n° 72, D. 1990. IR 88.

[6] V. par ex. Civ. 3e *28 mars 1990*, Bull.civ. III, n° 93, D. 1990. IR 96.

[7] V. par ex. Civ. 1re *27 janvier 1993*, Bull.civ. I, n° 44.

[8] Sur la notion de conformité, v. entre autres, M. Alter, *L'obligation de délivrance dans la vente de meubles corporels*, LGDJ, 1972 ; Boulay, *La conformité des biens dans la vente de meubles corporels, Étude comparative,* thèse, Paris II, 1979 (*dactyl*) ; Ghestin, *Conformité et garantie dans la vente*, LGDJ, 1983 ; Ph. Le Tourneau, « Conformité et garantie dans la vente d'objets mobiliers », RTD. Civ. 1980. 231 ; Sargos, « Définition et étendue de l'obligation de délivrance dans la vente de meubles corporels », Defrenois, 1988, p. 199 ; R. Mevoungou Nsana, « La réparation du préjudice causé par une non-conformité en matière contractuelle », Petites aff., *17 août 1999*, n° 163, p. 12 et s.

[9] Supprimant le droit d'option entre l'action contractuelle et l'action délictuelle qui était reconnu au sous-acquéreur par la jurisprudence, la première chambre civile a, dans un arrêt du *9 octobre 1979* (Bull.civ. I, n° 241, Gaz.Pal. 1980. 1. 249, D. 1980. IR 222, RTD.civ. 1980. 354) décidé que l'action directe du sous-acquéreur contre le fabricant ou le vendeur intermédiaire pour la garantie des vices cachés « est nécessairement de nature contractuelle ».

de créances[1] ou la stipulation pour autrui[2], la jurisprudence a finalement admis que les actions en garantie des vices cachés et en garantie décennale sont transmises aux sous-acquéreurs ou au maître de l'ouvrage comme accessoires de la chose vendue[3]. Autrement dit, la créance de garantie étant l'accessoire de la chose vendue et s'identifiant à elle, est nécessairement transmise avec elle[4]. La question qui se pose alors est de savoir si l'action pour défaut de conformité est également transmise aux sous- acquéreurs de la chose par le même mécanisme juridique. La réponse diffère selon que l'on assimile ou non le défaut de conformité au vice caché.

55. Sans qu'il soit nécessaire ici de revenir sur les controverses doctrinales et les tergiversations jurisprudentielles qu'elle a suscitées, il y a simplement lieu de relever que la distinction entre vice caché et défaut de conformité n'est pas aisée, la frontière entre les deux notions n'étant pas toujours étanche[5]. Toutefois, en l'état actuel du droit positif, il semble acquis que cette distinction recoupe celle que l'article 1603 du Code civil fait entre l'obligation de délivrance et l'obligation de garantie du vendeur. Autrement dit, alors que le défaut de conformité relève de l'obligation de délivrance, le vice caché procède plutôt de l'obligation de garantie du vendeur. Dès lors, la distinction tient à la nature du désordre ou du trouble qui affecte la chose. Ainsi, il y a vice caché lorsque la chose est affectée d'un défaut de conception ou de fabrication qui nuisent à son bon fonctionnement ou qui la rendent impropre à l'usage auquel elle était destinée[6]. Il s'agit d'un défaut de la chose que l'acquéreur n'a pu déceler ou dont il n'a pas eu connaissance au moment de la vente[7]. En revanche, il ya défaut de conformité lorsque la chose livrée est

---

[1] V. R. Rodière, note sous Aix, *5 octobre 1954*, JCP 1955.II. 8548 ; M. Cozian, *op.cit*, n° 94. Pour le Doyen Rodière, toute vente s'accompagnerait d'une cession de créances tacite portant sur l'action en garantie.

[2] V. A. Weil, *op.cit*, n° 445 et s. Pour cet auteur, tout intermédiaire qui achète un produit serait censé avoir stipulé que la garantie des vices cachés qui lui est due bénéficiera aussi au sous-acquéreur.

[3] V. Ph. Malinvaud, *op.cit*, p. 44.

[4] V. B. Boubli, *op.cit*, n° 11.

[5] Sur cette distinction, v. H. Capitant, F. Terré et Y. Lequette, *op.cit*, n° 252, p. 497 à 507 ; Ghestin, *op.cit* ; Le Tourneau, *op.cit* ; O. Tournafond, « Les prétendus concours d'actions et le contrat de vente », D. 1989. 237 ; C. Atias, « L'équilibre renaissant de la vente », D. 1993.1 ; H. Groutel, « Vice caché et défaut de conformité », Resp. civ. Ass. 199, p. 27 ; A. Bénabent, « Conformité et vices cachés dans la vente : l'éclaicie », D. 1994. 115 ; L. Casaux-Labrunée, « Vice caché et défaut de conformité : propos non-conformes sur une distinction viciée », D. 1999. 1.

[6] V. Civ. 1re *14 mai 1996*, D. 1998. 305, note Jault-Seseke ; *27 oct. 1993*, Bull.civ. I, n° 305 ; *5mai 1993*, D. 1993.507, note Bénabent ; Com. *26 avril 1994*, Bull.civ.IV, n° 159, JCP 1994.II. 22356.

[7] V. F. Collart Dutilleul et Ph. Delebecque, *op.cit*, n° 274, p. 222 ; Civ. 1re *7 juin 1995*, Bull.civ. I, n° 250, D. 1995, IR 188.

différente de celle prévue au contrat[1]. Autrement dit, la non-conformité « consiste en une différence entre la chose promise au contrat et la chose délivrée, celle-ci étant par ailleurs parfaitement saine[2]. Elle procède de l'absence d'une qualité ou d'un élément de la chose convenus par les parties.

En définitive, la jurisprudence distingue bien le vice caché entendu comme un défaut qui rend la chose vendue impropre à sa destination normale, de la non-conformité qui est un défaut d'identité de la chose livrée par rapport aux prévisions du contrat. L'intérêt de cette distinction est important.

56. Si l'on admet la distinction entre vice caché et non-conformité, alors seule l'action en garantie pour vices cachés est transmise *propter rem* comme un accessoire de la chose. En effet, le vice étant inhérent à la chose, il est normal que l'action en garantie soit transmise aux sous- acquéreurs en tant qu'accessoire de celle-ci. Or, tel ne serait pas le cas du défaut de conformité. Comme le souligne M. Tournafond[3], « L'action en réparation d'un défaut de conformité ne peut être transmise *propter rem* au sous-acquéreur en raison de son caractère subjectif. Elle n'est pas un accessoire de la chose, car la conformité est liée au contenu des stipulations contractuelles et n'est pas ce que l'on pourrait appeler « une qualité » de la chose elle-même. La conformité doit être appréciée au regard du contenu de chaque contrat et le principe de l'effet relatif des conventions de l'art. 1165 c. civ. s'opposerait à la transmissibilité de l'action ». Il apparaît ainsi que la non-conformité qui dépend des stipulations de chaque contrat, ne saurait être la même pour tous les acquéreurs successifs de la chose. En effet, l'absence d'une qualité de la chose qui serait une non-conformité pour l'acheteur initial peut être totalement indifférente au sous-acquéreur, surtout lorsque la chose est apte à l'usage envisagé. Il est en tout cas difficile d'imaginer que les acquéreurs successifs ont tous eu en vue la même qualité de la chose vendue[4], de sorte que l'on puisse dire que celle-ci a été déterminante dans leur engagement. Par conséquent, la non-conformité étant liée à un contrat déterminé, l'action qui en découle ne saurait se transmettre au sein d'une chaîne de contrats comme l'action en garantie des vices cachés. Cette position ne fait pas l'unanimité.

57. Dans son arrêt du 7 février 1986[5], l'Assemblée plénière a effectivement décidé que « le maître de l'ouvrage, comme le sous-acquéreur, jouit de tous les droits et actions attachés à la chose qui appartenait à son auteur ; qu'il dispose à cet effet contre le fabricant d'*une action contractuelle directe fondée sur la non-conformité de la chose livrée* ». Sans qu'il soit besoin de

---

[1] V. F. Collart Dutilleul et Ph. Delebecque, *op.cit*, n° 233, p. 196 et s ; v. aussi Paris, *13 novembre 1991*, D. 1992. IR. 32.
[2] V. O. Tournafond, *op.cit*, n° 11, p. 238.
[3] *op.cit*, n° 40, p. 242.
[4] V. contra, O. Tournafond, *op.cit*, n° 41, p. 242.
[5] V. supra, p. 12, note 5.

s'appesantir sur la confusion manifeste de la non-conformité au vice caché dans cette espèce, il y a surtout lieu de retenir que cet arrêt consacre la transmissibilité de l'action pour défaut de conformité aux acquéreurs successifs de la chose. Autrement dit, ce sont toutes les actions liées à la chose qui sont transmises aux sous-acquéreurs ou aux maîtres de l'ouvrage. M. Delebecque[1] est certainement de cet avis quand il écrit : « dans les contrats translatifs de propriété, l'obligation se transmet en même temps que la chose objet du contrat (…) Naturellement, il ne s'agit pas de n'importe quelle obligation. L'obligation concernée est celle qui entoure le bien objet du contrat ; c'est l'obligation qui accompagne ce bien en tant qu'accessoire. On aura compris qu'il s'agit de la garantie des vices cachés et de la conformité. Ces obligations sont liées à la chose et se transmettent donc en même temps qu'elle (…) En obtenant la propriété de la chose, l'acquéreur ou le sous-acquéreur recueille le droit de mettre en œuvre toutes les actions relatives à cette chose[2] ».

Conclusion

58. Que reste-t-il finalement de la théorie des groupes de contrats dès lors que la responsabilité délictuelle régit les rapports entre les membres des ensembles contractuels n'ayant pas échangé leurs consentements et que l'action contractuelle dans les chaînes de contrats s'explique simplement par la théorie de l'accessoire ? En réalité, pas grand-chose. On pourrait dire effectivement, en reprenant la formule du Professeur Delebecque, que dans l'un et l'autre cas, « *le groupe de contrats est jeté aux oubliettes, il n'existe plus*[3] ». Toutefois, la théorie des groupes de contrats conserve quelques intérêts en ce que cette notion donne un sens à l'idée selon laquelle le contrat n'est pas « un monde fermé, hermétiquement clos, mais qu'il n'est qu'une composante du commerce juridique, avec lequel se développent d'inévitables interactions[4] ». Aussi, les rapports entre les contrats d'une part, et surtout ceux entre les membres du groupe d'autre part, postuleraient une nouvelle interprétation du principe de la relativité des conventions qui doit conduire à

[1] Ph. Delebecque, *article précité*, n° 13, p. 126 ; v. Tournafond, *op.cit.* qui justifie la transmission par la concordance entre les différents contrats de la chaîne et par l'idée que tous les acquéreurs successifs ont eu en vue la même qualité de la chose.

[2] Dès lors que le sous-acquéreur ou le maître de l'ouvrage recueille toutes les actions liées à la chose, toutes les clauses et toutes les règles applicables au contrat initial produisent effet à son égard. Il se retrouve donc exactement dans la même position que le contractant direct. Comme le relève M. Delebecque (*op. cit*, n° 14, p. 127), « le sous-acquéreur est donc tenu de respecter les clauses de compétence, les clauses de prescription, les clauses de garantie, bref toutes les clauses qui aménagent l'action attachée à la chose et dont le premier acquéreur est titulaire avant qu'il ne la cède à d'autres ».

[3] *Ibid*, p. 119, n° 3.

[4] V. J-L Aubert, *article précité*, n° 1.

« un renouvellement de la distinction des parties et des tiers »[1] et donc finalement à l'extension des effets du contrat au-delà du cercle des personnes ayant directement contracté./.

[1] V. J. Ghestin, « Nouvelles propositions pour un renouvellement de la distinction des parties et des tiers », RTD.civ. 1994. 777.

L'INFORMATION DANS LE CONTRAT DE TRANSPORT DE MARCHANDISES PAR ROUTE*

Le droit commun des contrats à l'épreuve du droit OHADA

1. Faut-il se féliciter ou non de la multiplication des contrats spéciaux qui instaurent des règles propres et parfois dérogatoires au droit commun des contrats ? Dans un article au titre fort évocateur[1], M. Bruno Oppetit paraît répondre par la négative lorsqu'il dénonce d'une manière générale « *la prolifération de statuts spéciaux et de revendications d'autonomie par telle ou telle discipline, qui opère une régression certaine, par l'insécurité ainsi créée du fait de l'extrême difficulté éprouvée à agencer l'articulation des règles générales et des règles spéciales* ». D'autres auteurs[2], par contre, trouvent dans les principes nouveaux contenus dans nombre de dispositions spéciales, une source d'enrichissement et de renouvellement du droit des contrats. Sans qu'il soit nécessaire de prendre parti dans ce débat, force est cependant de relever que la théorie générale du contrat a subi, ces dernières décennies, de nombreuses atteintes ou mutations du fait des règles applicables à certains contrats spéciaux ou prévues dans certaines matières[3]. Ce constat,

---

* **Article publié in *Revue de la Recherche Jurirdique. Droit prospectif, n° 2006-3*, p. 1647 et s.**

[1]« Les tendances régressives dans l'évolution du droit contemporain », in Mélanges D. Holleaux, Litec, 1990, p. 317.

[2] M. CABRILLAC, « Remarques sur la théorie générale du contrat et les créations récentes de la pratique commerciale », in Mélanges G. Marty, 1978, p. 235 ; Ph. JESTAZ, « L'évolution du droit des contrats spéciaux dans la loi depuis 1945 », in *L'évolution contemporaine du droit des contrats*, Journées Savatier 1985, p. 117 ; Ph. REMY, *Droit des contrats : questions, positions, propositions*, in Le droit contemporain des contrats, 1987, p. 271 ; A. BELLOIR, *Théorie générale des contrats spéciaux*, thèse Paris II, 2002.

[3] V. F. DREIFUSS-NETER, « Droit de la concurrence et droit commun des contrats », RTD civ., 1990. 369 ; Ph. MALAURIE, « Droit de la concurrence et droit des contrats », D. 1995, chron., p. 51 ; B. OPPETIT, « La liberté contractuelle à l'épreuve du droit de la concurrence », Rev. Sc. Mor. et pol, 1995, p. 241 ; J. CALAIS-AULOY, « L'influence du droit de la consommation sur le droit des civils des contrats », RTD civ., 1994. 239 ; J-F. MONTREDON, « La théorie générale du contrat à l'épreuve du nouveau droit des procédures collectives », JCP. E. 1988.II. 15156 ; M-H. MONSERIE, « Aperçu sur les rapports récents de la confrontation du droit des procédures collectives et du droit des obligations », in Mélanges Jeantin, 1999, p. 429 ; Y. GUYON, « Le droit des contrats à l'épreuve du droit des procédures collectives », in Mélanges J. Ghestin, 1999, p. 407 ; C. BRUNETTI-PONS, « La spécificité du régime des contrats en cours dans les procédures collectives », RTD com., 2000. 783 ; G-H. CAMERLYNCK, « L'autonomie du droit du travail », D. 1956, chron., p. 23 ; G. COUTURIER, « Les techniques civilistes et le droit du travail », D. 1975, chron., p. 221 ; P-Y.

qui est incontestable en droit français, peut aussi être fait, dans une certaine mesure, pour le droit OHADA[1], et particulièrement pour le droit du contrat de transport de marchandises par route.

2. L'Acte uniforme relatif aux contrats de transport de marchandises par route (ci-après AUCTMR) a été adopté le 22 mars 2003 à Yaoundé (Cameroun) et est entré en vigueur le 1er janvier 2004[2]. Il régit les transports routiers nationaux et internationaux entre les seize pays membres[3] de l'OHADA, abrogeant ainsi les règles de droit interne jusque là applicables dans chaque État partie[4]. Pour l'essentiel, l'AUCTMR s'inspire largement de la Convention relative au contrat de transport international de marchandises par route (ci-après CMR) signée à Genève le 19 mai 1956, reproduisant la plupart de ses règles sur la formation et l'exécution du contrat de transport, la définition des obligations des parties ou encore le régime de responsabilité du transporteur. Cependant, sur de nombreux points ou dans certaines matières, il s'écarte de la CMR soit en énonçant des règles originales[5], soit en empruntant d'autres dispositions au droit maritime[6] et/ou au droit aérien[7]. Il

---

VERKINDT, « *Le contrat de travail. Modèle ou anti-modèle du droit civil des contrats ?* », in *La nouvelle crise du contrat* (sous la dir. de Ch. Jamin et D. Mazeaud), Dalloz, 2003, p. 197. Pour une synthèse de l'évolution du droit des contrats, v. Ph. MALAURIE, « Le droit civil des contrats à la fin du XXeme siècle », in Mélanges M. Cabrillac, 1999, p. 187 ; D. MAZEAUD, « Le nouvel ordre contractuel », Rev. contrats, 2003, p. 295.

[1] L'Organisation pour l'Harmonisation en Afrique du Droit des Affaires a été instituée par un Traité signé à Port-Louis (Ile Maurice) le 17 octobre 1993 et entré en vigueur le 18 septembre 1995. V. G. DE LAFOND, « LeTraité relatif à l'harmonisation du droit des affaires en Afrique », Gaz. Pal, 20-21septembre 1995, doctr. p. 2 ; P-G POUGOUE, *Présentation générale et procédure en OHADA*, PUA (Yaoundé), 1998.

[2] V. Journal Officiel de l'OHADA, n° 13 (31 juillet 2003), p. 3. Pour son commentaire, v. N. LACASSE, J. PUTZEYS, « L'Acte uniforme de l'OHADA relatif aux contrats de transport de marchandises par route », Dr. eur. Transp. 2003, p. 673 ; M. BROU KOUAKOU, « Le nouveau droit des contrats de transport de marchandises par route dans l'espace OHADA », Penant 2003, p. 394. En raison de cette entrée en vigueur récente, il sera exclusivement fait recours à la jurisprudence française faisant application de la CMR qui a inspiré l'AUCTMR.

[3] Bénin, Burkina Faso, Cameroun, Centrafrique, Comores, Congo, Côte d'Ivoire, Gabon, Guinée, Guinée Bissau, Guinée Équatoriale, Mali, Niger, Sénégal, Tchad et Togo.

[4] L'article 10 du Traité relatif à l'harmonisation en Afrique du droit des affaires dispose que « *les Actes uniformes sont directement applicables et obligatoires dans les Etats parties nonobstant toute disposition contraire de droit interne, antérieure ou postérieure* ». V. J.O. OHADA, n° 4 (1er novembre 1997), p. 1 ; J. ISSA-SAYEGH, « La portée abrogatoire des actes uniformes de l'OHADA sur le droit interne des États parties », Revue Burkinabé de droit, n° 39-40 (n° spécial) 2001, p. 51.

[5] Sur ces différences entre l'AUCTMR et la CMR et les critiques suscitées par le choix de l'OHADA de ne pas adopter simplement et purement les règles de la CMR, v. LACASSE et PUTZEYS, *op. cit.*, p. 680 et s.

[6] Il s'agit notamment de la Convention pour l'unification de certaines règles en matière de connaissement signée à Bruxelles le 25 août 1924 (ci-après *Convention de Bruxelles de 1924*).

[7] Il s'agit de la Convention pour l'unification de certaines règles relatives au transport aérien international signée à Varsovie le 12 octobre 1929 (ci-après *Convention de Varsovie de 1929*).

en est notamment ainsi des règles relatives à l'information entre les différentes parties au contrat de transport.

3. Par quelques aspects, l'AUCTMR illustre parfaitement cette tendance du droit des contrats spéciaux à instaurer des règles propres qui empiètent ou s'écartent du droit commun des contrats. D'abord, la plupart de ses dispositions ont un caractère d'ordre public[1], ce qui restreint sérieusement la liberté contractuelle des parties[2]. Ensuite, certaines de ses dispositions semblent consacrer un « *pouvoir de modification unilatérale* » du contrat en reconnaissant à l'expéditeur ou au destinataire de la marchandise le droit d'en disposer en cours de route, *« notamment en demandant au transporteur d'arrêter le transport, de modifier le lieu prévu pour la livraison ou de livrer la marchandise à un destinataire différent de celui indiqué sur la lettre de voiture*[3] ». Ainsi se confirme en quelque sorte « l'idée que la rigidité du lien contractuel doit composer avec sa nécessaire flexibilité »[4]. Enfin, l'AUCTMR prévoit des règles relatives à l'information qui ne sont pas sans incidences sur la théorie générale du contrat. Ce sont elles qui sont au centre de la présente étude.

4. En cette période où l'obligation d'information est reconnue comme relevant de l'exigence de bonne foi et/ou de transparence dans les relations contractuelles[5], il importe d'observer qu'il y a bien longtemps que le droit des transports lui a accordé une place importante[6]. Déjà, fût-ce de manière implicite, l'article 5, livre I du titre XII de l'ordonnance de la marine de Colbert d'août 1681 instaura une obligation d'information en faisant

---

[1] V. art. 28 al. 1 de l'AUCTMR qui déclare : *« est nulle et de nul effet toute stipulation qui, directement ou indirectement, dérogerait aux dispositions du présent Acte uniforme»*.

[2] En tout cas, nombre d'obligations du contrat de transport sont imposées par la loi. On peut alors se demander, en reprenant un auteur, si le contrat de transport est encore la chose des parties ! V. B. FAGES, « Nouveaux pouvoirs. Le contrat est-il encore la « chose » des parties ? », in *La nouvelle crise du contrat, op. cit.*, p.153. Sur la liberté contractuelle, v. J-M MOUSSERON, « Un principe de départ : la liberté contractuelle », Cah. dr. ent. 1995/2, p. 5.

[3] V. art. 11 de l'AUCTMR qui subordonne cependant l'exercice de ce droit à trois conditions : d'abord, l'expéditeur doit présenter l'original de la lettre de voiture portant les nouvelles instructions et dédommager le transporteur des frais et du préjudice qu'entraîne l'exécution des instructions ; ensuite, l'exécution des instructions doit être possible et ne doit ni entraver l'exploitation normale de l'entreprise ni porter préjudice aux autres expéditeurs ; enfin, les instructions ne doivent jamais avoir pour effet de diviser l'envoi.

[4] V. D. MAZEAUD, « Le nouvel ordre contractuel », Rev. contrats, 2003. 235 ; A. NGNABEUYEU LENTA, *Le contrat de transport des marchandises par route OHADA*, mémoire DEA, Université de Yaoundé II, 2003, et notam. p.55 et s.

[5] Sur l'exigence de transparence, v. N. VIGNAL, *La transparence en droit privé des contrats (Approche critique de l'exigence)*, thèse, éd. PUAM. 1998 ; Ph. MALAURIE, « Transparence-secret : Droit à l'information », Ann. Seine, 1997, n° 1, p. 7 ; J. MESTRE, « La transparence en droit des contrats », RJ com. 1993 (n° spécial, La transparence), p. 82.

[6] V. A. AKAM AKAM, *Les réserves à la livraison. Étude des diligences des réceptionnaires dans les transports maritimes, terrestres et aériens*. Thèse (dactyl) Aix-Marseille III, 1991.

obligation au marchand d'adresser une protestation au maître du navire ou à ses assureurs, à peine d'irrecevabilité de son action, en cas de dommage arrivé à la marchandise. Cette obligation sera reprise par les articles 105 et 435 du Code de commerce applicables respectivement aux transports terrestre et maritime[1]. C'est en matière de transport international que l'affirmation de l'obligation d'information deviendra plus nette. D'abord en matière maritime, la Convention de Bruxelles du 25 août 1924 devait imposer à l'expéditeur de faire un certain nombre de déclarations au transporteur concernant notamment la marchandise[2] d'une part, et au destinataire de donner un avis écrit des pertes ou dommages[3] au transporteur, soit au moment de la livraison, soit au plus tard dans les trois jours de la délivrance, d'autre part. Ensuite, la Convention de Varsovie du 12 octobre 1929 régissant le transport aérien international reprendra les mêmes exigences[4] ainsi que la Convention de Genève du 19 mai 1956 relative au contrat de transport international de marchandises par route[5].

5. Il apparaît ainsi que l'obligation d'information existe bien en droit des transports. On peut alors s'étonner que les principales études consacrées à l'obligation d'information (ou de renseignements) en matière contractuelle en général[6] ne lui aient pratiquement porté aucun intérêt ou l'aient simplement ignoré. En tout cas, force est de constater que le régime juridique de l'information dans le contrat de transport n'a pas véritablement été étudié, et ce, quel que soit le mode de transport considéré, contrairement à d'autres conventions ou matières[7]. Un tel « ostracisme » est manifestement injustifié,

---

[1] M. DROUOT, *Les fins de non-recevoir des articles 105 et 435 du Code de commerce au profit des transporteurs*, thèse Lyon, 1901.

[2] V. art. 3 al.5 et art. 4 al .5.

[3] V. art. 3 al. 6.

[4] V. art. 8, 16 al. 1 et 26.

[5] V. art.6 et 30.

[6] V. notamment M. FABRE-MAGNAN, *De l'obligation d'information dans les contrats. Essai d'une théorie*, LGDJ, 1992 ; J. ALISSE, *L'obligation de renseignements dans les contrats*, thèse Paris, 1975 ; Y. BOYER, *L'obligation de renseignements dans la formation du contrat*, thèse AIX, 1977 ; M. de JUGLART, « L'obligation de renseignements dans les contrats », RTD civ., 1945. 1 ; C. de LEYSSAC, *L'obligation de renseignements dans les contrats*, in L'information en droit privé (*sous la dir.* de Y. Loussouarn et P. Lagarde), LGDJ. 1978, p. 305.

[7] V. par ex. en droit de la consommation : DOMENACH-LACOUR, *L'information du consommateur*, thèse Lyon, 1978 ; P. BOUZAT, « L'obligation d'informer le consommateur », RTD com., 1973. 630 ; B. BONJEAN, « Le droit à l'information du consommateur », in *L'information en droit privé*, *ibid*, p. 347 ; Ph MALINVAUD, « La protection des consommateurs », D. 1981, chron., p. 49 ; en matière de vente : V. CHRISTIANOS, *Conseils, modes d'emploi et mise en garde en matière de vente de meubles corporels. Contribution à l'étude de l'obligation d'information*, thèse Paris II, 1985 ; en matière informatique : A. BERTRAND, « L'obligation de conseil et de renseignements en droit de l'informatique en 1986 », Expertises 1986, p. 114 ; en droit des sociétés : J. VEZIAN, « Le droit à l'information des actionnaires », in *L'information en droit privé*, ibid., p. 221 ; R. BAILLOD, « L'information des administrateurs de sociétés anonymes », RTD com., 1990. 1 ; J.P. BOUERE, « L'information du conseil d'administration », JCP. E. 1992.I. 190 ; I. URBAIN-

car les règles prévues par le droit des transports en matière d'information entre les cocontractants traduisent un véritable « pragmatisme législatif » dans la détermination du contenu et de la finalité des rapports contractuels, et ne peuvent, par conséquent, laisser le droit commun indifférent. Aussi, l'ambition de la présente étude est modestement de montrer que ces règles, et particulièrement celles instituées par le droit OHADA, participent, à leur manière, de ce « *nouvel ordre substantiel* » qui est l'une des dimensions du « *nouvel ordre contractuel* » qu'un auteur a si bien décrit[1].

6. Les obligations relatives à l'information qui pèsent sur les parties au contrat de transport de marchandises par route sont d'origine légale. Elles sont de deux sortes.

D'une part, l'AUCTMR impose des obligations d'information à l'expéditeur, au transporteur et au destinataire. Pour l'essentiel, elles concernent l'opération de transport. Par exemple, il s'agit, pour l'expéditeur, de faire un certain nombre de déclarations concernant la marchandise dans la lettre de voiture ; pour le transporteur d'aviser l'expéditeur en cas de défaut d'emballage apparent ou connu de lui au moment de la prise en charge de la marchandise, ou encore d'aviser le destinataire de l'arrivée de la marchandise ; pour le destinataire d'aviser le transporteur de l'existence de dommage, perte ou retard à la livraison. Cependant, l'obligation d'information concerne aussi certaines opérations, tels l'assurance et le dédouanement de la marchandise, qui sont accessoires au transport.

D'autre part, l'AUCTMR impose spécialement au transporteur, en cas d'empêchement au transport ou d'empêchement à la livraison, l'obligation de s'informer auprès de l'expéditeur ou de l'ayant droit à la marchandise pour recevoir les instructions nécessaires. C'est dire que l'information légale a un spectre large.

7. Il serait cependant erroné de croire que l'obligation d'information dans le contrat de transport routier de marchandises a exclusivement une source légale. En effet, il faut rappeler que parmi les « *nouveaux devoirs des*

PARLEANI et M. BOIZARD, « L'objectif d'information dans la loi du 24 juillet 1966 », Rev. Sociétés, 1996. 447 ; I. URBAIN-PARLEANI, « Les nouvelles obligations d'information des dirigeants envers les actionnaires », Rev. sociétés, 2001. 781 ; J.K. ADOM, « Le secret des affaires et la participation des salariés à la gestion de l'entreprise », Bull. Joly 2003. 113 ; pour le contrat de travail : B. SAUMADE, *L'obligation de renseignements en droit du travail*, thèse Montpellier, 1982 ; B. TEYSSIE, « L'information du salarié », Dr. soc. 1981. 239 ; en matière bancaire : J-F CLÉMENT, « Le banquier, vecteur d'informations », RTD com. 1997, 203 ; pour les marchés financiers : M. BOIZARD, « Les nouvelles obligations d'information des dirigeants envers le marché », Rev. sociétés, 2001. 799 ; C. MALECKI, « Informations sociales et environnementales : de nouvelles responsabilités pour les sociétés cotées ?», D.2003, chron. p. 818 ; en matière pénale : C. KRIEF-VERBAERE, « Les obligations d'information dans le droit pénal des affaires », RTD com. 1999. 583.

[1] D. MAZEAUD, *ibid*, p. 310 et s.

contractants[1] » imposés par la jurisprudence aux parties au contrat, figure l'obligation d'information ou de renseignement fondée sur le principe général de bonne foi contractuelle[2]. Chaque partie, en vertu de l'obligation de contracter de bonne foi[3], doit fournir à l'autre toutes les informations qui peuvent avoir une influence sur la conclusion ou l'exécution du contrat. Les parties au contrat de transport sont bien évidemment soumises à cette obligation lorsque les circonstances l'exigent. Ainsi, au-delà des obligations spéciales d'information imposées par l'AUCTMR, elles sont tenues, à un moment ou à un autre de l'opération de transport, d'une obligation générale d'information portant sur des faits ou éléments susceptibles d'avoir une incidence soit sur le consentement de l'une des parties (obligation précontractuelle d'information), soit sur l'exécution du contrat (obligation contractuelle d'information)[4].

8. En imposant des obligations légales d'information aux parties au contrat de transport de marchandises par route, l'AUCTMR paraît poursuivre des objectifs apparemment contradictoires. D'un côté, sans doute soucieux de donner un contenu concret à l'obligation de bonne foi contractuelle, il édicte une double exigence en matière d'information qui se décline soit en une *obligation d'informer* qui procède du devoir de loyauté[5], soit en une *obligation de s'informer* qui se justifie par la diligence minimum que l'on peut exiger de tout contractant et particulièrement d'un professionnel, c'est-à-dire de l'idée « *de non vigilantibus non curat praetor* » (I). D'un autre côté, prenant certainement en compte l'utilité économique du contrat de transport, l'AUCTMR ne prévoit pas la nullité comme sanction du manquement à

---

[1] J-P CHAZAL, « Les nouveaux devoirs des contractants. Est-on allé trop loin ? », in *La nouvelle crise du contrat*, *op. cit.*, p.99 ; Y. PICOD, « L'exigence de bonne foi dans l'exécution du contrat », in *Le juge et l'exécution du contrat*, PUAM, 1993, p. 57.

[2] Le rôle de la bonne foi en matière contractuelle est particulièrement mis en valeur par les tenants de la théorie dite du *solidarisme contractuel*. V. notam. C. THIBIERGE-GUELFUCCI, « Libres propos sur la transformation du droit des contrats », RTD civ. 1997, 357 ; D. MAZEAUD, « Loyauté, solidarité, fraternité, la nouvelle devise contractuelle ? », in Mélanges F. TERRE, 1999. p. 603 ; Ch. JAMIN, « Plaidoyer pour le solidarisme contractuel », in Mélanges J. GHESTIN, LGDJ, 2001, p. 441 ; Ch. JAMIN et D. MAZEAUD (sous la dir. de), *La nouvelle crise du contrat*, Dalloz, 2003 ; J. CEDRAS, « Liberté-Egalité-Contrat. Le solidarisme contractuel en doctrine et devant la Cour de cassation », in Rapport de la Cour de cassation 2003, p. 215 ; L. GRYNBAUM et M. NICOD (sous la dir de), *Le solidarisme contractuel, mythe ou réalité* ? Economica, 2004.

[3] B. JALUZOT, *La bonne foi dans les contrats. Étude comparative des droits français, allemand et japonais*, thèse, éd. Dalloz, 2001, notam. p. 377, n° 1326.

[4] J. GHESTIN, « L'obligation précontractuelle de renseignements en droit français », in *Le contrat aujourd'hui : comparaisons franco-anglaises*, LGDJ, 1987, p. 171 ; M. FABRE-MAGNAN, *op. cit.*, n° 281 et s, qui rejette le critère chronologique fondé sur l'apparition de l'obligation d'information par rapport à la formation du contrat et distingue plutôt l'obligation d'information ayant une incidence sur le consentement d'un contractant de celle ayant une incidence sur l'exécution du contrat.

[5] Y. PICOD, *Le devoir de loyauté dans l'exécution du contrat*, LGDJ, 1989.

l'obligation d'information, lui préférant des sanctions qui assurent, en principe, la survie du contrat (II). Dans cette double démarche, le législateur OHADA tente finalement une difficile conciliation entre la *recherche du juste* (fondée sur des considérations d'ordre moral) et la *recherche de l'utile* (motivée par une logique d'efficacité économique) en matière contractuelle[1].

I. LE DUALISME DES EXIGENCES RELATIVES À L'INFORMATION

9. L 'AUCTMR institue une sorte de « *réseau d'informations* » entre les parties au contrat de transport dont la finalité est moins de rechercher une quelconque égalité d'accès à l'information que de favoriser la réalisation optimale du transport envisagé. Chaque contractant est à la fois débiteur d'une obligation d'information et créancier d'un droit à l'information envers l'un ou l'autre de ses cocontractants. Mais, en réalité, les exigences de l'AUCTMR sont duales. D'une part, elles imposent une obligation générale d'information à toutes les parties au contrat de transport (A). D'autre part, elles font spécialement obligation au transporteur de s'informer auprès de l'un ou l'autre de ses cocontractants dans certaines circonstances (B).

A. L'obligation générale d'informer à la charge de toutes les parties

10. Le contrat de transport est un contrat à trois personnages. Au départ, il est conclu entre l'expéditeur et le transporteur, mais à l'arrivée, il devient un contrat à trois parties par l'adhésion du destinataire de la marchandise[2]. Sur chacune des parties, pèse à un stade ou à un autre de l'opération de transport, une obligation de donner certaines informations à l'un ou l'autre de ses cocontractants. Ces informations concernent soit les opérations de transport proprement dites (1), soit les opérations connexes au transport (2).

---

[1] Sur ces notions, V. J. Ghestin, « L'utile et le juste dans les contrats », D. 1982. chron., p. 1.

[2] Sur les justifications de la qualité de partie au contrat du destinataire, v. J. et E. Escarra, J. Rault, *Traité théorique et pratique de droit commercial. Les contrats commerciaux*, Sirey, 1955, n° 833, 881 et s ; J. Vallasan, « Livraison et adhésion du destinataire au contrat de transport », Petites aff., 29 avril 1994, n° 51, p. 11 ; Ph. Delebecque, « Le destinataire de la marchandise : tiers ou partie au contrat de transport », D. affaires. 1995, p. 189 ; J-P. Tosi, « *L'adhésion du destinataire au contrat de transport* », in Mélanges Ch. Mouly, 1998. p. 175. Le destinataire n'est considéré comme partie au contrat que lorsqu'il entre en possession de la marchandise (Com., *6 oct. 1992*, Bull. civ. IV, n° 300 ; Dijon, *24 sept. 2002*, JCP E 2003, n° 10, p. 395). Ainsi, en cas de perte totale de la marchandise en cours de transport, la jurisprudence considère que le destinataire est privé de la possibilité d'adhérer au contrat de transport. Contra, v. R. Rodiere, *Droit des transports terrestres et aériens*, 2e éd. 1977, n° 365. L'auteur considère que le contrat de transport est, dès le départ et par essence, un contrat à trois parties.

1. Les informations relatives aux opérations de transport proprement dites

11. Les informations que doivent fournir l'expéditeur, le transporteur et le destinataire concernent toutes les étapes de l'opération de transport, à savoir la prise en charge (a), le déplacement et la livraison de la marchandise (b).

a. La prise en charge de la marchandise

12. Le contrat de transport est un contrat consensuel, ce qui signifie qu'il est formé dès l'instant où les parties tombent d'accord sur les conditions de transport[1]. C'est au cours du processus de formation du contrat que les parties discutent normalement de tous les aspects de l'opération envisagée et doivent échanger un certain nombre d'informations concernant notamment la marchandise à déplacer ou les conditions de son transport. À cet effet, si l'AUCTMR insiste particulièrement sur les informations que l'expéditeur doit fournir au transporteur, celui-ci n'en est pas pour autant exempté de toute obligation d'information. Il faut envisager successivement les obligations de l'un et l'autre.

13. L'*obligation de l'expéditeur* de fournir des informations ou instructions au transporteur procède des dispositions de la loi ou de l'exigence générale de bonne foi dans la formation du contrat de transport.

14. Aux termes de l'article 8 alinéa 1er de l'AUCTMR, « l'expéditeur fournit au transporteur les informations et les instructions prévues à l'article 4 alinéa 1 de c) à h) ci-dessus et, le cas échéant, celles prévues à l'alinéa 2 du même article ». Ce texte vise donc deux sortes d'informations : les informations obligatoires et les informations facultatives.

Les *informations obligatoires* concernent les noms et adresses de l'expéditeur et du destinataire, les lieu et date de la prise en charge de la marchandise. Il en est aussi du lieu prévu pour la livraison, la dénomination courante de la nature de la marchandise et le mode d'emballage, la dénomination reconnue des marchandises dangereuses[2], le nombre de colis, leurs marques particulières et leurs numéros, le poids brut ou la quantité

---

[1] V. art. 3 de l'AUCTMR qui dispose que « *le contrat de transport de marchandises existe dès que le donneur d'ordre et le transporteur sont d'accord pour le déplacement d'une marchandise moyennant un prix convenu* ».

[2] En vertu des dispositions de l'art. 1er alinéa 2, les marchandises dangereuses sont normalement exclues du champ d'application de l'AUTCMR, à la différence des prévisions de la CMR. L'art. 22 de ce texte prévoit que l'expéditeur qui remet au transporteur des matières dangereuses doit lui signaler la nature exacte du danger qu'elles présentent et lui indiquer éventuellement les précautions à prendre. On peut regretter que l'acte uniforme n'ait pas simplement repris ces exigences alors même que ses articles 2 (f), 6 (1-f) et 8 (3) en font mention. Sur le problème du transport des marchandises dangereuses en droit OHADA, v. M. Brou Kouakou, *op.cit.*, p. 394 et s ; N. Lacasse, J. Putzeys, *op. cit.*, p. 688.

autrement exprimés de la marchandise, les instructions requises pour les formalités de douane (art. 4 al. 1 c-h).

Quant aux *informations facultatives*, il peut s'agir de : l'interdiction de transbordement, la déclaration de la valeur de la marchandise, l'indication du délai dans lequel le transport doit être effectué ou du délai de franchise pour le paiement des frais d'immobilisation du véhicule (art. 4 al. 2). Par ailleurs, l'article 4 alinéa 3 précise que « *les contractants peuvent porter sur la lettre de voiture toute autre mention qu'ils jugent utile* ».

Qu'elles soient obligatoires ou facultatives, ces informations sont communiquées au transporteur sous la forme de mentions faites sur la lettre de voiture[1] qui est normalement établie après l'accord des parties[2].

15. Outre les informations expressément requises par l'AUCTMR, l'expéditeur doit, en vertu de *l'obligation générale de bonne foi*[3] qui pèse sur tout contractant, fournir au transporteur toutes informations utiles c'est-à-dire des informations qui peuvent avoir une incidence, soit sur son consentement, soit sur l'exécution du contrat de transport, dès lors que ces informations ne vont pas de soi[4]. Ainsi, il doit le cas échéant, donner au transporteur les informations nécessaires en ce qui concerne les conditions de manipulation, de manutention ou de transport de la marchandise. À cet effet, la marchandise peut être munie d'étiquettes écrites ou comportant des symboles facilement compréhensibles par le transporteur et qui lui indiquent les précautions à prendre au cours des différentes phases de l'opération[5]. S'agissant particulièrement des marchandises dangereuses, l'expéditeur doit

[1] La lettre de voiture est l'écrit qui constate le contrat de transport de marchandises (v. art. 2 (d) AUCTMR En raison du caractère consensuel du contrat de transport, la lettre de voiture ne constitue qu'un simple instrument de preuve de l'existence dudit contrat. Celui-ci peut d'ailleurs être prouvé par tous moyens. V. Civ, 1e, *18 juil. 1966*, B.T. 1966, p. 286.

[2] L'AUCTMR n'indique pas clairement celui qui doit établir la lettre de voiture. En effet, si l'article 5 alinéa 2 laisse penser qu'il s'agirait du transporteur lorsqu'il prévoit que l'original est remis à l'expéditeur, une copie étant conservée par le transporteur et une autre accompagnant la marchandise, l'article 10 en obligeant le transporteur à procéder à la vérification de l'exactitude des mentions portées par l'expéditeur, semble indiquer que c'est ce dernier qui doit établir la lettre de voiture. Il y a donc comme une contradiction entre les deux textes précités. En définitive, il faut s'en remettre à la convention des parties.

[3] V. Y. Picod, « L'exigence de bonne foi dans l'exécution du contrat », in *Le juge et l'exécution du contrat*, PUAM, 1993, p.77.

[4] Par ex, l'expéditeur peut signaler les particularités non apparentes de la marchandise ou porter sur le document de transport la mention indiquant que le destinataire est autorisé à disposer de la marchandise en cours de route.

[5] Il convient de préciser que l'acte uniforme ne contient aucune disposition relative à l'étiquetage ou au marquage des marchandises. Sur l'importance de l'étiquetage en général, v. L. Bihl, *« Les règles de l'étiquette »*, Gaz.pal. (mercredi, 21 et jeudi 22 novembre 1973).

normalement y apposer des étiquettes de danger conformes à la réglementation, indélébiles, bien lisibles ou visibles[1].

En tout état de cause, la jurisprudence française souligne bien l'existence d'une telle obligation d'information, en l'absence d'un texte précis, lorsqu'elle décide par exemple que l'expéditeur doit signaler au transporteur toutes les particularités non apparentes de la marchandise et susceptibles d'avoir une incidence sur la bonne exécution ou la sécurité du transport[2].

16. L'importance des informations exigées de l'expéditeur ne fait aucun doute pour le transporteur, le destinataire et même pour les tiers.

D'abord, s'agissant du *transporteur*, il convient de relever que les déclarations de l'expéditeur faites avant la conclusion du contrat, notamment celles relatives à la nature, au nombre de colis et au poids brut ou à la quantité de la marchandise, peuvent, d'une part, lui permettre non seulement de s'engager en connaissance de cause[3], mais aussi de choisir les moyens de transport appropriés (par ex. le type de véhicule à utiliser) ou de fixer la rémunération de ses prestations[4] ; d'autre part, de connaître les risques éventuels qu'il encourt en acceptant une marchandise dangereuse au transport et, par conséquent, de prendre les dispositions ou précautions qu'exige une bonne exécution du transport. Par ailleurs, lorsqu'il s'agit de documents, espèces ou marchandises de grande valeur, les déclarations de l'expéditeur doivent être de nature à attirer l'attention du transporteur sur la nécessité de les soumettre à une surveillance et à des conditions de transport particulières.

Ensuite, s'agissant du *destinataire*, il faut dire que les déclarations de l'expéditeur l'intéressent, car il ne pourrait élever des protestations ou faire des réserves complètes, précises et motivées relativement à l'état (avaries) ou à la quantité (pertes ou manquants) des marchandises qu'en fonction des mentions portées sur la lettre de voiture[5]. En effet, pour faire échec à la présomption de livraison conforme de la marchandise, le destinataire doit faire des réserves en cas de pertes ou d'avaries. Or, pour le faire correctement, il doit s'appuyer sur les mentions de la lettre de voiture décrivant l'état et la

---

[1] En droit français, l'expéditeur qui néglige d'apposer les étiquettes de danger réglementaires commet une faute de nature à engager sa responsabilité contractuelle (v. Aix-en-Provence, *30 oct. 1974*, B.T. 1975, p. 323), voire délictuelle ou pénale.

[2] Par ex. il doit attirer l'attention du transporteur sur : la grande sensibilité d'une marchandise (Com., *23 nov. 1970*, B.T. 1971, p. 39) ; la fragilité particulière d'une pièce de machine (Paris, *10 juin 1969*, B.T. 1969, p. 227) ; la hauteur anormalement élevée du centre de gravité d'une machine logée dans une caisse (Com., *5 juil. 1977*, B.T. 1977, p. 402).

[3] De telles informations ont ou peuvent avoir une incidence sur son consentement. Elles ont donc un caractère utile pour le transporteur. Sur la détermination d'un fait utile pour le contractant, v. M. Fabre-Magnan, *op.cit.*, n° 175 et s.

[4] En effet, si le fret est en général convenu entre les parties, il tient compte de la nature et surtout du poids de la marchandise.

[5] Paris, *13 janv. 1983*, B.T. 1983, p. 243.

quantité de la marchandise au moment de sa prise en charge par le transporteur.

Enfin, les informations fournies par l'expéditeur intéressent aussi *les tiers*. Il s'agit notamment des déclarations relatives aux marchandises dangereuses qui concernent directement leur sécurité. Ainsi, les étiquettes de danger alertent sur les risques encourus, attirent l'attention ou invitent à la prudence. Par ailleurs, en cas de survenance d'un sinistre, elles peuvent faciliter l'intervention des secours en permettant aux services compétents de choisir les moyens de protection ou de prévention appropriés.

17. S'agissant du transporteur, l'AUCTMR ne lui impose pas expressément une obligation d'information dans la période précédant la prise en charge de la marchandise. Cela peut surprendre dans la mesure où certaines opérations[1] que l'expéditeur doit faire intéressent directement le transporteur. En outre, certaines marchandises peuvent être soumises à des conditions de transport spécifiques. Malgré ces remarques, une certaine doctrine[2] ainsi que quelques décisions judiciaires[3] rendues en droit français (où le problème se pose de la même manière) affirment que le transporteur n'est tenu d'aucun devoir d'information à l'égard de l'expéditeur. Une telle position doit être nuancée en tenant compte de la qualité du cocontractant du transporteur.

En effet, lorsque l'expéditeur est un commerçant, c'est-à-dire un professionnel ayant des compétences techniques certaines, on peut considérer que le transporteur n'est tenu d'aucune obligation d'information ou de conseil à son égard. Il est possible de dire qu'il n'existe aucune inégalité entre les deux parties en matière d'accès à l'information[4]. En revanche, lorsque l'expéditeur n'est pas un professionnel, le transporteur, en tant que professionnel, est normalement tenu de le renseigner sur tous les éléments susceptibles d'avoir une incidence sur l'exécution du contrat de transport.

L'obligation d'information du transporteur existe donc bien dans certains cas. En tout cas, elle peut se manifester sous différentes formes.

---

[1] V. infra, n° 18.

[2] R. Rodière, *B.T. 1979*, p. 474.

[3] Com., *12 oct. 1981*, B.T. 1981, p. 576 qui décide que le transporteur n'a pas à attirer l'attention de l'expéditeur sur l'existence d'une limitation d'indemnité et sur les moyens d'y échapper. V. aussi, Com., *24 oct. 1995*, cité in Lamy transport 2004, tome 2, Jurisprudence, n° 1303, p. 627 : « *Le contrat de transport ne met à la charge du transporteur aucune obligation de conseil à l'égard du donneur d'ordre sur les conséquences d'une absence de déclaration de valeur pour un envoi soumis à un contrat type* ».

[4] Beaucoup d'auteurs n'admettent l'existence d'un devoir d'information que dans le cas d'inégalité d'accès des deux parties à l'information. En ce sens, v. par ex. G. Ripert, *La règle morale dans les obligations civiles*, L.G.D.J., 4e éd., 1949, n° 48 et s ; M. El Gharbi, « La justification de l'obligation d'information : contribution à l'étude de la moralisation du droit des contrats », RRJ.Droit prospectif, 2004/1, p. 723 et s, notam. p.734.

18. La prise en charge est normalement précédée par les opérations d'emballage, de conditionnement, de marquage et d'étiquetage de la marchandise qui incombent toujours à l'expéditeur. En l'absence dans l'AUCTMR de règles précises sur la manière dont ces opérations[1] doivent être exécutées, l'expéditeur doit se conformer aux usages du commerce, c'est-à-dire réaliser un emballage et un conditionnement conformes à ce qui se fait généralement dans la profession et capables de supporter les contraintes d'un transport effectué dans les conditions normales[2].

Le transporteur n'intervient pas dans ces opérations et n'est en principe tenu d'aucun devoir de renseignements ou de conseil à l'égard de l'expéditeur. Toutefois, l'AUCTMR prévoit à l'article 7 alinéa 2 que « *lorsqu'au moment de la prise en charge, un défaut d'emballage apparent ou connu du transporteur présente un risque évident pour la sécurité ou l'intégrité des personnes ou des marchandises, le transporteur doit en aviser la personne responsable de l'emballage et l'inviter à y remédier* ». Il y a là une double obligation propre au droit des transports OHADA[3], qui repose sur la prise en compte de l'impératif de sécurité dans le transport et devant lequel les intérêts particuliers du transporteur doivent s'incliner[4].

La première obligation du transporteur est une obligation d'information au sens étroit du terme. Il s'agit, lorsqu'il reçoit la marchandise en vue du transport et qui constate un défaut d'emballage apparent ou connu, d'en informer l'expéditeur ou toute personne ayant eu la responsabilité de l'emballage. Une telle obligation d'information procède de l'exigence de loyauté dans l'exécution du contrat.

La deuxième obligation dépasse la simple information. Elle consiste, pour le transporteur, à inviter l'expéditeur à remédier au défaut d'emballage dénoncé. Elle s'apparente quelque peu à une obligation de mise en garde (ou obligation d'attirer l'attention) ou à une obligation de conseil[5]. Aussi, en tant que professionnel, le transporteur ne doit pas se limiter à dénoncer le vice

---

[1] V. art. 7 al. 1 qui indique simplement que l'expéditeur doit emballer la marchandise de manière adéquate.

[2] V. par ex. Paris, *7 juil. 1982*, *B.T. 1982*, p. 430 ; *7 mai 1991* (Hasenkamp internationale transporte c/ Meridian) cité au Lamy transport, *ibid*, n° 1315.

[3] En effet, il n'existe pas de disposition équivalente dans la CMR.

[4] Il convient de rappeler que le transporteur peut refuser toute chose dont il n'entend point assurer le transport lorsqu'elle présente des risques. Les principes de la liberté contractuelle et de la liberté du commerce justifient une telle prérogative. L'art. 7 al. 2 *in fine* précise effectivement que le transporteur n'est pas tenu de transporter la marchandise si, après l'avis, il n'est pas remédié au défaut d'emballage dans un délai raisonnable.

[5] Sur la distinction des obligations de renseignement, de conseil et de mise en garde, V. M. Fabre-Magnan, *op.cit*, n° 464 et s qui considère qu'il simplement de différents degrés de l'obligation d'information. Dans le même sens, A. Chirez, note sous Civ, *6 avr. 1976*, D. 1976. 514 et *notam.* p516.

d'emballage à l'expéditeur. Il doit l'inviter à y remédier, voire lui suggérer les moyens pour y parvenir. Il y a là une exigence de collaboration à laquelle il ne saurait se soustraire.

19. Le chargement qui consiste à placer et à disposer les marchandises sur ou dans le véhicule est l'opération qui matérialise la prise en charge physique de la marchandise par le transporteur[1]. S'il est généralement effectué par le transporteur, il peut cependant arriver que le chargement soit exécuté par l'expéditeur. Dans ce cas, celui-ci procède normalement aux opérations matérielles en toute indépendance. D'ailleurs, le transporteur n'est pas tenu d'y assister. Cependant, dans la mesure où le chargement intéresse l'intégrité de la marchandise et la sécurité de la circulation routière, le transporteur ne peut pas rester indifférent. Il est pratiquement tenu d'un devoir de renseignement à l'égard de l'expéditeur.

En effet, le transporteur doit exécuter le contrat de bonne foi. À ce titre, il doit fournir à l'expéditeur, avant le commencement ou au cours du chargement, les renseignements (ou instructions) pouvant permettre une bonne exécution de cette opération, notamment les indications nécessaires au respect du Code de la route en matière de sécurité routière (charge utile, positionnement ou répartition des marchandises à l'intérieur du véhicule, dimension ou hauteur des colis). Il s'agit donc de communiquer à l'expéditeur tous renseignements de nature à éviter que le chargement du véhicule soit une cause de danger ou de dommage pour le transporteur lui-même, les marchandises ou les tiers.

Telles sont les obligations d'information qui incombent au transporteur dans la phase de prise en charge de la marchandise. Il en supporte davantage lors du transport de la marchandise.

b. Le déplacement et la livraison de la marchandise

20. Dès la prise en charge effective[2] de la marchandise, le transporteur supporte diverses obligations d'information à l'égard de l'expéditeur ou du destinataire, que ce soit au cours du déplacement qu'à l'arrivée de la marchandise à destination. Par contre, l'obligation d'information du destinataire n'existe qu'à compter de la réception de la marchandise.

21. Les obligations que l'AUCTMR impose au transporteur sont effectivement variées. D'abord, l'article 7 alinéa 2 dispose que *« lorsqu'au moment de la prise en charge, un défaut d'emballage apparent ou connu du*

---

[1] Il faut d'ailleurs préciser que l'AUCTMR, comme la CMR, ne consacre aucune disposition au chargement, et est donc muet sur la détermination de celui qui en a la responsabilité matérielle. Il faut alors se référer à la convention des parties.

[2] Selon le Doyen Rodiere, *op. cit.*, n° 384, la prise en charge est l'acte juridique par lequel le voiturier accepte la marchandise au transport. Le moment exact de cette prise en charge doit être déterminé, car il constitue l'instant auquel commence à courir la garantie du transporteur.

transporteur présente un risque évident pour la sécurité ou l'intégrité des personnes ou des marchandises, le transporteur doit en aviser la personne responsable de l'emballage et l'inviter à y remédier ». Ensuite, il est tenu d'aviser l'ayant droit à la marchandise en cas de bris d'emballage au cours du transport[1]. Par ailleurs, lorsque l'expéditeur ou le destinataire[2], usant du droit de disposer de la marchandise en cours de route, apporte des modifications aux conditions du transport[3], le transporteur doit, au cas où l'exécution des instructions reçues serait de nature à entraver l'exploitation normale de son entreprise ou porter préjudice à d'autres expéditeurs ou destinataires, *aviser immédiatement* celui-ci de l'impossibilité de les exécuter[4]. De même, le transporteur *doit sans délai aviser* soit l'ayant droit à la marchandise en cas d'empêchement au transport, soit l'expéditeur en cas de difficulté à la livraison[5]. Enfin, aux termes de l'article 13 alinéa 2, « *après l'arrivée de la marchandise au lieu prévu pour la livraison, le transporteur est tenu d'aviser le destinataire de l'arrivée de la marchandise*[6] *et du délai qui lui est imparti pour son enlèvement, à moins que la livraison de la marchandise ne s'effectue à la résidence ou à l'établissement du destinataire* ». L'avis d'arrivée qui peut être écrit ou oral[7] fait courir le délai d'enlèvement de la marchandise.

Toutes ces obligations d'information se justifient par l'urgence, car il existe un risque de dommage soit pour les personnes, soit pour le matériel ou les marchandises. Le transporteur doit donc se montrer diligent dans l'information de l'expéditeur ou de l'ayant droit à la marchandise. Ceux-ci peuvent alors prendre rapidement les mesures nécessaires ou donner les instructions utiles à la sauvegarde de ses intérêts.

22. En ce qui concerne le destinataire, l'unique obligation d'information que l'AUCTMR lui impose naît également au moment de la livraison de la marchandise. En effet, en cas d'avaries ou de pertes, il doit, à défaut d'une constatation contradictoire de l'état de la marchandise, *adresser au transporteur un avis écrit* indiquant la nature de ces pertes ou avaries, soit au plus tard le premier jour ouvrable qui suit la date de la livraison en cas d'avaries ou pertes apparentes, soit dans les sept jours suivant la date de la

---

[1] Art. 7 al. 3.

[2] Le destinataire obtient ce droit dès l'établissement de la lettre de voiture et à condition que mention y soit faite (v. art. 11 al. 2).

[3] Aux termes de l'article 11 al. 1 de l'AUCTMR, l'expéditeur peut, dans l'exercice du droit de disposer de la marchandise, soit arrêter le transport, soit modifier le lieu prévu pour la livraison ou changer le destinataire. L'exercice de ce droit est strictement réglementé (v. art. 11, al 3).

[4] Art. 11 al. 4.

[5] Art. 12. V. infra, n° 31 s.

[6] Cette exigence ne se retrouve pas dans la CMR. Il est alors possible de penser que les rédacteurs de l'acte uniforme se sont inspirés des règles en vigueur en matière de transport aérien (V. art. 13 Convention de Varsovie).

[7] L'article 13 al. 2 ne précise pas la forme de l'avis. Il faut donc conclure que la forme de l'avis est libre.

livraison, dimanche et jours fériés non compris, en cas de pertes ou avaries non apparentes[1] (*art. 14. al. 2*). S'il y a retard à la livraison, le destinataire est tenu d'adresser un *avis écrit* au transporteur dans les vingt et un jours suivant la date de l'avis d'arrivée de la marchandise soit au lieu prévu pour la livraison, soit à la résidence ou à l'établissement du destinataire (*art. 14 al. 4*).

L'avis d'avaries, de pertes ou de retard à la livraison est destiné à informer le transporteur de ce que l'exécution du transport n'a pas été satisfaisante de sorte que sa responsabilité éventuelle pourrait être recherchée. Fort de cette information, celui-ci peut alors prendre les dispositions ou mesures appropriées pour préserver ses intérêts le cas échéant, par exemple en sollicitant l'expertise des objets transportés.

23. Telles sont les obligations d'information relative au transport proprement dit. L'AUCTMR prévoit d'autres obligations qui concernent des opérations extérieures au contrat de transport.

2. Les informations relatives aux opérations connexes au transport

24. Dans les transports internationaux, la marchandise doit normalement être assurée (a) d'une part, et faire l'objet de dédouanement (b) d'autre part. Il s'agit d'opérations accessoires au transport, mais qui sont le plus souvent nécessaires, voire obligatoires. Tel est notamment le cas des formalités de douane qui conditionnent le transit de la marchandise d'un pays à un autre.

a. L'assurance de la marchandise

25. Il est d'usage que la marchandise destinée au transport soit assurée[2] en raison des risques auxquels elle est exposée soit à raison du transport proprement dit, soit à raison d'opérations accessoires telles que la manutention ou l'entreposage. L'assurance couvre donc la marchandise contre les sinistres pouvant survenir pendant le transport[3].

---

[1] Sur cette question en général, v. A. Akam Akam, *Les réserves à la livraison. Étude des diligences des réceptionnaires dans les transports maritimes, terrestres et aériens*, thèse Aix-Marseille, 1991. Précisons que le destinataire est dispensé de ces formalités si mention écrite de la perte ou de l'avarie est faite sur la lettre de voiture ou sur tout autre document de transport au moment de la livraison (art. 14 al. 3).

[2] L'assurance de la marchandise ne doit pas être confondue avec l'assurance de responsabilité que souscrit le transporteur pour se garantir des conséquences pécuniaires des dommages subis par les ayants droit à la marchandise.

[3] La plupart des États membres de l'OHADA sont partis de la Conférence interafricaine des marchés d'assurances (CIMA) qui est l'un des organes prévus par le Traité instituant une organisation intégrée de l'industrie des assurances dans les États Africains signé à Yaoundé le 10 juillet 1992 et entré en vigueur le 15 février 1995. La CIMA a adopté une législation unique des assurances qui s'applique naturellement aux contrats d'assurance des marchandises. Pour une vue d'ensemble de ce nouveau droit des assurances, v. V-E. Bokalli, « Le nouveau droit du contrat d'assurance des États africains francophones », La Revue Africaine de Droit

En général, c'est l'expéditeur de la marchandise lui-même qui souscrit le contrat d'assurance. Mais, il arrive que cette mission soit confiée au transporteur. Celui-ci agit alors au nom et pour le compte de l'expéditeur. À cet effet, l'article 4 alinéa 2-e de l'AUCTMR prévoit que la lettre de voiture doit contenir « *les instructions de l'expéditeur au transporteur en ce qui concerne l'assurance de la marchandise* »[1]. Ainsi, lorsque l'expéditeur décide de confier au transporteur la tâche de conclure le contrat d'assurance à son profit ou à celui de l'ayant droit à la marchandise, il est tenu de lui donner les instructions nécessaires et des les porter sur la lettre de voiture. Cette exigence de la loi appelle une double observation.

En premier lieu, il convient d'observer que le transporteur n'a pas normalement pour mission de souscrire la police d'assurance. Aussi, en l'absence de texte ou d'usage lui imposant une telle obligation, il ne peut le faire que sur instruction explicite de l'expéditeur[2]. Le transporteur agit alors en qualité de mandataire. La lettre de voiture doit, par conséquent, contenir les instructions expresses de l'expéditeur relatives à l'assurance de la marchandise. L'acceptation du transporteur, comme celle de tout mandataire, peut être expresse ou tacite[3].

En second lieu, il faut relever que l'expéditeur doit fournir au transporteur toutes les informations ou instructions nécessaires à une exécution satisfaisante de la mission qui lui est confiée, et notamment de déclarer exactement lors de la conclusion du contrat toutes les circonstances connues de lui qui sont de nature à faire apprécier par l'assureur les risques qu'il prend en charge[4]. Ces informations concernent en général le nom et l'adresse de l'assureur, la nature ou la valeur exacte de la marchandise, l'emballage, le moyen de transport utilisé, les conditions d'exécution du transport (par ex. transport de bout en bout ou avec rupture de charge).

En définitive, l'expéditeur doit donner au transporteur des informations complètes, précises et exactes ainsi que toutes instructions utiles lorsqu'il lui

---

international et comparé, 1998, p. 423 ; A-M H. Assi-Esso, J. Issa-Sayegh, J. Lohoues-Oble, *CIMA, Droit des assurances*, Bruylant (coll. Droit uniforme africain), 2002.

[1] Cette disposition est identique à celle de l'article 6 alinéa 2-e de la CMR.

[2] L'inscription de telles instructions sur la lettre de voiture constitue donc la preuve du mandat confié au transporteur par l'expéditeur. En tout cas, la preuve d'un mandat se fait conformément aux règles générales de preuve des conventions (art. 1341 et s. C. civ). V. F. Collart-Dutilleul, Ph. Delebecque, *Contrats civils et commerciaux*, 3e éd. Dalloz, 1996, n° 632.

[3] V. art. 1985 al. 2 du Code civil. Sur cette question en général, v. C. Lazerges, « Les mandats tacites », RTD civ. 1975, 222.

[4] L'article 12 al. 2 du Code CIMA prévoit effectivement que l'assuré est obligé « *de répondre exactement aux questions posées par l'assureur notamment dans le formulaire de déclaration du risque par lequel l'assureur l'interroge lors de la conclusion du contrat, sur les circonstances qui sont de nature à faire apprécier par l'assureur les risques qu'il prend en charge* ».

donne mandat de conclure le contrat d'assurance. Cette obligation d'information a pour finalité de permettre au transporteur, à son tour, d'informer correctement l'assureur.

b. Le dédouanement de la marchandise

26. Il s'agit d'une obligation que le transporteur peut assumer pour le compte de son cocontractant. Dans ce cas, l'expéditeur doit lui permettre d'exécuter correctement sa mission. À cet effet, l'article 6 alinéa 1er de l'AUCTMR prévoit que « *Dans les transports inter-États, en vue de l'accomplissement des formalités de douane et autres formalités à remplir avant la livraison de la marchandise, l'expéditeur doit joindre à la lettre de voiture ou mettre à la disposition du transporteur les documents nécessaires et lui fournir tous renseignements utiles*[1] ».

La possibilité ainsi reconnue par l'AUCTMR au transporteur d'accomplir les formalités de dédouanement des marchandises a de quoi surprendre quand on considère que seuls les transitaires ou commissionnaires agréés en douane sont habilités à effectuer lesdites formalités dans la plupart des pays de l'espace OHADA[2]. Autrement dit, le texte précité peut se trouver en contradiction avec certaines conventions sous-régionales réservant le monopole des opérations de douane à certaines catégories de professions. Toutefois, le transporteur pourrait valablement dédouaner des marchandises s'il est en même temps transitaire ou commissionnaire en douane.

27. L'AUCTMR ne fait pas obligation au transporteur de vérifier si les renseignements qui lui ont été fournis sont exacts ou suffisants[3]. Comme l'a décidé la Cour d'appel de Paris[4] à propos d'un transport international soumis à la CMR, *le transporteur prend tel quel les renseignements fournis par l'expéditeur et ne commet aucune faute en s'abstenant de les vérifier*. La situation de l'expéditeur est donc délicate dans la mesure où s'il s'avère que le transporteur a fait une fausse déclaration à la douane, il lui appartiendra de prouver, en cas de litige, que les informations fournies au transporteur étaient exactes ou suffisantes et que celui-ci s'est rendu coupable d'une utilisation inexacte de ces informations[5]. Par ailleurs, il résulte de l'article 6 alinéa 2 de l'AUCTMR que « *l'expéditeur est responsable envers le transporteur de tous dommages qui pourraient résulter de l'absence, de l'insuffisance ou de*

[1] V. art. 11 de la CMR.
[2] Pour les États de la Communauté économique et monétaire de l'Afrique centrale (CEMAC), v. Acte n° 8/65 UDEAC-37 du 14 septembre 1965 portant adoption du Code des douanes de l'UDEAC et Acte n° 31/81 CD-1220 du 14 décembre 1981 portant modification de l'Acte n° 114/69-CD-769 fixant le statut de commissionnaire en douane agréé.
[3] Art. 6 al. 2.
[4] *27 janv. 1971*, B.T. 1983, p. 108.
[5] Pour les transports soumis à la CMR, v. Com, *10 juin 1976*, B.T. 1976, p. 402 ; Paris, *7 oct. 1994*, B.T.L. 1994, p. 757.

l'irrégularité de ces documents et renseignements, sauf en cas de faute du transporteur[1] ».

28. Au total, le constat qui se dégage est que les exigences de l'AUCTMR en matière d'information couvrent les opérations de transport et certaines opérations qui lui sont connexes. En outre, il apparaît que si toutes les parties sont concernées, elles le sont néanmoins de manière inégale. Le transporteur est sans doute la partie la plus sollicitée tant les obligations d'information qui lui incombent sont nombreuses et ponctuent toutes les phases de l'opération de transport (prise en charge, déplacement et livraison de la marchandise). Sa charge est d'autant plus lourde que l'AUCTMR lui fait obligation de s'informer auprès de ses cocontractants dans des conditions qui méritent d'être précisées.

B. L'obligation spéciale de s'informer à la charge du transporteur

29. L'obligation de s'informer qui pèse sur le transporteur doit être distinguée du devoir de s'informer ou de se renseigner traditionnellement étudié par la doctrine[2]. En effet, celui-ci suppose que les deux parties ont un égal accès à l'information, de sorte qu'aucune n'est tenue d'informer l'autre[3]. Chaque partie a le devoir de rechercher l'information qui l'intéresse et ne peut reprocher à l'autre de ne pas lui avoir transmis cette information. Comme le relève un auteur[4], « *le devoir de se renseigner est un principe dont l'obligation d'informer ne représente qu'une exception* ». Dans certains cas, l'obligation

---

[1] V. en ce qui concerne la CMR : Montpellier, *24 avr. 2001*, B.T.L 2001, p. 525 (responsabilité de l'expéditeur et des commissionnaires pour renseignements douaniers inexacts ayant entraîné l'immobilisation du véhicule du transporteur) ; Lyon, *7mai 1981*, B.T 1981, p. 410 (responsabilité de l'expéditeur pour le gel d'une marchandise dans un véhicule immobilisé au tunnel du Mont-Blanc du fait de l'absence d'un document) ; Paris, *2 déc. 1981*, B.T. 1982, p. 73 (responsabilité de l'expéditeur pour retard consécutif à un défaut de certificat d'origine). Il est même admis que le transporteur peut fonder son action, outre sur l'article 11 alinéa 2 de la CMR, mais aussi sur l'article 2000 du Code civil, aux termes duquel *« le mandant doit indemniser le mandataire des pertes que celui-ci a essuyées à l'occasion de sa gestion, sans imprudence qui lui soit imputable »*. En ce sens, Paris, *15 mai 1979*, B.T. 1979, p. 304.

[2] V. P. Jourdain, « Le devoir de « se renseigner » (Contribution à l'étude de l'obligation de renseignements) », *D. 1983*, chron., p. 139 ; Ph. Le Tourneau, « De l'allègement de l'obligation de renseignements ou de conseil », D. 1987, chron., p. 101 ; M. Fabre-Magnan, *op. cit.*, n° 257 et s ; et, en droit comparé, V. Karim, « La règle de la bonne foi prévue dans l'article 1375 du Code civil du Québec : sa portée et les sanctions qui en découlent », Les Cahiers de Droit, vol. 41, n° 3 septembre 2000, p. 435 (notam. pp. 450-452).

[3] Comme l'écrit M. V. Karim, *ibid.*, p. 452, « *Toute personne a le devoir de ne pas se fermer les yeux et de ne pas négliger de revoir les éléments qui invitent généralement à se renseigner et aussi de prendre les précautions nécessaires afin de protéger ses droits et ceux des tiers* ».

[4] P. Jourdain, *op. cit.* Dans le même sens, v. V. Karim, *ibid.* qui relève que « *dans la mesure où le contractant a la possibilité de connaître l'information ou d'y avoir accès, son obligation de se renseigner peut faire échec au devoir de renseignement de l'autre partie* ».

de s'informer peut consister pour une partie à se renseigner pour pouvoir informer l'autre. Il s'agit alors d'une hypothèse où un contractant supporte effectivement une obligation de fournir des informations à son partenaire, mais ne peut valablement l'exécuter qu'en s'informant lui-même au préalable[1].

L'obligation de s'informer du transporteur ne correspond à aucune de ces deux hypothèses. Il ne s'agit pas de rechercher des informations pour son propre compte ou pour pouvoir renseigner son cocontractant. L'AUCTMR lui fait obligation de demander des instructions auprès de l'expéditeur ou du destinataire dans l'intérêt de la marchandise. Il faut préciser le contenu de cette obligation (1) avant d'envisager sa contrepartie (2).

1. Le contenu de l'obligation de s'informer

30. Aux termes de l'article 12 alinéa 1er de l'AUCTMR, « Le transporteur doit sans délai aviser et demander des instructions[2] :

a) à l'ayant droit à la marchandise si, avant l'arrivée de la marchandise au lieu prévu pour la livraison, l'exécution du contrat dans les conditions prévues à la lettre de voiture est ou devient impossible ;

b) à l'expéditeur si, après l'arrivée de la marchandise au lieu de destination, pour un motif quelconque et sans qu'il y ait faute de la part du transporteur, il ne peut effectuer la livraison ».

Ce texte envisage donc deux hypothèses bien distinctes dans lesquelles le transporteur doit solliciter des instructions[3] : l'empêchement au transport d'une part (a) et l'empêchement à la livraison d'autre part (b).

a. La demande d'instructions en cas d'empêchement au transport

31. L'article 12 (a) de l'AUCTMR dit qu'il y a empêchement au transport lorsque l'exécution du contrat de transport dans les conditions prévues par les parties dans la lettre de voiture, est ou devient impossible. Une proposition aussi générale mérite d'être précisée.

---

[1] V. Fabre-Magnan, *op. cit.*, n° 247 et s qui considère qu'une telle obligation ne peut exister que dans deux cas : lorsque l'information porte sur une qualité substantielle de l'objet du contrat ou lorsque le débiteur est un professionnel.

[2] La CMR envisage cette obligation dans ses articles 14 et 15.

[3] Selon le dictionnaire Littré, l'instruction est un ordre, un avis ou une explication qu'une personne donne à une autre pour la conduite de quelque affaire ou entreprise. L'instruction est donc une information beaucoup plus renforcée en ce qu'elle a un caractère directif pour celui qui la reçoit et qui doit s'y conformer. Autrement, la différence entre l'instruction et l'information au sens étroit du terme est une différence de degré et non de nature. L'instruction est avant tout une information prescrivant un comportement ou une conduite. Sur les différents degrés de l'information en général, v. M. Fabre-Magnan, *op.cit*, n° 464 et s.

Il faut d'abord observer que le texte susvisé ne détermine pas les circonstances, évènements ou faits susceptibles de rendre l'exécution du transport impossible. Par ailleurs, il n'indique point si la cause de l'impossibilité d'effectuer ou de continuer le transport doit être extérieure ou non au transporteur. Devant ce silence de la loi, il est alors possible de considérer que *toute cause quelconque*[1], fût-elle imputable au transporteur qui rend l'exécution du contrat de transport impossible, constitue un empêchement au transport et fait obligation au voiturier de demander des instructions à l'ayant droit à la marchandise. C'est ainsi, qu'il a été jugé en application de la CMR que : commet une faute le transporteur chargé par son client français d'enlever un lot de fruits en Grèce, qui, devant le refus du vendeur de lui remettre la marchandise, néglige de rendre immédiatement compte de cette situation à son cocontractant[2] ; doit demander des instructions, le transporteur à qui l'expéditeur remet une lettre de voiture portant un lieu de livraison différent de celui qui lui a été annoncé[3].

Ensuite, il faut relever que l'article 12 (a) de l'AUCTMR ne semble envisager l'obligation de s'informer que dans l'hypothèse où l'impossibilité de l'exécution du contrat est ou devient définitive. Est-ce à dire qu'au cas où l'empêchement au transport ne serait que temporaire, le transporteur soit dispensé de demander des instructions ? Il appartient au transporteur de se déterminer suivant les circonstances (nature de la marchandise, cause ou durée de l'empêchement temporaire, etc.) et d'apprécier s'il est ou non opportun de solliciter les instructions de l'ayant droit à la marchandise[4]. En tout cas, des décisions rendues dans des espèces régies par la CMR, ne font pas la distinction entre l'impossibilité temporaire et l'impossibilité définitive d'exécuter le contrat de transport[5].

En fin de compte, le transporteur qui n'informe pas l'ayant droit à la marchandise de la survenance d'un empêchement au cours du transport, est garant de la marchandise. Il devra, le cas échéant, répondre de tout dommage subi par la marchandise.

b. La demande d'instructions en cas d'empêchement à la livraison

32. Il y a empêchement à la livraison lorsque pour un motif quelconque et sans qu'il y ait faute de sa part, le transporteur ne peut effectuer la livraison de la marchandise (art. 12 (b) AUCTMR). Les cas d'empêchement sont variés.

---

[1] Dans ce sens, v. l'article 14 de la CMR qui vise tout « *motif quelconque* ».

[2] Aix-en-Provence, *5 oct. 1997* (Waco c/ Transports Deluy et Montaner), cité au Lamy transport, 2004, tome 1, Jurisprudence, n° 1699-1.

[3] Montpellier, *20 nov 1986* (Les mareyeurs varois c/ Boix et Limeul), *ibid.*, n° 1699-2.

[4] V. M. Brou Kouakou, *op. cit.*, p. 422 qui se prononce pour l'application de l'article 12 al. 1 (a) en cas d'empêchement temporaire.

[5] *V.* Paris, *27 mai 1980*, B.T. 1980, p. 435 (grève d'un bureau de douane) *;* Orléans, *12 nov. 1996 (La Baloise et autres c/ Laurent),* cité au Lamy, *ibid.*, n° 1699-3.

Ainsi, on peut considérer qu'on se trouve dans une hypothèse d'empêchement à la livraison lorsque le destinataire refuse de prendre possession de la marchandise ou est inconnu à l'adresse indiquée sur la lettre de voiture. Il en est également ainsi lorsque la marchandise fait l'objet d'une saisie entre les mains du transporteur à l'initiative d'une tierce personne.

Lorsqu'une telle situation se présente, le transporteur est tenu d'aviser l'expéditeur et de demander des instructions. L'avis d'empêchement[1] et la demande d'instructions peuvent être faits par écrit ou oralement. En tout cas, l'AUCTMR ne précise pas la forme de la demande d'instructions. Elle est donc libre. Il faut cependant relever qu'il serait préférable pour le transporteur de recourir à l'écrit pour s'aménager un moyen de preuve en cas de litige éventuel.

33. Le transporteur doit faire preuve de diligence[2] et agir en « bon père de famille » dans l'attente des instructions. En premier lieu, il doit prendre les mesures appropriées pour assurer la garde ou la conservation de la marchandise[3]. Il va de soi que ces mesures seront prises en considération de la nature, de l'état ou de la valeur de la marchandise. Toutefois, il est reconnu au transporteur le droit de *« faire procéder à la vente de la marchandise sans attendre d'instructions si l'état ou la nature périssable de la marchandise le justifie ou si les frais de garde sont hors de proportion avec la valeur de la marchandise »* ou *« s'il n'a pas reçu d'instructions dans les quinze jours suivant l'avis[4] »*.

34. Les exigences de l'AUCTMR sont donc extrêmement précises en cas d'empêchement au transport ou à la livraison. Dans l'un et l'autre cas, elles font obligation au transporteur d'aviser l'expéditeur ou l'ayant droit à la marchandise et de demander des instructions en vue de connaître la conduite à suivre. Cette obligation supplémentaire n'est cependant pas sans contrepartie.

2. La contrepartie de l'obligation de s'informer

35. Aux termes de l'article 12 alinéa 4 de l'AUCTMR, *« Le transporteur a droit au remboursement des frais que lui causent sa demande d'instructions et l'exécution des instructions, sauf si ces frais sont la conséquence de sa faute[5] »*. Ce texte énonce à la fois le principe (a) et l'exception (b) au remboursement des frais exposés par le transporteur.

---

[1] L'avis doit normalement indiquer la cause ou le motif de l'empêchement.

[2] Il n'y a pas de délai fixé par l'AUCTMR pour la demande d'instructions. On considère qu'en raison de l'urgence, le transporteur doit demander des instructions dès la constatation de l'empêchement. V. M. Brou Kouakou, *op. cit.*, p. 423.

[3] Art. 12 al. 2 et 5 de l'AUCTMR.

[4] Art. 12 al. 6 AUCTMR.

[5] V. art. 16 de la CMR.

a. Le droit au remboursement des frais

36. En prévoyant le remboursement des frais occasionnés par la demande et l'exécution des instructions en cas d'empêchement au transport ou à la livraison, l'AUCTMR tient certainement compte de la spécificité de l'obligation mise à la charge du transporteur et des contraintes qu'elle lui impose. En effet, l'obligation de demander des instructions et d'exécuter les instructions reçues a ceci de particulier qu'elle est édictée au profit exclusif de l'ayant droit ou de l'expéditeur de la marchandise et exige des efforts particuliers au transporteur, sur le plan matériel et/ou financier. En tout cas, le transporteur peut être exposé à divers frais procédant soit de la demande d'instructions (frais d'envoi de l'avis écrit ou de téléphone ou de tout autre moyen technique utilisé pour joindre le donneur d'ordre, frais de transport pour aller à la rencontre du donneur d'ordre, etc.), soit de l'exécution des instructions reçues (frais de conservation ou de magasinage, frais de déchargement ou de transbordement de la marchandise, frais relatifs à l'immobilisation du véhicule, etc.). La recherche et la mise en œuvre des instructions ont donc un certain coût qu'il serait injuste de laisser à la charge du transporteur. Le remboursement se justifie ainsi sur le double plan moral et économique.

37. D'abord sur le plan moral, il faut souligner que la bonne foi ou l'équité exigent l'équilibre des prestations des deux parties au contrat. Ainsi, lorsqu'une partie assume des obligations supplémentaires ou qui n'ont pas été prévues par les parties, il est normal que la partie qui en profite rétablisse l'équilibre rompu. Une telle exigence est d'autant plus fondée que l'on est ici en présence d'une obligation mise à la charge du transporteur par la loi. Agissant dans l'intérêt exclusif de son cocontractant, le transporteur « s'appauvrit » alors même que son comportement n'est pour rien dans la survenance de l'empêchement. Il est alors juste de lui allouer une compensation en rémunération de l'effort fourni.

38. Des considérations d'ordre économique peuvent également justifier le droit au remboursement des frais du transporteur. En effet, s'intéressant au droit en général[1] et à l'obligation d'information en particulier, l'analyse

[1] L'analyse économique du droit est particulièrement développée aux États-Unis et dans les pays anglo-saxons en général. Posant la question de l'efficacité des règles de droit, elle étudie comment celles-ci orientent le comportement des individus et essayent d'atteindre leurs objectifs. Sur cette analyse, v. E. Mackaay, « La règle juridique observée par le prisme de l'économiste, Une histoire stylisée du mouvement de l'analyse économique du droit », Rev. Intern. dr. éco., 1986, t. 1, p. 43 ; « Le juriste a-t-il le droit d'ignorer l'économiste ? » RRJ. Dr. prospectif : *L'analyse économique du droit* (2 colloques), 1987 ; M. Fabre-magnan, *op. cit.*, n° 57 et s ; H. Muir Watt, « Analyse économique et perspective solidariste », in *La nouvelle crise du contrat*, Dalloz (Actes), 2003, p. 183 ;

économique insiste sur la prise en compte du coût de l'information[1]. Ce coût comprend notamment les coûts de recherche directs ou d'acquisition de l'information, les coûts de transmission ou d'exécution de l'information. Dans cette perspective, lorsqu'il y a égal accès à l'information des deux parties, il convient de faire peser le coût de la recherche de l'information sur le contractant intéressé par cette information.

Cette analyse peut être reprise au sujet du remboursement au transporteur des frais occasionnés par la demande et l'exécution des instructions de son cocontractant. Celles-ci génèrent inévitablement des coûts que le transporteur doit normalement supporter dans l'intérêt de la marchandise. Il y a donc appauvrissement de son patrimoine au profit de celui de l'ayant droit à la marchandise. D'un point de vue strictement économique, l'exécution de l'obligation de s'informer entraîne une détérioration de la situation du transporteur. Pour rétablir l'équilibre, il faut lui reconnaître une contrepartie proportionnelle au coût de la recherche et de l'exécution des instructions.

39. Le droit au remboursement des frais étant donc justifié, il reste à en déterminer « l'assiette ». La question qui se pose est de savoir si le remboursement se limite aux frais occasionnés par la demande d'instructions et l'exécution des instructions reçues ou s'il s'applique aussi aux frais qu'entraînent les mesures que le transporteur peut prendre lorsqu'il n'a pas reçu en temps utile les instructions de l'ayant droit de la marchandise ?

L'AUCTMR ne prévoit pas expressément le remboursement des frais engagés par le transporteur sans instructions de l'expéditeur ou de l'ayant droit à la marchandise. Dès lors, il faut, pour dire si le transporteur est fondé ou non à en obtenir le remboursement, envisager deux situations bien distinctes.

La première est celle où le transporteur a régulièrement avisé l'expéditeur ou l'ayant droit à la marchandise de la survenance d'une difficulté au cours du transport ou de la livraison et demandé des instructions. Si l'expéditeur ou l'ayant droit selon le cas, ne donne pas suite à cette demande ou ne le fait que tardivement, le transporteur en tant que garant de la marchandise « *qui prend les mesures qui lui paraissent les meilleures* » dans l'intérêt de son cocontractant, est en droit de demander le remboursement des frais occasionnés par ses diligences. Dans cette hypothèse, le droit au remboursement du transporteur peut être considéré comme une sanction de la défaillance de l'expéditeur ou de l'ayant droit à la marchandise. De même, on pourrait valablement fonder un tel droit sur la gestion d'affaires[2], le

---

[1] V. A.T Kronman, *Mistake, disclosure, information and the law of contracts*, Journal of Legal studies, 1978, p. 1 et s; R. Cooter et T. Ulen, *Law and Economics*, Scott, Foreman and Company, 1988; A. Posner, *Economic Analysis of Law*, Little, Brown and Company, 3 ème éd., 1986; B. Rudden, *Le juste et l'inefficace pour un non-devoir de renseignements*, RTD civ., 1985. 91.

[2] Dans ce sens, v. Lamy transport, *op. cit.*, n° 566 *in fine*.

transporteur étant présumé avoir agi pour rendre service à son cocontractant. Quelle que soit l'explication retenue, le transporteur devrait, pour obtenir le remboursement, démontrer l'utilité ou la pertinence des mesures prises.

La seconde est celle où le transporteur n'a pas informé l'expéditeur ou l'ayant droit à la marchandise de l'existence d'un empêchement et encore moins sollicité des instructions. On est alors en présence d'une faute du transporteur. Dans une telle hypothèse, le transporteur ne saurait prétendre au remboursement des frais engagés. Cette solution se justifie d'autant plus qu'en l'absence d'avis d'empêchement, tout se passe comme si le transport se déroule sans incident.

Le droit au remboursement couvre donc tous les frais engagés par transporteur dans l'intérêt de la marchandise. Il n'est compromis que si le transporteur a commis une faute.

b. La « déchéance » du droit au remboursement

40. Il ressort de l'article 12 alinéa 4 de l'AUCTMR que le transporteur a droit au remboursement des frais occasionnés par la demande et l'exécution des instructions reçues de l'expéditeur ou du destinataire « *sauf si ces frais sont la conséquence de sa faute* ». La faute du transporteur constitue donc un obstacle au remboursement des frais auxquels il s'est exposé en cas d'empêchement au transport ou à la livraison. Il appartient naturellement à l'expéditeur ou à tout autre donneur d'ordre qui entend faire échec à la demande du transporteur d'établir la faute reprochée à celui-ci.

41. La faute du transporteur peut se rencontrer dans différentes hypothèses.

En premier lieu, le transporteur peut effectivement, par sa faute, être à l'origine de l'empêchement au transport ou à la livraison, ou contribuer à leur aggravation. Il serait alors anormal qu'il puisse prétendre au remboursement des frais que lui occasionnent la demande et l'exécution des instructions. Il assume donc pleinement les conséquences de ses actes ou manquements.

En second lieu, il y a faute lorsque le transporteur, alors même qu'il n'est pour rien dans la survenance de l'empêchement au transport ou à la livraison, omet d'aviser et de demander les instructions à l'expéditeur ou à l'ayant droit à la marchandise. Comme il a déjà été relevé ci-dessus[1], il ne peut obtenir de remboursement dans une telle hypothèse. Le défaut d'avis et de demande d'instructions constitue, sauf cas de force majeure, une faute qui fait échec au droit au remboursement. Tout se passe comme si le transport s'est déroulé normalement.

Enfin, il y a également faute du transporteur lorsqu'il exécute mal ou tardivement les instructions reçues. L'exécution des instructions de

[1] V. *supra*, n° 39.

l'expéditeur ou de l'ayant droit à la marchandise constitue une obligation de moyens pour le transporteur. Il est donc tenu de tout mettre en œuvre pour que cette exécution soit conforme aux prescriptions reçues. S'il commet une faute, le donneur d'ordre est en droit de s'en prévaloir pour limiter ou écarter le remboursement des frais qu'il aurait engagés.

En tout état de cause, lorsque le donneur d'ordre (expéditeur ou destinataire) peut rapporter la preuve que la faute du transporteur est à l'origine des frais engagés par celui-ci, il est libéré de toute obligation de les rembourser. Le transporteur en supporte alors la charge sans aucun recours.

42. En conclusion, le régime des obligations d'informer pesant sur toutes les parties et de l'obligation de s'informer mis à la charge du transporteur est pour l'essentiel fixé par l'AUCTMR. Il s'agit d'obligations légales qui s'imposent aux parties au contrat de transport concurremment à l'obligation générale d'information fondée sur la bonne foi. L'intervention du législateur en matière d'information est donc déterminante et tend ainsi soit à permettre aux parties d'exprimer un *consentement éclairé*, soit à assurer une *exécution satisfaisante* du contrat de transport. Ce double objectif devrait normalement avoir une incidence sur les sanctions susceptibles de s'appliquer en cas de violation de l'obligation d'information. En particulier, la violation d'une obligation d'information ayant une incidence sur le consentement devrait être sanctionnée sur le terrain des vices du consentement. Or, tel n'est pas la solution retenue par l'AUCTMR qui institue d'autres sanctions jugées plus topiques.

II. LE PARTICULARISME DES SANCTIONS DE L'OBLIGATION D'INFORMATION

43. L'AUCTMR prévoit diverses sanctions de la violation par les parties au contrat de transport des obligations d'information mises à leur charge. Si les sanctions frappant le transporteur ou le destinataire n'empiètent pas véritablement sur les règles de droit commun, il en est autrement des sanctions des manquements de l'expéditeur à son obligation d'information.

En effet, l'AUCTMR décide que l'absence, l'inexactitude ou l'irrégularité des déclarations de l'expéditeur « *n'affecte ni l'existence ni la validité du contrat de transport*[1] ». Il apparaît ainsi qu'en *excluant la nullité du contrat de transport* même lorsque l'expéditeur a fait sciemment une fausse déclaration, la loi uniforme considère que *la violation de l'obligation d'information n'est pas génératrice d'un vice du consentement* (A).

---

[1] V. art. 4 alinéa 4. En l'absence de lettre de voiture ou de mentions sur la lettre de voiture, l'existence du contrat ou de certaines de ses stipulations peut être rapportée par tous moyens. V. Civ, *18 juil. 1966*, B.T 1966, p. 286.

Par conséquent, l'AUCTMR adopte des solutions qui doivent, en principe, assurer la survie du contrat de transport. Dans une telle optique, *le manquement à l'obligation d'information est seulement constitutif d'une faute* qui conduit soit à l'application des règles relevant de la responsabilité civile, soit à l'application de sanctions spécifiques (B).

A. L'exclusion de la nullité du contrat de transport

44. Le fait que l'AUCTMR ne prévoit pas expressément l'annulation du contrat en cas d'absence ou d'inexactitude des déclarations de l'expéditeur interdit-il au transporteur de demander la nullité en invoquant les vices du consentement prévus par le Code civil[1] ? Pour répondre à cette question, il convient de confronter les manquements de l'expéditeur à l'obligation d'information à la théorie des vices du consentement[2] (1). Il serait alors aisé par la suite d'examiner les justifications de l'éviction de la nullité par la loi uniforme (2).

1. Manquements à l'obligation d'information et vices du consentement

45. On peut se demander si les fausses déclarations de l'expéditeur ou l'omission de faire certaines déclarations peuvent être constitutives soit d'une erreur (a) soit d'un dol (b) pour le transporteur au sens de la théorie des vices du consentement.

a. Fausses déclarations et erreur

46. Aux termes de l'article 1109 du Code civil, « Il n'y a point de consentement valable, si le consentement n'a été donné que par erreur[3]... » Et l'article 1110 alinéa 1er précise : « L'erreur n'est une cause de nullité de la convention que lorsqu'elle tombe sur la substance même de la chose qui en est l'objet ». L'erreur ainsi envisagée est l'erreur spontanée, c'est-à-dire celle qui est commise directement par un contractant, sans qu'il soit démontré l'intention du contractant de le tromper. Dans ce sens, il y a erreur lorsqu'un contractant se représente de manière erronée un ou des éléments essentiels du contrat projeté[4]. Pour demander la nullité du contrat, il doit démontrer que son engagement a été déterminé par erreur portant soit sur la substance même de

---

[1] V. art. 1109 et s Code civil.

[2] Sur la confrontation de l'obligation de renseignements au dol et à l'erreur, v. C. Lucas de Leyssac, « L'obligation de renseignements dans les contrats », in *L'information en droit privé*, (*sous la dir.* de Y. Loussouarn et P. Lagarde), LGDJ. 1978, p. 305 ; M. Fabre-magnan, *op.cit.*, n° 346 et s.

[3] Sur l'erreur, v. Celice, *L'erreur dans les contrats*, thèse Paris, 1922 ; Nour, *L'erreur vice des contrats en droit français et en droit anglais*, Lyon, 1926 ; J. Ghestin, *La notion d'erreur en droit positif actuel*, thèse Paris, 1963 ; P. Malinvaud, « De l'erreur sur la substance », D. 1972, chron. p. 215 ; G. Vivien, « De l'erreur déterminante et substantielle », RTD civ. 1992. 305.

[4] F. Terre, Ph. Simler et Y. Lequette, *Droit civil, Les obligations*, *op.cit.*, n° 205 et s.

la chose objet du contrat[1] soit sur une qualité substantielle, c'est-à-dire « la qualité de la chose que celui qui s'est trompé avait principalement en vue, celle qui a été déterminante de sa volonté, celle dont l'absence, s'il en avait eu connaissance, l'aurait amené à ne pas contracter[2] ».

47. Au regard de ce qui précède, rien ne paraît, en principe, faire obstacle à ce que le transporteur puisse légitimement demander la nullité du contrat de transport en invoquant les dispositions des articles 1109 et 1110 du Code civil, en cas de fausse déclaration de l'expéditeur.

Lorsque la fausse déclaration porte sur la nature ou la quantité de la marchandise, le transporteur peut se prévaloir d'une erreur sur une qualité substantielle pour demander la nullité du contrat. En effet, la nature ou la quantité des marchandises sont des éléments que le transporteur doit nécessairement connaître non seulement pour prendre la décision de contracter, mais aussi pour déterminer les précautions ou dispositions à prendre pour leur prise en charge et fixer le prix du transport. Cela est particulièrement vrai lorsqu'il s'agit de marchandises dangereuses que l'AUCTMR exclut normalement de son champ d'application[3]. En raison de ce qu'elles présentent un risque pour l'intégrité et la sécurité des personnes ou des biens, l'expéditeur doit, avant de les confier au transporteur, déclarer leur nature exacte[4] et, le cas échéant, indiquer les précautions à prendre. En cas de fausse déclaration, le transporteur peut demander la nullité en invoquant l'erreur sur une qualité substantielle de l'objet du contrat de transport et démontrer qu'elle a déterminé son consentement[5]. En tout état de cause, il doit établir qu'il n'aurait pas consenti à contracter s'il avait connu au préalable leur nature ou leur caractère.

En revanche, si la fausse déclaration ayant déterminé le consentement du transporteur porte sur la valeur de la marchandise[6], ce dernier ne saurait demander la nullité du contrat de transport pour erreur. Cette solution est conforme au droit commun, car la nullité n'est prescrite par l'article 1110 du Code civil qu'au cas d'erreur sur la substance et non, comme c'est le cas ici, d'une erreur sur la valeur[7].

---

[1] P. Malinvaud, *idem* ; G.Vivien, idem.

[2] *Ibid*, n° 214. V. Civ., *28 janv. 1913*, S. 1913. 1. 487 ; Com., *20 oct. 1970*, JCP. 1971. II. 16916.

[3] V. art. 1er al. 2.

[4] V. art. 4 al. 1-e de l'AUCTMR.

[5] V. R. Rodière, *op. cit.*, n° 299 ; J. et E. Escarra, J. Rault, *op.cit.*, n° 846.

[6] La fausse déclaration suppose que l'expéditeur a déclaré une valeur supérieure ou inférieure pour les marchandises.

[7] Il y a erreur sur la valeur lorsqu'elle porte sur l'évaluation de l'objet du contrat. Une telle erreur est indifférente. V. Terre, Simler et Lequette, *op.cit.*, n° 220. Toutefois, l'erreur sur la valeur est une cause de nullité lorsqu'elle est la conséquence d'une erreur sur les qualités

48. L'analyse de la jurisprudence française montre que les cours et tribunaux ont souvent prononcé la nullité du contrat lorsque les fausses déclarations de l'expéditeur ont amené le transporteur à avoir une opinion inexacte de la chose transportée. Par exemple, dans des cas où les conditions de transport excluaient soit certaines marchandises ou les soumettaient à des conditions particulières, soit certaines quantités de marchandises, il a été jugé que le contrat conclu sur la base des fausses déclarations de l'expéditeur est nul pour erreur sur la substance[1]. De même, lorsqu'il s'agit de marchandises dangereuses ou infectes qui, au terme du règlement, devaient faire l'objet d'une déclaration, le contrat a été déclaré nul sur le fondement de l'erreur sur la substance et le transporteur libéré de toute responsabilité[2].

Ces exemples montrent que le transporteur peut demander la nullité du contrat sur le fondement de l'article 1110 du Code civil dès lors qu'il peut établir qu'il n'a pu consentir au contrat qu'en raison de la fausse déclaration faite par l'expéditeur.

b. Omission, fausse déclaration et dol

49. Aux termes de l'article 1116 du Code civil, « *Le dol est une cause de nullité de la convention lorsque les manœuvres pratiquées par l'une des parties sont telles, qu'il est évident que, sans ces manœuvres, l'autre partie n'aurait pas contracté*[3] ». On considère que cette définition est imparfaite, car « le dol dans la formation du contrat désigne toutes les tromperies par lesquelles un contractant provoque chez son partenaire une erreur qui le détermine à contracter[4] ». En tout cas, aux manœuvres dolosives proprement dites pratiquées par un contractant pour amener l'autre à contracter, la jurisprudence assimile le mensonge et la réticence. Ces deux dernières hypothèses nous intéressent plus directement.

D'abord, s'agissant du *mensonge*, il convient de préciser que celui-ci consiste pour une partie de faire une déclaration inexacte en vue d'amener

---

substantielles. En ce sens, J. Ghestin, Traité de droit civil, *Les obligations*. Le contrat : Formation, 2e éd., LGDJ, n° 387 et s ; Versailles, *7 janv. 1987*, D. 1987. 485.

[1] V. pour des marchandises dangereuses : Lyon, *24 avril 1947*, JCP. 1947.IV. 176.

[2] En matière ferroviaire, v. Com., *10 déc. 1991*, Bull. civ. IV, n° 386, p. 265 (rejet pourvoi contre Grenoble, *3 mai 1990*, B.T 1990, p. 547) ; *7 juin 1963*, B.T 1963. 251 ; JCP. 1963. II. 13440 ; Paris, *4 nov. 1943*, Gaz. Pal., 1943. II. 267 ; en matière routière, v. Trib. Com. Paris, *24 janv. 2000*, B.T.L 2000, p. 116 (transport d'un lot de fusées de détresses dont le caractère dangereux n'a pas été signalé par l'expéditeur). Contra, v. Trib. com. Paris, *2 fév 1972*, B.T 1972, p. 102 (qui considère que l'inobservation par l'expéditeur des prescriptions du règlement pour le transport de matières dangereuses constitue une faute, mais n'entraîne pas la nullité du contrat de transport).

[3] Sur le dol en général, V. P. Bonassies, *Le dol dans la conclusion du contrat*, thèse Lille, 1955 ; B. BOCCARA, « Dol, silence et réticence », Gaz. Pal. 1953, 1. 24 ; J. Ghestin, « La réticence, le dol et l'erreur sur les qualités substantielles », D. 1971, chron. P. 247.

[4] Terre, Simler et Lequette, *op. cit.*, n° 228.

l'autre à conclure le contrat[1]. Le mensonge peut revêtir une forme orale. Il peut aussi prendre une forme écrite. Tel est le cas lorsqu'une personne désirant contracter fait une fausse déclaration ou insère des indications qu'elle sait erronées dans le document soumis à son partenaire[2]. Quel que soit le cas, la jurisprudence décide qu'un simple mensonge, même non appuyé d'actes extérieurs, peut constituer un dol[3].

Ensuite, la jurisprudence considère que la *réticence* peut constituer un dol[4]. Il en est ainsi lorsqu'une partie observe le silence sur une information dont elle sait l'importance pour la conclusion ou l'exécution du contrat et que son partenaire devrait donc nécessairement connaître. La réticence peut être qualifiée de dolosive soit que la loi fait peser sur l'une des parties l'obligation d'informer l'autre, soit que la nature même de la convention crée entre les parties des rapports de confiance particuliers[5], soit enfin qu'il est impossible à l'un des cocontractants de connaître par ses propres moyens le fait non révélé[6]. En tout état de cause, la Cour de cassation décide que « *le dol peut être constitué par le silence d'une partie dissimulant au cocontractant un fait qui, s'il avait été connu de lui, l'aurait empêché de contracter*[7] ». Il n'est donc pas nécessaire que comme en ce qui concerne l'erreur, que l'information recelée porte sur une qualité substantielle de l'objet du contrat. Il suffit simplement que l'erreur provoquée par la réticence ait déterminé le consentement du cocontractant pour que la nullité soit prononcée[8].

50. Le transporteur pourrait donc, sur la base de l'article 1116 du Code civil, demander la nullité du contrat de transport en cas de fausses déclarations ou d'absence de déclarations, en invoquant le dol de l'expéditeur.

En effet, dans le cas de fausses déclarations, il lui faut démontrer que l'expéditeur a entendu le tromper en portant des indications inexactes sur la lettre de voiture. Plus précisément, il doit établir l'intention de nuire ou la déloyauté de l'expéditeur. Tel serait le cas lorsqu'il peut prouver que l'expéditeur a fait sciemment une fausse déclaration de la nature ou de la

---

[1] *Ibid*, n° 232 ; J. Ghestin, Traité, *op. cit.*, n° 429.

[2] V. par ex. Com., *10 juin 1960*, Bull. civ., III, p. 207 (communication de renseignements chiffrés inexacts) ; Trib. Com. Toulouse, *3 nov. 1953*, JCP 1954.II. 8357 (fausse déclaration dans l'acte de vente d'un fonds de commerce que le vendeur n'est pas en état de cessation des paiements).

[3] Civ, *6 nov. 1970*, JCP 1971. II. 16942 ; Com. *19 déc. 1961*, D. 1962. 240.

[4] V. B. Boccara, *op. cit*, p. 25.

[5] Com., *21 avr. 1959*, Bull. Civ, II, n° 178, p. 162.

[6] Civ., *19 mai 1958*, Bull. civ, I, n° 251, p. 198 ; *21 juin 1960*, Bull. Civ. I, n° 339, p. 279; Com., *27 oct. 1965*, RTD civ. 1966. 529.

[7] Civ., *15 janv. 1971*, Bull. Civ, III, n° 38, p. 25; RTD civ. 1971, p. 839 ; *2 oct. 1974*, Bull. Civ. III, n° 330, p. 251 ; D. 1974, *Inf. Rap*. P. 168.

[8] Civ., *2 oct. 1974*, Bull. civ. III, n° 330, p. 251 ; *1er mars 1977*, D. 1978. 91 ; Com., *23 nov. 1982*, JCP. 1983. IV. 47.

quantité des marchandises. Lorsque cette preuve est rapportée[1], la nullité du contrat peut être encourue pour dol[2].

La nullité est également possible en l'absence de déclarations ou de silence de l'expéditeur. Il n'y aurait pas de difficulté particulière puisque c'est l'AUCTMR qui impose à l'expéditeur de faire un certain nombre de déclarations sur la lettre de voiture. Le transporteur doit établir que l'omission de l'expéditeur constitue une réticence dolosive. Ainsi, le débiteur d'une obligation légale d'information, l'expéditeur qui s'abstient de déclarer la nature, la quantité voire la valeur réelle de la marchandise au transporteur pourrait voir son silence qualifié de dolosif lorsque celui-ci a été volontairement ou sciemment gardé. Il appartient simplement au transporteur de démontrer que l'erreur provoquée par le silence de son cocontractant a été déterminante, c'est-à-dire qu'il n'a contracté que parce qu'il ne connaissait pas la nature ou la quantité exacte des marchandises ou que s'il l'avait connue, il aurait contracté à des conditions différentes.

51. Il apparaît donc qu'en théorie, le transporteur pourrait demander la nullité du contrat de transport sur le fondement du droit commun des contrats. L'application des règles concernant l'erreur et le dol ne se heurte, en principe, à aucun obstacle juridique. Mais, pour des raisons qu'il faut maintenant essayer de découvrir, l'AUCTMR a exclu toute possibilité pour le transporteur de faire valoir la nullité du contrat en cas de manquement par l'expéditeur à son obligation d'information.

2. Fondements de l'exclusion de la nullité

52. Ainsi, contrairement au droit commun des contrats, le droit des transports en général[3], et le droit du contrat de transport de marchandises par route OHADA en particulier, ne prévoient pas la nullité du contrat en cas d'erreur ou de dol. Des fondements juridiques (a) et des considérations d'ordre économique (b) peuvent expliquer une position aussi radicale que particulière.

a. Les fondements juridiques

53. L'exclusion de la nullité en cas d'absence de déclarations ou de fausses déclarations de l'expéditeur, peut s'expliquer par le caractère consensuel du

---

[1] Il faut préciser que suivant les termes de l'art. 1116 al. 2, le dol ne se présume pas et doit être prouvé.

[2] Pour des marchandises dangereuses : Trib. Com. Seine, *25 mai 1949*, RTD civ. 1950 ; p. 107, n° 17.

[3] Comme l'a relevé le doyen Rodière (*op.cit.*, n° 280), les vices du consentement sont rarement invoqués à propos des contrats de transport. L'erreur (relativement fréquente) et le dol (possible) ne sont pas sanctionnés par la nullité du contrat, mais plutôt par des sanctions telles que la responsabilité de l'expéditeur ou la surtaxe de fret.

contrat de transport d'une part, et, d'autre part, par la possibilité qui est donnée au transporteur de vérifier l'exactitude des déclarations de l'expéditeur.

54. Malgré l'importance que revêt la lettre de voiture, celle-ci n'en a pas moins qu'une simple valeur probatoire[1]. En effet, le contrat de transport est un contrat consensuel, c'est-à-dire qu'il se forme par le simple accord de volontés, sans qu'aucune forme ou formalité soit requise. Ainsi, la rédaction de la lettre de voiture est indifférente au sort du dit contrat. C'est ce que confirme l'article 4 alinéa 4 de l'AUCTMR : « *l'absence ou l'irrégularité de la lettre de voiture ou des mentions prévues aux alinéas 1 ou 2 du présent article, de même que la perte de la lettre de voiture n'affecte ni l'existence, ni la validité du contrat de transport* ». Cette disposition qui confirme le caractère consensuel du contrat de transport énonce surtout le principe de la survie du contrat nonobstant l'absence ou l'irrégularité des déclarations de l'expéditeur. Les parties n'étant pas obligées de rédiger une lettre de voiture pour que le contrat existe ou soit valable, il eût été inopportun de vouloir fonder la nullité du contrat de transport sur l'absence ou l'inexactitude de certaines mentions de la lettre de voiture[2].

55. Mais, c'est surtout la reconnaissance d'un *droit de vérification* et même l'existence d'une obligation de vérification dans certains cas qui peuvent aussi justifier l'exclusion de la nullité.

Il faut d'abord préciser que le transporteur, comme le destinataire à la livraison[3], a le *droit de vérifier*[4] de façon aussi complète qu'il est nécessaire les marchandises qui lui sont présentées avant leur prise en charge. Un tel droit se justifie pleinement par l'obligation qu'il a de répondre des dommages ou pertes subis par les marchandises pendant la période de transport[5]. Le transporteur doit donc avoir la possibilité de vérifier l'état de l'emballage, la nature, l'état extérieur ou intérieur, le poids ou la quantité des marchandises

---

[1] V. art. 5 al. 1 de l'AUCTMR qui énonce que « *la lettre de voiture fait foi, jusqu'à preuve contraire, des conditions du contrat de transport et de la prise en charge de la marchandise par le transporteur* ». À défaut d'écrit, le contrat de transport peut être prouvé selon les règles du droit commun, c'est-à-dire par tous moyens admis en matière commerciale. Dans ce sens, Civ, *18 juil. 1966*, B.T 1966, p. 286.

[2] En effet, si la lettre de voiture était exigée *ad validitatem*, le caractère solennel du contrat aurait alors justifié que la violation de l'obligation d'information soit sanctionnée par la nullité.

[3] V. À. Akam Akam, *op. cit.*, p. 56 et s ; L Brunat, « Le droit de vérification du destinataire », B.T 1983. 158 ; M. de Juglart, « Protestations, réserves et actions en justice contre le transporteur à l'arrivée des marchandises », D.M.F. 1955. 131.

[4] Paris, *17 mars 1977*, B.T 1977, p. 196. S'agissant d'un droit, le transporteur est libre d'en user ou non. En d'autres termes, il a la faculté de procéder ou non à la vérification de ce qu'on lui remet ou qu'on lui déclare. Le transporteur qui exerce son droit de vérification prend en charge toutes ses conséquences (réfection des colis, retard dans l'expédition, etc.). S'il a recours à un expert, il doit en supporter les frais. V. Besançon, *23 déc. 1938*, S. 1939.2.35.

[5] Aux termes de l'article 9 de l'AUCTMR, la période de transport s'étend de ma prise en charge de la marchandise par le transporteur jusqu'à la livraison au destinataire.

qui lui sont remises par l'expéditeur. Au cas où il constate des avaries ou manquants, il lui revient de faire des réserves motivées qu'il pourra valablement invoquer pour sa défense le cas échéant.

Ensuite, l'AUCTMR impose au transporteur l'*obligation* de procéder à certaines vérifications. En effet, l'article 10 alinéa 1er énonce : « *Lors de la prise en charge de la marchandise, le transporteur est tenu de vérifier :*

a) l'exactitude des mentions de la lettre de voiture relatives au nombre de colis, à leurs marques ainsi qu'à leurs numéros ;

b) l'état apparent de la marchandise et son emballage ».

Ce texte semble limiter l'obligation du transporteur à certaines vérifications seulement, à savoir celles de l'exactitude du nombre de colis, des marques et numéros, ainsi que l'état apparent de la marchandise et de son emballage. Le transporteur ne serait donc pas tenu de procéder à la vérification de la nature de la marchandise ou à celle du poids brut ou de la quantité autrement exprimée de la marchandise[1]. Mais, il faut relever que disposant d'un droit de vérification générale des colis, le transporteur a la faculté d'entreprendre un contrôle des mentions de la lettre de voiture relatives à la nature, au poids ou à la quantité des marchandises.

Par ailleurs, le texte précité prévoit une vérification limitée à l'état extérieur de la marchandise et de son emballage. Le transporteur n'est pas tenu de procéder à une vérification du contenu des colis pour constater leur état réel[2]. Il peut se contenter d'un contrôle de l'état apparent de la marchandise.

56. Le transporteur qui est soit titulaire d'un droit de vérification, soit débiteur d'une obligation de vérification, doit faire des réserves motivées lorsqu'il constate des irrégularités ou des inexactitudes. En l'absence de réserves sur la lettre de voiture, il y a présomption que le transporteur a reçu la marchandise telle qu'elle y est décrite[3]. L'article 5 alinéa 1er de l'AUCTMR précise que « *la lettre de voiture fait foi, jusqu'à preuve contraire, des conditions du transport et de la prise en charge de la marchandise par le transporteur* ». Ainsi, on peut considérer que l'absence de réserves « purge » la lettre de voiture des vices de consentement éventuels qui auraient pu conduire à la nullité du contrat de transport. En quelque sorte, le défaut de

[1] Rouen, *4 juin 1992* (SOGEMI c/ Bradfort), cité au *Lamy transport*, tome 1, Jurisp. n° 1680-1.

[2] Cependant, l'expéditeur a le droit d'exiger du transporteur la vérification du contenu du colis ainsi du poids brut ou de la quantité de la marchandise. V. art. 10 al. 3 de l'AUCTMR ; Rennes, *25 mai 1988* (Baïkal c/ COGETTRI), in Lamy transport, *op.cit.*, Jurisp. n° 1680-2. Ces vérifications sont faites à ses frais. En ce sens, v. Lacasse et PUTZEYS, *op. cit.*, p. 700.

[3] De manière restrictive, l'article 10 al. 4 de l'AUCTMR précise qu'en l'absence de réserves, « *il y a présomption que la marchandise et son emballage étaient en bon état apparent au moment de la prise en charge et que le nombre de colis, leurs marques et leurs numéros, étaient conformes aux mentions de la lettre de voiture* ». Cette présomption admet la preuve contraire.

vérification vaut acceptation par le transporteur des déclarations de l'expéditeur. Il lui est par conséquent impossible d'invoquer plus tard la nullité éventuelle du contrat de transport sur la base de fausses déclarations qu'il aurait pu déceler en procédant à une vérification des marchandises ou des mentions portées sur la lettre de voiture. Comme dit l'adage, « nul ne peut se prévaloir de sa propre turpitude ».

En définitive, il apparaît incontestablement que le droit OHADA déroge au droit commun en excluant la nullité du contrat malgré l'omission ou la fausse déclaration de l'expéditeur. Cette solution originale pourrait finalement se justifier, outre les raisons ci-dessus évoquées, par le fait que *les informations omises ou inexactes ne sont pas déterminantes du consentement du transporteur* de sorte que connues ou non, ce dernier aurait tout de même contracté. C'est dire que ces informations intéressent plus directement l'exécution du contrat et ne peuvent, par conséquent, être sanctionnées sur le terrain de la nullité, mais plutôt sur celui de la responsabilité[1].

b. Les fondements économiques

57. Sans qu'il soit nécessaire de faire particulièrement recours à l'analyse économique des contrats en vogue dans les pays anglo-saxons[2], il faut néanmoins insister sur l'importance économique des contrats et la prise en compte de celle-ci par le législateur et la doctrine[3]. Dans cette perspective, le contrat est essentiellement appréhendé sur le plan de son utilité sociale[4] en tant qu'instrument privilégié des échanges. En réalisant la conciliation des intérêts individuels et sociaux, le contrat acquiert ainsi une valeur qui dépasse celle que lui reconnaissent les parties contractantes. Le contrat doit être envisagé en lui-même dès lors qu'il est doté d'un intérêt qui dépasse celui des seules parties. En tout cas, comme on l'a si bien relevé[5] « dans l'ordre économique, les contrats représentent une valeur dont il faut éviter de favoriser la disparition ». La considération de l'importance économique du contrat postule alors l'édiction de règles qui privilégient la survie du contrat par rapport à sa disparition fondée sur le comportement des parties. Ainsi, la préférence va de plus en plus aujourd'hui à des solutions qui favorisent ou permettent le maintien du contrat[6] et non à celles qui conduisent à la nullité.

---

[1] V. infra, n° 69 et s.

[2] V. supra, n° 37.

[3] V. E. Mackaay, *L'analyse économique du droit*, tome 1 : Fondements, Thémis/Bruylant, 2000 ; M. Fabre-Magnan, *op.cit.*, n° 71 et s ; E. Broussais, « L'économiste, le juriste et le contrat », in Mélanges J. Ghestin, 2001, p. 143.

[4] V. sur ce concept, J. Ghestin, Traité, *op.cit.*, n° 172 et s ; « L'utile et le juste dans les contrats », D. 1982, chron., p. 1.

[5] Terré, Simler et Lequette, *op. cit.*, n° 660.

[6] La mise en œuvre de certaines de ces solutions dépend beaucoup de la bonne volonté des parties. Il en est ainsi de la confirmation, de la régularisation ou encore de la réfection du contrat. V. G. Couturier, *La confirmation des actes nuls*, thèse Paris II, LGDJ. 1972 ; Ch.

On peut voir dans cette option la manifestation du triomphe des considérations d'ordre économique sur la morale, dès lors que l'appréciation du comportement du contractant[1] devient subalterne par rapport à l'utilité économique ou sociale du contrat.

58. De telles considérations peuvent, d'une certaine manière, expliquer le choix fait par l'OHADA[2] d'exclure la nullité du contrat de transport en cas d'absence ou de fausses déclarations de l'expéditeur pouvant constituer des cas de dol ou d'erreur au sens du droit commun des obligations[3]. En effet, l'importance du transport routier comme facteur de communication et instrument de facilitation des échanges n'est pas à démontrer dans la zone couverte par cette organisation. La majorité des échanges de marchandises se font par la route, notamment entre les pays d'Afrique de l'Ouest qui sont pratiquement reliés par un réseau routier assez dense. Par ailleurs, l'utilisation de lettres de voiture reste bien marginale dans une région où la grande majorité d'entreprises de transport est individuelle et repose généralement sur l'exploitation d'un véhicule unique. Dans un tel contexte, il a pu apparaître prioritaire d'assurer la sécurité des transactions ou des activités économiques par le choix de règles qui garantissent la survie du contrat.

59. En définitive, l'AUCTMR adopte une solution originale en excluant tout recours à la théorie des vices du consentement. Cependant, cette position peut encourir la critique de ceux qui tiennent à une certaine moralisation du droit des contrats et particulièrement ceux qui font reposer l'obligation d'information sur des exigences morales[4]. En tout état de cause, la solution retenue par l'AUCTMR est plus rigide que celle du Code des assurances de la CIMA qui impose à l'assuré de faire certaines déclarations à l'assureur[5]. En cas de manquement de l'assuré à cette obligation, les sanctions varient selon

---

Dupeyron, *La régularisation des actes nuls*, thèse Toulouse, LGDJ, 1973 ; J. Ghestin, ibid., n° 790 et s. Signalons que les Principes Unidroit prévoient la survie du contrat, nonobstant une erreur qui aurait pu entraîner la nullité, lorsque « *l'autre partie manifeste l'intention de s'y conformer ou qu'elle exécute ses obligations ainsi que la victime de l'erreur l'entendait* » (art. 3. 13). V. Ch. Larroumet, « La valeur des principes d'Unidroit applicables aux contrats du commerce international », JCP. 1997.I. 4011 ; J-P Beraudo, « Les principes d'Unidroit relatifs au droit du commerce international », JCP. 1995.I. 3842.

[1] B. Fages, *Le comportement du contractant*, PUAM, 1997.

[2] Dans sa fonction d'intégration juridique, l'OHADA vise en priorité la sécurité juridique et la facilitation des échanges entre les États membres. V. P-G. Pougoue, « OHADA, Instrument d'intégration juridique », Rev. Afr. Sc. Jur (Univ. Ydé II), vol. 2, n° 2 (2001), p. 11 ; J. Nguebou Toukam, « Environnement juridique et développement du secteur privé : l'exemple de l'OHADA », *ibid*, vol. 2, n° 1 (2001), p. 19.

[3] Il faut d'ailleurs relever que le Code CIMA adopte la même solution en ce qui concerne les fausses déclarations avec quelques nuances. V. infra.

[4] Sur cette idée, v. M. El. Gharbi, *op. cit.*, p. 723 et s.

[5] V. Assi-Esso, Issa-Sayegh et Lohoues-Oble, *op. cit.*, p. 191 et s ; V-E. Bokalli, op. cit, pp. 428-429.

que la réticence ou la fausse déclaration est ou non intentionnelle. Ainsi, l'article 18 alinéa 1er dudit Code dispose que « *le contrat d'assurance est nul en cas de réticence ou de fausse déclaration intentionnelle de la part de l'assuré, quand cette réticence ou cette fausse déclaration change l'objet du risque ou en diminue l'opinion pour l'assureur alors même que le risque omis ou dénaturé par l'assuré a été sans influence sur le sinistre* ». En revanche, l'article 19 alinéa 1er prévoit que « *l'omission ou la déclaration inexacte de la part de l'assuré dont la mauvaise foi n'est pas établie n'entraîne pas la nullité de l'assurance*[1] ». Le Code CIMA fait donc le départ entre l'assuré de mauvaise foi et l'assuré de bonne foi, et sanctionne lourdement le premier au nom d'une certaine morale contractuelle qui élève la loyauté et la sincérité au rang d'instruments participant à l'instauration de l'équilibre contractuel[2]. L'AUCTMR aurait pu s'inspirer de cette solution, ne serait-ce que pour sanctionner l'expéditeur qui a sciemment omis de faire une déclaration ou fait une fausse déclaration. Il a plutôt adopté une attitude pragmatique en retenant des sanctions qui, apparemment, ne remettent pas en cause l'existence du contrat.

B. Le recours à la responsabilité civile et à des sanctions spécifiques

60. Le droit OHADA a cru, en excluant la nullité en cas de violation de l'obligation d'information par l'expéditeur, assurer la survie du contrat. Si cela est certainement vrai en ce qui concerne les sanctions qui s'inspirent du droit de la responsabilité civile (2), il en est autrement des sanctions « matérielles » qui affectent l'existence ou l'exécution du contrat de transport (1).

1. Les sanctions affectant l'existence ou l'exécution du contrat de transport

61. L'AUCTMR prévoit des sanctions qui « frappent » directement l'objet du contrat de transport, à savoir la marchandise. Il s'agit du refus du transport de la marchandise d'une part (a), et du déchargement, de la destruction ou de la neutralisation de la marchandise, d'autre part (b).

---

1 Dans ce cas, la sanction varie suivant que l'omission ou la déclaration inexacte est constatée avant ou après le sinistre. Si elle est constatée avant le sinistre, l'assureur a le droit soit de maintenir le contrat moyennant un supplément de prime, soit de le résilier dans un délai de dix jours suivant notification faite à l'assuré. Si la constatation est faite après le sinistre, l'indemnité est réduite en proportion du taux des primes qui auraient dû être payées. V. art. 19 al. 2 et 3.

2 Sur cette question en général, v. J-L Baudouin, « Justice et équilibre : la nouvelle moralité contractuelle du droit civil québécois », in Mélanges J. Ghestin, *op.cit.*, p.33 ; D. Mazeaud, « Les nouveaux instruments de l'équilibre contractuel », in *La nouvelle crise du contrat, op.cit.*, p. 135.

a. Le refus du transport de la marchandise

62. Cette sanction est énoncée par l'article 8 alinéa 4 de l'AUCTMR[1]. Il résulte de ce texte que si l'expéditeur remet au transporteur des documents, des espèces ou des marchandises de grande valeur sans en avoir fait connaître au préalable la nature ou la valeur, *le transporteur n'est pas tenu de les transporter.* Il s'agit d'une disposition originale de l'AUCTMR et qui n'a pas d'équivalent dans la CMR.

Ainsi, le transporteur se voit reconnaître le droit de ne pas accepter au transport des marchandises, des espèces ou des documents de grande valeur dont l'expéditeur lui a caché la nature ou la valeur. Il s'agit d'un droit dont l'usage est facultatif. Le transporteur apprécie souverainement les circonstances et décide de déplacer ou de ne pas déplacer la marchandise. Lorsqu'il refuse le transport, il devra, en cas de litige, prouver qu'il n'a pas eu connaissance, au moment de la prise en charge des marchandises, de leur nature ou de leur valeur exacte.

63. Il faut tout de même préciser que le *refus du transport* n'est pas totalement inconnu en droit des transports. Depuis fort longtemps, il est admis que le transporteur est libre de ne pas contracter ou de ne pas transporter la marchandise si, de par ses données particulières, l'exécution d'un transport lui apparaît risquée ou au-dessus de ses moyens[2]. En tout cas, le transporteur est en droit de refuser « toute chose dont il n'entend point assurer le transport soit parce qu'elle présente des risques, soit parce que l'opération ne lui paraît pas assez rémunératrice : le principe de la liberté du commerce lui permet de limiter son activité comme il l'entend, à condition qu'il n'ait point fait d'offres précises en vue du transport de toute marchandise quelconque[3] ».

Cependant, s'agissant du droit reconnu par l'AUCTMR au transporteur de refuser le transport de documents, espèces ou marchandises de grande valeur dont la nature ou la valeur n'ont pas été déclarées par l'expéditeur, il faut souligner qu'il procède d'autres considérations. En effet, il vise simplement à sanctionner une faute de l'expéditeur qui consiste à ne pas avoir fait connaître

---

[1] L'article 7 al. 2 de l'AUCTMR prévoit un cas particulier de refus du transport de la marchandise. Il reconnaît ce droit au transporteur lorsque celui-ci ayant avisé l'expéditeur de l'existence d'un défaut d'emballage apparent, il n'est pas remédié à ce défaut dans un délai raisonnable.

[2] V. Com., *10 déc. 1989*, B.T. 1990, p. 66 ; Paris, *4 déc 1979*, B.T 1980, p. 79 ; *10 fév. 1984* (SCAC c/ The sea insurance et LEP transport) et *16 déc. 1985* (STEF c/ Barron et UAP), cités in Lamy transport, *ibid*, Jurisp. n° 1307.

[3] J. et E. Escarra, J. Rault, *op. cit.*, n° 838.

au préalable la nature ou la valeur exacte des choses qu'il remet au transporteur[1].

64. L'application de l'article 8 alinéa 4 n'est pas sans susciter quelques difficultés. La première tient à l'absence de toute indication sur ce qu'il faut entendre par « *documents, espèces ou marchandises de grande valeur*[2] ». En effet, contrairement aux marchandises dangereuses dont la notion est définie de manière précise[3], l'AUCTMR prend le « risque » d'utiliser une formule au contenu vague dont l'appréciation est laissée à la discrétion du transporteur[4]. En l'absence de critères légaux de la notion de « grande valeur », il appartient aux juges du fond de fixer les éléments permettant, dans chaque cause, de dire si les documents, espèces ou marchandises confiés au transporteur étaient de grande valeur.

La seconde difficulté que suscite ce texte est relative au fret. La question est de savoir si le transporteur doit conserver le fret déjà perçu avant la prise en charge de la marchandise. Devant le silence de L'AUCTMR, on peut estimer que les relations contractuelles étant prématurément terminées, le transporteur doit normalement restituer le fret à l'expéditeur[5]. Une réponse contraire créerait une situation d'enrichissement sans cause et reviendrait finalement à sanctionner l'expéditeur deux fois.

65. En fin de compte, le refus du transport est une sanction sévère pour l'expéditeur. Par ses effets, elle paraît ambivalente. D'un côté, le refus du transport s'apparente quelque peu à *l'exception d'inexécution*[6] dans la mesure où le transporteur, confronté à l'inexécution par l'expéditeur de l'obligation d'information, est en droit de ne pas fournir sa prestation. De l'autre, en aboutissant parfois à la cessation prématurée de la relation contractuelle par la

---

[1] Pareille sanction est également prévue lorsqu'un défaut d'emballage ayant été constaté et signalé à l'expéditeur, ce dernier n'y remédie pas dans un délai raisonnable. V. art. 7 al. 2 de l'AUCTMR.

[2] V. Lacasse et Putzeys, *op.cit*, p. 698.

[3] V. article. 2-f.

[4] Pour prévenir les difficultés, l'AUCTMR aurait pu contenir une liste limitative ou tout au moins indicative des objets de valeur tels que les pierres précieuses, l'or, les valeurs mobilières ou les devises dont la déclaration serait obligatoire.

[5] Cette solution est à rapprocher de celle qui s'applique en cas de nullité ou de résolution du contrat. La règle dans les deux cas est que les choses doivent être remises en l'état, chaque partie devant restituer ce qu'elle a reçu de l'autre. V.R. Jambu-merlin, « Essai sur la rétroactivité des actes juridiques », RTD civ. 1948. 279 A. Bouziges, *Les restitutions après annulation ou résolution d'un contrat*, thèse (dactyl.) Poitiers, 1982 ; E. Poisson-Drocourt, « Les restitutions entre les parties consécutives à l'annulation d'un contrat », D. 1983, chron. 85 ; M. Malaurie, *Les restitutions en droit civil*, thèse Paris II, 1990 ; C. Rigalle, *La résolution partielle du contrat*, thèse Lille II, 2001 ; J. Ghestin, *op.cit.*, n° 919 s ; Terré, Simler et Lequette, *op.cit.*, n° 424 s (nullité), n° 654 s (résolution).

[6] V. J-F Pillebout, *Recherches sur l'exception d'inexécution*, thèse Paris, éd. 1971 ; C. Malecki, *L'exception d'inexécution*, thèse Paris I, LGDJ. 1999 ; Terré, Simler et Lequette, *ibid.*, n° 630 s.

seule volonté du transporteur, le refus du transport se rapproche de la *rupture unilatérale du contrat*[1]. Dans un cas comme dans l'autre, il apparaît que *le refus du transport affecte* indiscutablement, soit *l'existence du contrat de transport*[2], celui-ci prenant fin lorsque le transporteur décide de ne pas exécuter définitivement le transport, soit *l'exécution* du contrat, ce dernier étant simplement suspendu lorsque le transporteur accepte finalement d'assurer le transport de la marchandise moyennant le paiement d'un supplément de fret. Ainsi, lorsqu'il conduit à la disparition du lien contractuel, le refus de transporter la marchandise aboutit finalement au même résultat que la nullité. La survie du contrat que semble privilégier l'AUCTMR est donc un leurre. Les autres mesures susceptibles d'être prises par le transporteur le confirment par ailleurs.

b. Le déchargement, la destruction ou la neutralisation de la marchandise

66. Il s'agit de mesures que le transporteur est habilité à prendre lorsque l'expéditeur lui a remis des marchandises dangereuses sans lui en avoir fait connaître la nature exacte. S'inspirant du droit maritime[3], l'article 8 alinéa 3 in fine de l'AUCTMR dispose que « *le transporteur peut, de manière adéquate, décharger, détruire ou rendre inoffensives les marchandises dangereuses qu'il n'aurait pas consenti à prendre en charge s'il avait connu leur nature ou leur caractère, et ce sans aucune indemnité* ». Il y a là énoncé une double sanction pour l'expéditeur qu'il faut examiner.

67. D'abord, l'article 8, alinéa 3 de l'AUCTMR reconnaît au transporteur le droit de décharger, détruire ou rendre inoffensives les marchandises dangereuses dont la nature lui a été dissimulée ou cachée. Le transporteur dispose ainsi d'une triple option : décharger, détruire ou neutraliser la marchandise dangereuse. Le choix de l'une ou l'autre solution dépend certainement de la nature de la marchandise (matière inflammable, explosive, toxique, solide, liquide ou gazeuse) et surtout du risque qu'elle présente pour la sécurité ou l'intégrité du transporteur, des autres marchandises ou des tiers.

---

[1] Le juge pourrait cependant contrôler a posteriori les motifs qui ont conduit le transporteur à refuser de transporter la marchandise et donc finalement de rompre unilatéralement le contrat.

[2] Si l'on assimile le refus de transporter à l'exception d'inexécution, l'idée de résolution unilatérale ne serait pas totalement exclue. V. J. Roche-Dahan, « L'exception d'inexécution, une forme de résolution unilatérale du contrat synallagmatique », D. 1994, chron., p. 257.

[3] En effet, il est de règle en matière maritime que les marchandises de nature inflammable, explosive ou dangereuse à l'embarquement desquelles le transporteur n'eût pas consenti s'il avait connu leur nature, peuvent être débarquées, détruites ou rendues inoffensives par le transporteur, et ce sans indemnité. V. art. 4 al. 6 de la Convention de Bruxelles du 25 août 1924 ; art. 13 al. 2-b de la Convention des Nations sur le transport de marchandises par mer (1978) ; art. 44 du décret du 31 décembre 1966 sur les contrats d'affrètement et de transport maritime. R. Rodière, *Traité général de droit maritime*, tome 2, n° 429.

Toutefois, la décision du transporteur doit être proportionnelle au risque encouru ou à la gravité du préjudice redouté.

L'exercice par le transporteur de ce droit de déchargement, de destruction ou de neutralisation de la marchandise dangereuse est subordonné à une condition qui est de nature à éviter les abus ou l'arbitraire. En effet, l'article 8 alinéa 3 in fine indique bien que le transporteur peut décharger, détruire ou rendre inoffensives les marchandises « *qu'il n'aurait pas consenti à prendre en charge s'il avait eu connaissance de leur nature ou leur caractère* ». Le transporteur doit en quelque sorte démontrer que le silence de l'expéditeur a eu une incidence sur sa décision de prendre en charge la marchandise litigieuse. À défaut d'une telle preuve, sa responsabilité pourrait être recherchée pour les dommages subis par la marchandise.

68. Ensuite, le texte précité permet au transporteur de décharger, détruire ou neutraliser la marchandise sans devoir aucune indemnité à l'expéditeur. Autrement dit, l'expéditeur supporte entièrement les conséquences résultant de la décision du transporteur sans pouvoir prétendre à une contrepartie quelconque. Par exemple, s'il s'agit du déchargement de la marchandise, l'expéditeur devra supporter la totalité des frais de retour ou de réexpédition, ou encore les frais de conservation ou de garde de la marchandise ou, le cas échéant, les rembourser au transporteur.

La sanction est donc particulièrement lourde pour l'expéditeur. Elle prend d'ailleurs l'allure d'une peine privée infligée à l'expéditeur à raison d'un manquement à son devoir d'information.

69. En somme, la décision du transporteur de décharger, détruire ou rendre inoffensives des marchandises dangereuses n'a pas seulement des effets matériels. Elle a aussi une incidence juridique dans la mesure où elle met en cause l'existence même (ou la survie) du contrat de transport. En effet, en déchargeant, détruisant ou neutralisant la marchandise, le transporteur prive le contrat de transport de son objet (ou l'altère) et, par conséquent, celui-ci peut prendre fin de manière anticipée. En tout cas, le transport est réputé terminé. Le sort du contrat de transport se trouve ainsi entre les mains du transporteur qui dispose d'un quasi pouvoir de *rupture unilatérale* des relations contractuelles. Il est certain qu'une telle prérogative ne peut se justifier que par le risque que les marchandises dangereuses présentent pour la sécurité ou l'intégrité des personnes, du matériel de transport ou des autres marchandises[1]. Quelque pertinent que soit cet argument, il reste que sans peut-être y avoir pensé, l'AUCTMR permet finalement au transporteur, par décision unilatérale, de mettre un terme au contrat sans avoir à recourir à l'office du juge. Il y a là une situation qui s'inscrit bien dans ce que la doctrine

[1] En quelque sorte, l'urgence justifierait ainsi que le transporteur soit dispensé de faire appel au juge.

moderne appelle l'*unilatéralisme*[1]. Ainsi, contrairement à ce qui se passe lorsque le transporteur opte pour la mise en jeu de la responsabilité de l'expéditeur, le juge n'intervient qu'*a posteriori*, en cas de contestation par l'expéditeur du bien-fondé des mesures prises par le transporteur[2].

2. Les sanctions relevant de la responsabilité civile

70. Le contrat de transport ne survit finalement que dans l'hypothèse où le transporteur préfère agir sur le terrain de la responsabilité civile[3]. L'AUCTMR lui offre deux possibilités : soit rechercher la responsabilité de l'expéditeur pour tout préjudice subi en raison du transport de la marchandise (a), soit se prévaloir de la faute de l'expéditeur pour s'exonérer de toute responsabilité (b).

a. La responsabilité de l'expéditeur

71. Contrairement à la CMR qui n'aborde nulle part le problème de la responsabilité de l'expéditeur en cas d'omission ou de fausse déclaration concernant la marchandise[4], l'AUCTMR lui consacre une place importante. Des dispositions des paragraphes 2, 3 et 4 de l'article 8 dudit acte, il résulte que l'expéditeur est responsable de tout préjudice subi par le transporteur :

– lorsque ce préjudice a pour origine « soit l'omission, soit l'insuffisance ou l'inexactitude de ses déclarations ou instructions relatives à la marchandise transportée » (art. 8. par. 2) ;

– lorsqu'il remet au transporteur une marchandise dangereuse (art. 8. par.3) ou des documents, des espèces ou des marchandises de grande valeur (art.8. par. 4) sans en avoir fait connaître au préalable la nature exacte ou la valeur.

---

[1] Ch. Jamin, D. Mazeaud (sous la dir.de), *L'unilatéralisme et le droit des obligations*, 1999 ; E. BAZIN, « La résolution unilatérale du contrat », RRJ. 2000, 1381. La Cour de cassation (Civ, 1e, 28 oct. 2003, RTD civ. 2004. 89) confirme bien cette tendance à l'unilatéralisme du droit contemporain des obligations lorsqu'elle décide que « *la gravité du comportement d'une partie à un contrat peut justifier que l'autre partie y mette fin de façon unilatérale à ses risques et périls, peu important que le contrat soit à durée déterminée ou non* ».

[2] La situation est alors exactement la même qu'en droit commun, en cas de résolution unilatérale du contrat proprement dite par une partie pour comportement grave de son cocontractant. V. E. Bazin, *ibid.*, n° 14 et s ; Ch. Jamin, Note sous Civ. 1e, *22 juil. 1998*, D. 1999. 197 ; N. Rzepecki, Note sous arrêt précité, JCP. 1999. II. 10133 ; J. Mestre et B. Fages, « Résolution unilatérale. À quoi tient le comportement grave ? », RTD civ. 2004. 89.

[3] Traitant des contrats en général, M. Lucas de Layssac précise qu'en cas de violation de l'obligation de renseignements, le demandeur qui hésiterait à mettre en œuvre les articles 1110 ou 1116 du Code civil, pourrait toujours recourir à l'article 1382. V. *op. cit.*, p. 330, n° 42.

[4] Sur cette lacune de la CMR, v. Lacasse et Putzeys, *op. cit.*, p. 698 ; J. Putzeys, « Le contrat de transport routier de marchandises », n° 349 et s, et n° 1004 et s. Précisons cependant que la CMR envisage la responsabilité de l'expéditeur envers le transporteur des dommages aux personnes, au matériel ou à d'autres marchandises ainsi que des frais ayant pour origine le vice d'emballage. V. art. 10.

Quelle que soit l'hypothèse envisagée, la situation de l'expéditeur est identique : il est responsable envers le transporteur de tous dommages résultant de son omission ou de l'inexactitude de ses déclarations. Il convient alors de préciser les conditions, la portée de cette responsabilité et le régime de l'action en responsabilité.

72. Les conditions de la responsabilité de l'expéditeur pour violation de l'obligation d'information sont les conditions classiques de toute responsabilité contractuelle[1]. Le transporteur doit rapporter une triple preuve. D'abord, il doit faire la preuve du dommage subi par lui-même ou par toute personne aux services de laquelle, il a recours pour l'exécution du contrat de transport. Il peut s'agir des atteintes à la sécurité ou à l'intégrité physique du transporteur ou de ses préposés, des dommages subis par le matériel de transport[2], des amendes infligées par la douane à raison d'une désignation inexacte de la marchandise, des dépenses ou frais occasionnés par le transport, la garde ou l'entreposage de la marchandise, etc. C'est dire que la notion de dommages englobe tous frais et dommages auxquels est confronté le transporteur et qui ont pour origine une omission ou une fausse déclaration de l'expéditeur[3].

Ensuite, il doit établir l'omission, l'inexactitude ou l'insuffisance des informations fournies par l'expéditeur et montrer qu'elle est constitutive d'un manquement à l'obligation mise à sa charge[4].

Enfin, il doit établir le lien de causalité entre le dommage subi et l'inexécution de l'obligation d'information par l'expéditeur.

73. L'expéditeur doit normalement réparer l'intégralité du préjudice subi (matériel et/ou moral) par le transporteur dès lors que les conditions de sa responsabilité sont réunies[5]. Il reste que cette responsabilité n'est engagée

---

[1] Pour une vue complète des conditions de responsabilité en cas de violation de l'obligation d'information en général, v. Fabre-Magnan, *op.cit.*, n° 596 et s.

[2] V. Colmar, *16 juin 1972*, B.T 1972, p. 320 (dégâts causés au véhicule par une surcharge consécutive à une déclaration inexacte du poids).

[3] L'article 8 al. 3 précise que le transporteur qui a remis une marchandise dangereuse sans en avoir fait connaître au préalable la nature exacte, doit notamment acquitter les frais d'entreposage et les dépenses occasionnées par cette marchandise.

[4] Autrement dit, le transporteur doit faire la preuve de la faute de l'expéditeur. V. en matière maritime où le problème se pose de la même manière : Colmar, *18 janv. 1984*, B.T. 1984, p. 251 ; Trib. com. Le Havre, *17 juin 1969*, D.M.F 1970. 561.

[5] Contrairement au transporteur qui bénéficie d'une limitation légale de responsabilité (v. art. 18 de l'AUCTMR), l'expéditeur doit effectivement indemniser le transporteur pour tout le préjudice subi par le transporteur, sauf clause contraire. En effet, en l'absence d'interdiction légale, rien n'empêche que les parties puissent prévoir une clause limitant la responsabilité de l'expéditeur. En tout cas, la question de la limitation de la responsabilité de l'expéditeur fait aujourd'hui débat. V.M. Tilche, « Limites de responsabilité. Pourquoi pas le chargeur ? », B.T.L. 2003, p. 431.

qu'envers le transporteur[1] (ou ses préposés). L'expéditeur ne peut être tenu de répondre directement des dommages subis par le destinataire des marchandises ou par d'autres expéditeurs. Ces deux situations méritent d'être précisées.

En premier lieu, le transporteur ne peut pas se prévaloir de l'omission ou de l'inexactitude des déclarations de l'expéditeur pour dégager sa responsabilité à l'égard du *destinataire de la marchandise litigieuse*. Il demeure seul responsable envers le destinataire des marchandises telles qu'elles sont décrites dans la lettre de voiture. L'article 5 alinéa 1 de l'AUCTMR pose en règle que « *la lettre de voiture fait foi, jusqu'à preuve contraire, des conditions du contrat et de la prise en charge de la marchandise par le transporteur* ». Dès lors, si le transporteur n'a pas fait des réserves au moment de la prise en charge de la marchandise, il y a présomption que celle-ci était en bon état et que le nombre de colis, leurs marques et leurs numéros étaient conformes aux mentions de la lettre de voiture[2]. Il répond donc des dommages subis par le destinataire, sous réserve de son recours contre l'expéditeur lorsqu'il peut prouver que le dommage résulte de la violation de l'obligation d'information[3]. C'est dire que dans les rapports entre le transporteur et le destinataire, le contrat de transport produit entièrement ses effets. L'inexactitude des déclarations faites par l'expéditeur sur la lettre de voiture ne constitue donc pas une cause d'exonération de la responsabilité du transporteur à l'égard de l'expéditeur, sauf exception prévue par la loi[4].

En second lieu, il peut arriver que *d'autres expéditeurs* subissent des dommages ayant pour origine l'inexécution de l'obligation d'information par un expéditeur. Dans ce cas aussi, le transporteur est directement responsable. L'article 16 alinéa 1er de l'AUCTMR énonce de manière péremptoire que le transporteur « *est responsable de l'avarie, de la perte totale ou partielle qui se produit pendant la période de transport, ainsi que du retard à la livraison* ». Il ne peut pas donc se prévaloir de la faute de l'expéditeur fautif et l'opposer à un autre qui aurait subi un dommage. Comme l'a fort bien relevé le Doyen Rodière[5] : « *La règle de base est simple : tout dommage qui s'est produit entre la prise en charge et la livraison est réputé dû au transporteur et cette*

[1] Quant à la responsabilité éventuelle de l'expéditeur à l'égard des tiers qui auraient subi des dommages, elle est de nature délictuelle, aucune relation contractuelle n'existant entre eux. Par tiers, on entend les ayants droit des autres marchandises transportées en même temps que celles de l'expéditeur fautif, ou encore toute personne étrangère au contrat de transport.
[2] V. art. 10 al. 4 de l'AUCTMR.
[3] Cette solution est constante en droit maritime. V. A. Akam Akam, *La responsabilité du chargeur pour les dommages causés par ses marchandises dans le transport maritime*, mémoire de D.E.S.S, Aix-Marseille III, 1987 ; Aix-en-Provence, *17 avr. 1956*, B.T 1956, p. 166 ; *20 mars 1979*, B.T 1979, p. 364 ; Trib. com. Marseille, *2 mai 1975*, D.M.F 1976. 94.
[4] V. infra, n° 76 et s.
[5] *Droit des transports*, n° 493.

présomption de responsabilité qui pèse sur lui est très lourde ». En somme, le transporteur est le seul responsable envers ces expéditeurs n'ayant aucune connaissance ni relation avec l'expéditeur dont la faute serait à l'origine de leur préjudice[1]. Le transporteur pourra cependant se retourner contre celui-ci.

74. L'AUCTMR ne fixe pas un régime propre à l'action en responsabilité contre l'expéditeur. Il faut donc partir des règles générales qu'il édicte pour déterminer le délai de prescription d'une part et le tribunal compétent d'autre part.

L'article 25 alinéa 1er de l'AUCTMR qui fixe les délais de prescription n'est pas suffisamment clair. En effet, si ce texte énonce *in limine* que « *toute action découlant d'un transport régi par le présent acte uniforme se prescrit par un an à compter de la date de livraison ou, à défaut de livraison, de la date à laquelle la marchandise aurait dû être livrée* ». Tout porte à croire que cette rédaction ne concerne que l'action intentée contre le transporteur.

Il paraît cependant cohérent de soumettre l'action en responsabilité dirigée contre l'expéditeur à la prescription annuelle prévue par l'article précité. D'une part, il est normal que la responsabilité des parties à un même contrat soit soumise à des conditions identiques, sauf lorsque la loi en dispose autrement. Rien ne peut justifier que l'action contre l'expéditeur soit prescrite dans le délai de droit commun qui est de cinq ans en matière commerciale[2] alors que celle dirigée contre le transporteur serait soumise à la prescription d'un an prévue par l'AUCTMR. D'autre part, on peut invoquer l'argument de texte tiré de la formule même de l'article 25 alinéa 1er qui vise *in limine* et sans distinction, « *toute action découlant d'un transport régi par le présent Acte uniforme* ». Il ne fait aucun doute que l'action du transporteur trouve son origine dans un manquement de l'expéditeur à une obligation contractuelle.

L'action en responsabilité contre l'expéditeur est donc soumise à la prescription d'un an. Toutefois, s'il s'avère que la faute commise par ce dernier est une faute dolosive ou une faute équivalente au dol[3], ce délai est alors de trois ans conformément aux dispositions de l'article susvisé[4].

---

1 Il y a là une exacte application du principe de l'effet relatif des contrats énoncé par l'article 1165 du Code civil.

2 V. art. 18 de l'Acte uniforme du 17 avril 1997 relatif au droit commercial général, J.O. OHADA, n° 1, 01/10/97, p. 1 et s.

3 Sur ces notions, v. D. Nguyen Thanh-Bourgeais, « Contribution à l'étude de la faute contractuelle : la faute dolosive et sa place dans la gamme des fautes », RTD civ. 1974. 414 ; G. Viney, « Remarques sur la distinction entre faute intentionnelle, faute inexcusable et faute lourde », D. 1975, chron. 263 ; G. Briere de L'Isle, « La faute dolosive, Tentative de clarification », D. 1980, chron. 133 ; C. Radé, « L'impossible divorce de la faute et de la responsabilité civile », D. 1998, chron. 301.

4 V. Com, *8 janv. 1974*, B.T. 1974, p. 91 ; Paris, *17 juin 1974*, B.T. 1974, p ; 321 ; Lyon, *27 juin 1980*, B.T. 1980, p. 504.

L'intervention de la jurisprudence permettra de fixer le droit sur cette question. En attendant, on peut regretter que les rédacteurs de l'AUCTMR ne soient pas inspirés de la loi française du 18 juin 1966 sur les contrats d'affrètement et de transport maritimes qui traitent expressément de la prescription de l'action contre le chargeur. L'article 26 précise que « *toutes actions contre le chargeur ou le destinataire sont prescrites par un an* ». Une telle disposition a le mérite d'être claire et est de nature à éviter tout débat.

75. L'AUCTMR laisse le choix au transporteur de porter son action soit devant une juridiction arbitrale[1], soit devant une juridiction étatique.

Le transporteur peut effectivement recourir à *l'arbitrage*. En effet, l'article 26 de l'AUCTMR dispose que « *tout litige résultant d'un contrat de transport (...) peut être réglé par voie d'arbitrage* ». Aucune forme particulière d'arbitrage n'est imposée. Le demandeur a ainsi la liberté de recourir à la procédure d'arbitrage[2] de son choix, soit l'arbitrage ad hoc[3], soit l'arbitrage institutionnel[4]. Quelle que soit la procédure retenue, le ou les juges choisis, comme d'ailleurs les juges étatiques, devront trancher le litige suivant les règles de l'AUCTMR qui sont d'application impérative[5].

Le transporteur a naturellement la possibilité de porter son action devant une juridiction étatique. Sauf clause attributive de juridiction, il peut, conformément à l'article 27 alinéa 1er, saisir la juridiction du pays sur le territoire duquel l'expéditeur « *a sa résidence habituelle, son siège principal ou la succursale ou l'agence par l'intermédiaire de laquelle le contrat de*

---

[1] L'un des objectifs de l'OHADA est de promouvoir l'arbitrage comme instrument de règlement des différends contractuels en général. À cet effet, le Traité instituant l'OHADA consacre tout un titre à l'arbitrage. Par ailleurs, un Acte uniforme relatif au droit de l'arbitrage et un Règlement d'arbitrage de la Cour commune de justice et d'arbitrage de l'OHADA ont été adoptés et publiés. V. I. Khalil Diallo, *Arbitrage commercial interne et international*, Institut Afrique-Mer (Dakar), 1999 ; P-G. Pougoue, J.M. Tchakoua, A. Féneon, *Droit de l'arbitrage dans l'espace OHADA*, PUA, 2000 ; Ph. Fouchard (sous la dir. de), *L'Ohada et les perspectives de l'arbitrage en Afrique*, Travaux du Centre René-Jean Dupuy pour le droit et le développement, Bruylant, 2000 ; R. Amoussou-Guenou, « L'arbitrage dans le Traité relatif à l'harmonisation du droit des affaires », RDAI, 1996, n° 3, p. 321.

[2] Dans ce cas, la clause d'arbitrage doit normalement figurer sur la lettre de voiture.

[3] C'est celui qui se déroule en dehors de toute institution d'arbitrage, les parties au litige choisissant directement leurs arbitres auxquels il revient de tout organiser. Cette forme d'arbitrage a longtemps prévalu dans la plupart des États membres de l'OHADA. V. I. Khalil Diallo, *op.cit.*, p. 32.

[4] Il s'agit de l'arbitrage qui est organisé par une institution spécialisée à l'instar de la Cour d'arbitrage de Côte d'Ivoire, la Cour d'arbitrage, de médiation et de conciliation du Sénégal ou encore la Cour d'arbitrage de l'OHADA placée sous l'égide de la CCJA. V. pour une vue générale des centres d'arbitrage dans l'espace OHADA, I. Khalil Diallo, *ibid.*, p. 34 et s.

[5] V. art. 28 de l'AUCTMR et art. 33 de la CMR.

transport a été conclu » ou sur lequel la prise en charge de la marchandise a eu lieu ou la livraison est prévue[1].

b. L'exonération du transporteur

76. D'une manière générale, le transporteur peut s'exonérer en invoquant diverses causes d'exonération parmi lesquelles la faute de son cocontractant[2]. L'article 17 alinéa 1er de l'AUCTMR reprend cette solution acquise en droit commun en disposant que « *le transporteur est exonéré s'il prouve que la perte, l'avarie ou le retard a eu pour cause une faute ou un ordre de l'ayant droit* ». Dès lors, le transporteur peut se prévaloir d'une fausse déclaration de l'expéditeur ou d'une mauvaise rédaction de la lettre de voiture pour dégager sa responsabilité. Pour qu'il soit mis hors de cause, il faut que la faute reprochée à l'expéditeur soit en rapport direct et/ou exclusif avec le dommage subi par la marchandise. Toutefois, l'article 8 alinéa 4 *in fine* apporte une exception à cette règle en ce qui concerne les déclarations de l'expéditeur relatives à des documents, espèces ou marchandises de grande valeur en posant que « *la déclaration mensongère qui trompe sur la nature ou la valeur du bien exonère le transporteur de toute responsabilité* »[3]. Cette règle appelle quelques observations.

En premier lieu, la sanction (l'exonération du transporteur) s'applique dès lors que le transporteur peut simplement établir que l'expéditeur a fait une déclaration mensongère. On peut cependant se demander s'il ne faut pas distinguer selon que l'expéditeur a sciemment fait une déclaration mensongère ou non. Il est possible de penser que l'utilisation de l'adjectif « mensongère » au lieu d'« inexacte » ou « fausse » pourrait traduire la volonté du législateur de ne viser et ne sanctionner que les déclarations qui sont intentionnellement inexactes. En effet, une déclaration fausse ou inexacte devient mensongère quand son auteur a eu l'intention de tromper autrui[4]. C'est dire que le mensonge doit être délibéré. En tout cas, lorsqu'il est avéré que la déclaration

[1] S'il s'agit d'un transport intérieur, ce sont les règles de procédure du pays concerné qui déterminent la juridiction compétente.

[2] Elles sont prévues à l'art. 17 de l'AUCTMR. V. Lacasse et Putzeys, *op. cit.*, p. 710.

[3] Cette disposition est certainement inspirée du droit maritime. En effet, les articles 4 al. 5 de la Convention de Bruxelles de 1924 et 31 de la loi du 18 juin 1966 édictent que lorsque le chargeur a fait sciemment une déclaration inexacte de la nature ou de la valeur des marchandises, le transporteur n'encourt aucune responsabilité pour les pertes ou dommages survenus à ces marchandises.

[4] Une déclaration faite par erreur ne peut pas être considérée comme une déclaration mensongère et peut donc entraîner l'application de la sanction. V. en droit maritime où le problème est identique : Trib. com., Le Havre, *9 nov. 1948*, DMF 1949. 514 ; Trib. com., Marseille, *14 juin 1950*, Rev. Scapel, 1950. 48.

est mensongère, le transporteur peut s'en prévaloir à l'égard de toute personne, qu'il s'agisse de l'expéditeur ou de l'ayant droit à la marchandise[1].

En second lieu, *la sanction opère même s'il n'y a pas de rapport de causalité entre la déclaration mensongère et le dommage*[2]. En d'autres termes, le transporteur est exonéré de toute responsabilité pour tout dommage survenu à des documents, espèces ou marchandises de grande valeur sans qu'il soit tenu de démontrer que ce dommage a pour cause ou trouve son origine dans la déclaration mensongère de l'expéditeur. D'ailleurs, la sanction s'applique, que la cause du dommage soit connue ou inconnue. La règle est donc très sévère et prend l'allure d'une véritable *peine privée*[3] qui frappe l'expéditeur à cause de son comportement déloyal à l'égard de son cocontractant. D'une certaine manière, on peut rattacher cette sanction à la maxime « *fraus omnia corumpit* ».

77. Si la faute de l'expéditeur entraîne l'exonération de responsabilité pour le transporteur, l'article 21 alinéa 1er de l'AUCTMR prévoit cependant que « *le transporteur n'est pas admis au régime de l'exonération (...) de responsabilité prévue au présent acte uniforme (...) s'il est prouvé que la perte, l'avarie ou le retard à la livraison résulte d'un acte ou d'une omission qu'il a commis, soit avec l'intention de provoquer cette perte, cette avarie ou ce retard, soit témérairement et en sachant que cette perte, cette avarie ou ce retard en résulterait probablement*[4] ». En d'autres termes, la faute dolosive ou inexcusable du transporteur entraîne la déchéance du droit à l'exonération (tel serait le cas lorsqu'ayant connaissance de la valeur exacte de la marchandise, il s'est rendu complice de la fraude commise par son cocontractant). Dans une telle situation, il y a normalement lieu à partage de responsabilité entre le transporteur et l'expéditeur.

Conclusion

78. L'étude des sanctions de la violation par l'expéditeur de l'obligation d'information qui lui est imposée par l'AUCTMR a permis de se rendre compte que celui-ci opère à la fois une démarcation et un retour au droit commun des contrats. La démarcation est évidente lorsque, d'une part, rejetant la théorie des vices du consentement, il récuse l'annulation du contrat comme sanction de la réticence ou des fausses déclarations de l'expéditeur ; d'autre part, lorsqu'il édicte des sanctions spécifiques (refus du transport, déchargement, destruction ou neutralisation des marchandises dangereuses)

---

[1] V. en matière maritime, Civ., *13 déc. 1943*, D. 1944, p. 97 ; Rouen, *26 nov. 1976*, DMF 1977. 276 ; Paris, *7 juil. 1978*, B.T. 1978, p. 431 ; Aix-en-Provence, *20 mars 1979*, B.T 1979, p. 364.
[2] Dans ce sens en matière maritime, v. Paris, *20 mars 1969*, DMF 1969. 735.
[3] V. R. Rodière, *op. cit.*, n° 429.
[4] Ce texte est différent de celui de l'art. 29 de la CMR qui vise le dol ou une faute qui, d'après la loi de la juridiction saisie, est considérée comme équipollente au dol. V. R. Loewe, « Note explicative sur la CMR du 19 mai 1956 », Dr. eur. Transports, 1976, n° 218.

qui confèrent finalement au transporteur un *pouvoir unilatéral* pour mettre un terme au contrat de transport. Dans le premier cas, le droit OHADA s'inscrit dans cette tendance qui se renforce dans le droit contemporain des obligations de favoriser des solutions qui favorisent la survie du contrat et non sa disparition (confirmation ou régularisation, réfaction du contrat). Dans le second, il apporte en quelque sorte « sa pierre » à *l'unilatéralisme* qui se développe en matière contractuelle, faisant ainsi écho à la jurisprudence de la Cour de cassation qui reconnaît désormais à un créancier de mettre fin de façon unilatérale au contrat, à ses risques et périls, en raison de la gravité du comportement de son cocontractant.

En revanche, il y a recours au droit commun quand l'AUCTMR fait application des règles de la responsabilité civile contractuelle avec cependant quelques nuances, notamment à propos de la sanction de la déclaration mensongère de documents, espèces ou marchandises de grande valeur[1].

Ce choix « dialectique » du droit OHADA procède d'un véritable pragmatisme juridique qui, au gré des impératifs économiques ou moraux, l'amène soit à adopter des règles originales qui interfèrent sur la théorie générale du contrat, soit à reconduire des solutions qui sont simplement une application du droit commun, ce qui témoigne de ce qu'un droit spécial ne saurait avoir la prétention de régir de manière exclusive une matière, si particulière soit-elle. Au final, l'AUCTMR est la preuve que la juxtaposition des règles générales et des règles spéciales n'est pas forcément conflictuelle et peut conduire au renouveau de la pensée juridique[2]./.

---

[1] V. *supra*, n° 71 et s.

[2] Sur l'opposition entre droit commun et droit spécial, v. R. Gassin, « Lois spéciales et droit commun », D. 1961, chron. p. 91 ; F. Grua, « Les divisions du droit », RTD civ. 1993. 59 ; F. Pollaud-Dulian, « De quelques avatars de l'action en responsabilité civile dans le droit des affaires », RTD com. 1997. 349 ; « Du droit commun au droit spécial- et retour, » in *Aspects actuels du droit des affaires*, Mélanges Y. Guyon, Dalloz, 2003, p. 925.

-8-

LE COMPORTEMENT DE LA VICTIME ET LA RESPONSABILITÉ CIVILE*

1. L'on ne saurait entreprendre toute étude sur l'incidence du comportement de la victime sur la responsabilité civile, sans préciser au préalable le sens des concepts majeurs de cette proposition, à savoir le comportement d'une part, et la victime d'autre part.

Le mot « *comportement* »[1], dans son sens général, désigne la « manière de se comporter[2] », c'est-à-dire de se conduire, et plus précisément, la « manière d'être d'une personne ». Autrement dit, le comportement désigne l'attitude ou la conduite d'une personne dans une circonstance donnée. On peut penser que le terme comportement n'a pas une signification ou un sens juridique particulier[3]. Or, il n'en est rien. Le droit positif appréhende bien la notion de comportement, et ce notamment en droit pénal ou en droit civil. Par ailleurs, la Cour de cassation française elle-même fait directement référence au comportement d'une partie au contrat pour reconnaître à l'autre partie le droit de mettre fin de façon unilatérale au contrat[4].

Quant au mot « *victime* », il désigne, dans le langage juridique, toute personne physique ou morale qui subit un dommage et peut en demander réparation. Ainsi, en matière contractuelle, la victime est le contractant qui ne reçoit pas la prestation attendue de son cocontractant. C'est le cas du créancier insatisfait en raison de l'inexécution totale ou partielle, voire de l'exécution tardive de ses obligations par le débiteur. Cela dit, la notion de responsabilité contractuelle repose sur l'existence d'un dommage contractuel, ce qui montre bien que la partie qui se plaint d'une inexécution non excusée par la force majeure est sans conteste une victime au même titre que toute personne ayant

---

***Article publié in *Cahiers Juridiques et Politiques (Université de Ngaoundéré-Cameroun)*, 2008, pp.1-30.**

[1] Sur les différentes acceptions du mot, v. B. Fages, *Le comportement du contractant*, PUAM, 1997, n° 1 et s.

[2] V. E. Littré, *Dictionnaire de la langue française*, 1958.

[3] Il convient de relever avec le Doyen Cornu (in *Vocabulaire juridique*, 5e éd., PUF, 1996, p. IX) que ce n'est pas à la présence formelle d'un mot dans un texte de droit que l'on reconnaît s'il est juridique.

[4] V. Civ, 1re, 28 octobre 2003, RTD civ, 2004, p. 89. Cette décision et bien d'autres encore précisent que « *la gravité du comportement d'une partie* » justifie la résolution unilatérale du contrat.

subi un préjudice du fait d'autrui[1]. En tout cas, en matière délictuelle, la notion de victime ne suscite guère de difficulté. Il s'agit de toute personne qui subit un dommage causé par autrui en dehors de toute relation contractuelle[2]. En définitive, au sens de cette étude, le terme de victime s'applique indifféremment à toute personne ayant éprouvé un dommage contractuel ou un dommage délictuel.

2. Le droit positif considère le comportement de la victime quelle que soit la nature du dommage et en tire un certain nombre de conséquences sur le plan de la responsabilité civile. C'est dire que dans la démarche juridique, le comportement de la victime d'un dommage doit être autant « *scruté* » ou examiné que celui de l'auteur présumé du dommage, afin de déterminer l'influence qu'il peut avoir exercée sur la production ou l'aggravation du préjudice. L'appréciation du comportement de la victime dans le « *processus dommageable* » traduit le souci d'établir un juste équilibre entre les parties en présence, dès lors que celui-ci peut avoir un lien quelconque avec le dommage dont il est demandé réparation. Ainsi, lorsqu'il est saisi d'une réclamation, le juge doit rechercher si le demandeur « n'est pour rien » dans la production du dommage qui l'affecte. La question est alors de savoir s'il est légitime que le juge s'intéresse à tout comportement de la victime que ce soit avant ou au moment de la réalisation du fait dommageable initial[3], ou que ce soit après la production du dommage. L'examen de la législation et de la jurisprudence permet de mettre en exergue les constantes et les inflexions des solutions adoptées par le droit.

3. Traditionnellement, le droit positif ne s'intéresse essentiellement qu'au comportement de la victime antérieur ou concomitant au dommage. En effet, il apparaît que l'on s'est surtout préoccupé d'apprécier l'attitude de la victime avant ou au moment où le dommage s'est produit. Ce constat est valable en ce qui concerne les deux ordres de responsabilité, c'est-à-dire la responsabilité contractuelle et la responsabilité extracontractuelle. Cette option tient certainement au fait que le juge, se plaçant au moment où le dommage est survenu, essaye de déterminer si la victime a eu un comportement irréprochable. Dans une telle optique, l'analyse porte presque exclusivement sur la recherche des causes du dommage. Ainsi, s'il s'agit d'un dommage contractuel, l'on s'intéressera au comportement du créancier insatisfait pour déterminer s'il « n'est pour quelque chose » dans l'inexécution dont il se plaint. De même, en matière délictuelle, l'attention sera focalisée sur la conduite de la victime lorsque l'évènement ayant occasionné le dommage

---

[1] La jurisprudence refuse par conséquent toute réparation au créancier en l'absence de preuve d'un préjudice.

[2] V. art. 1382 et suivants du Code civil.

[3] Il s'agit d'un fait quelconque considéré comme étant à l'origine du préjudice et qui est imputable au débiteur ou à l'auteur du délit (au sens civil du terme).

s'est produit. Dans l'un et l'autre cas, l'incidence du comportement de la victime sur la responsabilité civile dépend de l'influence que celui-ci aurait eue sur la production du dommage. S'il s'avère que le comportement de la victime est à l'origine ou a contribué à la réalisation du dommage, le débiteur ou l'auteur du dommage serait en totalité ou en partie exonéré de sa responsabilité. Le fait du créancier en matière contractuelle[1] et le fait de la victime en matière délictuelle[2] sont ainsi des causes classiques de libération du débiteur ou de l'auteur du dommage.

4. L'on observe aussi une autre tendance, notamment dans certains droits étrangers d'une part et dans des conventions ou «codifications» internationales[3] destinées à régir les relations contractuelles, d'autre part, qui est de prendre en compte le comportement de la victime postérieurement à la production du dommage. Il s'agit, dans cette perspective, de considérer l'attitude que la victime a adoptée après la survenance du fait dommageable initial. Que ce soit en matière contractuelle ou en matière délictuelle, la démarche est exactement la même. La question qui se pose n'est plus seulement de savoir si la victime est à l'origine de son préjudice, mais aussi de savoir ce qu'elle a fait pour limiter, « minimiser » ou « modérer » le dommage. Ainsi, si le créancier ne fait rien pour tenter de limiter le dommage qui résulte pour lui de l'inexécution du contrat ou si la victime d'un dommage délictuel n'a pas pris les mesures raisonnables pour le « contenir », il n'y aurait pas lieu à réparation par le débiteur ou l'auteur de l'intégralité du préjudice subi. Plus précisément, la victime perd le droit à la réparation de la part du dommage qu'il aurait pu éviter. Telle est la sanction du manquement à l'*obligation de minimiser le dommage* [4](*the duty to mitigate damages*) mis à la charge de la victime. Cette sanction heurte manifestement de front le

[1] V. F. Terré, Ph. Simler et Y. Lequette, *Droit civil, Les obligations*, Dalloz, 9e éd, 2005, n° 584.

[2] V. F. Chabas, « Fait ou faute de la victime », D. 1973, chron. 207 ; B. Bonjean, *Le fait personnel non fautif dans le droit de la responsabilité civile*, thèse Grenoble (ronéot), 1973 ; C. Lapoyade-Deschamps, *La responsabilité de la victime*, thèse Bordeaux (ronéot), 1977 ; B. Puill, « Les caractères du fait non fautif de la victime », D. 1980, chron. 157 ; M. Eloi et alli, « La faute de la victime dans la responsabilité extra-contractuelle », Mél. Lapoyade-Deschamps, 2003, p. 47.

[3] Tel est notamment le cas des Principes Unidroit applicables aux contrats du commerce international et des Principes européens du droit des contrats.

[4]R. Dalcq, « L'obligation de minimiser le dommage dans la responsabilité quasi-délictuelle », RDAI. 1987, n° 6, p. 365 ; B. Hanotiau, « Régime juridique et portée de l'obligation de modérer le dommage dans les ordres juridiques nationaux et le droit du commerce international », RDAI. 1987, n° 14, p. 396 ; R. Kruithof, « L'obligation de la partie lésée de restreindre le dommage », RJCB. 1989, n° 3, p. 14 ; S. Reifegerste, *Pour une obligation de minimiser le dommage*, PUAM, 2002, préf. H. Muir-Watt ; S. Pimont, « Remarques complémentaires sur le devoir de minimiser son propre dommage », Rev. Lamy Dr. civ., 2004 ; D. Gency-Tandonnet, « L'obligation de modérer le dommage dans la responsabilité extracontractuelle », Gaz.pal, 2004. 1. doctr. 1485 ; J-L. Aubert, « La victime peut-elle être obligée de minimiser son dommage », note sous Cass. 2e civ. 19 juin 2003, RJDA 2004, p. 355.

principe de la réparation intégrale du préjudice qui est l'un des piliers du droit de la responsabilité civile[1]. Force est alors de s'interroger sur les fondements et l'étendue de l'obligation ainsi mise à la charge de la victime de « réduire » le dommage qui lui a été infligé.

5. Contrairement au droit français qui se montre « foncièrement » hostile à cette obligation pourtant consacrée depuis fort longtemps par les droits anglais et américains[2], le droit OHADA l'accueille favorablement en matière contractuelle en lui donnant une expression légale. Il faut y voir sans doute l'influence de la Convention de Vienne sur la vente internationale de marchandises,[3] mais aussi des Principes Unidroit applicables aux contrats du commerce international[4].

6. Au total, la présente étude entend rendre compte de cette appréhension globale du comportement de la victime qui atteste autant de l'évolution radicale des idées en matière de responsabilité civile[5] que de l'émancipation du droit des obligations OHADA par rapport à la source traditionnelle que constituait jusqu'alors le droit français. Ce faisant, privilégiant une approche comparatiste, elle montre comment le comportement de la victime qui est traditionnellement un élément exonératoire de la responsabilité civile (I) lorsqu'il est à l'origine ou a participé à la production du dommage tend à devenir un facteur de limitation de la réparation (II) dans le cas où il a contribué à l'aggravation du dommage initial.

I. LE COMPORTEMENT DE LA VICTIME ANTÉRIEUR OU CONCOMITANT AU DOMMAGE, CAUSE D'EXONÉRATION DE RESPONSABILITÉ

7. C'est depuis toujours que la jurisprudence s'intéresse au comportement de la victime et au rôle de celui-ci dans la survenance du dommage. En effet, la question de la prise en compte de l'attitude de la victime est consubstantielle à celle de la causalité. La justice et l'équité exigent que le juge scrute non seulement le comportement de l'auteur, mais également celui de la victime. Il

---

[1] V. Ch. Coutant-Lapalus, *Le principe de la réparation intégrale en droit privé*, th. Paris I, PUAM, 2002

[2] D. Gency-Tandonnet, « L'obligation de modérer le dommage dans la responsabilité extracontractuelle », Gaz.pal, Recueil mai-juin 2004, p. 1485

[3] Cela est incontestable pour ce qui est de l'Acte uniforme relatif au droit commercial général du 17 avril 1997 qui introduit l'obligation de minimiser le dommage en matière de vente commerciale.

[4] Sur l'influence de ces principes en droit des contrats Ohada en général, v. F. Etoundi Onana, « Les principes Unidroit et la sécurité juridique des transactions commerciales dans l'avant-projet d'acte uniforme sur le droit des contrats », Revue de Droit uniforme Unidroit, 2005-4, p. 682 et s.

[5] V. notam. G. Maitre, *La responsabilité civile à l'épreuve de l'analyse économique du droit*, th. Paris I, éd. 2005.

s'agit alors de déterminer si le comportement de la victime a ou non joué un rôle causal dans la production du dommage.

Le comportement de la victime recoupe à l'évidence une diversité d'attitudes qu'il convient d'évoquer (A) avant d'apprécier son incidence sur la responsabilité du créancier ou de l'auteur présumé (B).

A. La diversité des comportements de la victime

8. Le comportement de la victime revêt différents aspects selon que l'on est en matière contractuelle (1) ou en matière délictuelle (2).

1. Le fait de la victime d'un dommage contractuel

9. Dans son importante thèse[1] consacrée à l'étude du comportement du contractant, M. Bertrand Fages écrit : « Aujourd'hui, la relation contractuelle n'est plus seulement perçue comme la rencontre psychologique de deux volontés ou comme la réalisation matérielle et juridique de quelques prestations. En marge de ces deux piliers contractuels, les parties vivent, se comportent, agissent de telle ou telle manière, plus ou moins proches d'ailleurs de l'acte, de sorte que le droit des contrats intègre de plus en plus cette réalité dans son champ de vision. Ainsi, lorsqu'il est pertinent, le comportement du contractant n'est pas un simple fait. Il accède au rang de donnée juridique, interfère dans le litige et entraîne un grand nombre de solutions à tous les stades du contrat ». Cette opinion montre bien que le droit des contrats prend en compte le comportement des contractants et lui attache des conséquences juridiques. S'agissant du créancier, son fait peut effectivement avoir été la cause génératrice (exclusive ou partielle) de l'inexécution dont il se plaint. Il y a en outre l'hypothèse spécifique de l'acceptation des risques.

S'agissant du *fait du créancier*, il faut préciser qu'il peut être fautif ou non fautif. Il y a *fait fautif* lorsque le fait du créancier revêt les caractères d'une faute, c'est-à-dire une erreur de conduite moralement blâmable. Il peut s'agir d'une faute intentionnelle ou d'une simple imprudence ou négligence. Par exemple, dans un arrêt rendu le 7 mars 1962[2], la première chambre civile de la Cour de cassation a jugé fautif un voyageur inattentif qui s'étant rendu dans un wagon-restaurant, n'avait pas pu après son repas, regagner son compartiment, le wagon-restaurant ayant été rattaché dans l'intervalle à une partie du convoi se rendant dans une autre direction.

---

[1] Op. cit, n° 21, p. 27.

[2] D. 1962. 417. V. dans le même sens : Paris, 1er mars 1974, JCP 1975.II. 17922 (voyageur âgé et de santé fragile ne prenant pas assez de précautions pour traverser un soufflet de raccordement) ; Orléans, 10 nov. 1997, JCP. 1998. IV. 2121 (voyageur reconnaissant être descendu du train alors que celui-ci venait de se remettre en marche).

Il y a *fait non fautif* lorsque le créancier n'a pas commis de faute. Il s'agit du cas où le créancier n'a pas eu un comportement répréhensible. Force est de reconnaître qu'il s'agit d'une hypothèse assez rare, car le fait du créancier revêt le plus souvent un caractère fautif.

Une autre attitude qui est susceptible d'être opposable au créancier est l'acceptation des risques. On envisage notamment ici le cas du contrat médical qui implique que le patient, créancier de l'obligation de soins, accepte à l'avance des risques de dommages corporels en vue de sa guérison. Il est évident que dans ce cas, le patient accepte qu'une atteinte soit portée à son intégrité physique, sous réserve naturellement que son consentement soit éclairé. Le médecin supporte à cet effet une obligation d'information[1] qui s'étend d'ailleurs aujourd'hui aux risques exceptionnels[2].

2. Le fait de la victime d'un dommage délictuel

10. On retrouve également ici la distinction entre le fait fautif et le fait non fautif de la victime[3]. Sans prétendre être exhaustif, on peut distinguer trois attitudes de la victime susceptibles d'avoir une incidence sur la responsabilité : l'acceptation des risques, le consentement de la victime, la faute de la victime.

11. *L'acceptation des risques* est le fait pour une personne d'accepter volontairement et en toute connaissance de cause de supporter les risques découlant d'une situation ou d'une activité dangereuse[4]. Autrement dit, l'acceptation des risques consiste en la participation de la victime à une activité dont elle connaît les dangers. Il en est notamment ainsi en matière sportive[5]. En effet, le fait est qu'en cas de blessures subies au cours d'un jeu, d'un sport, par un participant, on admet qu'il y a acceptation des risques. Reste que la jurisprudence considère que parmi les risques affrontés, il convient de

---

[1] V. F. Chabas, « L'obligation médicale d'information en danger », JCP 2000.I. 212 ; M. Fabre-Magnan, *De l'obligation d'information dans les contrats*, th. Paris I, éd. 1992.

[2] Civ. 1re, 7 oct. 1998, D. 1999. 145.

[3] V. Fr. Chabas, « Fait ou faute de la victime », D. 1973, chron. 207 ; B. Bonjean, *Le fait personnel non fautif dans le droit de la responsabilité civile*, th. Grenoble (ronéot), 1973 ; C. Lapoyade-Deschamps, *La responsabilité de la victime*, th. Bordeaux (ronéot), 1977 ; B. Puill, « Les caractères du fait non fautif de la victime », D. 1980, chron. 157 ; M. Eloi et alli, « La faute de la victime dans la responsabilité extra-contractuelle », Mél. Lapoyade-Deschamps, 2003, p. 47.

[4] V. J. Honorat, *L'idée d'acceptation des risques dans la responsabilité civile*, Th. LGDJ, 1969, préf. J. Flour ; P. Esmein, « L'influence des risques pour la victime éventuelle d'un accident », RTD civ. 1938, 394 ; « L'idée d'acceptation des risques en matière de responsabilité civile », RID comp. 1952, 683 ; H. Groutel, « L'acceptation des risques : dérapage ou décollage ? », Resp. Civ. et ass. juillet-août 1999, p. 4.

[5] V. F. Alaphilippe, J-P. Karaquillo, *L'activité sportive dans les balances de la justice*, Dalloz-CNOSF, 1991 ; L. Lovellec, « Les aspects juridiques de la violence sportive », Mél. Bouzat, 1980, p. 285 ; G. Auneau, P. Jacq, « Les particularismes des contentieux sportifs », JCP. 1996.I. 3947.

distinguer les risques normaux des risques anormaux liés à la pratique d'un sport violent (boxe, rugby). Ainsi, « *l'acceptation des risques s'entend des risques normaux et prévisibles*[1] », c'est-à-dire des risques normaux conformes aux règles sportives (par ex. un boxeur ne peut se plaindre de recevoir des coups de poing de son adversaire). En conséquence, l'acceptation de courir un risque anormal constitue une faute de la victime.

12. *Le consentement de la victime* correspond à l'hypothèse où une personne consent à subir un dommage. La question est de savoir si le consentement de la victime est de nature à supprimer le caractère de l'acte dommageable dans tous les cas. La réponse varie suivant qu'il s'agit d'un dommage matériel ou d'un dommage corporel. Dans le premier cas, il est admis que le consentement de la victime justifie les dommages consistant dans une atteinte aux biens. C'est l'application de la maxime traditionnelle : *volenti non fit injuria* (ce qui signifie : on ne fait de tort à qui consent). En revanche, dans le cas où il s'agit de dommages corporels, il est de principe que la personne ne puisse valablement accepter qu'il soit porté atteinte à sa vie ou à son intégrité physique. Il n'en va autrement qu'en cas de permission de la loi, comme en matière chirurgicale.

13. Quant à la *faute de la victime*, elle peut jouer un rôle causal dans la production du dommage. Contrairement aux hypothèses précédentes dans lesquelles la victime a soit consenti au dommage, soit accepté de courir un risque connu de lui, il s'agit ici de cas où la victime d'un dommage a eu un comportement qui est à l'origine du dommage subi (ex : un passager qui laisse traîner sa main à l'extérieur du véhicule ; une personne qui se fait mordre par un chien après avoir pénétré dans une propriété sans permission). Bien entendu, son comportement n'est pris en compte que s'il n'est pas imputable à l'auteur présumé du dommage ou au gardien de la chose.

La faute de la victime qui est ainsi prise en considération doit être appréciée conformément aux critères usuels de la faute. Il faut caractériser la faute, c'est-à-dire de démontrer que la victime a eu, au moment de la survenance du fait dommageable, une défaillance de conduite ou a adopté un comportement incorrect ou non conforme à ce qu'il aurait dû être. La doctrine moderne adopte une conception objective de la faute : la faute civile est constituée par le seul fait matériellement constatable d'une erreur de conduite. Il s'agit donc de toute faute objective commise par la victime sans égard, par conséquent, pour les facultés de discernement de celle-ci. Le constat que la victime n'a pas eu le comportement d'un homme diligent suffit.

14. En somme, il apparaît bien que tant en matière contractuelle qu'en matière délictuelle, le comportement de la victime peut revêtir des formes variées. Pour l'essentiel, il s'agit d'actes ou de faits qui traduisent son

---

[1] Civ. 2e, 8 mars 1995, Bull. civ. II, n° 83.

implication dans le processus dommageable. Il reste alors à déterminer leur incidence sur la responsabilité du débiteur défaillant ou de l'auteur du fait délictuel.

B. L'incidence du comportement de la victime

15. Il est de jurisprudence constante que le comportement de la victime a des conséquences sur la responsabilité civile. Que ce soit en matière contractuelle ou en matière délictuelle, le fait de la victime peut constituer une circonstance qui exonère entièrement (1) ou partiellement (2) le défendeur en responsabilité.

1. L'exonération totale de responsabilité

16. La règle est pratiquement la même en matière contractuelle et en matière délictuelle : le débiteur ou l'auteur présumé du dommage peut se libérer de sa responsabilité en établissant que le dommage a pour cause le fait du créancier ou de la victime.

17. D'abord en ce qui concerne *la responsabilité contractuelle*, il est admis que le débiteur échappe à la responsabilité lorsque l'inexécution provient d'une cause étrangère qui ne peut lui être imputée (art. 1147 C. civ). Par cause étrangère, il faut entendre tout évènement extérieur au débiteur, imprévisible et irrésistible. Il en est ainsi de la force majeure ou du cas fortuit (art. 1148), du fait d'un tiers ou du créancier. En effet, le fait du créancier n'est pris en considération que s'il présente les caractères de la cause étrangère. Pour qu'il y ait exonération totale pour fait du créancier, il faut que le débiteur prouve que ce fait a été la cause génératrice et exclusive de l'inexécution[1]. Autrement dit, il lui faut établir que le fait du créancier est la cause exclusive du dommage. Toutefois, il n'est pas toujours nécessaire que le fait du créancier revête les caractères de la cause étrangère pour être exonératoire. Dans certains cas, il suffit que le fait du créancier soit fautif. La législation consacre expressément cette solution dans certaines matières. Par exemple, l'article 17 al. 1er de l'Acte uniforme relatif aux contrats de transport de marchandises par route prévoit que « *le transporteur est exonéré de responsabilité s'il prouve que la perte, l'avarie ou le retard a eu pour cause une faute (...) de l'ayant droit* ».

18. Ensuite, s'agissant de *la responsabilité délictuelle*, il est de règle que lorsque le fait ou la faute de la victime présente les caractères de la force majeure, ce qui exclut toute faute du défendeur, celui-ci bénéficie d'une exonération totale de responsabilité. Cette règle est applicable dans tous les cas de responsabilité délictuelle. Il convient cependant de s'intéresser

---

[1] Civ. 28 nov. 1955, D. 1956. 173 qui décide que la SNCF ne peut s'exonérer de son obligation de sécurité qu'en prouvant que l'accident qui a causé la mort du voyageur n est dû à la faute exclusive de celui-ci. V. aussi, 11 janv. 2001, RTD civ, 2001. 374.

particulièrement à la responsabilité du fait des choses. Pour ce faire, il y a lieu d'envisager séparément la responsabilité générale du fait des choses et le cas particulier de responsabilité en cas d'accidents de circulation.

La *responsabilité générale du fait des choses* prévues à l'article 1384 al. 1er du Code civil n'est pas applicable lorsque le dommage est dû à une cause étrangère[1]. Ainsi, selon la formule habituelle de la jurisprudence, le gardien de la chose peut s'exonérer de toute responsabilité en prouvant « qu'il a été mis dans l'impossibilité d'éviter le dommage sous l'effet d'une cause étrangère qui ne lui est pas imputable[2] ». Il faut préciser, s'agissant de la faute de la victime, qu'à l'origine, la jurisprudence écartait toute responsabilité du gardien dès lors qu'une faute de la victime était prouvée, peu importante qu'elle fût ou non imprévisible et irrésistible[3]. Cette solution sévère pour les victimes sera abandonnée par la Cour de cassation qui admettra qu'une faute quelconque de la victime ne pouvait entraîner qu'un partage de responsabilité[4]. Elle finira par décider que « la faute de la victime n'emporte exonération totale que si elle constitue un cas de force majeure[5] ». Cette solution est quelque peu remise en cause par les règles qui régissent l'indemnisation des victimes *d'accidents de circulation.*

En effet, le Code CIMA[6] prévoit des règles contraires à la solution retenue par la jurisprudence en ce qui concerne la responsabilité générale du fait des choses[7]. Pour ce faire, il distingue selon que la victime a ou non la qualité de conducteur.

Lorsque la victime a la qualité de conducteur, l'article 227 al. 1er du Code CIMA énonce que « la faute commise par le conducteur du véhicule terrestre à moteur a pour effet de limiter ou d'exclure l'indemnisation des dommages corporels et matériels qu'il a subis ». On peut penser qu'il y a lieu, d'une part,

---

[1] V. A. Tunc, « Les causes d'exonération de la responsabilité de plein droit de l'article 1384, alinéa 1, du Code civil », D. 1975, chron. 83 ; « Les paradoxes du régime actuel de la responsabilité de plein droit », D. 1976, chron. 13.

[2] Civ. 2e, 24 mars 1980, Bull. civ.II, n° 70.

[3] Par ex. Req. 10 juil. 1923, S. 1926. 1. 297.

[4] Req., 13 avril 1934, S. 1934. 1. 41.

[5] V. par ex. Civ, 2e, 18 mars 2004, D. 2005. 125 ; 11 juil. 2002, D. 2002, IR 2454.

[6] Conférence Interafricaine des Marchés d'assurances. Ce code reconduit, à quelques nuances près, les règles édictées par la loi française du 5 juillet 1985 tendant à l'amélioration de la situation des victimes d'accidents de la circulation.

[7] Sur la spécificité des règles d'indemnisation en général, v. sur la loi française de 1985 : H. Groutel, *Le droit à indemnisation des victimes d'un accident de circulation, L'assurance*, Paris, 1987 ; G. Viney, *L'indemnisation des victimes d'accidents de la circulation*, LGDJ, 1992 ; F. Chabas, *Les accidents de circulation*, Dalloz, 1995 ; sur le Code CIMA : J.Issa-Sayegh, « Nature et régime juridiques des règles d'indemnisation des victimes d'accidents causés par les véhicules terrestres à moteur », Penant, 1997, p. 160 ; J.Lohouès Oble, « L'indemnisation des préjudices corporels dans les pays membres de la CIMA », L'Assureur africain, n° 32, mars 1999, p. 21.

à exclusion d'indemnisation lorsque la faute du conducteur aura été la cause exclusive du dommage subi par ce dernier ; d'autre part, à limitation d'indemnisation lorsque la faute commise par le conducteur serait, en partie, la cause du dommage.

Lorsque la victime n'a pas la qualité de conducteur (cas d'un simple passager), le Code CIMA distingue selon qu'il s'agit de dommages corporels ou de dommages aux biens. En cas d'atteintes à l'intégrité physique (dommages corporels), la règle est prévue à l'article 228 al. 1er : « *Les victimes, hormis les conducteurs de véhicules terrestres à moteur, sont indemnisées des dommages résultant des atteintes à leurs personnes qu'elles ont subis, sans que puisse leur être opposée leur propre faute à l'exception du cas où elles ont volontairement recherché les dommages subis* ». Ce texte appelle une double observation. La première est que la règle qu'il prévoit exclut toute restriction du droit à l'indemnisation fondée sur l'existence d'une faute de la victime qui aurait contribué à la réalisation du dommage, alors même que cette faute présenterait les caractères de la cause étrangère (il faut d'ailleurs préciser que l'art. 226 pose la règle de l'inopposabilité de la force majeure ou du fait d'un tiers). La seconde est que seule la recherche volontaire du dommage subi par la victime porte atteinte au droit à l'indemnisation de celle-ci. On peut dire qu'il en est ainsi lorsque la victime provoque délibérément un accident de circulation dans le but de se causer un dommage (c'est le cas d'une tentative de suicide) ou se comporte de sorte que le dommage soit inévitable. Un tel comportement serait constitutif d'une faute intentionnelle qui doit normalement décharger le conducteur du véhicule de l'obligation de l'indemniser. En tout état de cause, les juges du fond apprécient souverainement les faits pour retenir ou non la recherche volontaire du dommage.

En cas d'atteintes aux biens, l'article 228 al. 3 prévoit que « *la faute commise par la victime a pour effet de limiter ou d'exclure l'indemnisation des dommages aux biens qu'elle a subis* ». Il appartient au juge de déterminer si la faute de la victime a été en totalité ou en partie la cause du dommage. Si la faute reprochée à la victime a été la cause unique du dommage, celui-ci restera sans réparation ; en revanche, si elle n'avait que contribué à sa production, l'indemnisation du préjudice sera limitée. Il y a là une solution qui est conforme au droit commun.

2. L'exonération partielle de responsabilité

19. Il est donc acquis en droit commun (tant en matière contractuelle qu'en matière délictuelle) que le fait fautif ou non fautif de la victime exonère totalement le débiteur ou l'auteur lorsqu'il présente les caractères de la cause étrangère. La question qui se pose alors est de savoir si le comportement de la victime qui ne réunit pas les caractères de la cause étrangère peut néanmoins entraîner une exonération partielle du défendeur. La jurisprudence répond par l'affirmative.

D'abord, *en droit des contrats*, la jurisprudence, tout en affirmant que le débiteur ne peut se libérer qu'en établissant positivement et précisément l'existence d'une cause étrangère qui ne lui est pas imputable, décide que *le fait non imprévisible ni inévitable du créancier peut constituer une cause d'exonération partielle s'il présente un caractère fautif*[1]. Plus précisément, lorsqu'il existe à la fois une faute du créancier et une faute du débiteur, il y a exonération partielle du débiteur que si le fait du créancier constitue, quelle que soit la nature de l'obligation contractuelle, une faute relativement grave. Ainsi, dans un arrêt rendu le 2 mars 1983[2], la Cour de cassation a retenu la responsabilité d'un exploitant d'une piscine en considérant que la faute du baigneur de plonger dans le petit bain n'était pas suffisamment grave pour entraîner un partage de responsabilité.

Ensuite, en *droit de la responsabilité délictuelle*, il est également admis que lorsque la faute de la victime a été partiellement la cause du dommage, elle entraîne un partage de responsabilité, sans qu'il y ait à distinguer entre la responsabilité du fait personnel et celle du fait des choses. C'est une solution que la Cour de cassation[3] a, depuis fort longtemps, énoncé en ces termes : « Vu les articles 1382 et 1384 (…) ; *la faute de la victime n'exonère pas l'auteur de l'accident des conséquences de sa propre faute et elle a pour résultat uniquement de justifier le partage des responsabilités* ». Comme en matière contractuelle, la faute de la victime n'entraîne l'exonération partielle que si elle a un caractère fautif. C'est dans ce sens que statuant en droit de la responsabilité du fait des choses, la Cour de cassation[4] a rappelé que « *Le gardien de la chose instrument du dommage est partiellement exonéré de sa responsabilité s'il prouve que la faute de la victime a contribué au dommage* ».

20. Ainsi la jurisprudence est constante pour exiger la preuve de la faute de la victime, que ce soit en matière contractuelle ou en matière délictuelle, pour qu'il partage de responsabilité. Est-ce à dire que le fait non fautif de la victime n'entraîne pas l'exonération partielle du débiteur ou de l'auteur ? Rien n'est moins sûr. Pour y voir clair, il faudrait envisager les différents cas de responsabilité.

---

[1] Civ. 1re, 8 oct. 1968, D. 1969. 157 ; 20 oct. 1969, D. 1970. 33, JCP 1970.II. 16231 ; 2 déc. 1969, D. 1970. 104 ; 31 janv. 1973, D. 1973. 149 (responsabilité intégrale de l'exploitant d'un parc zoologique à l'égard d'une visiteuse, le faux pas de celle-ci n'étant pas fautif).

[2] Civ. 1re, 2 mars 1983, Bull. civ.I, n° 85.

[3] Civ., 24 nov. 1913, DP. 1914. I. 293.

[4] Civ. 2, 6 avr. 1987 (3 arrêts), D. 1988. 32 ; JCP. 1987.II .20828.

S'agissant d'abord de la *responsabilité contractuelle*, force est d'observer qu'en droit commun, l'exigence d'une faute du créancier écarte toute possibilité d'exonération même partielle du débiteur lorsque le fait reproché au créancier n'a pas un caractère fautif. On peut cependant signaler que la solution diffère dans certains régimes spéciaux. C'est ainsi qu'en ce qui concerne le contrat de transport de marchandises par route, l'article 17 al. 1er de l'Acte uniforme OHADA relatif aux contrats de transport de marchandises par route prévoit que « *le transporteur est exonéré de responsabilité s'il prouve que la perte, l'avarie ou le retard a eu pour conséquence une faute ou* un ordre *de l'ayant droit* ». Il est évident qu'en permettant au transporteur d'invoquer l'ordre de l'ayant droit (expéditeur ou destinataire), le texte précité admet la possibilité d'une exonération totale ou partielle du débiteur, même lorsque le dommage a pour cause un fait non fautif.

En ce qui concerne la *responsabilité du fait personnel*, il est admis que tout partage de responsabilité est exclu lorsqu'on est en présence d'un fait non fautif de la victime. Comme on l'a si bien relevé[1], « Dès lors que l'on est dans le domaine de l'article 1382, un fait non fautif du défendeur n'engage pas sa responsabilité. La logique et l'équité commandent que, corrélativement, un fait non fautif de la victime ne diminue pas la réparation à laquelle elle a droit. Les faits non fautifs de l'un ou de l'autre ne sont pas à prendre en considération dans la détermination des responsabilités ».

Enfin, pour ce qui est de la *responsabilité du fait des choses*, après certains flottements qu'il convient de rappeler, la solution est acquise : il n'y a pas d'exonération partielle du gardien par le simple fait non fautif de la victime, quel que soit son rôle causal. La Cour de cassation avait pourtant adopté, pendant un certain temps, une solution contraire. En effet, elle décidait que « le gardien d'une chose qui a été l'instrument d'un dommage peut être partiellement déchargé de la responsabilité par lui encourue s'il prouve que le fait de la victime, quoique non imprévisible et irrésistible, a concouru à la production du dommage[2] ». Par l'arrêt Desmares[3], elle devait opérer un revirement de jurisprudence en considérant que le comportement de la victime, s'il n'a pas été pour le gardien imprévisible et irrésistible, ne peut l'exonérer de sa responsabilité, même partiellement. Ainsi a été supprimée l'exonération partielle attachée non seulement à la faute de la victime, mais aussi au fait non fautif de celle-ci. Finalement, la Cour de cassation[4],

---

[1] Flour, Aubert et Savaux, *Droit civil, Les obligations, 2. Le fait juridique*, 11e éd., 2005, n° 177, p. 177.

[2] Civ. 2e, 17 déc. 1963, D. 1964. 569, JCP 1965.II. 14075 ; 6 avr. 1965, JCP 1966.II .14485 ; 12 mai 1971, JCP 1972.II .17086 ; 20 mai 1978, Bull. Civ.II, n° 132. Sur l'ensemble de la question, v. Fr. Chabas, « Fait ou faute de la victime », D. 1973, chron. 207 ; Puill, « Les caractères du fait non fautif de la victime », D. 1980, chron. 157.

[3] Civ, 2e, 21 juil. 1982, D. 1982. 449 ; JCP 1982.II .19861.

[4] Civ. 2e, 6 avr. 1987, D. 1988.32 ; JCP 1987.II. 20828.

condamnant la jurisprudence Desmares, a posé en règle que « le gardien de la chose instrument du dommage est partiellement exonéré de sa responsabilité s'il prouve que la faute de la victime a contribué au dommage ». Le fait non fautif de la victime n'a donc aucune vertu exonératoire pour le gardien.

La règle est donc claire en droit de la responsabilité civile : l'exonération partielle du défendeur est subordonnée à la preuve de la faute de la victime. Dès lors que cette faute est établie, il y a lieu à partage de responsabilité puisque l'on est en présence d'une pluralité de causes du dommage. Il appartient alors au juge de procéder au partage de responsabilité entre le défendeur et la victime en fonction du rôle causal respectif des fautes commises.

21. Au final, il apparaît que le comportement de la victime n'est pas « neutre » en droit de la responsabilité civile. Dès lors qu'il est établi qu'il a joué un « rôle causal » dans la production du dommage, le débiteur ou l'auteur du délit peut s'en prévaloir pour s'exonérer totalement ou partiellement de sa responsabilité. Autrement dit, la victime conserve la charge entière ou partielle du dommage qu'elle a subi.

La sanction du comportement de la victime antérieur ou concomitant à la réalisation du dommage est pleinement justifiée sur le double plan de la morale (la victime doit supporter les conséquences de sa faute) et de l'équité (le défendeur ne doit pas supporter la charge de dommages qu'il n'a pu ni prévoir ni éviter). Il y a lieu de penser que les mêmes considérations peuvent valablement expliquer, fût-ce en partie, la tendance du droit contemporain à prendre également en compte l'attitude de la victime après la production du dommage.

II. LE COMPORTEMENT DE LA VICTIME POSTÉRIEUR AU DOMMAGE, CAUSE DE LIMITATION DE LA RESPONSABILITÉ

22. L'une des questions émergentes du droit des obligations et qui suscite un important débat[1] est celle de l'appréhension juridique du comportement de la victime après la réalisation du dommage. Le Code civil ne semble pas lui avoir accordé la moindre importance dès lors qu'il a proclamé le principe de la réparation intégrale du préjudice. C'est ce principe traditionnel du droit français qui est aujourd'hui remis en cause par divers droits qui consacrent et sanctionnent l'obligation pour la victime de minimiser le dommage subi.

Cette obligation prend naissance après la survenance d'un dommage initial. Elle commande que le créancier ou la victime d'un délit prenne les

[1] V. notam. S. Reifegerste, *Pour une obligation de minimiser le dommage*, PUAM, 2002 ; Colloque du CEDAG (Université de Paris V), « Faut-il moraliser le droit français de la réparation du dommage ? », Petites aff., n° spécial, 20 nov. 2002.

mesures raisonnables pour modérer le préjudice qui résulte pour le premier de l'inexécution du contrat (A) et, pour le second, de l'atteinte à son intégrité physique ou à ses biens (B) sous peine de ne pas recevoir réparation de la partie du préjudice qu'il aurait pu éviter en prenant de telles mesures.

A. L'obligation de minimiser le dommage en matière contractuelle

23. L'obligation de minimiser le dommage est certainement née en droit des contrats. Mise en exergue par la jurisprudence anglaise, elle est aujourd'hui consacrée par de nombreux textes. Après avoir indiqué les sources et le contenu (1) puis les fondements (2) de cette obligation, nous évoquerons ses manifestations en droit OHADA (3).

1. Les sources et le contenu de l'obligation de minimiser le dommage

24. De nombreux systèmes juridiques nationaux ainsi que des conventions ou codifications internationales consacrent l'obligation de minimiser le dommage.

25. Comme cela a déjà été relevé ci-dessus, l'obligation de minimiser le dommage a été dégagée par *la jurisprudence anglaise*[1]. Bien qu'esquissée dans des décisions antérieures, c'est surtout dans l'affaire Dunkirk Colliery Co c/ Lever (1872) qu'elle trouva sa formulation devenue classique. Le juge James précisa, en effet, que : « les demandeurs sont en droit d'être indemnisés du montant intégral du préjudice qu'ils ont subi en raison de l'inexécution du contrat ; en même temps, celui qui n'a pas exécuté ne doit pas être assujetti à une perte supplémentaire provenant du fait que les demandeurs n'ont pas fait ce qu'ils devaient faire en tant qu'hommes raisonnables (en vue de limiter l'importance du préjudice ». Elle sera encore mieux précisée par V. Haldane dans un arrêt rendu en 1912, en ces termes : « Le principe fondamental, c'est l'indemnisation de la perte pécuniaire découlant normalement de l'inexécution. Mais ce premier principe est corrigé par un deuxième, qui impose au demandeur le devoir de prendre toutes les mesures raisonnables en vue de limiter l'importance de la perte résultant de l'inexécution, et lui interdit de réclamer la perte causée par sa passivité ».

Le *droit américain* a aussi depuis fort longtemps consacré l'obligation de minimiser le dommage[2]. Il est de jurisprudence constante que le demandeur peut recouvrer les dépenses qu'il a raisonnablement exposées en vue de minimiser le dommage et que, inversement, il est exclu de la réparation pour la partie du préjudice qu'il aurait pu éviter en prenant des mesures

---

[1] Sur l'obligation de minimiser le dommage en droit anglais, v. E. Elland-Goldsmith, « La « mitigation of damages » en droit anglais », RDAI. 1987. 347.

[2] V.M. Elland-Goldsmith, « Note sur la "mitigation of damages" en droit américain », R.D.A.I. 1987.359 ; S. Reifegerste, op. cit, n° 38 et s.

raisonnables à cette fin. Cette théorie des « *avoidables consequences* » (suites évitables) a aussi reçu de nombreuses consécrations textuelles.

L'obligation de minimiser n'est pas l'apanage des seuls pays de common law. Elle est aussi présente dans de nombreux pays de droit écrit. C'est ainsi que *l'article1227 du Code civil italien* prévoit qu'il n'est pas dû réparation pour le dommage que le créancier aurait pu éviter en déployant une diligence normale. De même, l'*article 1802 du Code civil éthiopien* énonce : « La partie qui invoque l'inexécution du contrat est tenue de faire tout ce qui peut être raisonnablement attendu d'elle afin de diminuer la perte subie. Si elle néglige de le faire, la partie qui n'a pas exécuté le contrat peut se prévaloir de cette négligence pour demander la réduction des dommages-intérêts ». Enfin, l'article 1479 du nouveau Code civil québécois dispose que « la personne qui est tenue de réparer un préjudice ne répond pas de l'aggravation de ce préjudice que la victime pouvait éviter[1] ».

26. Au plan international, l'obligation de minimiser le dommage apparaît comme un principe du droit commercial international. D'une part, de nombreuses sentences arbitrales en font application, certaines étant muettes quant à sa source, d'autres par contre, la rattachant aux précédents de la jurisprudence arbitrale, aux principes généraux et aux usages du commerce international. En tout cas, comme l'a bien souligné un auteur[2], « l'obligation pour le créancier de minimiser le dommage que lui cause le débiteur défaillant est un des principes de la *lex mercatoria* les mieux établis ». D'autre part, l'obligation de modérer le dommage est expressément énoncée dans certaines conventions internationales applicables aux transactions internationales telles que la *Convention de Vienne sur la vente internationale de marchandises* (11 avril 1980)[3]. L'article 77 dispose que « La partie qui invoque la contravention au contrat doit prendre les mesures raisonnables, eu égard aux circonstances, pour limiter la perte, y compris le gain manqué, résultant de la contravention. Si elle néglige de le faire, la partie en défaut peut demander une réduction des dommages-intérêts égale au montant de la perte qui aurait dû être évitée ». Au demeurant, des codifications internationales du droit des contrats prévoient aussi l'obligation de minimiser le dommage. Il en est ainsi des *Principes*

---

[1] Il convient de préciser que ce texte s'applique à la responsabilité contractuelle et à la responsabilité délictuelle.

[2] Y. Derains, « L'obligation de minimiser le dommage dans la jurisprudence arbitrale », R.D.A.I. 1987. 375. V. aussi : B. Hanotiau, *« Régime juridique et portée de l'obligation de modérer le dommage dans les ordres juridiques nationaux et le droit du commerce international »*, R.D.A.I. 1987. 393 ; J. Ortscheitdt, *La réparation du dommage dans l'arbitrage commercial international*, Dalloz, 2001, préf. E. Gaillard.

[3] V. B. Audit, *La vente internationale de marchandises. Convention des Nations Unies du 11 avril 1980*, LGDJ, 1990 ; V. Heuzé, *La vente internationale de marchandises*, G.L.N. Joly, 1992 ; *Traité de droit des contrats, La vente internationale de marchandises*, Droit uniforme, LGDJ, 2000, n° 451, p. 405 s.

Unidroit relatifs aux contrats du commerce international (article 7.4.8) et *des Principes européens du droit des contrats* (article 9.505) qui prévoient que le débiteur ne répond pas du préjudice dans la mesure où le créancier aurait pu l'atténuer par des moyens raisonnables.

Ces différentes sources qui viennent d'être évoquées montrent bien l'expansion de l'obligation de minimiser le dommage dans de nombreux droits nationaux et instruments du droit international privé.

27. Telle qu'elle est énoncée par les diverses sources jurisprudentielles ou textuelles, l'obligation de minimiser le dommage apparaît comme une norme de conduite qui est imposée au créancier dans l'intérêt du débiteur. Elle se décompose en trois règles principales.

La première règle édicte un comportement : le créancier victime d'une inexécution du contrat doit prendre les mesures raisonnables pour limiter le dommage qui en résulte pour lui. Il s'agit donc pour le créancier insatisfait, de ne pas « se contenter » de subir le dommage ou de rester passif devant la défaillance du débiteur. Il doit faire diligence pour limiter la perte subie et le gain manqué en prenant toutes les mesures raisonnables que la situation ou les circonstances commandent. Dans cette perspective, il doit agir dans un délai raisonnable dès la découverte ou la connaissance de l'inexécution. En tout état de cause, l'obligation de minimiser le dommage s'apparente à une obligation de moyens, le créancier étant simplement obligé d'employer des moyens raisonnables en vue de limiter le dommage. Il n'est pas tenu de limiter ou de diminuer effectivement le dommage puisqu'il n'est garant d'aucun résultat.

Cela dit, l'obligation de minimiser le dommage consiste uniquement pour le créancier à se comporter comme le ferait un homme diligent placé dans les mêmes circonstances. Il ne doit prendre que les mesures que l'on est en droit d'attendre raisonnablement de lui. Aussi, la jurisprudence anglaise décide que le créancier n'est pas dans l'obligation de prendre des risques financiers dans sa tentative de limiter ses pertes ni de prendre des mesures susceptibles de porter atteinte à sa réputation commerciale[1].

La deuxième règle énonce une sanction : le créancier qui n'a pas pris les mesures raisonnables pour limiter le dommage n'a pas droit à la réparation de la part du préjudice qu'il aurait pu éviter en déployant une diligence normale. L'article 7.4.8 al. 1er des Principes Unidroit l'illustre clairement : « *le débiteur ne répond pas du préjudice dans la mesure où le créancier aurait pu l'atténuer par des moyens raisonnables* ». Cette règle porte atteinte au principe de la réparation intégrale du préjudice (réparer le préjudice, tout le préjudice et rien que le préjudice). Le manquement à l'obligation de minimiser le dommage par le créancier est donc sanctionné par la réduction de l'indemnité due par le

---

[1] V. O. Moréteau, *Droit anglais des affaires*, Dalloz, 1re éd., 2000, n° 705, p. 408.

débiteur défaillant. L'explication de cette sanction est simple : le dommage qui aurait pu être évité par la victime et qui ne l'a pas été ne trouve plus sa cause dans le fait dommageable initial. Il a source dans le comportement « passif » ou « fautif » de la victime elle-même. En définitive, la sanction affecte le droit à l'indemnisation de la victime. On déduit du préjudice réparable, la partie que le créancier aurait pu éviter au moyen de mesures raisonnables.

La troisième règle prévoit une compensation : le créancier a droit au remboursement des dépenses raisonnablement occasionnées en vue d'atténuer le préjudice résultant de l'inexécution. Autrement dit, la victime de l'inexécution peut recouvrer les frais et les pertes encourues du fait de sa tentative de diminuer son préjudice, pourvu qu'elle ait agi raisonnablement. Cette règle suscite une double interrogation.

Tout d'abord, la question se pose de savoir si le créancier a droit au recouvrement des frais exposés même si les mesures prises se sont avérées inefficaces à diminuer ou contenir le dommage. Force est d'observer que la plupart de systèmes juridiques qui prévoient l'obligation de minimiser le dommage n'abordent pas cet aspect du problème. Toutefois, il est admis en droit anglais que le créancier a droit au remboursement même si la tentative s'est soldée par un échec ou a conduit à une aggravation du préjudice[1].

Ensuite, on s'interroge sur le droit au remboursement des frais dans le cas où le créancier n'a pu minimiser qu'en dépassant les mesures raisonnables. Il s'agit d'un dépassement de ce qu'on peut raisonnablement attendre de lui dans le cadre de l'exécution de l'obligation de minimiser le dommage. Le Pr *Dabin* s'est prononcé en faveur du remboursement en ces termes : « Quant au “surplus” de diligence, l'équité commande qu'il profite à la victime, qui l'a payée de ses peines plutôt qu'à l'auteur du dommage, qui n'y avait aucun droit de la part de sa victime[2] ». En revanche, la Cour de cassation belge[3] se montre quelque peu réservée lorsqu'elle décide que « les frais exposés par le créancier pour limiter le dommage sont à la charge du cocontractant en défaut, à moins que celui-ci ne prouve que ces dépenses ont été exposées totalement ou partiellement de manière irréfléchie ».

28. Telle est la substance de la théorie de la minimisation du dommage en matière contractuelle. Il apparaît que l'exécution ou l'inexécution par la victime de l'obligation de minimiser le dommage influe sur son droit à réparation du préjudice subi du fait de l'inexécution de l'obligation par le

---

[1] Ibid, n° 707, p. 409.

[2] J. Dabin, « Examen de jurisprudence, La responsabilité délictuelle et quasi-délictuelle », R.C.J.B. 1949, p. 92.

[3] Cass. Belge, 22 mars 1985, R.C.J.B. 1989. 7, note Kruithof.

débiteur. Un tel impact amène à rechercher les fondements qui sous-tendent cette obligation.

2. Les fondements de l'obligation de minimiser le dommage

29. Il n'est pas aisé de déterminer les fondements qui justifient l'obligation faite au créancier de modérer le dommage subi du fait de l'inexécution du contrat. D'une manière générale, on peut observer qu'une telle obligation repose sur la prise en compte de l'intérêt du débiteur défaillant. En effet, l'obligation de minimiser le dommage pèse sur la victime dans ses rapports avec l'auteur de celui-ci. Le créancier de l'obligation est bel et bien l'auteur du dommage, c'est-à-dire le débiteur défaillant. Mais, la question reste de savoir pourquoi le créancier serait tenu de modérer le dommage dans l'intérêt de son cocontractant. La réponse varie certainement suivant les systèmes juridiques. Si dans les pays de *common law*, les fondements économiques commandent l'obligation de minimiser le dommage, dans d'autres systèmes, on peut la rattacher à des considérations d'ordre moral ou juridique.

30. En droit anglais ou en droit américain, le fondement de l'obligation de minimiser le dommage est sans doute d'ordre économique. En effet, elle est dictée par le double souci d'éviter les gaspillages «économiques» et de réduire le coût global de la responsabilité civile. Dans cette perspective, on considère que les fonds qui auront été employés pour indemniser un créancier d'un préjudice qu'il n'aura pas modéré sont des fonds perdus, puisqu'ils ne seront pas réinvestis. L'objectif poursuivi est alors d'éviter que le créancier n'attende passivement d'être indemnisé pour le préjudice qu'il aurait pu éviter ou limiter, car il n'est pas raisonnable, d'un point de vue économique, de laisser accroître un dommage que des mesures raisonnables auraient permis de réduire. Selon une doctrine avisée[1], la *mitigation* repose sur une conception qui est étroitement solidaire de l'environnement institutionnel des remèdes à l'inexécution du contrat dans la *common law* et ne se comprend qu'au regard d'un choix idéologique en faveur de l'efficacité économique du contrat.

Il apparaît ainsi que dans les systèmes de *common law*, l'obligation de minimiser le dommage (et même dans les instruments juridiques régissant le commerce international) s'inscrit dans une logique d'efficacité juridique qui vient primer les exigences contraires de la force obligatoire du contrat et du principe de la réparation intégrale du préjudice. Elle est, en quelque sorte, soumise aux impératifs particuliers de la vie des affaires ou du fonctionnement du commerce international.

31. Dans les autres systèmes juridiques, divers fondements ont été invoqués pour justifier l'imposition d'une obligation de minimiser le

---

[1] H. Muir-Watt, « La modération des dommages en droit anglo-américain », rapport au colloque du CEDAG, préc. P.45.

dommage au créancier. Certains peuvent être rattachés à des exigences d'ordre moral, d'autres à des éléments juridiques.

Sur le plan moral, il est possible de fonder l'obligation de minimiser le dommage soit sur l'idée d'équité, soit sur la notion de bonne foi.

Le recours à *l'équité* peut se justifier dans la mesure où celle-ci a pour vocation de corriger les lois, de les seconder ou de suppléer à leur défaillance. Certains auteurs[1] estiment que sur le fondement des principes d'équité, on peut effectivement imposer à la victime de prendre toutes mesures utiles pour limiter le dommage. Or, faut-il le relever, l'antinomie entre les notions de règle de droit et d'équité font en sorte que celle-ci puisse, à elle seule justifier qu'on mette une telle obligation à la charge du créancier.

La *bonne foi* peut aussi justifier l'obligation de minimiser le dommage. Ce principe postule un devoir de collaboration ou de coopération entre le créancier et le débiteur, c'est-à-dire un comportement altruiste minimum qui leur permet de dépasser leurs intérêts antagonistes. Dans l'idéal, le principe de bonne foi doit « gouverner la conduite des parties tant au moment de la naissance de l'obligation qu'à celui de son exécution ou de son extinction ». En tout cas, l'importance de la bonne foi est reconnue tant dans de nombreux droits nationaux que dans les relations privées internationales[2] où elle est parfois consacrée par des instruments juridiques destinés à les régir[3]. Aussi, en vertu des exigences de la bonne foi, le créancier pourrait être tenu de minimiser le dommage qui résulte pour lui de l'inexécution du contrat par le débiteur. Il s'agit ici d'avoir recours à la fonction complétive de la bonne foi au sens de l'article 1135 du Code civil qui permet de compléter les obligations contractuelles découlant soit de la loi, soit des clauses du contrat. Dans cette optique, l'obligation de minimiser le dommage serait en quelque sorte une obligation « survivant au contrat »[4]. Ainsi, dans cette période post-contractuelle, la bonne foi imposerait au créancier insatisfait de veiller non seulement sur ses intérêts, mais aussi sur ceux du débiteur en défaut. Comme l'a bien montré M. Loiseau, le principe de bonne foi doit déborder la stricte exécution du contrat.[5] Il écrit : « Gouvernant les comportements individuels

---

[1] A. De Bersaques, « L'abus de droit », R.C.J.B. 1953. 281.

[2] Elle apparaît aujourd'hui comme un principe général du droit du commerce international. V. B. Goldman, « La lex mercatoria dans les contrats et l'arbitrage international : réalités et perspectives », J.D.I. 1979. 475 ; Ph. Kahn, *Les principes généraux du droit devant les arbitres*, J.D.I. 1989. 305 ; P. Mayer, « Le principe de bonne foi devant les arbitres du commerce international », Etudes Lalive, 1993, p. 553.

[3] Par ex. l'article 1.7 al. 1er des principes Unidroit prévoit que « les parties sont tenues de se conformer aux exigences de la bonne foi dans le commerce international ».

[4] Sur cette notion, v. M. Fontaine, « Les obligations « survivant au contrat » dans les contrats internationaux », R.D.A.I. 19884. 1.

[5] Sur cette conception, v. notamment G. Loiseau, « Au-delà du contrat : La bonne foi post-contractuelle ? », note sous Civ., 3e, 14 sept. 2005, JCP G 2005. II. 10173.

en deçà du contrat, dans la période précontractuelle, pourquoi ne les saisirait-il pas aussi au-delà du contrat, dans un champ post-contractuel ? Certes, les parties ne sont plus liées l'une à l'autre et ne se doivent matériellement plus rien ; mais leur relation passée n'en a pas moins consacré des intérêts mutuels qu'elles ne peuvent ignorer et les a réunies sur un projet commun dont il ne peut être fait abstraction. Disons-le autrement, les contractants ne se transforment pas, au lendemain du contrat, en *penitus extranei*. Dès lors, la loyauté qu'ils se devaient en partageant la condition de contractants ne saurait totalement s'achever à l'issue du contrat ; à l'occasion, la bonne foi doit pouvoir dépasser les bornes contractuelles ». Telle est en tout cas la conception de l'article 1375 du nouveau Code civil québécois qui prévoit que le principe de bonne foi gouverne la conduite des parties tant au moment de la naissance de l'obligation qu'à celui de son exécution ou de son extinction[1].

32. Quant aux explications d'ordre juridique, il faut relever que c'est dans les mécanismes même de la responsabilité que l'on a essayé de retrouver les fondements généraux de l'obligation de minimiser le dommage. On a ainsi invoqué la faute de la victime, la faute dans la gestion d'affaires ou l'abus de droit.

Il est possible d'envisager *la faute de la victime* comme fondement de l'obligation de minimiser le dommage. L'idée serait alors de considérer que le créancier commet une faute lorsqu'il ne prend pas les mesures raisonnables pour limiter son préjudice. Il s'agit d'une faute envers le débiteur défaillant auteur du dommage dont il a souffert. Cette faute consiste à laisser s'aggraver le dommage ou de ne rien faire pour le réduire ou l'endiguer, de sorte que la charge de réparation qui pèse sur le débiteur s'alourdit forcément. Vu de cette manière, le fait d'avoir laissé le dommage s'aggraver apparaît bien comme un fait qui cause à autrui un dommage au sens de l'article 1382 du Code civil[2]. La doctrine allemande partage cette vision. En mettant l'accent sur le fait que l'obligation de la victime de minimiser le dommage s'inscrit dans la « relation juridique spéciale » entre les parties, elle a surtout montré que la violation de cette obligation peut constituer une faute envers l'auteur du dommage initial, débiteur de la réparation[3].

Pour fonder l'obligation de minimiser le dommage, on a aussi songé à la *gestion d'affaires*. L'idée consiste à considérer que le fait pour le créancier de ne pas avoir modéré le préjudice comme « une omission fautive dans la

[1] Il faut d'ailleurs relever que cette exigence de la bonne foi dans les relations contractuelles est devenue une véritable « éthique de comportement » consacrée par les différentes codifications internationales telles que les Principes Unidroit et les Principes du droit européen des contrats.
[2] En sens, v. S. Reifegerste, op. cit, n° 254, p. 152.
[3] Ibid, n° 255.

gestion des intérêts du débiteur de la réparation »[1]. Malgré son intérêt, on peut cependant objecter à cette opinion que la gestion d'affaires étant par essence volontaire, celle-ci ne saurait être invoquée directement à l'appui de l'obligation de minimiser le dommage qui a un caractère légal ou conventionnel.

Enfin, l'*abus de droit* a été évoqué comme fondement de l'obligation de minimiser le dommage. On considère que la victime qui ne prend pas les mesures qui s'imposent en vue de limiter son préjudice fait un usage abusif de son droit à en réclamer la réparation intégrale. Pour la doctrine belge qui a défendu cette idée, « le titulaire d'un droit n'est pas fondé à épuiser âprement toutes les prérogatives qu'il lui confère, sans le moindre souci des intérêts de celui à qui il peut l'opposer[2] ».

33. Au total, aucun de ces fondements ne donne entière satisfaction pour expliquer ou justifier l'existence de l'obligation de minimiser le dommage en matière contractuelle. Toutefois, celle-ci peut être fondée sur l'obligation générale de bonne foi[3]. Il s'agit d'une conception extensive de la bonne foi qui impose aux deux parties –créancier et débiteur- de se comporter loyalement l'une à l'égard de l'autre dans toutes les phases du processus contractuel et bien entendu dans la phase post-contractuelle. Parce qu'elle véhicule une « éthique du comportement » dans les rapports contractuels, la bonne foi peut valablement justifier que le créancier insatisfait soit tenu de prendre les mesures raisonnables pour limiter le préjudice subi. C'est dire que *l'après-contrat* qui garde souvent en mémoire la relation passée peut conduire à exiger le respect par le créancier des intérêts du débiteur[4]. On peut donc admettre que l'obligation de minimiser le dommage fasse partie de ces « nouveaux devoirs des contractants » qu'un auteur a si bien exposés[5].

3. Les manifestations de l'obligation de minimiser le dommage en droit OHADA

34. Deux textes consacrent l'obligation de minimiser le dommage dans notre ordre juridique : un qui est de portée réduite et qui est déjà en application, à savoir l'Acte uniforme relatif au droit commercial général (a),

---

[1] V. R. O. Dalcq, « L'obligation de réduire le dommage dans la responsabilité quasi-délictuelle », R.G.A.R. 1987, n° 11271, p. 5.

[2] A. De Bersaques, op. cit, p. 281. V. dans le même sens, M.Liénard, « Les évènements qui influencent le dommage postérieurement au fait dommageable », Bull. Ass. 1972, p. 395.

[3] Sur l'exigence de bonne foi, v. B. Jaluzot, *La bonne foi dans les contrats. Étude comparative de droit français, allemand et japonais*, Dalloz, Nouvelle bibliothèque de thèses, vol. 5. 2001.

[4] Cf. G. Loiseau, op.cit, p. 2314.

[5] Sur ces devoirs, v. J-P. Chazal, « Les nouveaux devoirs des contractants. Est-on allé trop loin ? », in *La nouvelle crise du contrat* (dir. Ch. Jamin et D. Mazeaud), Dalloz 2003, p. 99.

et un autre qui se veut de portée générale et qui n'est pas encore en vigueur, à savoir l'Avant-projet d'Acte uniforme sur le droit des contrats (b).

a. L'obligation de minimiser le dommage dans l'AUDCG

35. C'est dans le livre V relatif à la vente commerciale que l'on retrouve les dispositions qui consacrent l'obligation de minimiser le dommage. En effet, l'article 266 dispose : « *La partie qui invoque un manquement essentiel au contrat doit prendre toutes mesures raisonnables eu égard aux circonstances, pour limiter sa perte, y compris le gain manqué résultant de ce manquement.*

Si elle néglige de le faire, la partie en défaut peut demander une réduction des dommages et intérêts égale au montant de la perte qui aurait pu être évitée ».

Il ressort de ce texte que le vendeur et l'acheteur sont tenus de limiter le dommage qui résulte d'un manquement essentiel au contrat commis par son cocontractant. Le champ d'application de l'obligation de minimiser le dommage est ainsi strictement limité au seul cas d'une inexécution qui constitue un manquement essentiel. C'est dire qu'une inexécution qui n'est pas un manquement essentiel n'oblige pas la victime (vendeur ou acheteur) à prendre des mesures raisonnables pour limiter la perte ou le gain manqué. La seule difficulté est alors de déterminer en quoi consiste un manquement essentiel. Pour ce faire, il faut faire recours à l'article 246 de l'Acte uniforme aux termes duquel « un manquement au contrat de vente commis par l'une des parties est considéré comme essentiel lorsqu'il cause à l'autre partie un préjudice tel qu'il la prive substantiellement de ce qu'elle était en droit d'attendre du contrat[1] ». Tout dépend en réalité des stipulations contractuelles. D'une manière générale, on peut, par exemple, considérer que dans le cas du contrat de vente, le manquement essentiel peut consister en une non-conformité matérielle ou fonctionnelle de la chose, en un vice caché entraînant un amoindrissement de l'usage de la chose[2].

36. Quelles mesures peuvent prendre les parties au contrat de vente commerciale en cas de manquement essentiel ? L'Acte uniforme prévoit un certain nombre de mesures réparatrices. Celles-ci sont évoquées de manière incidente par l'article 265. Il ressort de ce texte, d'une part, que l'acheteur peut, en cas de défaut de livraison ou de conformité de la marchandise, procéder à un achat de remplacement ; d'autre part, que le vendeur confronté

---

[1] Sur la notion de manquement essentiel, v. E. Nsié, « La sanction de l'inexécution des obligations des parties dans le contrat de vente », Penant, n° 850, p. 96 s ; E. Darankoum, « Le critère de privation substantielle, condition de la résolution dans la vente commerciale OHADA », Annales F.S.J.P Dschang, tome 6, 2002, p. 177 s.

[2] Sur ces notions, v. Ch. Mba Owono, « Non-conformité et vices cachés dans la vente commerciale en droit uniforme africain », Juridis Info, janv-avril 2001.

à un défaut de paiement du prix par l'acheteur peut entreprendre la revente de la marchandise. Dans l'un et l'autre cas, il s'agit de mesures qui peuvent permettre soit à l'acheteur, soit au vendeur de limiter son préjudice. En contrepartie, ils ont droit au remboursement de la différence entre le prix du contrat et le prix de l'achat de remplacement ou de la revente, indépendamment de tous les autres dommages et intérêts.

Telles sont les principales mesures qui peuvent être prises par les parties au contrat de vente commerciale. Il est évident que celles-ci sont libres, en fonction des circonstances, de prendre toutes autres mesures qu'elles jugeraient utiles et susceptibles de limiter leur préjudice, à condition qu'elles soient raisonnables.

b. L'obligation de minimiser le dommage dans l'avant-projet d'Acte uniforme sur le droit des contrats.

37. Inspiré des Principes Unidroit, l'article 7/26 de l'avant-projet consacre, quoique de manière négative, l'obligation de minimiser le dommage[1]. Il dispose, en effet, que « *Le débiteur ne répond pas du préjudice dans la mesure où le créancier aurait pu l'atténuer par des moyens raisonnables* ». C'est dire que le créancier, pour éviter la réduction de l'indemnité à laquelle il a droit en cas d'inexécution du contrat, doit prendre les mesures raisonnables en vue de limiter son préjudice. Par exemple, il peut, en cas de résolution du contrat, passer un contrat de remplacement dans un délai raisonnable. Dans ce cas, l'article 7/23 de l'avant-projet précise qu'il a droit au recouvrement de « la différence entre le prix prévu au contrat initial et le prix du contrat de remplacement ». En tout état de cause, le créancier peut recouvrer les dépenses raisonnablement occasionnées en vue d'atténuer le préjudice résultant de l'inexécution du contrat[2].

38. En définitive, en consacrant expressément l'obligation de minimiser le dommage, l'avant-projet d'Acte uniforme généralise cette obligation à tous les contrats commerciaux (voire aux contrats civils si le choix des instances compétentes de l'OHADA s'avère finalement d'étendre son application à tous les contrats). De la sorte, il arrimera le droit des contrats à ce grand courant contemporain qui tend à l'extension de la mitigation non seulement en matière contractuelle, mais aussi en matière extracontractuelle.

B. L'obligation de minimiser le dommage en matière délictuelle

39. L'obligation de modérer le préjudice ne saurait être cantonnée dans le seul domaine contractuel. De nombreux droits l'ont étendu en matière

---

[1] Cet article correspond effectivement à l'article 7.4.8 des Principes Unidroit.

[2] V. art. 7/26 al 2.

délictuelle (1) alors que le droit français se montre bien réservé, voire hostile à l'admettre (2).

1. L'existence de l'obligation de minimiser le dommage dans certains droits nationaux

40. Dans de nombreux systèmes juridiques, l'obligation de modérer le dommage est imposée autant à la victime d'une inexécution du contrat qu'à celle d'un délit ou d'un quasi-délit[1]. Il en est ainsi du nouveau *Code civil québécois* qui regroupe dans un même chapitre les règles relatives à la responsabilité contractuelle et la responsabilité délictuelle. Aussi, l'article 1479 dispose précisément que « la personne qui est tenue de réparer un préjudice ne répond pas de l'aggravation de ce préjudice que la victime pouvait éviter ». Consacrée de manière négative, sous l'angle de sa sanction, la règle de la modération du dommage reçoit ainsi une portée générale.

Le *droit allemand* reconnaît aussi la portée générale de l'obligation de minimiser le dommage[2]. Interprétant le § 254 du Code civil allemand qui prévoit que le fait pour la victime de ne pas prendre de mesures propres à limiter son préjudice constitue une faute, la jurisprudence et la doctrine ont fini par admettre que l'obligation de minimiser le dommage s'impose indifféremment à la victime d'un dommage contractuel ou d'un dommage délictuel.

Signalons enfin l'article 44 al. 1er du *Code civil suisse* qui reconnaît l'existence de cette obligation en matière délictuelle en ces termes : « le juge peut réduire les dommages-intérêts, ou même n'en point allouer, lorsque la partie lésée a consenti à la lésion ou lorsque les faits dont elle est responsable ont contribué à créer le dommage, à l'augmenter ou qu'ils ont aggravé la situation du débiteur ».

41. Comme en matière contractuelle, l'obligation de minimiser le dommage qui est mise à la charge de la victime d'un dommage délictuel ou quasi-délictuel, lui impose une conduite diligente dans la gestion dudit dommage. Celui-ci peut résulter soit d'une atteinte à l'intégrité physique, soit d'une atteinte aux biens.

En cas d'atteinte à l'intégrité physique, la victime peut subir des dommages corporels et/ou des dommages matériels. Les dommages corporels comprennent notamment les souffrances physiques ou morales, le préjudice esthétique, le préjudice d'agrément ou le préjudice psychologique. Quant au dommage matériel résultant d'une atteinte à l'intégrité physique, il s'entend du dommage patrimonial subi par un blessé à la suite de son accident. Celui-

---

[1] R.O. Dalcq, « L'obligation de minimiser le dommage dans la responsabilité quasi-délictuelle », R.D.A.I. 1987. 363.
[2] V. S. Reifegerste, op. cit, n° 51 et s.

ci recouvre les frais médicaux et les conséquences matérielles de l'incapacité (comme l'incapacité temporaire ou définitive de travail). En cas d'atteinte aux biens, la victime subit un dommage patrimonial. Il en est ainsi en cas d'altération ou de destruction d'une chose lui appartenant. Par exemple, l'automobiliste dont le véhicule est endommagé par un autre lors d'un accident de circulation subit un dommage matériel.

Quel que soit le dommage, la victime est tenue de prendre les mesures raisonnables pour atténuer ou limiter son préjudice. Bien entendu, ces mesures dépendent de la nature et de l'importance du préjudice subi ainsi que des circonstances. Ce peut être des mesures conservatoires, réparatrices ou de remplacement. En ce qui concerne les *mesures conservatoires*, on peut par exemple citer : le fait pour celui dont le toit de la maison est endommagé à la suite de la chute d'un arbre planté dans une propriété voisine, de poser une bâche afin de protéger ses biens contre les intempéries ; le fait pour la victime d'un accident d'attacher un garrot pour limiter l'hémorragie en attendant l'arrivée des secours. Quant aux *mesures réparatrices*, on peut notamment citer le cas d'une personne blessée au cours d'une bagarre ou dans un accident de circulation qui se soumet à des soins de santé. Enfin, la victime peut prendre des *mesures de remplacement.* Ainsi, lorsqu'une personne est frappée d'incapacité de travail, elle doit se faire remplacer par une tierce personne, que ce soit pour des besoins professionnels ou domestiques.

En somme, la victime d'un dommage délictuel ou quasi-délictuel doit agir avec prudence et diligence pour atténuer ou limiter son préjudice. Son comportement après la survenance du fait dommageable initial doit être apprécié par rapport au comportement qu'aurait adopté une personne raisonnable placée dans les mêmes circonstances. L'appréciation de son comportement se fait donc *in abstracto.*

42. Le manquement par la victime à l'obligation de minimiser le dommage a des conséquences sur son droit à l'indemnisation, non sur son principe, mais quant à son étendue. En effet, le principe demeure que toute personne qui subit un dommage causé par autrui a droit à la réparation et plus précisément à une réparation intégrale de son préjudice puisque l'objectif de la responsabilité civile est de rétablir autant que possible la victime dans la situation qui aurait été la sienne si le fait dommageable ne s'était pas produit[1]. La sanction du manquement à l'obligation de minimiser le dommage affecte la règle de la réparation intégrale en ce qu'elle aboutit à la réduction du montant de l'indemnisation alloué à la victime. Celle-ci est privée de l'indemnisation pour la partie du dommage qu'elle aurait pu éviter en prenant des mesures

---

[1] Sur le principe de la réparation intégrale du préjudice, v. M.E. Roujou de Boubée, *Essai sur la réparation*, LGDJ. 1974, préf. P. Hébraud ; Y. Chartier, *La réparation du préjudice*, Dalloz, 1983 ; Ch. Coutant-Lapalus, *Le principe de la réparation intégrale en droit privé*, th. Paris I, PUAM, 2002.

raisonnables. On peut considérer que cette solution repose sur le constat que le dommage qui aurait pu être évité par la victime et qui ne l'a pas été ne trouve plus sa cause dans le fait dommageable initial. C'est ainsi qu'en Belgique, il a été jugé qu'un médecin ne pouvait obtenir réparation totale du préjudice résultant de la perte de gains professionnels, s'il a négligé de se faire remplacer pendant la durée de son incapacité[1]. De même, dans le cas d'un refus de soins ni douloureux ni dangereux pour elle, la victime est exclue de la réparation du préjudice que ces soins auraient permis d'éviter. Un auteur[2] estime cette sanction fondée parce que, d'une part, en se refusant aux soins, la victime « manque à son devoir de solidarité envers l'auteur du dommage », et, d'autre part, « le préjudice qui résulte de son refus trouve sa seule cause dans la faute aquilienne dont elle se rend de la sorte coupable ».

43. Au final, il apparaît que c'est soit la faute de la victime postérieure au fait dommageable, soit l'absence de lien de causalité entre le fait dommageable initial et l'aggravation du dommage après la survenance de celui-ci qui sont invoquées pour justifier « l'amputation » de l'indemnisation due à la victime dans la plupart des pays qui ont consacré l'obligation de minimiser le dommage. En revanche, la jurisprudence française, foncièrement attachée au principe de la réparation intégrale, rejette toute restriction du droit à l'indemnisation de la victime fondée sur l'appréciation du comportement de celle-ci après la production du fait dommageable initial.

2. Le rejet de l'obligation de minimiser le dommage par la jurisprudence française

44. La problématique de l'admission de l'obligation de minimiser le dommage n'est pas nouvelle en droit français. On en trouve déjà des allusions dans l'œuvre d'auteurs anciens comme *Domat*[3] qui relevait, à propos de la responsabilité de l'auteur d'un dommage, que l'on devait prendre en considération le fait que la victime a eu ou n'a pas eu la possibilité de minimiser la perte qui en résultait. Bien plus tard, *Demogue*[4] affirmera l'existence d'une obligation de minimiser le dommage en matière contractuelle, justifiée par le devoir de collaboration entre les parties. Il l'exprima en ces termes : « Lorsque la faute se produit et doit, si la victime ne fait aucun acte spécial, causer un dommage d'une certaine étendue, la victime est-elle en faute si elle ne prend pas d'elle-même les mesures nécessaires pour diminuer le dommage ? L'affirmative ne fait pour nous aucun doute. Celui dont la maison a pris feu par la faute d'un tiers doit travailler à éteindre l'incendie. Le blessé est en faute s'il ne se soigne pas et ne se soumet pas aux

---

[1] Bruxelles, 16 juiL. 1912, P. P. 1913, n° 126.
[2] A. De Bersaques, op. cit, p. 505.
[3] J. Domat, *Les lois civiles dans leur ordre naturel*, Rollin et Fils, 1745, Livre III, titre V, section III, § 162.
[4] R. Demogue, *Traité des obligations en général*, t. IV, Arthur Rousseau, 1924, n° 463 bis.

opérations nécessaires, sauf si elles sont graves et hasardeuses (…) L'utilité sociale crée donc un devoir d'arrêter le dommage si on le peut (…). Ainsi à un droit rigide se substitue un droit solidariste, obligeant la victime à travailler modérément dans l'intérêt général, c'est-à-dire pour empêcher le dommage de continuer ». Le Pr *Tunc*[1] soutiendra le même point de vue en considérant que « l'idée (…) selon laquelle la victime ne peut assister passivement au déclenchement des diverses conséquences de la faute, mais doit réagir de toute sa vigueur d'homme contre ses conséquences dans la mesure où elles aggraveraient le dommage, nous semble incontestable ». Malgré ce plaidoyer doctrinal, la jurisprudence française n'a pratiquement jamais reconnu l'existence, à la charge de la victime, de l'obligation de minimiser le dommage.

45. La Cour de cassation a clairement pris position contre l'imposition d'une quelconque obligation de minimiser le dommage à la victime dans deux arrêts rendus le 19 juin 2003[2]. En effet, elle a, sous le visa de l'article 1382, précisé que « *l'auteur d'un accident est tenu d'en réparer toutes les circonstances dommageables ; que la victime n'est pas tenue de limiter son préjudice dans l'intérêt du responsable* ». Les faits de ces deux espèces méritent d'être rappelés.

Dans la première espèce (*Dibaoui c/ Flamand et autres*), la victime d'un accident de la circulation avait demandé l'indemnisation de l'aggravation de son préjudice. La cour d'appel décida de réduire le montant de l'indemnisation allouée au titre de l'incapacité permanente partielle au motif que la victime en refusant les soins qui lui avaient été proposés par les médecins, avait commis une faute ayant concouru pour partie à la persistance de troubles psychiques. Pour casser cette décision, la Cour de cassation observe que la victime « n'avait pas l'obligation de se soumettre à des actes médicaux préconisés par ses médecins ».

Dans le second arrêt (*Veuve Xhauflaire c/ Decrept*), une femme qui exploitait un fonds de commerce de boulangerie et sa fille avait été blessée dans un accident de la circulation. Ayant sollicité l'indemnisation du préjudice résultant notamment de la perte du fonds qui n'avait plus été exploité pendant plusieurs années, elle fut déboutée. Pour rejeter la demande, la cour d'appel releva que la femme avait la possibilité de faire exploiter le fonds par un tiers, qu'en choisissant de le laisser péricliter, elle ne pouvait en imputer la responsabilité à l'auteur ; qu'en définitive, la perte du fonds n'était pas la conséquence de l'accident. En un mot, la cour d'appel avait considéré qu'il n'existait pas de lien de causalité entre l'accident et la perte du fonds de

[1] A. Tunc, « Les récents développements des droits anglais et américain sur la relation de causalité entre la faute et le dommage dont on doit réparation », R.I.D.C., 1953, p. 29.
[2] V. D. 2003, jur. p. 2326, note J-P. Chazal ; RTD civ.2003, p. 716 ; Petites affiches, 2003, n° 208, p. 16, note S. Reifegerste.

commerce. Reprenant les constatations mêmes de la cour d'appel qui faisaient état de ce que la demanderesse avait été atteinte d'une incapacité permanente l'empêchant de reprendre son activité, elle en a déduit un lien de causalité direct entre l'accident et la perte du fonds.

46. Ces deux arrêts expriment, sans aucune équivoque, le refus par la Cour de cassation d'imposer à la victime une quelconque obligation de minimiser son dommage dans l'intérêt de son auteur. En prenant une position aussi nette, la haute juridiction entend rappeler l'option fondamentale du droit français de la responsabilité civile en faveur de la réparation intégrale du dommage par l'auteur. On peut penser qu'elle reproche à la théorie de la *mitigation* de faire abstraction du fait que c'est celui-ci qui est à l'origine du dommage subi par la victime, y compris de la fraction qui aurait peut-être pu être évitée si la victime avait pris les mesures raisonnables. En somme, la solution retenue par la Cour de cassation est fondée sur l'idée que la *mitigation* est incompatible avec la conception française de la réparation intégrale du dommage.

Ce faisant, cette position ferme de la Cour de cassation qui va à rebours des solutions retenues dans d'autres droits a suscité des réactions nuancées en doctrine. Si la majorité des auteurs l'approuvent en raison des difficultés d'ordre technique et politique de l'intégration de l'obligation de minimiser le dommage en droit français, d'autres, en revanche, se montrent réservés. Tel est le cas de Denis Mazeaud[1], de Patrice Jourdain[2] et de J-L Aubert[3].

Le Pr Mazeaud reproche à la Cour de cassation de pécher par défaut de nuances en ce qui concerne le refus d'imposer des soins à la victime sans son consentement (eu égard au principe de l'inviolabilité du corps humain). Il affirme sa préférence pour la solution de H. et L. Mazeaud[4] qui avaient proposé, pour apprécier le caractère fautif d'un refus de soins, de se fonder sur le caractère dangereux ou douloureux du traitement et de l'opération. La victime n'est pas en faute lorsqu'elle refuse toute intervention ou tout traitement qui lui fait courir un risque ou qui a un caractère douloureux. En revanche, en dehors de ces situations, son refus constitue une faute qui doit influer sur le *quantum* de son dommage. En définitive, le professeur Mazeaud considère que lorsque la passivité de la victime est coupable et qu'elle a au moins pour partie contribué à la réalisation du dommage, cette faute mérite d'être sanctionnée.

Quant à M. Jourdain, tout en estimant qu'il serait inopportun d'introduire comme telle l'obligation de minimiser le dommage en droit français puisqu'elle est incompatible avec la règle de la réparation intégrale, il ne se

---

[1] D. 2004, somm. p. 1346.
[2] RTD civ., 2003, p. 716.
[3] « La victime peut-elle être obligée de minimiser son dommage ? », RJDA 2004, chron. 355.
[4] *Traité théorique et pratique de la responsabilité*, 3e éd. ; Montchrestien, 1939, t. II, n° 1474-2.

montre pas totalement hostile à cette obligation. Il considère, en effet, que « dans certains cas, la victime ne peut impunément rester passive au détriment du responsable. Son comportement doit pouvoir être sanctionné à chaque fois qu'il peut être jugé fautif ».

Enfin, M. Aubert, bien qu'insistant sur le fait que la victime n'a pas l'obligation de réduire le dommage qu'il a souffert dans la mesure où celui-ci est purement le fait de l'auteur, relève cependant qu'il y a lieu de réserver les cas où la victime dispose de moyens sûrs et sans inconvénient pour elle de ne pas laisser s'aggraver le dommage. L'auteur suggère néanmoins qu'il faudrait peut-être se montrer plus exigeant pour les dommages matériels que pour le préjudice corporel.

La division de la doctrine montre, en définitive, que la solution retenue par la Cour de cassation est loin de faire l'unanimité et ne saurait prétendre à une application générale sans nuances. En l'absence de tout texte législatif la consacrant, la jurisprudence rejette ainsi l'idée qu'une obligation de modérer le dommage soit mise à la charge de la victime. Cependant, il faut relever que cette obligation est admise en matière d'arbitrage en droit français. En effet, en vertu des dispositions du nouveau Code de procédure civile[1], les parties peuvent conférer aux arbitres la mission de statuer en amiables compositeurs, ainsi, ceux-ci peuvent introduire une telle obligation dans leur décision[2].

Conclusion

47. Au terme de cette étude, il apparaît que la question de l'appréciation et de la prise en compte du comportement de la victime demeure controversée. Il en est ainsi parce qu'elle met au centre du débat le problème de la hiérarchie des intérêts à protéger en droit de la responsabilité civile. Alors que la sanction du fait ou de la faute de la victime ayant causé ou contribué à la production du dommage ne suscite guère de difficultés comme étant largement admise, il en va autrement de celle de son comportement postérieur à la réalisation du dommage initial. Si de nombreux droits considèrent que la passivité de la victime doit être condamnée lorsqu'elle a contribué à l'aggravation du dommage, d'autres se refusent à imposer une quelconque obligation de minimiser le dommage à la victime parce qu'une telle obligation affecte sa prétention légitime à la réparation de son entier préjudice.

Tout cela montre que l'équilibre est difficile à établir entre les intérêts de l'auteur du dommage et ceux de la victime. C'est dire que l'office du législateur et du juge n'est point aisé. Il leur revient de ne point oublier que c'est l'auteur du dommage qui est le principal responsable en tant qu'auteur du fait dommageable initial. En même temps, il leur faut aussi sanctionner

[1] Cf. art. 1474 et s.

[2] V. S. Reifergerste, op. cit, n° 170 et s.

comme il se doit l'inertie de la victime lorsque cela est nécessaire. La *moralisation* du droit de la responsabilité civile[1] est peut-être à ce prix, encore que, comme l'observe Denis Mazeaud[2], même sur le terrain économique, « l'intérêt général commande que l'on canalise autant que faire se peut, le coût de la responsabilité, dont une large part repose *in fine* sur l'ensemble du corps social ». /.

---

[1] En ce sens, S. Reifergerste, « Faut-il moraliser le droit français de la réparation du dommage ? », Petites aff. 2002, n° 232.

[2] « La passivité de la victime, l'intérêt de l'auteur du dommage », D. 2004, somm. P. 1346.

TROISIÈME PARTIE

LE DROIT ET L'ENTREPRISE

L'entreprise intéresse le droit à la fois comme cellule économique (l'entreprise a un patrimoine et exerce une activité économique) et comme cellule sociale (l'entreprise a des dirigeants, emploie des salariés). C'est le droit qui l'organise, prévoit les formes qu'elle peut revêtir, lui reconnaît une personnalité juridique, fixe les règles de son fonctionnement ou de sa disparition. Bref, le droit accompagne ou encadre toutes les phases de la vie de l'entreprise. Cela est particulièrement vrai pour la société commerciale qui est aujourd'hui, la forme par excellence de l'entreprise[1].

Le droit OHADA consacre l'essentiel de ses règles aux activités économiques qui sont réalisées autant par les particuliers que par les sociétés commerciales. Alors que certains s'interrogent sur le droit de l'entreprise[2], le droit OHADA s'affirme, depuis son origine, comme un droit de / et pour l'entreprise. À ce titre, il se définit, en quelque sorte, comme un droit au service de l'économie, dont les entreprises sont devenues les acteurs majeurs. Le contexte de crise sociale et économique généralisée dans lequel ce droit a été conçu et est né justifie qu'il ait eu pour préoccupation d'instituer de nouvelles règles de gouvernance sociale qui, dans un premier temps, étaient d'ordre public, mais qui, heureusement, ont perdu pour la plupart ce caractère lors de la révision de certains actes uniformes. À l'analyse, ce droit recèle quelques contradictions ou incohérences qui traduisent les limites du droit OHADA. En outre, ce droit qui prévoit des principes et règles de gouvernance ne paraît pas toujours avoir saisi les enjeux actuels de la gouvernance des entreprises, notamment ceux qui concernent la responsabilité sociale ou sociétale de l'entreprise.

Telles sont les préoccupations qui transparaissent des études publiées ci-après. S'agissant d'abord du sort des dirigeants sociaux, il apparaît que si, à propos de leur responsabilité civile, le droit OHADA s'est appliqué à fixer les règles applicables (article 10), il en va autrement de la cessation des fonctions des dirigeants sociaux, la révocation étant soumise à des règles strictes alors que la démission relève d'un régime juridique lacunaire (article 9). Quant à la responsabilité sociale de l'entreprise qui traduit une nouvelle vision des rapports qu'une entité économique entretient avec son environnement, le droit OHADA l'ignore pratiquement ou n'en fait aucune allusion, fût-ce d'ordre terminologique[3]. Il y a là un « vide juridique » du droit OHADA qui illustre

[1] L'entreprise est le genre, la société est l'espèce.

[2] Bl. Segrestin, « Quel droit pour l'entreprise ?, in Entreprises et histoire 2009/4 (n° 57), p. 8 à 13.

[3] Il faut cependant signaler que l'acte uniforme révisé de 2014 exige désormais des dirigeants sociaux de faire un rapport sur les informations sociales et environnementales, exigence que certains rattachent à la RSE. Sur cette question en général, v° I. Cadet, « Aspects juridiques de la responsabilité sociale », in I2D-Information, Données et Documents 2006/1 (volume 53), p. 37 à 38 ; M-C. Caillet, *Le droit à l'épreuve de la responsabilité sociétale des entreprises : Étude à partir des entreprises transnationales*, Th. Bordeaux, 2014, 663 p ; I. Tchotourian, V. Deshaye, R. Mac Farlane-Drouin, « Entreprises et responsabilité sociale : évolution ou

le décalage qui peut exister entre les transformations ou les innovations dans les pratiques managériales et l'état du droit applicable (article 11).

---

révolution du droit canadien des affaires ? », Les Cahiers du droit, vol. 57, numéro 4, 2016, p. 551-777 ; O. Thibout, *La responsabilité sociale des entreprises : dynamique normative et enjeux concurrentiels. Une illustration d'un droit en mouvement*, th. Université Côte d'Azur, 2018, 519 p.

-9-

LA CESSATION DES FONCTIONS DES DIRIGEANTS SOCIAUX EN DROIT OHADA*

1. La situation des dirigeants sociaux[1] est loin d'être une sinécure. Investis des pouvoirs les plus larges pour conduire les affaires sociales (et souvent fort bien rémunérés pour ce faire), ils sont jugés à l'aune des performances ou des échecs de la société. Leur survie à la tête de celle-ci dépend en grande partie des résultats obtenus. Il va de soi que pour les associés ou actionnaires, le maintien des dirigeants ne saurait se faire au détriment de leurs intérêts ou de ceux de la société[2]. C'est ainsi qu'à un moment ou à un autre de la vie sociale, la question de la cessation des fonctions des dirigeants va se poser inéluctablement. Un auteur[3] observe de manière pertinente que « Pas plus qu'aucune autre activité humaine, celles qu'exercent les dirigeants des sociétés commerciales au sein de l'entreprise ne sont destinées à durer indéfiniment ». Quelle que soit sa cause, la cessation des fonctions d'un dirigeant n'est jamais un acte indifférent dès lors qu'elle peut être lourde de conséquences tant pour la société que pour le dirigeant lui-même. Il est alors du plus grand intérêt d'examiner la manière dont le droit l'appréhende et l'organise.

***Article publié in *Les mutations juridiques dans le système OHADA*, ouvrage collectif (dir. A. Akam Akam), L'Harmattan, Paris, 2009, pp. 101-132, sous le titre « Soliloque sur un exemple d'incohérence en droit OHADA. La cessation des fonctions des dirigeants sociaux ».**

[1] Dans la présente étude, l'expression « *dirigeants sociaux* » comprend non seulement les personnes investies d'un pouvoir de direction telles que les gérants des sociétés de personnes ou de la société à responsabilité limitée, le président directeur général, le président du conseil d'administration, le directeur général, l'administrateur général de la société anonyme, mais aussi celles qui sont investies des pouvoirs d'administration tels que les administrateurs de la société anonyme.

[2] Sur la distinction de ces différents intérêts, v. D. Schmidt, « De l'intérêt social », JCP 1995, éd. E, I, p. 361 ; A. Pirovano, « La boussole de la société, Intérêt commun, intérêt social, intérêt de l'entreprise ? », D. 1997, chron. P. 189 ; Ph. Bissara, « L'intérêt social », Rev. sociétés 1999.p. 5 ; C. Bailly-Masson, « L'intérêt social : une notion fondamentale », Petites aff., n° 224, p. 6 ; G. Goffaux-Callebaut, *« La définition de l'intérêt social, Retour sur la notion après les évolutions législatives récentes »*, RTD com. 2004, p. 35 ; B. Basuyaux, « Intérêt social, une notion aux contours aléatoires qui conduit à des situations paradoxales », Petites aff., 2005, n° 4, p. 3 ; D. Martin, « L'intérêt des actionnaires se confond-il avec l'intérêt social ? », in Mélanges D. Schmidt, 2005, p. 359 ; M-A. Mouthieu, *L'intérêt social en droit des sociétés*, thèse, Yaoundé II, 2006.

[3] H. Souleau, « *La démission des dirigeants des sociétés commerciales* », RTD com. 1972. 21.

2. L'Acte uniforme OHADA[1] du 17 avril 1997 relatif au droit des sociétés commerciales et du groupement d'intérêt économique[2] (ci-après AUS) aborde effectivement le problème de la cessation des fonctions des dirigeants sociaux et lui consacre nombre de ses dispositions. Pour l'essentiel, il prévoit que les fonctions des dirigeants prennent fin par expiration de leur mandat, décès, démission, révocation ou par dissolution de la société. Si la plupart de ces causes de cessation des fonctions des dirigeants ne posent pas de difficultés particulières, il en va autrement de la démission et de la révocation. Ce sont ces deux modalités de départ des dirigeants qui sont au centre de la présente étude.

3. De toute évidence, l'AUS n'accorde pas la même importance à la démission et à la révocation, notamment à propos de la fixation de leur régime juridique. Autant les règles surabondent en ce qui concerne la révocation, autant elles semblent fort discrètes pour ce qui est de la démission.

Comme en droit français[3], la démission qui consiste, pour un dirigeant, à mettre un terme à ses fonctions ne semble pas avoir véritablement attiré l'attention du législateur OHADA. En effet, sans pourtant l'ignorer totalement, l'AUS consacre quelques rares dispositions à la démission des organes de gestion des sociétés commerciales. Force est d'ailleurs de relever qu'il n'évoque expressément que la démission des gérants de la société à

---

[1] [1] L'OHADA est née à la faveur d'un Traité signé à Port-Louis (Ile Maurice) le 17 octobre 1993 (J.O OHADA n° 4, 01/11/97, p. 1) et entré en vigueur le 18 septembre 1995. Elle regroupe aujourd'hui seize pays membres : Bénin, Burkina Faso, Cameroun, Centrafrique, Comores, Congo (Brazzaville), Côte d'Ivoire, Gabon, Guinée Bissau, Guinée Conakry, Guinée Équatoriale, Mali, Niger, Sénégal, Tchad, Togo. Sur la place et le rôle de l'OHADA, v. G. De Lafond, « Le Traité relatif à l'harmonisation du droit des affaires en Afrique », Gaz. Pal. 1995, 20-21 sept. 1995, doctr., p. 2 ; J. Issa-Sayegh, « L'OHADA, instrument d'intégration juridique des pays africains de la zone franc », RJ com., 1999, p. 237 ; J. Lohoues-Oblé, « L'apparition d'un droit international des affaires en Afrique », RID comp. 1999, p. 543 ; J. Issa-Sayegh, J. Lohoues-Oblé, *OHADA, Harmonisation du droit des affaires*, Bruylant, 2002 ; M. Koné, *Le nouveau droit commercial des pays de la zone OHADA. Comparaisons avec le droit français*, LGDJ. 2003, Biblio. Dr. privé, t. 406 ; A. Cissé, « L'harmonisation du droit des affaires en Afrique : l'expérience de l'OHADA à l'épreuve de sa première décennie », Rev. int. dr. éco. 2004.2. p. 197.

[2] V. J.O. OHADA n° 2, 01/10/97, p. 1. Pour une vue générale, v. P. Agboyibor, « Nouveau droit uniforme des sociétés », RDAI 1998, n° 6 ; D. Tapin, *Droit des sociétés commerciales et du G.I.E*, Penant, 1998, n° 827, p. 136 ; F. Anoukaha, A. Cissé, N. Diouf, J. Nguebou Toukam, P-G. Pougoué, M. Samb, *OHADA. Sociétés commerciales et G.I.E*, Bruylant, 2003 ; J. Paillusseau, « L'Acte uniforme sur le droit des sociétés », Petites aff., 13 oct. 2004, n° 205, p. 19.

[3] H. Souleau, *op.cit* ; D. Martin, « La démission des organes de gestion des sociétés commerciales », Rev. sociétés. 1973. 373.

responsabilité limitée[1] et des dirigeants de la société anonyme[2]. Il y a ainsi un véritable vide juridique en ce qui concerne la démission des dirigeants des sociétés de personnes, qu'il s'agisse de la société en nom collectif que de la société en commandite simple. Le silence de la loi laisse donc toute liberté aux associés de fixer dans les statuts, les règles gouvernant la démission des gérants. En tout état de cause, si l'AUS prévoit bien la possibilité d'une démission de certains dirigeants, il n'en précise ni le régime ni les conditions de la responsabilité éventuelle du dirigeant démissionnaire envers la société.

Contrairement à la démission, la révocation[3] qui est l'acte par lequel les associés ou les organes habilités décident, avec ou sans motifs, de mettre un terme prématuré aux fonctions des dirigeants, fait l'objet d'une extrême « sollicitude » de la part du législateur OHADA. Quelle que soit la forme sociale considérée, le régime juridique de la révocation est minutieusement fixé par la loi. S'agissant de dispositions impératives[4], elles ne peuvent être remises en cause, ni modifiées ou complétées par les statuts. Ceux-ci doivent donc s'y conformer.

4. L'attitude du législateur OHADA est surprenante. Elle semble procéder d'une appréciation ambivalente des conséquences de la démission et de la révocation. On peut penser qu'en prenant soin de fixer le régime de la révocation des dirigeants par les associés ou par tout organe compétent, les rédacteurs de l'AUS ont eu le souci de protéger ceux-là contre les abus que ceux-ci peuvent commettre dans l'exercice du droit de révocation. Autrement dit, le régime juridique mis en place vise à prémunir le dirigeant contre les conséquences d'une révocation infondée. Si tel est le fondement de la démarche retenue par l'OHADA, il y a lieu d'observer qu'il aurait pu

[1] V. art. 327 AUS.
[2] V. art. 433 pour les administrateurs ; art. 468 pour le président –directeur général ; art. 476 pour le directeur général adjoint ; art. 483 pour le président du conseil d'administration et art. 493 pour le directeur général ; art. 508 pour l'administrateur général.
[3] Sur la révocation des dirigeants sociaux en général, v. J-L. Aubert, « La révocation des organes d'administration des sociétés commerciales », RTD com., 1968. 977 ; Ph. Reigné, « Révocabilité ad nutum des mandataires sociaux et faute de la société », Rev. Sociétés, 1991. 449 ; K. Adom, « La révocation des dirigeants de sociétés commerciales », Rev. Sociétés, 1998. 488 ; M-H. De Laender, « La révocation des dirigeants sociaux », Dr. sociétés, mai 2000, p. 4 ; F-X. Lucas, « L'avenir de la révocabilité ad nutum des dirigeants sociaux », Dr. soc. nov. 2001, p. 3 ; J-F. Barbiéri, « La révocation des dirigeants sociaux : pour la liberté statutaire », JCP E. Cah.dr. entr. 3/2001, p. 5 ; A. Dione, *« La révocation des dirigeants des sociétés anonymes et des sociétés à responsabilité limitée à la lumière de l'acte uniforme relatif au droit des sociétés commerciales et de groupement d'intérêt économique »*, Rev. EDJA (Dakar), n° 54 (juil-août-sept) 2002. 55.
[4] L'article 2 de l'AUS prévoit que les dispositions dudit acte sont d'ordre public, sauf dans les cas où il autorise expressément l'associé unique ou les associés, soit à leur substituer les dispositions dont ils sont convenus, soit à les compléter par leurs dispositions. Sur le caractère d'ordre public des dispositions de l'AUS, v. J. Paillusseau, « L'Acte uniforme sur le droit des sociétés », Petites aff., 13 oct. 2004, n° 205, p. 21.

également justifier la réglementation de la démission des dirigeants. En effet, la démission d'un dirigeant ne va pas sans inconvénient pour la société. Comme on l'a bien souligné, « il s'attache à la démission d'un organe social un risque de perturbation grave au fonctionnement de la société[1] ». L'importance des effets de la démission pour la société, si elle avait été bien perçue par le législateur, aurait pu inciter celui-ci à fixer les contours du régime juridique de la démission des dirigeants sociaux. En s'abstenant de le faire, le droit OHADA a failli à son devoir d'établir un juste équilibre entre les intérêts du dirigeant démissionnaire et ceux de la société ou des associés. Au-delà, on peut même se demander s'il ne compromet pas l'équilibre qui doit exister entre le droit des associés de révoquer le dirigeant et la liberté de ce dernier de démissionner.

5. La démission et la révocation sont, en quelque sorte, les deux faces d'une même médaille. L'une ne se conçoit pas sans l'autre. C'est que, d'une part, il ne faut pas que les dirigeants soient inamovibles. D'où la reconnaissance d'un *pouvoir de révocation* aux associés. Ainsi perçue, la révocation « est la traduction de l'exercice par les associés de leur droit de surveiller la gestion de la société et de pourvoir au remplacement des dirigeants en qui ils n'ont plus confiance[2] ». D'autre part, l'engagement des dirigeants ne saurait être perpétuel. Aussi, il leur est reconnu (comme en contrepartie du droit de révocation des associés), la *liberté de démissionner* de leurs fonctions.

Ces considérations font apparaître le lien qui existe entre la démission et la révocation en même temps qu'elles soulignent la nécessité d'établir une certaine cohérence entre leurs régimes juridiques. Celle-ci passe par la fixation de règles qui organisent d'une manière symétrique et équilibrée, l'exercice par les associés du pouvoir de révocation, et par les dirigeants, de la liberté de démissionner.

6. L'AUS est loin d'avoir satisfait à cette exigence. Certes, il envisage bien la cessation des fonctions des dirigeants sociaux en prévoyant leur démission ou leur révocation. Mais, ces deux modalités de retrait des fonctions des dirigeants sociaux obéissent à une *pluralité* de règles apparemment *irréductible* (alors même qu'aucune justification sérieuse ne s'oppose à l'édiction de règles communes). Aussi, qu'il s'agisse de la démission ou de la révocation, les règles applicables varient d'une forme sociale à une autre, ce qui renforce une opposition artificielle entre les sociétés de personnes, la société à responsabilité limitée et la société anonyme. L'institution de règles propres à chaque type de société notamment en ce qui concerne la révocation

---

[1] D. Martin, op. Cit, p. 273, n° 2.

[2] V. K. Adom, « La révocation des dirigeants de sociétés commerciales », Rev. Sociétés, 1998. 488.

ne saurait pourtant être justifiée par la forme des sociétés ou la nature des rapports que les dirigeants entretiennent avec les associés ou actionnaires.

Au total, l'intervention du législateur OHADA, incontestablement timide en ce qui concerne la démission (I), et particulièrement hardie pour ce qui est de la révocation (II) des dirigeants sociaux, s'avère dans l'ensemble fort critiquable.

I. LA DÉMISSION DES DIRIGEANTS SOCIAUX

7. Comme le Code de commerce français[1], l'AUS ne consacre que quelques rares dispositions à la démission des dirigeants. Ce faisant, il ne précise pas le régime de la démission (A) ni les conditions de la mise en œuvre éventuelle de la responsabilité du dirigeant démissionnaire envers la société (B)

A. Le régime de la démission des dirigeants

8. L'AUS ne semble expressément évoquer que la démission des dirigeants des sociétés à responsabilité limitée et des sociétés anonymes. Est-ce à dire que celle des dirigeants des sociétés en nom collectif ou en commandite simple soit exclue ? Il n'en est rien. Les gérants de ces deux types de sociétés peuvent, comme tous autres dirigeants, se démettre volontairement[2]. Cela dit, il convient de préciser les formes de démission (1) avant de préciser les conditions dans lesquelles la démission devient effective (2).

1. Les formes de démission

9. On distingue deux sortes de démissions : la démission volontaire (a) et la démission forcée (b).

a. La démission volontaire

10. Il y a *démission volontaire* lorsqu'un dirigeant décide de quitter ses fonctions sociales, sans aucune contrainte[3]. Autrement dit, la démission volontaire est celle qui résulte d'une décision prise à l'initiative du dirigeant,

---

[1] V. par ex. art. L. 225-24 C. com. qui vise la vacance d'un ou plusieurs sièges d'administrateurs de la société anonyme par démission.

[2] H.Souleau, op.cit, n° 19 et s. L'auteur explique que depuis la loi du 22 juillet 1966, les gérants statutaires associés étant désormais révocables, ils sont en droit de mettre fin à leurs fonctions en démissionnant. V. en ce sens, Bastian, « La réforme du droit des sociétés commerciales », JCP. 1967. I. 2121 ; D. Martin, *ibid*, notam. n° 8 ; B. Mercadal, Ph. Janin, *Mémento pratique Francis Lefebvre, Sociétés commerciales*, 2003, n° 3846. En tout cas, les rares décisions qui admettent la démission du gérant d'une société en nom collectif (Trib. com. Seine, *28 juil. 1953*, RTD com. 1953. 932) ou en commandite (Nancy, *27 mars 1952*, D. 1952. 624) ont fait appel aux règles du mandat.

[3] Cas. Soc. *6 mai 1982*, Rev. Sociétés, 1982. 523, note P. Le Cannu.

de son plein gré[1]. C'est ce que semble confirmer l'article 327 de l'AUS : « *Le ou les gérants* (de la Sarl) *peuvent librement démissionner*[2] ». La démission volontaire résulte normalement d'un acte positif de la part du dirigeant[3]. S'il s'agit d'une personne morale dirigeante, la démission doit être décidée par les organes sociaux compétents et non par la personne physique désignée pour la représenter[4].

La démission volontaire peut susciter quelques difficultés lorsqu'un dirigeant est en même temps salarié de la société[5]. La question est de savoir si la rupture du contrat de travail doit entraîner la démission du dirigeant salarié de ses fonctions d'administration ou de direction. Pour y répondre, il faut, en l'absence de disposition légale, distinguer selon que le dirigeant est devenu salarié ou que le salarié a été nommé dirigeant. Dans le premier cas, les fonctions de dirigeant étant antérieures au contrat de travail, il y a indépendance entre le mandat social et le contrat de travail[6]. Par conséquent, la rupture du contrat de travail n'a aucune incidence sur le mandat social. En revanche, lorsqu'un salarié a été nommé à une fonction de dirigeant social, il y a un lien d'interdépendance, voire une indivisibilité entre le contrat de travail et le mandat social, de sorte que la rupture du contrat de travail doit nécessairement entraîner la démission du dirigeant concerné.

b. La démission forcée

11. Il y a *démission forcée* lorsqu'un dirigeant est contraint de mettre fin à ses fonctions. Il s'agit donc d'« un acte qui ne résulte pas de la libre volonté du dirigeant[7] ». On peut distinguer trois cas.

---

[1] Souleau, *op. cit.*, n° 2.

[2] En ce qui concerne les dirigeants de S.A, v. art. 433 pour les administrateurs ; art. 468 pour le président –directeur général ; art. 476 pour le directeur général adjoint ; art. 483 pour le président du conseil d'administration et art. 493 pour le directeur général ; art. 508 pour l'administrateur général.

[3] V. Cass. Com. *13 mars 1979*, Rev. Sociétés, 1979. 828, note Merle, qui décide que le fait qu'un administrateur n'exerce plus ses fonctions depuis un certain temps ne permet pas de le considérer comme démissionnaire.

[4] V.B. Mercadal, Ph. Janin, op.cit, n° 7857.

[5] Sur le cumul d'un mandat social et un contrat de travail, v. Ph. Laurent, « Le salaire des dirigeants sociaux titulaires d'un contrat de travail », Gaz.Pal. 1978.I. doctr. p. 146 ; A. Sayag, « Mandat social et contrat de travail : attraits, limites et fictions », Rev. Sociétés, 1981. 3 ; M. Deslandes, « Réflexions sur le cumul d'un mandat social et d'un contrat de travail », D. 1982, chron. p. 19 ; E. du Pontavice, « Quelques arrêts récents rendus en matière du cumul d'un mandat social et d'un contrat de travail », Juri-social 1987, n° 1, p. 45 ; D. Gibirila, « L'administrateur salarié d'une société anonyme », RJ com. 1989. 337 ; C. Puigelier, « Les incidences du cumul d'un contrat de travail et d'un mandat social : de trop nombreuses incertitudes », JCP. E. 1992. I. 188.

[6] Sur l'indépendance des deux statuts, v. C. Puigelier, *op. cit.*, n° 2.

[7] Souleau, *op. cit.*, n° 2.

En premier lieu, l'AUS prévoit la *démission d'office* dans le cas où un administrateur dépasse le nombre de mandats d'administrateur, de président de conseil d'administration ou d'administrateur général prévu par la loi[1]. Se trouvant en infraction avec les prévisions légales, il doit se démettre de l'un de ses mandats. C'est dire que la démission forcée est, dans ce cas, la « *sanction* » du non-respect de la prescription légale et vise certainement à éviter une « dispersion » des dirigeants susceptible d'être préjudiciable à la conduite des affaires sociales[2]. Cette démission doit intervenir dans les trois mois qui suivent la nomination du dirigeant ; à défaut la personne concernée sera réputée s'être démise de son nouveau mandat et devra restituer les rémunérations déjà perçues[3].

En second lieu, toute personne qui exerce une fonction incompatible avec celle de dirigeant social ou qui est frappée d'incapacité ou d'une mesure d'interdiction ou de déchéance doit normalement démissionner[4]. Dans ce cas, la démission forcée imposée au dirigeant est « un moyen de protection de l'intérêt social[5] ».

En dernier lieu, un dirigeant peut être contraint à la démission par les associés soit que ceux-ci ne sont pas ou plus satisfait de sa gestion, soit qu'ils estiment qu'il n'est plus « l'homme de la situation ». Ainsi, au lieu de prendre eux-mêmes la décision de révoquer le dirigeant contesté, ils « poussent » plutôt ce dernier à quitter « volontairement » ses fonctions.

[1] V. art. 425 qui limite à cinq (5) le nombre de conseils d'administration auxquels une personne physique peut appartenir ; art. 479 qui prévoit que nul ne peut exercer plus de trois (3) mandats de président de conseil d'administration ; art. 497 qui dispose que nul ne peut exercer simultanément plus de trois (3) mandats d'administrateur général de sociétés anonymes.

[2] D. Martin, *op. cit.*, n° 10.

[3] Art. 425 de l'AUS.

[4] L'article 203 de l'AUPCAP énonce que *« La décision qui prononce la faillite personnelle emporte de plein droit l'interdiction générale de faire le commerce et notamment de diriger, gérer, administrer ou contrôler une entreprise commerciale à forme individuelle ou toute personne morale ayant une activité économique »*. V. P-G. Pougoué, F. Anoukaha, J. Nguebou, *Le droit des sociétés commerciales et du groupement d'intérêt économique OHADA*, PUA (coll. droit uniforme), 1998 et notam. n° 164 et s. S'agissant des incompatibilités, signalons, en droit camerounais, les dispositions de l'article 21 de la loi n° 99/016 du 22 décembre 1999 qui précisent que « *Les fonctions de président de conseil d'administration d'un établissement public administratif, d'une société à capital public ou d'une société d'économie mixte à participation publique majoritaire, sont incompatibles avec celles de membre du gouvernement, de parlementaire, de directeur général ou de directeur général adjoint des établissements publics administratifs et des entreprises du secteur public et parapublic* ».

[5] D. Martin, *ibid.* n° 10.

2. Les conditions d'effectivité de la démission

12. La démission volontaire soulève deux problèmes que l'AUS n'aborde nullement : celui de la détermination du moment où elle devient effective d'une part, et celui de sa rétractation, d'autre part.

La détermination du moment où la démission d'un dirigeant prend effet dépend de la réponse à la question de savoir si celle-ci doit intervenir avec ou sans l'accord de la société. Dans le premier cas, la démission résulte d'un acte de volonté unilatérale du dirigeant qui se suffit à lui-même ; dans le second, elle est la suite d'un acte bilatéral pris à l'initiative du dirigeant et subordonné à l'agrément d'un autre organe agissant pour le compte de la société. Devant le silence de la loi, la doctrine admet le *caractère unilatéral de l'acte de démission*[1]. La démission devient effective dès lors que le dirigeant prend la décision de renoncer à ses fonctions et la notifie aux organes chargés de représenter la société[2]. Celle-ci doit simplement prendre acte de la démission. Son acceptation n'a pas pour effet de rendre la démission effective. Le droit de démissionner unilatéralement est donc la règle[3].

13. Étant libre de démissionner de ses fonctions, le dirigeant est-il en droit de revenir sur sa décision de quitter ses fonctions ? En droit français, la jurisprudence reconnaît au dirigeant démissionnaire le droit de se rétracter[4]. Reste alors à déterminer le moment où cette rétractation est possible. Selon un auteur[5], « deux directives méritent (...) d'être prises en considération pour établir le moment jusqu'auquel la rétractation est recevable. La première est que le retrait d'une décision unilatérale doit toujours, en principe, être possible tant que le tiers, jusqu'alors lié au retrayant, n'a pas pris les dispositions que lui impose cette décision. La seconde tient en ce que la faculté de retrait subsiste même si ces dispositions ont été prises, mais avec précipitation et visiblement dans le but d'empêcher l'auteur de la décision de la reprendre efficacement ».

14. En définitive, qu'elle soit volontaire ou forcée, la démission doit être publiée au registre du commerce et du crédit mobilier[6]. Cette formalité qui

---

[1] Souleau, *op. cit.*, n° 4 et s.

[2] Pour D. Martin, seule la collectivité des associés paraît habilitée à enregistrer la démission d'un dirigeant social, à l'exclusion de tout autre organe d'administration ou de direction. C'est dire que c'est l'assemblée générale des associés ou actionnaires qui doit prendre acte de la démission. V. art. précité, n° 22.

[3] Cass. Soc, *6 mai 1982*, Rev. sociétés, 1982. 523 note Le Cannu.

[4] V. Martin qui cite notamment un arrêt de la cour d'appel de Nancy en date du 27 mars 1952 qui a décidé que « *le gérant* (...) *est libre de retirer sa démission* », v. art. précité, n° 20.

[5] Martin, *op. cit.*, n° 21.

[6] Art. 124 de l'AUS.

doit être effectuée à la diligence et sous la responsabilité des représentants légaux de la société, a pour effet de rendre la démission opposable aux tiers[1].

Cela dit, devant les lacunes de la loi, il revient aux statuts de préciser les conditions dans lesquelles un dirigeant peut être amené à donner sa démission afin d'éviter les inconvénients qu'une telle décision peut avoir pour la société. Par exemple, les statuts sans entraver la liberté des dirigeants de démissionner, peuvent notamment prévoir un préavis dont la durée doit être raisonnable pour permettre à la société ou aux organes compétents de prendre les dispositions pour pourvoir au remplacement du démissionnaire. Pareille stipulation est de nature à prévenir toute responsabilité éventuelle envers la société.

B. La responsabilité du dirigeant démissionnaire

15. Le problème de la responsabilité éventuelle du dirigeant démissionnaire envers la société amène d'abord à s'interroger sur le caractère discrétionnaire ou non de la démission volontaire avant d'envisager les conditions de cette responsabilité.

Il faut, en effet, se demander si un dirigeant social peut discrétionnairement renoncer à ses fonctions, c'est-à-dire sans qu'il soit tenu d'indiquer les motifs pour lesquels il prend une telle décision. Au regard des dispositions de l'AUS, il semble que la réponse diffère d'une société à l'autre.

Comme il a déjà été relevé, l'AUS ne réglemente pas la démission des gérants des sociétés de personnes. Dès lors, il est tentant d'invoquer les règles du mandat, et notamment l'article 2007 du Code civil qui prévoit que « *Le mandataire peut renoncer au mandat, en notifiant au mandant sa renonciation* », pour déterminer les conditions dans lesquelles la démission des gérants peut intervenir. La jurisprudence considère plutôt que le régime de la démission des gérants est déterminé par transposition des règles applicables à la révocation[2]. Ainsi, les gérants peuvent donc librement démissionner même sans motifs, à leurs risques et périls.

Par contre, lorsqu'il s'agit de la société à responsabilité limitée, la loi fait directement allusion à la justification de la démission par les dirigeants. L'article 327 de l'AUS énonce que « *Le ou les gérants peuvent librement démissionner. Toutefois, si la démission est faite sans juste motif, la société peut demander en justice réparation du préjudice qu'elle subit*[3] ». Ainsi, si un

---

[1] Cas. Soc. *27 oct. 1999*, Dr. sociétés, fév. 2000, n° 19, obs. Th. Bonneau. Dans un arrêt rendu le *23 mai 1995* (Bull.Jolly 1995, p. 879, note Le Cannu), la chambre commerciale a cependant décidé que la démission du gérant commun à plusieurs sociétés, bien que n'ayant pas été régulièrement au registre du commerce et des sociétés, n'en est pas moins opposable au tribunal dans la mesure où celui-ci en a été informé par le gérant lui-même à l'audience.

[2] Cass. Req. *8 déc. 1890*, D. 1891. 1. 458 ; Rouen, *16 juin 1983*, BRDA 1983/21 p. 10.

[3] Cette disposition est propre au droit OHADA et n'a pas d'équivalent en droit français.

gérant peut librement renoncer à ses fonctions sans motifs, il reste que la juridiction saisie par la société en réparation du préjudice éventuel qu'elle aurait subi du fait de cette démission doit rechercher si celle-ci était ou non fondée sur de justes motifs.

La situation paraît différente en ce qui concerne la société anonyme. En effet, la multitude des dispositions qui font allusion à la démission des dirigeants sociaux ne fixe pas les contours de cette décision. Aussi, par référence aux règles relatives à la révocation[1] qui reconnaissent à l'assemblée générale ordinaire ou au conseil d'administration le pouvoir de révoquer les dirigeants *ad nutum*, il faut admettre que ceux-ci peuvent aussi démissionner sans avoir à motiver leur décision.

En somme, il apparaît que si les dirigeants sociaux ont tous le droit de démissionner librement, ce droit s'exerce différemment suivant les sociétés. Cela n'est pas sans conséquence sur l'appréciation de leur responsabilité.

16. La responsabilité des dirigeants peut être recherchée soit en cas de démission sans justes motifs, soit à raison des circonstances ayant entouré la démission, soit même pour non-respect de l'obligation de loyauté envers la société.

D'abord, s'agissant de la démission sans justes motifs, il faut préciser d'emblée qu'elle ne concerne que les dirigeants des sociétés de personnes et ceux de la société à responsabilité limitée. Leur situation est identique à celle de tout mandataire dont la responsabilité doit être engagée lorsque la renonciation au mandat préjudicie au mandant[2]. La démission doit être considérée comme non fondée sur de justes motifs lorsqu'un dirigeant décide de renoncer à ses fonctions sans raison sérieuse avérée, voire par simple convenance personnelle. Par contre, il faut admettre que la démission est justifiée dans les cas où le dirigeant démissionnaire invoque par exemple sa maladie, l'intérêt de la famille, la mésentente avec les autres organes dirigeants, le désaccord sur la gestion sociale ou l'impossibilité d'exercer normalement ses fonctions. Il appartient à la société qui veut engager la responsabilité du dirigeant démissionnaire de démontrer que la démission était dépourvue de motifs légitimes et qu'elle lui a causé un préjudice[3]. Les juges du fond disposent d'un pouvoir souverain d'appréciation.

---

[1] Selon H. Souleau (*op. cit.*, n° 9), « La quasi unanimité de la doctrine estime que dans le silence de la loi, le régime de la démission doit être déterminé par référence aux dispositions légales régissant la révocation. La possibilité pour le dirigeant de donner sa démission par acte unilatéral ne serait que la contrepartie du droit de révocation, par nature unilatéral, que la loi confère à la société ».

[2] V. art. 2007 al. 2 du Code civil.

[3] V. cependant, Paris, *12 mai 1993*, RJDA 3/94, n° 289.

Ensuite, la responsabilité de tout dirigeant, quelle que soit la forme de la société, peut être fondée sur les circonstances de sa démission. Comme le précise un auteur[1], « *Elles* (les circonstances) *ne sont prises en considération qu'autant qu'elles confèrent à la démission un caractère abusif impliquant de la part du dirigeant la commission d'une faute* ». On considère qu'il en est ainsi lorsque la démission a un caractère intempestif ou tapageur (publicité excessive), est assortie de menaces envers la société, ou est faite à contretemps et avec l'intention de nuire à la société[2].

La responsabilité du dirigeant procède ici de l'exercice abusif de son droit de démissionner, notamment lorsque les circonstances de son retrait traduisent un comportement fautif ou l'intention de nuire[3]. Les tribunaux apprécient souverainement les circonstances de chaque espèce afin de dire si la démission est fautive ou non et peut donner lieu à responsabilité. C'est ainsi que la Cour d'appel de Paris[4] a pu juger que dès lors que des délais raisonnables ont été respectés, la démission d'un dirigeant en désaccord sur la gestion sociale, fût-elle préjudiciable, n'est pas fautive. De même, la Cour de Versailles[5] a considéré que la démission d'un président-directeur général intervenue dix-neuf mois après sa nomination et qui avait été acceptée par le conseil d'administration n'était pas abusive. Enfin, il a été jugé que si une démission intempestive constitue une faute de la part du gérant, il en est autrement lorsque celui-ci se trouvait en pratique évincé par un tiers de la direction de la société[6].

Enfin, la responsabilité d'un dirigeant démissionnaire peut être retenue pour manquement à son devoir de loyauté à l'égard de la société[7]. Telle est la solution qui se dégage d'un arrêt rendu par la chambre commerciale de la Cour de cassation le 24 février 1998[8]. En l'espèce, une société avait assigné en dommages et intérêts un ancien directeur général qui, après avoir démissionné

---

[1] Souleau, *op.cit*, n° 27.
[2] En ce sens, Martin, *op. cit.*, n° 15 ; Lamy Sociétés commerciales 2004, n° 3404.
[3] Cette responsabilité est mise en œuvre conformément au droit commun, en application de l'article 1382 du Code civil. Comme telle, elle conduit à la condamnation du dirigeant social au paiement de dommages-intérêts à la société. On ne saurait le contraindre à une exécution forcée de ses fonctions sociales.
[4] *12 mai 1993*, RTD com., 1993. 536 ; JCP E. 1994. I, n° 331, p. 95. V. aussi, *31 oct. 1995*, Dr. sociétés 1996, n° 66.
[5] *11 juin 1998*, RJDA 1998, n° 1244, p. 936.
[6] Aix-en-Provence, *1er mars 1990*, Dr. sociétés 1991, n° 382.
[7] Sur le devoir de loyauté des dirigeants en général, v. Baille-Duclos, « Le devoir de loyauté du dirigeant », JCP E 1998. 1486 ; H. Le Nabasque, « Le développement du devoir de loyauté en droit des sociétés », RTD com. 1999. 273 ; J.J. Daigre, « Le petit air anglais du devoir de loyauté des dirigeants », Mélanges P. Bézard, 2002, p. 79 ; J.J. Caussain, « À propos du devoir de loyauté des dirigeants de sociétés », Mélanges B. Mercadal, 2002, p. 301 ; F.G. Trebulle, *Note sous Com, 12 mai 2004*, Dr. sociétés 2004 (août/ sept), n° 139.
[8] D. aff. 1999, p. 850 (SA Protection individuelle et collective c/ Kopcio).

de ses fonctions, avait créé une société menant une activité concurrente, non sans avoir fait démissionner en masse d'autres collaborateurs de ladite société en les déliant de la clause de non-concurrence.

Il apparaît ainsi que le dirigeant d'une société n'est pas seulement tenu d'une obligation de loyauté envers la société durant ses fonctions[1], mais également après y avoir volontairement mis fin par sa démission. S'il y contrevient, sa responsabilité pourrait être engagée sur le fondement du droit commun[2].

17. En définitive, la démission reste dans la plupart des cas un acte de cessation volontaire des fonctions sociales. Il peut cependant arriver qu'elle soit forcée, comme dans le cas de la démission d'office qui est prévue par les textes, ou encore lorsque le dirigeant est en réalité contraint ou « poussé » à la démission par les organes compétents ou par les associés. Dans cette dernière hypothèse, la démission se rapproche de la révocation[3] ou pour le moins, « peut apparaître pour le dirigeant ou pour la société, comme un moyen d'éviter avec élégance le recours à la révocation[4] ».

II. LA RÉVOCATION DES DIRIGEANTS SOCIAUX

18. Contrairement à la démission, la révocation est une décision extérieure au dirigeant et qui s'impose à lui. On a écrit que la révocation « est la traduction de l'exercice par les associés de leur droit de surveiller la gestion de la société et de pourvoir au remplacement des dirigeants en qui ils n'ont plus confiance[5] ». L'AUS prévoit la révocation de tous dirigeants sociaux. Celle-ci peut être discrétionnaire (A) ou contrôlée (B).

---

[1] Jugé que le gérant d'une SARL ne peut avant la démission, exercer des activités pour le compte d'une société concurrente sans engager sa responsabilité délictuelle (Paris, *10 nov. 1992*, D. 1994, Somm. P. 75) ; ou créer une société avant de présenter sa démission (Com. *7 juin 1994*, Rev. sociétés 1995, p. 275).

[2] Sur l'ensemble de la question, v. Lamy sociétés, *op. cit.*, n° 628.

[3] Pour une illustration du caractère ténu de la distinction entre révocation et démission, v. par ex. Versailles, *24 sept. 1992*, Bull. Joly 1992.§ 418, note P. Le Cannu ; Rev. Sociétés, 1993. 130, obs. Y. Guyon ; Dr. sociétés 1993, comm. 38, note H. Le Nabasque.

[4] G. Creff, *« La responsabilité des dirigeants sociaux retirés »*, RTD com. 1978. 479, spéc. n° 2.

[5] K. Adom, *op.cit*, p. 488.

A. La révocation « discrétionnaire » des dirigeants

19. Il s'agit d'une révocation *ad nutum*[1]. Elle concerne les dirigeants de la société anonyme. Ainsi, les administrateurs[2], le président-directeur général[3], le directeur général adjoint[4], le président du conseil d'administration[5] et le directeur général[6] peuvent, selon le cas, être révoqués à tout moment, soit par l'assemblée générale ordinaire, soit par le conseil d'administration. De même, en ce qui concerne la société anonyme avec administrateur général, celui-ci ainsi que son adjoint peuvent quitter leurs fonctions à tout moment par décision de l'assemblée générale ordinaire[7]. Dans toutes ces hypothèses, la révocation *ad nutum* est subordonnée à un régime juridique strict qu'il convient de préciser (1) avant de voir comment, en droit comparé, la jurisprudence et la pratique essayent de l'atténuer (2).

1. Le régime de la révocation ad nutum

20. Il est traditionnellement admis que la révocabilité *ad nutum* signifie que le dirigeant qui y est soumis peut être renvoyé à tout moment, sans préavis, sans justification de motifs et sans aucune indemnité[8]. Autrement dit, la loi reconnaît aux associés ou aux organes compétents le droit de mettre fin aux fonctions des dirigeants quand ils le souhaitent ou le veulent, « sans s'embarrasser de motifs ni de préavis, encore moins d'indemnités[9] ». Le droit ainsi reconnu à l'assemblée générale ou au conseil d'administration ne souffre, en principe, d'aucune restriction[10]. On considère même qu'il a un

---

[1] V. Ph. Reigné, « Révocabilité ad nutum des mandataires sociaux et faute de la société », Rev. Sociétés, 1991. 449 ; K. Adom, « La révocation des dirigeants de sociétés commerciales », Rev. Sociétés, 1998. 488 ; F-X. Lucas, « L'avenir de la révocabilité ad nutum des dirigeants sociaux », Dr. soc. nov. 2001, p. 3.

[2] Art. 433.

[3] Art. 469.

[4] Art. 475.

[5] Art. 484.

[6] Art. 492.

[7] Art. 509 (administrateur général) et 515 (administrateur général adjoint).

[8] En ce sens, v. Mercadal et Janin, op.cit., n° 7851 ; P. Le Cannu, op. cit., n° 674 ; J-L. Aubert, « La révocation des organes d'administration des sociétés commerciales », RTD com., 1968. 977 ; Ph. Reigné, « Révocabilité ad nutum des mandataires sociaux et faute de la société, » Rev. Sociétés, 1991. 449 ; K. Adom, op. cit., n° 1 ; M-H. De Laender, « La révocation des dirigeants sociaux », Dr. sociétés, mai 2000, p. 4 ; Cass. Com. 21 juin 1988, Bull.civ.IV, n° 214, p. 147 ; JCP 1988.I. 17741 ; Rev. Sociétés, 1989. 46. Au Cameroun, le renvoi en novembre 2003 par le conseil d'administration de M. Fotso Yves-Michel de ses fonctions de Directeur général de la Cameroon Airlines constitue l'un des rares cas de révocation *ad nutum*.

[9] A. Dione, « La révocation des dirigeants des sociétés anonymes et des sociétés à responsabilité limitée à la lumière de l'acte uniforme relatif au droit des sociétés commerciales et de groupement d'intérêt économique », Rev. EDJA (Dakar), n° 54 (juil-août-sept) 2002. 55.

[10] Pour justifier la révocabilité *ad nutum*, on a d'abord invoqué la théorie du mandat selon laquelle le mandant peut à tout moment révoquer le mandat (art. 2004 C. civ). Cette opinion étant contestée par la théorie de l'institution, certains ont essayé de la fonder sur le nécessaire

caractère d'ordre public[1] dès lors que « toute disposition contraire est réputée non écrite[2] ». Ainsi, les clauses statutaires ou conventionnelles ayant « pour objet ou pour effet de restreindre ou d'entraver[3] » le droit de révocation *ad nutum*, ou les pactes ou décisions assurant au dirigeant soit la pérennité de ses fonctions[4] soit un contrat de travail ou son reclassement dans une autre fonction[5], soit une indemnisation[6] sont interdits[7]. En tout cas, les juges sont «opposés, ou à tout le moins très réservés à l'égard des techniques imaginées par la pratique en vue de protéger les dirigeants des effets néfastes de la révocation[8] ».

21. La compétence en matière de révocation *ad nutum* est réservée à l'assemblée générale ordinaire et au conseil d'administration, selon les dirigeants concernés.

De la combinaison des articles 433, 509 et 515 de l'AUS, il résulte que l'assemblée générale ordinaire peut révoquer à tout moment les administrateurs, l'administrateur général et l'administrateur général adjoint de la société anonyme. Si l'assemblée générale ne peut normalement délibérer sur une question qui n'est pas inscrite à l'ordre du jour, elle peut néanmoins « lorsqu'elle est réunie ordinairement, révoquer un ou plusieurs membres du conseil d'administration ou, le cas échéant, l'administrateur général ou l'administrateur général adjoint et procéder à leur remplacement[9] ». Une telle

---

équilibre qu'il convient d'établir dans les rapports entre les organes de direction ou d'administration et les actionnaires, l'instabilité des fonctions des premiers étant la contrepartie des pouvoirs accrus qui leur sont reconnus par la loi. D'autres, enfin, ont tenté de justifier la révocabilité *ad nutum* par le caractère discrétionnaire du droit reconnu aux associés de remercier les dirigeants sans condition. Pour la présentation et la critique de ces arguments, v. K. Adom, *op.cit.*, n° 2.

[1] Cass.civ. *20 déc. 1910*, DP 1912, 1. 441 ; Versailles, *1er déc. 1988*, Bull. Joly 1989. 172 ; JCP E. 1989.II. 15517, n° 8 ; Paris, *14 déc. 1993*, RJDA n° 3/1994, n° 290, p. 241.

[2] V. en ce sens les articles 484 (révocation du président du conseil d'administration) et 509 (révocation de l'administrateur général) de l'AUS.

[3] Cass.com. *2 juin 1992*, Bull. civ. IV, n° 226, p. 159 ; JCP E. 1993.I. 215, n° 4 ; *4 juin 1996*, JCP E. 1996.II. 849, D. aff. 1996. 817, n° 13-3.

[4] V. par ex. Paris, *11 fév. 1994* (engagement d'irrévocabilité pour 5 ans) cassé, mais sur un autre point par Cass.com. *1er avril 1997*, RJDA 5/1997. n° 659 (2e esp).

[5] Cass.soc. *15 mars 1983*, JCP 1983.II. 20002 ; D. 1984. 99 ; *3 mai 1995*, RJDA 10/1995. 878, n° 1113 ; 20 mars 1996, RJDA 1996. 669 ; *30 mars 1999*, RJDA 10/1999, n° 1094 ; Bull. Joly 1999. 1107.

[6] V. par ex.Cass.com. *9 janv. 1964*, D. 1964. 519 ; *15 mars 1983*, D. 1984. 99 ; *7 mars 1989*, JCP 1989.IV. 175 ; *18 oct. 1994*, Bull. Joly 1994. 1311 ; *3 mai 1995*, JCP E. I.505, n° 10 ; *4 juin 1996*, Bull. Joly 1996. 930.

[7] Sur l'ensemble de la question, v. K. Adom, *op.cit.*, n° 3 et s ; J. El Ahdab, « Les parachutes dorés et autres indemnités conventionnelles de départ des dirigeants : approche pluridisciplinaire et comparée », Rev. sociétés 2004. 18, notam. n° 14 et s.

[8] K. Adom, idem.

[9] Art. 522 AUS.

disposition confirme bien l'idée que la révocation des dirigeants sociaux peut intervenir à tout moment sans restriction.

Cela étant, pour statuer sur la révocation d'un administrateur, d'un administrateur général ou de son adjoint, l'assemblée générale ordinaire ne peut valablement délibérer, sur première convocation, que si les actionnaires présents ou représentés possèdent au moins le quart des actions ayant le droit de vote ; si cette condition n'est pas remplie, aucun quorum n'est requis sur deuxième convocation[1]. Quant à la majorité nécessaire pour décider, l'article 550 de l'AUS précise que l'assemblée générale ordinaire statue à la majorité des voix exprimées. Une fois la décision de révocation prise, elle doit être publiée au registre du commerce et du crédit mobilier pour être opposable aux tiers[2].

La question reste posée en ce qui concerne la compétence de l'assemblée générale extraordinaire. À cet égard, il faut relever qu'en droit français, jurisprudence[3] et doctrine[4] admettent que l'assemblée générale extraordinaire peut valablement prendre une décision de révocation aux conditions de quorum et de majorités prévues pour les assemblées ordinaires[5]. Cette solution devrait normalement être reprise dans l'espace régi par le droit OHADA.

Quant au conseil d'administration, il est compétent pour révoquer à tout moment le président-directeur général[6] et le directeur général adjoint[7], le président du conseil d'administration[8], le directeur général[9]. Pour statuer valablement, il est nécessaire que la moitié au moins des membres du conseil soit présente[10]. La décision est par contre prise à la majorité des membres présents ou représentés, à moins que les statuts ne prévoient une majorité plus

---

[1] Art. 549 AUS.

[2] Art. 124 et 434 AUS.

[3] Rennes, *25 fév. 1972*, JCP 1972.II. 17220 note Synvet ; Paris, *15 mars 1990*, BRDA 1990/14, p. 18.

[4] V. notamment Mercadal et Janin, *op. cit*, n° 7854 ; A. Dione, *op. cit.*, p. 58.

[5] À ce propos, Mercadal et Janin (*ibid*) écrivent : « Puisque la loi admet la révocation des administrateurs par l'assemblée générale ordinaire, on ne voit aucune raison, en dehors d'un souci excessif de formalisme, d'exiger le quorum et la majorité requis pour les modifications statutaires sous prétexte que le problème de la révocation a surgi au cours d'une assemblée générale extraordinaire. Cette exigence empêcherait la révocation d'un administrateur alors que celle-ci aurait pu être valablement décidée si, au même moment, s'était tenue une assemblée ordinaire ».

[6] Art. 469 AUS.

[7] Art. 475 AUS.

[8] Art. 484 AUS.

[9] Art. 492 de l'AUS qui exclut ainsi du calcul du quorum le mécanisme de la représentation. Curieusement, la représentation est admise pour la majorité requise pour la prise de décision. Cette contradiction est critiquable. V. Anoukaha et autres, *op.cit.*, n° 905.

[10] Toute clause contraire est réputée non écrite. V. Art. 454 AUS.

forte[1]. Bien entendu, la révocation doit être publiée au registre du commerce et du crédit mobilier[2].

22. Les dirigeants des sociétés anonymes sont donc exposés au risque permanent d'un renvoi *ad nutum*. Ils ne peuvent recourir au juge pour vérifier les motifs de la décision qui met fin à leurs fonctions[3]. Cependant, les juges du fond peuvent naturellement exercer le contrôle de la régularité formelle de la décision de révocation, c'est-à-dire le respect des règles de procédure et, le cas échéant, de prononcer la nullité de la décision[4]. De même, il leur est reconnu le pouvoir de contrôler les circonstances de la révocation *ad nutum* pour apprécier si elle est abusive. Tel est le cas lorsque celle-ci porte une atteinte injustifiée aux droits de la personne[5] ou lorsque la décision a un caractère intempestif entraînant en fait une impossibilité de défense de la part du révoqué. C'est ce que confirme la Cour de cassation[6] lorsqu'elle décide que la révocation *ad nutum* n'est abusive que « *si elle a été accompagnée de circonstances ou a été prise dans des conditions qui portent atteinte à la réputation ou à l'honneur du dirigeant révoqué, ou si elle a été décidée brutalement sans respecter le principe de la contradiction* ». En décidant ainsi, la haute juridiction contribue à élargir la voie qui tend au rapprochement entre la révocation *ad nutum* et la révocation contrôlée par le juge et que certains[7] souhaitent voir aboutir à l'unification des deux régimes de révocation.

2. Les techniques d'assouplissement du régime de la révocation *ad nutum*

23. Force est d'observer, en droit français, que les principales caractéristiques de la révocation *ad nutum* (décision de révocation pouvant intervenir à tout moment, sans préavis, motifs et d'indemnisation) sont

---

[1] Signalons qu'au Cameroun, la révocation du directeur général d'une société à capital public ayant comme actionnaire unique l'État ou une collectivité publique ne peut être prise par le conseil d'administration convoqué en session extraordinaire, qu'en présence des deux tiers au moins des membres présents (la représentation étant interdite) et à l'unanimité. V. art. 49 de la loi n° 99/016 du 22 décembre 1999 portant statut général des établissements publics et des entreprises du secteur public et parapublic.

[2] Art. 124 AUS.

[3] Cass. Com. *26 nov 1996*, JCP E 1997.II. n° 918, D. aff. 1997, chron. P. 81 qui censure la cour d'appel de Paris pour s'être livrée à une appréciation des griefs faits par la société à son président.

[4] Par exemple, si le conseil révoque un dirigeant sans que les règles de quorum ou de majorité soient respectées, l'article 454 de l'AUS édicte la nullité de la décision prise.

[5] J-L. Aubert, *op.cit.*, n° 10 et s. V. Cass.com. *21 juin 1988*, Rev. Sociétés, 1989. 46 ; Bull. Joly 1988, p. 687 ; *26 nov 1996*, D. aff. 1997, chr. P. 81

[6] Com. *3 janv. 1996*, JCP E. 1996, pan. 146 ; Bull. Joly 1996. 133, p. 388, note B.Saintourens ; JCP G. 1996.II.22658, note D. Gibirila; D. 1996, IR 43 ; Dr. sociétés, avr. 1996, n° 83, note T. Bonneau.

[7] K. Adom, *op. cit.*, n° 4 et s.

remises en cause par la jurisprudence (a) et la pratique (b), dans le but d'assurer une meilleure protection aux dirigeants sociaux.

a. L'œuvre de la jurisprudence

24. D'abord, bien que la révocation *ad nutum* puisse intervenir à tout moment, sans préavis et sans motifs, la jurisprudence impose aux organes pouvant prendre une telle décision le respect du *principe du contradictoire*[1]. L'application de ce principe en cette matière consacre le droit des dirigeants d'être avertis du projet de révocation entrepris à leur encontre[2]. Il y a là une exigence qui se rapproche du préavis, « si l'on entend par préavis le fait d'informer au préalable le dirigeant du projet de sa révocation afin d'éviter une décision qui interviendrait par surprise[3] ». Dès lors, un délai suffisant[4] devrait donc être accordé au dirigeant pour lui permettre de préparer sa défense « sauf si la révocation s'est imposée ultérieurement à la convocation ou au cours de la réunion[5] ». En outre, le respect du principe du contradictoire emporte obligation pour l'organe compétent de préciser à l'avance les motifs de la révocation. C'est conférer au dirigeant le droit d'être informé du motif pour lequel sa révocation est envisagée afin qu'il puisse préparer et présenter

---

[1] Cass.com. 26 avr. 1994, Rev. Sociétés, 1994. 725, note D. Cohen ; RTD com. 1994. 736 ; 3 janv. 1996, Bull. Joly 1996. 388, note B. Saintourens ; JCP 1997.II. 22658 ; 26 nov. 1996, JCP E 1997.II. n° 918 ; 24 fév. 1998, Bull. Joly 1998. 527. Sur cette extension, v. P. Le Cannu, « Le principe de la contradiction et la protection des dirigeants », Bull.Joly 1996. 11 ; K. Adom, op.cit., n° 7 et s ; B. Daille-Duclos, « L'application extensive du principe du contradictoire en droit des affaires », JCP E. 2000. 1990 ; M. Azavant, « La sanction civile en droit des sociétés ou l'apport du droit commun au droit spécial », Rev. Sociétés, 2001. 442 ; L. Godon, (Le président de SAS en instance de révocation est-il protégé par le principe du contradictoire ?) Note sous Versailles, 5 juin 2003, Rev. Sociétés, 2004. p. 108 et s.

[2] Pour justifier cette exigence, on a songé à invoquer soit la notion de droit naturel, soit le respect de la dignité humaine. V. K. Adom, *op.cit.*, n° 7 ; J-F. Barbiéri, « La révocation des dirigeants sociaux : pour la liberté statutaire », JCP E. Cah.dr. entr. 3/2001, p. 5 ; L. Godon, note précitée, n° 11 qui écrit notamment que « *Même si l'issue du vote ne laisse aucun doute, l'intéressé ne peut-il pas malgré tout prétendre à un minimum d'égard lors de la rupture du lien qui l'unit à une société aux destinées de laquelle il a présidé ? Il nous semble que dans un état de droit, tout individu mérite une certaine déférence lorsqu'il est exposé à une mesure de sanction* ». Cependant, une partie de la doctrine conteste cette solution, car elle considère que l'application du principe du contradictoire est contraire à la loi et détruit le mécanisme même de la révocabilité ad nutum. En ce sens, v. Ph. Reigné, « Révocabilité ad nutum des mandataires sociaux et faute de la société », Rev. Sociétés, 1991. 499 ; A. Viandier et J.J. Caussain, Note sous Paris, *4 juil. 1996*, JCP E.I. 639, n° 8 ; M-H. de Laender, *op.cit.*, n° 9 et s.

[3] K. Adom, *op.cit.*, n° 10.

[4] Ce délai doit être raisonnable. La cour d'appel de Paris (*24 nov. 1998*, Dr. sociétés fév. 1999, comm. n° 25, note D. Vidal) a par exemple jugé que compte tenu des circonstances, un délai d'un mois pour présenter ses observations semblait suffisant pour considérer que le dirigeant n'a pas été révoqué abusivement.

[5] K. Adom, *ibid.*

sa défense[1]. En tout cas, comme l'a constaté un auteur[2], « la concrétisation du respect du principe de la contradiction introduit inévitablement la prise en compte des motifs de la révocation puisque le dirigeant doit être en mesure de se défendre ». Dès lors, la violation du principe du contradictoire « constitue une cause autonome de l'abus du droit de révocation, détachable des circonstances qui ont entouré la mesure »[3].

b. L'apport de la pratique

25. Ensuite, par divers autres moyens, la pratique essaye de « contourner » la règle selon laquelle la révocation *ad nutum* intervient sans aucune indemnité pour le dirigeant[4]. Comme l'a écrit un auteur[5], il s'agit « de solutions palliatives destinées à lui assurer une certaine sécurité et lui éviter les conséquences parfois dramatiques qu'engendre la suppression de ses attributions ».

L'un de ces mécanismes conventionnels est la pratique des *goldens parachutes*[6]. D'origine américaine, le parachute doré peut se définir comme une « indemnité conventionnelle d'éviction -ou de départ- consentie à un dirigeant, social et/ou salarié, qui autrement n'aurait pas légalement droit à cette compensation spécifique, versée au titre de la cessation de ses fonctions et dans l'objectif d'aménager les conséquences financières de ce départ[7] ». Il existe plusieurs catégories de parachutes dorés qui se présentent sous la forme soit de conventions et/ou de décisions prévoyant ou promettant le versement pur et simple d'une indemnité forfaitaire au dirigeant en cas de cessation de fonctions, soit de conventions promettant le rachat des actions du dirigeant à

---

[1] Par ailleurs, si le juge ne doit pas en principe exercer un contrôle sur l'existence ou la pertinence du motif, la connaissance de celui-ci peut lui permettre de dire si les circonstances de la révocation sont légitimes. En ce sens, K. Adom, *op.cit.*, n° 16. V. aussi, Cass. Com. *21 Juin 1988*, Rev. Sociétés, 1989. 46 ; *27 mars 1990*, JCP E.II. 15802 ; *26 nov. 1996*, D. 1997. 493 qui limitent le contrôle du juge aux circonstances ou conditions de la révocation.

[2] B. Saintourens, note sous Cass.com. *3 janv. 1996*, Bull. Joly 1996. 133, p. 388 ; v. en ce sens, K. Adom, op.cit., n° 9.

[3] K. Adom, *op.cit.*, n° 8.

[4] Sur ces techniques, v. J-J. Caussain, « La précarité de la fonction de mandataire social (Révocation et modes de protection) », Bull. Joly 1993, § 151, p. 523 ; L. Reiner-Sacau, « Les protections des dirigeants d'entreprise », Dr. et patr. 1995. 23 ; J. Delga, « Révocation sans indemnités des P-DG de SA en France, Mythe ou réalité ? », D. aff. 1996. 763 ; M-Ch. Sordino, « Aménagements conventionnels et révocation ad nutum des dirigeants de société anonyme », Mélanges Ch. Mouly, Litec 1998, t. 1, p. 245 ; M-H. de Laender, op. cit., n° 9 et s ; J. El Adhab, op. cit.

[5] L. Reiner-Sacau, *op.cit.*, p. 23.

[6] V. J. El Adhab, « Les parachutes dorés et autres indemnités conventionnelles de départ des dirigeants : approche pluridisciplinaire et comparée », Rev. Sociétés, 2004. 18. L'affaire Messier (PDG de Vivendi Universal) est l'une des plus retentissantes manifestations de cette pratique. V. Le « *golden parachute* » controversé de Jean-Marie Messier, in Le Monde, *4 juillet 2002*, p. 18.

[7] J. El Adhab, *op.cit.*, n° 3 bis.

un prix déterminé souvent supérieur à leur valeur vénale, soit de conventions et/ou résolutions prévoyant le versement d'une pension complémentaire de retraite au dirigeant en cas de cessation de ses fonctions, soit d'engagements conventionnels ou institutionnels en vertu desquels des avantages matériels ou « en nature » sont octroyés au dirigeant sortant.

D'une manière générale, la jurisprudence semble divisée, déclarant ces conventions, décisions ou résolutions tantôt illicites[1], tantôt valides[2]. En tout état de cause, la Cour de cassation admet de plus en plus qu'elles sont valables à condition d'être conformes à l'intérêt social et que le montant de la somme promise ne soit pas tel qu'il serait dissuasif, en pratique, de toute révocation[3]. Il revient aux juges du fond de rechercher, dans chaque cas, si la convention litigieuse avait « pour objet ou pour effet d'entraver ou restreindre la révocabilité *ad nutum*[4] ». C'est dire que la jurisprudence s'oriente vers une solution qui consiste à considérer qu'« une convention réglant les conditions de départ d'un mandataire social n'est pas nulle par essence[5] » et que « la prohibition des indemnités en cas de révocation n'est pas d'ordre public contrairement au principe de libre révocabilité[6] ».

---

[1] Ces décisions sont fondées sur la libre révocabilité des dirigeants qui ne saurait être ni entravée ni restreinte. Cass. Com. *2 juin 1992*, JCP E 1993.I. 215 ; *3 mai 1995*, JCP E 1995. I. 505 ; *4 juil. 1996*, Bull. Joly 1996. 930 ; Versailles, 1er déc. 1988, Bull. Joly 1989. 172 ; Paris, 28 mars 1995, RJDA n° 6/1995. 579 ; *6 juin 1997*, Dr. soc. Sept. 1997. 14, n° 144 (versement d'une indemnité forfaitaire) ; Cass. Com. *22 juil 1986*, JCP 1987.II .20796 ; *7 fév. 1989*, JCP 1989.IV. 175 ; Versailles, *11 juil. 1991*, Bull. Joly 1991. 1008 ; Paris, *30 oct. 1976*, Rev. Sociétés, 1977. 695 ; *13 déc. 1993*, RJDA 3/1994, n° 290, p. 241 (conventions d'achat d'actions) ; Cass.com. *15 juil. 1987*, D. 1987. IR. 202 ; Paris, *21 mars 1987*, Bull.civ. IV, n° 194, p. 142 (pensions de retraite).

[2] Cass.com. *16 nov. 1983*, Bull. civ.IV, n° 312, p. 270 ; *22 juil. 1986*, JCP 1987.II .20796 ; *22 juin 1993*, RTD civ. 1994. 443 ; *12 mars 1996*, D. 1996, somm. comm., p. 347 ; Paris, *26 juin 1998*, JCP E. 1998, n° 43, p. 1669 (validité de conventions de versement d'une indemnité forfaitaire) ; Cass.com. *7fév.1989*, D. 1989. IR, p. 60 ; JCP E 1989.II. 15517, n° 3 ; *22 juin 1993*, RJDA 1/1994, n° 3, p. 17 (validité de conventions d'achat d'actions à prix déterminé) ; Paris, *30 avril 1987*, D. 1987, IR. P. 170 (versement d'une pension de retraite).

[3] Cass.com. *12 mars 1996*, JCP E. 1996, pan. 724 ; Bull. Joly 1996. 176, p. 516. Sur l'analyse de ces conditions, v. J. El Adhab, *op. cit.*, n° 17 et s.

[4] Cass.soc. *5 nov. 1984*, JCP 1985.II. 20510 ; Com, *2 juin 1992*, RTD com 1993. 521 ; *12 mars 1996*, préc.

[5] Cass.com. *7 mars 1989*, JCP E.II. 15517, n° 3, spéc. p. 374, chron. A. Viandier, J-J. Caussain.

[6] J. Delga, *op.cit.*, spéc. p. 765 ; D. Mellet, « Les clauses d'indemnisation au profit des mandataires sociaux tendent-elles à être reconnues ? », JCP E. 2001, p. 212. Le droit français se rapproche ainsi du droit anglais qui, tout en maintenant le principe de la révocabilité *ad nutum*, n'interdit pas pour autant la possibilité d'accorder tout paiement ou compensation au dirigeant remercié. En droit américain, la validité des golden parachute est admise en vertu de la « *business judgement rule* », principe prétorien qui reconnaît aux administrateurs de décider de l'octroi ou non d'un parachute doré au dirigeant révoqué ou retiré. V. J. EL Adhab, *op.cit.*, n° 23 et s.

26. Une autre technique qui vise à atténuer la rigueur de la révocation *ad nutum* est le cumul d'un contrat de travail et d'un mandat social qui permet au dirigeant salarié de bénéficier en quelque sorte de la protection du droit du travail[1]. Un salarié de la société peut donc être nommé administrateur à la condition de justifier d'un emploi effectif donnant lieu à des rémunérations distinctes et supposant un lien de subordination[2]. Et quand bien même le cumul ne serait pas possible, il ne perd pas le bénéfice du contrat de travail[3]. Aussi, en cas de révocation, le dirigeant salarié retrouve son poste de travail. Toujours dans le souci de protéger le dirigeant de la révocation *ad nutum*, la Cour de cassation a admis, dans le cas d'un groupe de sociétés, que le salarié d'une société mère pouvait exercer les fonctions de dirigeant au sein d'une filiale, de sorte qu'en cas de révocation, il est protégé par son statut de salarié de la société mère[4].

27. Au total, ces tentatives de « contournement » de la révocation *ad nutum* montrent que celle-ci est de plus en plus remise en cause dans son principe, son fondement et ses effets[5]. Aussi, pour assurer une plus grande stabilité aux dirigeants sociaux, deux alternatives ont été proposées : soit la contractualisation du régime de la révocation des dirigeants (les règles étant fixées librement par les statuts), soit l'extension du régime de la révocation pour justes motifs à tous les dirigeants sociaux (celle-ci étant soumise au contrôle du juge)[6]. La loi n° 2001- 420 du 15 mai 2001 relative aux nouvelles régulations économiques a en partie accueillie cette deuxième solution en

---

[1] V.J-L. Aubert, « La révocation des organes d'administration des sociétés commerciales », RTD com., 1968. 977, et spéc. n° 11 et s. L. Reiner-Sacau, « Les protections des dirigeants d'entreprise », Dr. et patrim. 1995, p. 23 ; M-H. de Laender, *op. cit.*, n° 13 et s. Il convient de relever que l'AUS est plus souple que la loi française en matière de cumul et reconnaît même à un administrateur le droit de conclure un contrat de travail avec la société. V. art. 426. Il faut cependant lever toute équivoque : les dirigeants sociaux, en tant que tels, ne bénéficient pas, en ce qui concerne la cessation de leurs fonctions, de la protection instituée par le droit du travail.

[2] V. art. 93 alinéa 1er de la loi n° 66-537 du 24 juillet 1966 issu de la loi n° 94-123 du 11 février 1994 qui prévoit que : « *Un salarié de la société ne peut être nommé administrateur que si son contrat de travail correspond à un emploi effectif ; il ne perd pas le bénéfice de ce contrat de travail* ».

[3] La Cour de cassation considère que « *sauf disposition contraire, le contrat de travail est suspendu pendant la durée du mandat social* ». V. Cass. soc. *11 juil. 1997*, JCP E 1998, p. 510, n° 8, obs A. Viandier et J-J. Caussain.

[4] Cass. soc. *4 mars 1997*, D. 1998, somm. p. 183 ; RTD com., 1997. 650. On a reproché très justement à cette solution de faire fi du principe de l'autonomie juridique des entités du groupe et des règles élémentaires de nomination des dirigeants sociaux. En ce sens, v. M-H de Laender, *op. cit.*, note n° 40 ; B. Petit, Observations sous Cass.com. *6 oct. 1994*, Rev. Sociétés, 1994, p. 76. En droit OHADA, v. H-D. Modi Koko Bebey, « Le contrôle de la gestion des filiales par la société mère dans le droit uniforme des sociétés commerciales en Afrique », in Mélanges Y. Guyon, 2003, p. 846.

[5] F-X. Lucas, « L'avenir de la révocabilité ad nutum des dirigeants sociaux », Dr. soc. nov. 2001, p. 3.

[6] V. M-H de Laender, *op. cit.*, n° 16 et tous les auteurs cités à la note n° 41.

prévoyant que si le directeur général (ainsi que le directeur général délégué) est révocable à tout moment par le conseil d'administration, la révocation peut donner lieu à des dommages-intérêts si elle est décidée sans juste motif[1]. Il s'agit d'un système hybride qui tend à sauvegarder le droit des associés à révoquer le dirigeant quand ils le souhaitent et celui du dirigeant de prétendre à une indemnisation en cas de révocation injustifiée.

3. La révocation « contrôlée » des dirigeants

28. « Il y a révocabilité contrôlée dès l'instant qu'un débat peut s'engager sur les motifs d'une révocation et que ce débat peut aboutir à une sanction de la révocation injustifiée alors même que le fait de la cessation des fonctions ne serait pas remis en cause[2] ». L'AUS consacre la libre révocation des gérants des sociétés de personnes et de la société à responsabilité limitée par les associés, tout en la tempérant par le contrôle éventuel par le juge du motif fondant une telle décision. En effet, il prévoit que « *Si la révocation est décidée sans justes motifs, elle peut donner lieu à dommages et intérêts*[3] ». Dans ce cas, le contrôle du juste motif ne peut intervenir qu'*a posteriori* (a). En revanche, lorsque la révocation est prononcée par le juge, il est tenu de procéder à un contrôle *a priori* de la cause légitime de révocation (b).

a. La révocation décidée par les associés : le contrôle a posteriori du juste motif de révocation

29. Les associés ont le droit de révoquer le dirigeant de la société. Dans le cas de la société en nom collectif, « si tous les associés sont gérants, ou si un gérant associé est désigné par les statuts, la révocation de l'un d'eux ne peut être faite qu'à l'unanimité des autres associés[4] ». En revanche, si le gérant n'est pas nommé par les statuts, qu'il soit associé ou non, sa révocation peut être décidée par la majorité en nombre et en capital des associés[5]. Les conditions de révocation varient donc selon que le gérant associé ou non a été désigné par les statuts. Quant à la société à responsabilité limitée, l'article 326 de l'acte uniforme prévoit que « le ou les gérants statutaires ou non sont

---

[1] V. art. L. 225-55 du Code de commerce. Le régime de la révocation *ad nutum* ne concerne désormais que les administrateurs (art. L. 225-18 C. com.) et les membres du conseil de surveillance (art. L. 225-75 C. com.).

[2] J-L. Aubert, *op.cit.*, n° 15 *in limine*.

[3] V. art. 281 (révocation du gérant de la SNC) et 326 (révocation du gérant de la SARL).

[4] V. art. 279. Cette révocation entraîne en principe dissolution de la société, sauf stipulation contraire des statuts ou décision des associés prise à l'unanimité de continuation. V. Cass. Com. *26 nov. 2003*, Dr. sociétés 2004 (fév), p. 27, note J. Monnet, qui approuve une cour d'appel d'avoir décidé que la société avait été dissoute à l'issue de l'assemblée des associés au cours de laquelle l'associé gérant a été révoqué.

[5] V. art. 280, al. 2.

révocables par décision des associés représentant plus de la moitié des parts sociales[1] ».

30. Quelle que soit la forme de la société, les associés décident librement de la révocation du gérant sans avoir l'obligation d'indiquer les motifs qui les ont conduits à prendre une telle décision[2]. Le problème de la recherche et de l'appréciation du juste motif de révocation ne se pose alors que si le dirigeant remercié conteste la décision. Il revient au juge de contrôler *a posteriori* le motif invoqué par les associés pour révoquer le dirigeant. Il ne s'agit pas de constater simplement l'existence d'un ou de plusieurs motifs, mais surtout d'apprécier s'ils sont justes. On estime que pour être « juste », le motif doit revêtir un caractère de *gravité* eu égard à l'importance de la mesure en jeu et un caractère d'*objectivité* en ce qu'il doit reposer sur des faits réels et précis[3]. D'une manière générale, le juste motif de révocation est tiré soit d'un manquement du gérant à ses fonctions, soit de la seule considération de l'intérêt social[4].

Dans la première hypothèse, c'est le comportement du dirigeant qui est mis en avant, les associés s'appuyant sur une faute de celui-ci dans l'exercice de ses fonctions pour décider de sa révocation. La faute consiste habituellement dans le non-respect de la loi[5], des statuts[6] ou des décisions ou instructions reçues. Ainsi, a-t-il été jugé que la transgression reconnue d'instructions relatives au maniement des fonds de la société et de ses comptes bancaires constitue un juste motif de révocation du gérant d'une SARL[7]. En tout état de

---

[1] Cette règle est d'ordre public. Toute clause contraire est réputée non écrite.

[2] En ce sens, R. Baillod, « Le « juste motif » de révocation des dirigeants sociaux », RTD com., 1983. 395, spéc. n° 8, p. 400.

[3] Baillod, *op. cit.*, n° 10. Cet auteur considère que ce double critère devrait conduire à tenir pour non justes des raisons subjectives ou incontrôlables telles que la perte de confiance alléguée par les associés sans autre précision.

[4] Sur cette notion, v ; G. Goffaux-Callebaut, « La définition de l'intérêt social. Retour sur la notion après les évolutions législatives récentes », RTD com. 2004. 35 ; A. Constantin, « L'intérêt social : quel intérêt ? », Mélanges B. Mercadal, 2002, p. 315 ; C. Bailly-Masson, « L'intérêt social, une notion fondamentale », Petites aff., 9 nov. 2000, p. 6 ; Ph. Bissara, « L'intérêt social », Rev. Sociétés, 1999. 5 ; A. Pirovano, « La boussole de la société - Intérêt commun, intérêt social, intérêt de l'entreprise ? », D. 1997, chron. 189 ; J-P. Bertrel, « L'intérêt social », Dr. et patrim. Avril 1997, p. 42 ; Ph. Goulay et F. Danos, « De l'abus de la notion d'intérêt social », D. affaires 1997. 877 ; A. Couret, « L'intérêt social », Cah. dr. entr., 1996-4, p. 1 ; D. Schmidt, De l'intérêt social, JCP E. 1995, I, n° 488.

[5] Paris, *28 oct. 1980*, JCP G. 1981.IV. 393 (refus de convoquer l'assemblée générale) ; *28 oct. 1980*, Bull. Joly 1980, p. 608 (augmentation de capital décidée unilatéralement et violation des règles de présentation et d'approbation des comptes sociaux).

[6] Poitiers, *29 août 2002*, Juris-Data n° 2002-187269 ; Dr. sociétés 2002, comm. 220, note J. Monnet (embauche d'un salarié en violation des statuts).

[7] Paris, *24 oct. 2003*, Dr. sociétés 2004 (mars), p. 26. La faute du dirigeant est le motif le plus récurrent pour justifier la révocation. Sur l'ensemble de la question, v. R. Baillod, *op. cit.*, n° 11 et s.

cause, la révocation est généralement fondée sur une faute de gestion[1] du dirigeant qui peut parfois être de nature à compromettre l'intérêt social[2]. Celui-ci est effectivement l'un des motifs invoqués par les associés pour se séparer d'un dirigeant.

Dans la seconde hypothèse, c'est l'intérêt social que les associés vont invoquer pour mettre fin aux fonctions du dirigeant alors même qu'ils n'ont rien de précis à lui reprocher. Il peut en être ainsi lorsque la conjoncture économique en provoquant la baisse d'activité de la société ou sa stagnation oblige les associés à entreprendre la réorganisation de la société et pour ce faire à se séparer du dirigeant en place qui ne leur paraît plus être « *l'homme de la situation* ». Optant pour une appréciation extensive du juste motif[3], la jurisprudence admet bien que la révocation peut être justifiée par la considération de l'intérêt social[4] dès lors que celui-ci se traduit par des mesures qui ne permettent plus le maintien du dirigeant dans ses fonctions[5]. Ainsi, la cour d'appel de Paris[6], refusant de s'incliner devant la position prise par la Cour de cassation, a pu « valider » la révocation d'une gérante par

---

[1] La faute reprochée au dirigeant doit être une faute de gestion commise dans l'exercice de ses fonctions et non une faute extérieure à ses fonctions de gérant. V. Reims, *23 avril 1979*, JCP G 1980.II. 19410 note Y. Guyon.

[2] Dans ce sens, Cass. Com. *4 mai 1993*, RJDA 12/93, n° 1048 ; Cass. Com. *4 mai 1999*, RJDA 7/99 n° 792 ; Dijon, *4 avril 2003*, Dr. sociétés 2003 (août-sept), p. 23, note J. Monnet.

[3] M-H. de Laender, op.cit., n° 17 et s.

[4] Cet intérêt doit être réel et certain. Il doit reposer sur des éléments d'appréciation objectifs afin d'être contrôlable par le juge. On peut cependant légitimement s'interroger sur ce pouvoir du juge à apprécier l'intérêt social. Si on l'admet, c'est d'une certaine manière lui reconnaître le droit de s'immiscer dans la gestion de la société, fût-ce *a posteriori*, et partant, de remettre en cause la souveraineté des associés. V. K. Adom, *op. cit.*, n° 26 ; M. Jeantin, « Le rôle du juge en droit des sociétés », Mélanges R. Perrot, Dalloz 1996, p. 149

[5] Paris, *24 nov. 1998*, Dr. sociétés 1999, comm. 42 ; *3 nov. 1995*, Dr. sociétés 1996, comm. 62 (inaptitude du dirigeant à conduire une nouvelle politique sociale) ; Cass. Com. *4 mai 1999*, JCP E., p. 1083, Dr sociétés 1999, comm. 126 ; Versailles, *11 févr. 1988*, JCP G 1988.II. 15292 (mésentente entre cogérants) ; Paris, *17 nov. 1992*, BRDA 15 janv. 1993, p. 6 (réorganisation de l'entreprise). En revanche, jugé que le simple changement de majorité au sein de l'assemblée des associés ne constitue pas un juste motif de révocation lorsqu'il ne s'accompagne pas d'une redéfinition des objectifs de la société. Cass. Com. *29 mai 1972*, Rev. Sociétés, 1973. 487. De même, le tribunal de commerce de Paris (*19 mars 2002*, Dr. sociétés 2003, janv, p. 34) a jugé que « la mésentente irréconciliable invoquée (entre la gérante et les autres cadres de la société) ne constitue pas un juste motif de révocation ». Rappelons que la Cour de cassation est constante pour décider que la mésentente entre les différents organes de gestion ou entre l'assemblée et le gérant ne peut constituer un juste motif de révocation que si elle est de nature à compromettre l'intérêt social ou le fonctionnement de la société. V. Com. *4 mai 1999*, Dr. sociétés (août-sept) 1999, comm. n° 126 ; *4 mai 1993*, Bull. Joly 1993, § 224, p. 769.

[6] *13 nov. 2002*, Juris-Data n° 2002-205298 ; Dr. sociétés 2003 (juin), p. 24. En l'espèce, deux irrégularités affectaient la validité de la convocation de l'assemblée des associés : d'une part la convocation avait été faite par un associé non gérant sans mandat judiciaire et, d'autre part, le délai de convocation de 15 jours n'avait pas été respecté. Elles auraient dû normalement entraîner la nullité de l'assemblée.

l'assemblée générale pourtant convoquée dans des conditions non conformes à la loi et aux statuts, dès lors que la décision a été prise « pour un juste motif, celui de préserver les intérêts de la société dans des circonstances où la survie de celle-ci était en cause ».

En considérant que la notion de juste motif se définit aussi en fonction de l'intérêt social[1], la jurisprudence en arrive à « durcir » le régime de la révocation au détriment des dirigeants. On peut ainsi craindre qu'en faisant appel à un critère aussi subjectif, elle n'en vienne pas finalement à rendre la révocation des gérants de sociétés de personnes ou de SARL discrétionnaire, et partant, à la rapprocher de la révocation *ad nutum* des dirigeants de la société anonyme alors même qu'elle essaye, comme il a été démontré ci-dessus, d'atténuer les effets négatifs de cette dernière[2].

31. Cela étant, la révocation décidée sans justes motifs ouvre un droit à l'indemnisation au dirigeant[3], à l'exclusion de toute possibilité de réintégration dans ses fonctions[4]. Il en est de même lorsqu'il est remercié dans des circonstances injurieuses ou vexatoires[5] ou dans des conditions brusques ou portant atteinte à son honneur ou à sa réputation[6]. La théorie de l'abus de droit s'applique donc aussi en cas de révocation contrôlée. Reste à savoir si les statuts de la société peuvent prévoir des clauses excluant ou limitant l'indemnisation du dirigeant en cas de révocation injustifiée. Cette question a toujours divisé la doctrine française, certains auteurs se prononçant en faveur de la validité d'une telle clause en considérant que les dommages-intérêts ne sont qu'une faculté lorsque les justes motifs ne sont pas constatés, d'autres par contre, estimant que le droit à la réparation du dirigeant a un caractère impératif[7]. L'AUS adopte une attitude équivoque par rapport à ce problème. D'une part, en ce qui concerne la révocation des gérants de la société en nom collectif, l'article 282 répute *non écrite* toute clause des statuts contraire à la règle selon laquelle « *si la révocation du gérant est décidée sans justes motifs, elle peut donner lieu à dommages et intérêts* »[8]. D'autre part, aucune disposition de même nature n'est prévue à propos de la révocation des

---

[1] V. notam. Paris, *20 nov. 1980*, Rev. Sociétés, 1981. 583, note P. Le Cannu.
[2] M-H. de Laender, *op. cit.*, n° 21.
[3] Le dirigeant devra nécessairement prouver qu'il a subi un dommage. V. Cass. Com. *18 févr. 1980*, Bull. civ. IV. n° 85, p. 65.
[4] Cass. Com. *22 nov. 1977*, Rev. Sociétés, 1978. 483.
[5] Cass. Com. *7 juin 1983*, Rev. Sociétés, 1983. 796.
[6] Cass. Com. *1er févr. 1994*, JCP G 1995. II. 22432 ; Rev. Sociétés 1995. 281.
[7] Sur cette question, v. R. Baillod, *op.cit.*, n° 33 et s ; D. Mellet, « Liberté statutaire et contrôlée de la révocation des mandataires sociaux protégés », JCP E 1999, p. 1278 ; J-L. Aubert, *op.cit.*, n° 16 ; Mercadal et Janin, *op. cit.*, n° 3835. Signalons que la Cour de cassation a admis la validité de telles clauses à propos d'une société civile sur le fondement de l'article 1851 du Code civil. V. Civ. *6 janv. 1999*, RJDA 8-9/99, n° 950 ; Dr. sociétés 1999 (mars), comm. n° 34.
[8] V. art. 281.

dirigeants de la société à responsabilité limitée. Il paraît alors cohérent d'étendre la règle édictée pour la révocation des dirigeants des sociétés de personnes à celle des dirigeants de la SARL, car rien ne justifie que ceux-là soient plus protégés que ceux-ci. En conférant un caractère d'ordre public au droit à l'indemnisation des dirigeants révoqué sans justes motifs, l'AUS prend une position ferme en faveur de leur protection et s'inscrit à contre-courant du mouvement de *contractualisation* du régime de révocation que l'on observe en droit français[1].

b. La révocation décidée par le juge : le contrôle a priori de la cause légitime de révocation

32. La révocation judiciaire des dirigeants n'est expressément prévue qu'à propos de la SARL[2]. En effet, il résulte de l'article 326 de l'AUS que « *le gérant est révocable par le tribunal chargé des affaires commerciales, dans le ressort duquel est situé le siège social, pour cause légitime, à la demande de tout associé* ». Contrairement à la révocation décidée par les associés qui peut intervenir même sans justes motifs, l'existence d'une cause légitime est la condition de la révocation entreprise par le juge. Il revient donc aux associés d'établir la « cause légitime » qui justifie la demande de révocation du dirigeant et au juge compétent de la contrôler préalablement à toute décision.

33. Il y a lieu de se demander si la notion de « *cause légitime* » est vraiment distincte de celle de « *juste motif* ». On doit admettre qu'il n'en est rien, car l'une ou l'autre suppose que la décision de révocation, quel que soit celui qui la prend, doit reposer sur une raison sérieuse et avérée. Elles sont donc interchangeables comme renvoyant à la même réalité[3]. La juridiction compétente doit rechercher ou vérifier si les motifs invoqués par le ou les demandeurs constituent une cause légitime de révocation du dirigeant. Elle dispose d'un pouvoir souverain d'appréciation des éléments qui lui sont présentés et décide librement. Ainsi, en droit français, il a par exemple été jugé que la demande de révocation avait une cause légitime lorsque le gérant : a abandonné ses fonctions et emporté un carnet de chèques de la société pour

[1] Il s'agit de laisser aux associés la liberté de décider dans les statuts des modalités de révocation des dirigeants. Tel est déjà le cas dans les sociétés par actions simplifiées et la société en commandite par actions (art. L.226-2 C. com).
[2] Aucune disposition ne vise la révocation judiciaire des dirigeants des SNC. On estime cependant qu'elle doit être admise même dès lors qu'il n'y a pas de raison justifiant que les associés soient privés du recours au juge compétent pour assurer la protection de leurs intérêts. V. Mercadal et Janin, *op. cit.*, n° 3843 ; Paris, *12 sept. 1995*, Bull. Joly 1995, p. 1076 note P. Le Cannu.
[3] V. tous les auteurs cités par R. Baillod, *op. cit.*, p. 400, note n° 36. Contra, v. Cl. Berr, *L'exercice du pouvoir dans les sociétés commerciales*, Sirey, 1961, spéc. n° 675 qui pense que l'on ne peut « considérer comme justes motifs de révocation judiciaire que les faits afférents à l'attitude du gérant, à l'exclusion des causes légitimes tirées de l'intérêt de la société ».

s'en servir à des fins personnelles[1] ; détenant la moitié du capital de la société, n'assiste plus aux assemblées depuis plusieurs années, paralysant ainsi le fonctionnement de la société[2] ; a été mis en curatelle à cause de la diminution de ses capacités intellectuelles[3] ; ou lorsque les deux cogérantes refusent de collaborer, entravant ainsi la bonne marche de la société[4]. Ces quelques exemples montrent bien que la cause légitime de révocation peut être fondée soit sur l'attitude ou le comportement du dirigeant, soit sur l'intérêt de la société.

34. La révocation judiciaire des gérants soulève un double problème : celui de la détermination du juge compétent d'une part, et celui de la nature et du régime de l'action en révocation d'autre part.

L'AUS énonce que le gérant est révocable par le tribunal chargé des affaires commerciales[5]. On peut alors se demander si le juge des référés peut prononcer la révocation d'un gérant. Si en droit français, certains reconnaissent cette compétence au juge des référés en cas d'urgence[6], il semble difficile d'adopter la même solution pour ce qui est du droit OHADA. En effet, l'AUS en visant le tribunal, c'est-à-dire une juridiction statuant au fond, paraît dénier toute compétence du juge des référés pour prononcer la révocation. En outre, la révocation est une décision grave qui paraît excéder la compétence du juge de l'urgence. Celui-ci ne saurait prendre que des mesures conservatoires telles la suspension des fonctions du gérant ou la limitation de ses pouvoirs en attendant que la juridiction de fond se prononce.

35. La détermination de la nature juridique de l'action en révocation est assez délicate. Il s'agit de savoir si cette action est *individuelle* ou *sociale*. L'AUS en énonçant que le gérant est révocable par le tribunal « *à la demande de tout associé* », règle en réalité le problème de l'exercice ou du titulaire de l'action en révocation et non celui de sa nature. On peut considérer que bien que l'action en révocation soit exercée par un associé, elle n'en a pas moins une nature sociale en ce qu'elle ne se justifie que si les actes ou faits reprochés

---

[1] Trib. com. Paris, *18 juin 1974*, Bull. Joly 1974, p. 596.
[2] Paris, *8 nov. 1996*, RJDA 2/97 n° 219.
[3] Paris, *4 avril 1997*, Dr. sociétés 1997 comm. 177 obs. Bonneau.
[4] Aix, *9 juil. 1982*, Bull. cour d'Aix 1982/2 p. 97.
[5] Art. 326 al. 2. Au Cameroun, c'est soit le tribunal de grande instance (demande supérieure à 5 millions FCFA), soit le tribunal de première instance (demande inférieure ou égale à 5 millions).
[6] Cette solution serait fondée sur l'article 872 NCPC. V. Mercadal et Janin, *op. cit.* n° 5321 ; Pau, *6 mars 2003*, Dr. sociétés 2003 (août-sept), p. 26 (qui décide que le gérant dont le comportement met en péril la société peut être révoqué par décision du président du tribunal de commerce statuant en référé) ; Trib. com. Paris, *18 juin 1974*, Bull. Joly 1974, p. 596.

au dirigeant nuisent à l'intérêt social ou au bon fonctionnement de la société[1]. Autrement dit, l'action en révocation est une action qu'un associé exerce au nom et pour le compte de la société. Le seul problème qui se pose est de savoir si l'associé qui décide de saisir la juridiction compétente agit librement ou doit consulter ou obtenir l'accord des autres associés. En droit français, la cour d'appel de Paris a répondu par la négative[2]. Cette solution doit être approuvée, car elle permet d'éviter la paralysie de l'action en révocation, notamment en cas de divergence entre les associés.

Conclusion

36. Le régime de la cessation des fonctions des dirigeants sociaux reste marqué par la diversité des règles applicables, notamment en matière de révocation. Le droit OHADA confirme ainsi sa « filiation » à la loi française de 1966, nonobstant quelques innovations. Elle n'a pas apparemment tiré profit des mutations récentes intervenues en droit français. Certes, l'unité des régimes de révocation n'y est pas encore définitive. Mais, force est de constater que le droit français (loi et jurisprudence) tend de manière progressive au rapprochement de la révocation *ad nutum* et de la révocation pour justes motifs, la première devenant même résiduelle. Une telle évolution aurait pu inspirer les rédacteurs de l'AUS. En effet, il est difficile de croire que l'unité des régimes de démission d'une part, et de révocation, d'autre part, soit introuvable. Les spécificités propres aux sociétés de personnes et aux sociétés de capitaux tendent à s'estomper. En tout cas, elles ne sont pas si importantes pour constituer un obstacle péremptoire à l'institution de règles communes applicables dans toutes les sociétés.

Dix ans bientôt après son entrée en vigueur, le temps semble venu pour que le régime de la cessation des fonctions des dirigeants sociaux instauré par l'Acte uniforme relatif au droit des sociétés commerciales et du groupement d'intérêt économique, reçoive « une cure de jouvence » en vue de sa cohérence et de son unité[3]./.

---

[1] Contra, Paris, *26 mai 2000*, JCP E 2000, panor. 1359 qui considère que l'associé demandeur doit mettre en cause tous les autres associés, car l'action en révocation n'est pas une action sociale.

[2] Paris, *8 nov. 1996*, Bull. Joly 1997, p. 213, § 80, note G. Lesguillier.

[3] Sur l'évaluation de l'application du droit OHADA en général, v. A. Cissé, « L'harmonisation du droit des affaires en Afrique : l'expérience de l'OHADA à l'épreuve de sa première décennie », Rev. int. dr. éco. 2004.2. p. 197.

-10-

LA RESPONSABILITÉ CIVILE DES DIRIGEANTS SOCIAUX EN DROIT OHADA*

1. « Comme un organisme vivant, l'entreprise naît, vit, et peut être le siège de désordres divers, dont les plus graves sont susceptibles de provoquer sa disparition, par arrêt du crédit et des flux financiers[1] ». Cette comparaison entre une personne morale et un être vivant est pertinente et s'applique bien à la société commerciale. En effet, de sa constitution à sa liquidation, en passant par son fonctionnement, la société « *mène* » une vie qui peut être ponctuée tantôt de périodes normales ou fastes, tantôt de moments de difficultés ou de crise. Ces différentes situations sont, pour beaucoup, tributaires des qualités et des actes de gestion des dirigeants qui se trouvent à la tête de la société.

Le rôle des organes sociaux est donc particulièrement déterminant dans le cours « *heureux* » ou « *malheureux* » de la société et, par conséquent, leur propre sort en dépend évidemment.

2. Plus que les statuts, c'est la loi qui fixe les règles concernant les organes chargés de l'administration et de la direction de la société. C'est ainsi qu'en ce qui concerne les pays membres de l'Organisation pour l'Harmonisation en Afrique du Droit des Affaires[2] (ci-après OHADA), *l'Acte uniforme du 17 avril 1997 relatif au droit des sociétés commerciales et du groupement d'intérêt*

*** Article publié in *Revue Internationale de Droit Economique*, 2007-2, pp. 211-242 sous le titre « La responsabilité civile des dirigeants des sociétés commerciales en droit OHADA »**

[1] F. Perochon, R. Bonhomme, *Entreprises en difficulté – Instruments de crédit et de paiement*, 5e éd., LGDJ, 2001, p. 1, n° 1.

[2] L'OHADA est née à la faveur d'un Traité signé à Port-Louis (Ile Maurice) le 17 octobre 1993 (J.O OHADA n° 4, 01/11/97, p. 1) et entré en vigueur le 18 septembre 1995. Elle regroupe aujourd'hui seize pays membres. Sur l'OHADA en général, v. P-G. Pougoué, *Présentation générale et procédure en OHADA*, PUA (Yaoundé), 1998 ; J. Issa-Sayegh, J. Lohoues-Oblé, OHADA, *Harmonisation du droit des affaires*, Bruylant, 2002 ; G. De Lafond, « Le Traité relatif à l'harmonisation du droit des affaires en Afrique », Gaz. Pal. 1995, 20-21 sept. 1995, doctr., p. 2 ; J. Issa-Sayegh, « L'OHADA, instrument d'intégration juridique des pays africains de la zone franc », RJ com., 1999, p. 237 ; J. Lohoues-Oblé, « L'apparition d'un droit international des affaires en Afrique », RID comp. 1999, p. 543 ; M. Koné, *Le nouveau droit commercial des pays de la zone OHADA. Comparaisons avec le droit français*, LGDJ. 2003, Biblio. Dr. privé, t. 406 ; A. Cissé, « L'harmonisation du droit des affaires en Afrique : l'expérience de l'OHADA à l'épreuve de sa première décennie », Rev. int. dr. éco. 2004.2. p. 197 ; K. Mbaye, « L'histoire et les objectifs de l'OHADA », Petites aff., 13 oct. 2004, n° 205, p. 4.

économique[1] (ci-après AUS) détermine les principes qui gouvernent la composition des organes de gestion, l'accès aux fonctions sociales, les pouvoirs, la rémunération, la cessation des fonctions ou la responsabilité des dirigeants. Ces règles qui varient suivant la forme de la société[2] s'imposent aux associés. En effet, l'article 2 de l'acte susvisé énonce : « *Les dispositions du présent Acte uniforme sont d'ordre public, sauf dans les cas où il autorise expressément l'associé unique ou les associés, soit à substituer les dispositions dont ils sont convenus à celles du présent Acte uniforme, soit à compléter par leurs dispositions celles du présent Acte uniforme*[3] ». C'est dire que les statuts doivent simplement se conformer aux dispositions de l'AUS lorsqu'ils arrêtent les clauses relatives aux dirigeants sociaux.

3. Dans un souci de simplification de la nomenclature sociale par rapport aux législations nationales antérieures[4] et même par rapport au droit français[5], l'AUS n'a retenu que quatre formes de sociétés commerciales : la société en nom collectif, la société en commandite simple, la société à responsabilité limitée et la société anonyme. Le droit OHADA a donc supprimé la catégorie des sociétés en commandite par actions qui était pratiquement tombée en désuétude et n'a pas cru utile d'instituer la société par actions simplifiée[6] créée par la loi française du 3 janvier 1994.

[1] J.O. OHADA n° 2, 01/10/97, p. 1. Pour une vue générale, v. P. Agboyibor, « Nouveau droit uniforme des sociétés », RDAI 1998, n° 6 ; D. Tapin, *Droit des sociétés commerciales et du G.I.E*, Penant, 1998, n° 827, p. 136 ; F. Anoukaha, A. Cissé, N. Diouf, J. Nguebou Toukam, P-G. Pougoué, M. Samb, *OHADA. Sociétés commerciales et G.I.E*, Bruylant, 2003 ; J. Paillusseau, « L'Acte uniforme sur le droit des sociétés », Petites aff., 13 oct. 2004, n° 205, p. 19.

[2] Outre les règles communes à tous les dirigeants (art. 121 à 124), chaque société a ses règles propres : v. art. 276 à 282 pour la société en nom collectif ; art. 298 à 301 pour la société en commandite simple ; art. 323 à 332 pour la société à responsabilité limitée ; art. 414 à 515 pour la société anonyme.

[3] Sur le caractère d'ordre public des dispositions de l'AUS, v. J. Paillusseau, « L'Acte uniforme sur le droit des sociétés », Petites aff., 13 oct. 2004, n° 205, p. 21. Il convient de préciser que le Traité affirme la primauté des actes uniformes sur les législations des États. Celles-ci sont abrogées dans toutes leurs dispositions contraires. V. art. 10 du Traité. Sur cette question, v. J. Issa-Sayegh, « La portée abrogatoire des actes uniformes de l'OHADA sur le droit interne des États parties », Revue burkinabé de droit, n° 39-40 (n° spécial), p. 51 ; P-G. Pougoué, OHADA, « Instrument d'intégration juridique », Rev. afr. sc. jur (Université de Yaoundé II), 2001, vol. 2, n° 2, p. 11, et spéc. p. 23 et s.

[4] Dans la plupart des États parties à l'OHADA, il y avait cinq formes de sociétés : la société en nom collectif, la société en commandite simple, la société en commandite par actions, la société à responsabilité limitée et la société anonyme. Pour une vue générale, v. *Encyclopédie juridique de l'Afrique*, tome 7, Droit des entreprises, Les Nouvelles Éditions Africaines, 1982.

[5] On dénombre plusieurs formes de sociétés : la société en nom collectif, la société en commandite simple, la société en commandite par actions, la société à responsabilité limitée, la société anonyme, la société par actions simplifiée.

[6] V. A. Couret, P. Le Cannu (sous la dir. de), *La société par actions simplifiée*, ouvr. coll., éd. GLN-Joly, 1994 ; M. Germain, *La société par actions simplifiée*, JCP E 1994. I. 341.

4. Quelle que soit sa forme, la gestion de la société incombe normalement à des *dirigeants de droit*. Cependant, il peut arriver que des personnes n'ayant pas cette qualité s'immiscent ou interfèrent dans la gestion, soit comme *dirigeants de fait*, soit comme *dirigeants apparents* ou *occultes*. Contrairement à l'AUS qui ne vise expressément que les dirigeants de droit, *l'Acte uniforme du 10 avril 1998 portant organisation des procédures collectives d'apurement du passif*[1] (ci-après AUPCAP) s'applique à tous dirigeants, qu'ils soient de droit ou de fait, apparents ou occultes.

Les *dirigeants de droit* sont les personnes (physiques ou morales) ou les organes régulièrement désignés pour gérer la société[2] et qui, à ce titre, assument légalement des fonctions de direction ou d'administration en son sein et l'engagent normalement à l'extérieur. Ce sont les gérants dans les sociétés de personnes et la société à responsabilité limitée ; le conseil d'administration, le président-directeur général, le président du conseil d'administration, le directeur général dans la société anonyme à conseil d'administration, l'administrateur général dans la société anonyme sans conseil d'administration, qui ont la qualité de dirigeants de droit[3].

Par *dirigeants de fait*[4], on désigne les personnes qui, sans avoir été nommées à cette fin, se comportent comme de véritables dirigeants en

---

[1] J.O. OHADA n° 7, 01/07/1998, p. 1. V. Art. 180 qui précise que les dispositions applicables aux dirigeants des personnes morales s'appliquent « *aux dirigeants personnes physiques ou morales, de droit ou de fait, apparents ou occultes, rémunérés ou non et aux personnes physiques représentants permanents des personnes morales dirigeantes* ». Pour une vue d'ensemble de cet acte uniforme, v. P-G. Pougoué, Y. Kalieu, *L'organisation des procédures collectives d'apurement du passif OHADA*, PUA, 1999 ; F. Anoukaha, « L'émergence d'un nouveau droit des procédures collectives d'apurement du passif dans les États africains membres de l'OHADA, Afrique juridique et politique » (Revue du CERDIP, Libreville), 2002, vol. 1, n° 1, p. 62 et s ; K. Asogbavi, « Les procédures collectives d'apurement du passif dans l'espace OHADA », Penant 2002, n° 832, p. 55 ; F.M. Sawadogo, *OHADA, Droit des entreprises en difficulté*, Bruylant, 2002 ; Ph. Tiger, « Les procédures collectives après cessation des paiements en droit harmonisé de l'OHADA », Petites aff., 13 oct. 2004, n° 205, p. 35.

[2] La nature juridique des liens entre la société et ses dirigeants ou entre ceux-ci et les associés, est discutée. En général, on considère que les dirigeants sociaux n'ont pas la qualité de préposés. Pour justifier cette solution, on invoque la théorie institutionnelle qui considère que les dirigeants sont nommés par les organes sociaux sans qu'aucun contrat ne se forme entre la société et eux, et a fortiori entre eux et les associés. Cependant, on a observé que certains dirigeants négocient effectivement les conditions de leur collaboration ou signent des conventions (indemnisation en cas de cessation des fonctions, clause de non-concurrence, etc). V. P. Le Cannu, *Droit des sociétés*, Montchrestien, 2002, p. 252, n° 457.

[3] L'AUS prévoit deux modes d'administration et de direction de la S.A : la S.A avec conseil d'administration et la S.A sans conseil d'administration. V. art. 414 et s.

[4] Sur cette notion, v. D. Tricot, « Les critères de la gestion de fait », Dr. et patrim., Janv. 1996 ; G. Notté, « Les dirigeants de fait des personnes morales de droit privé, thèse Paris I, 1978 ; La notion de dirigeant de fait au regard du droit des procédures collectives », JCP CI 1980, 8560.

s'immisçant effectivement dans la gestion de la société[1]. En d'autres termes, le dirigeant de fait est celui qui, sans aucun titre, accomplit des actes de gestion en lieu et place des dirigeants de droit. La personne qualifiée de dirigeant de fait doit exercer en toute souveraineté et indépendance une activité positive de gestion et de direction et avoir le pouvoir d'engager la société par ses décisions[2]. Par conséquent, une simple abstention ne saurait caractériser une direction de fait[3].

Les *dirigeants apparents* supposent l'existence d'un mandat apparent[4]. En effet, la société peut être engagée par toute personne dès lors que les tiers ayant traité avec elle ont légitiment cru qu'elle disposait des pouvoirs nécessaires[5]. L'on considère que cette croyance est légitime dans les situations où les usages commerciaux, les documents présentés, les relations des parties autorisent les tiers à ne pas vérifier les pouvoirs de celui qui agit[6].

Les *dirigeants occultes* sont des personnes qui assurent la direction « réelle » de la société derrière l'écran formé par les dirigeants de droit[7]. Il s'agit donc de personnes qui dirigent la société par personne interposée sans que leur identité soit connue ou rendue publique. La Cour d'appel de Rennes a très justement rappelé que les dirigeants occultes sont ceux qui tiennent les dirigeants de droit sous leur dépendance et subordination[8]. Comme l'a fort bien remarqué un auteur[9] : « ils sont dans l'ombre et ils tirent les ficelles ».

5. De tous ceux qui viennent d'être évoqués, seuls les dirigeants de droit sont les *représentants légaux* de la société. Agissant *es qualités* au nom et pour le compte de la société, ils exercent normalement les pouvoirs de gestion

---

[1] F. Perochon, R. Bonhomme, *op. cit.*, n° 428.

[2] J-L. Rive-Lange, « La notion de dirigeant de fait », D. 1975, chron., p. 41. V. Cass. com., *18 janv. 2000*, Juris-Data n° 000287 ; *4 juill. 2000*, RJDA 1/2001, n° 30, p. 27 ; *12 juin 2001*, BRDA 12/2001, p. 3 ; *26 juin 2001*, Dr. sociétés 2001, comm. 140 ; Paris, *21 avril 2000*, Rev. pr. coll. 2000, p. 51.

[3] Colmar, 13 janv. 1976, D. 1977, IR 54.

[4] Sur cette notion, v. d'une manière générale : J. Léauté, « Le mandat apparent », RTD civ., 1947. 288 ; P. Lescot, « Le mandat apparent », JCP 1964.I. 1826 ; J. Calais-Auloy, *Essai sur la notion d'apparence en matière commerciale*, thèse Montpellier 1959 ; J-P. Arrighi, *Apparence et réalité en droit privé. Contribution à l'étude de la protection des tiers contre les situations apparentes*, thèse Nice 1974 ; L. Leveneur, *Situation de fait et droit privé*, thèse Paris II, éd. 1990.

[5] J.L. Sourioux, « La croyance légitime », JCP 1982.I. 3058.

[6] Cass. Ass. Plén., *13 déc. 1962*, D. 1963. 277.

[7] V. Cass. com., *25 avril 1977*, JCP G IV, p. 159.

[8] Rennes, *8 janv. 1974*, Gaz. Pal. 1976.1. 358. V. aussi Paris, *20 févr. 1978*, Quot. Jur. 12 oct. 1978.

[9] F. M. Sawadogo, *op. cit.*, n° 341.

interne et externe qui leur sont reconnus par la loi ou les statuts[1]. Ces pouvoirs varient selon les organes sociaux, en raison du principe dit de la *spécialité des organes*[2]. En vertu de leurs pouvoirs, les dirigeants accomplissent tous les actes nécessaires au fonctionnement de la société et à la réalisation de son objet social[3]. Agissant en toute indépendance, ils ont une totale liberté d'initiative pour conduire les affaires sociales.

6. Dans l'exercice de leurs fonctions, les dirigeants doivent agir dans le strict respect des dispositions législatives ou réglementaires applicables à la société ainsi que de celles de ses statuts. En outre, ils doivent faire preuve bien évidemment de compétence, de diligence et de loyauté pour assurer la bonne marche des affaires sociales et préserver le nécessaire équilibre entre les différents intérêts qui s'entrechoquent au sein et autour de la société[4].

Le dirigeant doit d'abord gérer la société avec *compétence*, c'est-à-dire mettre en œuvre ses connaissances techniques ou professionnelles, son expérience, dans la direction ou l'administration de la société. Cela se traduit notamment par la prise des décisions utiles pour la société, le choix des investissements appropriés, la gestion adéquate du patrimoine social, l'accomplissement des actes relatifs à l'exercice des activités économiques, etc.

Le dirigeant est ensuite tenu de faire preuve de *diligence* dans la gestion de la société, c'est-à-dire de diriger ou d'administrer la société « en bon père de famille » et d'apporter à la gestion des affaires sociales toute l'activité et l'attention qu'on est en droit d'attendre d'un homme avisé.

---

[1] Selon le Pr. Le Cannu (*op.cit.*, n° 459), les organes sociaux assument d'une part la gestion interne (le fonctionnement et la direction) de la société, et d'autre part, sa gestion externe (c'est-à-dire l'action de la société à l'égard des tiers).

[2] Ce principe signifie que chaque organe social exerce « exclusivement » les pouvoirs qui lui sont conférés par la loi ou les statuts. Par conséquent, les actes accomplis par un organe au-delà de son domaine de compétence sont entachés de nullité. En aucun cas, les statuts ne peuvent modifier la répartition légale des pouvoirs entre les organes sociaux. V. Aix-en-Provence, *28 sept. 1982*, Rev. sociétés, 1983, p. 773.

[3] Ces pouvoirs sont limités par ceux que la loi ou les statuts attribuent expressément aux assemblées générales ou réservent spécialement au conseil d'administration. V. art. 465, 487 et 498 AUS.

[4] Comme l'écrit L. Godon, (« Des actionnaires, des dirigeants et des salariés de sociétés anonymes », in Mélanges Y. Guyon, 2003, p. 433 et notam. p. 435), « *l'entreprise sociétaire apparaît de plus en plus... comme un carrefour d'intérêts multiples* ». Aussi, pour les dirigeants, la mission consiste à éviter tout conflit d'intérêts. Sur cette notion, v. P-F. Cuif, « Le conflit d'intérêts. Essai sur la détermination d'un principe juridique en droit privé », RTD com. 2005, p. 1.

On considère enfin que les dirigeants sont tenus d'agir avec *loyauté*[1]. Comme l'a montré un auteur[2], « les dirigeants ont bien évidemment l'obligation de ne pas tromper les associés (...) ; de ne pas user des biens ou du crédit de la société contrairement à l'intérêt de cette dernière, dans leur intérêt personnel ». L'obligation de loyauté consiste donc essentiellement pour les dirigeants, à s'abstenir de tout comportement susceptible de porter atteinte à l'intérêt social[3] ou aux intérêts des associés.

7. Il ne fait aucun doute que le manquement des dirigeants à leurs obligations emporte des conséquences sur la situation de la société, et particulièrement, sur ses résultats ou performances. Si les dirigeants s'avèrent incompétents ou inaptes à conduire les affaires sociales, prennent des décisions inopportunes ou font primer leurs intérêts sur ceux de la société, le risque est grand de voir les intérêts de la société, des associés ou même des tiers compromis. Il arrive même que les « fautes de gestion » des dirigeants compromettent l'exploitation de la société et conduisent à la disparition de celle-ci ou à l'ouverture d'une procédure collective. Le comportement des dirigeants peut ainsi constituer une source de dommages pour la société, les associés ou les tiers. Dans ce cas, la question de leur responsabilité se pose.

En effet, la responsabilité éventuelle des dirigeants est susceptible d'être mise en œuvre dès lors qu'il peut être établi qu'ils ont commis des fautes dans l'exercice de leurs fonctions et que celles-ci ont eu des conséquences dommageables pour la société, les associés ou les tiers. Le droit OHADA appréhende bien cette problématique de la responsabilité des dirigeants à tous les stades de la vie sociale, c'est-à-dire que la société soit *in bonis* ou qu'elle

---

[1] Ce n'est que récemment que la jurisprudence française a clairement admis l'existence du devoir de loyauté des dirigeants à l'égard de la société et des associés. V. Cass. com. *27 févr. 1996*, JCP 1996 .II. 22665 note J. Ghestin ; *24 févr. 1998*, JCP E 1998. pan. 637 ; *12 mai 2004*, Dr. sociétés août-sept. 2004, p. 10. Sur cette question, v. H. Le Nabasque, « Le développement du devoir de loyauté en droit des sociétés », RTD com. 1999. 273 ; J-J. Daigre, « Le petit air anglais du devoir de loyauté des dirigeants », in Mélanges P. Bézard, 2002, p. 79 ; J.J. Caussain, « À propos du devoir de loyauté des dirigeants de société », in Mélanges B. Mercadal, 2002, p. 303.

[2] H. Le Nabasque, op. cit., p. 283. L'AUS sanctionne de tels comportements au plan pénal. V. art. 891.

[3] Sur cette notion, v. D. Schmidt, « De l'intérêt social », JCP 1995, éd. E, I, p. 361 ; A. Pirovano, « La boussole de la société, Intérêt commun, intérêt social, intérêt de l'entreprise ? », D. 1997, chron. P. 189 ; Ph. Bissara, « L'intérêt social », Rev. sociétés 1999.p. 5 ; C. Bailly-Masson, « L'intérêt social : une notion fondamentale », Petites aff., n° 224, p. 6 ; G. Goffaux-Callebaut, « La définition de l'intérêt social, Retour sur la notion après les évolutions législatives récentes », RTD com. 2004, p. 35 ; B. Basuyaux, « Intérêt social, une notion aux contours aléatoires qui conduit à des situations paradoxales », Petites aff., 2005, n° 4, p. 3 ; D. Martin, « L'intérêt des actionnaires se confond-il avec l'intérêt social ? », in Mélanges D. Schmidt, 2005, p. 359 ; M-A. Mouthieu, *L'intérêt social en droit des sociétés*, thèse, Yaoundé II, 2006.

soit en difficulté[1] (c'est-à-dire faisant l'objet d'une procédure collective). Posant les principes de la responsabilité civile des dirigeants, le droit OHADA ne se prononce cependant pas expressément sur sa nature. S'il paraît incontestable que cette responsabilité est *délictuelle à l'égard des tiers*, il est difficile d'admettre qu'elle soit contractuelle à l'égard de la société ou des associés[2]. Il s'agirait plutôt, dans ce dernier cas, d'une *responsabilité légale* qui trouve son fondement sur les obligations mises à la charge des dirigeants dans le cadre spécifique de leurs fonctions[3].

8. Au total, selon que la société est *in bonis* ou en *difficulté*, le droit OHADA prévoit des régimes différents en ce qui concerne la responsabilité des dirigeants sociaux. Ainsi, l'AUS soumet pratiquement l'action en responsabilité exercée par la société, les associés ou les tiers contre les dirigeants de la société *in bonis* aux règles de droit commun (I). C'est dire que le droit des sociétés confirme bien que la responsabilité des dirigeants sociaux ressortit à la technique générale de la responsabilité civile[4]. En revanche, l'AUPCAP institue contre les dirigeants d'une société en redressement judiciaire ou en liquidation des biens, une action spécifique, à savoir l'action en comblement du passif, qui est exclusive de toute autre action en responsabilité (II). Il instaure ainsi un régime spécial de responsabilité dérogatoire au droit commun.

I. LE RÉGIME DE DROIT COMMUN DE LA RESPONSABILITÉ DES DIRIGEANTS DE LA SOCIÉTÉ *IN BONIS*

9. Le livre 3 de l'AUS prévoit la responsabilité civile des dirigeants sociaux, qu'ils soient des personnes physiques ou morales[5]. Si, pour que la responsabilité soit engagée, la faute des dirigeants doit être établie, il n'en reste pas moins vrai que celle-ci est susceptible de l'être plus facilement lorsque l'action est exercée par la société ou les associés (A) qu'en cas de recours formé par les tiers (B).

---

[1] Sur cette notion, v. P. Nguihe Kante, « Réflexions sur la notion d'entreprise en difficulté dans l'acte uniforme portant organisation des procédures collectives d'apurement du passif OHADA », Penant 2002. 5.

[2] La doctrine traditionnelle était, par contre, de cet avis. V. J-P. Berdah, *Fonctions et responsabilité des dirigeants de sociétés par actions*, Sirey 1974, p. 2.

[3] V. Berdah, op. cit, p. 2.

[4] V. J-P. Berdah, idem.

[5] S'agissant d'une personne morale dirigeante, l'article 276 al. 2 de l'AUS prévoit que « *ses dirigeants sont soumis aux mêmes conditions et obligations et encourent les mêmes responsabilités civiles et pénales que s'ils étaient gérants en leur propre nom, sans préjudice de la responsabilité solidaire de la personne morale qu'ils dirigent* ».

A. La responsabilité des dirigeants à l'égard de la société ou des associés

10. La mise en œuvre de la responsabilité des dirigeants envers la société et les associés se fait par l'entremise de deux actions bien distinctes : l'action sociale qui est ouverte à la société (1), et l'action individuelle qui est reconnue aux associés (2). Cependant, les conditions de la responsabilité sont exactement les mêmes dans l'un et l'autre cas (3).

1. L'action sociale

11. Le principe de la responsabilité d'un dirigeant envers la société qu'il dirige ou administre est posé par l'article 165 alinéa 1er de l'AUS en ces termes : « *Chaque dirigeant social est responsable individuellement envers la société, des fautes qu'il commet dans l'exercice de ses fonctions* ». Pour mettre en jeu cette responsabilité, la société dispose d'une action dite *action sociale*[1]. Celle-ci vise à obtenir la condamnation du dirigeant à réparer le préjudice subi par la société. En quelque sorte, elle a pour objet le maintien ou la reconstitution du patrimoine social[2]. Une telle conception est certainement étroite, car la responsabilité d'un dirigeant peut être recherchée pour des actes, faits ou abstentions n'ayant aucune incidence sur la situation matérielle ou patrimoniale de la société. Tel est le cas lorsque la société subit un préjudice moral.

12. L'action sociale exercée contre un ou plusieurs dirigeants sociaux[3] peut être engagée soit par la société elle-même, soit par un ou plusieurs associés en cas de défaillance des organes compétents[4].

La société agit normalement par ses représentants légaux[5]. Cette action est dite *ut universi*. Elle est exercée soit par les autres dirigeants en fonction, soit par les nouveaux dirigeants[6]. Il est évident que l'action intentée par un dirigeant contre un autre suppose que celui qui agit soit complètement étranger aux actes ou faits commis par le dirigeant poursuivi. Autrement dit, il doit personnellement être hors de cause. En tout cas, lorsque la faute est commune ou collective (faute commise par les administrateurs ou tous les gérants par

---

[1] Sur une vue d'ensemble, v. J-P. Berdah, *op.cit*, notam. n° 117 et s.
[2] Mercadal et Janin, *op.cit.*, n° 8513.
[3] V. art. 166 al. 2 AUS. Faut-il y intégrer les dirigeants de fait ? La jurisprudence répond par la négative, de sorte que ceux-ci sont responsables conformément au droit commun (art. 1382 ou 1383 du Code civil). V. Cass. com., *6 oct. 1981*, D. 1983. 133 ; JCP 1982. II. 19891 ; *21 mars 1995*, RJDA 1995/7, n° 858, p. 690 ; JCP 1996, II, n° 22603.
[4] V. art. 167.
[5] À cet effet, les statuts précisent généralement les organes qui représentent la société en justice.
[6] Cass.com. *7 déc. 1982*, Bull. civ. IV, n° 403 ; *11 oct. 1988*, Bull. Joly 1988. 925, § 300 ; RJ com. 1989. p.158.

exemple), l'exercice de l'action sociale. Cette situation explique certainement que le droit d'agir soit aussi reconnu aux associés.

L'action sociale exercée par les associés ou actionnaires est dite *ut singuli*[1]. Elle peut d'abord être intentée par un associé agissant individuellement[2]. La jurisprudence décide que celui qui a perdu la qualité d'actionnaire n'est plus habilité à exercer l'action sociale même si elle vise la réparation d'un préjudice né alors qu'il était encore actionnaire[3]. Autrement dit, un associé ou un actionnaire ne peut agir au nom de la société que s'il détient effectivement une part du capital social, quel qu'en soit le montant[4]. Il en va autrement s'il cède ou vend ses parts ou actions, se retire volontairement ou est exclu de la société.

L'action sociale peut aussi être exercée par plusieurs associés. Lorsqu'il s'agit d'une société à responsabilité limitée, l'article 331 de l'AUS prévoit que plusieurs associés ne peuvent demander la réparation du préjudice subi par la société que s'ils représentent le quart des associés et le quart des parts sociales. Ces deux conditions sont cumulatives. Par contre, lorsqu'il s'agit d'une société anonyme, les actionnaires ne peuvent exercer l'action sociale que s'ils représentent au moins le vingtième du capital social.

Ainsi, l'action sociale ne peut être exercée par un ou plusieurs associés qu'après une mise en demeure des organes compétents non suivie d'effet dans un délai de trente jours[5]. Elle se justifie donc par l'inaction des représentants sociaux[6]. C'est dire que le tribunal ne peut connaître de l'action sociale intentée par les associés que si la défaillance des représentants légaux de la société est démontrée. Par ailleurs, l'exercice de l'action sociale par les associés ne souffre d'aucune restriction. Aussi, toute clause des statuts ayant pour effet de le subordonner à l'avis préalable ou à l'autorisation de l'assemblée des associés, d'un organe de gestion, de direction ou

---

[1] V. J-P. Berdah, *op. cit.*, n° 142 et s ; G. Chesné, « L'exercice « ut singuli » de l'action sociale dans la société anonyme », RTD com. 1962. 347 ; Lacan, « L'action sociale exercée *ut singuli* », Rev. sociétés, 1946. 223.

[2] V. art. 167 AUS.

[3] Cass. com. *26 janv. 1970*, JCP 1970.II. 16385 note Guyon ; Cass. Civ., *12 nov.1987*, Gaz. Pal. 1988, pan. 31 ; Paris, *6 avril 2001*, RJDA 10/01 n° 982.

[4] Il a été jugé qu'il est recevable à agir même s'il est actionnaire de fraîche date. En ce sens, Cass. crim., *2 avril 1998*, Rev. sociétés, 1998, p. 614.

[5] V. art 167 AUS. Par cette disposition, celui-ci se démarque du droit français qui ne contient aucune règle de ce genre. On peut effectivement se demander si une telle action y a encore un caractère supplétif ou subsidiaire. V. La Cour de cassation (Com., *12 déc. 2000*, Bull. Joly, mai 2001, p. 508, § 131) qui a cassé un arrêt d'une cour d'appel en relevant que « *l'intervention devant les premiers juges du représentant légal de la société ne pouvait priver le demandeur du droit propre, appartenant à l'actionnaire, de présenter des demandes au profit de celle-ci et de relever appel en son nom* ».

[6] Paris, *4 févr. 1994*, Bull. Joly, 1994, p. 403.

d'administration, ou d'y renoncer est réputée non écrite[1]. De même, aucune décision des organes précités ne peut avoir pour effet d'éteindre une telle action[2]. Enfin, pour éviter que l'action *ut singuli* ne puisse être exercée à cause des frais de procédure, l'AUS innove par rapport au droit français en prévoyant que « *Les frais et honoraires occasionnés par l'action sociale, lorsqu'elle est intentée par un ou plusieurs associés, sont avancés par la société* ». Les associés sont donc dispensés de faire l'avance des frais dès lors qu'il s'agit de poursuivre le dirigeant dans l'intérêt de la société.

13. L'action sociale peut être intentée soit contre les dirigeants en fonction, soit contre les dirigeants retirés. Dans le premier cas, l'action est exercée contre les responsables actuels de la marche des affaires sociales et vise à obtenir la réparation du préjudice qu'ils auraient causé à la société dans l'usage des pouvoirs qui leur sont dévolus. Si cette action ne soulève pas de difficulté particulière, il en va autrement de celle intentée contre les dirigeants retirés[3].

Le dirigeant retiré n'est pas responsable des faits antérieurs à son entrée en fonction[4]. Il ne peut être poursuivi que pour des faits postérieurs à celle-ci et antérieurs à la cessation des fonctions. En d'autres termes, sa responsabilité ne peut être recherchée que pour des fautes commises pendant sa période d'activité dans la société[5]. Le principe est donc celui de l'irresponsabilité du dirigeant retiré tant pour les faits antérieurs à son entrée en fonction que pour ceux qui sont postérieurs à la cessation des fonctions. Ceux-ci ne lui sont pas imputables[6]. Toutefois, sa responsabilité peut être envisagée pour les faits qu'il aurait directement commis après avoir quitté ses fonctions et qui seraient à l'origine du dommage subi par la société. Dans ce cas, l'action en

[1] V. art. 168 AUS. Sur la pratique de telles clauses qui avaient pour but de mettre les dirigeants à l'abri de recours individuels, v. Chesné, *op.cit.*, n° 3.

[2] V. art. 169. Jugé en droit français que le quitus donné aux gérants est sans effet. Rouen, *12 janv. 1973*, D. 1973, somm. 28.

[3] Sur cette difficile question, v. G. Creff, « La responsabilité des dirigeants sociaux retirés », RTD com. 1978. 479.

[4] Sur cette irresponsabilité, v. Paris *24 févr. 1977*, D. 1978. 33.

[5] V. Cass. Com., *24 févr. 1998*, JCP 1998 E. pan. 637 ; D. affaires 1999. 850. Dans cette espèce, la haute juridiction affirme que l'ex-dirigeant d'une société est tenu d'une obligation de loyauté à l'égard de celle-ci et encourt donc une condamnation, au titre de la responsabilité délictuelle, en cas d'actes de concurrence déloyale. V. aussi, Cass. com., *10 févr 1998*, Rev. Sociétés, 1998. 546. Par ailleurs, il a été jugé qu'engage sa responsabilité pour manquement à son obligation de loyauté et de fidélité à l'égard de la société, le gérant qui crée sa société et commence son exploitation avant l'expiration du préavis. Cass. com., *12 févr. 2002*, JCP E. 2002, n° 1603, p. 1776 ; Bull. Joly 2002, p. 617 note B. Saintourens. En présence d'une clause de non-concurrence valable, l'ancien dirigeant doit la respecter sous peine de responsabilité. V. Cass. com., *17 déc. 2002*, Bull. Joly 2003, p. 302 note Couret.

[6] V. Creff, *op. cit.*, n° 37 et s. Cass. com., *23 mars 1982*, Bull. civ .IV. n° 116, p. 103.

responsabilité est une *action en responsabilité civile de droit commun* et qui, comme telle, échappe normalement au régime de l'action sociale.

2. L'action individuelle de l'associé

14. Aux termes de l'article 162 de l'AUS, « L'action individuelle est l'action en réparation du dommage subi par un tiers ou par un associé, lorsque celui-ci subit un dommage distinct du dommage que pourrait subir la société, du fait de la faute commise individuellement ou collectivement par les dirigeants sociaux dans l'exercice de leurs fonctions. Cette action est intentée par celui qui subit le dommage [1]». La responsabilité des dirigeants envers les associés est ainsi énoncée pratiquement dans les mêmes termes que celle à l'égard de la société. Cependant, sa mise en œuvre est plus difficile en raison de la condition à laquelle elle est subordonnée.

En effet, pour admettre l'action individuelle d'un associé, la loi exige que celui-ci ait subi un préjudice distinct de celui éprouvé par la société. Il s'agit donc de rapporter la preuve d'un *dommage indépendant* ou « *détachable* » de celui souffert par la société. Force est de reconnaître qu'une telle preuve est particulièrement difficile[2]. En général, toute faute commise par un dirigeant cause avant tout un préjudice à la société, c'est-à-dire à une personne morale dont la personnalité juridique est distincte de celle de chaque associé qui la constitue. En tant que membre de la société (comme détenteur de parts sociales ou d'actions), l'associé est aussi victime du dommage subi par la société, fût-ce de manière indirecte. Mais, il reste que si le préjudice subi par l'associé est en réalité celui souffert par la société ou en est simplement le corollaire, la loi lui refuse toute action directe[3]. Ainsi, pour agir en son nom et pour son compte, l'associé doit démontrer qu'il a *personnellement* et *exclusivement* souffert du dommage.

L'existence d'un préjudice individuel, distinct de celui subi par la société, résulte généralement des actes discriminatoires commis par les dirigeants à

---

[1] V. aussi l'art. 172 qui précise que « *L'exercice de l'action sociale ne s'oppose pas à ce qu'un associé exerce contre la société l'action en réparation du préjudice qu'il pourrait personnellement subir* ».

[2] V. A. Couret, « Interrogations autour de la réparation du préjudice individuel de l'actionnaire », RJDA 5/97, p. 391 ; P. Le Cannu, *Droit des sociétés*, Montchrestien, 2002, n° 481 ; R. Vatinet, « La réparation du préjudice causé par la faute des dirigeants sociaux devant les juridictions civiles », Rev. Sociétés, 2003, p. 247 ; I. Grossi, « La responsabilité des dirigeants », Dr et patrim. 2003, n° 118, p. 50.

[3] En droit français où la situation est exactement la même, la jurisprudence est ferme dans le sens du rejet de toute action de l'associé ou de l'actionnaire n'ayant pas subi un préjudice direct et personnel. V. Cass. crim., *13 déc. 2000*, Dr. pénal 2001, comm. N° 47 ; Rev. sociétés, 2001, p.394 ; *4 avril 2001*, JCP E 2001, n° 46, p. 1817 note J-H.Robert ; Cass. com., *15 janv. 2002*, RJDA 6/02, n° 650 ; *1er avril 1997*, Bull. Joly 1997, p. 641, § 248 note J-F. Barbiéri ; *4 mars 1986*, Bull.civ.IV, n° 42 ; *26 janv. 1970*, D. 1970. 618 ; JCP 1970. II. 16385 ; Paris, *6 déc. 2002*, Bull. Joly 2003, § 92, note J-F. Barbiéri ; *6 janv. 2001*, RJDA 10/01, n° 982.

l'encontre d'un associé. Un auteur[1] cite par exemple le fait par un conseil d'administration de refuser à un associé de lui payer le dividende, ou le laisser participer à une assemblée générale, à une distribution de réserves ou d'actions, à une augmentation de capital. Quant à la jurisprudence, elle a admis l'existence d'un dommage personnel en cas d'atteintes aux droits individuels des actionnaires ou des associés[2] ou de manquement au devoir de loyauté qui s'impose au dirigeant à l'égard de tout associé[3].

15. L'action individuelle de l'associé est une action personnelle qui ne peut être intentée que par lui seul, en tant que victime directe du dommage. Pour ce faire, il peut agir de deux manières : soit par *voie d'action directe* en saisissant le tribunal compétent pour connaître des affaires commerciales ; soit par *voie d'action civile* lorsque le fait reproché aux dirigeants constitue une infraction pénale susceptible d'être qualifiée de crime ou délit[4].

L'action individuelle ne saurait être éteinte par le quitus donné aux dirigeants par les organes compétents[5]. Toutefois, l'associé peut volontairement renoncer à l'exercer, à condition de le faire après la naissance du préjudice[6]. Bien entendu, si d'autres associés ont souffert du même préjudice, cette renonciation est sans effet sur leur propre action.

16. Telles sont les règles qui régissent l'action individuelle et l'action sociale. Toutes les deux doivent être portées devant la juridiction chargée des affaires commerciales dans le ressort de laquelle est situé le siège de la société. Rien n'interdit cependant que les statuts prévoient une clause attribuant la compétence à une autre juridiction, car les règles de compétence territoriale ne sont pas d'ordre public. Par ailleurs, les deux actions se prescrivent « *par trois ans à compter du fait dommageable ou, s'il a été dissimulé, de sa*

---

[1] A. Tunc, « *La responsabilité civile des organes de gestion des sociétés et les règles générales de la responsabilité civile en droit français* », in Trav. Ass. H. Capitant, 1967, t. XV, p. 26.
[2] Cass. com., *18 févr. 1997*, Quot. Jur. 3 avr. 1997, n° 27 ; *18 juil. 1989*, Dr. sociétés (août-sept) 1989, 13 ; Paris, *15 déc. 1995* et *19 janv. 1996*, RTD com. 97, 286 ; *2 mai 1935*, Gaz. Pal. 1935, 2, 113.
[3] Cass.com., *27 févr. 1996* (arrêt Vilgrain) JCP 1996 G. II. 22665 note J. Ghestin ; D. 1996. 518 note Ph. Malaurie ; *12 mai 2004*, Juris-Data n° 2004-023739 ; Dr. sociétés 2004 (août-sept), p. 10, note F.G.T.
[4] Cass. crim., *4 nov. 1969*, D. 1970, somm. 83. Sur le recours à l'action civile par la société ou l'associé pour demander réparation du préjudice, v. la synthèse de E. Dezeuze, « La réparation du préjudice devant la juridiction pénale », Rev. sociétés, 2003. 261 (Actes Colloque sur la responsabilité civile des dirigeants sociaux, 16 décembre 2002, Université René Descartes).
[5] Bien que les textes ne le prévoient pas expressément, la doctrine (notam. Mercadal et Janin, *op.cit.*, n° 8524) considère que l'on doit étendre l'interdiction des clauses limitatives à l'action individuelle.
[6] Paris, *14 déc. 1987*, D. 1988, somm. p. 248 ; Versailles, *1er déc. 1988*, D. 1989, somm. p. 155.

révélation », et par dix ans si le fait dommageable est un crime[1]. Il s'agit donc de délais de prescription spéciaux.

3. L'identité des conditions de responsabilité

17. Comme en droit commun de la responsabilité civile, la responsabilité des dirigeants envers la société ou les associés comme prévue par l'AUS est subordonnée à la preuve d'une faute commise par ceux-ci (a), d'un dommage subi par la société ou les associés (b) et d'un lien de causalité (c) entre la faute et le dommage[2].

a. La faute

18. L'exigence d'une faute des dirigeants est générale. De la combinaison des dispositions des différents textes de l'AUS[3], il résulte que les dirigeants sont individuellement ou solidairement responsables envers la société ou les associés, soit des infractions aux dispositions législatives ou réglementaires, soit des violations des dispositions des statuts, soit des fautes commises dans leur gestion. Ces différentes fautes méritent d'être mieux précisées.

En premier lieu, la faute peut consister dans la *violation des lois et règlements* applicables à la société, telle que les règles relatives à sa constitution et à son fonctionnement (par exemple : inobservation des règles relatives au fonctionnement du conseil d'administration, à la tenue des assemblées des associés, à l'information des associés ou à la tenue des comptes sociaux). Ainsi, en droit français, a été jugé responsable pour violation des lois et règlements, le dirigeant qui refuse de convoquer l'assemblée des associés[4], qui n'observe pas l'obligation d'information à l'égard des actionnaires[5], ou qui conclut une convention sans l'autorisation préalable de l'autorité compétente[6].

---

[1] V. art. 164 (*action individuelle*) et 170 (*action sociale*) de l'AUS. Sur le point de départ de la prescription en cas de dissimulation des faits, v. Cass. com., *20 mars 1984*, BRDA 1984/11, p. 10.

[2] Sur l'appréciation de cette triple exigence en droit des affaires en général, v. F. Pollaud-Dulian, « De quelques avatars de l'action en responsabilité civile dans le droit des affaires », RTD com., 1997. 349.

[3] V. art. 330 (responsabilité des gérants de SARL) et 740 (responsabilité des administrateurs, de l'administrateur général).

[4] Cass. com., *12 mars 1974*, Gaz. Pal. 1974. 2, p. 662 ; Paris, *28 oct. 1980*, JCP G. 1981. IV. p. 393.

[5] Cass. com. *17 mai 1965*, JCP G 1966.II. 14647. Sur cette question en général, v. I. Urbain-Parléani, « Les nouvelles obligations d'information des dirigeants envers les actionnaires », Rev. Sociétés, 2001. 781.

[6] Paris, *7 nov. 1984*, BRDA 1984/24 p. 18. Il faut préciser en outre que les conventions conclues sans autorisation préalable du conseil d'administration peuvent être annulées. C'est au moment où il statue sur la demande en nullité que le juge doit apprécier si une telle convention a eu des

En second lieu, la faute des dirigeants peut résulter de la *violation des statuts*. Il s'agit d'une hypothèse où les dirigeants ne se conforment pas aux dispositions statutaires régissant la société. Tel est le cas lorsqu'un dirigeant méconnaît une prescription statutaire l'obligeant à obtenir exceptionnellement l'accord des associés pour accomplir un acte[1] ou sans l'autorisation des associés, promet d'acquérir un terrain en vue de la construction d'une usine alors que les statuts limitent ses pouvoirs aux affaires courantes de la société ne présentant aucun caractère exceptionnel[2].

Enfin, la responsabilité des dirigeants est généralement la conséquence d'une *faute de gestion*. Celle-ci suppose un manquement (acte, fait ou abstention) commis dans l'exécution du « mandat » social et qui porte atteinte aux intérêts de la société ou des associés. Comme l'a relevé un auteur[3], « *commet une faute celui qui ne se conduit pas comme l'eût fait à sa place un dirigeant diligent et avisé* ».

Les fautes de gestion couvrent ainsi un éventail large d'actions ou omissions[4] qui sont susceptibles d'engager la responsabilité des dirigeants envers la société, les associés ou les tiers.

19. Comme en droit commun, toute faute personnelle du dirigeant entraîne sa responsabilité dès lors qu'elle est la cause d'un dommage pour la société ou les associés[5]. Il n'est pas nécessaire que la faute soit lourde ou dolosive[6]. Il suffit qu'elle existe et qu'elle soit caractérisée. On peut alors se demander si le dirigeant peut essayer de s'exonérer en invoquant par exemple *la*

---

conséquences dommageables pour la société. V. Cass. com., *1er oct. 1996*, RJDA 1/97 n° 65 ; *15 mai 1998*, RJDA 8-9/98 n° 996.

[1] Cass. com., *10 mars 1976*, JCP G 1977. II, 18566.

[2] Paris, *4 févr. 2000*, Bull. Joly 2000, p. 817 ; RJDA 6/00 n° 674.

[3] A. Tunc, *op. cit.*, p. 29.

[4] Ainsi, la responsabilité des dirigeants a été engagée pour : absence d'avis aux associés sur la gravité de la situation financière de la société (Cass. com., *5 juin 1961*, Bull. civ. III n° 254), conclusion d'un bail dans des conditions préjudiciables à la société (Cass. com., *8 juin 1963*, Bull. civ. III n° 283), distribution de commissions à des tiers (Cass. com., *14 déc. 1960*, D. 1961. 402), fraudes fiscales (Cass. com., *3 nov. 1988*, BRDA 1989/1 p 11), négligences ayant conduit à la condamnation de la société à des dommages-intérêts pour concurrence déloyale (Paris, *21 mars 1984*, BRDA 1984/11 p. 9), prêt consenti à des particuliers en violation de l'objet social (Cass. com., *10 mars 1976*, JCP 1977.II. 18566), concurrence à la société dirigée (Cass. com., *7 oct 1997*, JCP E 1997, I, n° 710, p. 500), retard dans le remboursement de sommes dues par la société et d'avoir ainsi exposé cette dernière au paiement d'intérêts moratoires (Cass. com., *12 janv. 1993*, RJDA 1993, n° 800, p. 698), coût trop élevé d'un contrat (Cass. com., *7 oct. 1995*, Dr. sociétés 1996 n° 65 ; *18 juin 1996*, RJDA 1996, n° 1211).

[5] Une telle rigueur pourrait se justifier par la qualité de professionnel de la gestion qui est reconnue aux dirigeants sociaux. Sur l'incidence de cette qualité de professionnel des dirigeants, v. P. Didier, « Les fonctions de la responsabilité civile des dirigeants sociaux », Rev. Sociétés, 2003, p. 238.

[6] Cass.com., *26 nov. 1974*, JCP. 1975. IV, p. 17.

délégation de pouvoir qu'il aurait consenti à un préposé[1]. En principe, cette cause d'exonération n'est pas admise, la jurisprudence considérant que la gestion de la société relève entièrement de sa responsabilité[2]. Toutefois, les juges semblent s'orienter vers une telle exonération en matière civile comme en matière pénale, lorsque le dirigeant peut établir que le délégué était doté des compétences techniques, d'autorité et d'indépendance suffisantes et des moyens nécessaires[3]. Encore faut-il que le dirigeant soit totalement étranger à la commission de la faute ou de l'infraction[4]. Le délégant est tenu d'une obligation de surveiller le délégué et de prendre les mesures qui s'imposent en cas d'agissements répréhensibles de ce dernier[5].

En somme, conformément au droit commun, le dirigeant ne peut s'exonérer qu'en faisant la preuve que le dommage résulte, soit de la force majeure[6], soit d'une faute de la victime (la société ou de l'associé[7]) ou d'un tiers.

b. Le dommage

20. Le dommage subi par la société ou l'associé doit être prouvé pour que la responsabilité du dirigeant soit engagée. Conformément au droit commun, le demandeur doit démontrer que la faute reprochée au dirigeant lui a causé un dommage dont il entend obtenir réparation. Ce dommage peut être matériel ou moral[8]. La jurisprudence exige simplement la preuve d'un dommage direct, certain et personnel[9]. À défaut d'une telle preuve, la responsabilité du dirigeant doit être écartée. Ainsi, la responsabilité d'un dirigeant n'a pas été retenue dans une espèce où il a été démontré que la communication tardive de certaines informations aux actionnaires ne leur avait point été préjudiciable[10]. De même, la responsabilité d'un gérant a été écartée en l'absence de la preuve

---

[1] Pour une vision d'ensemble du problème de la délégation, v. Mercadal et Janin, *op. cit.*, n° 1912 et s ; C. Mascala, « La délégation : cause d'exonération de la responsabilité pénale des dirigeants », Bull. Joly, 1998, p. 93, § 38 ; B. de Massiac, « Responsabilité pénale des dirigeants et délégation de pouvoirs », RJDA 1995/11, chron., p. 927.

[2] Cass. crim., *19 août 1997*, Juris-Data n° 003813. V. P. Le Cannu, *op. cit.*, n° 478

[3] Cass. crim., *11 mars 1993*, Bull. Joly 1993, p. 666 ; JCP E 1994. II. 571 ; *30 mai 2000*, Bull. Joly 2001, p. 37.

[4] S'il y a participé ou n'a pu empêcher sa commission alors qu'il en avait connaissance, la délégation perd son effet exonératoire. V. Cass. crim., *15 oct 1970*, Dr. soc., 1970, p. 733 ; *23 janv. 1975*, D. 1976. 376 ; *6 oct. 1993*, RJDA 1994/1, p. 94, n° 110 ; *13 mars 1995*, RJDA 1995/7, p. 730, n° 927 ; *20 mars 1995*, RJDA 1995/6, p. 570, n° 717 ; *20 mai 2003*, Bull. Joly 2003, p. 242.

[5] Cass. crim., *6 févr. 1962*, Bull. civ. III, p. 65 ; Paris, *11 mars 1953*, JCP 1953. IV p. 96.

[6] Cass. com., *10 mai 1948*, JCP 1949, II, 4937.

[7] Bordeaux, *1er avril 2003*, JCP E 2003, n° 1140, p. 1266 ; Paris, *13 janv. 1939*, JCP 1939, I. 1021 ; Trib. com. Roubaix, *26 sept. 1956*, D. 1957. 10.

[8] Pour un cas de dommage moral, v. TGI Seine, *18 févr. 1966*, RTD com. 1967, p. 190.

[9] En ce sens, Paris, *4 févr. 2000*, Bull. Joly 2000, p. 817 ;

[10] Cass. civ., *29 juin 1899*, DP 1905, I, p. 191.

que la résiliation d'un contrat par son fait, avait causé un préjudice personnel à l'associé demandeur[1].

c. Le lien de causalité entre la faute et le dommage

21. La responsabilité du dirigeant est enfin subordonnée à la preuve par le demandeur de l'existence d'un rapport de causalité entre le dommage subi par la société ou l'associé et la faute reprochée au dirigeant. Il appartient donc aux juges du fond de constater que le préjudice allégué par la société ou les associés a bien sa source dans un acte, fait ou abstention du dirigeant poursuivi[2]. Il est évident que l'établissement de ce lien de causalité est difficile, car il est rare que la faute du dirigeant poursuivi soit la cause unique ou principale du dommage[3]. En tout cas, les juges du fond apprécient souverainement les preuves produites par le demandeur pour décider si le dommage est ou non la conséquence du manquement reproché au dirigeant.

22. Au total, la responsabilité des dirigeants à l'égard de la société ou des associés, tel qu'elle est organisée par le droit des sociétés, est pratiquement subordonnée aux conditions exigées par le droit commun en matière de responsabilité civile. Il en est d'ailleurs ainsi en ce qui concerne leur responsabilité à l'égard des tiers.

B. La responsabilité des dirigeants à l'égard des tiers

23. Les règles qui gouvernent la responsabilité des dirigeants envers les tiers sont, pour l'essentiel, identiques à celles applicables aux rapports entre les dirigeants et la société ou les associés[4]. Néanmoins, en droit français où le problème se pose de la même manière, la jurisprudence subordonne cette responsabilité à la preuve par le tiers demandeur d'une faute du dirigeant séparable des fonctions (1). Avant d'examiner cette exigence, il faut, au préalable, préciser la notion de tiers (2).

1. La notion de tiers

24. Il va de soi que toute réflexion sur la notion de tiers fait penser au droit des contrats où celle-ci est utilisée pour définir l'étendue du lien contractuel. De manière sommaire, on définit les tiers par opposition aux parties, celles-ci étant les personnes qui ont conclu le contrat alors que ceux-là sont toutes les personnes qui sont étrangères au contrat[5]. En ayant recours à la même notion,

---

[1] Cass. com., *5 mars 1991*, Liaisons juridiques et fiscales, 28 mars 1991, p. 2.

[2] Paris, *10 juil. 1991*, RJDA 1991, n° 1035, p. 870.

[3] En ce sens, F. Pollaud-Dulian, *op. cit.*, p. 363.

[4] V. art. 161, 330 et 740 de l'AUS.

[5] Pour une vue générale de la question et des débats qu'elle suscite, v. F. Terré, Ph. Simler, Y. Lequette, *Droit civil. Les obligations*, Dalloz, 8e éd., 2002, n° 482 et s ; J. Ghestin, « La distinction des parties et des tiers au contrat », JCP 1992. I. 3628 ; J-L. Aubert, « À propos d'une distinction renouvelée des parties et des tiers », RTD civ., 1993. 263 ; C. Guelfucci-

le droit des sociétés relève le caractère contractuel[1] de la société et oppose alors les associés (ou actionnaires) aux tiers. Les associés sont des personnes physiques ou morales qui ont conclu le contrat de société en faisant un apport ou détiennent des parts ou des actions et qui, en contrepartie, jouissent des droits attachés à celles-ci. En revanche, les tiers sont des personnes qui ne sont pas membres de la société en ce sens qu'ils ne détiennent ni parts sociales ni actions. Cette catégorie regroupe donc toute une variété de personnes allant des personnes ayant des relations avec la société (comme les créanciers, les fournisseurs) à celles dépourvues de tout lien avec elle.

25. Les tiers sont donc distincts des associés ou actionnaires. Cependant, on a tendance à assimiler les actionnaires aux tiers. En effet, pour certains auteurs[2], l'actionnaire se distingue de l'associé en ce sens que contrairement à ce dernier, il n'est pas lié à la société par un contrat, mais uniquement par la détention d'un titre négociable[3]. Autrement dit, si dans cette conception, l'actionnaire n'est pas un contractant, c'est-à-dire une partie au contrat de société, il est donc forcément un tiers.

On peut penser que les auteurs qui dénient la qualité d'associé à l'actionnaire considèrent particulièrement la situation des investisseurs, c'est-à-dire des personnes qui acquièrent des actions pour obtenir une plus-value ou des dividendes et qui n'entendent pas s'impliquer dans la vie de la société ou se prévaloir des droits reconnus à tout actionnaire. La création des actions à dividende prioritaire sans droit de vote et des certificats d'investissement confirme, d'une certaine manière, le développement de cet actionnariat « passif » en droit français. Mais, à l'idée que la passivité peut aboutir à la remise en cause de la qualité d'associé de l'actionnaire, on peut objecter que les droits reconnus à ce dernier par la loi ou les statuts ne se perdent pas par le

---

Thibierge, « De l'élargissement de la notion de partie au contrat... à l'élargissement de la portée du principe de l'effet relatif », RTD civ., 1944. 275 ; J. Ghestin, « Nouvelles propositions pour un renouvellement de la distinction des parties et des tiers », RTD civ., 1994. 777.

[1] V. F. Anoukaha et autres, *op. cit.*, n° 58 et s . Il convient de rappeler que la théorie institutionnelle est venue remettre cette approche en question. En tout cas, on s'interroge aujourd'hui sur l'existence du contrat de société. V. Cl. Champaud, « Le contrat de société existe-t-il encore ? », in *Le droit contemporain des contrats*. Travaux de la Faculté des sciences juridiques de Rennes, Economica, 1987, p. 125.

[2] V. Cl. Champaud, *Le pouvoir de concentration de la société par actions*, Sirey, 1962, notam. n° 36 qui considère les actionnaires comme des « bailleurs de fonds » ou « pseudo-associés » faute d'affectio societatis suffisant. ; A. Viandier, *La notion d'associé*, LGDJ, 1978, n° 117 ; G. Ripert, R. Roblot, *Traité de droit commercial*, t. 1, vol. 2, *Les sociétés commerciales*, par M. Germain, LGDJ, 2002, n° 1535 qui ont cependant une opinion plus nuancée ; Vatinet, art. préc., p. 256 et s.

[3] Sur ces notions, v. Ph. Reigné, Th. Delorme, « Réflexions sur la distinction de l'associé et de l'actionnaire », D. 2002, chron. 1130. Ces auteurs montrent cependant que la distinction entre la part sociale et l'action fondée sur le critère de négociabilité tend à s'affaiblir.

non-usage. Par la détention d'une fraction du capital social, l'actionnaire, qu'il participe ou non à la vie sociale, est bel et bien un associé[1].

En définitive, il apparaît que la catégorie des « tiers » comprend exclusivement toutes les personnes physiques ou morales qui ne sont pas détentrices de titres sociaux. Ayant la possibilité d'agir normalement contre la société, ils ne peuvent mettre en jeu la responsabilité des dirigeants que s'ils font la preuve que ceux-ci ont commis une faute personnelle séparable de leurs fonctions.

2. L'exigence d'une faute personnelle séparable des fonctions

26. De la combinaison des articles 330 et 740 de l'AUS, il résulte que les gérants, les administrateurs ou l'administrateur général sont responsables individuellement ou solidairement envers les tiers, soit des infractions aux dispositions législatives ou réglementaires applicables aux sociétés, soit des violations des dispositions des statuts, soit des fautes commises dans leur gestion. La loi française est pratiquement identique[2]. Pour la Chambre commerciale de la Cour de cassation, la seule preuve d'une faute quelconque ne suffit pas à engager la responsabilité des dirigeants à l'égard des tiers. S'inspirant de la distinction classique en droit administratif entre la faute de service et la faute personnelle[3], elle décide que « *la responsabilité personnelle d'un dirigeant à l'égard des tiers ne peut être retenue que s'il commet une faute séparable de ses fonctions et qui lui soit imputable personnellement*[4] ». D'ailleurs, les chambres civiles ont statué dans le même sens[5].

27. Cette jurisprudence a suscité une abondante doctrine[6] et fait l'objet d'une critique acerbe sous la forme de trois principales objections.

---

[1] En ce sens, P. Le Cannu, *op. cit*, n° 839.

[2] V. art. L. 223-22 (responsabilités des gérants de SARL) et art. L. 225-251 (responsabilité des administrateurs et du directeur général de S.A).

[3] G. Vedel, P. Delvolvé, *Droit administratif*, t. 1, Thémis, 12e éd. 1992, p. 551 et s ; R. Chapus, *Droit administratif général*, t. 1, Montchrestien, 11e éd. 1997, p. 1242 et s.

[4] Cass. com., *27 janv. 1998*, Bull. Joly 1998, p. 535 ; Dr. sociétés 1998, comm. n° 46 obs. Vidal ; *28 avr. 1998*, JCP 1998, II, 10177 ; D. affaires 1998, p. 1008 ; *20 oct. 1998*, D. affaires 1999, p. 41 ; *4 juin 1991*, Rev. Sociétés, 1992, p. 55 ; *12 janv. 1999*, RJDA 1999, n° 301 ; *9 mai 2001*, JCP E 2001, p. 1071 ; Bull. Joly 2001, p. 1020.

[5] Cass. civ., *4 avr. 2001*, JCP E 2001, p. 977 ; *1er juil. 1997*, D. 1997, IR p. 207 ; *18 juin 2003*, Dr. sociétés nov. 2003, p. 27 note J. Monnet.

[6] C. Freyria, « Libres propos sur la responsabilité civile dans la gestion d'une entreprise », in Mélanges L. Boyer, 1996, p. 178 ; B. Petit, Y. Reinhard, « Responsabilité civile des dirigeants », RTD com., 1997, p. 282 ; G. Auzero, « L'application de la notion de faute personnelle détachable des fonctions en droit privé », D. affaires 1998, p. 502 ; V. Wester-Ouisse, « Critique d'une notion imprécise : la faute séparable de ses fonctions », D. affaires 1999, p. 782 ; D. Vidal, « La responsabilité civile des dirigeants sociaux », JCP E, Cah. dr. entr. 3/2001, p. 16. Il faut préciser que l'extension de la notion de « faute séparable » s'observe dans d'autres matières et notamment en ce qui concerne la responsabilité des préposés. V. Terré,

En premier lieu, on lui reproche d'avoir créé « une véritable *immunité des dirigeants à l'égard des tiers* » en reportant toute la responsabilité sur la société[1].

En second lieu, certains[2] lui font grief d'une part, d'être contraire aux textes qui ne subordonnent nullement la responsabilité des dirigeants à la preuve d'une faute séparable ou détachable des fonctions ; et, d'autre part, d'être l'œuvre de juges statuant *contra legem* ou *ultra legem*.

Enfin, on relève que la position de la Chambre commerciale est contraire à celle adoptée par la Chambre criminelle. Rejetant la distinction entre la faute séparable et la faute non séparable des fonctions, celle-ci décide que le dirigeant qui a intentionnellement commis une infraction ayant porté préjudice à un tiers engage sa responsabilité à l'égard de celui-ci[3]. La situation des tiers est ainsi tributaire de la nature et de la qualification des faits reprochés au dirigeant. Comme l'écrit justement un auteur,[4] « *La stratégie contentieuse est dès lors passablement compliquée pour la victime d'une faute commise par un dirigeant social. Pour des agissements identiques, pénalement qualifiables, mais réalisés dans le cadre des fonctions, le dirigeant échappera à toute responsabilité civile s'il est poursuivi devant une juridiction civile, alors qu'il sera au contraire civilement responsable de ses fautes si la victime sollicite réparation devant une juridiction pénale* ».

28. En réalité, c'est moins le recours que la conception particulièrement restrictive de la notion de faute séparable ou détachable des fonctions ainsi que le fait de ne pas définir de manière concrète que l'on doit reprocher à la

---

Simler et Lequette, op. cit., p. 795 et s, notam. n° 838 ; B. Puill, « Les fautes du préposé : s'inspirer de certaines solutions du droit administratif ? », JCP 1996, I, n° 3939 ; S. Fournier, « La faute « personnelle » du préposé », Petites aff. 1997, n° 88 ; J-P. Dorly, « La responsabilité du préposé à l'occasion des actes accomplis dans l'exercice des fonctions », RJDA. 2000, chron., p. 395 ; Chr. Radé, « Les limites de l'immunité civile du préposé », Resp. civ. et assur. 2000, chron., n° 22 ; Ph. Brun, « L'évolution des régimes particuliers de responsabilité du fait d'autrui », in *La responsabilité du fait d'autrui*, Actualité et évolutions, Resp.civ. et ass. Numéro spécial, nov. 2000, p. 14. Cependant, la Cour de cassation a récemment rejeté l'application de la théorie de la faute séparable à la procédure de sanction des autorités boursières. Cass. com., *31 mars 2004*, D. affaires 2004, p. 1961, note D. Caramalli.

[1] V. notam. J-F. Barbiéri, « Responsabilité de la personne morale ou responsabilité de ses dirigeants ? La responsabilité personnelle à la dérive », in Mélanges Y. Guyon, 2003, p. 41 ; Note sous Cass. com., *20 mai 2003*, Rev. Sociétés, 2003, p. 479 ; F. Descorps Declère, « Pour une réhabilitation de la responsabilité civile des dirigeants sociaux », RTD com., 2003, p. 25.

[2] V. notam. V. Wester-Ouisse, *op. cit.*, p. 784 ; F. Descorps Declère, *op. cit.*, p. 31 et s ; M. Laugier, « L'introuvable responsabilité du dirigeant social envers les tiers pour fautes de gestion ? », Bull. Joly 2003, p. 261et spéc., n° 11.

[3] Cass. crim., *20 mai 2003*, Bull. Joly, 2003, p. 242, note Th. Massart. V. E. Dezeuze, « La réparation du préjudice devant la juridiction pénale », Rev. sociétés, 2003, p. 261.

[4] Th. Massart, note précitée, § 242.

jurisprudence de la Chambre commerciale[1]. En effet, le raisonnement de la jurisprudence se cristallise essentiellement sur les conditions d'exercice par le dirigeant de ses fonctions. Ainsi, elle considère que la faute séparable est une faute étrangère ou extérieure aux fonctions. Tel est le cas lorsque le dirigeant n'a pas agi *ès qualités*, ou a commis une infraction dans l'exercice de ses fonctions ou a agi dans son intérêt personnel, c'est-à-dire au détriment de la société[2]. En revanche, lorsque la faute reprochée au dirigeant a un lien avec les fonctions, la jurisprudence estime qu'elle ne constitue pas une faute séparable ou détachable des fonctions[3]. Par conséquent, la responsabilité de la société est engagée à l'exclusion de celle du dirigeant.

Face aux critiques suscitées par sa jurisprudence, la Chambre commerciale, dans un arrêt rendu le 20 mai 2003[4], a entrepris de circonscrire la notion de faute séparable en décidant que « *la responsabilité personnelle d'un dirigeant à l'égard des tiers ne peut être retenue que s'il a commis une faute personnelle séparable des fonctions ; qu'il en est ainsi lorsque le dirigeant commet intentionnellement une faute d'une particulière gravité incompatible avec l'exercice normal des fonctions sociales* ». Cette décision a été accueillie de manière contrastée par la doctrine. C'est ainsi que pour un auteur[5], la définition de la faute séparable qu'elle propose est floue et soulève de nombreuses questions en raison des termes utilisés. Par contre, le Professeur Barbiéri[6] considère que la définition de la faute séparable retenue prend en compte le caractère délibéré de la faute[7] (*faute intentionnelle*) et sa gravité (*faute d'une extrême gravité*), et surtout, il observe que « c'est le fait que la faute soit exclusive d'un exercice normal des fonctions qui paraît essentiel, puisque c'est ce qui exprime qu'elle est séparable ».

La controverse sur la notion de faute séparable est donc loin d'être épuisée.

29. La « *dramatisation* » de la problématique de la faute séparable ou détachable des fonctions paraît procéder de l'opposition de la doctrine et de la jurisprudence quant au choix du responsable d'une part, et de la fonction de la responsabilité en droit des sociétés, d'autre part.

---

[1] Pour une vue d'ensemble des fondements de cette jurisprudence et leur critique, v. notam. V. Wester-Ouisse, *ibid*, p. 783 et s ; F. Descorps Declère, p. 29 et s.

[2] V. G. Auzero, *op. cit.*, p. 504.

[3] J-F. Barbiéri, note (sous Cass. com., *20 mai 2003*) précitée, n° 7.

[4] D. 2003, p. 1502, obs. Lienhard ; JCP E, 2003, n° 1099, p. 1221 ; Bull. Joly 2003, p. 786, note Le Nabasque ; Rev. Société, s 2003, p. 479, note J-F. Barbieri.

[5] En ce sens, I. Grossi, « La responsabilité des dirigeants », Dr. et patrim. 2003, n° 118, sept, spéc. p. 56.

[6] V. note précitée, n° 8 et s.

[7] Il convient de rappeler que M. G. Auzero dans son étude précitée, avait plutôt suggéré que la faute détachable soit simplement remplacée par la faute lourde afin d'éviter les difficultés liées à la référence aux fonctions.

S'agissant du *choix du responsable*, c'est-à-dire celui qui doit supporter la charge de la réparation des dommages subis par les tiers, il semble bien que la doctrine et la jurisprudence soient « obnubilées » par la volonté de *désigner à tout prix un seul responsable*, soit la société, soit le dirigeant. Il est évident que la conception restrictive de la faute séparable des fonctions en jurisprudence tend à reporter sur la société, la responsabilité de l'activité dommageable de ses dirigeants. L'argument serait ici que comme le préposé ou le fonctionnaire, le dirigeant soit un simple « rouage », un organe social parmi d'autres, qui agit pour le compte d'autrui, à savoir la société, qui doit alors supporter les risques liés aux actes ou faits de ses dirigeants. En revanche, les auteurs qui critiquent cette solution souhaitent essentiellement « *responsabiliser* » les dirigeants. C'est dans ce sens que, dénonçant le report de la responsabilité sur la société, J-F. Barbiéri[1] s'interroge en ces termes : « Le balancier ne doit-il pas, en effet, repartir en sens inverse, et plus loin ? », c'est-à-dire dans la « responsabilisation des dirigeants.

L'opposition paraît donc nette entre la jurisprudence et la doctrine. Dans un tel climat, aucune solution sereine ne peut être trouvée au problème de la responsabilité des dirigeants à l'égard des tiers si l'on ne sort de ce « *face à face* » stérile, qui impose, dans la recherche du responsable, à choisir entre la société et le dirigeant. Il faudrait alors explorer une troisième voie qui consisterait à envisager la responsabilité solidaire de la société et des dirigeants. Ainsi, lorsque la faute du dirigeant ne serait pas dépourvue de tout lien avec les fonctions sociales, la responsabilité de la société et du dirigeant serait retenue. Une telle solution aurait l'avantage d'offrir à la victime deux personnes ayant la charge de la réparation de son entier préjudice[2]. Le droit OHADA semble bien retenir cette « co-responsabilité ». En effet, l'article 161 de l'AUS dispose : « *Sans préjudice de la responsabilité éventuelle de la société, chaque dirigeant social est responsable individuellement envers les tiers des fautes qu'il commet dans l'exercice de ses fonctions* ». Ce texte ouvre la voie aux tiers de poursuivre le dirigeant et la société dès lors que les conditions de la responsabilité de l'un et l'autre sont réunies. Pour éviter de se retrouver « piégés » par le débat ayant cours en France, les juges africains ont là un instrument juridique qui peut être utile dans la recherche d'un juste équilibre entre les intérêts de la société et ceux de ses dirigeants.

Quant à la *fonction de la responsabilité civile en droit des sociétés*, les approches de la doctrine et de la jurisprudence paraissent diverger également[3].

---

[1] J-F. Barbiéri, note précitée, p. 482, n° 3.

[2] Bien entendu, le juge aura la charge de déterminer la part contributive de chacun dans la réparation du dommage.

[3] Sur cette question et notamment en ce qui concerne les dirigeants, v. F. Pollaud-Dulian, « *De quelques avatars de l'action en responsabilité civile dans le droit des affaires* », RTD com. 1997. 349 ; Ph. Didier, « *Les fonctions de la responsabilité civile des dirigeants sociaux* », Rev. Sociétés, 2003, p. 238.

En effet, alors que la jurisprudence semble surtout se préoccuper de la *fonction réparatrice de la responsabilité* en reportant la charge de la réparation sur la société, la doctrine, privilégiant plutôt la *fonction normative de la responsabilité* dont l'objectif est de sanctionner et de dissuader les comportements fautifs, est favorable à la condamnation des dirigeants. Faut-il donc forcément choisir entre ces deux fonctions ou ne vaut-il pas mieux essayer de les faire « cohabiter » ? La réponse est difficile. C'est au législateur qu'il appartient de prendre position (La question de la répartition des responsabilités relève de la politique juridique dont la définition lui incombe). C'est à lui qu'il revient de se demander si l'application des règles de la responsabilité civile est encore adaptée à la réparation des dommages causés aux tiers par les dirigeants. On peut en douter. Le recours à d'autres solutions, telle l'assurance[1], tend à préfigurer, voire à confirmer le « déclin de la responsabilité » en la matière.

30. En définitive, l'exigence d'une faute séparable des fonctions demeure au cœur du débat sur la responsabilité des dirigeants d'une société in bonis. En la maintenant, la jurisprudence instaure une ligne de démarcation entre le droit des sociétés et le droit des procédures collectives. En effet, la preuve d'une faute séparable des fonctions n'est point une condition du succès de l'action en comblement du passif.

II. LE RÉGIME SPÉCIFIQUE DE LA RESPONSABILITÉ DES DIRIGEANTS DE LA SOCIÉTÉ EN DIFFICULTÉ

31. L'action en comblement du passif relève bien de la responsabilité civile.J-P. Berdah[2] observe fort à propos qu'« *on retrouve sans peine dans l'action en comblement du passif les données de base de la responsabilité civile* ». Il en est ainsi parce que la condamnation des dirigeants sociaux, en vertu d'une telle action, est subordonnée à la preuve d'une faute, d'un dommage et d'une relation de causalité entre la faute et le dommage. Reste à s'interroger sur la nature de cette responsabilité. Suffit-il que cette triple condition soit exigée pour que la responsabilité des dirigeants soit qualifiée de responsabilité de droit commun ? Il n'en est rien, car « encore faut-il que cette action (en responsabilité) ait un caractère indemnitaire et qu'elle donne à la victime le moyen d'obtenir cette réparation[3] ». Or, il est manifeste que l'action

---

[1] Le recours à l'assurance de responsabilité qui se développe montre bien que d'autres voies existent. V. F. Descorps Declère, op. cit., p. 33 et s ; L. Reiner, « Les protections des dirigeants d'entreprise », Dr. et patrim. 1995, janv., p. 23 et s ; Ch. Freyria, « L'assurance de responsabilité civile du « management », Dalloz, 1995. 121. Sur l'assurance de responsabilité en général, v. M. Bruschi, « L'assurance et la responsabilité civile professionnelle, in La responsabilité professionnelle, une spécificité réelle ou apparente », Petites aff., 11 juill. 2001, n° 137, p. 70.

[2] J-P. Berdah, *op. cit.*, p. 194.

[3] F. Pollaud-Dulian, *ibid.*, p. 374.

en comblement du passif ne l'est pas complètement et, qui plus est, relève sur certains points, de règles dérogatoires au droit commun de la responsabilité civile. Cela transparaît notamment dans l'étude de sa procédure (A), de ses conditions (B) et de ses effets (C).

A. Le régime procédural de l'action en comblement du passif

32. Inspiré de l'article 180 de la loi française du 25 janvier 1985[1], l'article 183, alinéa 1er de l'AUPCAP prévoit l'action en comblement du passif en ces termes : « *Lorsque le redressement judiciaire ou la liquidation des biens d'une personne morale fait apparaître une insuffisance d'actif, la juridiction compétente peut, en cas de faute de gestion ayant contribué à cette insuffisance d'actif, décider, à la requête du syndic ou même d'office, que les dettes de la personne morale seront supportées en tout ou en partie, avec ou sans solidarité, par tous les dirigeants ou certains d'entre eux* ». Ce texte et d'autres encore déterminent les personnes intéressées par la procédure (1) et fixent les règles régissant celle-ci (2).

1. Les personnes visées par la procédure

33. Les textes déterminent effectivement les personnes titulaires de l'action en comblement du passif (a) et celles contre lesquelles elle peut être exercée (b).

a. Les titulaires de l'action en comblement du passif

34. L'action en comblement du passif peut être mise en œuvre soit à la requête du syndic, soit d'office par le juge compétent[2].

L'action exercée par le syndic l'est au nom de la masse des créanciers[3]. Nommé par le tribunal compétent, le syndic est chargé de représenter les créanciers et par conséquent, d'exercer toutes actions tendant à préserver leurs intérêts[4]. En reconnaissant le droit au syndic d'exercer l'action en comblement du passif, la loi refuse le droit d'agir aux créanciers pris individuellement[5]. La

---

1 Cet article est devenu l'art. 624-3 du Code de commerce.

2 Art. 183 al. 2 AUPCAP.

3 En droit français, cette action peut être exercée par l'administrateur, le représentant des créanciers, le commissaire à l'exécution du plan, le liquidateur ou le procureur de la République. Bien entendu, le tribunal peut se saisir d'office. V. art. L. 624-6 C. com.

4 Il ne peut agir que tant qu'il demeure en fonction. Comparer avec le droit français où la jurisprudence décide que le commissaire à l'exécution du plan de redressement qui représente les créanciers n'a plus qualité pour exercer une action en complément du passif dès que sa mission prend fin. V. Cass. com., *25 nov. 1997*, RJDA 3/98, n° 319 ; *28 mars 2000*, RJDA 6/00, n° 696, p. 557 ; *29 oct. 2002*, Dr. sociétés mars 2002, p. 18 ; *24 sept. 2003*, Dr. sociétés, mars 2004, p. 22.

5 On considère en droit français que l'énumération de l'article 180 ou L. 624-3 C. com. est limitative. Par conséquent, toute personne qui n'y figure pas ne peut agir, à l'exemple des créanciers. V. B. Feugère, « Le dirigeant d'une personne morale cité devant le tribunal de commerce pour comblement du passif (Article 180 de la loi du 25 janvier 1985) », RJ com.

question se pose de savoir si le syndic agit librement ou s'il doit requérir l'avis ou l'autorisation des autres organes de la procédure tels que sont le juge commissaire et les contrôleurs. Une certaine doctrine soutient que le syndic doit consulter les contrôleurs lorsqu'il en existe[1]. Cette exigence ne paraît ni utile ni justifiée, le syndic agissant dans l'intérêt exclusif des créanciers dont il est le représentant légal.

La responsabilité des dirigeants peut aussi, d'office, être mise en œuvre par la juridiction compétente en matière commerciale. Le pouvoir ainsi reconnu au tribunal peut surtout avoir à s'exercer en cas de carence du syndic. À cet effet, disposant des éléments du dossier de procédure ou d'informations qui lui sont fournies par les créanciers ou même le juge commissaire, le tribunal est « bien placé » pour se saisir d'office[2] et se prononcer sur la faute et la responsabilité éventuelle des dirigeants de la société.

b. Les personnes visées par l'action en comblement du passif

35. L'action en comblement du passif est susceptible d'être exercée contre diverses personnes. Suivant les dispositions de l'article 180 de l'AUPCAP, il s'agit des « *dirigeants personnes physiques ou morales, de droit ou de fait, apparents ou occultes, rémunérés ou non et aux personnes physiques représentants permanents des personnes morales dirigeantes*[3] ». L'action en comblement du passif vise donc les dirigeants statutaires[4], mais aussi tous ceux qui, sans cette qualité, se sont immiscés dans la direction de la société. Elle vise autant les *dirigeants en fonction* au moment de l'ouverture de la procédure collective que les *dirigeants retirés*, à condition que ceux-ci fussent en fonction au moment où la faute a été commise[5]. Par ailleurs, l'action en comblement peut aussi être dirigée contre la personne physique représentant de manière permanente une personne morale dirigeante[6]. Enfin, la

---

1999. 333 ; Cass. com. *8 janv. 1985*, Bull. civ. IV. n° 3 ; *5 janv. 1995*, Bull. Joly 1995, § 84, p. 266 ; *3 oct. 2000*, RJDA 1/2001, n° 60 ; *29 oct. 2002*, Dr. sociétés, 2003, comm. 47.

[1] F. Sawadogo, *op.cit.*, n° 344.

[2] Il n'empêche que se pose d'une certaine manière le problème de l'impartialité du juge. V. les observations de M. Valens, RTD com., 1999. 989.

[3] Sur tous ces dirigeants, v. supra n° 4 ; F. M. Sawadogo, *op. cit.*, n° 340 à 342.

[4] En droit français, on considère que seuls les organes statutaires de direction sont visés. Tel n'est pas le cas des membres du conseil de surveillance. V. E.Le Corre-Broly, *Droit des entreprises en difficulté*, éd. A. Colin, 2001, n° 434 ; D. Martin, « Les membres du conseil de surveillance sont-ils des dirigeants sociaux au sens de la loi du 25 janvier 1985 ? », Gaz. Pal. 1991, I, doctr. 24.

[5] Cass. com., *13 déc. 1982*, Bull. civ., IV, n° 116 ; *27 avr. 1993*, Rev. Sociétés, 1993, 871, note H. Le Nabasque ; *8 juin 1999*, Dict. perm. Difficultés des entreprises, Bull. 188, *1er sept. 1999*, p. 6430.

[6] Cass. com., *3 janv. 1995*, Bull. Joly 1995, 267, note A. Couret ; *25 mars 1997*, D. Affaires 1997, 579.

jurisprudence française admet l'exercice d'une telle action contre les héritiers des dirigeants fautifs[1].

2. La procédure[2]

36. Il s'agit de déterminer la juridiction compétente, de préciser les modalités d'information du défendeur, les délais de prescription et les conditions dans lesquelles intervient la décision.

D'abord en ce qui concerne le juge compétent pour connaître de l'action en comblement du passif, c'est la juridiction ayant ouvert la procédure de redressement judiciaire ou de liquidation des biens. Conformément à l'article 4 de l'AUPCAP, la juridiction territorialement compétente est celle dans le ressort de laquelle la société a son siège ou son principal établissement. Cette solution est logique et cohérente : logique parce que c'est le tribunal ayant ouvert la procédure collective qui détient tous les éléments qui permettent de statuer aisément ; cohérente parce qu'elle assure au dirigeant d'être poursuivi devant la même juridiction, que la société soit *in bonis* ou soumise à une procédure collective[3].

Ensuite, s'agissant de la signification, il faut distinguer suivant que l'action est exercée par le syndic ou qu'il y a saisine d'office. Dans le premier cas, l'assignation doit être signifiée au ou aux dirigeant(s) mis en cause huit jours au moins avant l'audience[4]. Dans le second, il revient au président du tribunal, dans les mêmes délais que ci-dessus, de convoquer par acte extrajudiciaire le dirigeant, par les soins du greffe[5].

S'agissant de la prescription, l'AUPCAP institue un délai de prescription dérogatoire au droit commun. Il est de trois ans à compter de l'arrêté définitif de l'état des créances[6]. Ce délai est normalement suspendu pendant la durée du concordat de redressement et recommence à courir en cas de résolution ou d'annulation dudit concordat. Dans cette hypothèse, la loi prévoit que le « *syndic dispose à nouveau, pour exercer l'action, d'un délai qui ne peut, en*

[1] La jurisprudence admet une telle action en raison de son caractère patrimonial et à la condition que les héritiers aient accepté la succession. V. Cass. com., *2 oct. 1984*, Bull. civ., IV, n° 250 ; *19 mai 1982*, Bull. civ., IV, n° 191 ; Versailles, *27 févr. 1997*, RJDA 1998, n° 85.

[2] Sur les aspects processuels des procédures collectives en général, v. P. Cagnoli, *Essai d'analyse processuelle du droit des entreprises en difficulté*, Biblio. Dr. privé, LGDJ, 2002, p. 268.

[3] V. en ce qui concerne la société in bonis, v. art. 164 et 170 qui attribuent la compétence au tribunal dans le ressort duquel est situé le siège de la société.

[4] Art. 183 al. 2 AUPCAP. L'assignation est faite par acte extrajudiciaire.

[5] Idem.

[6] V. art. 186 AUPCAP.

aucun cas, être inférieur à un an[1] ». Cette disposition tend à « favoriser » l'exercice de l'action dont l'intérêt n'est pas à démontrer pour les créanciers.

Enfin, la décision du tribunal doit intervenir dans les « *moindres délais* » à l'issue d'une audience non publique au cours de laquelle le juge-commissaire et les dirigeants poursuivis sont entendus[2]. Comme l'a relevé un auteur, « la procédure de l'action en comblement du passif, comme celle des autres actions relatives aux procédures collectives, est placée sous le sceau de l'urgence[3] ». L'AUPCAP aurait pu, pour confirmer cette exigence, impartir un délai ferme au tribunal pour statuer, ce d'autant plus que la décision rendue n'échappe point aux voies de recours[4].

B. Les conditions de l'action en comblement du passif

37. L'action en comblement du passif ne peut aboutir à la condamnation du dirigeant mis en cause qu'à la condition que la preuve d'une faute de gestion (1), d'une insuffisance d'actif (2) et du lien de causalité (3) entre les deux soit établie.

1. L'exigence d'une faute de gestion

38. La première exigence de la loi est la preuve de l'existence d'une *faute de gestion* du dirigeant commise avant l'ouverture de la procédure collective[5]. L'exigence d'une faute établie a donc remplacé la présomption de faute du dirigeant, ce qui entraîne un renversement de la charge de la preuve[6]. La jurisprudence française paraît retenir une conception très large de la faute de gestion[7]. Celle-ci s'entend de toute faute du dirigeant, qu'elle soit légère, grave, lourde ou dolosive, qu'elle consiste en un fait positif ou en une abstention, à condition qu'elle soit commise dans le cadre de l'administration et la gestion de la société. Elle recoupe ainsi des comportements qui vont de la simple maladresse ou négligence à l'accomplissement d'actes frauduleux au détriment de la société.

---

[1] Idem.

[2] V. art. 183 al. 3. AUPCAP.

[3] F. M. Sawadogo, *op. cit.*, n° 344.

[4] La décision peut faire l'objet d'appel. V. art. 221 et 224 de l'AUPCAP.

[5] M. Bourrie-Quenillet, « La faute de gestion du dirigeant de société en cas d'insuffisance d'actif, pratique judiciaire », JCP E 1998, p. 455 ; J. Calvo, « L'action en comblement de passif et la faute de gestion », Petites aff., n° 63, 27 mai 1998, spéc. 16 ; A. Martin-Serf, « Panorama des fautes de gestion », RTD com., 1999, 983 ; C. Saint-Alary-Houin, « La responsabilité patrimoniale des dirigeants des sociétés en difficultés », Rev. proc. Coll. 2001, p. 145 ; S. Hadji-Artinian, *La faute de gestion en droit des sociétés*, Litec, 2001.

[6] V. Ph. Tiger, « Les procédures collectives après cessation des paiements en droit harmonisé de l'OHADA », Petites aff., 13 oct 2004, n° 205, p. 44.

[7] V. A. Jacquemeont, *Droit des entreprises en difficulté*, Litec, 2e éd., 2002 ; I. Grossi, « *La responsabilité des dirigeants* », Dr. et patrim. 2003, p. 50 et spéc. p. 52 et s.

39. La jurisprudence française fait montre de rigueur, voire de sévérité à l'égard du dirigeant de la société soumise à une procédure collective.

D'abord, elle considère que la faute de gestion peut intervenir aux stades de la vie sociale. C'est ainsi qu'elle admet l'existence d'une faute de gestion lors de la constitution de la société[1]. Dans ce cas précis, un auteur[2] observe que « ce que les magistrats vont sanctionner c'est l'imprudence fautive, l'audace inconsidérée (...), en un mot ils demandent aux « joueurs et amateurs » de s'abstenir, même s'ils reconnaissent un certain droit à l'erreur ».

Ensuite, contrairement au dirigeant de la société *in bonis*, le dirigeant de la société en difficulté ne peut invoquer la faute séparable ou détachable des fonctions pour écarter sa responsabilité[3]. En d'autres termes, entre le dirigeant poursuivi en comblement du passif social et la masse des créanciers qui constitue pourtant un regroupement de tiers représenté par le syndic, la faute séparable n'opère pas et n'a donc aucune vertu exonératoire. Cette solution discriminatoire ne peut être justifiée que si l'on considère que l'action en comblement du passif est une action sociale. Or, rien n'est moins sûr[4].

Il y a lieu de s'interroger sur le cas particulier de la responsabilité des personnes physiques représentant des personnes morales dans les organes de gestion ou d'administration de la société. La question est de savoir si la personne physique représentant une personne morale ne pourrait pas invoquer *la faute non détachable ou non séparable des fonctions* pour s'exonérer ou reporter la responsabilité sur la société dont elle peut être soit un dirigeant, soit un salarié. Une réponse affirmative paraît s'imposer eu égard aux solutions dégagées par la jurisprudence tant en droit des sociétés qu'en droit civil, à propos de la responsabilité des préposés[5]. C'est dire que le syndic (ou le tribunal) doit établir que le représentant de la personne morale a, soit commis une faute personnelle séparable des fonctions s'il a la qualité de dirigeant, soit une faute qui excède les limites de la mission qui lui a été

---

[1] Exemples de fautes contemporaines à la création : choix d'investissements inadaptés ou excessifs compte tenu de leurs conditions prévisibles de financement (Cass. com., *19 mars 1996*, JCP E I, p. 584, § 17 ; *20 juin 2000*, Bull. Joly 2000, § 231, p. 906 ; *19 févr. 2002*, RJDA 7/2002, n° 791, p. 663 ; *29 oct. 2002*, Dr. sociétés, mars 2003, note 46), fixation initiale d'une rémunération du dirigeant proportionnée aux résultats prévisionnels (Rennes, *13 déc. 1995*, Juris-Data, n° 052352 ; Lyon, *12 sept. 2002*, Dr. sociétés, janv. 2004, p. 19) ; insuffisance de fonds propres (Cass. com., *23 nov. 1999*, RJDA 4/2000, n° 457, p. 361 ; Aix, *16 mai 2001*, RJDA 2002/4, n° 416, p. 353.

[2] M-J. Campana, « La responsabilité civile du dirigeant en cas de redressement judiciaire », RJ com. 1994. 133. Dans le même sens, I. Grossi, op. cit., p. 54.

[3] V. Wester-Ouisse, *op.cit.*, p. 785.

[4] Sur cette question controversée et difficile, v. A. Brunet, M. Germain, « L'article 180 de la loi du 25 janvier 1985 relatif à l'action en contribution au paiement du passif social », Petites affiches, 23 juill. 1986, n° 88, p. 51 et spéc. p.53 et s.

[5] V. supra, n° 40.

confiée s'il s'agit d'un salarié. En l'absence d'une telle preuve, il faudrait se retourner contre la personne morale représentée. En tout état de cause, la personne morale est tenue solidairement des condamnations prononcées contre son représentant permanent[1].

2. La preuve de l'insuffisance d'actif

40. Le succès de l'action en comblement du passif est subordonné à la preuve d'un préjudice subi par la société. Ce préjudice, c'est l'insuffisance d'actif. Il y a insuffisance de l'actif lorsque l'actif réalisé est insuffisant pour désintéresser les créanciers[2]. Autrement dit, l'insuffisance d'actif existe lorsque le passif est supérieur à l'actif disponible.

L'insuffisance d'actif doit être certaine. La charge de la preuve incombe au demandeur[3] et il revient à la juridiction compétente de constater l'existence de l'insuffisance d'actif. En tout état de cause, l'existence et le montant de l'insuffisance d'actif doivent être appréciés au moment où le tribunal statue[4]. Ainsi, il a été jugé que lorsque le dirigeant règle l'insuffisance avant le jugement d'ouverture, l'action en comblement du passif devient sans objet[5]. Il en est également ainsi en cas de clôture pour extinction du passif, car celle-ci exclut l'existence d'un dommage[6].

3. La preuve du rapport de causalité entre la faute de gestion et l'insuffisance d'actif

41. L'action en comblement ne peut aboutir à la condamnation du dirigeant que si le lien de cause à effet entre la faute de gestion qui lui est reprochée et l'insuffisance d'actif est établi. En effet, l'article 183 de l'AUPCAP n'envisage la responsabilité du dirigeant qu'« *en cas de faute de gestion ayant contribué à cette insuffisance d'actif* ».

La preuve du lien de causalité peut s'avérer difficile, d'une part lorsque les fautes de gestion ont été commises à une période plus ou moins lointaine de la constatation de l'insuffisance d'actif ; et d'autre part, parce que « la défaillance d'une entreprise est souvent due à une multiplicité d'éléments qui interagissent et parmi lesquels il est difficile d'isoler un facteur causal déterminant[7] ». La jurisprudence fait preuve de pragmatisme et paraît adopter

---

[1] V. en ce sens, Cass. com., *3 janv. 1995*, Bull. Joly 1995, § 84, p. 266, note A. Couret.
[2] Metz, *20 oct. 1992*, Juris-Data, n° 048844.
[3] Cass. com., *23 sept. 1981*, Bull. civ. IV, n° 334.
[4] Cass. com., *27 févr. 1978*, D. 1978, IR. 334 ; *18 févr. 1992*, RJDA 1992/5, n° 521 ; *28 févr. 1995*, RJDA 5195, n° 651 som.
[5] Paris, *21 mars 1977*, inédit, cité par B. Feugère, in article précité, p. 337, note n° 43.
[6] En ce sens, F.M. Sawadogo, *op. cit.*, n° 338 in fine.
[7] A. Jacquemont, *op. cit.*, n° 736.

la *théorie de l'équivalence des conditions*[1] lorsqu'elle décide que la responsabilité du dirigeant est engagée dès qu'il est établi qu'une faute de gestion aurait contribué à l'insuffisance d'actif. En tout cas, la Cour de cassation[2] a jugé que « *le dirigeant d'une personne morale peut être déclaré responsable sur le fondement de l'article L.624-3 du Code de commerce même si la faute de gestion qu'il a commise n'est que l'une des causes de l'insuffisance de l'actif et qu'il peut être condamné à supporter la totalité des dettes sociales, même si sa faute n'est à l'origine que d'une partie d'entre elles* ».

L'exigence du lien de causalité entre la faute et l'insuffisance d'actif paraît être pour certains auteurs « le principal obstacle à la prise en compte de la moindre inobservation des règles légales[3] ». Autrement dit, la violation des dispositions législatives ou réglementaires (voire celle des statuts) ne pourrait être reconnue comme cause de l'insuffisance d'actif que s'il est démontré qu'elle a, d'une manière ou d'une autre, contribué à « l'appauvrissement » du patrimoine de la société.

En tout état de cause, la juridiction saisie dispose d'un pouvoir souverain d'appréciation pour déterminer si la faute reprochée au dirigeant a contribué à l'insuffisance d'actif. La Cour de cassation exerce simplement son contrôle sur l'existence d'une faute de gestion[4] que les juges du fond sont tenus de caractériser[5]. Ceux-ci peuvent ainsi décider, en toute liberté, alors même que la faute du dirigeant est établie, de le condamner ou non à combler le passif.

C. Les effets de l'action en comblement du passif

42. L'exigence des conditions ci-dessus examinées confirme le rapprochement de l'action en comblement du passif de l'action en responsabilité contre le dirigeant d'une société *in bonis*. En réalité, ce rapprochement n'est qu'apparent, les deux actions s'opposant quant au *principe de la condamnation du dirigeant* et à l'*étendue de la réparation*.

43. D'abord, s'agissant du *principe de la condamnation du dirigeant*, il convient de rappeler qu'en droit commun de la responsabilité civile, il est de

---

[1] En ce sens, F. Pollaud-Dulian, *op. cit.*, p. 363 ; Ph. Pétel, *Procédures collectives*, Dalloz, Cours, 2001, 3e éd., n° 442. Contra, F. Derrida, P. Godé et J-P. Sortais, *Redressement et liquidation judiciaire des entreprises*, Dalloz, 1991, 3e éd., n° 548 ; Y. Chaput, *Droit des entreprises en difficulté et faillite personnelle*, PUF 1996, n° 617 ; A. Jacquemont, *op. cit.*, n° 736.
[2] Cass. com., *30 nov. 1993*, Bull. Joly 1994, p. 410, obs Petel. Dans le même sens, v. Cass. com., *2 mai 2001*, Dr. sociétés 2001, comm. 141.
[3] En ce sens, F. Perochon, R. Bonhomme, *op. cit.*, n° 432 in fine, p. 488.
[4] En ce sens, B. Hatoux, J-Cl. *Procédure collective*, Fasc. 2207, n° 116.
[5] Cass. com., *17 mars 1998*, Rev. pr. Coll. 1999, p. 46, obs. A. Martin-Serf ; Bourges, *3 juin 1998*, JCP G 1998, IV, n° 2471.

règle que la preuve de la faute, du dommage et du lien de causalité entre la faute et le dommage entraîne la condamnation de l'auteur du fait dommageable. Le juge ne peut exonérer ou limiter la responsabilité de ce dernier que si ce dernier peut se prévaloir d'une cause d'exonération parmi celles prévues par la loi ou admises par la jurisprudence. Toute autre est la situation lorsqu'il s'agit de l'action en comblement du passif, comme le prouve l'expérience française.

En effet, en droit français, il est admis que *quand bien même la faute est établie, la condamnation du dirigeant ne s'impose pas aux juges*. Ceux-ci disposent d'une faculté d'appréciation « pouvant aller jusqu'à l'opportunité d'apprécier, de prononcer ou non une condamnation [1]». Les juges du fond exercent donc un véritable *pouvoir optionnel* puisqu'ils ont la liberté de condamner ou de ne pas condamner un dirigeant malgré la preuve de ses fautes[2]. Cette solution est critiquable dans la mesure où elle semble contredire les termes de la loi (*art. L. 624-3 C. com. fr ; art 183 AUPCAP*) qui ne reconnaît aux juges que la possibilité de faire supporter tout ou partie du passif social aux dirigeants[3]. Aussi, soit la faute de gestion est à l'origine ou a contribué à l'insuffisance d'actif et le dirigeant doit être condamné à payer tout ou partie du passif social ; soit elle n'y est pour rien et alors le dirigeant doit être mis hors de cause. Le paradoxe qui consisterait pour le juge à constater l'existence d'une faute de gestion tout en refusant de condamner le dirigeant n'est justifiable ni sur le plan strictement juridique ni sur le plan moral[4].

Les dirigeants sociaux ne peuvent être exonérés qu'en cas de force majeure ou de cas fortuit, ou encore en cas d'absence de faute[5], c'est-à-dire quand le dirigeant peut démontrer qu'il a apporté à la gestion de la société toute l'activité et la diligence nécessaires.

44. Ensuite, c'est en réalité en ce qui concerne *l'étendue de la réparation* que le régime de l'action en comblement du passif se démarque du droit commun de la responsabilité civile. Comme l'a écrit un auteur[6], « Force est de constater que l'action en comblement du passif, si elle procède de la responsabilité civile, tend à s'en émanciper ».

---

[1] Versailles, *27 sept. 2001*, RJDA 2/2002, n° 184, p. 153. V. aussi Cass. com. *7 juil. 1987*, Bull. Joly 1987, p. 641, § 269 ; *19 févr. 2002*, RJDA 8-9/2002, n° 919, p. 781. V. sur cette question, M. Bourrie-Quenillet, *op. cit*, n° 19.

[2] B. Hatoux, *op. cit.*, n° 121.

[3] V. infra, n° 44.

[4] Ce paradoxe fait penser à la fameuse formule créée par Mme Dufoix lors de l'affaire dite du « sang contaminé » : « *Je suis responsable, mais pas coupable* ».

[5] En ce sens, M-J. Campana, *op. cit.*, p. 136 et s.

[6] F. Pollaud-Dulian, *op. cit.*, p. 374.

Contrairement au droit commun où l'auteur du fait dommageable est normalement condamné à réparer l'intégralité du préjudice subi par la victime, dans le cas de l'action en comblement du passif, la faculté est laissée au juge de condamner le dirigeant à supporter *tout ou partie des dettes de la personne morale*[1]. Il arrête donc souverainement le montant du passif social mis à la charge du dirigeant[2]. Dans cette optique, la Cour d'appel de Versailles[3] a justement précisé qu'« *il doit être tenu compte non seulement de la* gravité des fautes de gestion *reprochées et établies ainsi que du montant de l'insuffisance d'actif, mais également de la* situation personnelle[4] *du dirigeant et de ses* facultés contributives ». En tout état de cause, le montant de la condamnation du dirigeant ne peut en aucun cas dépasser le montant de l'insuffisance d'actif[5]. Le tribunal ne saurait donc prendre en compte aucun autre préjudice[6].

Reste à savoir si la limitation de la responsabilité du dirigeant à tout ou partie de l'insuffisance d'actif est encore justifiée si l'on considère que la double présomption de faute et de causalité instituée par la loi du 13 juillet 1967 a été supprimée par l'article 180 de la loi du 25 janvier 1985 dont est inspiré l'article 183 de l'AUPCAP. En effet, la limitation du montant de la condamnation pouvait apparaître comme une contrepartie à ce régime particulièrement strict, en vue d'alléger la responsabilité des dirigeants[7]. Le législateur OHADA aurait pu se démarquer du droit français et supprimer le « pouvoir modérateur absolu[8] » reconnu aux juges du fond. Ce faisant, il aurait pu permettre à l'action en comblement du passif de retrouver une fonction pleinement indemnitaire au profit de la société ou des créanciers. C'eût été le moyen le plus adéquat de rapprocher davantage le régime de cette action de

---

[1] V. art. 183 AUPCAP, art. 624-3 C. Com. Français.

[2] Il faut préciser que la personne morale dont les dettes peuvent être mises à la charge du ou des dirigeants est exclusivement celle qu'ils dirigeaient et non celles « *d'autres personnes morales auxquelles la procédure collective a été étendue sur le fondement d'une confusion des patrimoines, mais dont ceux-ci n'ont pas été les dirigeants* ». En ce sens, Cass. com., *23 mai 2000*, Bull. civ. IV, n° 108 ; Bull. Joly 2000, p. 789 ; JCP E 2000. 1567.

[3] V. arrêt précité.

[4] Par ex. son état de santé (Grenoble, *7 janv. 1999*, JCP E 1999, p. 745 : dirigeant ayant subi un traitement psychiatrique) ou son comportement (Cass. com., *25 juin 2002*, Dr. sociétés, avril 2003, p. 22 ; Aix-en-Provence, *11 sept. 2001*, Dr. sociétés 2002, comm., 26 : dirigeant ayant essayé d'améliorer la situation de la société).

[5] Cass. com., *17 nov. 1992*, Bull. civ, IV, n° 359, p. 255 ; *3 févr. 1998*, Bull. Joly 1998, p. 642, § 214 ; *17 juill. 2001*, RJDA 12/2001, n° 1239, p. 1034.

[6] Ainsi, il ne peut prendre en compte ni le passif postérieur au jugement d'ouverture (Cass. com., *28 févr. 1995*, RJDA 5195, n° 651 som), ni les frais de réalisation de l'actif (Cass. com., *16 févr. 1993*, RJDA 6/93, n° 571 ; Rev. sociétés 1993, p. 655), ni les frais ou honoraires dus aux différents mandataires (Cass. com., *2 juin 1987*, D. 1988, somm. 39) ou du commissaire-priseur chargé de la vente de biens mobiliers (Cass. com., *16 févr. 1993*, D. 1993, somm. 319).

[7] En ce sens, F. Derrida, note au D. 1979, p. 459.

[8] L'expression est de M. J-J. Daigre, *op. cit.*, p. 205.

celui de la responsabilité civile des dirigeants de la société *in bonis,* voire de la responsabilité civile de droit commun.

45. En raison de la limitation éventuelle du montant de la condamnation du dirigeant par le tribunal, la question s'est posée de savoir s'il était possible, pour obtenir réparation de l'entier préjudice subi par la société ou les créanciers, d'exercer contre les dirigeants soit une action en responsabilité civile de droit commun, soit l'action en responsabilité prévue par le droit des sociétés, soit de cumuler celle-ci avec l'action en comblement du passif. Cette question qui a tant divisé la doctrine[1] est aujourd'hui tranchée par la jurisprudence française qui s'est prononcée en faveur du caractère exclusif de l'action en comblement du passif. La Cour de cassation[2] a effectivement jugé que « *l'ouverture d'une procédure collective emporte, pour les dirigeants sociaux, attraction et même absorption des règles de leur responsabilité par le régime dérogatoire organisé par la loi de 1985, tant en ce qui concerne les fautes de nature à engager leur responsabilité, que les personnes susceptibles de la mettre en cause et le préjudice donnant lieu à réparation* ». C'est dire que « l'action en comblement du passif ne se cumule, au cas où la procédure fait apparaître une insuffisance d'actif ni avec l'action en responsabilité des dirigeants du droit des sociétés (art. 52 ou 244 de la loi de 1966), ni avec l'action en responsabilité de droit commun des articles 1382 du Code civil[3] ». Elle « est la seule voie ouverte pour engager la responsabilité des dirigeants sociaux dans l'hypothèse d'un redressement ou d'une liquidation judiciaire de la société [4]»

La règle du non cumul de l'action en comblement du passif avec toute autre action en responsabilité ne connaît une exception qu'en matière fiscale[5]. Ainsi, l'action en comblement du passif peut se cumuler avec l'action de

[1] En faveur du cumul : A. Brunet, H. Germain, *op. cit.* ; Y. Guyon, *Droit des affaires*, t. 2, 1re et 3e éd., n° 1394 ; J. Honorat, note sous Cass. com., *18 juill. 1989*, Rép. Defrenois 1990. 634 ; J-Ph. Hael, obs. sous Cass. com., *28 févr. 1995*, RTD com., 1995. 663. Contre : J-J. Daigre, « De l'inapplicabilité de la responsabilité civile de droit commun aux dirigeants d'une société en redressement ou en liquidation judiciaire », Rev. Sociétés, 1988, p. 189.

[2] Cass. com., *28 févr. 1995*, JCP G 1995, I, 3871, n° 15 ; D. 1995. 390 ; Bull. Joly 1995, p. 544, § 194 ; Rev. Sociétés, 1995, p. 555 ; *20 juin 1995*, Rev. Sociétés, 1995, p. 555. V. aussi Cass. com., *3 oct. 2000*, Bull. Joly 2001, p. 24, § 4. Sur l'appréciation de cette solution : J-J. Daigre, « Une évolution jurisprudentielle bienvenue. Le non-cumul de l'action en comblement du passif et des actions en responsabilité de droit commun », Bull. Joly 1995, p. 954 ; M-C. Piniot, « Responsabilité civile des dirigeants sociaux. Non-cumul du droit des sociétés et du droit des procédures collectives », RJDA 1995/7, p. 580 ; B. Soinne, « La responsabilité des dirigeants d'une personne morale en cas de redressement ou de liquidation judiciaire : une évolution jurisprudentielle préoccupante », Petites aff., 2 août 1995, p. 12.

[3] F. Pollaud-Dulian, *op. cit.*, p. 373.

[4] F. Descorps Declère, *op. cit.*, p. 38.

[5] En droit français, v.art. L. 267 du Code général des impôts. Sur cette question, v. A. Lienard, « La responsabilité fiscale des dirigeants de sociétés en droit français », Rev. proc. coll. Mars 2002, p. 10 et spéc. pp. 12-13.

l'Administration fiscale exercée contre le dirigeant d'une société qui « *est responsable des manœuvres frauduleuses ou de l'inobservation grave et répétée des obligations fiscales qui ont rendu impossibles le recouvrement des impositions et des pénalités dues par la société*[1] ».

46. Au total, il faut admettre que dès l'ouverture d'une procédure de redressement judiciaire ou de liquidation des biens, le sort des dirigeants sociaux change radicalement, car ceux-ci ne sont plus susceptibles que d'une action en comblement du passif. Ils ne peuvent faire l'objet ni des actions en responsabilité prévues par le droit des sociétés, ni même de l'action en responsabilité civile de droit commun. Toutefois, sans remettre en cause ces principes, la Cour de cassation[2] a jugé que la responsabilité d'un dirigeant peut être recherchée sur le fondement du droit commun des sociétés dès lors qu'aucune insuffisance d'actif n'a été alléguée, l'action en réparation étant antérieure au jugement d'ouverture de la procédure collective. De même, il est admis que la responsabilité d'un dirigeant peut être recherchée sur le fondement de l'article 1382 du Code civil lorsque le demandeur invoque un préjudice personnel et distinct de celui de l'ensemble des autres créanciers, d'une part, et d'autre part, que l'action est fondée sur une faute personnelle du dirigeant séparable ou détachable de ses fonctions[3].

Conclusion

47. La responsabilité civile des dirigeants sociaux comme prévue par le droit OHADA, donne donc lieu à l'application de règles différentes selon que la société est *in bonis* ou soumise à une procédure collective. Cette situation est critiquable. Il est, en effet, difficile de comprendre comment deux régimes de responsabilité ayant un fondement identique, à savoir une faute de gestion, peuvent s'opposer autant, en raison simplement du moment où se pose la question de la responsabilité éventuelle du dirigeant. L'exigence de cohérence des règles juridiques implique que la sanction du dirigeant fautif soit exactement la même, quelle que soit la situation de la société. En prévoyant

---

[1] En effet, la Cour de cassation (Com. *9 déc. 1997*, Rev. sociétés 1998. 316, note Daigre ; JCP E. 1998. 659 obs. Pétel) considère que l'action prévue à l'article L. 267 n'est exclue que si, en vertu d'une autre disposition légale, le dirigeant est tenu de la totalité de la dette fiscale. Or, tel n'est pas le cas lorsque le dirigeant est poursuivi sur la base des dispositions de l'article L. 624-3 C. com (anc. Art 180 de la loi du 25 janvier 1985), car sa condamnation couvre rarement la totalité du passif social. V. A. Lienard, « La responsabilité fiscale des dirigeants de sociétés en droit français », Rev. proc. coll. Mars 2002, p. 10.

[2] Cass.com., *28 mars 2000*, Bull. civ.IV, n° 70 ; JCP E 2000, p. 1566 ; D. 2000, act. Jurispr. P. 227 ; Act. Pr. coll. 2000, comm. 113, note B. Saintourens ; *28 mai 2002*, Juris-Data n° 2002-017991 ; Dr. sociétés, juin 2003, p. 17.

[3] Montpellier, *18 juin 2002*, Juris-Data n° 2002-209025 ; Dr. sociétés juill. 2003, p. 28 ; Nancy, *21 nov. 2002*, Juris-Data n° 2002-198356 ; Dr. sociétés avril 2003, p. 25 ; Paris, *9 nov. 2001*, Dr. sociétés 2002, comm. 68 obs Vidal ; Versailles, *22 juin 2000*, D. affaires 2000, jurispr. p. 367 ; Bull. Joly 2000, p. 1051, § 260.

des règles de responsabilité qui varient suivant que l'action relève du droit des sociétés ou du droit des procédures collectives, le droit OHADA, « *héritier* » en cela du droit français instaure une disparité entre les sorts des dirigeants sociaux, qui paraît juridiquement injustifiée, et autant le dire, artificielle et arbitraire./.

-11-

LA RESPONSABILITÉ SOCIALE DE L'ENTREPRISE ET LE DROIT*

Entre légalisme et volontarisme

1. Décidemment, le droit n'en a pas fini avec « l'invasion » de notions ou de concepts qui proviennent d'autres disciplines, et notamment des sciences économiques et/ou de gestion. Il en a été ainsi ces dernières années des notions de « transparence », d'« attractivité » ou d'« efficacité » qui ont envahi l'espace juridique, pour ne citer que ces exemples. Tel est le cas aujourd'hui de la responsabilité sociale (ou sociétale) de l'entreprise qui est au centre de notre préoccupation. Si pour le gestionnaire, la question de la responsabilité sociale de l'entreprise (ci-après RSE) peut paraitre évidente, le moins qu'on puisse dire est qu'il n'en va de même pour le juriste. En effet, pour le Droit, la notion est encore jeune, bien qu'elle plonge ses racines au plus profond de ce qu'est l'entreprise et de ce qu'elle a toujours été. La question est surtout complexe pour le juriste et ne semble pas pouvoir se comprendre que par sa diversité. C'est que la RSE est par essence un concept contesté[1].

2. Complexe la RSE l'est d'abord parce que l'expression semble être une mauvaise traduction de « *corporate social responsability* ». On sait qu'en common law, le concept de « *responsability* » est d'ordre purement moral et s'oppose à « *liability* » qui correspond à la responsabilité au sens juridique du terme. Un auteur a pu, à ce titre, se demander si en plaçant la notion sous la bannière de la « *responsability* » certains de ses promoteurs n'entendaient pas la placer dans une sphère d'où les questions juridiques seraient exclues[2]. Complexe ensuite, la RSE l'est parce que comme tous les termes empruntés à l'économie, elle prête à confusion. Si l'on s'accorde à dire que la RSE traduit une forme de responsabilité de l'entreprise, la question reste de savoir de quelle responsabilité il s'agit. En effet, selon les auteurs ou les entreprises, il est fait référence tantôt à la responsabilité sociale de l'entreprise, tantôt à la responsabilité sociétale ; et dans les deux cas, l'acronyme est identique. Des

---

***Article publié in *Actes du colloque international organisé par l'ERSUMA* sur « La responsabilité des dirigeants sociaux » (Douala, 19-20 mars 2015), Août 2015, pp. 139 et s.**

[1] J-P. Gond, J. Igalens, *La responsabilité sociale de l'entreprise*, Que sais-je, Puf, 4e éd. 2014, p. 17.

[2] G. Trebulle, « Quel droit pour la RSE ? », *in* Fr. G. Trébulle, O. Uzan (sous la dir.), *Responsabilité sociale de l'entreprise, Regards croisés Droit et gestion*, Economica, 2011, p. 3 et s.

variables infinies peuvent se présenter et reposer alors sur des distinctions justifiées. Mais l'expression « *sociale* » parait plus adéquate, tout en sachant qu'elle ne se réduit pas à celle de « *droit social* ». Cette ambiguïté traduit également le caractère flou de cette forme de responsabilité qui n'en est vraiment pas une au sens que les juristes entendent cette notion. Cependant, elle n'est pas indifférente au droit.

3. De fait, à la suite des nombreux scandales financiers et catastrophes écologiques, la nécessité de prévenir tous les risques liés aux activités d'une entreprise est devenue manifeste et a débouché sur un foisonnement de législations, tant en France qu'à l'étranger. Sous l'influence d'une réglementation de plus en plus contraignante (*hard law*), l'entreprise est progressivement passée à une politique de gestion globale des risques, tant dans une approche préventive que curative, pour s'assurer de la conformité de ses activités et de ses démarches avec un *corpus* réglementaire et législatif de plus en plus fourni. Engageant ainsi sa responsabilité sur plusieurs plans (financier, pénal, social, environnemental), l'entreprise doit l'anticiper : en matière de gouvernement d'entreprise[1], pour limiter les risques de gouvernance et veiller à l'équilibre des pouvoirs ; en matière sociale, pour prévenir les risques sociaux et veiller à une gestion responsable des ressources humaines ; et, enfin, en matière environnementale, pour maîtriser les impacts environnementaux de ses activités sur la santé et la sécurité des personnes et veiller à la protection de l'environnement.

Cette approche plus globale de la gestion des risques, qui transforme les fondements de la responsabilité de l'entreprise, est essentiellement tournée vers l'interne. Conduisant à une analyse du fonctionnement et des risques opérationnels, elle présente notamment le mérite de ne plus limiter l'évaluation de la performance à une acception purement financière pour y introduire des critères extra-financiers. La responsabilité sociale de l'entreprise, vue de l'intérieur, et à travers le prisme du fonctionnement de l'entreprise, traduit par conséquent la contrainte de prévoir une politique de gestion globale des risques. Et c'est dans ce sens que la RSE « plonge » l'entreprise dans les préoccupations du monde extérieur qui l'entoure.

4. En effet, la RSE est le paradigme des rapports d'un type nouveau que l'entreprise entretient avec la société. Elle se définit ainsi comme

---

[1] De l'anglais *corporate governance*, terme imparfaitement traduit en français par celui de « gouvernement » ou de « gouvernance d'entreprise ». Puisant son origine dans les travaux de Berle et Means, qui s'interrogeaient sur les conséquences de la séparation des fonctions de propriété et du contrôle dans les entreprises et dénonçaient ses dangers, dont un risque de spoliation des petits actionnaires par les dirigeants, le terme est aujourd'hui employé pour désigner plus largement l'exercice des pouvoirs au sein de l'entreprise et les relations entretenues avec l'ensemble de ses parties prenantes internes. Nous verrons plus loin que ce terme n'est pas sans incidence sur la compréhension du terme de « *corporate social responsability* » et sa traduction française de « responsabilité sociétale de l'entreprise ».

« *l'intégration volontaire par les entreprises de préoccupations sociales et environnementales à leurs activités commerciales et leurs relations avec leurs parties prenantes* [1]». Elle « renvoie donc à la fois à l'intégration des dimensions marchandes et non marchandes dans la gestion et à la prise en compte des effets externes positifs ou négatifs des entreprises sur la société[2] ». Il s'agit de l'exercice par les entreprises d'une responsabilité vis-à-vis des différents groupes avec lesquels elles interagissent, souvent désignés sous le terme de parties prenantes (*stakeholders) ;* et qui se situent au-delà de leurs strictes obligations, techniques, légales et économiques. Les pratiques de la RSE englobent donc l'attitude responsable des entreprises vis-à-vis de l'environnement (prévention des dommages à l'environnement et protection de celui-ci), de l'entourage social (amélioration des conditions salariales, politique de santé non-discrimination, contribution à des projets pour l'éducation, aménagement d'infrastructures communautaires, donation et soutien aux associations, etc.) et des engagements sur le plan économique. Elles correspondent donc finalement aux trois piliers du développement durable (économique, social et environnemental).

5. Pour autant, la RSE ne se confond pas au concept plus général de développement durable, contrairement à ce que pourraient penser certains auteurs[3]. Certes dans les deux cas, l'économie doit être conjuguée avec le social et l'environnement et on ne peut parler de la RSE sans référence au développement durable. Certes également, elle partage avec le développement durable la triple performance ou « *triple bottom line* » (*People, Planet, Profit*), c'est-à-dire les trois piliers économiques, écologiques et sociaux. Mais elle diffère du développement durable en ce qu'elle est plus précise et directement opératoire[4].

Le RSE ne se confond pas non plus avec l'ESG qui traduit la prise en compte des considérations environnementales sociales et gouvernementales par les institutions de financement. C'est dans la sphère de mobilisation des financements en vue de la réalisation d'investissements majeurs que les considérations ESG se sont développées et fournissent un critère de comptabilité entre la réalisation d'investissements, l'octroi de financement et la mise en œuvre par la société ou l'entreprise de sa politique de RSE[5].

---

[1] Telle est la définition que retient la Commission européenne, in *Une contribution des entreprises au développement durable*, 2 juil. 2002, COM (2002).

[2] J-P. Gond, J. Igalens, op.cit, p. 3.

[3] Livre vert « Promouvoir un cadre européen pour la responsabilité sociale des entreprises » : COM/2001/0366.

[4] G. Trebulle, « Quel droit pour la RSE ? », *in Responsabilité sociale de l'entreprise, Regards croisés Droit et gestion*, Economica, p. 3 et s.

[5] V. G. Trebulle, idem.

6. L'idée de la RSE ainsi définie n'est pas nouvelle. Seule sa prise en compte par le droit est relativement récente. Apparue dès la fin du XIXe siècle, elle a été essentiellement développée au milieu du XXe siècle. Dans sa forme embryonnaire, la RSE repose sur un principe de philanthropie qui reprend l'idée protestante du *stewardship* et selon laquelle la prospérité de l'homme d'affaires qui a réussi n'est justifiée que si elle contribue aussi au bien-être de la communauté. Dans les premières décennies du XXe siècle, il se développe dans les milieux d'affaires américains l'idée que les entreprises doivent entretenir et maintenir de bonnes relations publiques. Autrement dit, la RSE va se renforcer autour de l'idée qu'une meilleure prise en compte de l'opinion dans la conduite de l'entreprise permet une conciliation entre les notions d'intérêt et de service public. Partisans de l'insertion de l'entreprise et du monde des affaires dans la société, et favorables à des préoccupations de cohésion sociale, les thèses favorables à la RSE proposent une vision renouvelée de l'entreprise qui doit servir l'intérêt commun au sein de la société dont elle est membre. Toutefois, l'idée que l'entreprise a des responsabilités vis-à-vis de la société était souvent contestée par nombre de dirigeants sociaux et lors de la grande crise économique de 1929, elle sera carrément « mise en berne »[1]. Ce n'est qu'après la Seconde Guerre mondiale que les discours relatifs à la RSE vont émerger et s'imposer. Au-delà des milieux d'affaires, la RSE va également faire son entrée dans le monde scientifique et particulièrement dans les sciences économiques et de gestion.

7. En effet, les travaux de Berle et Means[2] par exemple, qui dissocient le pouvoir du management et le droit de propriété des actionnaires, ont sans doute beaucoup influencé la prise en compte de la RSE dans le monde académique. L'idée centrale est que l'entreprise doit développer des normes fondées sur des valeurs et l'éthique pour déjouer les décisions arbitraires des actionnaires. Mais c'est surtout à Howard Bowen qu'on doit l'émergence du concept de RSE[3]. Pour cet auteur, la RSE est appréhendée comme une « troisième » voie, située à mi-chemin entre la régulation étatique et le pur laisser-faire. Selon lui, « la responsabilité sociale de l'entreprise renvoie à l'obligation pour les hommes d'affaires de réaliser les politiques, de prendre les décisions et de suivre les lignes de conduite répondant aux objectifs et aux valeurs qui sont considérés comme désirables dans notre société ». Quant à R.

---

[1] J-P. Gond, J. Igalens, op.cit, p. 9-10.

[2] A. A. Berle et G C. Means, *The Modern Corporation and Private Property,* 1re éd., *Transaction publishers,* 1932, 2e éd., Harcourt, Brace and World, 1967.

[3] V. *Social responsabilities of the businessman*, Harper and Brothers, 1953 ; Pour une étude de la contribution de H. Bowen à l'émergence de la RSE, V. A. Acquier, J-P. Gond, « Aux sources de la responsabilité sociale de l'entreprise à la (re) découverte d'un ouvrage fondateur », Social Responsibilities of the Businessman d'Howard Bowen, Finance Contrôle Stratégie, vol. 10, n° 2, juin 2007, p. 5.

Edward Freeman[1], il va développer la théorie des *stakeholders,* (en français « *théorie des parties prenantes* » TPP)[2]. Cette thèse réunit, sous une même dénomination, tous les individus ou groupements impactés par la réalisation des objectifs de l'entreprise, et dont les intérêts doivent être pris en compte ou préservés. Les parties prenantes peuvent être de premier rang pour désigner les personnes ou groupements directement affectés : clients, consommateurs, fournisseurs, sous-traitants, investisseurs, concurrents. Elles peuvent être de second rang pour désigner les personnes ou groupements indirectement affectés : population locale, organisations non gouvernementales (ONG), associations, collectivités territoriales, États[3]... L'entreprise n'est plus uniquement étudiée à travers le prisme de l'économie ou de la propriété, elle est inscrite dans son environnement socio-économique et devient ainsi un acteur à part entière au service de la société. Cette nouvelle approche est tournée vers l'extérieur et analyse les relations que l'entreprise entretient avec la société dans son ensemble, qu'il s'agisse d'individus, de groupements ou d'États. En définitive, si les premières études consacrées à l'entreprise citoyenne s'intéressent essentiellement au rôle des hommes d'affaires (*businessmen*), l'apport essentiel de la théorie des parties prenantes est de transposer ce rôle, et par voie de conséquence la responsabilité, à un niveau institutionnel, celui de l'entreprise. C'est l'émergence de la *corporate social responsibility* (CSR), traduite en français par *responsabilité sociétale de l'entreprise* (RSE), qui se structure sous l'influence de la théorie du développement durable.

8. Le développement de la RSE ne s'est pas fait sans critiques. Certaines ont été exprimées par Theodore Levitt[4] qui assimilait la RSE à une ingérence du monde des affaires dans la sphère politique et voyait en elle une menace contre le bon fonctionnement d'une société démocratique pluraliste. Il exhortait les entreprises à se focaliser sur la recherche du profit afin de maintenir séparées les fonctions de régulation sociale en acceptant l'existence de l'action gouvernementale. Milton Friedman[5] sera l'autre grand

---

[1] R. E. Freeman, *Strategic Management: À Stakeholder Approach, Boston, Pitman*, 1984 ; *The Politics of Stakeholder Theory : Some Future Directions, Business Ethics Quarterly*, 1994, 4 (4), p. 409-422 ; *Understanding Stakeholder Capitalism,* Financial Times, 19 juill. 1996 ; *Divergent Stakeholder Theory, Academy of Management Review*, 1999, 24 (2), p. 233-236. Sur l'ensemble de la doctrine économiste V. J.-P. Gond et J. Igalens, *La responsabilité sociale de l'entreprise, Que sais-je ?,* PUF, 2010, p. 7 s.

[2] La traduction littérale serait « *porteur d'enjeu* ».

[3] Sur l'étude des parties prenantes, V. not. F. Lepineux, J.-J. Rose, C. bonanni et S. Hudson, La RSE - *La responsabilité sociétale des entreprises. Théories et pratiques,* Dunod, 2010, p. 14 s. ; D. Cazal, « RSE et théorie des parties prenantes : les impasses du contrat », Revue de la régulation, n° 9, 1er semestre 2011, § 18, http://regulation.revues.org/9173.

[4] «The dangers of social responsibility», Harvard Business Review, 1958, p. 41-50.

[5] « The responsability of business is to increase its profits», New York Times Magazine, 1970, vol. 33, p. 122-126.

pourfendeur de la RSE. Reprenant les idées de Levitt sur la nécessaire séparation des fonctions sociales entre l'État et l'entreprise, il considérait qu'« il n'existe qu'une seule et une seule responsabilité sociale de l'entreprise, celle d'utiliser ses ressources et de s'engager dans les activités qui vont accroître ses profits dans le respect des règles du jeu… »

Tel est le contexte dans lequel la RSE s'est affirmée. Il est incontestable que cette notion soit devenue le paradigme des nouveaux rapports que l'entreprise entretient avec la société et l'environnement qui l'entourent. Dès lors, le droit ne saurait demeurer indifférent ni à son contenu, ni à ses implications, ni à ses effets. Force est d'observer que le contact entre le droit et ces considérations d'ordres économique, sociale et environnementale que véhicule la RSE ne pouvait se faire sans soulever quelques difficultés. En tout état de cause, de nombreux travaux attestent de l'intérêt des juristes pour la RSE[1]. Cet engouement ne va cependant pas sans difficulté.

9. Il faut dire que la RSE se présente à la fois comme un enjeu et comme un défi pour le droit. En tant que phénomène social nouveau, il reviendra au droit de l'analyser, de le conceptualiser et de lui donner son expression et sa marque. Ceci est vrai pour les sociétés occidentales où la question est largement débattue aujourd'hui. Mais cela est également vrai pour les pays africains. Certes la question de la RSE n'y a pas encore véritablement acquis droit de cité, mais elle se fait déjà pressante. En témoigne la doctrine[2] qui abonde déjà sur la RSE et la tenue de rencontres scientifiques et notamment de colloques[3] au tour de la question, ainsi que les initiatives de vulgarisation engagées par certaines organisations patronales[4]. De même, une étude réalisée

---

[1] V. Fr. G .Trebulle, O. Uzan (sous la dir.), *Responsabilité sociale de l'entreprise, Regards croisés Droit et gestion*, Economica, 2011, p. 3 et s « Personnalité morale et citoyenneté, considérations sur l'entreprise citoyenne », *Rev. Sociétés* 2006, p. 41.

[2] A. Kenmogne Simo, « La responsabilité des entreprises africaines en matière de droits humains », Cahiers Juridiques et Politiques (Université de Ngaoundéré), 2010, p. 35-49 ; E. Tchagang, D. Ambiana, « Responsabilité sociale d'entreprise et banques africaines de développement : analyse théorique et étude empirique », Revue camerounaise de management, n^{0}27, janvier-juin 2014, p. 13-27 ; E. Kamdem, R. Ikelle, « Pratiques RSE dans les pays en développement : premiers résultats de terrain dans les entreprises malgaches », Revue camerounaise de management, n^{0}26, juillet-décembre 2013, p. 19-33.

[3] V. par ex. *La responsabilité sociétale de l'entreprise au Cameroun*, Actes du colloque international de Yaoundé (7-9 juin 2011), Presses de l'UCAC, 2012.

[4] V. par exemple les rencontres organisées par le GICAM (Groupement inter patronal du Cameroun) sur les thèmes suivants : « Les Enjeux De La Responsabilité Sociétale Des Entreprises (RSE) Pour Les Gestionnaires Des Ressources Humaines Dans Le Contexte Africain » organisée par le Syndicat des Industries du Cameroun (SYNDUSTRICAM), l'Association des Gestionnaires des Ressources Humaines du Cameroun (AGRHU) et l'Institut Afrique RSE, le 13 février 2014 au siège du GICAM à Douala ; « *Enjeux de la responsabilité sociétale des entreprises pour les gestionnaires des ressources humaines en Afrique: cas des entreprises camerounaises* » le 13 février 2014

en 2011 par UNICEF-Ernst & Young Madagascar[1] montre que la RSE fait partie désormais des préoccupations des entreprises. Selon cette étude analysant les pratiques de la RSE à Madagascar, 69 % des entreprises interrogées assimilent la RSE à un concept dans lequel les entreprises intègrent les préoccupations sociales, environnementales et économiques dans leurs activités avec les parties prenantes. Et selon la majorité des entreprises recensées, les actionnaires, les investisseurs ainsi que les salariés sont les parties prenantes dans la mise en place de la RSE. En tout état de cause, la RSE s'impose progressivement comme un enjeu de gestion dans les entreprises du continent, et notamment dans les représentations locales des grandes multinationales étrangères.

10. Si la RSE est ainsi devenue un phénomène incontournable, reste à s'interroger sur son statut juridique[2]. De prime abord, il apparaît que la RSE se présente comme un mécanisme juridiquement flou et pour ce faire difficile à analyser comme résultant de pratiques d'entreprise par nature extrêmement diverses et se développant au surplus dans un champ transnational. De surcroît, mêlant *soft law* et politique incitative, la RSE s'insère dans le contexte plus large de la régulation, voire de l'autorégulation c'est-à-dire, dans un raccourci sans doute réducteur, de l'appréhension de la création du droit par des personnes privées[3]. Ce qui ne va pas, là aussi, sans questions. Quelle légitimité pour les acteurs de la responsabilité sociale de l'entreprise de créer des normes ? Quelle est la nature des normes ainsi créées ? Cette dernière interrogation est stimulante. En effet, dans la liste des concepts jointe au Livre vert que la Commission européenne a consacré à la responsabilité sociale de l'entreprise, la notion de norme est définie comme un *« ensemble de procédures, pratiques ou spécifications bénéficiant d'une large reconnaissance »*. Est-ce encore – ou déjà ? - du droit ? Au-delà, la RSE procède-t-elle uniquement de la volonté de l'entreprise ou a-t-elle aussi des fondements légaux ? Voilà autant de questions qui interpellent le juriste confronté à la RSE.

La RSE entretient un rapport ambivalent, voire ambigu avec le droit. D'une part, dès lors que certains de ses objectifs trouvent leur fondement dans le droit positif, la RSE conduit à une meilleure réceptivité des règles juridiques et participe ainsi à leur effectivité. En cela, elle est un vecteur du respect du droit (I). D'autre part, parce qu'elle repose surtout sur une démarche volontaire d'aller au-delà des prescriptions légales par le truchement

---

[1] E. Kamdem, R. Ikelle, op. cit., p.24.

[2] P. Nguihe Kante, « La responsabilité sociale de l'entreprise existe-t-elle sur le plan juridique », in *La responsabilité sociétale de l'entreprise au Cameroun*, Actes du colloque international de Yaoundé (7-9 juin 2011), Presses de l'UCAC, 2012, p. 343 et s.

[3] Pour une vue générale de la création du droit par des, acteurs non étatiques, v. S. Gerry-Vernieres, *Les « petites » sources du droit. À propos des sources étatiques non contraignantes*, Economica, 2012.

d'instruments divers : codes de conduite, chartes éthiques ou, plus récemment, accords mondiaux de responsabilité sociale, etc. La RSE véhicule un certain nombre d'exigences qui se situent sur un terrain autre que juridique. Dès lors, la RSE apparait comme un vecteur de dépassement du droit (II).

I. LA RSE, VECTEUR DU RESPECT DU DROIT

11. Le foisonnement normatif des sources de la RSE est souvent souligné, un mélange de textes ou principes internationaux, d'initiatives européennes ou de textes étatiques[1]. Il apparaît que la RSE puise sa source dans une réglementation contraignante qui oblige l'entreprise à agir. En témoigne, la prolifération de règles impératives qui se constate dans de nombreux domaines, dont la gouvernance d'entreprise[2] et l'environnement[3]. Vue sous cet angle, la RSE oblige au respect du droit, car son non-respect peut entraîner des sanctions pour l'entreprise contrevenante (A). Mais le respect du droit qu'implique la RSE peut avoir une tout autre explication (B).

A. Les sources juridiques ou contraignantes de la RSE

12. La source d'une norme désigne à la fois l'auteur et le degré de force obligatoire de celle-ci. Les deux aspects du mot sont liés dans la mesure où le second aspect dépend du premier. Dans certains cas cependant, l'identification de l'objet peut être également révélatrice des origines d'une norme. Beaucoup d'objets de la RSE ont une connotation juridique (1) que la règlementation n'a fait que confirmer (2).

1. La diversité des objets (juridiques) de la RSE

13. L'objet de la norme désigne le résultat qu'elle recherche. C'est la *ratio legis* de la règle.

Il existe un nombre impressionnant d'objectifs de la RSE susceptibles d'une traduction juridique et on ne pourrait prétendre dans le cadre de cette étude à leur présentation exhaustive. Néanmoins, on décline généralement les principaux en les confrontant aux domaines dans lesquels ils sont naturellement intégrés : le droit social, les droits fondamentaux, le droit de l'environnement ou le droit des affaires permettent d'accueillir beaucoup de thèmes traités dans le cadre de la RSE. Ils en font même partie dans la mesure où l'on constate que le respect des lois fait partie de celles-ci. Comme le relève

---

[1] A. Supiot, « Du nouveau au *self-service* normatif : la responsabilité sociale des entreprises », *in* Études offertes à J. Pélissier, Dalloz, 2004, p. 541., spéc. p. 543.
[2] Pour un panorama, V. J.-P. Valuet, « Conformité à la loi, conformité aux codes », *JCP E* 2012, n° 1471, p. 29 s., spéc. n°s 4 s.
[3] V. C. Huglo, « La conformité, la pierre angulaire du droit de l'environnement », *JCP E 2012*, n° 1473, p. 40 s.

fort opportunément un auteur[1] : « en postulat, on peut donc affirmer que la RSE est donc avant tout le respect de la loi par les entreprises… C'est ainsi que l'on peut dire du droit de *la RSE qu'il est constitué de tout* le droit applicable aux entreprises et particulièrement : droit des sociétés, droit social, droit comptable, droit de la concurrence, droit de la consommation, droit bancaire, droit de l'environnement, etc. ». De la sorte, la RSE apporte comme une plus-value au droit.

14. Ainsi, là où le droit social a pu envisager les individus dans une position parfois figée dans un statut, l'ouverture à tous les aspects de la personnalité se révèle de manière criante. Certes, la problématique de la citoyenneté au sein de l'entreprise est ancienne. Mais l'oubli de l'importance de la valeur de l'épanouissement a conduit à des résultats catastrophiques alors que l'efficacité en dépend[2]. La valeur ajoutée de la RSE peut être aperçue dans la valorisation de la sollicitude : c'est ce que traduit l'idée d'une prise en compte des différents intérêts qui se croisent. La dynamique sociale de la RSE peut permettre de replacer la considération des personnes à sa juste place[3]. Il n'y a pas là seulement une valeur humaniste, mais un constat, pour l'entreprise, que l'ampleur des conséquences de défaillance rend nécessaire. Le coût direct et indirect du mépris des personnes peut être considérable à tous points de vue. Si la responsabilité juridique a vocation, en partie, à traiter cette question, il ne faut pas non plus sous-estimer les avantages qui peuvent être liés à l'adhésion à une démarche de RSE : positivement, il s'agit d'améliorer l'efficacité et l'implication des salariés ; négativement, l'objet sera d'éviter des situations pouvant exposer la responsabilité de l'entreprise.

15. Le domaine des droits fondamentaux offre également un cadre idéal pour la RSE. C'est parce que la mondialisation a généralisé la présence d'entreprises issues d'États pour lesquels le respect des droits fondamentaux est un impératif vécu et intériorisé dans des régions où la situation est différente que la question s'est posée. Le champ d'application des droits fondamentaux recouvre un certain nombre d'aspects sociaux et environnementaux ; mais au-delà, il invite les entreprises à la table d'une question à laquelle ils n'étaient pas traditionnellement invités. En somme, la RSE entend renforcer la prévention des violations des droits fondamentaux et contribuer, le cas échéant, à la réparation des dites violations.

---

[1] Y. Queinnec, « La RSE à l'épreuve des droits fondamentaux », *in* Fr. G. Trébulle, O. Uzan (sous la dir.), *Responsabilité sociale de l'entreprise, Regards croisés Droit et gestion*, Economica, 2011, p. 213 et s ; N. Mathey, « La responsabilité sociale des entreprises et les droits de l'homme », ibid., p. 164 et s.

[2] R. Savatier, *Le droit comptable au service de l'Homme*, 1969, Rééd. Dalloz, Préf. D. Gutman, p. 78.

[3] R. Savatier, idem.

Sur un autre plan, la RSE contribue au respect du droit de l'environnement[1]. On peut déjà faire le constat de l'*additionnalité* de la RSE au droit de l'environnement, qui « se manifeste par des obligations à la charge de l'entreprise et de ses dirigeants d'information environnementale et par une mise en place d'une gouvernance prenant en compte les impératifs de sa protection et de sa gestion[2] ».

Enfin, il faut noter parmi les objets concernés par la RSE des aspects liés au droit des affaires. La RSE doit être placée dans la perspective de la « *corporate governance* ». En effet, dans un cas comme dans l'autre de ces deux situations, il s'agit d'identifier les limites de certains comportements. Pas plus que la *corporate governance*, la RSE n'est une panacée, mais elle traduit bien le fait que parmi les *stockholders* dont il faut tenir compte, se retrouvent les associés eux-mêmes, amis encore, les fournisseurs ou les concurrents. Au-delà, l'accent est de plus en plus mis sur l'encadrement légal et réglementaire de l'information sociale et environnementale des sociétés commerciales et notamment des sociétés cotées[3].

La diversité des objets pris en compte, qui correspond très exactement aux enjeux qui sont ceux de l'entreprise, quelle que soit sa taille, quel que soit son champ d'action, a conduit le législateur à étendre également son domaine d'intervention.

2. La règlementation de la RSE

16. Les objets sur lesquels porte la RSE sont tous, sans exception, susceptibles de faire l'objet d'obligation édictée par la réglementation étatique.

Beaucoup de pays ont intégré dans l'ordonnancement juridique certains objets de la RSE. En effet, comme relevé précédemment, il arrive de plus en plus que la RSE puise sa source dans une réglementation contraignante qui oblige l'entreprise à agir. Quelques exemples permettent de s'en convaincre. En droit français par exemple, la prolifération de règles impératives se constate dans de nombreux domaines, dont la gouvernance d'entreprise[4] et

[1] Chr. Huglo, « Quel droit pour la responsabilité sociale de l'entreprise –RSE- et droit de l'environnement », in Fr. G. Trébulle, O. Uzan (sous la dir.), *Responsabilité sociale de l'entreprise, Regards croisés Droit et gestion*, Economica, 2011, p. 243 et s.

[2] Ibid, p. 243.

[3] E. Dezeuze, « Responsabilité sociale de l'entreprise et le droit de l'information financière », in Fr. G. Trébulle, O. Uzan (sous la dir.), *Responsabilité sociale de l'entreprise, Regards croisés Droit et gestion*, Economica, 2011, p. 282 et s.

[4] V. J.-P. Valuet, « Conformité à la loi, conformité aux codes », *JCP E* 2012, n° 1471, p. 29 s., spéc. n°s 4.

l'environnement[1]. Ainsi, l'article 116 de la loi sur les nouvelles régulations économiques (NRE), devenu l'article L. 225-102-1 du Code de commerce, impose aux sociétés françaises cotées sur un marché réglementé l'obligation de rendre compte de leur gestion sociale et environnementale dans leur rapport annuel. Cette obligation a récemment été renforcée par la loi n° 2010-788 du 12 juillet 2010 portant engagement national pour l'environnement, dite « *Grenelle 2* », modifiée en 2012, puisque l'article L. 225-102-1 du Code de commerce prévoit désormais un élargissement de la catégorie des sociétés tenues par l'obligation de *reporting*, un affinement des informations à publier autour de plusieurs thématiques RSE (informations sociales, environnementales et sociétales en faveur du développement durable), enfin, une obligation de vérification par un organisme tiers indépendant. Dès lors, l'entreprise est tenue d'une obligation d'informer ses parties prenantes et d'une démarche RSE, quels que soient les moyens déployés à cet effet. Il est intéressant de noter que la RSE n'est pas l'apanage du secteur privé puisque, dans le secteur public, l'article 14 du nouveau Code des marchés publics renvoie également à la prise en compte de considérations sociales et environnementales dans les critères d'attribution des marchés, bien qu'il s'agisse d'une mesure simplement incitative[2]. Enfin, en matière environnementale, l'article 23 de la loi n° 2003-699 du 30 juillet 2003 relative à la prévention des risques technologiques et naturels et à la réparation des dommages, met à la charge de toutes les sociétés anonymes exploitant une ou plusieurs installations classées « Seveso seuil haut », c'est-à-dire susceptibles de créer des risques très importants pour la santé et la sécurité des populations voisines et pour l'environnement, une obligation d'information des actionnaires sur les activités [3]. Ces exemples démontrent que la RSE ne résulte pas exclusivement de la *soft law* et qu'elle peut puiser son fondement dans une règle de droit à valeur contraignante, la *hard law*[4]. Ils témoignent

---

[1] Pour une étude de la matière et ses relations avec la conformité et le développement durable, V. C. Huglo, « La conformité, la pierre angulaire du droit de l'environnement », *JCP E* 2012, n° 1473, p. 40 s.

[2] « Les conditions d'exécution d'un marché ou d'un accord-cadre peuvent comporter des éléments à caractère social ou environnemental qui prennent en compte les objectifs de développement durable en conciliant développement économique, protection et mise en valeur de l'environnement et progrès social ».

[3] Pour une étude du volet environnemental de la RSE, V. I. Tchotourian, « Aspects environnementaux et sociaux de la RSE et management des entreprises : une éthique au centre et autour de l'entreprise », Management Prospective, Ed., 2006/4, n° 10, p. 57 s. Pour une étude de l'ensemble des liens entre règles contraignantes et démarches volontaires en matière de RSE, V. M. Doucin, préc.

[4] E-M. Mbonda, « Les enjeux éthiques de la RSE : entre hard law et soft law », in *La responsabilité sociétale de l'entreprise au Cameroun*, Actes du colloque international de Yaoundé (7-9 juin 2011), Presses de l'UCAC, 2012, p. 259.

corrélativement de la vocation des valeurs ou principes éthiques à accéder à la juridicité [1].

17. La source contraignante de la RSE se constate encore dans les droits étrangers, notamment anglo-saxons, bien que la méthode soit différente de celle du droit français. Résultant souvent de quelques lois emblématiques, à large portée, ces règles imposent une démarche de prévention dans de nombreux domaines et sont assorties de sanctions particulièrement sévères. Les États-Unis offrent deux illustrations intéressantes avec le *Foreign Corrupt Practices Act* (FCPA) de 1977, révisé en 1998, et le *Sarbane-Oxley Act* (dit loi « SOX ») de 2002. Alors que le premier texte vise à lutter contre la corruption, le second a été introduit suite aux scandales des affaires *Enron* et *WorldCom* avec pour objectif la sécurité financière et le respect des règles de la comptabilité. Il oblige l'entreprise à mettre en place des contrôles et des systèmes d'information afin d'accroître la transparence, notamment en matière de gouvernance. Dans les deux cas, le respect des législations suppose d'anticiper et de prévenir des risques : le risque de corruption d'une part, le risque opérationnel, d'autre part. Cette prévention ne suppose pas uniquement que l'entreprise agisse en interne pour modifier les comportements des individus et les sensibiliser aux risques à éviter, mais également qu'elle oriente ses actions à destination de ses parties prenantes. Tenue d'atteindre des objectifs précis, l'entreprise doit prendre les mesures adéquates. Cette politique préventive présente la particularité d'avoir une portée extraterritoriale pour s'imposer à des opérateurs ou entreprises étrangères. Dans le cas de la loi SOX, elle s'applique aux entreprises étrangères cotées aux États-Unis et enregistrées auprès de l'*US Securities and Exchange Commission* (SEC) et aux filiales de sociétés américaines opérant en dehors des États-Unis [2]. Dans l'hypothèse du FCPA, elle s'applique aux personnes physiques et morales non américaines pour tout acte ou tentative de corruption commis sur le sol américain.

18. Le « durcissement » de la RSE se reflète également dans les travaux de la Commission européenne. Placée au rang prioritaire pour la première fois dans la stratégie de Lisbonne, avec notamment un appel aux entreprises pour qu'elles contribuent à atteindre les objectifs ambitieux de celle-ci, la RSE a conduit la Commission à initier un débat sur la nécessité pour l'entreprise d'introduire des préoccupations sociales et environnementales dans ses choix économiques. Au mois de juillet 2001, cette initiative a débouché sur la publication d'un Livre vert intitulé « Promouvoir un cadre européen pour la responsabilité sociétale des entreprises » (COM (2001) 366). La méthode

---

[1] Sur ce point, V. notam., F. G. Trébulle, « Responsabilité sociale des entreprises (Entreprise et éthique environnementale) », *Rép. sociétés*, n°s 28 s.

[2] P. Lanois, « L'effet extraterritorial de la loi Sarbanes-Oxley, Broché », *La Revue Banque*, 2008.

employée consiste à définir la RSE, puis à proposer certains outils pour atteindre les objectifs visés. Selon la définition donnée par le Livre vert, elle serait « la prise en compte de manière volontaire par les entreprises de préoccupations sociales et environnementales dans leurs relations commerciales et avec leurs parties prenantes ». Cette définition met l'accent sur le caractère souple de la RSE, reposant avant tout sur une démarche volontaire de l'entreprise. Toutefois, « la responsabilité des entreprises vis-à-vis des effets qu'elles exercent sur la société » implique au préalable que les entreprises respectent la législation en vigueur et les conventions collectives conclues entre partenaires sociaux.

19. Cette nouvelle version modifie la vision de la RSE à un double titre puisque non seulement elle intègre le respect des législations en vigueur, mais elle impose à l'entreprise l'obligation de prendre des mesures adéquates et d'atteindre des objectifs précis. L'entreprise reste libre, en revanche, des moyens déployés pour satisfaire à son obligation d'agir de manière responsable. La souplesse de la RSE résiderait donc dans le choix des moyens, l'entreprise pouvant explorer toutes les voies adéquates pourvu qu'elle agisse. Cette approche s'apparente *mutatis mutandis* à la méthode de *comply or explain* récemment introduite en droit français (suite à la transposition de la directive de 2006) et par laquelle les sociétés cotées doivent déclarer chaque année, dans leur rapport de gouvernance, les mesures prises pour l'application des principes de bonne conduite contenus dans le Code AFEP-MEDEF et se justifier des règles qu'elles n'entendent pas appliquer [1]. Cette méthode impose également à l'entreprise d'agir bien qu'elle demeure libre du choix des outils à mettre en œuvre. Étudiée à travers le prisme de la responsabilité juridique, elle ferait peser sur l'entreprise une obligation qui s'apparenterait à une obligation de moyens en ce sens qu'il faut tout mettre en œuvre pour atteindre l'objectif visé. Certes, l'avantage principal d'une telle méthode de régulation réside dans sa souplesse qui justifie l'accueil favorable qui lui est réservé ; il n'en demeure pas moins qu'elle puise sa source dans une obligation d'agir formulée en amont.

La variété des sources et la liberté dans le choix des moyens soulèvent nécessairement la question de l'efficacité des instruments de la RSE.

B. Le respect des normes de la RSE consacrées par le droit

20. La RSE incite à respecter le droit. S'il en est ainsi, c'est parce que la RSE reçoit certainement au sein du système juridique une certaine légitimité qui lui confère une force obligatoire (1). Il en est surtout ainsi, également,

---

[1] B. Fasterling et J.-C. DuhameL, « Le *comply or explain* : la transparence conformiste en droit des sociétés », *RIDE*. 2009. 129, t. XXIII, 2 ; C. Pires, « Le principe du « *comply or explain* » : un outil pour restaurer la confiance des parties prenantes », Revue juridique de l'éthique des affaires, CJPEA, Association du master Droit & éthique des affaires, n° 1, 2012, p. 10 s.

grâce à la conscience chez les entreprises de l'intérêt qu'il y a à respecter les prescriptions de la RSE dont la violation appelle des sanctions ; ce qui constitue une véritable valeur ajoutée de la RSE (2).

1. Respect du droit, conséquence de la légitimité de la RSE au sein du système juridique

21. La mise en cause de la responsabilité sociale au sein du macro-droit résulte essentiellement d'une critique qui lui est souvent adressée. La RSE est contestée en ce qu'elle est une démarche volontaire qui viendrait exclure la norme sociale légale et donc obligatoire, voire retarderait ou qui empêcherait l'élaboration des normes juridiques contraignantes.

Faut-il adhérer à cette critique ? Tout d'abord, la responsabilité sociale juridiquement matérialisée n'est pas une démarche volontaire[1]. Elle peut l'être dans la décision prise par l'entreprise de s'y engager ou non, décision qui relève de sa liberté de gestion et de sa politique sociale et cela uniquement à défaut de prescription légale. Elle ne l'est, d'ailleurs, guère dans sa réalisation, car des impératifs juridiques vont s'imposer à commencer, par exemple, celui d'une négociation loyale et d'une exécution de bonne foi des actes ou des accords conclus. De plus, les incitations à mettre en œuvre la responsabilité sociale de l'entreprise sont nombreuses, tant internationales (*Europe, OCDE, ONU, OIT*) que nationales[2] (loi NRE et l'article L. 225-102-1 du Code de commerce ; l'ensemble des dispositions relatives à l'investissement socialement responsable ; de façon plus lointaine : GPEC, PSE, adaptation, revitalisation des bassins d'emplois). Tout ceci crée un contexte fortement incitatif sans même évoquer les bénéfices recherchés en termes d'image et de publicité.

22. Ensuite, la norme juridique édictée dans le cadre de la responsabilité sociale de l'entreprise n'est pas une norme volontaire. Au-delà des remarques qui viennent d'être faites sur la notion même de norme, le terme norme volontaire est impropre, ou, à tout le moins, il recèle une confusion entre norme volontaire et norme d'origine privée. En effet, il paraît reposer sur une distinction entre norme volontaire – c'est-à-dire non obligatoire – et norme légale - c'est-à-dire obligatoire. Là réside la confusion. La responsabilité

---

[1] Ch. Neau-Leduc, « La responsabilité sociale de l'entreprise : quels enjeux juridiques ? », *Droit social* 2006 p. 952.

[2] Des dispositions partageant la même inspiration se retrouvent dans différents droits nationaux. Par exemple, certains systèmes juridiques obligent les entreprises à prendre en compte des critères éthiques lors de leur développement à l'étranger ou pour leur politique d'investissement (Australie, Royaume-Uni). D'autres imposent ou promeuvent la rédaction par les sociétés – ou seulement certains types de sociétés – de rapports ayant pour objet le développement durable (Allemagne, Danemark, France, Hollande, Royaume-Uni). D'autres mettent en place un label social (Belgique depuis 2002). Aux États-Unis, la loi Sarbanes-Oxley s'inscrit dans le même mouvement. V. G. Besse, *op. cit.*, p. 994.

sociale de l'entreprise met en œuvre une norme privée et non une norme d'origine publique. Or, ce n'est pas parce qu'une règle est adoptée volontairement dans le cadre de l'exercice d'un pouvoir de droit privé qu'elle est dénuée d'effet obligatoire, loin de là et certains auteurs ont démontré l'existence d'une véritable réglementation de droit privé[1] dont l'inexécution peut être sanctionnée par le juge à l'instar de toute norme puisant sa source dans l'autorité publique. Certes, la nature et l'ampleur de la sanction dépendent du support juridique choisi par l'entreprise afin de mettre en œuvre les exigences de responsabilité sociale et cette question est rendue très complexe en raison de la dimension internationale que revêt généralement une politique de responsabilité sociale. Il s'agit d'un changement d'échelle qui nécessite nombre d'adaptations. Cependant, la faculté du système juridique à appréhender la responsabilité sociale de l'entreprise n'est pas douteuse. L'appréhension peut être directe : en droit du travail français, le recours à l'engagement unilatéral est sans doute fructueux. Elle peut être indirecte lorsqu'une entreprise est condamnée au profit d'une organisation non gouvernementale sur le fondement de la publicité mensongère que recèle son code de bonne conduite. Il s'agit de la condamnation, en 2002, de la société Nike par la cour de Californie pour avoir trompé les consommateurs par la publication de rapports sociaux évoquant des modes de production des chaussures de la marque respectueux des droits sociaux fondamentaux ce qui, en pratique, n'était pas le cas[2]. La nature juridique de la responsabilité sociale de l'entreprise transparaît.

23. Enfin, la responsabilité sociale de l'entreprise n'est pas un mécanisme d'éviction de la norme nationale ou internationale d'origine institutionnelle. Il y a complémentarité entre responsabilité sociale de l'entreprise et législation – entendue au sens large – et non subsidiarité de la dernière par rapport à la première. En effet, les principes de responsabilité sociale de l'entreprise ne peuvent que venir compléter, s'ajouter aux dispositions nationales. Ils ne sauraient s'y substituer. Reprenant les termes de la Commission européenne, ils « vont au-delà ». Et ceci, pour deux raisons : les droits sociaux fondamentaux ne sont pas négociables et la responsabilité sociale de l'entreprise ne saurait juridiquement exclure l'application des droits nationaux, notamment dans leurs dispositions d'ordre public. La responsabilité sociale de l'entreprise ne peut méconnaître l'ordre juridique dans lequel elle s'insère. C'est d'ailleurs pour les zélateurs de la responsabilité sociale l'écueil sur lequel elle bute. Or, la responsabilité sociale de l'entreprise peut aussi être un facteur d'évolution positive du droit national. Ainsi, ayant adopté un code de bonne conduite condamnant le travail forcé, le travail des enfants et prônant le respect de normes de sécurité, des entreprises

---

[1] P. Neau-Leduc, « La réglementation de droit privé », Litec, 1998.

[2] *Kasky c/ Nike*, Cour suprême de Californie, 27 Cal. 4th 939, n° S087859, 2 mai 2002.

multinationales peuvent se trouver confrontées à la méconnaissance de ces principes par leurs filiales locales ou leurs sous-traitants situés dans des pays en développement. N'arrivant pas à obtenir satisfaction, ces entreprises peuvent décider de se retirer de ces pays. En l'occurrence, cette décision peut avoir pour effet de provoquer l'intervention contraignante du gouvernement local et la modification favorable de la législation nationale[1]. Si, paradoxalement, c'est l'échec initial de la responsabilité sociale qui a permis une évolution positive du droit du travail national, le résultat final vient, à rebours, légitimer la démarche.

2. Respect du droit, conséquence d'une quête d'avantages concurrentiels ou compétitifs

24. Il serait vain de tenter de dresser le tableau des différentes lois qui s'appliquent aux entreprises et recouvrent une partie du champ de la RSE. Ce serait d'autant plus vain que le nécessaire respect de la législation est inhérent à toutes les formulations de la RSE, existantes ou en préparation. Fortement inutile, cette affirmation n'est pas pour autant dénuée de pertinence dans la mesure où elle peut contribuer à développer une culture du respect de la loi qui peut être perçue comme une condition de l'effectivité du droit. On doit constater cependant que lorsque la loi coïncide avec les orientations généralement promues dans le cadre de la RSE, si elle ne cesse, évidemment, pas d'être « Loi », avec toutes les conséquences qui y sont attachées, les éléments sur lesquels elle porte ne sortent pas du champ de la RSE : l'interpénétration est doublement neutre et l'on peut admettre que la prise en compte des enjeux environnementaux, sociaux et de droits fondamentaux peut se faire par des voies différentes.

25. La valeur ajoutée de la RSE réside, véritablement dans la nécessité de respecter les prescriptions de la RSE et donc le respect de la loi qui les véhicule. Pour les entreprises en effet, respecter les normes de la RSE est perçu davantage comme une stratégie, un avantage, que comme une contrainte. En effet, la conquête d'avantages concurrentiels et compétitifs durablement défendables constitue un des principaux objectifs stratégiques des entreprises. La notion d'avantage concurrentiel d'une entreprise revêt, selon Porter, deux principales dimensions : le nombre et la nature des sources d'avantages exploitables (économies d'échelle, effets d'apprentissage, technologies brevetées, images de marque reconnues, réseaux actionnables, etc.) ; la taille et la durée de ces sources. Face aux évolutions des conditions de la concurrence et à la multiplicité des pressions exercées par les parties prenantes, les entreprises peuvent tout gagner dans la RSE en termes d'avantages compétitifs et concurrentiels. En d'autres termes, la RSE peut être une véritable source d'avantages concurrentiels et compétitifs pour les

---

[1] V. F. Meyer, *op. cit.*, p. 190, citant l'exemple du Guatemala.

entreprises qu'il revient d'explorer. Plusieurs analyses peuvent être présentées à cet effet autour notamment des dimensions comportement sur le marché, politique environnementale, dimensions normes fondamentales du travail et enfin, engagement sociétal des entreprises.

26. S'agissant de la dimension comportementale sur le marché, il faut relever qu'à travers l'approche des parties prenantes, l'entreprise est conçue comme étant au cœur d'un ensemble de relations avec des parties prenantes situées en interne comme en externe. La gestion de ces relations est souvent déterminante de son succès sur le marché, en particulier en ce qui concerne les relations avec les clients/consommateurs et les investisseurs. En effet, la prise de conscience aujourd'hui des enjeux sociaux, sociétaux et environnementaux qui est en train de progresser fortement à travers le monde gagne une clientèle de plus en plus sensible à ces questions, surtout dans les pays du nord, mais aussi des investisseurs potentiels avec le développement des fonds éthiques ou fonds d'investissement socialement responsables. En s'engageant en faveur d'objectifs de RSE, cet engagement peut constituer une stratégie de différenciation pour les entreprises. Cette stratégie de différenciation peut à son tour leur permettre de valoriser leurs relations avec leurs clients et les investisseurs, surtout ceux des pays du nord. En outre, les problèmes d'accès au financement auxquels elles sont confrontées peuvent aussi trouver des solutions alternatives auprès de ces investisseurs socialement responsables.

27. Pour ce qui est de la politique environnementale, il faut noter que face aux problèmes environnementaux, toutes les entreprises peuvent prendre des mesures pour contribuer à protéger l'environnement et l'atmosphère en diminuant, entre autres, leurs consommations d'énergie, en réduisant leurs déchets et en recyclant leurs matériaux. Ces mesures peuvent s'avérer financièrement payantes. En effet, la recherche de l'efficacité énergétique, la prise d'initiatives en vue de prévenir la pollution, la réduction et le recyclage des déchets peuvent induire une importante réduction des coûts pour les entreprises dans les pays du sud. Ainsi, la RSE peut être une aubaine pour les entreprises dans les pays du sud lorsque l'on relève que les coûts des facteurs de production sont élevés dans ces pays, surtout dans les pays africains.

28. Les entreprises peuvent également tirer profit des normes internationales du travail en les intégrant dans leurs politiques, leurs objectifs opérationnels et leurs activités quotidiennes. En effet, de plus en plus d'études montrent que le respect de ces normes s'accompagne d'une amélioration de la productivité et de la performance économique[1]. Des normes sur les salaires minimums et la durée du travail ainsi que sur le respect de l'égalité des

[1]http://www.ilo.org/global/What_we_do/InternationalLabourStandards/Introduction/benefits/lang--fr/index.htm

chances, des mesures pour lutter contre les discriminations notamment dans l'évolution dans les carrières, peuvent se traduire par une plus grande satisfaction et une meilleure performance des travailleurs. L'investissement dans la formation professionnelle peut aboutir à une main-d'œuvre plus qualifiée. Les normes sur la sécurité au travail peuvent réduire le nombre d'accidents coûteux et les dépenses de soins médicaux. C'est autant d'économies pour les entreprises. La prise de mesures en matière de normes fondamentales de travail peut aider incontestablement les entreprises dans les pays du sud à améliorer leur productivité, à fidéliser les salariés et peut contribuer efficacement à inverser la tendance à la fuite de la main-d'œuvre qualifiée.

29. Enfin, dans la mesure où l'entreprise, par ses activités, agit sur toutes les composantes de la société, elle ne peut pas se désintéresser des conséquences de ses actes en termes sociaux, sociétaux et environnementaux. La RSE s'inscrit *in fine* dans la quête d'un équilibre entre la vocation première de l'entreprise consistant à assumer un rôle économique et son engagement dans la société, l'amenant ainsi à concilier ses intérêts privés et ceux de la société tout entière. Ainsi, la RSE conduit l'entreprise à ne pas s'en remettre entièrement à l'État pour apporter des réponses aux grands maux de la société auxquels l'État n'est plus en mesure d'apporter seul des réponses. Elle la conduit à essayer de contribuer par son action à la bonne marche de la société tout entière, sans oublier sa finalité économique, à participer directement par ses investissements au développement économique local où elle est implantée, à l'amélioration de la qualité de vie qui y règne, des infrastructures de communication, de transport, etc. Tous ces engagements ne sont pas sans avantages compétitifs pour l'entreprise, bien au contraire. En s'engageant positivement dans sa communauté locale, cet engagement peut aider les entreprises du sud à identifier de nouveaux marchés, de nouveaux clients ou de nouvelles opportunités commerciales, nouer des contacts solides avec les autorités et les dirigeants locaux, susciter de nouveaux partenariats avec d'autres entreprises dans des projets communautaires. Tout ceci peut contribuer également à améliorer leur image et leur réputation dans la société.

30. Ainsi qu'on l'observe, le respect des normes de la RSE par les entreprises n'est pas toujours désintéressé. La qualification d'« entreprise citoyenne » peut par conséquent cacher les véritables intentions des entreprises qui ne respectent pas, finalement, les normes de la RSE par élan altruiste ou civique, mais simplement pour des motivations personnelles[1]. Mais ce n'est pas là le plus important ! Parce qu'elle est conçue comme un avantage concurrentiel ou compétitif, une valeur ajoutée pour l'entreprise, la

[1] V. E. Kamdem, R. Ikelle, « Pratiques RSE dans les pays en développement : premiers résultats de terrain dans les entreprises malgaches », Revue camerounaise de management, n° 26, juillet-décembre 2013, p. 19-33.

RSE est moins ressentie comme une contrainte. Elle pousse, pour cette seule raison, au respect des dispositions légales, contraignantes qui la consacrent. En cela, la RSE est un véritable vecteur de l'application et du respect du droit. Mais, l'ambition de la RSE va bien au-delà des exigences légales dès lors qu'elle procède aussi et surtout d'une démarche volontaire de l'entreprise.

II. LA RSE, VECTEUR DE DÉPASSEMENT DU DROIT

31. La consécration de la RSE au niveau international semble vouloir la limiter à une démarche essentiellement volontaire. On peut ainsi noter comment dans ses principes directeurs à l'intention des entreprises multinationales adoptées en juin 2000, l'OCDE fait du caractère non obligatoire un trait fondamental de ses principes[1]. De même, la Commission Européenne place le caractère non contraignant de la RSE au cœur de la démarche. Cette pétition de principe sur le caractère volontaire de la RSE la situe hors du domaine juridique et lui enlève de l'avis de certains auteurs toute forme de force contraignante.

Cette idée du dépassement du droit par les normes de la RSE traduit en fait les débats autour des concepts hérités du droit anglo-saxon de *soft law*. Quelle est la valeur juridique d'un code de conduite d'une entreprise ? Qu'en est-il des guides, recommandations, voire des directives édictées par les entreprises pour leurs propres besoins ?

Notons a priori si leur admission au sein du domaine du droit fait problème, parce qu'étant des normes d'un ordre (A), il ne faut pas occulter le rôle qu'ils peuvent jouer au sein de ce domaine juridique (B).

A. Les normes extra juridiques de la RSE

32. La RSE en tant que démarche volontaire d'aller au-delà des prescriptions légales connaît un succès certain, aux traductions diverses et au contenu étoffé (1). Or, en tant que démarche volontaire également d'origine privée, la responsabilité sociale de l'entreprise ainsi que les principes qui la sous-tendent et qu'elle instille, ne sont pas sans incidence sur le système juridique lui-même. Il faut également s'interroger sur la nature des sanctions de ces normes (2).

1. Le contenu des normes extra juridiques de la RSE

33. Guides de principes, Directives, relevés de conclusions, recommandations relatives aux lignes directrices, code de conduite, Charte éthique ou accords mondiaux négociés, sont autant d'instruments qui

[1] OCDE, *Principe directif à l'intention des entreprises multinationales*, version 2008, p.14.

traduisent les objectifs ou normes de la RSE[1]. Si ces classifications varient en fonction des pays, des secteurs d'activités ou des instruments utilisés[2], on peut cependant classer ces normes volontaires selon qu'elles sont techniques ou comportementales.

34. Les normalisations ISO peuvent être citées à titre d'exemple de norme technique. En effet, ce type de norme tend à la standardisation des comportements des acteurs du marché afin de faciliter les échanges économiques et le développement des marchés[3]. Étant des techniques qui méritent d'être érigées au rang de référence pour l'homme de l'art[4], la norme technique est d'application volontaire, résulte d'un consensus des parties intéressées et fait l'objet d'une approbation par un organisme mandaté et reconnu[5]. L'ISO définit ces normes au plan international et regroupe au total 148 pays. En ce qui concerne la RSE, outre les séries ISO 9000 et ISO 14000, liées à la gestion de la qualité de la production et à la gestion de la qualité de l'environnement, on doit surtout relever la norme ISO 26000 intitulée « Lignes directrices relatives à la responsabilité sociétale » qui traite des questions centrales ci-après : la gouvernance de l'organisation ; les droits de l'homme ; les relations et conditions de travail ; l'environnement ; les bonnes pratiques des affaires, les questions relatives aux consommateurs, l'engagement sociétal. Les normes ISO ont pour objectif de promouvoir une compréhension commune du champ de la RSE et d'aider les organisations à contribuer au développement durable.

35. S'agissant des normes comportementales, il en existe plusieurs également. On assiste ainsi à une prolifération des codes de conduite, des codes éthiques ou des codes de déontologie. Il s'agit de normes comportementales les plus répandues. Instruments d'autodiscipline[6] destinés à instaurer des normes tendant à provoquer une adhésion au type de comportement souhaité, ces codes expriment la nécessité de respecter les

---

[1] I. Desbarats, « Codes de conduite et chartes éthiques des entreprises privées. Regard sur une pratique en expansion, JCP 2003, I, 112 ; P. Deumier, « Les sources de l'éthique des affaires. Codes de bonne conduite, chartes et autres règles éthiques », in *Libre droit*, Mélanges en l'honneur de Philippe Le Tourneau, Dalloz 2008, p. 337.

[2] Par exemple : Lex Fori, La meilleure pratique dans le recours à des normes juridiques « douces » et son application aux consommateurs au sein de l'Union européenne, Études réalisées à la demande de la Commission Européenne DG. Sango, http://.www.lexfori.net/soft-law-fr.htm.

[3] M. Lanord, « La norme technique et le Droit : à la recherche de critères objectifs », *RRJ-Droit prospectif*, 2005-2, p. 619…

[4] F. Gambelli, « Définition et typologie des normes techniques », *PA*, 1998, p.5.

[5] J.M. Pontier, « La certification, outil de modernité normative », D. 1996, chron. P. 360.

[6] Les codes éthiques sont généralement vides de toute obligation juridique excédant celles que le droit assigne à l'entreprise auprès de ses partenaires. Par conséquent, leur principal effet est d'améliorer l'image de marque de l'entreprise auprès de ses partenaires, de ses salariés et de ses clients.

exigences de loyauté et de transparence dans les pratiques professionnelles. Ces codes se sont multipliés depuis les années 1970. Une étude menée par l'OCDE en 2000 a répertorié 246 codes de conduites dans la zone OCDE[1].

La RSE a donné lieu depuis quelques années au développement de nouveaux codes à l'initiative des seules entreprises multinationales, et ce en réponse à la pression des investisseurs et des consommateurs[2]. Les codes de conduites sont favorables à un cadre de travail, interdisent le harcèlement ou la discrimination, interdisent également le travail forcé ou l'emploi des enfants… Ils régissent également les politiques de protection des consommateurs et les politiques de diffusion de l'information sur les produits.

36. Il apparaît, en définitive, que la RSE suppose l'expression des principes, le plus souvent divers, hétérogènes, variables selon les entreprises ou selon les pays et volontaires dans la majorité des cas. Or cette expression par la rédaction de guides de principes directes ou de relevé de conclusion, comme on a remarqué également. Dès lors, la RSE ravive le débat, en le déplaçant, cette fois, sur le terrain de la possibilité de sanctionner de ces normes extra juridiques.

2. La sanction des normes extra juridiques de la RSE

37. Dans une approche d'autorégulation, voire de co-régulation, fondée sur la *soft law,* le choix des instruments de la RSE est, on l'a vu, laissé à la libre appréciation de l'entreprise[3]. Quelle est pour autant la valeur juridique de ces instruments qui résultent d'une démarche volontaire ? La RSE est en effet contestée en ce qu'elle est une démarche volontaire qui viendrait exclure la norme sociale et donc obligatoire. Mais est-il vrai que les normes de la RSE soient dénuées de toute idée de sanction ? On ne le pense pas, et ce pour au moins deux raisons.

D'abord, dire que les normes de la RSE sont dénuées de toute idée de sanction n'est pas entièrement vrai. Certes, il n'existe pas à proprement parler de sanction au sens juridique du terme, mais des sanctions existent tout de même. Et lorsqu'elles sont admises, elles prennent une tout autre forme. Il en est ainsi des Principes directeurs de l'ONU qui émanent du Pacte mondial[4]. Ces principes qui sont au nombre de dix sont relatifs aux droits de l'homme,

---

[1] OCDE, « Inventaire des codes de conduite des entreprises », 13 octobre 2000 -Doc. TD/TC/WT(98) 74/Final.

[2]. M. Brac, « Code de bonne conduite : quand les sociétés jouent l'apprenti législateur », in *Le droit mou : une concurrence faite à la loi*, E. Claudel et B. THULLIER (dir.), Travaux du CEDCACE, 2004.

[3] Sur la démarche de la *soft law*, V. C. Thibierge *et alii*, *La force normative. Naissance d'un concept*, LGDJ, Bruylant, 2009.

[4] L'ancien Secrétaire général des Nations Unies, M. Koffi Annan qui en est le promoteur, avait invité les dirigeants des grandes entreprises à adhérer au Pacte mondial, en s'engageant à respecter et à militer afin que ces principes soient appliqués partout dans le monde.

aux normes de travail, à l'environnement et à la corruption. Ils imposent de véritables normes de comportement. Ainsi, les entreprises sont invitées à : promouvoir et respecter la protection des droits de l'homme ; veiller à ne pas se rendre complices de violations des droits de l'homme ; respecter la liberté d'association et reconnaître le droit de négociation collective ; éliminer toute forme de travail forcé ou obligatoire ; abolir le travail des enfants ; éliminer la discrimination en matière d'emploi et de profession ; appliquer l'approche de précaution face aux problèmes touchant l'environnement ; entreprendre des initiatives tendant à promouvoir une plus grande responsabilité en matière d'environnement ; favoriser la mise au point et la diffusion de technologies respectueuses de l'environnement ; agir contre la corruption sous toutes ses formes.

Ces principes recommandent aux entreprises d'évaluer leurs impacts et de démontrer à leurs parties prenantes qu'elles ont mis en œuvre des procédures de remédiation (*know and show*) pour faire face aux critiques de la société civile (*name and shame*). Ils imposent donc une norme de comportement et exigent une application transparente de celle-ci, ce qui met les parties prenantes, et notamment les sociétés civiles, en mesure de savoir ce que fait l'entreprise. Elles peuvent donc exercer une pression, notamment par la publicité qu'elles donneront à l'évènement, avec comme conséquence un dommage à la réputation de l'entreprise.

38. Un autre mécanisme conférant une effectivité réelle aux Principes directeurs provient de la Banque mondiale et des banques privées ayant adhéré aux « Principes d'Équateur[1] » et ayant transposé les Principes directeurs de l'ONU dans leurs règles internes d'octroi ou de refus de financement de projet. Selon leurs « Standards de performance », une entreprise réclamant des crédits doit prouver qu'elle a effectivement mis en place dans le pays concerné les outils de management des droits de l'homme requis par les Principes directeurs. La sanction est immédiate : si l'entreprise n'est pas en mesure d'apporter cette preuve, la plupart du temps avec l'aide d'experts externes, elle n'aura pas le financement pour son projet d'investissement, une sanction particulièrement efficace dans le monde économique.

39. S'il est inévitable d'envisager la RSE en termes de droit souple[2], c'est évidemment parce que les instruments qu'elle met en œuvre ne sont pas directement assortis de sanction. Or, comme le relève Pascale Deumier, « pour être effectif, nul n'est besoin d'être juridiquement obligatoire, il suffit d'être

---

[1] Il s'agit de principes signés par les grandes banques internationales en 2003, qui sont inspirés par le Pacte mondial et qui consistent à prendre en compte des critères sociaux, sociétaux et environnementaux dans les projets qu'elles financent.

[2] Sur cette notion, v. « *Le droit souple* », Étude annuelle du Conseil d'État, La documentation française, 2013.

suivi »[1]. La sanction existe donc ailleurs ici. Cette effectivité conférée aux normes de la RSE, bien que limitée, peut d'ailleurs être recherchée avec d'autres arguments. En effet, l'étude du pluralisme juridique[2], de la gradation du droit[3], voire de la gradation des sources[4], montre la nécessité de dépasser un rapport au droit entendu comme nécessairement étatique et contraignant. Les codes de conduites et chartes éthiques qui sont au centre de la RSE emportent des sanctions extra juridiques qui prennent la forme d'une « contrainte économique, sociale, internationale »[5]. Celle-ci relève donc, au moins en partie, du droit souple. Et un auteur faisait d'ailleurs observer à propos des normes de la RSE que « leur apparente exclusion du domaine juridique doit sûrement beaucoup à la plus ou moins consciente assimilation de l'État, de la contrainte et du Droit »[6].

40. Au-delà de ce constat, la notion de droit souple permet d'apprécier des normes procédant d'initiatives le plus souvent négociées et reposant sur l'adhésion volontaire. Ces normes sont-elles pour autant dépourvues de toute idée de sanction ? Il est possible d'admettre qu'effectivement les normes en question, quel que soit leur nom, ne sont pas pleinement juridiques. Elles peuvent rester lettre morte si elles ne sont pas recueillies très favorablement. En revanche, si ces normes sont reçues, leur qualification deviendra singulièrement épineuse. La frontière entre le droit et le non droit pourrait même manifester sa perméabilité lorsque d'un texte non juridique, on va faire un engagement ; lorsque la communication sur cet engagement va créer une attente. S'insérant dans un ordre juridique donné, l'adhésion volontaire à une norme relevant du droit souple peut incontestablement donner prise au déploiement des outils de cet ordre[7].

Ainsi, il apparaît que les normes de la RSE ne peuvent avoir la valeur des normes juridiques au sens strict du terme, pas plus qu'elles ne peuvent prétendre aux sanctions de même nature. Elles ne sont pas toutefois dépourvues de tout intérêt ou de conséquences pour le droit ; car elles contraignent l'entreprise à respecter ses propres engagements et pallier les cas de lacunes du législateur.

---

[1] P. Deumier, « Les codes de conduite des entreprises et l'effectivité des droits de l'homme », *in* L. Boy, J.-B. Racine et F. Siiriainen (coord.), *Droit économique et droits de l'homme,* Larcier, Bruxelles, p. 671 s., spéc. p. 674.

[2] *Le droit souple, Journées nationales Assoc. H. Capitant,* Tome XIII, Boulogne-sur-Mer, Dalloz, 2009.

[3] Ph. Neau-Leduc, *La règlementation de droit privé*, Litec, 1998.

[4] P. Deumier, *Le droit spontané*, Economica, 2002.

[5] C. Thibierge (dir.), *La force normative, Naissance d'un concept*, LGDJ, 2009.

[6] V. F. Heas, « La protection de l'environnement en droit du travail », *Revue de droit du travail,* 2009, p.565.

[7] P. Deumier, « Les sources de l'éthique des affaires, Codes de bonne conduite, chartes et autres règles éthiques », in *Libre droit,* Mél. Ph. Le Tourneau, Dalloz, 2007.

B. L'apport de la RSE au droit

41. Déterminer l'utilité d'un mécanisme juridique se révèle, le plus souvent, aléatoire faute d'instruments de mesure adéquats. Plus simplement, il est possible de s'interroger sur ce que la responsabilité sociale de l'entreprise peut offrir au système juridique, sur la nature de l'influence qu'elle peut avoir sur celui-ci. Ceci suppose de s'arrêter sur le contenu de l'apport de la responsabilité sociale (1) sans occulter les risques liés à son apparition au sein du système juridique (2).

1. Contenu de l'apport

42. L'intérêt de la RSE est de permettre la prise en compte de l'entreprise multinationale organisée en réseaux et donc de répondre à un besoin. En effet, l'approche de ce type d'organisation par le biais des droits nationaux est pour une large part inopérante. De même, les défaillances de la législation sociale internationale, moins dans son contenu que dans son efficacité, incitent les entreprises à s'engager dans une stratégie de responsabilité sociale. Dès lors, les entreprises tentent de créer un nouvel espace de droit adapté à la modification de leur structure, un espace tout à la fois unique et transnational. Cet espace vise à concilier la construction globalisée de l'entreprise et la territorialité des systèmes juridiques actuels. Dans ce contexte, la responsabilité sociale de l'entreprise peut s'avérer un outil favorisant une plus large diffusion ainsi qu'une meilleure application des règles sociales internationales. De surcroît, une politique de responsabilité sociale offre l'occasion de traiter ensemble des questions économiques, écologiques et sociales. Une telle approche globale peut se révéler fructueuse en évitant, par exemple, qu'une solution écologiquement optimale, mais aux effets sociaux négatifs soit adoptée et inversement.

43. La RSE peut également être considérée autant comme un instrument de performance sociale dans les pays développés que comme une réponse aux insuffisances des droits nationaux dans les pays en développement. Facteur de progrès social et d'effectivité des normes sociales internationales, elle peut constituer l'aiguillon des droits nationaux, provoquer leur évolution favorable ou, à tout le moins, inspirer des pratiques sociales renouvelées. La responsabilité sociale de l'entreprise peut d'autant plus jouer ce rôle qu'elle est une démarche voulue par l'entreprise et, dans l'hypothèse de la conclusion d'un accord mondial, par les représentants des salariés. Et, la valeur de l'exemple n'est pas négligeable – bien qu'impossible à quantifier – auprès des partenaires sociaux plus hésitants, voire réfractaires. De plus, grâce à la notion de parties prenantes, les entreprises multinationales peuvent étendre leur démarche de responsabilité sociale à leurs sous-traitants qui se trouvent contraints, plus ou moins efficacement, d'intégrer une stratégie sociale. L'apport ici est sensible, car il s'agit d'une des difficultés à laquelle se heurtent généralement les droits du travail nationaux.

2. Risques liés à l'apport

44. Ils sont liés pour l'essentiel au contexte de la régulation et de l'autorégulation dans lequel évolue la responsabilité sociale de l'entreprise. Cette dernière suppose que soient créées les conditions d'un dialogue social efficace et responsable afin que l'autorégulation ne se transforme pas en une nouvelle féodalisation. Or, tout dépend dans une large mesure du support juridique choisi : mécanisme unilatéral tel qu'un code de conduite ou une charte d'éthique ou mécanisme contractuel tel qu'un accord négocié entre l'entreprise et des représentants syndicaux et/ou des institutions représentatives du personnel. Le dialogue social n'est réellement présent que dans la seconde hypothèse, ce qui pose clairement la question du contrôle de la mise en œuvre des principes de la responsabilité sociale. Ce contrôle relève de comités de suivi ou d'institutions équivalentes dans le cadre des accords négociés. En revanche, dans le cadre des démarches unilatérales, le contrôle est plus aléatoire et risque de ne relever que de procédures de certification . Celles-ci soulèvent des interrogations quant à la valeur des expertises réalisées et à la légitimité de tels organismes à interférer dans la naissance et l'application de règles juridiques. Il pourrait en résulter un bouleversement sensible dans la conception même de notre système juridique. La création de normes juridiques n'est pas fongible dans la certification.

45. Enfin, la responsabilité sociale de l'entreprise recèle un risque supplémentaire, celui d'accentuer la crise du droit traditionnel. En opérant, après d'autres[1], un déplacement des sources du droit vers les pouvoirs privés, la responsabilité sociale de l'entreprise participe d'un mouvement plus général[2]. Cependant, l'implication des acteurs privés en son sein et les sujets sensibles sur lesquels elle porte concourent à exiger un respect accru des normes ainsi édictées. À défaut, les désillusions entraînées auront pour corollaire la dévalorisation de la norme aux yeux des sujets de droit. Cette perte de foi dans la règle juridique sans alternative attrayante ne pourrait avoir que des répercussions considérables sur le système juridique en son entier.

Conclusion

46. La RSE apparaît incontestablement comme un phénomène qui tout à la fois s'enracine dans le droit autant qu'il s'en émancipe. Il en est ainsi parce qu'elle se présente comme une démarche empreinte de contrainte et de volontariat. Dans le premier cas, elle s'inscrit dans le sillage de la loi dont elle assure le respect. En revanche, dans le second, elle se déploie au-delà des exigences légales ou vient combler le manque de droit (notamment le cadre international où se meuvent les multinationales).

---

[1] Et après le législateur lui-même...

[2] Pour une vue générale, v. S. Gerry-Vernieres, *Les « petites » sources du droit. À propos des sources étatiques non contraignantes*, Economica, 2012.

Ce constat fait, il reste à se demander si, fille naturelle de « l'entreprise citoyenne » et du « développement durable », la RSE survivra au phénomène de mode pour devenir un concept structurant d'un droit des affaires « mâtiné » de considérations éthiques, sociales et environnementales. De même, convient-il surtout de s'interroger sur l'accueil et la réaction des droits africains face à ce nouveau paradigme du droit économique et social moderne ? En tout état de cause, le phénomène est intéressant tant par sa complexité juridique que par les défis nouveaux qu'il comporte pour l'analyse juridique. Car la responsabilité sociale de l'entreprise paraît bien être une nouvelle *terra incognita*... Elle interpelle d'ores et déjà nos systèmes juridiques et notamment le droit OHADA qui ne saurait l'ignorer ou lui rester indifférent. /.

QUATRIÈME PARTIE

LA MÉDIATION DE LA JUSTICE

La justice est au cœur de la vie en société, qu'on la considère en tant qu'institution ou en tant que valeur. Comme l'observe Philippe Fontaine, « l'exigence de justice est universelle, elle habite le cœur de l'homme depuis toujours, et constitue la source intarissable de récrimination et de révolte devant le fait, insupportable, de l'absence réelle de justice dans le monde [1]». Dans un sens, la justice renvoie à l'ensemble des institutions chargées de dire le [2]droit, de rendre la justice. Dans cette perspective, la justice procède d'une autorité ou d'un pouvoir qui incarne la fonction de juger. Ce pouvoir de trancher les litiges peut être exercé par un juge étatique ou par un juge arbitral. Dans l'un et l'autre cas, l'administration de la justice débouche, en dernière instance, sur l'acte de juger et par le prononcé d'une décision, peu importe sa nature. La justice suppose alors la médiation du juge, un tiers impartial et neutre par rapport aux intérêts en jeu, en qui les justiciables ont confiance. Il rend justice aux parties parce qu'il prononce une décision conforme au droit.

Dans un autre sens, la justice est une valeur en tant qu'instrument par excellence d'assurer l'égalité entre les individus, malgré leurs différences. Ricœur rappelle d'ailleurs que « l'égalité est, depuis les Grecs, synonyme de justice ». La justice relève alors de l'exigence morale d'équité et consiste à rendre à chacun ce qui lui revient. Cette idée de justice qui habite en tout homme n'a de sens et ne s'exprime que dans le rapport aux autres, car la justice est une vertu qui ne se conçoit que dans l'altérité. Ainsi comprise, la justice reste pourtant liée aux institutions, car ce sont elles qui ont la charge ou la « fonction d'incarner et de réaliser *in concreto*, au sein de la société, cette exigence individuelle et collective de justice ». C'est dans cette rencontre que les deux sens de la justice se confondent, l'idée de justice comme valeur inspirant la réalisation pratique de la justice comme ordre.

Dans la série d'articles qui suit, j'ai essayé de rendre compte de quelques débats théoriques et pratiques qui concernent la justice. Ainsi, la réflexion porte autant sur la crise que traverse l'institution judiciaire au Cameroun, tiraillée par sa double quête d'identité et de crédibilité (article 12) ; interroge la manière dont s'exerce l'office du juge, arbitre impartial qui doit rendre une décision conforme au droit tout en ayant recours à sa « conscience morale qui se définit par cette disposition à vouloir ce qui est bon et juste en soi et pour soi [3]» (article 13). Il apparaît d'ailleurs que cet office du juge ne cesse de s'étendre, notamment à la faveur de l'extension de l'accès à la justice. La reconnaissance d'une action collective au profit des consommateurs élargit certainement les possibilités d'accès à la justice, notamment dans les cas où le dommage affecte une pluralité de personnes qui, prises individuellement,

---

[1] *La justice*, ellipses poche, 2018, p. 7.
[2] *Le Juste 2*, op. cit., p. 18.
[3] Ph. Fontaine, op.cit., p. 12.

n'auraient que peu d'intérêt de saisir la justice pour avoir réparation (article 14).

Enfin, la dernière étude de cet ouvrage aborde la question de la formation en arbitrage dans l'espace OHADA (article 15). Cette formation, quelle que soit la forme qu'elle prend (formation initiale ou formation continue), vise non seulement à élargir la communauté des « arbitragistes », mais aussi, et surtout à former des arbitres qui maîtrisent les aspects théoriques et pratiques de l'arbitrage. Autant que le juge étatique, le juge arbitral n'est digne de confiance que si ceux qui ont recours à lui sont convaincus de la qualité de sa formation.

-12-

CRISE(S) DE LA JUSTICE AU CAMEROUN ?*

Brèves réflexions sur un pouvoir à la croisée des chemins

> *« La façon dont la justice est rendue, la façon dont elle est vécue par les citoyens, sont au cœur de la démocratie. Il n'y a pas d'État de droit, il n'y a pas de vertu républicaine sans une bonne justice ».*
>
> Jacques Chirac (*20 janvier 1997*)

1. Dans tous les pays du monde, la justice est au cœur des enjeux sociaux et politiques[1]. C'est qu'il s'agit d'une institution redoutable et redoutée. Comment pourrait-il en être autrement, eu égard aux prérogatives importantes qui lui sont reconnues, à savoir, d'une part, la *jurisdictio*, le pouvoir de trancher les litiges en disant le droit, et d'autre part, l'*imperium*, le pouvoir de faire respecter ou d'ordonner l'exécution, fut-ce « par la force, de ses décisions ». L'iconographie restitue bien ce pouvoir si particulier en représentant la justice par la balance et le glaive[2]. Ce faisant, la justice assure la sauvegarde du pacte social en arbitrant entre les intérêts divergents. Il s'agit, comme l'observe un auteur[3], d'une justice investie de toutes les espérances sociétales « une justice promue épicentre de l'État de droit, creuset où s'élabore la démocratie de demain, une justice de services dans un espace public connu comme une communauté de communautés ». Si la justice est ainsi au centre de l'espace et du débat publics, alors tout ce qui la concerne ne saurait laisser indifférent et occupe nécessairement une place importante dans le débat public.

***Article publié in *Le droit au pluriel, Mélanges en hommage au doyen Stanislas Melone*, P.U.A, 2018, pp. 915-934, sous le titre « Crise (s) de la justice au Cameroun ? Brèves réflexions sur un pouvoir à la croisée des chemins ».**

[1] Pour une vue générale sur la justice, V. L. Cadiet, *Découvrir la justice*, Dalloz, 1997, 266 p. ; H.M. Moneboulou Minkada, « Justice idéale et justice juridique : plaidoyer pour une justice juridique légitime », in Annales africaines (Université Cheikh Anta Diop), Déc. 2016, Vol. 2, n° 5, pp. 229-247.

[2] Sur l'histoire et la signification de ces symboles, v. L. Cadiet, op.cit, p. 36 et s ; P. Ferreira Da Cunha, « La balance, le glaive et le bandeau-Essai de symbologie juridique », in *Droit et esthétique*, APD, t. 40, Sirey, 1996, pp.106-120.

[3] A. Garapon, « La démocratie à l'épreuve de la justice », in *Ce qui a changé dans la justice depuis 20 ans*, *Justices*, Dalloz, 1, p. 43-54, spéc. pp. 51-53.

2. Il en est ainsi au Cameroun où la justice polarise effectivement l'attention depuis longtemps et particulièrement depuis quelques années, à la faveur du déclenchement et de la montée en puissance de la célèbre « opération Épervier », dont l'objectif est, semble-t-il, d'assainir la vie publique par une lutte acharnée contre la corruption et les détournements de deniers publics[1]. La vie sociale et politique du pays est ainsi fortement rythmée, voire influencée par l'actualité et le calendrier judiciaires. La presse tant nationale qu'internationale se fait largement l'écho de cette actualité judiciaire omniprésente autant qu'elle l'amplifie et la dramatise. Dans un tel contexte, la justice « spectacle » qui fascine par la puissance qu'elle déploie, n'échappe pas aux critiques quand elle ne suscite pas la suspicion. Les charges contre l'institution judiciaire, en général, sont si fortes et récurrentes aujourd'hui qu'il est légitime de se demander si la justice camerounaise ne serait pas en crise.

3. Pour l'opinion publique, les maux et autres dysfonctionnements de la justice camerounaise sont nombreux et persistants. Utilisant une métaphore médicale, on pourrait dire que la justice souffre de différentes pathologies : partialité, corruption et incompétence des magistrats, lenteur des procédures et des procès, éloignement et difficulté d'accès des juridictions, dépendance ou soumission des magistrats vis-à-vis des puissants (pouvoirs politiques et opérateurs économiques), etc. En outre, il convient de relever que la justice, en tant qu'institution, souffre d'un manque d'effectifs, d'équipements ou d'infrastructures dignes de la place et du rôle que la Constitution et les lois lui reconnaissent. Tout ceci rend extrêmement difficile la tâche des magistrats et ajoute au malaise des professionnels du corps judiciaire. En fin de compte, cette situation exacerbe l'insatisfaction des citoyens en général, et celle des justiciables, d'une part, et contribue à dégrader l'état général de l'institution judiciaire, d'autre part.

4. Au demeurant, les critiques adressées à la justice semblent fondées. Ainsi, s'agissant par exemple de la corruption, il y a lieu d'observer qu'à plusieurs reprises, l'organisation non gouvernementale *Transparency international* a régulièrement classé la justice parmi les administrations publiques les plus corrompues du Cameroun, juste derrière la police et l'administration fiscale. Quant au manque d'indépendance, il est, en effet,

---

[1] Lancée en 2006 par le président Paul Biya, cette vaste opération judiciaire s'inscrit dans le cadre de la lutte anti-corruption. Cependant, certains y voient une entreprise « d'épuration » politique destinée à éliminer les « rivaux » politiques. En tout cas, elle a abouti à la condamnation de plusieurs hauts responsables gouvernementaux et administratifs, dont un ancien premier ministre et de nombreux ministres et directeurs généraux d'entreprises publiques. V. sur la critique de cette opération, Ch. G. Mbock (dir), *L'opération Épervier au Cameroun ; un devoir d'injustice* ?, L'Harmattan, 2012 ; J.M. Atangana Mebara, *Lettres d'ailleurs*, L'Harmattan, 2012 ; U. Olanguena, *Mensonges d'État. Déserts de République au Cameroun*, Ed. Schabel, 2016, 455 p.

constamment reproché à la justice camerounaise d'être une « justice aux ordres » et, plus particulièrement, d'être soumise au pouvoir politique. Celui-ci est tout simplement accusé d'instrumentaliser la justice à des fins politiques[1]. C'est ainsi que l'auteur[2] d'un pamphlet contre le régime en place affirme sans ambages que « le déroulement de l'opération Épervier nous présente une situation de connivence et un niveau élevé de pression qui donnent le sentiment d'une imbrication implacable État/Justice pour pousser la victime à la guillotine ». La charge devient cinglante lorsqu'il alerte contre le risque ou le péril d'un « *État sans justice* » ou quand il dénonce « *l'utilisation politique* » de la justice[3]. Au-delà de l'opération Épervier, c'est l'institution judiciaire dans son ensemble qui est attaquée et critiquée pour toutes sortes de raisons. Cela devient préoccupant, car « la justice constitue un des piliers de l'État de droit : c'est par elle que les droits de chacun peuvent être reconnus. Qu'elle vienne à manquer à sa mission et ce sont les libertés comme l'égalité devant la loi qui se trouvent menacées[4]».

5. La justice camerounaise serait-elle donc en crise ? La réponse à cette interrogation n'est pas évidente, ce d'autant plus que la problématique de la crise de la justice au Cameroun était déjà à l'ordre du jour même du temps où le dédicataire de cette réflexion professait[5]. Et quand bien même on pourrait hésiter à répondre de manière définitive, il y a simplement lieu de rappeler que la justice camerounaise souffre de nombreux maux qui traduisent et renforcent dans l'opinion publique le sentiment qu'elle est en crise. Force est aussi d'observer que l'idée de la crise de la justice camerounaise a depuis longtemps trouvé un certain écho dans la doctrine. En effet, certains n'hésitent pas à faire le constat d'une véritable crise de la justice tout en fustigeant ses travers[6]. Le

---

[1] V° Ph. Bernard, « Au Cameroun, la lutte contre la corruption sert d'arme politique », *Le Monde*, 25 mai 2008 ; S. Sakho, « Cameroun : la chasse aux sorcières fait rage », *Slate*, 22 septembre 2012 ; *Mondafrique*, « Cameroun : L'impitoyable machine judiciaire de Paul Biya », 6 septembre 2015.

[2] U. Olanguena Awono, *Mensonges d'État. Déserts de République au Cameroun*, Ed. Schabel, 2016, 455 p.

[3] Op.cit, p. 18.

[4] J.Cl. Magendie, *Les sept péchés capitaux de la justice française*, Ed. Léo Scheer, 2012, p. 121.

[5] Dans un article devenu une référence, le professeur Stanislas Melone regrettait la « *trop grande limitation des pouvoirs du juge dans l'élaboration de la sentence pénale* » et s'inquiétait de ce que celui-ci ne devienne « *un distributeur automatique de la peine* », in « Les grandes orientations de la législation pénale en Afrique : le cas du Cameroun », RCD, 1975, n° 7, pp. 32 et s. ; V° aussi, M. Kamto, « Une justice entre tradition et modernité », in *Afrique contemporaine*, n° 156, pp. 57 et s.

[6] P. Nkou Mvondo, « La crise de la justice de l'État en Afrique noire francophone, Étude des causes du divorce entre la justice et les justiciables », Penant, n° 824, 17, p. 209 s. Pour une vue générale sur la justice au Cameroun, v° *Le juge et le droit*, numéro spécial des *Cahiers juridiques et politiques* (Université de Ngaoundéré), 2014. En France, le débat sur la crise de la justice est permanent. V° A. Garapon, « Les trois crises de la justice », Esprit, n° 373 (3/4)

prétexte existe donc pour que l'on examine sérieusement l'état et le fonctionnement de l'institution judiciaire. En effet, si cette crise de la justice camerounaise était avérée, c'est l'État de droit et la démocratie qui seraient en danger dans notre pays. Faudrait-il craindre alors les « *déserts de République* » comme l'indique le sous-titre d'un ouvrage récent[1] ? En tout état de cause, quand la justice « va mal », la République en est affectée. Comme le relève si bien un haut magistrat français[2], "la République se trouve affaiblie lorsque les citoyens perdent confiance dans les institutions, spécialement dans une justice qui leur donnerait le sentiment qu'elle n'est pas en mesure de leur assurer la reconnaissance de leurs droits ou qu'elle ne respecte pas l'égalité de ceux qui comparaissent devant elle".

6. Ainsi, au cœur du débat sur la ou les crises de la justice au Cameroun, se trouvent posées les questions fondamentales de la qualité, de l'efficacité et de la vertu de la justice. Ces questions soulignent la nécessité d'entreprendre l'évaluation de la justice en tant qu'institution et des services qu'elle rend afin de s'assurer qu'elle répond bien aux attentes des citoyens[3]. Mais, en même temps, si les dysfonctionnements et les maux de la justice sont établis, il conviendrait alors d'envisager les voies de la réforme de la justice, afin de restaurer la fonction juridictionnelle dans sa dignité et de renouer le lien de confiance entre les citoyens et l'institution judiciaire. Autrement dit, la justice devrait être repensée pour répondre aux attentes des citoyens camerounais en général et des justiciables en particulier qui sont soumis à son office. Au-delà, il s'agit aussi de satisfaire à l'exigence de sécurité judiciaire qui est le corollaire de la sécurité juridique.

7. La justice camerounaise apparaît ainsi comme un pouvoir à la croisée des chemins puisqu'elle cherche à s'affirmer comme un vrai pouvoir en même temps qu'elle doit surmonter tous les maux et dysfonctionnements qui affectent son fonctionnement. Elle semble en tout cas traverser une crise qui serait duale. D'une part, la justice en tant qu'institution, paraît douter d'elle-même et particulièrement de sa place et de son statut au sein des institutions. Il s'agirait alors d'une *crise d'identité*, en ce sens qu'elle éprouve des difficultés à s'affirmer comme un pouvoir à l'égal des pouvoirs législatif et exécutif (I). D'autre part, la justice, en tant que service public, suscite le doute tant de la part de l'opinion publique en général et des justiciables en

---

(Mars-avril 2011), pp. 246-248 ; J.Cl. Magendie, *Les sept péchés capitaux de la justice française*, Ed. Léo Scheer, 2012.

[1] U. Olanguena Awono, *Mensonges d'État. Déserts de République au Cameroun*, Ed. Schabel, 2016.

[2] J.Cl. Magendie, *Les sept péchés capitaux de la justice française*, Ed. Léo Scheer, 2012.

[3] Ailleurs, le problème de l'évaluation de la justice est devenu un enjeu central au moment où l'on estime que la justice dit, comme les autres services publics, faire l'objet d'évaluation qui seule peut permettre d'apprécier la dimension de la qualité dans son fonctionnement et la satisfaction des usagers. V° E. Breen (sd), *Evaluer la justice*, PUF, 2002.

particulier. Ce serait, dans ce cas, une *crise de crédibilité*, dès lors que la justice semble avoir perdu la confiance des citoyens (II).

I. UNE CRISE D'IDENTITÉ

8. La Justice est-elle un pouvoir au Cameroun ? Autrement dit, y a-t-il un pouvoir judiciaire ? La question peut sembler provocante au regard des dispositions constitutionnelles et législatives en vigueur qui consacrent formellement l'existence du pouvoir judiciaire. Cependant, l'analyse des textes et l'appréciation de la réalité des rapports entre le pouvoir exécutif et le pouvoir judiciaire conduisent à relativiser l'effectivité du pouvoir judiciaire. La question centrale est alors celle de la place de la justice au sein de l'État en général et dans l'architecture des institutions en particulier. En somme, il apparaît que si, au regard des textes, la justice est bien un pouvoir reconnu dans l'ordre juridique et institutionnel (A), elle est, dans les faits, un pouvoir « contenu » dans l'exercice de sa mission (B).

A. Un pouvoir reconnu ou l'apparence du pouvoir judiciaire

9. Le pouvoir judiciaire existe bel et bien au Cameroun puisqu'il est institué par la Constitution (1) et de ce fait, il est formellement indépendant des pouvoirs législatif et exécutif (2).

1. L'existence du pouvoir judiciaire

10. La Constitution du 2 juin 1972 révisée par la loi du 18 janvier 1996 consacre le pouvoir judiciaire en son titre V. Il résulte des dispositions de l'article 37 al. 2 que « *Le pouvoir judiciaire est exercé par la Cour suprême, les cours d'appel, les tribunaux* [1]». En disposant ainsi, la Constitution révisée transforme « *l'autorité judiciaire* » en « *pouvoir judiciaire* [2]». Ce faisant, elle s'est conformée au principe de la séparation des pouvoirs énoncé par Montesquieu et qui distingue les pouvoirs législatif, exécutif et judiciaire. Il faut dire qu'en réduisant la justice pendant longtemps à n'être qu'une simple autorité, le constituant camerounais l'avait confinée dans une fonction stricte

---

[1] Conformément aux dispositions de l'article 3 nouveau de la loi n° 2006/015 du 28 décembre 2006 portant organisation judiciaire, modifié par de la loi n° 2011/027 du 14 décembre 2011, l'organisation judiciaire comprend : *« la Cour suprême, les cours d'appel, le tribunal criminel spécial, les juridictions inférieures en matière de contentieux administratif, les juridictions inférieures des comptes, les tribunaux militaires, les tribunaux de grande instance, les tribunaux de première instance, les juridictions de droit traditionnel »*.

[2] Sur ce passage de l'autorité au pouvoir judiciaire, v° M. Kamto, « Les mutations de la justice camerounaise à la lumière des développements constitutionnels de 1996 », Revue africaine des sciences juridiques (Université de Yaoundé II), vol.1, n° 1/2000, pp. 9-20 ; B. Djuidje, « Le statut du juge judiciaire camerounais », Annales de la Faculté des sciences juridiques et politiques (Université de Dschang), t. 3, 1999, p. 45 et s. ; J.C. Aba'a oyono, « Les mutations de la justice à la lumière du développement constitutionnel de 1996 », *Afrilex* 2000/01.

d'application de la loi[1]. La justice était ainsi « condamnée » à n'être que « *la bouche de la loi* ». En réalité, la justice en tant qu'autorité avait un statut subalterne par rapport au pouvoir exécutif et par là même, une place secondaire au sein de l'État. En l'érigeant en pouvoir autonome, la réforme constitutionnelle de 1996 confirme la justice en tant que fonction régalienne de l'Etat et reconnaît aux organes qui l'incarnent, à savoir les cours et tribunaux, le statut de pouvoir au même titre que le législatif et l'exécutif.

11. Comme tout pouvoir, le pouvoir judiciaire ainsi consacré par la Constitution a une compétence spécifique. C'est celle de rendre la justice en appliquant les lois et règlements de la République[2]. Cette prérogative consiste donc pour les juridictions nationales d'exercer le pouvoir de juger qui appartient en réalité au peuple souverain et que celui-ci leur délègue en quelque sorte. Certes, les juges ne sont pas élus, mais ils agissent bien au nom du peuple camerounais et reçoivent de celui-ci le pouvoir de juger qui comprend à la fois la *jurisdictio* et l'*imperium*. L'on est fondé à dire que la légitimité du pouvoir judiciaire n'est point discutable, car elle tire son fondement et sa justification des termes mêmes de la loi : « *La justice est rendue sur le territoire de la République au nom du peuple camerounais* [3]». Ainsi, rendant la justice au nom du peuple camerounais, les juges n'ont pas ainsi moins de légitimité que les membres du parlement qui sont chargés de voter les lois, bien que ceux-ci soient élus et soient, à ce titre, les représentants du peuple.

12. Le constituant a donc pris le parti de faire de la justice un pouvoir, au même titre que le législatif et l'exécutif. A l'évidence, au plan strictement symbolique, la place du pouvoir judiciaire est bien reconnue dans les faits, comme en témoigne la place que le Premier président et le Procureur général près la Cour Suprême occupent désormais dans le protocole lors des cérémonies publiques. En effet, ils prennent rang immédiatement après le Président de la République, le président du Sénat, le président de l'Assemblée nationale, le Premier ministre et le président du Conseil économique et social. Ainsi, ils ont ainsi préséance sur les membres du gouvernement. Qui a dit que les symboles n'étaient pas importants dans la vie des institutions !

Il reste qu'après cette importante réforme qui s'est traduite par le changement de statut de l'institution judiciaire, l'on est en droit de se demander si sa transformation de l'autorité judiciaire en pouvoir judiciaire a réellement renforcé l'indépendance de la justice.

---

[1] Sur cette conception de la justice dont les origines remontent bien avant lfria révolution française, v° M. Troper, « Les discours de la réforme », in L. Cadiet, L. Richer (sd), *Réforme de la justice, réforme de l'État*, puf, 2003, pp. 33 et s.
[2] Sur l'office du juge, v° A. Akam Akam, ibid, n° 14 et s.
[3] L'article 2 al. 1 de la loi n° 2006/015 du 2 décembre 2006 portant organisation judiciaire.

2. L'indépendance du pouvoir judiciaire

13. Après avoir institué le pouvoir judiciaire, l'article 37 al. 2 de la Constitution précise : « *il* (le pouvoir judiciaire) *est indépendant du pouvoir exécutif et du pouvoir législatif* ». Cette disposition affirme l'indépendance du pouvoir judiciaire et consacre l'égalité formelle des trois pouvoirs d'État que sont le pouvoir législatif, le pouvoir exécutif et le pouvoir judiciaire. Cette indépendance de la justice vis-à-vis des autres pouvoirs est autant celle de l'institution judiciaire elle-même que celle des personnes qui l'incarnent, à savoir les magistrats du siège[1].

14. L'indépendance du pouvoir judiciaire est d'abord celle de l'institution judiciaire qui comprend les cours et tribunaux. Elle procède de la séparation des pouvoirs et concerne donc les rapports de la justice avec les autres pouvoirs et constitue la condition nécessaire de son autonomie et de son impartialité. Elle est consubstantielle à l'État de droit, car, ainsi que l'affirme Papa Oumar Sakho[2], « instituée pour assurer l'autonomie du pouvoir judiciaire par rapport à tout autre pouvoir…, l'indépendance de la justice est à la fois la condition nécessaire de la promotion de l'État de droit et le moyen de sa sauvegarde ».

Concrètement, l'indépendance de la justice en tant que pouvoir, signifie que :

– les pouvoirs législatif et exécutif ne sauraient entraver le fonctionnement normal des organes juridictionnels ni s'immiscer dans leurs activités. Le pouvoir judiciaire est ainsi protégé contre les empiètements du pouvoir exécutif et du pouvoir législatif[3]. Le pouvoir judiciaire jouit ainsi d'une autonomie dans l'exercice de ses missions et ne saurait souffrir de quelques entraves dans son fonctionnement de la part des deux autres pouvoirs constitués. Comme le rappelle Jean Claude Magendie[4], « *En démocratie, l'État vit ses prérogatives limitées par le principe de séparation des pouvoirs qui interdit tout empiètement de l'exécutif ou du législatif sur la justice* ». L'indépendance de la justice postule ainsi l'autonomie effective du pouvoir judiciaire vis-à-vis des pouvoirs législatif et exécutif.

---

[1] Sur cette question controversée en général, v° *L'indépendance de la justice*, Actes du deuxième congrès de l'Association des Hautes juridictions de cassation des pays ayant en partage l'usage du français (AHJUCAF), (Dakar, 7-8 nov 2007, publié par l'OIF ; J. Mattijs, « Implications managériales de l'indépendance de la justice », Pyramides, Revue du Centre d'Études et de Recherches en Administration publique, 11, 2006, p. 65-102.

[2] Allocution d'ouverture, in *L'indépendance de la justice*, AHJUCAF, ibid, pp.13 et s.

[3] Sur cette protection, v. L. Cadiet, Découvrir la justice, p. 46 et s.

[4] Ibid. p. 13.

– que la justice, quant à elle, ne saurait non plus empiéter dans l'exercice des fonctions législative et exécutive[1]. Cette prohibition trouve son origine en droit français et notamment dans la loi des 16 et 24 août 1790 qui interdit aux tribunaux, sous peine de forfaiture, de prendre directement ou indirectement part à l'exercice du pouvoir législatif et qui précise que « *les fonctions judiciaires sont et demeurent séparées des fonctions administratives. Les juges ne pourront, à peine de forfaiture, troubler de quelque manière que ce soit les opérations des corps administratifs ni citer devant eux des administrateurs pour raison de leurs fonctions* ». Il s'agit là d'un principe général du droit public qui vise à garantir la séparation des pouvoirs législatif, exécutif et judiciaire et à « cantonner » l'intervention du juge dans les limites de son office. Comme l'observait le Professeur Guy Carcassonne[2], « le risque existe toujours… qu'une conception trop extensive de la justice, en particulier pénale, n'amène le juge à franchir la frontière entre légalité et opportunité, à apprécier ce qu'est ou aurait été, selon lui, la bonne utilisation du pouvoir législatif ou du pouvoir réglementaire, mettant ainsi en cause les conditions de leur exercice pourtant légal ».

15. L'indépendance du pouvoir judiciaire ne saurait cependant signifier que la justice doit être « coupée » des autres pouvoirs ni se déployer dans un climat d'affrontement ou de suspicion envers le parlement ou l'exécutif. C'est à juste titre qu'un auteur[3] rappelle que « La séparation des pouvoirs ne saurait être la guerre des pouvoirs ». Il faut donc que la justice s'exerce dans un climat de « respect » mutuel et de franche collaboration avec les pouvoirs législatifs (*qui vote les lois*) et le pouvoir exécutif (*qui exécute les lois*) pour assurer un fonctionnement harmonieux de l'État en général et de l'État de droit en particulier[4]. Autant le dire, tout conflit entre les pouvoirs législatif, exécutif et judiciaire affaiblit la République et porte atteinte à la démocratie. Aussi, il faut que s'organise une coopération harmonieuse fondée sur la stricte observation de la séparation des pouvoirs qui leur permette, chacun dans son domaine, d'exprimer un volet de la souveraineté nationale, sans empiètement ni entrave.

16. Par rapport aux magistrats, l'indépendance de la justice concerne particulièrement les magistrats du siège, c'est-à-dire ceux qui ont la charge effective de trancher les différends opposant les justiciables. Ceux-ci, comme le prévoit l'article 37 al. 2 de la Constitution, ne relèvent dans leurs fonctions

---

[1] L. Cadiet, op. cit., pp.48-50.

[2] « Les éléments théoriques de la problématique de l'indépendance de la justice » in *L'indépendance de la justice*, AHJUCAF, ibid, pp.31 et s.

[3] Ibid. p. 31.

[4] L. Cadiet, S. Guinchard, « La justice à l'épreuve des pouvoirs, les pouvoirs à l'épreuve de la justice », in Justices, n° 3 : *Justice et pouvoirs*, Dalloz, 1996, pp. 1-12

juridictionnelles, que de la loi et de leur conscience[1]. Cette indépendance se traduit ainsi par les garanties statutaires qui leur sont reconnues et qui mettent les magistrats à l'abri des pressions ou menaces dans l'accomplissement de leur mission. Il faut dire que cette indépendance est nécessaire, car dans l'exécution de leur office qui consiste prioritairement à garantir l'État de droit, il s'agit d'assurer que « face aux droits et libertés des citoyens dont il est le protecteur naturel, le juge pourra prendre librement ses décisions, y compris contre l'État et les pressions d'où qu'elles viennent[2] ».

17. Dans de nombreux pays notamment occidentaux, le débat porte aujourd'hui sur le statut des magistrats du parquet qui relèvent de l'autorité hiérarchique du ministre de la Justice. Concrètement, les magistrats du parquet sont placés sous la direction et le contrôle de leurs chefs hiérarchiques et sous l'autorité du ministre de la Justice. Il apparaît manifestement que les magistrats du parquet ne sont pas indépendants, comme le sont les magistrats du siège. Aussi, beaucoup pensent que l'indépendance de la justice passe aujourd'hui par une modification du statut du parquet et que son indépendance est une exigence démocratique. Ce débat est largement ouvert en France le moins que l'on puisse dire est que les opinions sont partagées[3]. Néanmoins, d'une manière générale, les Conseils consultatifs des juges et des procureurs européens ont affirmé que « l'indépendance du ministère public constitue un corollaire indispensable à l'indépendance du pouvoir judiciaire » et que « l'impartialité et l'indépendance des juges et procureurs ne relèvent pas d'une prérogative ou d'un privilège accordé aux intéressés dans leur propre intérêt, mais constituent des qualités indispensables au maintien de l'État de droit et à la recherche de la justice ». Dans cet ordre d'idées, pour desserrer l'étreinte, une première réforme pourrait consister à limiter ou à mettre un terme à la pratique d'instructions données par le ministre de la Justice aux parquets généraux dans la conduite d'affaires dites particulières ou sensibles. Cela éviterait que ses interventions ne viennent rompre l'égalité des citoyens devant la loi et la justice.

18. Au regard de tout ce qui précède, il apparaît que la réforme constitutionnelle de 1996 a opéré la consécration du pouvoir judiciaire. Il reste que malgré cette avancée formelle, le sentiment persiste que la justice serait toujours dans un rapport de sujétion vis-à-vis du pouvoir exécutif et qu'en réalité, le pouvoir judiciaire est loin d'être un pouvoir à l'égal des autres.

---

[1] A. Akam Akam, « La loi et la conscience dans l'office du juge », RRJ-Droit prospectif, 2012, pp.126 et s.

[2] Papa Oumar Sakho, idem.

[3] V° J.Cl. Marin, « Réflexions sur le statut du magistrat du parquet », Discours prononcé sur le Statut du magistrat (18/10/15), https:/www.cur de cassation.fr.

B. Un pouvoir contenu ou l'illusion du pouvoir judiciaire

19. L'idée que la justice soit dépendante du pouvoir politique est une antienne que l'on a entonnée à toutes les époques, et qui persiste de nos jours, et ce même dans les vieilles démocraties. En effet, dans le cas de la France, il est constant, et ce depuis le moyen âge, que la justice ne saurait être affranchie du pouvoir politique, quelle que fût la nature du régime en place. D'ailleurs, l'idée que la justice puisse être présentée comme un pouvoir n'a jamais prospéré. Elle a toujours été vue comme une simple autorité chargée d'exécuter les lois. Dans une telle perspective, la justice s'est inscrite dans un rapport inégalitaire par rapport aux pouvoirs législatif et exécutif. Il semblerait que Montesquieu lui-même, qui a pourtant systématisé la théorie de la séparation des pouvoirs à la suite de l'Anglais John Locke, n'eut jamais reconnu le pouvoir judiciaire comme l'égale des deux autres. Dans une formule célèbre, il considérait que la puissance de juger ne serait qu'une puissance « *en quelque sorte nulle* »[1]. De la justice déléguée à la justice retenue, de la justice sous surveillance à une justice clairement mise au service du pouvoir exécutif, l'histoire de la justice en France a longtemps été celle d'une sujétion au pouvoir politique[2]. Comme l'observe si bien un auteur[3], « en France, de l'Ancien régime à nos jours, un pouvoir judiciaire indépendant n'a jamais existé et l'institution judiciaire est toujours restée subordonnée au pouvoir politique, de manière plus ou moins marquée selon les époques ».

20. Que dire alors de la justice camerounaise ? Ces dernières années et particulièrement depuis le déclenchement de l'opération Épervier, le spectre d'une justice "*aux ordres*" est "brandi" par ceux qui considèrent que la justice est soumise du pouvoir exécutif, bien qu'elle soit devenue « un pouvoir» à la faveur de la révision constitutionnelle de 1996[4]. Il faut dire que la Constitution elle-même comporte des dispositions qui traduisent l'idée d'une « subordination » de la justice vis-à-vis de l'exécutif. En effet, l'alinéa 3 de l'article 37 vient pratiquement vider de son sens l'alinéa 2 qui consacre pourtant l'indépendance de la justice à l'égard du pouvoir législatif et du pouvoir exécutif. Le texte controversé prévoit : « *Le Président de la*

---

[1] V ° B. Garnit, "Un couple inégalitaire ? Pouvoir politique et institution judiciaire de l'Ancien régime à nos jours", in M. Wieviorka (dir), *Rendre (la) justice*, Éd. Sciences humaines, 2013, pp. 69 et s., notamment. P. 71. Lors des débats à la Constituante, Clermont-Tonnerre déclara : « *le pouvoir judiciaire, ce que l'on appelle improprement le pouvoir judiciaire, est l'application de la loi ou volonté générale à un fait particulier, ce n'est donc en dernière analyse que l'exécution des lois* », v° Archives parlementaires, 7 mai 1790, t. 15, p 418.

[2] L. Cadiet, S. Guinchard, « La justice à l'épreuve des pouvoirs, les pouvoirs à l'épreuve de la justice », in Justices, n° 3 : *Justice et pouvoirs*, Dalloz, 1996, pp. 1-12.

[3] B. Garnit, ibid, p.81.

[4] Certains n'hésitent pas à parler d'instrumentalisation de la justice. V. U. Olanguena, op.cit., p. 15. Dans ce sens, l'incarcération d'un ministre des enseignements secondaires en fonction et sa remise en liberté dès le lendemain (sur intervention des autorités politiques ?) a fait dire à certains que la justice était effectivement soumise au pouvoir exécutif.

République est garant de l'indépendance du pouvoir judiciaire. Il nomme les magistrats, il est assisté dans cette mission par le Conseil Supérieur de la Magistrature qui lui donne son avis sur les propositions de nomination et sur les sanctions disciplinaires concernant les magistrats du siège ». Ces dispositions sont-elles compatibles avec la consécration d'un « pouvoir judiciaire »[1] ? Leur reconduction malgré l'institution d'un pouvoir judiciaire ne confirme-t-elle pas la volonté du pouvoir politique de maintenir la justice sous « tutelle » ?

21. Il faut relever que ces dispositions constitutionnelles procèdent de « l'héritage français ». En consacrant la « subordination » du pouvoir judiciaire au pouvoir exécutif, elles contredisent le principe de la séparation des pouvoirs et semblent difficilement « compatibles » avec les exigences de l'État de droit. Pour comprendre la gravité du problème, imagine-t-on sérieusement un seul instant l'hypothèse d'un pouvoir législatif dont l'indépendance serait garantie par le chef de l'exécutif[2] ? Qu'adviendrait-il de la démocratie si une telle hypothèse était envisageable ? Le fait que le Président de la République soit le garant de l'indépendance du pouvoir judiciaire traduit en réalité l'abaissement de la justice dans l'ordre institutionnel. En effet, un pouvoir n'est réellement un pouvoir que s'il est autonome par rapport aux autres pouvoirs. La réforme constitutionnelle de 1996 en maintenant la double prérogative du Président de la République d'être le garant de l'indépendance du pouvoir judiciaire et de présider le Conseil supérieur de la magistrature (avec toutes les conséquences de droit qui en découlent, dont la gestion de la carrière les magistrats) trahit, soit la crainte d'un « gouvernement des juges » qui échapperait à tout contrôle[3], soit la volonté de maintenir la justice dans un statut inférieur par rapport à l'exécutif. Il y a là comme une volonté manifeste de « contenir » le pouvoir judiciaire. Une telle situation laisse l'impression d'un pouvoir judiciaire qui serait « incapable » de se prendre en charge et de « gérer » ses propres affaires, au point qu'il aurait besoin du « protectorat[4] » de l'exécutif.

22. Si l'on veut réellement une justice indépendante dans notre pays, il conviendrait d'envisager la révision de la Constitution pour restaurer la pleine

---

[1] Sur ce débat, en droit français, v. Th. Renoux, « Le président de la République, garant de l'indépendance de l'autorité judiciaire », in Justices, n° 3 : *Justice et pouvoirs*, Dalloz, 1996, pp. 11-12.

[2] En tout état de cause, l'existence d'une telle disposition dans la Constitution ne saurait, à notre avis, s'expliquer par le rôle reconnu au président de la République dans la régulation du jeu institutionnel que certains mettent en avant. V° notamment M. Nguele Abada, « Une intelligence de l'article 5 de notre loi fondamentale », Cameroon Tribune, 18 janvier 2016, pp. 10-11.

[3] P. Roland, « Faut-il craindre le gouvernement des juges ? », in M. Wieviorka, op.cit, p. 159 s.

[4] L'expression est de L. Cadiet, in *Découvrir la justice*, préc. p. 47.

autonomie de la justice. Il s'agit de « couper » ce cordon ombilical qui lie le Président de la République au pouvoir judiciaire, en consacrant l'indépendance organique de la justice. Comme l'observe Loïc Cadiet, « *La réalité de l'indépendance organique doit donc se mesurer à la faiblesse du rôle joué par le pouvoir exécutif*[1]». Il faudrait ainsi envisager les dispositions qui font du Président de la République le garant du pouvoir judiciaire et le président du Conseil supérieur de la magistrature. À cet effet, l'on pourrait s'inspirer de l'exemple de la France. En effet, des réformes successives de la Constitution de 1958 ont eu pour conséquence de faire du Conseil supérieur de la magistrature un organe véritablement autonome. Concrètement, elles ont conduit à l'éviction du Président de la République et du ministre de la Justice dans la composition de cet organe qui est désormais présidé par le Premier président de la Cour de cassation. De ce fait, la carrière des magistrats échappe enfin à l'emprise du pouvoir exécutif. Le Cameroun devrait courageusement s'engager résolument dans cette voie qui reviendrait à donner à l'institution judiciaire la place et la considération que requiert la fonction éminente de rendre la justice au nom du peuple. Il y a là une exigence cardinale si l'on veut réellement renforcer l'État de droit et restaurer la confiance du peuple en la justice.

23. Ainsi, l'avènement du pouvoir judiciaire aurait dû s'accompagner de mesures visant à garantir son indépendance réelle. Il faut regretter qu'il n'en fût pas ainsi alors même que l'État de droit ne saurait point s'accommoder d'une justice sous « tutelle » ou aux "ordres". En tout cas, un pouvoir ne saurait garantir l'indépendance d'un autre pouvoir ni s'immiscer dans son fonctionnement au risque de compromettre la logique qui fonde la séparation des pouvoirs et qui voudrait que dans une démocratie, « *le pouvoir arrête le pouvoir* » ! En l'état, le pouvoir judiciaire institué à la faveur de la révision constitutionnelle de 1996 n'est en réalité qu'un pouvoir « contenu » dans les faits par le pouvoir exécutif qui lui assure les moyens de fonctionner et qui n'hésite pas, par différentes voies et méthodes, à « l'instrumentaliser » au gré de ses besoins ou intérêts.

24. La crise que traverserait la justice camerounaise est donc avant tout la crise d'un pouvoir judiciaire en quête de son identité et dont l'indépendance est réduite en raison de sa « subordination » au pouvoir exécutif. C'est autant l'institution que le personnel judiciaires qui sont sous la dépendance du pouvoir politique, l'une pour ses moyens de fonctionnement, l'autre pour l'évolution des carrières. Dans un tel contexte, ni les honneurs protocolaires lors des manifestations publiques, ni même les "dorures" de la Cour suprême ne sauraient dissimuler le malaise profond qui traverse le corps judiciaire, et encore moins dissiper le sentiment de défiance envers la justice qui grandit dans une opinion publique plus que jamais convaincue que l'institution

[1] In *Découvrir la justice*, préc. p. 47.

judiciaire manque constamment aux devoirs de sa charge et ruine ainsi sa crédibilité.

II. UNE CRISE DE CRÉDIBILITÉ

25. La justice camerounaise peine visiblement à s'imposer comme un véritable pouvoir judiciaire, indépendant de l'exécutif et comme un service public qui concourt à l'application du droit et assure un égal accès des citoyens à la justice. Certes, elle en a les attributs et même les apparences. Cependant, la crise de confiance dans laquelle elle s'enfonce dans son rapport avec le public serait moins grave si elle n'était due à de sérieux dysfonctionnements et à de graves manquements dans l'accomplissement des missions qui lui sont dévolues. Dans un tel contexte, le risque est que le service public de la justice ne s'installe dans une crise de crédibilité qui procède de ses propres carences et manquements sur le double plan de la qualité (A) et de la vertu (B).

A. La qualité de la justice

26. La justice, en tant que service public, a pour premier devoir de juger au nom du peuple camerounais. Il s'agit, pour les juges qui incarnent le pouvoir judiciaire de trancher les différends entre les justiciables. Cette mission implique de recevoir les réclamations des parties, de recueillir leurs prétentions ainsi que leurs arguments, de statuer conformément aux textes de droit en vigueur dans un délai raisonnable. Les exigences liées au procès équitable résonnent aujourd'hui comme des impératifs cardinaux pour le juge. Or, force est de constater que l'office du juge est compliqué, voire rendu difficile par l'absence de moyens tant matériels qu'humains. Le budget de la justice n'est pas parmi les plus importants de la Nation. Faut-il y voir un signe de l'idée que la République se fait de la justice ?

Il ne fait point de doute que la crise que traverse la justice camerounaise est avant tout une crise de la qualité de la justice[1]. Cette crise tient notamment à l'accès, au temps et à l'efficacité de la justice.

1. L'accès à la justice

27. L'accès à la justice n'est point aisé. Certes, la loi proclame que la justice est gratuite, mais l'on sait bien que la justice a un coût. Saisir le juge implique l'exposition à de nombreux frais et charges liés aux différents actes et formalités de procédure, au recours aux auxiliaires judiciaires qui participent à des degrés divers à la fonction de justice (huissiers, avocats). Ces coûts sont parfois si élevés qu'ils compromettent, pour de nombreux particuliers, « le droit au juge ». Lorsqu'il en est ainsi, il s'agit d'une atteinte

---

[1] Sur cette problématique en général, v° E. Serverin, « Quelles mesures pour la justice », in L. Cadiet, L. Richer, op.cit., pp. 49 et s.

à un droit fondamental, qui est le droit de toute personne d'agir en justice, de saisir un juge, d'accéder à une juridiction. Plus qu'un droit fondamental, il s'agit même d'une liberté publique garantie par la Constitution. En tout état de cause, la loi doit garantir le droit au juge en tant que celui-ci est un droit fondamental pour le citoyen et un élément de l'égalité entre citoyens.

28. C'est dans l'optique de faciliter l'accès en justice que l'assistance judiciaire est prévue et organisée au Cameroun par la loi n° 2009/004 du 14 avril 2009, en faveur des personnes démunies de ressources pour ester en justice. Elle peut être accordée aux personnes démunies de ressources suffisantes et les dispense du paiement des frais de justice[1]. Elle peut être octroyée devant toutes les juridictions de l'ordre judiciaire et même les juridictions administratives. Par ailleurs, l'assistance judiciaire peut être accordée aux personnes éligibles, quelle que soit la nature de la procédure engagée, qu'elle soit contentieuse ou gracieuse. Ainsi, si l'assistance judiciaire est prévue dans les textes, il faut néanmoins s'interroger sur son effectivité. L'on doit notamment s'interroger sur l'insuffisante dotation des ressources humaines et financières relatives et l'absence de structures chargées spécifiquement de la gestion technique et financière de ce système d'aide judiciaire.

29. En somme, la qualité de la justice s'apprécie et se mesure avant tout dans la capacité des citoyens à accéder aux services judiciaires. Il convient de rappeler que la justice est une exigence pour l'État. Si elle est une fonction régalienne pour ce dernier, y accéder est en revanche, un droit primordial pour les citoyens. En tout état de cause, il ne faudrait jamais perdre de vue que c'est dans la qualité de la rencontre entre l'offre et la demande de justice que se mesure la réalité de cette exigence.

---

[1] Au sens de la loi, sont réputées personnes à ressources insuffisantes : *les indigents, les hommes de rang de toutes armes pendant la durée de leur service ; les personnes assujetties à l'impôt libératoire, le conjoint en charge d'enfants mineurs, en instance de divorce qui ne dispose d'aucun revenu propre, toutes personnes lorsque les frais à exposer ne peuvent être supportés par leurs ressources initialement réputées suffisantes.* Par dérogation, l'assistance judiciaire peut être accordée, à titre exceptionnel, aux personnes morales dont l'insuffisance des ressources ne permet pas de faire valoir leurs droits en justice. En revanche, bénéficient de plein droit de l'assistance judiciaire : le travailleur victime d'un accident de travail, pour les actions en indemnisation, la personne sans empli et sans ressources, abandonnée par son conjoint, aux fins d'obtenir du tribunal une pension alimentaire pour elle-même ou pour les enfants laissés à sa charge, le condamné à mort, demandeur au pourvoi. Au regard de cette énumération, il y a lieu de se demander si l'assistance judiciaire ne devrait pas bénéficier de plein droit aux mineurs victimes d'infractions, et aux personnes victimes d'une violence sexuelle ou de torture.

2. Le temps de la justice

30. La crise de la justice se cristallise davantage sur la durée des procédures et des procès[1]. En clair, la question des lenteurs judiciaires qui est au cœur des reproches qui sont constamment faits à la justice camerounaise[2]. Elle prend un relief particulier lorsqu'il s'agit de la matière pénale si chère au dédicataire de cette étude et qui met en jeu les libertés individuelles[3]. En effet, les justiciables dénoncent le « temps de la justice », qui est un temps long, peut-être trop long. Il y a donc matière à débat, entre ceux qui estiment que la justice est trop lente et qui aimeraient qu'elle soit plus rapide, et ceux qui considèrent que la justice a besoin de temps, qu'elle ne s'accommode pas de célérité ni de précipitation[4]. Le juge dit prendre parti entre ces deux visions contradictoires. Comme il a été fort bien observé par Yann Aguila[5], « *Le juge dit rechercher un équilibre entre deux impératifs, parfois contradictoires : il faut prendre le temps de juger, mais il faut juger à temps* ».

31. Si le juge doit prendre le temps de juger, c'est parce qu'il y va de la qualité de la justice et plus précisément du souci d'une bonne administration de la justice. Ceci est vrai dans toutes les phases de la procédure, c'est-à-dire de l'introduction du recours jusqu'au jugement, en passant par l'instruction, le délibéré et le jugement. Le « temps de la justice » est dans cette perspective, une prévention contre la crainte d'une justice expéditive ou arbitraire. Il reflète cette affirmation que l'on prête à Voltaire : « *Un jugement trop prompt est souvent sans justice* ». C'est dire que la justice a besoin de temps pour statuer sereinement et justement, un temps utile pour résoudre le litige. Un auteur[6] rappelle ceci : « *Au fond, l'écoulement du temps est consubstantiel à la fonction juridictionnelle. La fameuse « distance » du juge ne se mesure pas seulement par rapport aux justiciables : elle est aussi une distance dans le temps. Une justice sereine a besoin de recul* ».

---

[1] Il s'agit d'un sujet qui interpelle tous les systèmes judiciaires. En droit français, v° Entretiens d'Aguesseau, *Le temps, la justice et le droit*, (textes réunis par S. Gabriau, H. Pauliat), Actes du colloque organisé à Limoges les 20 et 21 novembre 2003, Pulim, 2004, 373 p ; J.M Belorgey, « La situation générale du temps des procédures devant les juridictions », in *Le temps dans les procédures*, Paris, Dalloz, 1996, p. 5.

[2] M. Fansi, « Comment lutter contre les lenteurs judiciaires », Tribune du droit, 1995, n. 3, p. 8.

[3] Pour une vue d'ensemble, cf. B. Belbara, *Le temps dans le procès. Contribution à l'étude de la célérité de la procédure pénale camerounaise en droit camerounais*, th. Ngaoundéré, 2017 ; « Les techniques d'accélération de la procédure pénale en droit camerounais », in *Cah. Jur. et Pol.*, 2014, p. 303 ; P. Nkou Mvondo, « Le juge et le temps dans le procès pénal », *Cah. Jur. et Pol.*, (Université de Ngauondéré), 2014, p. 146 et s.

[4] Ces derniers pourraient bien invoquer ces propos du doyen Carbonnier : « *La justice rapide, la justice à vapeur n'est pas une bonne justice. Il faut que les passions aient le temps de s'apaiser, il faut que le procès lui-même ait le temps de se refroidir* », in *Le procès et le jugement*. Cours de sociologie juridique, corpo. droit, 1961-62, p. 261.

[5] « Le juge et le temps », in *Le temps, la justice et le droit*, ibid, p. 7.

[6] Y. Aguila, ibid, p. 8.

32. Le juge a donc besoin de temps pour rendre justice. Que dire alors des justiciables qui ont un autre type de rapport avec le temps ? Si en toutes matières (civil, commercial, administratif, social, etc.), le temps est précieux, force est de reconnaître qu'en matière pénale, les exigences en ce qui concerne le temps sont particulièrement sensibles, qu'il s'agisse des prévenus ou des condamnés, des parties civiles ou des victimes[1]. Quand le juge prend ou se donne du temps pour juger, cela paraît bien long et suscite des incompréhensions et des critiques. Des affaires récentes ou en cours devant les juridictions pénales relatives soit à l'opération Épervier, soit à la lutte contre la secte terroriste Boko Haram, ont suscité de vives critiques quant à la « gestion » du temps par les juges. On a ainsi dénoncé des procédures qui « s'éternisent » et qui donnent l'impression d'une « manipulation » du temps au détriment des prévenus ou des accusés. En reprenant un auteur[2], on peut dire que « *la justice pénale est* (dans notre pays) *saturée de temps* ».

33. A cette utilisation abusive du temps, il faut opposer les exigences du procès équitable qui reposent sur l'idée et la nécessité que toute décision de justice soit rendue dans un délai raisonnable. À cet effet, l'article 7 de la Charte africaine des droits de l'homme rappelle le droit pour tout justiciable « *d'être jugé dans un délai raisonnable par une juridiction impartiale* ». En effet, si l'on dit admettre que le juge a besoin du temps pour rendre une bonne décision, il n'en demeure pas moins qu'il doit tenir compte du fait qu'il faut juger à temps. Le délai de jugement est aussi un des éléments de la qualité d'une décision de justice[3].

34. La justice camerounaise peine visiblement à comprendre que la réduction des délais de jugement participe de l'amélioration du fonctionnement des juridictions en général et de la qualité de la justice en particulier. Ceci est d'autant plus important que le déficit de confiance entre la justice et l'opinion publique, et particulièrement les justiciables, s'explique entre autres, par les lenteurs judiciaires. Pour « combattre » ce véritable mal de la justice camerounaise, il faut une double prise de conscience et une action convergente des magistrats et des pouvoirs publics[4]. En ce qui concerne les premiers, il s'agit d'œuvrer à une maîtrise du temps dans toutes les phases de la procédure[5] et pouvoir rendre les décisions dans des délais raisonnables. Il est évident que pour les parties, la valeur du temps varie selon leurs intérêts : « *l'une peut vouloir ralentir la procédure, l'autre l'accélérer, les délais font*

---

[1] V. P. Nkou Mvondo, « Le juge et le temps dans le procès pénal », p. cit, p. 145 et s.

[2] X. Lameyre, « Le temps de la peine. Entre sujétion temporelle et subjectivation existentielle », in *Le temps, la justice et le droit*, ibid, p. 163 et s.

[3] Y. Aguila, ibid, p. 9.

[4] M. Fansi, « Comment lutter contre les lenteurs judiciaires », Tribune du droit, 1995, n. 3, p. 8.

[5] S. Gaboriau, J-P. Garnerie, « Le temps de la procédure : regards croisés d'un magistrat et d'un avoué », in *Le temps, la justice et le droit*, ibid, p. 131 et s.

partie de la stratégie des parties[1] ». Ainsi, les magistrats doivent être en permanence à la « recherche du temps utile » pour résoudre le litige. Quant au pouvoir politique (législatif et exécutif), il lui revient d'assurer à la justice les moyens humains, matériels et infrastructurels nécessaires à son fonctionnement. Il faut augmenter le budget de la justice à la hauteur, d'une part, de son rang institutionnel qui est celui d'un pouvoir judiciaire égal au législatif et à l'exécutif, et d'autre part, de la fonction régalienne qu'elle assume. Qu'on se le dise, la « belle allure » de la Cour suprême apparaît comme le « cache misère » d'une justice camerounaise qui, dans son ensemble, vit « chichement » au quotidien ! Comment, dans ces conditions, pourrait-elle être efficace ?

3. L'efficacité de la justice

35. L'objectif de tout justiciable n'est pas seulement d'obtenir la sanction, ou la reconnaissance de ses droits par une décision de justice, il est peut-être avant tout d'en obtenir l'exécution. Autrement dit, le souhait de tout justiciable est que la décision rendue rapidement, qu'elle soit exécutée aussi rapidement, de manière effective et complète. Si la justice est un pouvoir, alors on se serait attendu que ses décisions soient exécutées sans entraves de la part de la partie ayant perdu le procès ni de celle des autorités dont le concours est souvent nécessaire pour la réalisation effective de la justice. Or, faut-il l'observer, nombreuses sont les décisions de justice dont l'exécution est compromise ou rendue impossible du fait de l'État ou de ses agents. Ce faisant, les autorités publiques contreviennent à l'obligation d'apporter leur concours à l'exécution des décisions de justice. Il apparaît ainsi que l'efficacité de la justice est remise en cause dès lors que le justiciable qui a eu gain de cause ne peut effectivement procéder à l'exécution de la décision.

36. Dans un tel contexte, il faudrait penser à renforcer les prérogatives du juge, ou plus prosaïquement, donner un caractère concret à l'imperium du juge, pour « contraindre » les autorités exécutives à favoriser ou à faciliter l'exécution des décisions de justice[2]. Les dysfonctionnements mis en exergue ci-dessus posent le problème de la qualité et de l'effectivité de la justice au Cameroun. Leur persistance est de nature à « entamer » le crédit que les citoyens placent en la justice et peut, d'une certaine manière, expliquer ou justifier la multiplication des cas de justice privée que les autorités ne cessent

---

[1] Idem.

[2] Il convient de relever, à ce sujet, que l'article 2 de l'Acte uniforme OHADA du 10 avril 1998 portant organisation des procédures simplifiées de recouvrement et des voies d'exécution, prévoit que *« L'État est tenu de prêter son concours à l'exécution des décisions de justice… La carence ou le refus de l'État de prêter son concours engage sa responsabilité* ». Malgré cette prescription, les pouvoirs publics refusent généralement le concours de la force publique et diffèrent ou compromettent ainsi l'exécution des décisions de justice pour des motifs tirés de l'ordre public ou de la paix sociale.

pourtant pas de dénoncer[1]. Leur réalisation contribuerait certainement à renforcer la confiance des citoyens camerounais, en général, et des justiciables en particulier, en la justice. Mais cela ne saurait suffire. Il est impératif que la justice s'emploie à retrouver et rendre concret l'idéal de justice.

B. La vertu de la justice

37. Juger c'est une chose, rendre justice, c'est une autre[2]. En effet, le juge a d'abord pour obligation professionnelle de trancher un litige en appliquant des règles de droit. Cette obligation est satisfaite dès lors que le juge a rendu sa décision en prenant soin de la motiver en fait et en droit. En revanche, rendre justice procède d'une obligation morale. Il s'agit alors pour le juge de se prononcer certes conformément au droit, mais surtout de rendre la décision qui emporte la conviction que la justice a été rendue à la fois par les parties et les citoyens. Cela suppose que le juge s'est élevé au-dessus des enjeux divers qui entourent la cause, qu'il a fait preuve d'impartialité et, au final, qu'il a rendu à « *chacun le sien* » (*jus est suum cuique tribuere*). Il s'agit de la justice telle qu'elle a été conceptualisée par Aristote. La vision du juste de Paul Ricœur s'inscrit dans cette conception[3]. Il considère, en effet, que l'acte de juger permet, grâce au procès, le passage d'une « *finalité courte* » –trancher un conflit, mettre fin à une incertitude- à une « *finalité longue* » - contribuer à la paix sociale. Dans cette perspective, le juge « *est l'opérateur de la justice distance que le procès institue entre les parties* », car « *c'est dans la figure du juge que la justice se fait reconnaître comme « première vertu des institutions sociales*[4] ». Il ne peut en être ainsi que si le juge se comporte comme un tiers impartial entre les parties non seulement en respectant les exigences qui relèvent du droit processuel, mais aussi en respectant une égale distance à l'égard des parties[5]. Il s'agit, en définitive, d'assurer l'effectivité du droit des

---

[1] Sur ce phénomène, v. P. Nkou Mvondo, « La justice parallèle au Cameroun : la réponse des populations camerounaises à la crise de la justice de l'État », Droit et société, 51/52-2002, p. 136 et s.

[2] V. A. Akam Akam, « La loi et la conscience dans l'office du juge », RRJ-Droit prospectif, 2012, pp.126 et s.

[3] *Le juste*, Ed. Esprit, 1995.

[4] Dans le même sens, v. J. Rawls, *Théorie de la justice*, Seuil, 1987, qui fait la justice « *la première vertu des institutions sociales comme la vérité est celle des systèmes de pensée* ».

[5] V. G. Capashen, « Petites histoires à propos de la distance pour juger... », D. 2004, chr. p. 2939 ; J. Fometeu, « La distance du juge. Chronique d'humeur à propos d'un dilemme de magistrat », Cah. Jur. et Pol, (Université de Ngaoundéré), 2014, p. 103.

parties à un procès impartial[1]. Il y a là une exigence de vertu de la part des juges[2].

38. Dans le contexte camerounais, s'il y a un débat récurrent, c'est bien celui qui porte sur le manque d'indépendance, d'impartialité[3] et surtout d'honnêteté et d'intégrité des magistrats. C'est la dimension éthique de la justice qui est ainsi remise en cause. Tout cela ne contribue pas à susciter ou à restaurer la confiance des citoyens en la justice. Quand les juges sont ouvertement accusés de corruption ou de manquements graves à l'éthique ou à la déontologie professionnelle, ce qu'atteste le nombre croissant de procédures disciplinaires entreprises à l'encontre de magistrats du siège et soumises au Conseil supérieur de la magistrature, il y a lieu d'admettre que la justice camerounaise est « malade » de l'intérieur[4]. La situation est d'autant plus préoccupante que l'indépendance des juges vis-à-vis des « puissants » est constamment mise en doute. Il y a là un manquement grave de la part du juge du siège qui contredit l'idée même de justice. Comme l'observe Loïc Cadiet[5], « *L'indépendance du juge est, sans doute, la clef de son éthique professionnelle, car c'est la condition de la juste distance nécessaire à la légitimité et à l'efficacité de l'acte de juger. Encore faut-il dire que cette indépendance n'est pas seulement une créance du juge à l'égard du pouvoir politique, qu'elle crée aussi, en contrepartie, une dette du juge à l'égard de l'État de droit* ».

39. L'ouverture du chantier de la reconstruction morale et de la restauration éthique de l'institution judiciaire au Cameroun ne saurait être retardée davantage. Il s'agit de replacer l'exigence éthique au cœur de l'activité judiciaire. C'est dans l'acte de juger que l'impératif éthique et l'idéal de justice se croisent pour s'entremêler dans la conscience du juge. L'éthique est inséparable de la fonction de juger[6]. Elle doit imprégner et inspirer l'acte de juger. Si l'équité permet au juge de trancher le conflit qui peut s'élever entre le *légal* et l'*égal*, c'est par le respect de l'éthique qu'il peut véritablement être ce tiers impartial qui rend justice aux parties.

---

[1] P. Crocq, « Le droit à un tribunal impartial », in R. Cabrillac, M.A. Frison-Roche, Th. Revet (dir), *Libertés et droits fondamentaux*, 9e éd., 2003, p. 411 et s.

[2] V. A. Garapon, J. Allard, F. Gros, *Les vertus du juge*, Dalloz, 2008 ; J. Krynen et J. Raibaut, (dir.), *La légitimité des juges*, Actes du colloque des 29-30 octobre 2003, Université de Toulouse I.

[3] Sur la question de l'impartialité, v. F. Kuty, *L'impartialité du juge en matière pénale : de la confiance décrétée à la confiance justifiée*, éd. Larcier, 2005 ; C. Engo Assoumou, *Les garanties d'impartialité du juge*, Mémoire de DEA, Université de Yaoundé II, 2008.

[4] L'une de ces procédures a abouti en 2014 à la révocation d'un président de cour d'appel convaincu de corruption par l'une des parties à un litige.

[5] op. cit., p. 28-29.

[6] A. Garapon, « Le juge et son éthique », Les Cahiers de l'IHEJ, 13 ; J.-D. Bredin, « L'éthique du juge », Revue des deux mondes, nov. 1995.

Conclusion

40. Le pouvoir judiciaire institué par la Constitution et qui s'incarne autant dans les institutions judiciaires (cours et tribunaux) que dans la figure du juge doit mieux défendre son identité en tant que pouvoir et rétablir sa crédibilité largement entamée par sa « soumission » au pouvoir exécutif et ses propres errements et manquements. Ce faisant, il s'agit de restaurer la confiance des citoyens dans la justice. Cela ne pourrait se réaliser que si le pouvoir judiciaire affirme davantage son indépendance vis-à-vis des autres pouvoirs (et notamment envers l'exécutif), d'une part, et fait montre de vertu dans son œuvre de justice, d'autre part. Il revient aussi aux pouvoirs législatif et exécutif de le reconnaître véritablement comme un vrai pouvoir et de lui donner les moyens de remplir dignement son office et d'être effectivement le garant de l'État de droit.

41. La légitimité des décisions de justice et leur acceptabilité sociale dépendent de la confiance des citoyens en la justice. C'est que la fonction de juger a pour finalité l'apaisement entre les parties et la restauration du lien social. Son crédit repose dans la confiance des parties. « *La confiance*, a écrit Éric Emmanuel Schmidt, *est une petite lumière qui n'éclaire rien, mais qui tient chaud* ». Transposée dans le champ de la justice, cette pensée pourrait traduire l'idée que la décision du juge, lorsqu'elle est marquée du sceau de la justice, soulage, apaise et conduit les parties à accepter « *la correction pacifique de l'injustice* ». En effet, comme l'écrit J. Cl. Magendie[1] à propos de la justice française, « *la confiance des citoyens dans la justice, nécessite de la doter des mécanismes interdisant de penser qu'elle pourrait être à deux vitesses ; tantôt forte pour les faibles, tantôt faible pour les puissants. La suspicion gangrène notre justice et affaiblit notre démocratie* ». Le pouvoir judiciaire camerounais serait bien inspiré de méditer ces propos et de revendiquer les moyens nécessaires à l'exercice de ses missions régaliennes pour mieux affirmer son indépendance à l'extérieur, et d'éradiquer les maux qui minent de l'intérieur sa crédibilité, voire son honorabilité. Il s'agit, en définitive, pour la justice camerounaise, de rompre avec cette idée qu'elle est à la « disposition » du pouvoir politique. Les juges n'ont pas à être subordonnés au politique. Il faut que naisse chez ceux-ci la prise de conscience qu'ils ne sont pas au service d'une volonté politique, mais qu'ils sont bien le bras séculier qui permet à l'État d'assurer le respect et l'effectivité des lois[2]./.

---

[1] op. cit., p. 103.

[2] Sur ce changement de philosophie dans la perception des rapports entre le juge et le politique, v. M.-A. Frison-Roche, « Réforme de la justice : Il faut libérer le juge du politique », P.Aff., 8 avril 1998, n° 42.

-13-

LA LOI ET LA CONSCIENCE DANS L'OFFICE DU JUGE*

1. L'article 37 al. 2 de la Constitution de la République du Cameroun[1] dispose : « *Les magistrats du siège ne relèvent dans leurs fonctions juridictionnelles que de la loi et de leur conscience* »[2]. Une telle disposition n'est pas courante dans les textes constitutionnels[3] et constitue, dès lors, une innovation forte en droit constitutionnel camerounais. Il faut observer qu'elle vient immédiatement après celle qui consacre le pouvoir judiciaire[4] dans le système institutionnel camerounais et affirme son indépendance[5] vis-à-vis des

---

***Article publié in *Revue de la Recherche Juridique. Droit prospectif*, n° 2011-4, pp. 1925-1950.**

[1] La Constitution du 02 juin 1972 a fait l'objet d'une refonte globale réalisée par la loi n° 96-06 du 18 janvier 1996. Depuis lors, les constitutionnalistes camerounais sont divisés entre ceux qui soutiennent que la Constitution du 02 juin 1972 révisée reste en vigueur et ceux qui estiment qu'il vaut mieux parler de la Constitution du 18 janvier 1996. V. Ondoa (M), « Loi n° 96-06 du 18 janvier 1996 portant révision de la Constitution du 02 juin 1972. Commentaire », Juridis périodique, 25-1996.11 ; Mbome (Fr), « Constitution du 02 juin 1972 révisée ou nouvelle Constitution ? » in *La réforme constitutionnelle du 18 janvier 1996 au Cameroun. Aspects juridiques et politiques*, Yaoundé, Fondation Friedrich-Ebert Cameroun, 1996, pp. 16-33 ; Kamto (M), « Révision constitutionnelle ou écriture d'une nouvelle Constitution ? », *Lex Lata*, n° 23-24, 1996, p. 19 ; Nguele Abada (M), « Ruptures et continuités constitutionnelles en République du Cameroun : réflexions à propos de la réforme constitutionnelle du 18 janvier 1996 », *RADIC*, 1998, pp. 308-326 ; Olinga (A-D), *La Constitution de la République du Cameroun*, Yaoundé, Presses de l'UCAC, 2006, 326 p.

[2] Cette disposition reproduit pratiquement l'article 5 du décret n° 95/048 du 08 mars 1995 portant statut de la magistrature qui énonce : « *les magistrats du siège ne relèvent dans leurs fonctions juridictionnelles que de la seule loi et de leur conscience* ».

[3] Dans certains pays, la constitution se limite à indiquer que les juges sont soumis à la loi. Par exemple, l'article 130 de la Constitution de la République du Vietnam dispose : « Dans l'exercice de leur pouvoir juridictionnel, les juges et les assesseurs populaires sont indépendants et ne sont soumis qu'à la loi ».

[4] V. le titre V de la Constitution qui traite du pouvoir judiciaire. À cet effet, l'article 37 al. 2 précise, in limine, que « le pouvoir judiciaire est exercé par la Cour suprême, les cours d'appel, les tribunaux. Il est indépendant du pouvoir exécutif et du pouvoir législatif ». Sur ce passage de l'autorité au pouvoir judiciaire, v. Kamto (M), « Les mutations de la justice camerounaise à la lumière des développements constitutionnels de 1996 », Revue Africaine des Sciences Juridiques, vol. 1, n° 1/2000, pp. 9-20 ; Djuidje (B), « Le statut du juge judiciaire camerounais », Annales de la Faculté des sciences juridiques et politiques, Université de Dschang, T. 3, 1999, p.45 et s.

[5] Sur cette question controversée, v. *L'indépendance de la justice*, Actes du deuxième congrès de l'Association des Hautes juridictions de cassation des pays ayant en partage l'usage du

pouvoirs exécutif et législatif. Il est donc désormais de règle constitutionnelle que la loi et la conscience sont les seules bornes de l'office du juge[1]. Comment ne pas s'étonner de ce que le magistrat du siège soit ainsi soumis, dans l'exercice de la fonction de juger[2], tant à la loi qui est une donnée de nature objective en ce qu'elle est une norme extérieure aux parties et au juge lui-même, qu'à sa propre conscience, c'est-à-dire à une donnée de nature subjective en ce qu'elle procède de son for intérieur ! Un tel constat amène alors à s'interroger sur l'objectif réel poursuivi par le constituant camerounais en plaçant l'activité juridictionnelle sous l'empire de la loi et de la conscience du juge. On peut, a priori, formuler l'hypothèse qu'il s'agit, au-delà du souci évident de renforcer l'indépendance des magistrats du siège[3], de rappeler que l'administration de la justice implique nécessairement le respect et l'application de la loi en conscience par le juge.

2. Mais qu'est-ce qu'un juge ? C'est la question que pose le professeur Georges Wiederkehr dans une étude bien inspirée[4]. Il observe que le critère de l'accomplissement d'actes juridictionnels n'est pas suffisant pour définir le juge. En outre, relève-t-il, « dire qu'est juge celui qui juge » ne permet pas non plus à cerner la notion. Finalement, ce qui fait le juge selon lui, ce n'est pas seulement qu'il soit celui qui juge un litige, seul ou en collégialité, c'est surtout qu'il décide « selon les lois » et fixe le droit. En effet, écrit-il, « c'est au juge, et à lui seul qu'il appartient de dire quel est pour une situation donnée et concrète le droit. Les autres qui sont appelés à trancher des conflits doivent, certes, le faire en fonction du droit, mais le juge seul, a pouvoir de fixer ce droit »[5]. On comprend dès lors pourquoi les magistrats du parquet ne sont pas des juges puisqu'ils ne « décident pas », ou encore que les missions assumées par le juge ne relèvent pas toutes de la fonction de juger[6] et qu'enfin, tous les actes émanant du juge ne sont pas des actes juridictionnels au sens technique

---

français (AHJUCAF), Dakar, 7 et 8 novembre 2007, publié par l'OIF ; Varaut (J-M), « Indépendance », in *Dictionnaire de la Justice*, P.U.F, 2004 ; Menard (J-C), « Réflexions sur l'indépendance du juge judiciaire », R.R.J 2004.

[1] Sur cette notion, v. Frison-Roche (M.A), « Les offices du juge », in *Mélanges Foyer*, PUF., 1997, p.463 s ; Douchy-Oudot (M), « L'office du juge », *Mélanges G. Goubeaux*, Dalloz-LGDJ, 2009, p. 99 s ; Rials (S), « L'office du juge », Droits, n° 9, 1989, p. 4 s.

[2] Sur cette notion, Ost (F), Van de Kerchove (M), Gérard (Ph), *Fonction de juger et pouvoir judiciaire*, Bruxelles, FUSL, 1983 ; Colson (R), *La fonction de juger. Étude historique et positive*, th. Nantes, 2003.

[3] Du Bois de Gaudusson (J), « Le statut de la justice dans les États d'Afrique francophone », in Afrique contemporaine, numéro 156 (spécial, 4e trimestre 1990), *La justice en Afrique*, pp.6-12, et notam. p. 9, qui observe que la soumission du juge à la loi est une protection de son indépendance.

[4] « Qu'est-ce qu'un juge », in *Mélanges Perrot*, Dalloz, 1996, pp. 575-586.

[5] Ibid., p. 582. Dans le même sens, D'Ambra (D), *L'objet de la fonction juridictionnelle : dire le droit et trancher les litiges*, LGDJ. 1994.

[6] D'Ambra (D), *L'objet de la fonction de juridictionnelle : dire le droit et trancher les litiges*, LGDJ. 1994 ; Frison-Roche (M.A), op.cit, p.463 et s.

du terme[1]. Par ailleurs, c'est le pouvoir de trancher des litiges conformément au droit et de fixer le droit qui permet de distinguer la fonction juridictionnelle de la fonction administrative[2]. C'est dire que la fonction de juger n'est pas une fonction sociale comme les autres[3].

3. Il en est d'abord ainsi parce qu'elle consiste dans l'exercice d'un pouvoir énorme qui consiste à trancher les litiges entre les parties. C'est la jurisdictio, c'est-à-dire « le pouvoir qui appartient au juge, saisi d'une contestation qui s'élève sur un cas concret, d'y mettre un terme en constatant le droit qui est applicable à la situation litigieuse et en ordonnant les mesures propres à en assurer le respect »[4].

Il en est ensuite ainsi parce que l'acte de juger exige, pour son accomplissement harmonieux, un véritable art. Comme le déclarait le Premier Président de la Cour suprême du Cameroun, « l'analyste se rend (...) compte que l'art de juger est une opération complexe, au fur et à mesure qu'il se pose des questions sur la réalisation du chantier existentiel du juge, sur le cheminement de sa pensée, sur ses atermoiements depuis le premier contact avec le « dossier », sur ses trébuchements, ses discussions de plusieurs heures sinon de plusieurs jours avec son for intérieur (...) jusqu'à la phase de la rédaction de la décision »[5].

Il en est enfin ainsi parce que le juge, comme Saint Thomas d'Aquin l'a rappelé, est une *duplex persona*, personne publique et personne privée[6]. C'est que, si le juge est d'abord une personne publique dépositaire d'un pouvoir régalien qui s'exerce dans le cadre fixé par les lois, il n'en est pas moins une personne privée, c'est-à-dire un homme comme tous les autres semblables, avec ses convictions, ses sentiments, ses passions, ses croyances, etc. Cette double nature a pour conséquence que le juge est engagé dans l'instance comme une personne publique tenue d'appliquer la loi, mais aussi comme une personne privée rendant justice en conscience. Il est évident que dans l'exercice de sa fonction juridictionnelle, le juge se trouve aux prises avec la

[1] Sur la notion d'acte juridictionnel, v° Vincent (J), Guinchard (S), *Procédure civile*, 25e éd., Dalloz, 1999, n° 153 et s ; Bandrac (C), « De l'acte juridictionnel et de ceux des actes du juge qui ne le sont pas », in *Mélanges P. Drai*, 1999.
[2] Mabileau, *De la distinction des actes administratifs et des actes juridictionnels*, th. Paris, 1945
[3] Théo Klein estime même que la fonction de juge est certainement la mission humaine la plus éminente. V° « La fonction de juge », *Mélanges L.E Pettiti*, Bruylant 1999, pp. 507-512.
[4] V. Moury (J), « De quelques aspects de l'évolution de la jurisdictio (en droit judiciaire privé) », in *Mélanges Perrot*, Dalloz, 1996, p. 299 et s.
[5] Cour suprême du Cameroun, Allocution du Premier Président à l'occasion de la prestation de serment des jeunes magistrats, Yaoundé, 26 août 2010, inédit, p. 11.
[6] V. Carbasse (J-M), « Le juge entre la loi et la justice : approches médiévales », in Carbasse (J-M), Depambour-Tarride (L) (sous dir), *La conscience du juge dans la tradition juridique européenne*, ouvrage coll., PUF, 1999, p. 68 et s, notam. p. 84.

loi et sa conscience. Cette réalité n'est pas propre à notre temps. Elle est une donnée constante de l'histoire judiciaire[1].

4. En effet, le débat relatif à la détermination de la place respective de la loi et de la conscience dans l'office du juge a traversé l'histoire[2] et divisé les penseurs[3]. Une chose est certaine : dans l'acte de juger, la loi et la conscience n'ont pas toujours eu ni la même place ni le même rôle à travers les époques. Ainsi, aux temps bibliques, le juge était directement soumis à la loi de Dieu, qu'il devait connaître et appliquer sans faiblesse. Dans un système où le rôle du juge était simplement de dire la loi divine, la part laissée à la conscience « humaine » était nécessairement marginale ou résiduelle[4]. En revanche, à Rome, la conscience du juge acquiert une importance certaine dans la fonction de juger, aussi bien dans le domaine des preuves que dans le domaine du droit « matériel ». Si le juge était chargé de dire le droit entre les parties, « il le disait en conscience, comme il l'avait « senti » au-dedans de lui »[5]. Mais, au Bas-empire, l'institutionnalisation de la fonction judiciaire a eu pour conséquence de réduire la place de la conscience dans la mesure où les juges vont être soumis plus étroitement à l'obligation de statuer selon la loi. Au Moyen Âge, l'administration de la justice deviendra une activité professionnelle obligeant les juges de « dire le droit selon la loi en vigueur ou la coutume en usage ». C'est une période qui sera marquée par le débat entre les canonistes[6] pour lesquels « au-dessus de la conscience professionnelle, il y a la conscience tout court -conscientia humana- qui reste la référence

---

[1] V° Carbasse (J-M), Depambour-Tarride (L) (sous la dir), *La conscience du juge dans la tradition juridique européenne*, ouvrage coll., puf, 1999.

[2] On retrouve ce débat à toutes les époques de l'évolution de l'humanité. V° Lafont (S), « Le juge biblique », in Carbasse (J-M), Depambour-Tarride (L) (sous dir), *La conscience du juge dans la tradition juridique européenne*, ouvrage coll., puf, 1999, pp. 19-47 ; de Los Mozos-Touya (J-J), « Le juge romain à l'époque classique », op. cit., pp. 49-66 ; Padoa-Schioppa (A), « Sur la conscience du juge dans le ius commune européen », op. cit, pp. 95-129 ; Thireau (J-L), « Le bon juge chez les juristes français du XVIe siècle », op. cit., pp. 131-153 ; Van Caenegem (R.C), « Le rôle de la conscience dans l'histoire du droit anglais », op. cit., pp. 263-276 ; Beignier (B), « La conscience du juge dans l'application de la loi au début du XIXe siècle. La jurisprudence au temps de l'exégèse », op. cit., pp. 277-291 ; Coulon (J-M), « La conscience du juge aujourd'hui », op.cit., pp. 331-339.

[3] On pense notamment aux controverses entre théologiens ou canonistes et civilistes ou encore à l'opposition entre idéalistes et positivistes. V. Carbasse (J-M), « Le juge entre la loi et la justice : approches médiévales », in Carbasse (J-M), Depambour-Tarride (L) (sous dir), *La conscience du juge dans la tradition juridique européenne*, ouvrage coll., puf, 1999, p. 67 et s ; Dion (N), « Le juge et le désir du juste », D. 1999, chron. p. 195.

[4] V. Lafont (S), « Le juge biblique », in Carbasse (J-M), Depambour-Tarride (L) (sous la dir), op.cit, pp. 19-47.

[5] V. Carbasse (J-M), Depambour-Tarride (L) (sous la dir), Présentation, in *La conscience du juge dans la tradition juridique européenne*, ouvrage coll., puf, 1999, p. 9 ; de Los Mozos-Touya (J-J), « Le juge romain à l'époque classique », op. cit., pp. 49-66.

[6] V. Colson (R), op. cit., p. 95 et s ; Ourliac (P), « L'office du juge dans le droit canonique classique », in *Mélanges Hébraud*, Université des sciences sociales de Toulouse, 1981, p. 635.

majeure » et les positivistes qui défendaient le « primat » de la loi par rapport à la conscience. Avec la Révolution de 1789, le juge deviendra simplement la « bouche de la loi » selon l'expression de Montesquieu[1]. C'est qu'en tant qu'expression de la volonté générale, la loi est parfaite et les juges n'ont pour tâche que de l'appliquer aux cas concrets. Ce triomphe du « principe de la légalité » se traduira par le « reflux » du débat sur l'interférence de la conscience du juge dans l'exercice de sa fonction. L'époque actuelle, dominée par le positivisme juridique, a conservé cette orientation « sacralisante » de la loi. Que reste-t-il alors de la conscience dans l'office du juge et quelle est sa fonction réelle, au côté de la loi, dans l'administration de la justice ? Cette double interrogation est au centre de cette réflexion. Pour y apporter des éléments de réponse, il convient au préalable de cerner cette notion ambivalente.

5. La conscience, selon son étymologie latine « *cum sensere* », signifie « sentir avec ». Il s'agit de cette disposition psychique de l'être humain qui lui permet « de se sentir exister, d'être présent au monde et à lui-même »[2]. Toute conscience est donc avant tout conscience de soi, mais aussi conscience d'autrui. Au fait, on distingue traditionnellement la *conscience psychologique* qui « se définit comme la connaissance que l'homme peut avoir de lui-même et du monde extérieur », et la *conscience morale* qui désigne « cette propriété particulière qu'a la conscience humaine de porter des jugements normatifs, fondés sur la distinction du bien et du mal»[3]. En tant que personne, le juge possède cette double conscience. Mais, dans l'acte de juger, il est surtout confronté à sa conscience professionnelle (*conscientia judicialis*) et à sa conscience individuelle ou morale (*conscientia humana*). La conscience professionnelle est l'application à bien faire son travail ou comme le précise le Petit Larousse, le « soin avec lequel on exerce son métier ». C'est de cette conscience professionnelle que le juge fait montre dans son activité juridictionnelle en se conformant à la loi et en respectant les règles de déontologie qui gouvernent son statut et qui constituent les « devoirs de son état »[4]. Or, force est d'observer que ce n'est pas la conscience professionnelle qui est visée par l'article 37 al. 2 de la Constitution. Il s'agit plutôt de la conscience individuelle ou morale du juge, qui est, selon le doyen Gérard Cornu, cette voix intérieure qui, dans sa liberté, fait entendre un impératif autonome et dicte au juge, dans son for interne, son intime conviction[5].

---

[1] *De l'esprit des lois*, Paris, GF-Flammarion, 1979, 2 vol., Part. 2, Liv. XI, Chap. VI, p. 301.

[2] V. Fenouillet (D), « Conscience et droit », in Terré (F), *Regards sur le droit*, Dalloz 2010, p. 345 et s. Sur les rapports entre droit et conscience, v° du même auteur, *La conscience*, LGDJ, 1993.

[3] V. Fenouillet (D), article précité, p. 345.

[4] Relèvent par exemple des obligations professionnelles du magistrat, l'obligation de réserve ou l'obligation de garder le secret des délibérations.

[5] *Droit civil. Introduction au droit*, 13e éd, Montchrestien, 2007, p. 26.

6. Autant que sa définition, la conscience suscite aussi des difficultés en ce qui concerne sa nature. La question est, en effet, de savoir si la conscience est une norme. La réponse est négative. La conscience du juge ne saurait constituer une norme au même titre que la loi[1]. Comment pourrait-elle prétendre à un tel statut quand on sait qu'elle procède du *for interne* du juge ? Elle est simplement cette lumière intérieure que le juge « projette » sur les éléments de faits et de droit du litige et qui éclaire le processus décisionnel. Il s'agit, en d'autres termes, d'une lumière qui le guide sur le chemin d'une décision juridiquement conforme et moralement juste. Si l'on devait paraphraser le doyen Carbonnier, on dirait que la conscience du juge intervient dans l'administration de la justice, au côté de la loi, comme « un chant qui rythme la marche sans l'imposer »[2]. Aussi, bien qu'elle soit consubstantielle à l'activité juridictionnelle, elle n'en constitue pas pour autant la substance ni le fondement. Le juge ne saurait donc avoir le même type de rapport avec la loi et sa conscience, car, au-delà de leur différence de nature, elles procèdent d'exigences différentes[3].

7. L'obligation du juge est de trancher les litiges en appliquant les règles de droit[4]. Toute décision non conforme doit être censurée pour manque de base légale[5]. Force est alors d'observer que l'obligation de juger selon les lois ne devrait pas normalement laisser de place à la conscience du juge. Mais, l'acte de juger ne saurait se réduire à une simple « légi-diction mécanique »[6]. Comme on l'a si bien relevé, « le juge ne tranche pas seulement le litige en disant le droit qui lui est applicable (...) il a le devoir de chercher (...) la décision la meilleure possible, voire la plus juste ». Or, c'est bien dans son for intérieur que se trouve l'idée qu'il se fait du juste et qu'il entend voir transparaître dans sa décision. Cela est d'autant plus vrai que la loi n'est pas toujours juste. Le recours à la conscience traduit donc la quête permanente de la justice par le juge. À cet effet, Jean-Marie Carbasse[7] écrit fort justement : « En appliquant la loi, le juge obéit à sa « conscience judiciaire » ou professionnelle – le devoir de son état- ; en se faisant le serviteur de la justice, il se conforme à (...) sa conscientia humana, la « conscience générale »

---

[1] En ce sens, Cornu (G), idem.

[2] La citation est de Carbonnier (J), *Droit civil. Introduction au droit,* PUF, coll. Thémis, 26e éd., 1999, n° 11.

[3] Sur l'approche philosophique de la relation entre la loi et la conscience, v° Ricœur (P), « La conscience et la loi », in *Le juste*, Esprit, 1995, p. 217 s.

[4] D'Ambra (D), *L'objet de la fonction juridictionnelle : dire le droit et trancher les litiges,* LGDJ, 1994 ; Pineau (J), « Les pouvoirs du juge et le nouveau Code civil du Québec », in *Mélanges Perrot*, op. cit., pp. 364-378.

[5] Le Bars (Th), *Le défaut de base légale*, LGDJ., 1997, préf. J. Héron.

[6] Cette expression est de Nathalie Dion, op. cit., n° 2.

[7] V. article précité, p. 79.

présente en tout homme et qui commande à tous d'aimer la justice[1] ». Il reste que la loi et la conscience ne sauraient être ni en compétition ni en conflit dans l'office du juge. Celui-ci ne peut choisir entre l'application stricte de la loi et « le jugement en conscience », encore moins privilégier sa conscience au détriment de la loi. Dans l'acte de juger, l'application stricte de la loi prime tout éventuel recours du juge à sa conscience. Autrement dit, si le respect de la loi s'impose au juge de manière impérative, à peine de sanction, le recours du juge à sa conscience reste et demeure une simple faculté qui n'emporte aucune conséquence juridique. Il en est ainsi parce que ces deux « cadres » de l'office du juge ne relèvent pas des mêmes exigences. C'est que, tenu de statuer en droit, le juge satisfait à une obligation qui confirme l'emprise du juridique sur son office (I). En revanche, en s'appuyant sur sa conscience dans le processus décisionnel, il s'emploie à rendre concret le devoir (moral ?) de rendre une décision aussi juste que possible selon la loi (II).

I. LA DÉFÉRENCE DU JUGE A LA LOI OU L'EMPRISE DU JURIDIQUE

8. Le juge est chargé par l'État de trancher les litiges en appliquant le droit. La fonction de juger implique alors une triple condition : d'abord le pouvoir d'arbitrer entre des intérêts ou prétentions divergents, ensuite l'obligation de statuer conformément à la loi, enfin l'exigence de connaître la loi. Ce sont ces deux dernières conditions qui intéressent notre analyse. Car, si le juge doit mettre un terme à une situation litigieuse en disant le droit (B), il ne peut le faire que parce qu'il est censé connaître les règles de droit susceptibles de s'appliquer (A).

A. La connaissance de la loi par le juge

9. Le principe selon lequel le juge doit juger selon les lois l'oblige à avoir une connaissance parfaite du droit existant. « La justice, a-t-on écrit[2], est un pouvoir fondé sur le savoir. Que le juge dise le droit, ne le dispense pas de le connaître. Au contraire, il ne peut le dire que dans la mesure où il sait ». Il apparaît ainsi que la maxime « *nul n'est censé ignorer la loi* » s'impose prioritairement au juge qui est appelé à trancher le litige en disant le droit[3]. Dans l'accomplissement de sa mission de juger, le magistrat du siège est ainsi présumé connaître le droit qu'il entend appliquer à la cause qui lui est soumise. Les parties sont donc dans une situation d'attente légitime du droit de la part

---

[1] La notion de juste est parmi les plus difficiles à appréhender tant en droit qu'en philosophie. V. Rawls (J), *Théorie de la justice*, Paris, Seuil, 1987 ; Ricœur (P), *Le juste*, Ed. Esprit, 1995 ; Lagarde (X), « Qu'est-ce qui est juste ? Propos de juriste », *Mélanges G. Goubeaux*, Dalloz-LGDJ, 2009, p. 299 s ; Dion (N), « Le juge et le désir du juste », D. 1999, chron. 195.

[2] Wiederkehr (G), op. cit., p. 584.

[3] V. Akam Akam (A), « Libres propos sur l'adage Nul n'est censé ignorer la loi », R.R.J, 2007/3, p. 30 et s.

du juge. Deux adages traduisent bien cette exigence du savoir juridique de la part du juge.

10. Le premier, c'est l'adage « *Jura novit curia* » qui signifie « la cour connaît le droit » (qu'elle a mission de dire)[1]. Cette maxime énonce une présomption spéciale de qualification qui se justifie pleinement aujourd'hui par le statut de professionnel du magistrat de siège[2]. Un auteur rappelle que « le juge connaît les lois qu'il a apprises et qu'il pratique, comme tout technicien, mais l'interprétation de la loi impose une connaissance du droit, fondement même de la décision du juge »[3]. Il est donc censé connaître les lois existant au moment où il est saisi d'une situation litigieuse. Mais se pose alors la question de l'étendue de cette connaissance et surtout de la consistance du droit qui en est l'objet. Il va de soi que l'on ne demande pas au juge d'avoir une connaissance totale du droit positif. Cela est au-dessus et de ses forces, et ses capacités. Ce qui lui est exigé, c'est par contre d'avoir un certain savoir juridique nécessaire à l'exercice de sa mission. Ce savoir lui permet « de parvenir à la connaissance du droit de la situation litigieuse »[4]. La maîtrise du savoir juridique est ainsi un élément, voire un facteur de l'autorité du juge.

11. Le droit que le juge est censé connaître est un droit composite, divers et épars. Il comprend tout d'abord les textes législatifs et réglementaires en vigueur. En effet, lorsqu'on déclare que le juge est soumis à la loi, il s'agit de la loi sous toutes ses formes, à savoir la loi émanant du législateur, des ordonnances prises par le Président de la République dans les matières relevant du domaine de la loi[5], des décrets et arrêtés pris par les autorités investies du pouvoir réglementaire[6]. À côté des lois et règlements, la « légalité » englobe tout naturellement les accords et traités. Dès lors qu'ils ont été régulièrement approuvés ou ratifiés, et qu'ils ont fait l'objet de publication, les accords et traités internationaux font partie de l'ordonnancement juridique et ont d'ailleurs une autorité supérieure à celle des lois[7]. La connaissance de la loi s'étend aussi aux coutumes dans la mesure où celles-ci constituent une authentique source du droit au Cameroun[8]. Par

---

[1] Roland (H), Lexique juridique. Expressions latines, 4e éd., Paris, Litec, 2006, p. 158.
[2] Cornu (G), op. cit., n° 113, p. 67.
[3] Blanchot (A), « Le droit et le bon sens », *Mélanges A. Decoq*, Litec, 2004, p. 25 s, et précisément p. 30.
[4] Wiederkher, op. cit. p. 584.
[5] V. art. 28 de la Constitution camerounaise.
[6] Sont, en droit camerounais, détenteurs du pouvoir réglementaire : le Président de la République, le Premier ministre, les ministres, les autorités administratives et les exécutifs des collectivités territoriales décentralisées.
[7] Art. 45 de la Constitution camerounaise. V. en droit français, l'art. 55 de la Constitution de 1958.
[8] V° V-E. Bokalli, « La coutume, source de droit au Cameroun », RGD 1997, p. 37 et s ; P-G. Pougoué, « Considérations sur le droit traditionnel devant la Cour suprême du Cameroun », in

ailleurs, entendue de manière plus large, la coutume englobe aussi les principes généraux du droit[1] et les maximes juridiques[2]. Leur connaissance s'impose tout autant au magistrat du siège.

12. Telles sont les règles de droit que doit connaître le juge pour l'exécution de sa mission[3]. Il faut reconnaître que la tâche n'est pas aisée. Comme l'observe Maurice Kamto, « le problème crucial pour le juge (...), c'est de coordonner logiquement des règles de droit disparates, réparties entre la coutume d'un côté et le droit écrit de l'autre, en sorte de constituer un ordonnancement juridique cohérent et d'en dégager les règles pertinentes applicables à tel cas d'espèce[4] ». En tout état de cause, c'est au juge qu'il revient « d'apporter » le droit nécessaire à la solution du litige. C'est, en tout cas, ce qui découle du second adage qu'il faut à présent évoquer.

13. La maxime « *Da mihi factum, dabo tibi jus* » qui signifie littéralement « *Donne- moi le fait, je te donnerai le droit* »[5], confirme également l'exigence de connaissance de la loi par le juge. Elle signifie que dans le cadre de la procédure, les justiciables sont dispensés d'apporter la preuve de la règle de droit qu'ils invoquent à l'appui de leurs prétentions. Elle repose donc sur la distinction entre le fait et le droit[6] et procède à une répartition des charges : aux parties au procès, il appartient de rechercher la preuve des faits qui soutiennent leur demande ; au juge, il revient de rechercher la règle de droit qui doit s'appliquer à la cause[7]. L'adage pose ainsi le principe que l'élément

---

Les cours suprêmes en Afrique, ouvr. coll., (sous la dir. de G. Conac), Economica, Paris, 1990 ; B. Banamba, « Regard nouveau sur un texte déjà trentenaire : le cas du décret du 19 décembre 1969 portant organisation et fonctionnement des juridictions traditionnelles de l'ex-Cameroun oriental », RASJ (Université de Yaoundé II), 2000, vol. 1, n° 2, p. 102 ; V. Akomdja Avom, « L'énonciation de la coutume en droit camerounais de la famille : leurre ou réalité ? », RASJ, 2001, vol. 2, n° 2, p. 97.

[1] Boulanger (J), « Principes généraux du droit et droit positif », in *Mélanges Ripert*, 1950, t. 1, p. 515 ; Voisset (M), « La reconnaissance de l'existence des principes généraux du droit par le Conseil constitutionnel », JCP 1969, I. 2290 bis ; Oppetit (B), « Rapport sur les « principes généraux » dans la jurisprudence de la Cour de cassation », Entretiens de Nanterre, 17 et 18 mars 1989, JCP, éd. E, n° 5-1989, p. 12 s.

[2] V. Laingui (A), « L'adage, vestige de la poésie du droit », *Mélanges Imbert*, 1989, p. 345s.

[3] En droit français, l'obligation de connaissance de la loi par le juge s'étend désormais à la convention collective. Dans un arrêt rendu le 10 décembre 2002, la chambre sociale de la Cour de cassation a, en effet, décidé « *que si une partie invoque une convention collective précise, il incombe au juge de se la procurer par tous les moyens, au besoin en invitant les parties à lui en fournir un exemplaire* », v. JCP 2003.II .10065, note A. Perdriau.

[4] « Une justice entre tradition et modernité », in *Afrique contemporaine*, numéro 156 (spécial, 4e trimestre 1990), *La justice en Afrique*, pp. 57-64, notam. p. 61.

[5] Roland (H), op.cit, p. 63.

[6] Rotondi, « Considérations en fait et en droit », RTD.civ., 1977. 1 ; Martin (R), « Retour sur la distinction du fait et du droit », D. 1987, chron., 272 ; Aubert (J-L), « La distinction du fait et du droit dans le pourvoi en cassation en matière civile », D. 2005, chron. p. 1115.

[7] Sur cette répartition des charges, v. Blondel (Ph), « Les offices croisés du justiciable, de son ou de ses conseils, du technicien ou de tout autre intervenant à l'œuvre de justice et du juge

de droit ne nécessite pas de preuve dès lors que le juge est présumé connaître la loi. Le juge est, comme le rappellent MM. Vincent et Guinchard[1], « maître du droit ». De rares exceptions à l'obligation faite au juge « de donner le droit aux parties» existent tout de même. La première concerne la coutume. Celle-ci doit être prouvée par les parties qui l'invoquent tant en ce qui concerne son existence que sa consistance[2]. De ce point de vue, la coutume n'est pas traitée à l'égale de la loi. La raison en est que le juge n'aurait pas véritablement les moyens de rechercher la coutume des parties qui est généralement de source orale. L'autre exception est relative à la loi étrangère. En effet, la règle de droit d'origine étrangère ne bénéficie pas de la présomption de connaissance par le juge camerounais. Elle est ainsi « reléguée » au rang de simple fait et, par conséquent, est soumise aux exigences de preuve des faits. C'est donc aux parties d'en rapporter la preuve et de son existence, et de sa teneur, tout au moins dans les matières où elles ont la libre disposition de leurs droits[3]. La preuve de la loi étrangère est libre. Il appartient néanmoins aux juges du fond de vérifier le sens et la portée de la loi étrangère que les parties invoquent à l'appui de leurs prétentions[4].

B. L'application de la loi par le juge

14. Le « bloc de légalité » qui s'impose à la connaissance du juge est donc immense. Il est constitué de règles abondantes, diverses, et pour certaines, « tatillonnes et complexes[5] ». Le juge peut-il, dans l'exercice de ses fonctions

---

pour une première instance revisitée et dominée par un principe de complétude ou Le décryptage d'un songe procédural », in Foyer (J), Puigelier (sous la dir), *Le nouveau Code de procédure civile (1975-2005)*, Economica, Études juridiques, n° 25, 2006, pp. 159-182 ; Bléry (C), « Concentration des demandes et office du juge : une nouvelle donne au sein des principes directeurs du procès ? (Du renouvellement des rôles du juge et des parties quant au droit lors d'un procès) », Mélanges J. Héron, 2008, p. 110 s.

[1] Vincent (J), Guinchard (S), *Procédure civile*, 25e éd., Dalloz, 1999, p.490, n° 551.

[2] Ass. plén. Cour de cassation française, 26 févr. 1988, Bull. civ. n° 2 ; JCP. 1988.IV .166.

[3] Par droits disponibles, on entend les droits non régis par un traité international (Civ. 1re, 11 juin 1996, Clunet 1996, 941). Sur la loi étrangère, v. David (C), *La loi étrangère devant les juges du fond*, th. Paris, 1965 ; Melin (F), *La connaissance de la loi étrangère par les juges du fond (Recherches sur l'infériorité procédurale de la loi étrangère dans le procès civil)*, Aix-en-Provence, PUAM, 2002 ; Motulsky (H), « L'évolution récente de la condition de la loi étrangère en France », in *Mélanges Savatier*, 1965, p. 681 s ; Fauvarque-Cosson (B), « Le juge français et le droit étranger », D. 2000, chron. 125 s ; Bolze (A), « L'application de la loi étrangère par le juge français : le point de vue d'un processualiste », D. 2001, chron. 1818 s ; Mayer (P), « Les procédés de preuve de la loi étrangère », in *Mélanges Ghestin*, 2001, p. 217 s. Il faut signaler qu'en droit français, la Cour de cassation décide « qu'il appartient au juge saisi de l'application d'un droit étranger de procéder à sa mise en œuvre et, spécialement, d'en rechercher la teneur afin de trancher le litige selon ce droit ». V°. Civ. 1re, 18 sept. 2002, *Petites Affiches*, 6 févr. 2003, p. 15, note F. Mélin.

[4] Req. 29 juin 1929, D.H. 1929.457 ; CLunet 1930.680.

[5] On reprend là l'expression de P. Drai, in « Le délibéré et l'imagination du juge », *Mélanges Perrot*, pp. 107-120 et précisément p. 110.

juridictionnelles, échapper à leur emprise ? La réponse, bien évidemment, est négative. En effet, le principe est que le juge doit juger selon la loi (1). Ce n'est qu'à de rares exceptions qu'il peut statuer sans appliquer des règles de droit (2).

1. L'obligation de statuer selon la loi

15. Le juge ne peut arbitrer entre des intérêts divergents que sur la base de la loi. Mais, la question se pose de savoir si le juge est réduit à n'être que « l'esclave » ou le « serviteur » de la loi. Ne dispose-t-il pas, dans l'application de la loi, d'une marge de liberté ? Si la fonction de juger devait réduire le magistrat du siège à n'être que la « bouche de la loi », elle perdrait toute dignité. Dans le rapport entre la loi et le juge, il y a donc place à un « respect mutuel » fondé sur des « intérêts communs » bien compris[1]. Guillaume de Lamoignon a pu dire que « sans la force de la loi, le magistrat n'est rien, sans la voix du magistrat, la loi ne dit rien, son pouvoir est languissant et ses plus saintes dispositions sont inutiles[2] ». Aussi, dans l'acte de juger, le juge dit le droit par obligation (a), mais en même temps, c'est lui qui le fixe afin d'en assurer l'efficacité (b).

a. Le juge dit le droit

16. Le magistrat doit juger les causes dont il est saisi selon les lois. Ce principe remonte à la renaissance du droit romain au milieu du moyen âge. À cette époque déjà, on parlait de la « mystique de la loi »[3]. Le principe est repris avec vigueur par les législations modernes. C'est ainsi que l'article 12 alinéa1[er] du nouveau Code de procédure civile français proclame que « le juge tranche le litige conformément aux règles de droit qui lui sont applicables ». Par ailleurs, la Cour européenne des droits de l'homme a pris soin de rappeler qu'un tribunal dans son rôle juridictionnel doit « trancher, sur la base de normes de droit et à l'issue d'une procédure organisée, toute question relevant de sa compétence »[4]. C'est donc une exigence quasiment universelle que le juge doit statuer conformément à la loi en vigueur. La vocation du juge est de dire le droit applicable à la cause. Il est lié par la loi au sens où toute décision qu'il rend doit l'être sous le sceau de la loi. Le doyen Cornu[5] écrit fort justement que « D'institution, le juge a mission – c'est-à-dire pouvoir et devoir – d'appliquer le droit positif. La fonction juridictionnelle est une fonction d'application du droit, le juge un agent d'exécution de la règle

---

[1] Bergel (J-L), « La loi du juge : dialogue ou duel ? », in *Mélanges Kayser,* 1979.
[2] Discours du président Guillaume de Lamoignon, cité en annexe par Depambour-Tarride (L), « Représenter une conscience : le portrait de Guillaume de Lamoignon par Robert Nanteuil », in Carbasse (J-M), Depambour-Tarride (L) (sous dir), *La conscience du juge dans la tradition juridique européenne*, ouvrage coll., PUF, 1999, pp. 195-228, plus précisément p. 222.
[3] Colson (R), op. cit., p. 96, n° 161.
[4] CEDH, 29 avr. 1988, aff. *Belilos*, Rec. § 64 ; 27 août 1991, aff. *Demicoli*, Rec. § 39.
[5] Op. cit., p. 95, n° 172.

de droit, le jugement une application de la loi (au sens le plus large du terme) ». Ainsi, quand il connaît d'une affaire, le juge doit fonder sa décision uniquement sur les règles de droit existantes. Cette obligation appelle un certain nombre de précisions.

17. En premier lieu, le juge ne peut se prononcer que sur la base de règles juridiques produites par les autorités compétentes pour édicter des règles de portée générale, qu'elles soient nationales ou internationales. C'est là une exigence du respect du système juridique. En effet, le magistrat a le pouvoir et le devoir d'appliquer le droit et non de le créer. En tout cas, si le juge peut être amené à créer du droit, ce ne peut être qu'à titre exceptionnel. La participation du juge à la création ne constitue qu'une part infime de son activité et qui n'est véritablement favorisée que par les lacunes ou les silences de la loi. À ce propos, Gérard Cornu[1] constate que « la fécondité de la jurisprudence est inversement proportionnelle à celle de la loi. Ce sont au moins les carences de celles-ci (les lois) qui offrent au juge des occasions créatrices. Agent de comblement des lacunes légales, la création prétorienne est casuelle ». Il faut d'ailleurs observer que si l'article 4 du Code civil permet au juge de statuer même en cas de silence ou d'insuffisance de la loi, ce texte ne lui fait aucune obligation expresse de créer des règles de droit. La possibilité lui est implicitement donnée d'avoir recours à d'autres sources du droit (principes généraux, adages ou maximes, règles d'origine internationale ou étrangère, etc.). Ces normes de référence, comme les appelle Bruno Oppetit[2], peuvent valablement permettre au juge de statuer sans avoir à faire œuvre créatrice. Sans aller jusqu'à penser comme certains que dans le silence de la loi, le juge statue en raison et en équité, on peut soutenir que le rôle créateur du juge doit être limité à l'essentiel, c'est-à-dire à une « législation d'espèce ». En somme, le juge « a les moyens de rendre la justice sans fabriquer du droit, sans apporter au moulin de la pollution normative »[3].

18. Ensuite, l'obligation de juger conformément à la loi s'accompagne de l'exigence, pour le magistrat du siège, de motiver sa décision[4]. L'article 7 de la loi n° 2006/15 du 29 décembre 2006 portant organisation judiciaire précise que « toute décision judiciaire est motivée en fait et en droit. L'inobservation

---

[1] « Libres propos sur la jurisprudence », in Cornu (G), *L'art du droit en quête de sagesse*, PUF., 1998, p. 174.

[2] « L'affirmation d'un droit jurisprudentiel », in Oppetit (B), *Droit et modernité*, PUF., 1998.

[3] Cornu (G), article préc., p. 175.

[4] Sur cette obligation, en général, v. Legros, *Essai sur la motivation des jugements civils*, th. (dactyl), Dijon, 1987 ; Touffait et Tunc, « Pour une motivation plus explicite des décisions de justice, notamment celles de la Cour de cassation », RTD.civ., 1974. 487 ; Perelman et Foriers, *La motivation des décisions de justice*, Bruylant, Bruxelles, 1978 ; Dureuil (C), « La motivation des arrêts d'appel », in La Cour d'appel d'Aix-en-Provence, Colloque, Aix-en-Provence, 11-12 déc. 1992, PUAM, 1994, p. 109 ; Blondel (Ph), « Le justiciable, à ne pas oublier », *Mélanges J. Buffet*, Petites affiches, 2004, p. 19 s.

de la présente disposition entraîne nullité d'ordre public de la décision ». La motivation en droit est donc une condition indispensable pour la validité du jugement. Elle doit se faire par l'indication par le juge, des règles de droit sur lesquels il fonde sa décision. Il est admis que la motivation en droit s'entend de la référence à la loi et non à la jurisprudence[1]. Le juge ne peut fonder sa décision sur un précédent judiciaire ou sur un jugement antérieur[2]. Il ne satisfait à l'obligation de motivation que lorsqu'il vise directement les règles de droit auxquelles il a recours pour le règlement du cas d'espèce. Ainsi, la motivation obligatoire constitue le gage de la légalité des décisions de justice en même temps qu'elle atteste de la soumission du juge à la loi. Dans ce sens, elle constitue un moyen de prévention de l'arbitraire du juge. Par ailleurs, il est unanimement admis aujourd'hui qu'elle est une exigence du procès équitable[3].

19. L'obligation pour le magistrat d'appliquer la loi est une garantie de bonne administration de la justice. Le juge manque à cette obligation en cas de refus d'application de la loi, de fausse application de la loi ou même de fausse interprétation de la loi[4]. Dans tous ces cas, les parties peuvent exercer des voies de recours pour manque de base légale ou violation de la loi[5]. Il en est de même lorsqu'elles peuvent alléguer un défaut de motifs. Selon qu'il s'agit d'une décision rendue en premier ou en dernier ressort, les manquements du juge constituent soit des motifs de réformation en appel, soit des cas de cassation. La Cour suprême dans le cas du Cameroun ou la Cour de cassation française censurent notamment les décisions des juridictions inférieures soit pour manque de base légale[6], soit pour violation de la loi[7]. Dans les deux cas, la cassation est fondée sur une non-conformité de la décision querellée aux règles de droit. Il convient d'ailleurs de relever que

---

[1] Cornu (G), *Droit civil*, Introduction au droit, précité, n° 440.

[2] Civ. 2e, 2 avr. 1997, G.P. 1997.II.pan .235.

[3] Sur cette problématique, v. par ex. Matsopoulou (H), « La motivation des arrêts de la cour d'assises et les exigences du procès équitable », JCP. G., 2010. 1228 ; Guéry (C), « peut-on motiver l'intime conviction ? », JCP G. 2011, 28, p. 53 et s.

[4] Sur ces notions, v. Puigelier (C), « L'hypothèse du juge », in Foyer (J), Puigelier (C) (sous la dir), *Le nouveau code de procédure civile (1975-2005)*, Economica, Études juridiques, n° 25, 2006, pp. 318-357, et notam. p. 324.

[5] Sur la distinction entre ces différentes notions, v. Le Bars, *Le défaut de base légale*, LGDJ, 1977 ; Le Clech, « L'insuffisance des motifs, manque de base légale des décisions judiciaires », JCP. 1948 .I.690 ; « Manque de base légale et violation de la loi en matière civile », JCP. 1948 .I. 720 ; Mimin, « Les énonciations nécessaires, base légale des jugements », JCP. 1946.I. 541 ; Motulsky (H), « Le manque de base légale, pierre de touche de la technique judiciaire », JCP. 1949 .I. 775 ; Perdriau, « Illustration de l'intérêt de la cassation pour manque de base légale », note sous Com. 20 févr. 1990, JCP.II.21509.

[6] Il s'agit d'un cas où les motifs existent, mais sont incomplets ou imprécis, ce qui ne permet pas un contrôle adéquat du droit.

[7] Il en est ainsi en cas de fausse interprétation de la loi ou d'une solution erronée d'un point de droit. V° Vincent et Guinchard, op.cit., n° 1517.

dans les arrêts de cassation pour défaut de base légale, la haute juridiction prend soin d'indiquer au visa le texte de loi dont l'une ou les conditions d'application n'ont pas été suffisamment caractérisées ou prises en compte par le juge du fond. Il y a là pour le juge de renvoi, une simple invitation à s'y appuyer pour que la décision soit fondée. En revanche, en cas de cassation pour violation de la loi, le juge de renvoi est invité à statuer différemment que le juge dont la décision est cassée.

20. Le juge est donc tenu de statuer en droit, c'est-à-dire trancher le litige conformément à la loi. Dire le droit, telles sont sa fonction et sa vocation. Ce n'est qu'à l'occasion qu'il peut être amené à créer du droit, notamment lorsqu'il est confronté au silence, à l'insuffisance ou à l'obscurité de la loi. C'est le respect de la loi qui fait la légitimité du juge et la force des actes juridictionnels. Mais, la soumission à la loi ne revient pas à faire du juge « l'otage » de la loi. Par la force des choses, le juge n'est pas un « automate ». Aussi, sa fonction va bien au-delà d'une simple application de la loi, car il a, seul, le pouvoir de fixer le droit.

b. Le juge fixe le droit

21. Le juge se serait contenté d'être la « bouche de la loi » si celle-ci était claire, précise, complète. Dans ce cas, le rôle du juge serait simple. Il pourrait alors se comporter dans l'application de la loi comme le ferait une machine. Or, il en est rarement ainsi. Nombreuses sont les règles de droit équivoques, confuses ou incomplètes. Dès lors qu'il est acquis que la loi est imparfaite, il faut bien admettre que le juge se retrouve dans un rapport différent avec la loi. Il ne saurait plus s'arrêter à la seule « diction ». Il se voit investi d'une mission d'interprétation qui a pour but de fixer le droit[1]. Le juge intervient alors pour expliciter la règle, « pour la disséquer et lui faire dire ce qu'elle dit ou ce qu'on veut lui faire dire[2] ». En d'autres termes, interpréter la loi, « c'est décrypter le message de la loi, en dissiper l'ambigüité, de manière à choisir, entre les divers sens possibles d'un texte, celui qui doit prévaloir[3] ». L'interprétation permet ainsi au magistrat de rechercher et d'élucider la volonté réelle du législateur, en dégageant le sens exact de la loi. On aurait tort de croire que l'interprétation n'est nécessaire que pour les règles équivoques ou obscures. Force est d'affirmer que l'interprétation est aussi possible même en cas de règle claire, nonobstant la maxime « *interpretatio cessat in claris* ». N'est-ce pas un leurre de croire, relève d'ailleurs un auteur[4], qu'il est simple d'appliquer une règle

---

[1] Le doyen Cornu précise que l'interprétation consiste à rechercher le sens véritable d'une règle de droit, à établir le sens qui doit prévaloir quand il y a dans un texte un doute à ce sujet du fait de son obscurité, de ses lacunes, de son ambigüité. V. définition dans Droit civil, précité, p. 253.
[2] Pineau (J), op. cit, p. 367.
[3] Cornu (G), op. cit., n° 386.
[4] Idem.

claire ! Quant à M. François Terré,[1] il observe qu'il serait exagéré d'exclure toute interprétation en cas de termes clairs, « parce qu'il est souvent difficile de distinguer un terme clair d'un terme obscur et parce que le sens de certains termes, clair dans le langage courant, peut cesser de l'être dans le langage juridique ». Il y aurait comme une dialectique de la loi et du juge. Le juge, dans l'acte de juger, doit se soumettre à la loi ; mais c'est à lui qu'il revient de donner le sens véritable de la loi. Philippe Malaurie[2] note à ce sujet que « la jurisprudence détermine ainsi le contenu concret de la loi, elle en donne le visage vivant ». Quel pouvoir pour le juge !

22. Dans la fixation du droit, le juge met en œuvre son pouvoir d'interprétation[3], soit pour conforter la lettre de la loi, soit pour en rechercher l'esprit, à l'aide des méthodes ou techniques d'interprétation[4]. Dans le premier cas, il s'agit de restituer le sens exact du texte en conformité à la volonté du législateur telle qu'elle s'est littéralement exprimée dans la lettre de la loi. Cette démarche intellectuelle se prolonge dans la recherche de l'esprit de la loi. Il faut d'ailleurs reconnaître qu'il existe des liens entre la lettre et l'esprit de la loi. Le doyen Cornu[5] relève d'ailleurs que « la lettre est le premier révélateur de l'esprit ». La découverte de l'esprit de la loi commence par le texte et s'inscrit cependant dans la recherche de l'idée essentielle qui a inspiré l'auteur du texte. Si l'on admet alors que l'esprit de la loi assume les intentions du législateur et les finalités de la loi, le juge se doit alors de révéler le « pourquoi », la raison d'être du droit, et au-delà de la lettre, l'esprit de la loi[6]. Cette approche, dans bien des cas, permet au juge « d'étendre » le champ d'application de la loi. Ya t- il meilleur exemple que celui de l'article 1384 alinéa 1er du Code civil auquel la jurisprudence a donné un rayonnement extrêmement large, lui faisant dire certainement ce qu'il ne disait pas à l'origine ? Dans l'application de cette disposition, le juge par son interprétation créatrice a fait primer l'esprit sur la lettre de la loi.

Au total, dans la recherche de l'esprit de la loi, le juge s'emploie à ce que la règle de droit puisse exprimer toutes ses possibilités, toutes ses potentialités dans sa vocation à régir les faits. Ainsi, l'esprit de la loi qui est le « souffle qui

---

[1] *Introduction générale au droit*, Paris, Dalloz, 6e éd., 2003, n° 436.
[2] *Droit civil, Introduction générale*, Paris, Cujas, 1991, note 5, n° 854, p. 246.
[3] V. *L'interprétation par le juge des règles écrites,* Travaux de l'Association H. Capitant, T. 29, 1978 ; Peychère (F), *La découverte du sens en droit,* Actes du colloque de l'Association française de philosophie du droit du 5 avril 1991, Stuttgart, 1992.
[4] Sur les méthodes d'interprétation, v. Gény (F), Méthodes d'interprétation et sources en droit privé positif (2 vol), 2e éd., LGDJ, Paris, 1919 ; Bergel (J-L), *Théorie générale du droit,* Paris, Dalloz, 4e éd., 2003, p. 263 s.
[5] « La découverte du sens en droit », in *L'art du droit en quête de sagesse*, préc., pp. 312-322, et notam. p. 317.
[6] Bergel (J-L), *Théorie générale du droit,* Paris, Dalloz, 4e éd., 2003, p. 195, n° 167.

l'anime »[1] a une vertu « plénifiante » en ce sens qu'il permet au juge d'arriver à une extension du champ d'application de la loi.

23. L'office du juge en matière d'interprétation a donc de beaux jours devant lui. Son ampleur dépend, du choix fait par le législateur à l'origine, notamment en ce qui concerne les moyens d'expression de la loi. Il s'agit d'une question de technique juridique en ce qu'elle touche à l'art de légiférer. En effet, le législateur doit décider du degré de précision de la règle de droit, « c'est-à-dire donner à la substance juridique rigidité ou souplesse »[2]. S'il penche en faveur des normes rigides, le législateur choisit d'utiliser des concepts clairs, des notions précises et dont le sens ne « prête pas le flanc » a priori à la discussion ou à l'interprétation. La loi a ainsi recours à des notions rigoureuses définies de manière précise et objective. Cette technique, qui dissipe le doute, garantit par ailleurs la sécurité juridique et laisse peu de marges d'appréciation au juge. Ce dernier doit simplement se conformer à la loi et l'appliquer sereinement.

24. Il en va autrement lorsque le législateur opte pour l'édiction de règles souples. Cette méthode se traduit par « le développement des standards[3], c'est-à-dire de normes souples, déterminées en fonction de critères intentionnellement indéterminés »[4]. Concrètement, il s'agit de l'utilisation dans la loi de « notions-cadre »[5] ou « à contenu variable »[6] ou « flexibles », de « concepts mous »[7] ou « vagues », de « mots ouverts »[8]. Il en est par exemple ainsi des notions d'ordre public, de bonnes mœurs, de bonne foi, d'équité, d'intérêt général, d'intérêt social, d'intérêt de l'enfant, de bon père de famille, de justes motifs, de fraude, etc. En employant de telles notions, la loi se contente de poser des directives et laisse au juge de vérifier que la situation ou la conduite est conforme au standard qui constitue une sorte de « modèle-type ». Ce faisant, elle reconnaît une liberté importante au juge. Comme le constate Roger Perrot avec une certaine amertume, « Avec ces

---

[1] C'est la définition proposée par le doyen Cornu, op.cit., p.252.

[2] Starck, Roland et Boyer, op. cit, p. 133, n° 337 ; Jestaz (Ph), « Le langage et la force contraignante du droit », in *Autour du droit civil. Écrits dispersés. Idées convergentes*, Paris, Dalloz, 2005, pp. 31-46 ; Cornu (G), « Le langage du législateur », in *L'art du droit en quête de sagesse*, préc., p. 290.

[3] Jestaz (Ph), « Les standards dans les divers systèmes juridiques », Rapport de synthèse, RRJ. 1988-4, p. 1182 s ; Texte également reproduit in *Autour du droit civil Ecrits dispersés, Idées convergentes*, Paris, Dalloz, 2005, pp.19-29.

[4] Terré (F), op. cit., n° 436.

[5] Coët (P), *Les notions-cadre dans le Code civil, Étude des lacunes intra legem*, th. Paris, II (ronéot), 1985.

[6] « Les notions à contenu variable en droit », Études publiées par Perelman (Ch) et Vander Elst (R), Travaux du Centre National de Recherches de logique, Bruylant, Bruxelles, 1984.

[7] Hermitte (M-A), « Le rôle des concepts mous dans les techniques de déjuridicisation. L'exemple des droits intellectuels », *Arch. phil. droit*, 1985, p. 331 s.

[8] Cornu (G), « Le langage du législateur », in *L'art du droit en quête de sagesse*, préc., p. 290.

concepts mous, la norme devient simple directive, et la règle de droit un vulgaire élastique grâce auquel (...), le juge retrouve sa liberté d'appréciation ». Ainsi, c'est au juge qu'incombe la charge de dire « ce qui se trouve » dans les standards ou le soin de « remplir » les notions-cadres, de les activer au gré des espèces, en fonction des circonstances[1]. Cette « responsabilité » transforme nécessairement l'office du juge et confirme le rôle de ce dernier dans la fixation du droit. En effet, « le juge n'apparaît pas seulement comme un serviteur de la loi dont il comble les lacunes traditionnelles. Investi par la loi d'une sorte de délégation, il est beaucoup plus qu'un interprète, l'agent sur lequel la loi compte pour déterminer le contenu de la règle de droit et dont l'intervention est nécessaire, puisque la détermination de la notion-clé ne peut être faite sans lui »[2].

25. En somme, l'obligation de statuer conformément à la loi implique une double fonction de la part du juge. La première consiste à dire le droit ; la seconde à fixer le droit. Sans cette dernière, le rôle du juge serait réduit en « un simple office mécanique ». La marge de liberté qui lui est reconnue dans sa fonction de juger ne signifie pas qu'une porte lui soit ouverte pour des appréciations subjectives. Tiers impartial au litige qui lui est soumis, il lui appartient de le trancher en fonction de la loi, c'est-à-dire de règles de droit dont il aura pris soin de préciser le sens véritable et de délimiter le « périmètre » d'application. La loi a ainsi besoin de l'intervention du juge pour produire son plein effet. C'est dire que le juge est loin d'être un simple subalterne de la loi. Devant chaque cause qui lui est soumise, c'est à lui qu'il revient de choisir la règle applicable et de la fixer, sauf dans les cas où il en est dispensé.

2. Le juge dispensé de statuer en droit

26. Si dans l'application de la loi, le juge bénéficie d'une sorte de régime de « liberté surveillée », il recouvre une plus grande autonomie vis-à-vis de la loi lorsqu'il est, à l'occasion, déchargé de l'obligation de statuer en droit. Cela se produit dans quelques cas exceptionnels.

27. D'abord, le juge n'est pas tenu d'appliquer des règles de droit lorsque les parties lui ont confié une mission d'amiable composition[3]. C'est ainsi

---

[1] Op. cit., n° 177.

[2] Cornu (G), Droit civil, préc., n° 178. Le même auteur note que l'emploi des mots-cadres « traduit, chez le législateur, une nouvelle doctrine : l'idée qu'il a besoin des hommes - et surtout besoin du juge investi, dans chaque espèce, de la pleine connaissance des circonstances de fait- pour trouver la solution qui paraît, en ce cas, la meilleure ». V° « Le langage du législateur », op.cit., p. 291.

[3] Cornu (G), « Le juge-arbitre (Le juge amiable compositeur au sein de la juridiction étatique) », in *L'art du droit en quête de sagesse*, préc., p. 155 s ; Fouchard (Ph), « Amiable composition et appel », Rev. arb., 1976, p. 18 s ; Hébraud (P), « Observations sur l'arbitrage judiciaire », in *Mélanges Marty*, Toulouse 1978, p. 635 s ;

qu'en droit français, l'article 12 alinéa 4 du N.C.P.C prévoit que « le litige né, les parties peuvent (...) conférer au juge mission de statuer comme amiable compositeur ». On est ici dans une situation dans laquelle ce sont les litigants eux-mêmes qui prennent l'initiative de demander au juge de trancher le litige sans être forcément tenu d'appliquer des règles de droit. La question que pose l'amiable composition est celle de la nature des règles applicables par le juge. En principe, le juge est investi par les parties du pouvoir de statuer en équité. On considère que le juge statue en équité lorsqu'il est amené à écarter les règles de droit dont l'application paraît trop rigoureuse ou peut conduire à l'injustice. En d'autres termes, le juge apporte au litige la solution qui lui semble la plus adéquate à départager les parties sans considération juridique. L'amiable composition se présente ainsi comme un tempérament à la jurisdictio qui constitue l'obligation pour le juge de « trancher le litige par application du droit ». En réalité, cela n'est vrai qu'en partie. Comme le relève Gérard Cornu[1], « La mission d'amiable composition n'interdit pas au juge de statuer en droit ; elle a pour effet propre de le fonder à écarter la règle de droit et à statuer en équité lorsque l'application ordinaire de la règle de droit aurait, selon lui, des conséquences iniques ». Le juge doit opérer, en toute discrétion, le choix de résoudre le différend soit en appliquant la loi lorsque la solution juridique lui semble la meilleure, soit en statuant en équité, si l'application du droit peut conduire à une issue plus juste. On voit ainsi que le droit n'est pas toujours absent dans l'office du juge appelé à connaître du litige en amiable compositeur. Il suffit, pour s'en convaincre, de préciser que même dans cette posture, le juge n'est pas dispensé de l'obligation de suivre, quant au fond et quant à la procédure, les règles d'ordre public. Aussi, doit-il, par exemple, respecter le principe du contradictoire ou l'obligation de motiver sa décision[2].

28. Ensuite, il y a quelques cas où c'est la loi elle-même qui lui accorde ce pouvoir, soit de manière expresse, soit de manière implicite. On cite notamment l'article 1135 du Code civil comme l'exemple type des textes par lesquels la loi « invite » explicitement le magistrat à juger en considération de l'équité ou des usages, afin de compléter la règle de droit ou la volonté des parties[3]. Dans ces hypothèses, le législateur admet que le juge puisse aller au-delà de la loi pour trancher le litige entre les parties, en faisant notamment appel à l'équité. S'agissant du cas particulier de l'article 1135, le doyen Carbonnier observe que par ce recours à l'équité, « le juge a le pouvoir d'attacher au contrat des conséquences que les parties n'ont pas réellement envisagées, si elles lui paraissent commandées par la nature de l'opération, son économie générale, son esprit »[4]. C'est ainsi qu'il a pu mettre une

---

[1] Ibid., p. 162.
[2] V. Paris, 10 nov. 1964, 7 déc. 1965, JCP.1966.II.14625 ; RTD.civ. 1965.706 et 1966. 576.
[3] Jestaz (Ph), « Equité », in *Autour du droit civil. Écrits dispersés. Idées convergentes*, Paris, Dalloz, 2005, pp.3-17.
[4] *Droit civil*. Volume II. *Les biens, Les obligations*, PUF, Quadrige, 2004, n° 949.

obligation de sécurité[1] à la charge du transporteur de personnes ou imposer une obligation de renseignement[2] à certains contractants.

29. Ces exemples montrent qu'il existe bien quelques exceptions à l'obligation du magistrat du siège de juger conformément à la loi. L'application des règles de droit reste donc le principe. C'est elle qui confère à la décision du juge son autorité et sa légitimité. Dans un système juridique et judiciaire dominé par le positivisme, le juge est avant tout le serviteur de la loi. C'est sa mission et son obligation. Aussi, il apparaît que même le recours à sa conscience ne se justifie de prime abord que par le souci d'une saine application des règles de droit à la cause dont il est saisi. Mais, il est certain que cet appel à la conscience procède également de la nécessité, pour le juge, de rendre une décision marquée du sceau de la justice.

II. LA RÉFÉRENCE DU JUGE À SA CONSCIENCE OU LA QUÊTE DU JUSTE

30. On l'a déjà rappelé à suffisance, la mission du juge est de trancher les litiges selon les lois. Cette obligation dont il doit s'acquitter dans l'exercice quotidien de sa fonction, interpelle en premier lieu sa conscience professionnelle et, en second lieu, sa conscience individuelle. C'est que, si dans l'application de la loi il fait appel à la conscience professionnelle, le juge doit aussi se prononcer « selon ce que sa conscience lui dictera de meilleur »[3]. Ainsi, le juge ne peut se contenter de dire ce qui est conforme au droit, il doit le faire « en conscience », pour se rapprocher, autant que faire se peut, de la justice.

La conscience est donc dans une relation étroite avec la loi dans la fonction de juger. Mais, pour éviter le risque de voir la conscience « déborder » la loi ou conduire à la subjectivité du juge, il faut que son champ d'application soit bien circonscrit (A) et que ses conditions d'exercice (B) soient strictement précisées.

A. Les manifestations de la conscience du juge

31. Le juge doit juger suivant sa conscience en vue de rendre une décision aussi juste que la loi le lui permet[4]. C'est, en effet, un devoir de conscience que de respecter la justice et de rechercher la vérité[5]. Ainsi, le recours du juge

---

[1] L'arrêt de principe a été rendu par la chambre civile de la Cour de cassation, le 21 novembre 1911 (Cie générale transatlantique), DP 1913.I.249.

[2] De Juglart (M), « L'obligation de renseignements dans les contrats », RTD civ. 1945. 1 ; Fabre-Magnan (M), *L'obligation d'information dans les contrats, Essai d'une théorie*, LGDJ 1992, préf. J. Ghestin.

[3] Carbasse (J-M), « Le juge entre la loi et la justice : approches médiévales », op.cit, p. 74.

[4] Pineau, op.cit., p. 369.

[5] Carbasse, ibid., p. 82.

à sa conscience met au centre de son activité son intime conviction[1]. Comme l'observe Clara Tournier, c'est l'intime conviction qui permet au juge de décider en « prenant sa conscience à témoin[2] ». Celle-ci se manifeste par l'exercice d'un pouvoir souverain d'appréciation large dans le domaine de la preuve des faits (1), mais réduit en ce qui concerne le droit matériel (2).

1. Conscience du juge et preuve des faits

32. Les éléments de faits sont à la base de toute contestation devant le juge. Ils sont constitués par les faits, les actes et les situations juridiques que les parties invoquent à l'appui de leurs prétentions[3]. Il incombe à chaque partie de prouver conformément à la loi les faits sur lesquels se fonde sa demande et pour lesquels elle sollicite la décision du juge. Ainsi, celui qui entend obtenir une indemnisation doit prouver le fait générateur qui est à l'origine du dommage dont il se plaint ainsi que l'existence et l'importance dudit dommage. De même, celui qui se prétend propriétaire d'une chose détenue par une autre personne doit établir l'existence et la teneur de l'acte qui fonde son droit. La règle reste et demeure que le plaideur a l'obligation de démontrer ce qu'il avance en sa faveur. Cette exigence procède du devoir des parties d'apporter leur concours à la manifestation de la vérité. On considère que les faits qui appellent la réaction du juge et qui doivent, par conséquent, être prouvés sont des faits pertinents, concluants, contestés et contestables[4]. Les deux premiers caractères sont déterminants pour l'office du juge. En effet, le fait objet de preuve doit être pertinent, c'est-à-dire en rapport avec le litige, et concluant, c'est-à-dire avoir une incidence sur la solution judiciaire à venir[5].

33. Si la charge de la preuve des faits incombe prioritairement au demandeur, il n'en demeure pas moins que le défendeur ne saurait rester indifférent ni inactif. Il est dans son intérêt de rapporter la preuve contraire, en établissant d'autres faits ou actes qui contredisent ceux allégués par son adversaire. Ainsi, en matière de paiement, l'article 1315 du Code civil illustre cette idée que la preuve est bien l'affaire des deux parties. Alors que l'alinéa 1er énonce : « Celui qui réclame l'exécution d'une obligation doit la prouver », l'alinéa 2, pour sa part, précise que « Réciproquement, celui qui se prétend libéré, doit justifier le paiement ». Ces dispositions montrent que le créancier et le débiteur se livrent une « bataille de preuves » dont l'objet est pour chacun

---

[1] Pour une vue générale de cette notion, v° Rached, *De l'intime conviction du juge*, th. Paris, 1942, Tournier (C), *L'intime conviction du juge*, PUAM, 2003 ; Portejoie (G-J), Ranouil (P-Ch), *Glas de l'intime conviction*, Unlimited, 2009 ; De Nervo (O), « L'intime conviction du juge pénal », La vie judiciaire, 25 août 1996, p.2.

[2] Op.cit., note (12), p. 141.

[3] Sur la notion de fait en général, v. Lepage (A), *Recherche sur la connaissance du fait en droit*, th. ronéot. Paris, XI, 1998.

[4] V. Terré, op. cit., n° 459 et s.

[5] Ibid, n° 460.

de rendre sa prétention vraisemblable. Comme on l'a relevé fort justement, « on voit donc que la charge de la preuve passe, selon les circonstances, de l'un à l'autre, parce que la preuve n'est, en définitive, qu'un *balancement de probabilité* »[1]. En tout cas, dans n'importe quelle situation, « la charge de la preuve se déplace continuellement et se renvoie comme une balle de tennis », ce qui complique certainement la tâche du juge. Il lui revient de départager les parties sur la base des éléments de preuves apportés au soutien de leurs prétentions respectives[2]. En effet, le juge est tenu de statuer en fait et en droit. S'agissant des faits, sa démarche s'articule en deux étapes : la constatation et l'appréciation des faits d'une part, la détermination de la valeur probante des moyens de preuve invoqués par les parties, d'autre part. Dans cette double opération, la conscience du juge est fortement interpellée.

34. En ce qui concerne les faits, la mission du juge revient d'abord à les constater et ensuite, à les apprécier. La constatation, selon le doyen Cornu, est une opération qui consiste à prendre parti sur l'existence d'un fait[3]. Il s'agit alors pour le juge de se prononcer sur la réalité des actes, faits ou situations invoqués par les parties. Par exemple, lorsqu'il est saisi d'une demande de liquidation d'une succession, il doit s'assurer de la réalité du décès de l'auteur et du lien de filiation entre celui-ci et les héritiers présumés. De même, s'il lui est demandé de réparer un dommage, le juge doit constater la réalité de l'évènement dommageable ainsi que l'effectivité du préjudice subi par la victime. L'exigence de constater les faits se justifie pleinement par l'obligation faite au juge de statuer en fait. Son office est tout simplement impossible si les faits sont inexistants.

35. Mais, le juge ne peut se limiter à constater les faits. Il lui faut aussi porter sur ceux-ci une appréciation. Dans ce cadre, le juge doit par exemple vérifier si le fait invoqué est en rapport avec le litige, si le fait imputé au défendeur constitue ou non une faute, si cette faute est grave ou légère, etc. Pour ce faire, il dispose d'un pouvoir souverain d'appréciation des faits. Selon une jurisprudence constante, l'appréciation de la valeur des éléments de preuve et de leur force probante échappe au contrôle de la juridiction suprême. C'est cette liberté d'appréciation des faits de la cause qui met véritablement le juge aux prises avec sa conscience. L'opinion qu'il a des éléments de faits qui lui sont présentés par les parties repose en grande partie sur sa conviction intime. Toutefois, la libre appréciation des faits ne permet pas au juge de les

---

[1] Starck, Roland et Boyer, op. cit., n° 1441.

[2] Sur la répartition des rôles, v. Motulsky (H), « Le rôle respectif du juge et des parties dans l'allégation des faits », Études de droit contemporain, 1959, t. XV, p. 355.

[3] Droit civil, op. cit, n° 164.

dénaturer[1]. En cas de dénaturation, sa décision encourt certainement la censure[2].

36. Si, de toute évidence, la constatation et l'appréciation des faits forment l'assise nécessaire et la base concrète du jugement, elles n'épuisent pas la mission du juge. Celui-ci doit aussi se prononcer sur les moyens de preuve utilisés par les parties et notamment sur leur force probante. La loi prévoit les moyens par lesquels les plaideurs peuvent établir les actes ou les faits juridiques et détermine leur valeur probante. Le rôle du juge varie alors selon qu'il s'agit d'actes juridiques (qui doivent être prouvés par écrit) ou de faits juridiques (dont la preuve peut être rapportée par tous moyens prévus par la loi). Qui plus est, la place de la conscience du juge n'est pas la même selon qu'il s'agit du système dit de la « preuve légale » ou du système dit de la « preuve par intime conviction ».

En effet, la valeur probante des moyens de preuve n'est pas identique dans l'un et l'autre système. Dans le système de la preuve légale qui a notamment cours en matière civile, la loi détermine les procédés de preuve admissibles ainsi que celles des preuves qui s'imposent au juge. Dans ce cas, aucune marge d'appréciation n'est en principe reconnue au juge. Ainsi, lorsqu'une partie invoque à l'appui de sa demande des preuves légales, le juge est obligé d'en tenir compte dès lors que les conditions de leur admissibilité sont réunies. La loi fixe elle-même la foi qui s'attache à de telles preuves. Celles-ci s'imposent au juge, quel que soit son sentiment personnel. En revanche, dans le système de la preuve par intime conviction[3] ou preuve morale, la conscience du juge est certainement plus sollicitée. Il s'agit d'un régime dans lequel le juge n'est soumis à aucune prescription légale et peut donc apprécier les moyens de preuve à la lumière de sa conscience. Il se prononce selon son intime conviction, c'est-à-dire en fonction du sentiment profond qu'il se forge en conscience sur les éléments de preuve qui sont apportés par les parties. Cela est notamment vrai en matière pénale et pour certains moyens de preuve en droit civil.

---

[1] La dénaturation recouvre deux aspects. Dans sa conception matérielle, le grief de dénaturation consiste en une erreur de fait des juges du fond (ex. ajout ou omission d'un mot ou d'un élément de fait). Dans sa conception intellectuelle, c'est le fait par exemple pour le juge de n'avoir pas ou d'avoir mal apprécié la portée juridique ou le sens d'un écrit. v° Vincent et Guinchard, op. cit., p. 1026.

[2] Boré (J), « Le contrôle par la Cour de cassation de la dénaturation des actes », RTD civ. 1972. 249 ; Marraud, *La notion de dénaturation en droit privé français*, PUG 1974, préf. Lagarde. ; Voulet, « Le grief de dénaturation devant la Cour de cassation », JCP. 1971.I. 2410.

[3] Rached, *De l'intime conviction du juge*, th. Paris, 1942 ; Tournier (C), *L'intime conviction du juge*, PUAM, 2003 ; Portejoie (G-J), Ranouil (P-C), *Glas de l'intime conviction*, Unlimited éd., 2009 ; Fayol-Noireterre (J-M), « L'intime conviction du juge », Informations sociales 2005/7, n° 127, p. 46 s ; Guéry (C), « Peut-on motiver l'intime conviction ? », JCP G.2011, doctr. 28.

37. En droit pénal, la plupart des preuves appartiennent à la catégorie de la preuve par intime conviction[1]. Aucune preuve ne s'impose donc a priori au juge[2], de sorte qu'il apprécie souverainement les moyens de preuve qui lui sont présentés[3]. C'est au juge qu'il revient de déterminer la valeur probante de chaque mode de preuve et de décider, en son for intérieur, si celui-ci est digne de foi. Le juge se prononce donc, selon son intime conviction, sur la force probante des moyens de preuve que le ministère public ou la partie civile produisent en vue d'établir la culpabilité du prévenu ou de l'accusé, ou encore sur ceux utilisés par ce dernier pour démontrer son innocence. En droit pénal français, par exemple, l'article 353 du Code de procédure pénale qui fixe les modalités de décision de la Cour d'assises consacre expressément la place prépondérante de l'intime conviction en ce qui concerne l'appréciation ou l'admission des preuves en matière pénale. Il dispose que « La loi ne demande pas compte aux juges des moyens par lesquels ils se sont convaincus, elle ne leur prescrit pas de règles desquelles elles doivent faire particulièrement dépendre la plénitude et la suffisance d'une preuve ; elle leur prescrit de s'interroger eux-mêmes dans le silence et le recueillement et de chercher dans la sincérité de leur conscience, quelle impression ont faite sur leur raison, les preuves rapportées contre l'accusé, les moyens de sa défense. La loi ne leur fait que cette seule question, qui renferme toute la mesure de leurs devoirs : « Avez-vous une intime conviction ? »

En somme, le juge doit fonder son intime conviction sur les éléments de preuve produits par les parties, et relaxer ou acquitter la personne mise en cause, sans donner aucune justification sur la force probante qu'il attache aux preuves qu'il retient[4]. La Cour de cassation française rappelle néanmoins que si l'intime conviction des juges relève de leur seule conscience, la motivation doit être exempte d'insuffisance ou de contradiction[5].

38. En matière civile, certains procédés de preuve sont des preuves par intime conviction[6]. Il en est ainsi des témoignages et des présomptions[7]. Dans le cas des témoignages, le juge est confronté à des preuves dont la valeur dépend pour beaucoup de la confiance ou de la crédibilité qu'il reconnaît aux témoins. De même, lorsqu'un plaideur s'appuie sur des présomptions, il ne s'agit point de preuves directes, les présomptions étant des conséquences

---

[1] Pompe, « La preuve en procédure pénale », Rev. sc. crim., 1961. 269.
[2] V. cependant sur les exceptions à la règle de l'intime conviction, Stefani (G), Levasseur (G), Bouloc (B), *Procédure pénale*, 19e éd., Dalloz 2004, n° 153 ; Leclerc (H), « Les limites de la liberté de la preuve, aspects actuels en France », Rev. sc. crim., 1992. 15.
[3] Crim. 7 nov. 1989, JCP.IV.55.
[4] Stefani (G), Levasseur (G), Bouloc (B), op. cit., n° 150 in fine.
[5] Crim., 12 mai 1971, Bull. crim. 1971, n° 153 ; 25 avr. 1974, Bull. crim. 1974, n° 154.
[6] Pour une vue générale, v° Denis (J-D), « Quelques aspects de l'évolution récente du système des preuves en droit civil », RTD civ. 1977. 671.
[7] Sur ce procédé de preuve, v. Decottignies (R), *Les présomptions en droit privé*, th. Lille, 1949 ;

tirées d'un fait connu pour démontrer tel autre qui est inconnu. Dans un cas comme dans l'autre, aucune certitude n'existe et le juge ne peut que se forger une conviction. Comme on l'a relevé[1], « Un tribunal n'est jamais obligé de croire ce qui est dit par les témoins, ni de considérer établi un fait ou un acte en vertu de simples présomptions de fait ». D'ailleurs, dans un contexte où l'incertitude paraît plus forte, la loi préfère finalement s'en remettre au juge. C'est ainsi que l'article 1353 du Code civil précise que « les présomptions qui ne sont point établies par la loi sont abandonnées aux lumières et à la prudence du magistrat ». N'est-ce pas là une invitation directe faite au juge d'en référer à sa conscience et à sa prudence pour admettre les présomptions du fait de l'homme ? En tout cas, ce texte confirme bien que la force probante des présomptions relève de l'appréciation souveraine des juges du fond[2].

39. Il apparaît ainsi que le droit de la preuve laisse une place importante au jeu de la conscience du juge[3]. Celle-ci se manifeste clairement dans la liberté d'appréciation de la valeur probante des moyens de preuve qui lui est reconnue. On perçoit alors pleinement l'importance de l'intime conviction dans le processus de décision. En s'appuyant sur elle, notamment dans le système de la liberté de la preuve, le juge parvient au jugement malgré l'insuffisance ou l'imperfection des preuves. Il reste à savoir s'il dispose de la même liberté en ce qui concerne le fond du droit.

2. Conscience du juge et droit matériel

40. Le juge a l'obligation de statuer conformément aux règles de droit. Cette exigence vise à garantir l'objectivité de la fonction juridictionnelle en faisant « barrage à des décisions qui ne seraient fondées que sur les valeurs personnelles de tel ou tel juge »[4]. Le devoir du juge est ainsi de « s'abstraire d'une partie de lui-même et de ses contradictions »[5]. Mais, peut-on croire que la conscience du juge n'ait aucune incidence dans l'application de la loi ? Répondre par l'affirmative serait oublier que le juge, quelle que soit sa conscience professionnelle, ne saurait totalement faire abstraction de sa conscience individuelle qui lui dicte, dans son for interne, son intime conviction dans chaque cause qui lui est soumise. Faut-il encore rappeler que la loi, si parfaite soit-elle, ne saurait se suffire à elle-même, de sorte qu'il faut rendre quelque place au juge, et plus précisément, un espace de liberté qui lui permette, certes, de dire le droit entre les parties, mais de le dire en conscience, comme il le sent au-dedans de lui[6]. Pour ce faire, l'acte de juger se conjugue

---

[1] Starck, Roland et Boyer, op. cit., n° 1457.
[2] V. Civ. 1re, 1er juin 1954, D. 1954, p. 5889 ; Com., 11 avril 1995, D. 1995, P. 588, note Picod.
[3] Marreaud (C), « Le droit de la preuve, la production des preuves en justice », JCP 1973.I.2572.
[4] Carbasse (J-M), Depambour-Tarride (L), op. cit, p. 16.
[5] Coulon (J-M), op. cit. p. 336.
[6] Carbasse (J-M), Depambour-Tarride (L), idem.

avec l'art de juger qui seul, peut éviter au juge de tomber dans la tentation d'une justice discrétionnaire.

41. Le juge doit, autant que faire se peut, s'efforcer de rendre une décision juste. À ce propos, Mme Frison-Roche écrit « qu'un grand juge est celui qui juge bien, c'est-à-dire celui qui non seulement manie bien les règles de droit qui sont ses instruments, mais encore trouve la solution particulière efficace pour éteindre le litige, mais encore arrive à rencontrer, voire à faire naître un sentiment de justice en la personne des parties (...) Le grand juge est habité par le sentiment de justice[1] ». C'est grâce aux lumières de sa conscience que cette rencontre entre le droit et la justice est possible. Il arrive que le juge rende une décision conforme à la loi, mais qui soit inéquitable ou trop rigoureuse pour l'une des parties. *Summum jus, summa injuria* ! Le magistrat ne peut alors se contenter d'appliquer la règle de droit sans discernement ni sans s'interroger sur ses conséquences. Comme l'observe M. Alain Blanchot, « le juge ne peut être un arbitre passif »[2]. Il ne peut se réduire à n'être qu'un serviteur de la loi. Si l'on attend qu'il soit impartial et objectif, cela ne saurait le conduire à être neutre ou indifférent lorsqu'il tranche le litige. En départageant les parties, il doit se convaincre que « la paix judiciaire est faite »[3]. Comment arriver à cette paix judiciaire ? On estime que le juge doit tirer profit de son génie créateur, de son intelligence et de sa finesse d'esprit pour y parvenir. Mais surtout, il doit écouter cette voix intérieure qui n'est rien d'autre que celle de sa conscience.

42. La conscience est cette « lumière » qui éclaire l'office du juge et lui permet de rechercher la solution de droit qui lui paraît la meilleure possible, voire la plus juste[4]. Elle se manifeste dans cette marge de liberté qui lui est reconnue dans le choix de la règle de droit applicable ou encore dans le choix de la décision finale. En fait, dans chaque espèce qui lui est soumise, le magistrat est confronté à sa conscience en ce sens qu'il a le devoir de choisir entre plusieurs règles et, partant entre plusieurs issues possibles au différend. Par cette liberté de choix, il implique sa conscience dans le jugement, ce qui signifie « rechercher un équilibre, avoir à l'esprit les suites pratiques et les implications morales du choix »[5] qu'il fait. En ayant recours à sa conscience, le juge entend trancher le litige aussi justement que la loi le lui permet. En quelque sorte, sa conscience lui permet d'orienter sa décision dans le « bon

---

[1] « Le juge et le sentiment de justice », *Mélanges Bézard*, 2002, p. 40 s.

[2] « Le droit et le bon sens », in *Mélanges A. Decoq*, Litec 2004, p. 30.

[3] Drai (P), « Le délibéré et l'imagination du juge », in *Mélanges Perrot*, préc., p. 111.

[4] Nathalie Dion, s'appuyant sur les travaux de Jonh Rawls, de Ronald Dworkin ou de Paul Ricœur, montre que la tâche du juge n'est pas aisée en raison du caractère ambivalent de la notion de juste, à la fois universelle (*juste général*) et subjective (*juste particulier*). V. « Le juge et le désir du juste », D. 1999, chron. p. 195.

[5] Pineau (J), op.cit., p. 369.

sens du droit[1] ». Comme l'observent MM. Canivet et Molfessis : « Juger, c'est nécessairement effectuer un choix guidé certes par un raisonnement et des règles, mais aussi, et surtout par la décision. Juger n'est rien d'autre qu'imaginer la bonne solution du litige »[2]. Ainsi, en matière pénale, par exemple, la loi offre des marges d'appréciation au juge en lui conférant le pouvoir d'arbitrage des peines entre un minimum et un maximum qu'elle prend soin de fixer. La conscience du juge est ainsi interpellée dans le choix des peines pour que celles-ci soient « ajustées » aux infractions qu'elles sanctionnent.

43. Si l'acte de juger est ainsi un acte d'imagination[3], cela se vérifie surtout dans les cas où « la loi n'est qu'un ensemble de directives, un cadre à l'intérieur duquel le juge peut (et doit) évoluer »[4]. En effet, lorsque la règle de droit s'exprime par des concepts rigoureux, précis, détaillés, le législateur laisse peu de place à l'imagination du juge. En revanche, lorsqu'elle recourt à des notions flexibles, aux standards, le rôle du juge est alors de les interpréter en faisant preuve d'invention créatrice pour en fixer le sens. Ce faisant, le juge opère un choix qui n'est pas seulement l'acte d'un technicien ou d'un professionnel, mais aussi celui d'un arbitre conscient des enjeux, qui puise sa décision dans son for intérieur, et qui prend position sur des concepts qui « se réfèrent à des comportements humains qui sont rebelles à des contours définis, parce que susceptibles d'évolution ».

44. Tout ceci montre bien que le juge n'est jamais dans une relation de soumission absolue à la règle de droit. Dans tous les domaines où il est appelé à trancher les différends opposant les parties, il est toujours seul avec sa conscience. Pour prévenir les risques de décisions subjectives ou arbitraires, ou de jugements qui laisseraient ses conceptions particulières de l'éthique ou de l'équité prendre le dessus sur les règles de droit, il doit se prononcer en s'abritant sous l'autorité de la loi. Mais, sa conscience n'est jamais absente, elle est même incontournable dans la phase du délibéré au cours de laquelle la décision finale est prise. On doit effectivement reconnaître que la conscience a une part prépondérante dans le choix de la décision. Que l'habillage juridique ne trompe point. Dans le mystère du choix ultime du juge, plane l'ombre de sa conscience. Frédérique Dreiffus-Netter a raison lorsqu'elle écrit que « le droit laisse les juges seuls avec leur conscience, qui constitue le fondement de la décision et se confond avec elle, à la fois omniprésente et invisible car, à l'inverse de la motivation juridique, le cheminement intérieur

---

[1] Blanchot (A), idem.
[2] « L'imagination du juge », in *Mélanges Buffet*, p. 125.
[3] Canivet (G), Molfessis (N), op. cit, p.125.
[4] Drai (P), op. cit., p. 114.

de la pensée n'apparaît pas dans le jugement »[1]. L'exemple des jugements dits d'équité confirme bien cette opinion.

45. Reste une attitude des juges qu'il convient de relever et qui consiste, à prononcer de « vrais » jugements d'équité, tout en donnant l'impression de se conformer au droit. Conscient qu'il ne peut ni méconnaître ni écarter la loi, pour fonder sa décision sur l'équité, le juge prend néanmoins soin de contourner la règle applicable tout en habillant sa décision « d'un vêtement juridique » afin d'éviter la censure[2]. Philippe Jestaz[3] décrit bien ce processus décisionnel : « L'originalité du jugement d'équité est de renverser la méthode judiciaire officielle. Au lieu de considérer la règle et d'en déduire la solution (...), le juge part plus que jamais de la solution qu'il croit équitable et remonte par induction jusqu'à la règle. Deux procédés peuvent alors être utilisés. Ou bien le juge invente une prétendue règle pour les besoins de la cause : en pareil cas, il corrige la loi. Ou bien le juge corrige simplement les faits de l'espèce, de façon à appliquer une règle en soi incontestable, mais étrangère à l'objet réel du procès : cette technique a l'avantage de ne créer aucun précédent fâcheux sur le plan des principes puisqu'elle respecte les apparences de la correction juridique. Mais en réalité, on aboutit dans les deux cas à l'éviction de la loi normalement applicable ». Cette pratique correspond à ce que Carbonnier[4] appelle l'*équité subjective*[5] et qui consiste, pour les juges, non pas à instituer des règles de droit générales, qui entreraient en concurrence avec les règles légales, mais seulement à écarter celles-ci sur un point ou sur un cas d'espèce, parce que leur observation, en l'occurrence, serait injuste ou inique. Un tel jugement ne crée pas du droit, mais adopte plutôt une solution particulière destinée à « régler » un litige.

46. Dans le processus décisionnel, il apparaît clairement que le juge ne saurait avoir pour seul horizon la loi. La référence à sa conscience est nécessaire dès lors qu'il s'agit de rendre une décision empreinte de justice ou d'équité. Tout l'art du juge est alors de réussir dans chaque espèce la conjonction harmonieuse entre la loi et sa conscience. C'est au confluent de ces deux données que se situe la justice. Grâce à sa conscience, il peut aller au-delà des exigences juridiques et rechercher la justice. C'est dans ce sens

---

[1] « La conscience du juge dans le droit des personnes », in Carbasse (J-M), Depambour-Tarride (L), op. cit, p. 316.

[2] Toute décision qui écarte partiellement ou totalement la loi au profit de l'équité encourt la censure, v. Civ. 16 mars 1937, S. 1937.1.184 ; 2 déc. 1947, RTD civ. 1948.332 ; Soc. 23 janv. 1948, JCP 1948.II .4229.

[3] Ibid., p. 8, n° 11.

[4] *Droit civil, volume I, Introduction*, PUF, Quadrige, p. 31.

[5] Celle-ci s'oppose à l'équité objective qui est « un système de règles de droit que les juges sont amenés à créer en parallèle au système préexistant, devenu trop rigide, afin de l'assouplir, de l'adapter aux transformations de la société ou aux changements de la sensibilité morale ». V. Carbonnier, ibid.

que M. Pierre Drai, écrit : « Dans la réalité, le juge (...) ne peut plus se contenter d'une simple déduction logique à partir des textes légaux ou de faits établis. Il ne doit plus se considérer comme satisfait s'il a pu motiver sa décision d'une façon acceptable. Il lui faut se surpasser et rechercher si cette décision sera tenue pour juste ou, du moins, raisonnable, et en plus acceptable pour les parties »[1]. La quête du juste ne veut pas dire que le droit, en lui-même, soit exempt de tout souci ou de toute considération pour la justice. Mme Frison-Roche rappelle fort opportunément que « le droit a pour fonction d'établir et de maintenir un ordre juste. Le droit est ce par quoi se concrétise la justice, particulière et générale ». Il reste que ni le droit ni même le juge n'ont pour vocation prioritaire la recherche de la justice. Quoi qu'il en soit, la conscience du juge a bien sa place dans l'acte de juger, car « c'est la conscience éclairée par la dialectique et le doute qui fait le choix décisif face aux déterminismes judiciaires et institutionnels ainsi qu'aux lacunes du droit[2]».

En somme, il ne devrait donc pas y avoir de concurrence entre la loi et la conscience dès lors que l'on reconnaît que dans l'office du juge, la conscience ne peut avoir qu'une fonction supplétive ou corrective par rapport à la loi. Mais, il n'en demeure pas moins que le recours abusif à la conscience pourrait avoir des conséquences fâcheuses. D'où la nécessité d'encadrer de manière stricte le recours du juge à sa conscience.

B. L'encadrement du recours à la conscience

47. Dans l'accomplissement de sa fonction juridictionnelle, le juge est donc confronté à sa conscience dans le maniement des règles de droit susceptibles de s'appliquer. Comme on l'a si justement relevé, « la conscience du juge est à chaque instant mise en cause par la façon selon laquelle la loi est appliquée par lui, ainsi que par la façon selon laquelle les faits de la cause sont appréciés et les allégations des parties pesées et jugées »[3]. Dans ce rapport entre le juge, la loi et sa conscience, celle-ci apparaît comme un « facteur de distanciation » et un « facteur de doute » entre le juge et la loi[4]. Le mécanisme de la décision judiciaire implique que le juge conserve une certaine marge de liberté par rapport à la loi qui n'est pas possible sans un minimum de distance et de doute. Le doute est la clef de l'acte juridictionnel en ce sens que le juge

[1] Op. cit, p. 118.
[2] Coulon (J-M), « La conscience du juge aujourd'hui », in Carbasse (J-M), Depambour-Tarride (L), op. cit, p. 333.
[3] Padoa-Schioppa (A), « Sur la conscience du juge dans le ius commune européen », in Carbasse (J-M), Depambour-Tarride (L), op. cit, p. 95.
[4] Sur ces deux facteurs qui caractérisent la fonction modératrice de la conscience, v. Coulon (J-M), op.cit., p. 336 s.

confronté à la contradiction[1] qui résulte du discours et des éléments de faits produits par les parties ne se fait une opinion définitive qu'à l'issue d'un cheminement intellectuel jonché d'hypothèses qui traduisent son incertitude. Autrement dit, le juge arrive à la décision en passant par le doute. Lorsqu'il ne peut sortir de cette « conjecture douteuse [2]» pour asseoir sa conviction faute d'éléments certains, il lui est fait obligation en matière pénale de relaxer le prévenu au bénéfice du doute.

48. La distance et le doute qui procèdent ainsi de la conscience du juge ne signifient pas l'émancipation de ce dernier vis-à-vis de la loi. Le juge reste et demeure soumis à la loi qu'il applique simplement « sous l'œil de sa conscience ». Il ne saurait faire prévaloir la conscience sur la loi, c'est-à-dire « suivre l'inspiration de sa conscience plutôt que les dispositions strictes de la loi ». Aussi, force est de rappeler que dans l'acte de juger, la soumission à la loi est prioritaire par rapport au jeu de la conscience du juge. Les parties qui portent leur litige à la connaissance du juge s'attendent à ce qu'il soit d'abord tranché conformément au droit en vigueur et subsidiairement en « conscience ». La fonction du juge est donc avant tout de trancher les litiges en disant le droit. Sa conscience professionnelle qui le conduit à l'obéissance à la loi fait obstacle à la mise en œuvre d'une conscience individuelle qui pourrait l'amener jusqu'à une sorte de désobéissance au droit.

49. La « voix de la conscience » ne saurait donc se muer en une quelconque clause de conscience qui peut conduire le juge à élever des objections au droit[3]. Plus précisément, le juge ne peut refuser d'appliquer la loi ni l'écarter pour des raisons tenant à sa conscience individuelle. Aucun choix n'est possible entre le droit strict et la « loi de conscience ». Le principe de légalité l'emporte dans l'exercice des fonctions juridictionnelles et ne saurait supporter ni tolérer la « subversion » ou la « rébellion » de la conscience. En effet, admettre que la conscience du juge puisse primer sur l'application de la loi reviendrait à contribuer à l'affaiblissement inéluctable de l'impérativité et de la force du droit. Les conséquences d'un tel système seraient tout simplement catastrophiques, car il conduirait à la ruine même de l'idée de justice, la justice selon la conscience ayant supplanté la justice suivant la loi. On ne saurait donc laisser la justice à la discrétion de la conscience du juge.

---

[1] Mathieu-Izorche (M-L), « Le juge et la contradiction », in Foyer (J), Puigelier (sous la dir), *Le nouveau Code de procédure civile (1975-2005),* op.cit, p. 295 s ; Baraduc (E), « Le juge civil de cassation, le moyen relevé d'office et le principe de contradiction », Mélanges J. Buffet, Petites Affiches, 2004, p. 5 s.

[2] L'expression est de Cathérine Puigelier, « L'hypothèse du juge », in Foyer (J), Puigelier (sous la dir), *Le nouveau code de procédure civile (1975-2005)*, op.cit., p. 317.

[3] Sur l'opposition entre droit et conscience, v. Hiez (D), « La clause de conscience ou la conscience source du droit ? », Mélanges Jestaz, Dalloz, 2006, p. 209 s ; Bossourot (Ch), *Objection de conscience : régime juridique d'un droit ou d'une tolérance*, Mémoire de DEA, Limoges, 1978.

C'est en appliquant les règles de droit qu'il doit assurer la balance entre les intérêts divergents des justiciables.

50. L'attente légitime par les parties d'une décision qui soit fondée en droit et qui soit en même temps juste, impose néanmoins une obligation et un devoir au juge qui traduisent bien les rapports d'interdépendance et de hiérarchie qui existent entre la loi et la conscience. L'obligation est, sous peine de sanctions juridiques, de statuer conformément aux règles de droit. Cette exigence doit être satisfaite en premier. Aussi, le juge doit d'abord épuiser toutes les ressources de la loi pour apporter au litige une solution motivée en droit. En agissant ainsi, il crée les conditions de la confiance des justiciables et de l'autorité de son jugement. Mais, le juge a aussi le devoir moral de rendre la décision la plus juste possible pour établir « la paix judiciaire » entre les parties. Sa situation est sans nul doute difficile. Un auteur a pu la résumer en ces termes : « Lorsque l'affaire qui lui est soumise se trouve en état d'être jugée, le juge peut alors passer à une autre sphère de son activité, celle qui pour lui est la plus essentielle puisqu'elle appartient de plein droit à ce en raison de quoi il existe : dire le droit, avec toute la justesse et la justice désirables (...) Le voici donc livré à sa propre conscience, la plus terrible des accusateurs »[1]. En tout état de cause, il doit dire le droit tel qu'il le ressent dans son for intérieur, en écoutant la voix de sa conscience.

Conclusion

51. La relation entre la loi et la conscience dans l'office du juge est consubstantielle à l'activité juridictionnelle. Il n'y a pas d'alternative, pour le juge, entre dire le droit ou rendre justice. Le respect de la loi ne suffit pas, car le droit ne conduit pas automatiquement à la justice. De même, la recherche d'une solution juste ne doit se faire que dans le cadre et les limites fixées par la loi. Dans tout jugement, le magistrat doit s'efforcer de décider aussi justement que la loi le lui permet, et selon sa conscience. Comme l'écrit Théo Klein, « le juge, dans le maniement de la règle de droit, doit donc à tout moment analyser si sa stricte application est équitable[2] ». La « paix judiciaire » est certainement à ce prix. Mais, cette quête du juste n'est pas aisée, car il s'agit pour le juge « de peser juste avec une balance fausse, produire des solutions justes sans forcément avoir une idée ferme de l'idée de justice [3]». Le juge ne peut cependant y renoncer dès lors que les parties au procès n'acceptent et ne respectent les décisions judiciaires que si elles ont « le sentiment que passe à travers elles un esprit de justice[4] ». En tout état de cause, il s'agit, pour le juge, de ne jamais oublier cet avertissement de Paul

[1] Sériaux (A), « Les enjeux éthiques de l'activité de jurisdictio », in Carbasse (J-M), Depambour-Tarride (L), op. cit, p. 301.
[2] Op. cit., p. 511.
[3] Lagarde (X), *Juste capitalisme*, Litec, Paris, 2009, p. 169.
[4] Idem.

Roubier : « Les hommes ont une foi ardente dans l'existence de la justice, et leur cœur ne se résignera jamais à un divorce entre ce qui est juste et ce qui est juridique[1] ».

[1] *Théorie générale du droit*, Sirey, Paris, 1951, n° 24.

-14-

L'ÉMERGENCE DE L'ACTION COLLECTIVE EN DROIT CAMEROUNAIS*

1. Quasiment inconnue il y a quelques décennies ou, pour mieux le dire, inutilisée tant en doctrine qu'en jurisprudence, la notion de dommages de masse (*mass torts* en common law) s'est pourtant imposée en droit contemporain[1]. C'est que le droit avait mis du temps à reconnaître et surtout à traiter de manière spécifique les dommages affectant une pluralité de personnes et qui, par cela même, pouvaient avoir un caractère collectif. Par dommages de masse, il faut entendre, selon la définition proposée par une des meilleures spécialistes[2] de cette question, " les atteintes aux personnes, aux biens ou au milieu naturel qui touchent un grand nombre de victimes à l'occasion d'un fait dommageable unique, ce dernier pouvant consister en un ensemble de faits dommageables ayant une origine commune ". Autrement dit, les dommages de masse sont des dommages de grande ampleur en ce qu'ils frappent une pluralité de personnes ou affectent un grand nombre de biens et qui prennent ainsi une dimension collective. Ils sont variés et d'origines diverses.

2. En effet, il est convenu de distinguer deux catégories de dommages de masse, les *dommages catastrophiques* d'une part, et les *dommages en série*, d'autre part[3]. Les dommages catastrophiques sont ceux qui sont consécutifs à une catastrophe, qu'elle soit naturelle (tremblement de terre, cyclone), accidentelle (explosion d'une usine), voire criminelle (acte de terrorisme). Ce type de dommages se caractérise le plus souvent par une unité de temps, de lieu et d'action. Quant aux dommages en série, ils correspondent à l'hypothèse dans laquelle les dommages de masse sont le résultat de plusieurs faits dommageables ayant une cause ou une origine commune (c'est l'exemple de la mise sur le marché d'un produit qui va causer un dommage à plusieurs utilisateurs comme l'illustre l'affaire du sang contaminé par le VIH en

---

* **Article publié *in Bulletin de Droit Economique (Université Laval-Québec)*, 2017-1.**

[1] V°. A. Guégan-Lécuyer, *Les dommages de masse et la responsabilité civile*, thèse Paris I, 2004.

[2] V°. A. Guégan-Lécuyer, « Incertitude et causalité dans la perspective des dommages de masse », in Risques, assurances, responsabilités : le traitement juridique et judiciaire de l'incertitude, p.1.

[3] B. Dubuisson, « Les dommages en série-responsabilité, assurance et indemnisation, Revue Générale des assurances et des responsabilités (2015), 15182.

France). Ce qui caractérise le dommage en série, selon un auteur[1], c'est « *un éparpillement ou un émiettement dans le temps et l'espace des éléments constitutifs de la responsabilité* ». De tout ce qui précède, il apparaît que le dommage de masse se distingue non seulement par la pluralité des victimes, mais aussi, et surtout par ceci qu'il est « *le résultat d'un fait dommageable unique, le plus souvent soudain, ou de plusieurs faits dommageables successifs, mais qui ont alors une origine commune*[2] ».

Ainsi définis, les dommages de masse posent le problème de leur appréhension et de leur traitement juridiques. En fait, ils soulèvent deux questions bien distinctes, l'une substantielle et l'autre processuelle.

3. La question d'ordre substantiel est celle de la réparation de ce type de dommage. Or, faut-il le constater, le droit positif d'une manière générale et le Code civil en vigueur au Cameroun, en particulier, ne prévoient pas un régime spécifique de responsabilité en cas de dommages ayant une dimension collective[3]. Ce sont alors les règles classiques de la responsabilité civile qui s'appliquent en cas de survenance de dommages de masse. Ces règles peuvent alors paraître inadaptées et rendent difficile l'indemnisation des victimes ayant subi des dommages ayant une origine commune. Comme on l'a si bien observé, l'une des difficultés de la mise en œuvre de la responsabilité dans ce type de dommages tient à l'incertitude de la causalité[4].

4. L'autre interrogation, d'ordre processuel, porte sur la procédure pouvant conduire à la mise en œuvre de la responsabilité civile de l'auteur présumé et aboutir à la réparation des préjudices individuels subis par les victimes. Le principe, si l'on peut dire, est que la victime présumée d'un dommage, fût-il collectif, doit individuellement agir en responsabilité civile. Il est donc normal que chaque victime agisse directement et personnellement contre l'auteur présumé des dommages. C'est alors la règle de chacun pour soi qui prévaut à travers l'exercice de l'action individuelle. Or, en présence d'un dommage affectant une pluralité de personnes, nombreuses sont celles qui peuvent renoncer à agir, soit en raison de la faiblesse de leur préjudice, soit en raison du coût des procédures judiciaires. Dans un tel contexte, il peut être intéressant pour les victimes de se regrouper pour poursuivre le responsable présumé de

[1] Dubuisson, Op.cit, p.15182.
[2] Idem.
[3] La situation est identique en droit français. À ce propos, un auteur écrit que « Le Code civil, dans les dispositions qu'il consacre à la responsabilité, ne fait aucune allusion à une responsabilité collective pas plus qu'à une action qui prendrait une dimension collective ». V ° B. Dubuisson, « Les dommages en série-responsabilité, assurance et indemnisation, Revue Générale des assurances et des responsabilités (2015), 15182. Pur une vue d'ensemble, M. Baccache, « Action de groupe et responsabilité civile », RTD. civ. 2014, p. 450.
[4] A. Guégan-Lécuyer, op.cit. p. 1 ; V° aussi, M. Rousseau, La difficulté d'établir la responsabilité civile de l'entreprise en matière de pollution, JCP éd. E. 1, suppl. n° 1.

leurs dommages respectifs. C'est l'hypothèse de l'action collective dite aussi *action de groupe* (*class action*, en anglais). De nombreux systèmes juridiques prévoient effectivement la possibilité d'une action collective ou d'une action de groupe[1]. En effet, la pratique de la "class action" qui vient du droit américain s'est exportée en Europe et de nos jours, arrive en Afrique, comme en témoigne l'exemple du droit positif camerounais.

5. L'action collective ou l'action de groupe peut être définie comme l'action exercée soit directement par les victimes elles-mêmes, soit par un groupement (association, organisation non gouvernementale, etc.) en vue d'obtenir la réparation des préjudices individuels subis par chacune des victimes et procédant d'un même fait dommageable. Il s'agit donc d'un recours qui permet à un groupe de victimes d'un dommage de masse de faire reconnaitre collectivement leurs droits dans un contentieux unique ou de mettre en œuvre la responsabilité civile (qu'elle soit contractuelle ou délictuelle) de l'auteur présumé. L'action collective peut donc notamment être engagée en cas de manquements du défendeur à ses obligations légales, contractuelles ou professionnelles. Parce qu'elle tend à l'indemnisation des victimes d'un dommage de masse, l'action collective se distingue des recours collectifs exercés par des syndicats, des associations ou même des ordres professionnels, en vue de la défense d'un intérêt collectif ou professionnel[2]. En droit français, elle se distingue aussi de *l'action en représentation conjointe* qui permet d'obtenir la réparation de préjudices individuels, mais qui exige la collecte des mandats par les associations de consommateurs auprès des consommateurs[3].

6. L'action collective présente de nombreux avantages et suscite quelques critiques ou réserves. S'agissant des avantages, on peut, en premier lieu,

---

[1] En droit français, par exemple, l'action de groupe a été consacrée par la loi n° 2014-344 du 17 mars 2014 et son décret d'application n° 2014-1081 du 24 septembre 2014. V. D. Mainguy, M. Depincé, « L'introduction de l'action de groupe en droit français », JCP E, n° 12, 20 mars 2014, p. 21 ; A-L. Vincent, « Les actions de groupe, une réforme nécessaire au regard des lacunes des procédures alternatives prévues par le droit français, Petites affiches, 25 mars 2014, n° 60, p. 44 ; K. Haeri, B. Javaux, « L'action de groupe à la française, une curiosité, JCP 31 mars 2014, ; A.-S. Chone-Grimaldi, L. Raschel, « L'action de groupe à la française : tout vient à point à qui sait attendre ! », Resp. civile et assurances, n° 5, mai 2014 ; P. Hilt, « L'action de groupe consacrée par la loi n° 2014-344 du 17 mars 2014 relative à la consommation : peut-on s'en satisfaire ? », G.P, 24 avril 2014, n° 114, p. 28 ; E. Claudel, « Action de groupe et autres dispositions concurrentes de la loi consommation : un dispositif singulier », RTD Cm. 2014, p. 33 ; M. Boccara, « L'introduction de l'action de groupe dans le paysage procédural français », Banque & Droit-Hors série, novembre 2014, p. 6.

[2] Ainsi, en droit pénal camerounais, l'article 74 al. 1 du Code de procédure pénale permet aux syndicats, aux associations et aux ordres professionnels d'exercer l'action civile, à condition d'invoquer un dommage certain et un intérêt collectif ou professionnel.

[3] Sur cette action, v° A-L. Vincent, H. de Roux, « Les actions de groupe, une réforme nécessaire au regard des lacunes des procédures alternatives prévues par le droit français », P. Aff. 25 mars 2014, n° 60, p. 14.

relever qu'elle est susceptible de contribuer a l'amélioration de l'accès à la justice en permettant aux victimes d'un dommage de masse, de pouvoir agir dans des cas où elles auraient eu des difficultés ou peu d'intérêt à le faire, eu égard à la modicité du préjudice individuel. Ensuite, l'action collective participe du souci d'assurer un meilleur fonctionnement de la justice en évitant la multiplication ou l'éparpillement des procédures et l'engorgement des juridictions[1]. En effet, l'on a pu relever, en droit français, que « la nouvelle action de groupe doit permettre de désengager les juridictions (...) d'éviter un éparpillement des saisines ou leur délocalisation (forum shopping). Enfin, l'action de groupe peut avoir une fonction dissuasive à l'égard des entreprises en raison notamment de la charge financière considérable qu'elle peut entraîner et de la publicité négative qui peut affecter ou altérer leur image ou réputation[2].

C'est sur ce point aussi que l'action de groupe suscite des réserves. En effet, l'action collective est perçue négativement par les entreprises qui l'assimilent à une sorte de sanction. Elles craignent notamment l'impact financier d'une telle procédure eu égard au nombre important de plaignants (frais de procédure, d'avocats, montant élevé des indemnisations) d'une part, et le risque d'image et de réputation, d'autre part[3]. En outre, l'action collective « dérange » parce qu'elle remet en cause les principes processuels classiques. À ce propos, l'on a parlé d'elle comme d'une « véritable curiosité juridique » tant elle se concilie peu avec les règles de procédures habituelles[4]. Il lui est notamment reproché de faire entorse au principe selon lequel « *nul ne plaide par procureur* » dès lors que l'action est exercée sans mandat de la part de tous ceux qui vont s'y associer ou en bénéficier.

7. Fort des expériences étrangères, le législateur camerounais a pris le parti d'introduire l'action collective en droit camerounais, de *lege ferenda* et de *lege lata*.

De *lege ferenda*, le législateur envisage d'introduire l'action collective en matière de responsabilité civile, et notamment en ce qui concerne les dommages consécutifs à l'utilisation de produits défectueux. En effet, l'article 212 de l'avant-projet de Code civil bilingue prévoit, en son alinéa 1er, que « *lorsqu'un produit défectueux a causé un dommage à plusieurs*

[1] V. A-L. Vincent, H. de Roux, « Les actions de groupe, une réforme nécessaire au regard des lacunes des procédures alternatives prévues par le droit français », P. Aff. 25 mars 2014, n° 60, p. 14.

[2] Certains auteurs considèrent que l'action de groupe répond à un objectif qui est plus punitif qu'indemnitaire. V. en ce sens, M. Baccache, « Action de groupe et responsabilité civile », RTD. civ. 2014, p. 450.

[3] Sur ces craintes, v. M. Boccara, op.cit, p. 17 n° 40 ; Interview, « L'action de groupe présente un risque de judiciarisation de l'économie », Revue Banque, n° 75, avril 2013, p. 2 ;

[4] P. Hilt, ibid., p. 28 s qui relève le danger économique que pourrait constituer l'action de groupe pur les entreprises.

personnes, celles-ci peuvent exercer une action collective ou s'associer à l'action déjà introduite par l'une d'entre elles contre le producteur ou, le cas échéant, le fournisseur ». Par ailleurs, il est prévu que les frais de procédure sont à la charge de toutes les personnes exerçant l'action collective ou s'étant jointes à la procédure et que la décision rendue par la juridiction compétente n'a d'effets qu'à l'égard des parties à la procédure[1]. En projetant d'instituer l'action de groupe en ces termes et conditions, le droit camerounais entend prendre en compte les conséquences négatives liées à la production ou à la distribution de produits défectueux et doter les victimes d'un « outil » approprié pour obtenir réparation du producteur ou du fournisseur. En tout état de cause, force est d'observer que de *lege ferenda*, le droit camerounais voudrait instituer une action collective spécifique en matière de produits défectueux soumise à un régime relativement simplifié, dès lors que cette action pourrait être exercée par un groupement spontané de victimes et non par une association, comme c'est le cas en matière de consommation.

En effet, de *lege lata*, l'action collective a été introduite en matière de consommation en droit camerounais, et ce bien avant qu'elle ne soit consacrée en droit français. C'est la *loi-cadre n° 2011/012 du 6 mai 2011 portant protection du consommateur au Cameroun* qui prévoit la défense collective en justice des intérêts des consommateurs. Cette défense collective qui peut être entreprise soit devant une juridiction étatique, soit devant une instance arbitrale revêt un caractère collectif parce qu'elle est assurée par « *une association de consommateurs ou une organisation non gouvernementale œuvrant pour la protection des consommateurs* [2]». L'action collective ainsi consacrée peut être intentée devant les juridictions étatiques ou devant les instances arbitrales.

8. La présente étude est cependant limitée à l'action collective instituée par le législateur camerounais en matière de consommation. Elle entend mettre en exergue l'originalité de la "class action" instituée par la loi du 6 mai 2011. Ce faisant, considérant l'œuvre réalisée par le législateur, elle entend montrer que celui-ci a fait preuve, d'une part, d'audace dans la détermination du champ d'application et de la nature de l'action collective (I), et d'autre part, de pragmatisme dans l'organisation du régime procédural et probatoire de ladite action (II).

---

[1] V. alinéa 3 et 4 de l'article 212 susvisé.

[2] V° articles 26 et 27 de la loi.

I. L'AUDACE DU LÉGISLATEUR DANS LA DÉTERMINATION DU DOMAINE ET DE LA NATURE DE L'ACTION COLLECTIVE

9. La loi du 6 mai 2011 portant protection du consommateur au Cameroun ne s'est pas contentée de s'inspirer des droits étrangers ayant institué des actions de groupe. Elle a entendu faire œuvre originale et par là même, audacieuse en consacrant une action collective à "large spectre" en ce qu'elle a un champ d'application particulièrement étendu. En outre, elle prévoit que l'action collective peut revêtir une double nature.

A. L'extension du champ d'application de l'action collective

10. L'action collective instituée par la loi du 6 mai 2011 vise à assurer la défense ou la protection des intérêts des consommateurs qui peuvent être lésés ou affectés dans le cadre de transactions diverses. Il faut donc se référer au champ d'application de ladite loi pour déterminer le champ d'application de l'action collective. De la combinaison et de l'interprétation de diverses dispositions de la loi, il ressort que le champ d'application de l'action collective est particulièrement large en droit camerounais. En premier lieu, l'article 1er alinéa 2 de la loi de 2011 prévoit que celle-ci "*s'applique à toutes les transactions relatives à la fourniture, la distribution, la vente, l'échange de technologies, de biens et de services*". Ensuite, il est précisé à l'alinéa 3 que "*les transactions visées à l'alinéa 2... concernent notamment les secteurs de la santé, la pharmacie, l'alimentation, l'eau, l'habitat, l'éducation, les services financiers, bancaires, le transport, l'énergie et les communications*". Il résulte de tout ce qui précède que le domaine de l'action de groupe est particulièrement étendu en droit camerounais, comparé au droit français par exemple, en raison de la diversité des secteurs concernés, la variété des transactions envisagées et l'absence de discrimination des dommages.

11. S'agissant des *secteurs* concernés, il y a lieu de relever que l'action collective peut être exercée en cas de dommages résultant des transactions concernant divers secteurs d'activités : santé, habitat, services financiers et bancaires, énergie, communications, environnement, etc. À titre de comparaison, il convient de relever que l'action de groupe telle qu'introduite par la loi française du 17 mars 2014 a un champ d'application plus étroit. C'est ainsi que la loi n° 2016-41 du 26 janvier 2016 dite de modernisation du système de santé a récemment créé une action de groupe en matière de produits de santé, en vue de la réparation des préjudices individuels résultant de dommages corporels subis par les usagers[1]. Par ailleurs, l'action de groupe

[1] V ° K. Haeri, « L'action de groupe en matière de produits de santé : une procédure complexe à l'efficience incertaine », D. 2016, p. 330 ; M. Baccache, « Les spécificités de l'action de groupe en droit de la santé », D. 2016. 64.

est enfin envisagée en matière environnementale[1]. D'une manière générale, il apparaît que le Cameroun est allé bien plus loin que la plupart des États membres de l'Union européenne qui ont opté pour la restriction du champ d'application de l'action de groupe, à l'instar de l'Allemagne qui la limite au secteur financier, ou du Portugal qui l'admet en matière d'environnement et de santé publique.

12. Quant aux *transactions* proprement dites et pouvant donner lieu à une action collective, la loi camerounaise « embrasse » toutes sortes de transactions, qu'elles soient relatives à la fourniture, la distribution, la vente, l'échange de technologies, de biens et de services. Le domaine de l'action de groupe en droit camerounais est donc bien plus étendu que celui prévu par la loi française du 17 mars 2014 qui ne vise expressément que les dommages causés par un professionnel à « *l'occasion de la vente de biens ou de la fourniture de services* ».

13. Pour ce qui est des *dommages*, il faut observer que la loi camerounaise se démarque aussi de la loi française en ne faisant pas de distinction suivant les dommages. Elle se contente de parler des « *dommages causés aux consommateurs* » ou « *d'atteintes aux droits des consommateurs* » sans autre précision. Aussi, conformément à la maxime "*ubi lex non distinguit, nec nos distinguere debemus*", il faut considérer que l'action collective est de portée générale en droit camerounais, et peut viser la réparation de tous les préjudices qu'ils soient matériels, corporels ou moraux. Tel n'est pas, en revanche, le cas en droit français puisque la loi sur la consommation prévoit que « *l'action de groupe ne peut porter que sur la réparation des préjudices patrimoniaux résultant des dommages matériels subis par les consommateurs* »[2]. Ainsi, en droit français, la réparation des dommages corporels et des préjudices moraux est exclue[3].

Il apparaît finalement que l'action collective instituée par la loi du 6 mai 2011 se caractérise par un champ d'application étendu. Elle se singularise aussi par sa nature duale.

B. La diversification des actions collectives

14. L'article 27 alinéa 2 de la loi du 6 mai 2011 prévoit que l'action collective tendant à la défense des intérêts des consommateurs peut être préventive ou réparatrice. Il y a là un choix législatif qui vise à assurer une

---

[1] M. Faillet-Sblandano, « Les actions de groupe in futurum », P. aff. Du 26 mai 2016, n° 105 ; J-Cl. Zarka, « L'action de groupe en matière environnementale dans le projet de loi de modernisation de la justice du XXIe siècle », Petites. aff., 20 juillet 2016, n° 144.

[2] Article L. 423-I, al. 4 ; M. Baccache, « Domaine de l'action de groupe quant aux préjudices subis », G.P du 15 mai 2013, n° 136.

[3] M. Boccara, « L'introduction de l'action de groupe dans le paysage procédural français », op.cit., n° 8.

protection élargie aux consommateurs en leur permettant d'agir avant que le dommage ne soit produit ou après qu'ils aient subi un préjudice.

1. L'action préventive

15. C'est l'une des principales innovations de la loi de 2011. Suivant les termes de la loi, l'action dite préventive « est celle qui tend à faire cesser la menace d'une atteinte aux droits du consommateur ». Il s'agit donc d'une action qui vise à mettre un terme à une menace avérée ou probable contre les intérêts des consommateurs. L'action collective préventive procède d'une logique d'anticipation qui vise à éviter l'inertie des victimes d'une part, et prévenir la survenance effective du dommage, d'autre part. L'action collective peut aboutir à la prise de mesures préventives ou conservatoires par le juge. L'on peut citer l'exemple d'une mesure de fermeture d'un établissement dans lequel sont produits des objets dangereux destinés à la consommation. Il appartient au juge d'apprécier et de constater la réalité de la menace d'une atteinte aux droits des consommateurs et de déterminer souverainement les mesures appropriées pour y faire face.

2. L'action réparatrice

16. Quant à l'action dite réparatrice, c'est « celle qui résulte d'une atteinte aux droits d'un consommateur ou d'un groupe de consommateurs ». Autrement dit, l'action réparatrice est celle qui est reconnue aux consommateurs qui s'estiment victimes d'un même préjudice du fait des manquements d'un professionnel à ses obligations. L'on est, dans ce cas de figure, en présence d'une action en responsabilité civile qui peut avoir un fondement contractuel (lorsque le consommateur a conclu un contrat avec le fournisseur ou le prestataire) ou délictuel (lorsque le consommateur n'a pas de lien contractuel avec le professionnel). L'action collective vise alors à faire établir la responsabilité de l'auteur et de faire obtenir aux victimes des dommages-intérêts correspondant au montant des préjudices. Il convient d'insister sur le fait que l'action de groupe ainsi envisagée tend effectivement à la réparation des préjudices individuels subis par des consommateurs placés dans une situation identique ou similaire, et qui sont victimes d'un dommage dont la cause est commune ou identique. Par ailleurs, le dommage doit être imputable au professionnel en raison d'un manquement de celui-ci à ses obligations légales ou contractuelles[1] à l'occasion de transactions relatives à la fourniture, la distribution, la vente, l'échange de technologies, de biens et de services.

17. L'introduction de l'action collective en droit camerounais de la consommation se traduit ainsi par l'extension de son champ d'application et

---

[1] La loi du 6 mai 2011 met diverses obligations à la charge du fournisseur ou du prestataire, et notamment des obligations d'information. V° par exemple, les articles 10 et 11.

sa diversification en vue d'assurer une meilleure protection et une réparation effective aux consommateurs. Pour ce faire, le législateur a voulu faire preuve de pragmatisme en instituant des règles de procédure et de preuve simplifiées et parfois dérogatoires au droit commun.

II. LE PRAGMATISME DU LÉGISLATEUR DANS L'ORGANISATION DU RÉGIME PROCÉDURAL ET PROBATOIRE DE L'ACTION COLLECTIVE

17. La loi du 6 mai 2011 a pris soin de préciser tant le régime procédural que le régime probatoire de l'action collective. Il apparaît manifestement que le législateur a fait le choix de fixer des règles simples pour faciliter l'exercice de l'action collective.

A. Le régime procédural

18. La loi du 6 mai 2011 portant protection du consommateur au Cameroun n'a pas entendu fixer des règles particulières en ce qui concerne l'action collective. Pour l'essentiel, ce sont les règles prévues par le Code de procédure civile et par la loi camerounaise de 2006 portant organisation judiciaire, qui s'appliquent, *mutatis mutandis,* à l'action collective. Toutefois, les articles 26 et 27 de la loi du 6 mai 2011 comportent un certain nombre de précisions en ce qui concerne les personnes ayant la qualité pour agir, les juridictions compétentes et la portée des décisions rendues par celles-ci[1].

1. Les titulaires de l'action

19. La loi du 6 mai 2011 confère un véritable monopole aux associations et aux organisations non gouvernementales pour exercer l'action collective. D'une part, l'article 26 alinéa 3 prévoit que « *la défense collective est assurée par une association de consommateurs ou une organisation non gouvernementale œuvrant pour la protection des consommateurs* ». D'autre part, l'article 27 alinéa 3 prend soin d'affirmer que l'action préventive « *ne peut être intentée que par une association de consommateurs ou une organisation non gouvernementale* ». Ainsi, ces textes déterminent clairement les personnes ayant qualité pour agir et qui sont les seuls titulaires du droit d'agir par le biais de l'action collective. Il s'agit bien des associations de consommateurs et des organisations non gouvernementales qui relèvent, en droit camerounais, de régimes juridiques différents.

20. En effet, s'agissant d'abord des associations, elles sont régies au Cameroun par la loi n° 90/053 du 19 décembre 1990 sur les associations qui proclame la liberté d'association et qui prévoit que les associations, à

[1] En droit français, v° S. Amrani-Mekki, « Recevabilité des actions de groupe engagées », RDC, 2013, n° 2.

l'exception des associations étrangères et religieuses, relèvent du *régime de la déclaration*. Autrement dit, selon la loi, une association est créée, acquiert la personnalité juridique et peut fonctionner normalement dès qu'elle a fait l'objet d'une simple déclaration à la préfecture accompagnée de deux exemplaires des statuts[1]. L'article 10 alinéa 1 précise par ailleurs que toute association déclarée peut librement ester en justice. Cette disposition reconnaît notamment le droit d'agir en justice de l'association pour défendre les intérêts collectifs.

21. Pour ce qui est des organisations non gouvernementales, elles sont créées et fonctionnent sous le régime de la loi n° 90/053 du 19 décembre 1990 sur les associations précitées et de la loi n° 99/014 du 22 décembre 1999 régissant les organisations non gouvernementales. Aux termes de l'article 2 de la loi de 1999, une organisation non gouvernementale est une association déclarée ou autorisée conformément à la législation et qui est agréée par l'administration pour participer à l'exécution d'une mission d'intérêt général dans divers domaines : juridique, économique, social, culturel, sanitaire, protection de l'environnement, etc[2]. Pour ce faire, l'association doit justifier d'une contribution effective de trois ans au moins dans l'un des domaines ci-dessus visés pour être agréée en ONG[3].

22. Ainsi, en droit camerounais, seules les associations de consommateurs régulièrement déclarées ou les ONG régulièrement agréées peuvent exercer une action collective dans l'intérêt des consommateurs ayant subi des préjudices. La loi de 2011 n'exige pas de conditions particulières. Sur ce point, le droit camerounais se démarque du droit français qui subordonne l'action de groupe introduite par une association de défense des consommateurs, à la double condition que celle-ci soit agréée et qu'elle soit représentative au niveau national[4]. Cependant, en visant les associations de consommateurs et les ONG qui disposent de la personnalité juridique, la loi camerounaise de 2011 exclut ainsi que l'action collective soit intentée par de simples groupes spontanés de consommateurs qui pourraient se constituer à l'occasion d'un sinistre. En tout état de cause, les consommateurs ne sont pas parties à l'action au sens procédural du terme, mais sont plutôt représentés par l'association ou l'ONG. La loi confère en quelque sorte un mandat légal de représentation légal aux associations de consommateurs ou aux ONG pour agir en lieu et place des consommateurs. Il est évident que les associations de consommateurs ou les ONG n'ont pas l'obligation de requérir le mandat des victimes. Elles pourront agir contre l'auteur présumé soit à la suite d'une

---

[1] V° article 6.
[2] V° article 3.
[3] V° article 4.
[4] Article L. 411-I du Code de la consommation. V° J-D. Bretzner, « Ombres et lumières autour de la « qualité pour agir » dans l'action de groupe », G.P. du 15 mai 2013, n° 136.

déclaration ou dénonciation du préjudice faite par les victimes, soit de leur propre initiative lorsqu'elles disposent d'informations relatives à la survenance d'un dommage affectant plusieurs consommateurs. Dans un cas comme dans l'autre, aucun mandat des consommateurs n'est ni requis, ni même exigé.

23. Le législateur camerounais, en réservant l'exercice de l'action collective aux associations et ONG, n'a pas envisagé, pour autant, toutes les questions que suscite cette dévolution de « compétences ».

Il y a, en premier lieu, la question de la pluralité de recours. Il peut arriver que plusieurs associations de consommateurs engagent, soit séparément, soit ensemble, des actions collectives pour des dommages imputables au même auteur ou consécutifs à un fait dommageable unique. La loi du 6 mai 2011 n'envisage pas ces différentes hypothèses, laissant ainsi au juge le devoir de compléter les lacunes ou les silences de la loi[1]. Il devrait, pour ce faire, appliquer les solutions prévues par le droit commun.

En second lieu se pose la question de l'identification et de l'adhésion des victimes à l'action collective. La loi de 2011 est complètement muette sur le point de savoir si l'association ou l'ONG qui a été requise ou qui agit de son propre chef doit procéder à l'identification des victimes au moment de la saisine de la juridiction compétente. Cependant, il est possible de penser que le législateur camerounais a fait le choix du système dit de l'« *opt in* »[2] dans la mesure où l'article 29 de la loi de 2011 précise que les décisions rendues produisent tous leurs effets à l'égard de tous les consommateurs[3]. Ainsi, les victimes non identifiées au début de l'instance peuvent se prévaloir de la décision du juge pour obtenir réparation.

Enfin, la loi de 2011 ne fait aucune allusion au problème des frais de procédure. La question qui se pose est celle de savoir qui doit les supporter : est-ce les consommateurs pris individuellement ou est-ce l'association ou l'ONG requérante ? La loi ne dit absolument rien[4]. Dès lors, deux hypothèses sont envisageables :

---

[1] La situation est quasiment identique en droit français. Cependant, les textes envisagent l'hypothèse d'une pluralité d'associations requérantes pour ce qui est des modalités d'adhésion des consommateurs (art. R. 423-15) ou d'acceptation dans la procédure simplifiée (art. R.423-10 du Code de la consommation).

[2] Dans un tel système, le juge fixe dans un premier temps le montant de la réparation sans connaître toutes les victimes qui pourraient se manifester ultérieurement pour obtenir leur réparation.

[3] V° infra, p. 11.

[4] Il faut observer que la loi française du 17 mars 2014 aborde quelque peu la question du financement de l'action de groupe lorsqu'elle dispose à l'article L. 423-8 que « Lorsqu'il statue sur la responsabilité, le juge peut condamner le professionnel au paiement d'une provision à valoir sur les frais non compris dans les dépens exposés par l'association, y compris ceux

– si la charge des frais de procédure incombe aux victimes, il devrait y avoir une répartition équitable entre celles-ci, en tenant compte de l'importance du préjudice subi par chacune. Dans ce cas, il s'agit d'une véritable « mutualisation » des frais de procédure.

– si les frais devaient être acquittés par l'association ou l'ONG, il paraît évident que celle-ci devrait se faire rembourser les frais exposés par prélèvement sur les indemnités versées aux différentes victimes. Cette solution se justifierait par le fait que l'association ou l'ONG n'agit pas pour son compte, mais dans l'intérêt des victimes.

Les problèmes ci-dessus relevés montrent que l'exercice de l'action collective par les associations ou les ONG ne va pas sans difficulté pratique. C'est à l'application de la loi par les juges que l'on pourrait apprécier les réponses apportées à ces interrogations.

2. Le juge de l'action

24. Qu'elle soit préventive ou réparatrice, l'action collective peut être intentée soit devant une juridiction étatique, soit devant une instance d'arbitrage[1]. C'est ce que prévoit l'article 27 alinéa 1 de la loi du 6 mai 2011 en ces termes : « L'action tendant à la défense des intérêts des consommateurs est intentée devant les juridictions compétentes ou introduites devant les instances arbitrales (...) ». Ce texte appelle une triple observation.

D'abord, en ce qui concerne les juridictions étatiques, il convient de rappeler que la détermination de la juridiction compétente se fait selon les règles de procédure de droit commun et notamment de celles prévues par la loi n° 2006/15 du 29 décembre 2006 portant organisation judiciaire. Par conséquent, la juridiction compétente est déterminée en fonction du montant de la demande, soit le tribunal de première instance si le montant est inférieur ou égal à 10.000.000 de francs CFA, soit le tribunal de grande instance si le montant est supérieur à 10.000.000 de francs CFA.

Ensuite, il peut se poser la question de la saisine des juridictions administratives lorsque la personne mise en cause est une personne morale de droit public, par exemple un hôpital public. Rien, en principe, ne saurait s'opposer à l'exercice d'une action de groupe devant une juridiction administrative dès lors que les conditions de sa saisine seraient réunies[2].

afférents à la mise en œuvre de l'article L.423- (il s'agit des honoraires des personnes chargées d'assister l'association dans l'indemnisation des consommateurs, huissier ou avocat).

[1] En droit français, seuls la vie judiciaire ou le recours à la médiation sont expressément prévus par la loi du 17 mars 2014. Sur la médiation, v° art. L. 423-15.

[2] En droit français, l'ouverture de l'action de groupe devant le juge administratif est fortement envisagée par la loi de modernisation de la justice du XXIe siècle, notamment en matière de discrimination, en matière environnementale, en matière de santé et en matière de protection des données personnelles. V° M. Baccache ; op. cit, qui affirme que « les actions de groupe en

Enfin, s'agissant de la saisine d'une instance arbitrale, il faut préciser qu'elle est subordonnée à l'existence d'une convention d'arbitrage, soit qu'elle soit prévue au contrat (clause compromissoire), soit que les parties décident, après la survenance du dommage, de recourir a l'arbitrage (compromis)[1].

3. La portée de la décision du juge

25. L'article 29 de la loi du 6 mai 2011 dispose que "les décisions rendues dans le cadre des instances introduites par une association ou une organisation non gouvernementale produisent a l'égard de tous les consommateurs, tous les effets bénéfiques et peuvent être invoquées par un consommateur ou groupe de consommateurs pour obtenir réparation du préjudice subi". Ce texte mérite quelques explications.

En premier lieu, il apparaît que la décision rendue par le juge étatique ou arbitral produit ses effets *erga omnes*, c'est-à-dire à l'égard de tous les consommateurs susceptibles d'avoir subi un préjudice individuel à l'occasion de transactions relatives à la fourniture, la distribution, la vente ou l'échange de biens, services et technologies et à condition que ces transactions concernent notamment les secteurs de la santé, la pharmacie, l'alimentation, l'eau, l'habitat, les services bancaires et financiers, le transport, l'énergie et les communications[2].

En second lieu, en prévoyant que les décisions rendues peuvent être invoquées par un consommateur ou un groupe de consommateurs pour obtenir réparation, la loi camerounaise semble avoir fait le choix du système de « *l'opt in* » qui implique que le juge fixe dans un premier temps le montant de la réparation sans connaître toutes les victimes qui pourraient se manifester ultérieurement pour obtenir leur réparation[3]. Autrement dit, au moment où le juge compétent statue, tous les consommateurs victimes susceptibles de se prévaloir de sa décision ne sont point connus ou identifiés. Certains vont simplement soit adhérer à l'action de groupe en cours, soit au jugement ou à la sentence et revendiquer leur indemnisation. Si cette interprétation était avérée, alors faudrait-il regretter que la loi de 2011 n'eût point fixé les modalités de publicités nécessaires pour l'information des consommateurs

---

matière de santé pourront être engagées devant les juridictions judiciaires et administratives, en fonction de la nature de la personne attraite en justice ».

[1] Sur l'arbitrage en général, v° P-G. Pougoué, A. Fénéon, J-M. Tchakoua, *Droit de l'arbitrage dans l'espace* O*HADA*, PUA, Yaoundé, 2000 ; P. Mayer, *Le droit de l'arbitrage dans l'espace OHADA*, Juriscope et Bruylant, Bruxelles, 2002 ; H-D. Amboulou, *Le droit de l'arbitrage et les institutions dans l'espace OHADA,* L'Harmattan, Paris, 2015.

[2] Article 1er de la loi du 6 mai 2011.

[3] À l'inverse, dans le système dit de l' « pt ut », les personnes susceptibles d'être dans le groupe en font toujours partie, à moins qu'elles n'opposent leur refus explicite une fois le jugement rendu. V. A-L. Vincent, ibid.

victimes ni le délai dans lequel celles-ci devraient se manifester sous peine de perdre le droit à l'indemnisation. On ne saurait imaginer une situation dans laquelle le juge devrait attendre indéfiniment ni pour statuer ni pour identifier les victimes susceptibles d'être indemnisées par l'auteur du dommage. En droit français, ce problème est expressément envisagé et traité, la loi prévoyant, d'une part, que le jugement sur la responsabilité du professionnel prévoit les « *mesures adaptées pour informer de cette décision les consommateurs susceptibles d'appartenir au groupe* », et d'autre part, que les consommateurs ont un délai de quatre mois pour adhérer à l'action de groupe, selon les modalités précisées par le jugement et qui court à compter du début du troisième mois suivant l'achèvement des mesures de publicité ordonnées[1].

B. Le régime de la preuve

26. L'une des principales difficultés que présente l'action collective est celle de la preuve de l'effectivité du dommage et du lien de causalité entre le dommage de masse et le manquement reproché à l'auteur présumé des dommages[2]. En effet, la preuve des dommages subis n'est pas évidente en présence d'une pluralité de victimes et, surtout celle de la causalité et précisément du lien de causalité entre les préjudices allégués et le fait dommageable unique invoqué. Cette preuve peut s'avérer fort complexe, quand bien même il s'agit de la preuve d'un fait qui peut être rapportée par tous moyens. En tout état de cause, aux victimes d'un dommage de masse, il revient normalement d'établir la réalité, la nature et l'importance des dommages allégués ainsi que leur imputabilité au défendeur. Il faut bien reconnaître que cette double preuve est difficile et exige généralement la mobilisation de moyens et d'expertises techniques et scientifiques dont le coût est souvent prohibitif. Souvent dépourvues de moyens nécessaires à l'établissement de la preuve des faits imputés à la personne poursuivie, nombre de victimes pourraient soit renoncer à agir, soit perdre tout espoir d'indemnisation du préjudice subi.

27. C'est probablement pour éviter une telle situation que la loi du 6 mai 2011 a fait le choix de venir au secours des victimes. L'article 28 énonce que « dans le cadre de l'instruction de toute procédure relative a la protection du consommateur, la charge de la preuve contraire des faits allégués incombe aux vendeur, fournisseur ou prestataire de service ». Cette disposition allège la tâche des victimes en procédant à un *renversement de la charge de la preuve*. L'on peut même dire que la loi prévoit une véritable présomption de causalité,

---

[1] Article L. 423-4 et s. du Code de la consommation. Pour une vue d'ensemble, v° J-P Grandjean, O. Sicsic, « L'action de groupe en état de marche », G.P, 08 novembre 2014, n° 312, p. 12 et s.

[2] Sur cette question, v° A. Guégan-Lécuyer, « Incertitude et causalité dans la perspective des dommages de masse », in Risques, assurances, responsabilités : le traitement juridique et judiciaire de l'incertitude, p.1.

voire une présomption d'imputabilité du dommage au fournisseur ou au prestataire de service. Pour faciliter l'indemnisation des victimes des dommages de masse représentées par l'association des consommateurs ou par une ONG, l'article 28 précité oblige le défendeur à rapporter la preuve contraire des faits allégués par les victimes. Pour pouvoir échapper à sa condamnation, le défendeur doit absolument démontrer que les allégations des victimes ne sont pas avérées ou que les dommages subis n'ont aucun lien avec le fait qui lui est imputé.

28. Le choix fait en faveur des victimes de dommages de masse peut aisément se comprendre. Il procède du constat simple que la plupart des associations des consommateurs et des ONG, sont généralement dépourvues des moyens nécessaires pour établir la vérité, pour rechercher et établir des éléments de preuve, contrairement aux entreprises mises en cause qui peuvent déployer d'importants moyens pour échapper à toute condamnation. Pour établir une sorte "d'égalité des armes", le législateur camerounais a pris l'option de transférer la charge de la preuve sur la partie qui est réputée, en principe ou en apparence, disposer des moyens nécessaires à sa défense, à savoir le producteur ou le fournisseur. Il n'y a là, au fond, rien de choquant ni d'injuste.

Conclusion

29. S'il faut se féliciter de l'introduction de l'action collective en droit positif camerounais de la consommation, dans la mesure où celle-ci vise à faciliter l'indemnisation des dommages de masse, il apparaît néanmoins que l'œuvre accomplie par le législateur est imparfaite. Il en est ainsi parce que de nombreuses questions importantes n'ont véritablement pas été envisagées : articulation entre action individuelle et action collective, frais de procédure, conditions et modalités d'adhésion des consommateurs victimes au groupe, mesures de publicité de la décision, exécution de la décision, articulation des phases judiciaires et extrajudiciaires de la procédure, charge de la gestion des indemnisations, etc. La question des frais de procédure reste l'une des plus préoccupantes, car les difficultés financières des associations de consommateurs semblent expliquer en grande partie l'absence d'actions collectives depuis l'entrée en vigueur de la loi du 6 mai 2011.

Une réforme de la loi devrait donc être envisagée pour apporter des solutions appropriées à ces questions et rendre attractive l'action collective dans le système procédural camerounais. Le législateur pourrait notamment envisager l'octroi de l'aide juridictionnelle aux associations afin qu'elles puissent effectivement et efficacement défendre les consommateurs[1]. Il

---

[1] Sur cette question, en droit français, v° M.J. Azard-Baud, « Décomplexer l'action de groupe par l'aménagement du régime de l'aide juridictionnelle et des frais et dépens », Gaz.Pal, 2 novembre 2016, n° 42.

devrait, en outre, préciser davantage les conditions et les modalités d'exercice de l'action collective, ainsi que celles régissant l'intervention du juge, du prononcé du jugement et de son exécution. En attendant cette éventuelle intervention législative, la loi de 2011 a le mérite d'exister, ne serait-ce que parce qu'elle offre déjà aux consommateurs une protection dans le cadre des transactions qu'ils ont avec les professionnels et dont l'action collective constitue une intéressante./.

LA FORMATION EN ARBITRAGE DANS L'ESPACE OHADA*

1. Est-il possible d'aborder le problème de la formation en arbitrage dans l'espace OHADA indépendamment ou isolément de la question plus générale de la formation des juristes ou de l'enseignement du droit dans nos universités ? Dans d'autres univers juridiques, cette problématique est au cœur des débats et de la réflexion[1] en cette époque marquée par l'explosion et l'invasion du numérique et des technologies de l'information et de la communication. En effet, le numérique apparaît « comme un levier pour repenser et rénover la pédagogie, en cohérence avec la transformation d'ensemble de la société et de l'économie. Le numérique est réputé réinterroger la manière d'enseigner et le rapport au savoir[2] ». Ce constat d'ensemble est aussi pertinent dans le domaine juridique. Comme l'écrit le professeur Paul Le Cannu dans sa préface de l'ouvrage du professeur Bruno Dondero[3], « Tout indique en effet que l'enseignement du droit vient d'entrer dans une période de changement rapide et profond ». Dans le contexte qui est celui de l'enseignement supérieur dans l'espace OHADA, caractérisé par un recours progressif au numérique dans la formation, l'exigence de professionnalisation est l'un des paradigmes qui structurent la nouvelle vision de l'enseignement universitaire en général et, naturellement, l'enseignement du droit qui prépare à des métiers divers et variés. Cette orientation nouvelle procède certainement du constat que « l'enseignement du droit est sans intérêt ni matière s'il ignore la pratique à laquelle il introduit et dont il se nourrit ». Cela est particulièrement vrai en ce qui concerne l'arbitrage qui est une matière pratique par excellence.

***Article publié in *Vingt ans d'arbitrage OHADA*, *Bilan et perspectives*, actes du colloque organisé par la Conférence des barreaux des États de l'Afrique et de l'OHADA (Abidjan-Côte d'Ivoire, 17-18 oct. 2019), Lexis-nexis, 2019, pp.375-394.**

[1] V. *L'enseignement du droit au début du XXIe siècle*, perspectives critiques, thème du séminaire organisé par Jurisprudence Revue critique à l'Université de Savoie, le 3 juillet 2009, et dont les actes ont été publiés dans Jurisprudence Revue critique, 2010, p. 87 et s ; Ch. Jamin, *La cuisine du droit*, LGDJ, 2012 ; Y. Gaudemet (dir), « Les facultés de droit, demain », Revue de droit public, hors série, 2013.

[2] Rapport du ministère français de l'Enseignement supérieur et de la Recherche, intitulé « Les innovations pédagogiques numériques et la transformation des établissements d'enseignement supérieur », 2018 ? www.ensignement sup-recherche.gouv.fr.

[3] *Droit 2.0. Apprendre et pratiquer le droit au XXIe siècle*. LGDJ, 2015, p. 5.

2. La formation en arbitrage, qui se fait autant dans les amphithéâtres des facultés de droit qu'en dehors, doit être questionnée dès lors qu'en cette matière se mêlent étroitement la théorie et la pratique, l'abstrait et le concret, l'art et la technique. Il s'agit de s'interroger sur la place qui est faite ou réservée à la formation en arbitrage dans nos universités et dans les diverses structures qui s'intéressent à l'arbitrage, à l'instar de la Cour Commune de Justice et d'Arbitrage (CCJA), de l'École Régionale Supérieure de la Magistrature de l'OHADA (ERSUMA) ou des Centres d'arbitrage qui fonctionnent dans les différents États parties à l'OHADA. En ce qui concerne les universités, il convient de s'interroger sur l'opportunité d'une remise en cause du modèle d'apprentissage du droit en général et du droit de l'arbitrage en particulier, qui recourt encore davantage à des outils ou méthodes pédagogiques dépassés ou qui ne font suffisamment pas usage des technologies de l'information et de la communication. Quant aux formations initiées en dehors de l'université, il y a lieu de se demander si l'option préférentielle pour la pratique de l'arbitrage ne permet pas d'appréhender la richesse et les difficultés de cette matière. Cette double interrogation permet in fine de relever que la formation en arbitrage, quel que soit le lieu où elle se déroule, doit reposer sur un mouvement dialectique qui embrasse à la fois la connaissance théorique de l'arbitrage qui domine dans l'enseignement universitaire (I) et la dimension pratique qui caractérise les formations délivrées en dehors des universités (II).

I. LA FORMATION INITIALE EN ARBITRAGE OU LA TENTATION DU DOGMATISME

3. L'essor de l'arbitrage dans l'espace OHADA dépend, pour une large part, de l'organisation et de la vulgarisation du droit de l'arbitrage dans les universités qui assurent, avec quelques écoles professionnelles (à l'instar des écoles de formation des magistrats) la formation initiale. Il importe en effet, que les facultés de droit qui accueillent un nombre élevé d'étudiants s'investissent davantage dans l'enseignement de l'arbitrage afin de doter nos États en général et nos entreprises en particulier, de juristes susceptibles d'encourager le recours à l'arbitrage pour le règlement des différends contractuels[1].

À l'observation, il apparaît que l'effort des universités de l'espace OHADA pour assurer une telle formation est relatif et varie d'une institution à une autre, parfois même d'un pays à un autre. Pour essayer d'en rendre compte et l'apprécier, il faut d'abord s'interroger sur l'existence et le contenu de l'enseignement du droit de l'arbitrage (A) avant d'envisager les méthodes d'enseignement utilisées (B).

[1] V. art. 1er du Traité.

A. L'offre et le contenu de la formation en arbitrage

4. Les universités de l'espace OHADA présentent un visage contrasté en ce qui concerne l'offre (1) et le contenu (2) de l'enseignement de l'arbitrage.

1. L'offre d'enseignement de l'arbitrage

5. Il apparaît manifestement que l'organisation des enseignements en matière d'arbitrage est prévue dans les filières relevant du droit privé et est quasiment absente dans les filières de droit public. Cette situation mérite d'être analysée.

6. En ce qui concerne le parcours « droit privé », l'on observe que l'enseignement du droit de l'arbitrage s'est affirmé dans les années quatre-vingt-dix à la faveur de l'avènement de l'OHADA. C'est alors qu'on a vu des cours magistraux être dispensés dans cette discipline. Mais, l'on se doit de relever quelques éléments frappants qui traduisent la diversité des situations dans les universités de l'espace OHADA.

En premier lieu, on doit relever *l'inexistence de l'enseignement de l'arbitrage dans le cycle de licence* dans la quasi-totalité des facultés de droit des universités francophones. Ainsi, de nombreux étudiants qui sont titulaires d'une licence en droit n'ont reçu aucune formation en droit de l'arbitrage dès lors que l'enseignement de cette discipline n'est prévu qu'au cycle de master. D'une manière générale, ce sont tous les modes alternatifs de règlement des différends (conciliation, médiation, transaction, etc.) qui sont exclus des offres de formation en cycle de licence. Cette situation contraste avec celle des différents procédures ou contentieux (procédure civile et commerciale, procédure pénale, contentieux administratif et fiscal) qui sont systématiquement enseignés au cycle de licence. Ainsi, les étudiants en droit qui quittent l'université simplement nantis d'une licence et qui s'engagent dans la vie active sont bien « outillés » pour traiter du règlement des litiges devant la justice étatique et sont complètement démunis en ce qui concerne le règlement des différends par la voie de l'arbitrage. Ils devront, pour acquérir des connaissances et des compétences en arbitrage, soit recourir à la formation continue, soit revenir s'inscrire au cycle de master pour bénéficier des enseignements en la matière.

En second lieu, il apparaît que, bien que prévu au cycle de master, l'enseignement de l'arbitrage connait des « sorts » différents selon les universités ou les facultés. Ainsi, dans la majorité des facultés de droit des universités de l'espace OHADA (universités Cheikh Anta Diop, Yaoundé 2, Douala, Niamey, etc.), on constate que l'enseignement du droit de l'arbitrage est généralement « noyé » dans le cours consacré aux modes alternatifs de règlement des différends ou conflits, de sorte que l'arbitrage est abordé dans une partie ou un chapitre de cette matière. Ainsi, l'arbitrage est enseigné dans un quota horaire forcément limité, ce qui ne permet pas un approfondissement de l'étude de cette matière. Il arrive, cependant, que dans certaines facultés, le droit de l'arbitrage soit enseigné dans un cours magistral qui lui est entièrement consacré. Par exemple, les étudiants du *Master (recherche) droit des affaires* de la faculté des sciences juridiques et politiques de l'université de Douala suivent un cours de droit de l'arbitrage d'une durée de trente (30) heures. En revanche, rares sont les cas où une formation en master (à finalité recherche ou à finalité professionnelle) est partiellement ou entièrement dédiée à l'arbitrage ou fait directement référence à l'arbitrage dans sa dénomination. Il en est ainsi du Master professionnel « *Ingénierie juridique de l'entreprise et arbitrage commercial* » proposé par la faculté des sciences juridiques et politiques de l'université Dschang (Cameroun), et du Master professionnel « *Contentieux et Arbitrage des affaires* » proposé par l'université catholique d'Afrique centrale de Yaoundé[1].

7. En ce qui concerne le parcours « droit public », il y a lieu de relever d'emblée que l'enseignement du droit de l'arbitrage est soit inexistant dans la quasi-totalité des universités, soit « balbutiant » dans quelques rares établissements. C'est le cas de la faculté de droit et de sciences politiques de l'université Abomey Calavi qui a dans son offre de formation, un master « *Marchés publics et partenariats publics privés* » dans lequel il est prévu un cours d'arbitrage dans les marchés publics. Ce déficit d'enseignement en ce qui concerne les modes alternatifs de règlement des différends en général et en droit de l'arbitrage en particulier dans l'offre de formation en droit public ne doit point surprendre. Elle tient à quelques raisons qu'il faut rapidement évoquer. D'abord, il était traditionnellement prohibé à l'État ou à ses démembrements de se soumettre à l'arbitrage[2]. Ensuite, le droit public a toujours observé une espèce de méfiance constante vis-à-vis de l'arbitrage, pour diverses raisons : exorbitance des litiges administratifs, discrétion de l'arbitrage inconciliable avec la transparence de l'administration ni avec l'obligation de rendre compte au peuple, risques de sur-évaluation de certains préjudices, etc[3]. Aujourd'hui, force est de constater l'admission et l'extension de l'arbitrage des litiges intéressant les personnes morales publiques tant au plan interne qu'au plan international[4]. En ce qui concerne l'espace OHADA,

---

[1] Même dans ce cas, l'examen attentif du contenu de la formation montre que l'enseignement de l'arbitrage reste marginal, de sorte que la référence à l'arbitrage dans l'intitulé du master obéit à une simple logique d'affichage ou de publicité.

[2] R. Nemeudeu, « La recherche du critère d'arbitrabilité des litiges concernant les personnes morales de droit public en droit OHADA », RASJ, vol. 6, n° 1 (2009).

[3] V. par ex. R. Mballa Owona, « L'arbitrage dans le contentieux des contrats de partenariat public privé en Afrique subsaharienne francophone : l'exemple du Togo », RRJ. Droit prospectif, 2018-4, p. 1779 et s.

[4] Voir en matière d'investissements étrangers, v. W. Ben Hamida, A. Ngwanza, J-B. Harelimana, *Un demi-siècle africain d'arbitrage d'investissement CIRDI. Regards rétrospectifs et prospectifs*, LGDJ, 2019, 399 p ; M/L/ Jaime Ramirez, Arbitrage et protection des investissements internationaux, Saarbrucken, EUE, vol. II., p. 415.

le traité instituant cette organisation et l'acte uniforme relatif au droit de l'arbitrage ont joué un rôle décisif dans cette évolution en consacrant l'arbitrage des litiges impliquant les personnes morales de droit public[1]. Il y a donc lieu d'espérer le développement de l'enseignement du droit de l'arbitrage dans les champs de formation relevant du droit public.

2. Le contenu de l'enseignement de l'arbitrage

8. Le constat général qui se dégage de l'observation des formations en arbitrage dispensées dans les universités tant publiques que privées est que l'enseignement porte essentiellement sur la théorie de l'arbitrage (a) et laisse peu de place à la pratique (b).

a. La dominance de l'enseignement théorique de l'arbitrage

9. Qu'il fasse l'objet d'un enseignement autonome ou qu'il soit étudié dans le cadre du cours concernant les modes alternatifs de règlement des différends, le droit de l'arbitrage est essentiellement abordé sur l'angle théorique. Il s'agit d'exposer les règles qui gouvernent l'arbitrage de la manière dont elles sont prévues par différents textes : Traité OHADA, Règlement d'arbitrage de la CCJA, Acte uniforme relatif au droit de l'arbitrage… etc. Dans quelques cas, l'enseignement s'étend aux règles qui régissent l'arbitrage des litiges ayant un caractère international comme la Convention de Washington du 18 mars 1965 qui traite du règlement des différends relatifs aux investissements[2], ou du Règlement d'arbitrage de la Chambre de commerce internationale qui s'applique au contentieux du commerce international. En tout état de cause, les cours magistraux qui portent sur l'arbitrage reposent sur la législation et se

---

[1] En effet, l'article 2 de l'AUA modifié dispose : « Toute personne physique ou morale peut recourir à l'arbitrage sur les droits dont elle a la libre disposition. Les Etats, les autres collectivités publiques territoriales, les établissements publics et toute autre personne de droit public peuvent également être parties à un arbitrage, quelle que soit la nature juridique du contrat, sans pouvoir invoquer leur propre droit pour contester l'arbitrabilité d'un différend, leur capacité à compromettre ou la validité d'un différend, leur capacité à compromettre ou la validité de la convention d'arbitrage ». V. I. Agbam, « L'arbitrabilité des personnes morales de droit public en droit OHADA, 2 juillet 2018, htps : //lex4.com/larbitrabilite-des-personnes-morales-de-droit-public-en-droit-ohada/ ; D.C. Sossa, « L'extension de l'arbitrabilité objective aux accords de développement économique dans l'espace OHADA », Ohadata D-10-50 ; « L'aptitude des personnes morales de droit public à compromettre dans l'arbitrage OHADA », Revue camerounaise de l'arbitrage, n° spécial (2), (février 2010 ; M. Kamto, « La participation des personnes morales africaines de droit public à l'arbitrage OHADA », in *L'OHADA et les perspectives de l'arbitrage en Afrique*, Bruylant, 2000, p. 89.

[2] Cette convention a institué le Centre international pour le règlement des différends relatifs aux investissements étrangers, notamment les différends opposant les États contractants à des ressortissants d'autres États contractants (art. 25).

fondent aussi sur la jurisprudence[1] et sur les travaux de la doctrine[2] qui ne cessent de se multiplier.

10. D'une manière générale, les formations en arbitrage entreprises dans les facultés mettent l'accent sur les généralités de l'arbitrage : types d'arbitrage, arbitrabilité des litiges, convention d'arbitrage, composition du tribunal arbitral, l'instance arbitrale, les voies de recours, etc. L'objectif de l'enseignement est essentiellement de transmettre des connaissances sur l'arbitrage sans véritablement se soucier de la maîtrise par les apprenants de l'art, de la technique ou de la pratique de l'arbitrage. Il en résulte que les étudiants peuvent, au terme de l'enseignement, plus « parler » que pratiquer l'arbitrage en raison du caractère trop théorique de la formation reçue.

b. L'insuffisance de l'enseignement pratique de l'arbitrage

11. L'enseignement de l'arbitrage dans les universités est rarement pratique. L'on se préoccupe très peu de transmettre des éléments de pratique effective de l'arbitrage aux apprenants. Cette situation s'explique certainement par le fait que ceux qui, pour la plupart, enseignent le droit de l'arbitrage, ne sont pas des praticiens de l'arbitrage, comme n'étant ni arbitres, ni responsables de centre d'arbitrages, par exemple. Il faut cependant signaler quelques formations qui mettent l'accent sur les aspects pratiques de l'arbitrage, sans éluder la théorie bien évidemment. Ainsi en est-il du master professionnel *Ingénierie juridique de l'entreprise et arbitrage commercial* proposé par la faculté des sciences juridiques et politiques de l'université de Dschang (Cameroun), qui prévoit, outre les enseignements théoriques, des cours ayant une vocation pratique :

– *l'étude des cas* : il s'agit d'examiner et d'étudier les affaires ayant fait l'objet soit de sentences arbitrales quand elles sont accessibles, soit de décisions rendues par les juridictions étatiques ;

[1] La jurisprudence relative à l'arbitrage OHADA se développe considérablement et constitue une véritable source du droit de l'arbitrage dans cet espace. V. par exemple OHADA. Traité, Actes uniformes, Règlements de procédure et d'arbitrage, jurisprudence annotée, JURIAFRICA, éd. 2018.

[2] La doctrine relative au droit de l'arbitrage OHADA s'est affirmée dès l'avènement de cette organisation, tant par des ouvrages remarquables que par des thèses, mémoires et articles nombreux et variés. V. par ex. P-G. Pougoue, J-M. Tchakoua, A. Féneon, *Droit de l'arbitrage dans l'espace OHADA*, PUA, Yaoundé, 2000, 506 p ; P. Meyer, OHADA, *Droit de l'arbitrage*, Bruylant, Bruxelles, 2002, 284 p ; G. Kenfack Douajni, *L'arbitrage dans le système OHADA*, Thèse, Université Panthéon Sorbonne (Paris I), 2005, 451 p ; R. Maffo Diffo, *Le juge judiciaire et l'arbitrage dans l'espace OHADA*, Thèse Université de Dschang, 2015, 404 p ; Cr. H Massosso Benga, *La déjudiciarisation de l'arbitrage OHADA*, Thèse, Université de Perpignan, 2019, 366 p. D'une manière générale, v° la bibliographie répertoriée in *OHADA Traité et actes uniformes commentés et annotés*, Juriscope, 2016, p. 142 et s ; M/Koffi Akakpo, *La protection de la partie faible dans l'arbitrage*, Harmattan, 2018, 462 p.

– les *pratiques arbitrales* : il s'agit d'un enseignement qui envisage de manière concrète le déroulement d'une procédure d'arbitrage en mettant en exergue l'office des arbitres ;

– les *systèmes d'arbitrages* : c'est un enseignement qui aborde les différents systèmes d'arbitrages ainsi que les conventions y afférentes.

L'autre exemple que l'on pourrait citer est celui du master en Contentieux et Arbitrage des affaires de l'université catholique d'Afrique centrale (Yaoundé) qui forme les étudiants au traitement des contentieux privés et publics des affaires et à l'arbitrage interne et international. L'offre de formation prévoit un cours de « *Pratique de l'arbitrage* » qui, nonobstant un volume horaire réduit, aborde les aspects pratiques et techniques de l'arbitrage. L'objectif poursuivi est clairement de faire en sorte que les étudiants acquièrent des aptitudes et des compétences réelles en la matière d'arbitrage.

En définitive, il apparaît que l'approche théorique domine dans l'enseignement de l'arbitrage dans les universités. Cette orientation privilégie le transfert de connaissances générales sur l'arbitrage, mais laisse peu de place à l'acquisition d'aptitudes et de compétences pratiques, oubliant que l'enseignement de cette discipline doit être intimement lié à la pratique. En effet, comme l'écrit le professeur Thomas Clay[1], « la pratique de l'arbitrage est indispensable à son explicitation ». Pour qu'il en soit ainsi, il faut impérativement remettre en cause les méthodes actuelles d'enseignement de cette discipline.

B. Les méthodes de formation

12. L'enseignement du droit de l'arbitrage s'exerce dans les conditions habituelles de la formation universitaire. Il se fait donc selon les méthodes classiques qui reproduisent la tradition académique (1) et qui mériteraient, cependant, d'être rénovées (2).

1. Le poids de la tradition académique

13. D'une manière générale, le cours magistral reste et demeure le mode dominant de transmission de connaissances juridiques dans les universités. Il en est de même pour l'enseignement du droit de l'arbitrage. Ce type d'enseignement se caractérise par quelques traits distinctifs : la domination de l'enseignement en « présentiel », en amphithéâtre ou en salle, l'absence ou l'insuffisance d'interactivité (dès lors que les étudiants sont réduits à écouter et à prendre des notes à partir de l'exposé « magistral » du professeur), l'exposition théorique de la matière au détriment des aspects pratiques. Hormis le cours magistral, la formation des étudiants est le plus souvent

[1] V. art. précité.

complétée par les travaux dirigés qui donnent l'occasion aux étudiants de pouvoir enfin avoir la possibilité «de dialoguer » avec l'enseignant et de « l'interpeller » sur leurs difficultés ou sur les points incompris ou obscurs. Or, cette possibilité n'est pas offerte aux étudiants de master qui, dans la quasi-totalité des universités, ne sont pas astreints à participer aux travaux dirigés.

2. La nécessité de l'innovation pédagogique

14. S'il est nécessaire de réviser les méthodes d'enseignement du droit en général et du droit de l'arbitrage en particulier, force est cependant de relever d'emblée que la massification des effectifs dans les universités rend difficile l'introduction de méthodes pédagogiques innovantes. En effet, même au niveau du cycle de master où sont prévus les cours d'arbitrage, les étudiants sont encore trop nombreux, notamment dans les facultés des universités publiques, ce qui limite la possibilité de faire des cours interactifs qui nécessitent de petits effectifs. Le cours magistral a donc encore de « beaux jours » devant lui. Toutefois, le recours aux technologies de l'information et de la communication et l'usage du numérique pourraient être à la base d'une véritable réforme méthodologique et pédagogique.

En effet, l'utilisation des technologies de l'information et de la communication pourrait ainsi permettre la diffusion des cours en ligne, la mise à disposition aisée des documents divers aux étudiants (étude de cas, sentences arbitrales, modèles de contrats comportant des clauses d'arbitrage, décisions de justice, articles, etc.) en vue d'un travail préalable aux rencontres ou discussions avec l'enseignant. L'utilisation du numérique permet aussi le recours à la visioconférence qui serait adaptée pour faire intervenir des praticiens de l'arbitrage souvent indisponibles, et qui pourraient ainsi partager leur expérience aux apprenants.

15. Le recours aux TIC et au numérique ne constitue pourtant pas la seule voie pour la rénovation de l'enseignement de l'arbitrage. Il faut aussi innover en ce qui concerne les méthodes d'enseignement en formation initiale.

D'une part, il conviendrait de créer ou de renforcer les études de cas, la rédaction des actes de procédure, la rédaction des clauses de règlement des différends et particulièrement celles prévoyant le recours à l'arbitrage, l'organisation de procès fictifs (qui permettent la simulation d'une procédure d'arbitrage complète avec une répartition et un jeu de rôles : arbitres, centre d'arbitrage, parties, avocats, juge étatique d'appui). Dans cet ordre d'idées, le professeur Thomas Clay[1] observe que « même si le cours magistral ne saurait disparaître complètement, l'enseignement de l'arbitrage doit désormais explorer d'autres voies qui permettront aux étudiants d'être opérationnels, comme conseils, voire comme arbitres, dès la fin de leur formation. Ces

---

[1] V. article précité.

nouvelles voies, modernes et interactives sont au nombre de deux : les concours et les cliniques juridiques. Ce qu'on appelle la pédagogie sur projet ».

D'autre part, il faudrait encourager et/ou densifier la participation ou l'implication des professionnels dans l'enseignement de l'arbitrage. Il s'agit de faire intervenir les praticiens de l'arbitrage dans les cours théoriques (dans une sorte de binôme ou de complément de l'enseignant), ou de leur confier directement les enseignements portant sur les aspects pratiques de l'arbitrage (maitrise d'une procédure d'arbitrage, établissement de l'acte de mission, rédaction des actes, conduite des débats, respect des contraintes formelles, etc.).

16. Telles sont quelques pistes à explorer en vue d'une modernisation et d'une rénovation des méthodes d'enseignement de l'arbitrage en formation initiale. Elles sont fondées sur la conviction que l'enseignement du droit de l'arbitrage doit autant que possible lier la théorie et la pratique, car « une connaissance uniquement livresque ne permet d'appréhender ni la richesse ni les difficultés de la matière[1] ». Dans ce chantier qui vise à former les ressources humaines futures en arbitrage, les écoles de formation de magistrats ne devraient pas être en reste, car il n'y a pas de bon arbitrage sans bon juge. L'enseignement du droit de l'arbitrage devrait donc être généralisé et renforcé dans les écoles de magistrature. En tout état de cause, la formation initiale en arbitrage dans les universités (ou dans les écoles professionnelles) doit se départir de tout dogmatisme si elle entend se rapprocher de la formation continue qui sait allier, si habilement, les considérations théoriques et les exigences pratiques de l'arbitrage.

II. LA FORMATION CONTINUE EN ARBITRAGE OU L'OPTION DU PRAGMATISME

17. Les formations continues en arbitrage entreprises en dehors des universités se caractérisent par une approche résolument pragmatique en ce qu'elles mettent l'accent sur la formation pratique. Cette orientation se justifie notamment par le fait que ce sont des acteurs de l'arbitrage et autres professionnels du droit qui participent majoritairement à ce type de formation : arbitres, avocats, juges, notaires, huissiers, enseignants, cadres des banques et assurances, dirigeants sociaux, cadres des entreprises privées ou publiques, responsables et cadres juristes des administrations publiques, etc. En s'y soumettant, ils sont surtout désireux de renforcer leurs capacités dans l'art, la technique et la pratique de l'arbitrage. D'une manière générale, la formation se fait sous diverses modalités (A) et semble répondre à des finalités

[1]Th. clay, « L'enseignement et la recherche en droit de L'arbitrage ». in *Cahiers de l'arbitrage*, n° 3, 2017, p .419.

qui concourent à l'essor de l'arbitrage comme mode de règlement alternatif des différends (B).

A. Les modalités de la formation

18. Le déficit ou l'inadéquation de l'offre de formation universitaire en arbitrage est compensé par l'effort fait par les professionnels qui s'intéressent à l'arbitrage de se former d'une manière ou d'une autre. Ainsi, certains ont suivi des formations sur le continent ou en dehors, à l'instar de celles organisées par la Chambre de commerce internationale (CCI) ou par Chartered Institute of Arbitrators (CIArb)[1]. Dans l'espace OHADA, on assiste à la multiplication de formations diverses consacrées à l'arbitrage et destinées à développer l'expertise des acteurs de l'arbitrage. Certaines de ces formations sont initiées par des structures même de l'OHADA (1), d'autres sont entreprises par les centres d'arbitrage ou des associations (2).

1. Les formations initiées par les institutions de l'OHADA

19. Il n'est pas surprenant que la Cour Commune de Justice et d'Arbitrage (CCJA) et l'École Régionale Supérieure de la Magistrature (ERSUMA) de l'OHADA jouent un rôle important dans la formation continue des acteurs de l'arbitrage dans l'espace couvert par cette organisation. En ce qui concerne la CCJA, son implication est fondée sur le fait qu'elle intervient dans la procédure d'arbitrage et joue le rôle de centre d'arbitrage[2]. Quant à l'ERSUMA, elle est la structure de formation chargée d'assurer la promotion et la vulgarisation du droit OHADA, ce qui inclut naturellement le droit de l'arbitrage OHADA. À ce titre, ses activités de formation (a) sont naturellement plus signifiantes que celles de la CCJA (b).

a. Les activités de formation de l'ERSUMA

20. Dans l'exercice de sa mission de formation, l'ERSUMA joue un rôle important dans la formation en arbitrage. Ainsi, que ce soit au siège de l'École à Porto Novo (Benin) ou dans différents pays, des sessions de formation certifiante sont organisées en vue de donner, de renforcer et de promouvoir les connaissances et les compétences des participants en arbitrage[3]. Ces formations sont animées par des praticiens de l'arbitrage et par des

---

[1] V. M-A. Ngwe, « État des lieux de l'arbitrage en Afrique », communication à la Conférence de l'Association française d'Arbitrage, Paris, 19 sept. 2018, www.afa-arbitrage.com

[2] V. Titre IV du Traité (art. 21 à 24).

[3] Aux termes de l'article 13 du Statut de l'ERSUMA, celle-ci est entre autres compétente pour assurer « une formation à destination des arbitres ». Cette disposition donne une vision étriquée de la mission de l'ERSUMA. Force est de reconnaître que dans la pratique, les formations assurées par l'ERSUMA en matière d'arbitrage ne concernent pas seulement les arbitres, mais s'étendent à tous ceux qui, à des titres divers, s'intéressent à l'arbitrage.

universitaires, liant ainsi étroitement la théorie et la pratique[1]. Pour prendre quelques exemples récents, l'ERSUMA a proposé plusieurs formations relatives à l'arbitrage (et à la médiation, pour certaines) sur les thématiques suivantes :

- « *Exercer la fonction d'arbitre : éthique et déontologie* » ; « *Management de la procédure d'arbitrage OHADA* » ; « *Management de centre d'arbitrage* » (Kigali, 08-12 avril 2019) ;
- « *Maîtriser le nouveau cadre de l'arbitrage et de la médiation dans l'espace OHADA* » (Dakar, 10-13 juillet 2018, Pointe Noire, 22-25 octobre 2018)[2] ;
- « *Les nouveaux actes uniformes portant droit de l'arbitrage et de la médiation dans l'espace OHADA* » (Porto Novo, 23-27 juillet 2018)[3] ;

Fidèle à sa mission statutaire de renforcement des capacités, l'ERSUMA s'emploie à offrir des formations qui mêlent à la fois des exposés théoriques qui portent généralement sur le droit de l'arbitrage de l'OHADA et assurent la vulgarisation des règles applicables (Acte uniforme relatif au droit de l'arbitrage, Règlement d'arbitrage de la CCJA) et l'examen de questions pratiques qui permettent aux participants d'appréhender les aspects techniques et les subtilités de l'arbitrage. Pour des raisons d'efficacité et probablement de coût (notamment dans les cas de délocalisation dans différents pays membres de l'OHADA), les sessions sont organisées dans une durée qui varie entre quatre (4) et cinq (5) jours maximum, et qui paraît adaptée pour des formations qui s'adressent à des professionnels du droit qui recherchent surtout ou prioritairement un renforcement de capacités.

b. Les activités de formation de la CCJA

21. La CCJA est nettement moins « entreprenante » que l'ERSUMA en matière de formation en arbitrage. Elle ne se désintéresse pas pour autant à cette activité, eu égard aux missions qui lui sont confiées en matière d'arbitrage par le Traité et le Règlement d'arbitrage[4]. D'une part, il lui est

[1] L'ERSUMA adopte ainsi une approche complémentaire et dialectique qui est nécessaire dans toute formation en arbitrage.
[2] Ces sessions étaient animées, pour celle de Dakar, par M. Ibrahima Khalil Diallo, enseignant à l'université Cheikh Anta Diop et arbitre au Centre d'arbitrage, de médiation et de conciliation de Dakar, Me Narcisse Aka, Avocat, secrétaire général du Centre d'arbitrage de la CCJA, Mme Bintou Boli Djibo, arbitre, médiatrice, secrétaire permanente du Centre d'arbitrage, de médiation et de conciliation de Ouagadougou ; pour celle de Pointe Noire, par Noël Gbaguidi, professeur à l'université d'Abomey Calavi (Bénin) et Me Narcisse Aka.
[3] Les formateurs étaient M. Gaston Kenfack Douajni, magistrat, enseignant, arbitre, président de l'Association pour la promotion de l'arbitrage en Afrique, Me Elvire Vignon et Me Narcisse Aka.
[4] Sur l'ensemble de cette question, v° A. Ngwanza, « L'essor de l'arbitrage international en Afrique sub-saharienne : les apports de la CCJA », in Revue de l'ERSUMA, n° 6, Janvier 2006.

reconnu d'importantes prérogatives : désignation ou confirmation d'arbitres, compétence à statuer en cas de récusation d'un arbitre par une partie, contrôle de la sentence avant signature, etc. D'autre part, la CCJA est un centre institutionnel d'arbitrage, est à ce titre, chargée d'administrer la procédure arbitrale de la requête introductive à l'exécution de la sentence. Il est alors légitime que la CCJA puisse s'impliquer dans la formation des acteurs de l'arbitrage, et notamment des arbitres.

22. Il convient alors de signaler l'initiative prise par la CCJA d'organiser un séminaire de formation sur le système d'arbitrage CCJA-OHADA, les 27 et 28 août 2019. Ce séminaire qui intervient après l'adoption par le Conseil des ministres, les 23 et 24 novembre 2017 d'un nouveau Règlement de procédure d'arbitrage et d'un nouvel Acte uniforme relatif au droit de l'arbitrage, était destiné à différents publics : avocats, magistrats, huissiers de justice, enseignants, arbitres CCJA, notaires, juristes d'entreprises, étudiants, etc., moyennant le paiement de frais de participation variés. Le choix de l'institution, au plan méthodologique, a été de donner un aperçu général de l'arbitrage CCJA : convention d'arbitrage, demande-réponse à la demande, droit applicable au fond et amiable composition, problématique de l'indépendance et de l'impartialité des arbitres, mise en œuvre des procédures et frais d'arbitrage, siège de l'arbitrage, étape préalable à l'arbitrage, réunion de cadrage, mesures provisoires ou conservatoires, participation des tiers à l'arbitrage, sentence arbitrale, recours contre la sentence.

2. Les formations organisées par les centres d'arbitrage, les associations et autres organismes professionnels

23. Dans sa communication remarquable citée ci-dessus, Me Marie-Andrée Ngwe, présidente du Centre d'Arbitrage du GICAM (Cameroun) relève à juste titre que « Nombre de Centres d'arbitrage déploient des efforts pour créer une culture de l'arbitrage dans le pays de leur siège ». Il s'agit essentiellement d'activités de formation (a) qui s'ajoutent aux initiatives de diverses associations (b).

a. Les activités de formation des centres d'arbitrage

24. Dans la plupart des pays de l'espace OHADA, les chambres de commerce ou les groupements d'entreprises, voire des associations ou fondations, ont entrepris de créer en leur sein, soit des centres dédiés exclusivement à l'arbitrage (c'est le cas du Centre d'Arbitrage du Groupement interpatronal du Cameroun, C.A.G), soit des centres combinant différents modes alternatifs de règlement des litiges : arbitrage, médiation, conciliation (c'est l'exemple des Centres d'arbitrage, de médiation et de conciliation de Dakar et de Ouagadougou ; Centre de médiation et d'arbitrage du Congo, Centre permanent d'arbitrage et de médiation du Centre Africain pour le droit et le développement, etc.). Quel que soit leur forme ou leur objet, ces différents centres ont pleinement pris conscience de la nécessité d'organiser et de multiplier des formations afin de promouvoir la culture de l'arbitrage et de renforcer les capacités des acteurs de l'arbitrage. Les activités menées dans ce domaine procèdent soit de leur initiative propre, soit de l'action concertée avec d'autres acteurs (associations de centres d'arbitrage, partenaires divers tels que les universités, les centres d'arbitrages extérieurs à l'espace OHADA, etc.).

25. Les activités de formation initiées par les centres d'arbitrage visent autant à promouvoir l'arbitrage que de mieux faire connaître les centres et leurs règlements de procédure. Elles prennent alors des formes multiples. Dans leur majorité, elles se présentent sous forme de séminaires ou d'ateliers de formation[1]. Il s'agit de sessions de formation continue, animées par des universitaires et/ou des praticiens et qui portent sur des thématiques précises relatives à l'arbitrage. De durées variables (entre deux et cinq jours, en moyenne), ces formations visent généralement à aborder des questions pratiques qui concernent l'arbitrage ou qui se posent dans les différentes étapes qui jalonnent la procédure d'arbitrage (ouverture de la procédure, conduite de la procédure, incidents de procédure, respect des délais, organisation des débats contradictoires, délibérés, rédaction des sentences, etc.).

La méthodologie utilisée pour la formation consiste le plus souvent dans l'organisation de sessions interactives qui alternent les séances plénières (qui réunissent tous les participants) et le travail en ateliers (par petits groupes). Concrètement, les travaux comprennent, d'une part, des exposés suivis d'échanges entre le formateur et les participants, et d'autre part, des exercices pratiques qui permettent aux formateurs d'évaluer et de s'assurer de l'appropriation effective des connaissances et compétences par les apprenants. Cette phase de la formation a le mérite de mettre les participants dans des situations aussi proches que possible de la réalité, par l'étude de cas, la rédaction de clauses ou d'actes de procédure, la simulation d'audiences ou de délibérés, etc. En tout état de cause, les exercices proposés aux participants sont fonction des thèmes abordés lors de chaque séminaire ou atelier.

L'on observe que les séminaires ou les ateliers de formation varient selon qu'ils traitent de questions particulières ou qu'elles envisagent l'arbitrage d'une manière générale. Dans le premier cas, l'accent est mis sur un ou des points spécifiques (ex. la convention d'arbitrage, la désignation, l'indépendance, la récusation et le remplacement des arbitres, les mesures provisoires ou conservatoires, les règles applicables à la procédure, etc.) qu'il convient d'approfondir. Dans le second cas, l'objectif de la formation est de faire une présentation générale d'une phase de la procédure d'arbitrage ou

[1] V° M-A.Ngwe, article précité.

d'une procédure complète, en envisageant les différentes étapes (ex. la maîtrise ou la conduite d'une procédure d'arbitrage[1]).

26. L'autre activité de formation que l'on peut mettre au crédit des centres d'arbitrage de l'espace OHADA est l'organisation de *colloques, de conférences* ou de « rencontres autour de l'arbitrage ». S'agissant des colloques, il convient de préciser que ce sont de véritables manifestations scientifiques qui sollicitent la mobilisation d'universitaires et de praticiens autour d'une question théorique ou technique précise ou d'une thématique variée. Ainsi, à titre d'illustration, l'on peut citer l'exemple de la Cour d'Arbitrage, de médiation et de conciliation du Togo (CATO) qui a organisé, avec l'appui de la Chambre arbitrale maritime de Paris (C.A.M.P), un colloque international sur le thème « *L'arbitrage, le droit maritime et les assurances en Afrique* », du 19 au 20 octobre 2017 à Lomé. Ce fut l'occasion pour les intervenants d'aborder successivement l'arbitrage dans les litiges maritimes et l'arbitrage dans les litiges en matière d'assurances. Les participants qui venaient d'horizons divers (avocats, assureurs, auxiliaires de transport maritime, magistrats, etc.), ont eu droit à des communications portant sur différents thèmes relatifs à cet arbitrage particulier qu'est l'arbitrage maritime[2] : le contentieux maritime, la typologie des litiges maritimes sur la côte ouest-africaine, l'opposabilité de la clause compromissoire aux tiers non-signataires en matière maritime, le règlement des litiges maritimes dans l'arbitrage de la Chambre arbitrale maritime de Paris, l'arbitrage de la CCJA et le règlement des litiges maritimes et d'assurances, l'acte uniforme relatif au droit de l'arbitrage et le règlement des litiges maritimes.

Outre les colloques, les centres organisent aussi des conférences ou des rencontres autour de l'arbitrage, portant sur des sujets précis concernant l'arbitrage. Animées par des universitaires ou des praticiens de l'arbitrage, les conférences abordent généralement des sujets techniques ou des questions pratiques. Par exemple, le Centre d'arbitrage du Gicam (Cameroun) a pris

[1] Une session de formation organisée par le Centre d'Arbitrage du Gicam (Cameroun) avec l'appui technique du Centre de Médiation et d'Arbitrage de Paris (CMAP) en octobre 2018 avait effectivement pour thème : « *Maîtriser la conduite d'une procédure d'arbitrage en droit OHADA* ». Ainsi les participants ont successivement été édifiés sur les grands principes de l'arbitrage, la présentation du rôle d'un centre d'arbitrage, la clause compromissoire, la demande de l'arbitrage et la réponse à l'arbitrage, l'acte de mission (le procès-verbal de cadrage), l'ordonnance de procédure et le calendrier, la conduite de la procédure d'arbitrage proprement dite, les voies de recours, etc.

[2] Il en est ainsi parce que l'arbitrage maritime est d'abord un arbitrage qui porte sur les contrats maritimes (contrats de construction, de vente des navires, contrats de transport, contrats d'affrètement, etc.) et qui est professionnel en ce sens qu'il est conçu par des professionnels pour des professionnels et a recours aux usages et pratiques du monde maritime ; qu'ensuite il est particulièrement soucieux du respect du contrat et donc de la volonté des parties ; qu'enfin, il est essentiellement institutionnel en ce qu'il est organisé dans le cadre de chambres ou de centres d'arbitrage.

l'habitude de conduire de telles activités et la dernière conférence en date, avait pour thème « *Un acteur particulier de l'arbitrage : le co-arbitre* »[1]. Ce type d'activités a le plus souvent pour public cible : les arbitres, les candidats arbitres, les responsables et cadres juristes d'entreprises, les personnes intéressées à l'arbitrage. Leur participation est subordonnée au paiement d'une somme forfaitaire.

b. Les activités de formation initiées par les associations et autres organismes professionnels

27. Les formations et l'information sur l'arbitrage sont également assurées par des associations diverses et des organismes s'intéressant à l'arbitrage. Il en est ainsi de l'Union Internationale des Avocats et la Cour Internationale d'Arbitrage de la CCI qui organisent dans différents pays de l'espace OHADA, des séminaires de formation sur l'arbitrage CCI à l'attention des avocats relevant des barreaux membres de ladite union[2]. Ces formations visent à fournir aux participants des compétences techniques et une maîtrise de la procédure d'arbitrage à travers des cas pratiques fondés sur les règles d'arbitrage de la CCI.

Un autre exemple d'initiative à signaler dans l'espace OHADA est l'activité menée par l'Association pour la Promotion de l'Arbitrage en Afrique (APAA), créée en 2005 et dont le siège est à Yaoundé (Cameroun). L'objet de l'APPA est de promouvoir l'arbitrage (et d'autres modes alternatifs de règlement des différends). À cet effet, elle collabore avec toutes les institutions et associations qui partagent le même objectif, d'une part, et entend faciliter les rencontres entre juristes et autres personnalités animés de la volonté de promouvoir et de développer l'arbitrage, d'autre part[3]. Parmi les activités de l'APAA, il y a notamment lieu de citer l'organisation de colloques, tel celui tenu à Yaoundé, les 14 et 15 janvier 2008, sur le thème « *L'arbitrage en Afrique : Questions d'actualité* »[4] ou celui organisé à Lomé, sur le thème « La coopération du juge étatique à l'arbitrage dans l'espace OHADA »[5]. En outre, l'APAA participe à l'information des acteurs de l'arbitrage par la publication d'informations relatives (séminaires de formation, manifestations

---

[1] Cette conférence a été délivrée le 28 février 2019 par le professeur Hugues Kenfack, doyen honoraire de la faculté de droit de Toulouse, membre de l'Association française d'arbitrage et du Comité d'arbitrage, arbitre à la CCI et à la CCJA.

[2] Ainsi, avec le soutien de l'ordre des avocats du Barreau du Cameroun, l'IUA a tenu un séminaire de formation en arbitrage à Douala du 21 au 23 novembre 2018.

[3] Article 3 des statuts de l'APAA.

[4] Publié in Revue Camerounaise de l'Arbitrage, n° spécial, février 2010.

[5] Colloque signalé par M-A. Ngwé, article précité.

scientifiques, etc.) à l'arbitrage ainsi que par la publication de la Revue Camerounaise de l'Arbitrage[1].

28. Au terme de cette évocation, il apparaît que la formation continue en arbitrage emprunte des voies diverses sous la houlette d'acteurs institutionnels, professionnels ou associatifs. Contrairement à la formation initiale qui est destinée prioritairement aux étudiants, la formation continue s'adresse à un public varié, constitué majoritairement de professionnels du droit qui entendent renforcer leurs capacités en matière d'arbitrage. Loin d'être concurrente de la formation initiale, la formation continue se distingue cependant par le souci de transmettre à la fois des connaissances en droit de l'arbitrage et des compétences et aptitudes pratiques aux participants. Ce faisant, elle est subordonnée à des finalités qui tendent au rayonnement et à l'affirmation de l'arbitrage en tant que mode de règlement des différends.

B. Les finalités de la formation

29. En diffusant la théorie, la culture et la pratique de l'arbitrage, la formation continue en cette matière, plus que la formation initiale, vise, au-delà de la transmission des connaissances et du transfert de compétences, à contribuer au rayonnement de l'arbitrage en contribuant au renforcement de son attractivité (1) et de sa crédibilité (2).

1. L'attractivité de l'arbitrage

30. Le traité instituant l'OHADA fixe entre autres missions à ladite organisation d'encourager le recours à l'arbitrage pour le règlement des différends contractuels. Il s'agit concrètement de promouvoir l'arbitrage comme alternative à une justice étatique qui est l'objet de toutes les critiques dans les différents États parties de l'OHADA. La mise en œuvre et la réalisation de cet objectif louable ne sont pas pourtant aisées dans un espace géographique et juridique (l'espace OHADA) où la percée de l'arbitrage, bien que réelle, reste largement timide. Il n'est pas exagéré de dire que l'arbitrage reste largement méconnu au-delà du « petit cercle » des praticiens. Dans le règlement des différends, même ceux relatifs aux contrats, la justice étatique reste la voie la plus utilisée par les parties, pour diverses raisons. L'effort de l'OHADA, des États parties et de toutes les parties prenantes, doit tendre à la promotion et à la vulgarisation de l'arbitrage afin que les parties puissent y avoir recours. Dans cette optique, le rôle de la formation continue en arbitrage est déterminant.

31. En effet, le recours à l'arbitrage dans notre espace juridique ne pourrait se développer de manière significative que si les parties (personnes physiques

---

[1] Cette revue a largement contribué à la vulgarisation du droit de l'arbitrage à travers la publication d'articles, de la jurisprudence et de documents divers.

ou morales, personnes morales privées ou publiques) et leurs conseils sont sensibilisés aux enjeux et intérêts de l'arbitrage. Cela ne peut se faire que par le biais de la formation continue qui compte, parmi ses destinataires, les chefs d'entreprises, les responsables et cadres juridiques d'entreprises, et bien évidemment les avocats. S'agissant des dirigeants sociaux et de leurs collaborateurs juristes, il est sans conteste que s'ils sont formés aux « réalités et subtilités» de l'arbitrage, les chances sont grandes, par exemple, de voir insérer dans les contrats conclus ou négociés par eux, des clauses compromissoires, ou le cas échéant, de recourir au compromis en l'absence de telles clauses, en vue de soumettre les litiges à naître ou déjà nés à l'arbitrage. Dans cette optique, l'on comprend que l'accent soit mis, au cours des formations, sur la rédaction des contrats en général, et des clauses de règlement des différends ou des conventions d'arbitrage en particulier.

Les formations continues doivent surtout rendre le recours à l'arbitrage attractif pour les conseils. Il est évident que ceux-ci jouent un rôle important auprès des parties, qu'il s'agisse de l'assistance juridique ou de la représentation en justice. En tant que spécialistes du droit et du contentieux, les avocats sont bien placés pour conseiller leurs clients sur le choix des modes de règlement des différends. Il est évident qu'un avocat qui a été bien formé en droit et pratique de l'arbitrage et qui connaît ainsi les avantages de la procédure arbitrale, peut mieux orienter le choix en faveur de l'arbitrage, soit en veillant qu'une clause compromissoire soit prévue au moment de la rédaction du contrat (si son assistance juridique est sollicitée), soit en suggérant de soumettre un différend d'ordre contractuel à l'arbitrage par le truchement d'un compromis d'arbitrage.

32. Ainsi, les activités de formation menées par l'UIA et les centres d'arbitrages en direction ou à l'intention des avocats, doivent être poursuivies et encouragées, car, l'avenir et l'essor de l'arbitrage dans l'espace OHADA dépendent largement de la formation accrue de ceux-ci en la matière et de leur implication dans les actions de promotion de l'arbitrage. Autrement dit, l'arbitrage ne saurait s'affirmer comme une alternative séreuse et crédible à la justice étatique, sans l'engagement et la participation effective des avocats. Il n'y a pas de bon arbitrage sans de bons avocats formés en arbitrage, il n'y aura forcément pas d'expansion de l'arbitrage sans de bons conseils convaincus des vertus de l'arbitrage.

2. La crédibilité de l'arbitrage

32. Dans un contexte où l'arbitrage peine à s'imposer comme un concurrent à la justice étatique, l'on est tenté de dire que cela est dû au fait que l'arbitrage paraît manquer de crédibilité. De nombreux préjugés sont entretenus au sujet de l'arbitrage et le doute persiste dans l'opinion publique sur sa capacité à faire réellement « pendant » à la justice étatique. Si ces sentiments persistent, c'est certainement parce que l'arbitrage reste une discipline et une pratique mal connues en raison du déficit de formation, de promotion et de vulgarisation. Comment ne pas alors douter de sa crédibilité si l'on n'est pas convaincu de la qualité, de la compétence des arbitres ou du professionnalisme des centres organisant les arbitrages ; ou si l'on n'est pas sûr de l'exécution des sentences rendues ? Ces quelques interrogations attestent de la nécessité des formations continues afin de « convertir » les professionnels du droit, les investisseurs et autres contractants, les acteurs économiques, etc., à la culture et au recours à l'arbitrage dans la résolution des litiges.

33. Pour que l'arbitrage soit crédible comme mode de règlement des différends, il faudrait que les formations entreprises assurent en quelque sorte de la *qualité de l'arbitrage*, d'une part, et à la *légitimité de l'arbitrage*, d'autre part.

En ce qui concerne la *qualité de l'arbitrage*, elle dépend beaucoup de la qualité de la formation des acteurs de l'arbitrage, et notamment des arbitres et des gestionnaires des centres d'arbitrage. Ce souci est bien compris par la CCJA et les centres d'arbitrages qui organisent des formations destinées prioritairement aux arbitres inscrits sur leurs listes ou aux candidats arbitres. Qu'elle soit étatique ou arbitrale, la justice n'est bien rendue et crédible que si elle est servie par des juges qualifiés et compétents. Autant la présomption de compétence est reconnue aux magistrats professionnels en raison de leur formation initiale, autant elle est mise en cause quand il s'agit des arbitres, eu égard à l'absence de formations adéquates. Les formations continues qui se multiplient dans l'espace OHADA sont de nature à renforcer les capacités des arbitres et donc à « rassurer » sur leur compétence professionnelle.

La qualité de l'arbitrage dépend aussi de la qualité de l'administration des centres d'arbitrages. Sur ce plan, il y aurait beaucoup à dire ! Force est d'observer que les initiatives de formation font défaut dans ce domaine. Il y a lieu de combler ce déficit si l'on veut véritablement assurer la promotion et le développement de l'arbitrage institutionnel. Le rôle des centres d'arbitrage est crucial, car au-delà de l'organisation de l'instance arbitrale, le centre assure la liaison avec le tribunal et les parties, veille à la transmission des documents, etc. Il faut donc former ceux qui sont en charge des centres d'arbitrage en vue d'un fonctionnement harmonieux et efficace desdits centres et d'une administration efficiente de la justice arbitrale[1].

La qualité de la justice dépend enfin de la qualité de la collaboration et de l'intervention des juges étatiques. Qu'il s'agisse du juge d'appui ou de celui qui peut être appelé à examiner la sentence ou à statuer sur les voies de recours, l'exigence de formation en droit de l'arbitrage est la même. Il faut

[1] J. M'Bosso, « Le fonctionnement du centre d'arbitrage CCJA et le déroulement de la procédure arbitrale », Rev. Camerounaise arb. 2001, n° spécial, p. 42.

qu'ils soient bien formés aux règles et procédures qui gouvernent l'arbitrage afin que leur intervention soit efficace et que prédomine l'esprit de complémentarité et non de rivalité ou de concurrence[1].

34. *La légitimité de l'arbitrage*[2] est certainement l'une des finalités majeures des dispositifs de formation continue qui sont initiées par différentes instances. En effet, ces formations n'ont véritablement d'intérêt que si elles renforcent la place de l'arbitrage parmi les modes de règlement des différends, particulièrement si elles font en sorte que le choix de l'arbitrage soit aussi « naturel » que le recours à la justice étatique. Dans un contexte largement dominé par le monopole étatique sur la justice, l'arbitrage est en situation de conquête d'un espace qui doit s'affirmer comme un système de justice aussi digne d'intérêt et de confiance que le système étatique. L'organisation des formations continues contribue ainsi à renforcer le caractère légitime de l'arbitrage qui est un système de justice administré par des centres reconnus et établis, fondé sur la volonté des parties et sur des règles diverses et variées qui régissent toutes les étapes de la procédure, une justice rendue par des juges ayant des qualifications intellectuelles et professionnelles certaines et dont les décisions (sentences) sont reconnues et exécutées. Mode extra-judiciaire de règlement des différends, parfois qualifié de « justice privée », l'arbitrage garantit la sécurité juridique à ceux qui y recourent et leur assure rapidité, confidentialité ou discrétion. Tous ces éléments que les formations mettent en exergue, témoignent à suffisance de ce que l'arbitrage jouit bien d'une légitimité tant formelle que pratique, au même titre que la justice étatique.

En conclusion, les formations initiale et continue en arbitrage ne sont pas antinomiques. Elles sont complémentaires par nécessité. Elles sont toutes les deux indispensables pour faire connaître davantage ce mécanisme important de régulation de la conflictualité et contribuer à son développement./.

---

[1] R. Sockeng, « Justice étatique et justice arbitrale dans l'Acte uniforme relatif au droit de l'arbitrage : vers une nécessaire complémentarité », Rev. Camerounaise arb. 2000, n° 7, p. 10 ; G. kenfack Douajni, « Le juge étatique dans l'arbitrage OHADA », Rev. Camerounaise arb. 2001, n° 12, p. 3.

[2] Sur cette notion, et précisément par rapport à l'arbitrage, v° S. Besson, « La légitimité de l'arbitrage international d'investissement », 2005, doc.rero.ch.

BIBLIOGRAPHIE SÉLECTIVE

Introduction

Ouvrages

Baranger (D.), *Penser la loi. Essai sur le législateur des temps modernes*, Gallimard, 2018 ;

Barraud (B.), *La recherche juridique. Sciences et pensées du droit*, L'Harmattan, coll. Logiques juridiques, 2016 ;

Carbonnier (J.), *Flexible droit,* LGDJ, coll. Anthologie du droit, 10e édition, 2001 ;

Cornu (G.), *L'art du droit en quête de sagesse,* Puf, coll. *« Doctrine juridique », 1998 ;*

Eberhard (Chr.), *Le droit au miroir des cultures. Pour une autre mondialisation*, LGDJ, 2010 ;

Fontaine (Ph.), *La justice*, Paris, Ellipses poche, 2018 ;

Goyard-Fabre (S.), *Les fondements de l'ordre juridique*, Puf, 1992 ;

Jestaz (Ph.), *Le droit*, Dalloz, coll. « *Connaissance du droit »,* 2018 ;

Leroy (E.), *Les Africains et l'Institution de la justice. Entre mimétismes et métissages,* Dalloz, série Regards sur la justice, 2004 ;

Oppetit (B.), *Droit et modernité,* Puf, coll. *« Doctrine juridique », 1998 ;*

Ricœur (P.), *Le Juste*, Paris, éd. Esprit, 2001 ;

Sonia Leverd (dir.), *Les nouveaux territoires du droit*, L'Harmattan, 2013.

Articles

Alliot (M.), « Problèmes de l'unification du droit africain », *Journal of African law*, vol. II, n° 2, 1967 ;

Kamto (M.), *«* Une justice entre tradition et modernité *» in Afrique contemporaine, La justice en Afrique, n° 156, 1990, p. 57 ;*

Sourioux (J.L.), « Le bon législateur selon Portalis », in Libres *propos sur les sources du droit*, Mélanges en l'honneur de Ph. Jestaz, Dalloz, 2006, p. 515.

1- Libres propos sur l'adage « nul n'est censé ignorer la loi »

Ouvrages

Carbonnier (J.), - *Droit civil, Introduction*, 1ère éd. Quadrige, 2004 ;

- *Droit et passion du droit sous la Ve République*, Flammarion, 1996 ;

Chevallier (J.), *L'État de droit*, Montchrestien, 2ème éd, 1995 ;

Goyard-Fabre (S.), *Les fondements de l'ordre juridique*, puf, 1992 ;

Rabagny, *L'image juridique du monde*, puf, coll. Droit, Ethique, Société, 2003 ;

Ripert (G.), - *Le déclin du droit*, LGDJ. 1949 ;

- *Les forces créatrices du droit*, LGDJ 1955 ;

Rouhette (G.), *Le style de la loi : normes narratives et normes contraignantes*, éd. Athènes La Haye, 1996 ;

Terré (F.), *Introduction générale au droit*, 6ème éd, Dalloz, 2003 ;

Articles

Bokalli (V-E.), « La coutume, source de droit au Cameroun », *RGD* 1997, p. 37 ;

Cassia (K.), « La sécurité juridique, un "nouveau" principe général du droit aux multiples facettes », *D.* 2006, chron. p. 1190 ;

Chapus (R.), « De la valeur juridique des principes généraux du droit et autres règles jurisprudentielles en droit administratif », *D.* 1966, chron. 99 ;

Cornu (G.), « La vérité et le droit », in *L'art du droit en quête de sagesse*, puf, 1998, p. 211 ;

Cristau (A.), « L'exigence de sécurité juridique », *D.* 2002, chr. 2814 ;

Dereux, « Étude critique de l'adage Nul n'est censé ignorer la loi », *RTD civ.* 1907. 513 ;

Deumier (P), - « La publication de la loi et le mythe de sa connaissance », *Petites Affiches*, 6 mars 2000, 6 ;

- « Les qualités de la loi », *RTD civ.* 2005. 93 ;

Di Malta, « Le renseignement administratif », *D.* 1964, chr. 225 ;

Fometeu (J.), « Nul n'est censé ignorer la... coutume » (Chronique d'humeur à propos d'une législation d'un genre particulier) », *Lex Lata*, 1995, n° 17, p. 12 ;

Frison-Roche (M-A.), Baranès (W.), « Le principe constitutionnel de l'accessibilité et de l'intelligibilité de la loi », *D.* 2000. chron., 361 ;

Gutmann (D.), « L'objectif de simplification du langage législatif », in *Les mots de la loi* (sousla dir. de N. Molfessis), coll. *Études juridiques*, Economica, 1999, p. 73 ;

Ivainer (Th.), « Introduction à un discours sur le langage du droit », *JCP G* 1983.I. 3097 ;

Jestaz (Ph.), « Source délicieuse... (Remarques en cascades sur les sources du droit) », *RTD civ.* 1993. 73 ;

Jouve (A.), « Recherche sur la notion d'apparence en droit administratif français », *RD. Publ.* 1968, 283 ;

Lasserre-Kiesow, « La compréhensibilité des lois à l'aube du XXIe siècle », *D.* 2002. 1157 ;

Lebreton (G.), « Y-a-t-il un progrès du droit ? », *D.* 1991, chron, 99 ;

Malaurie (Ph.,) « L'effet pervers des lois », Mélanges Cornu, 1994, p. 309 ;

Mathieu (B.), « La sécurité juridique : un produit d'importation dorénavant "made in France" (à propos des décisions 99-421 DC et 99-422 DC du Conseil constitutionnel) », *D.* 2000, n° 4, point de vue, p. VII ;

Molfessis (N.), - « La notion de principe dans la jurisprudence de la Cour de cassation », RTD civ. 2001. 699 ;

- « La sécurité juridique et l'accès aux règles de droit », *RTD civ*. 2000. 662 ;

Muzni (P.), « Quelques considérations en faveur d'une meilleure prévisibilité de la loi », *D.*2006, p. 2214 ;

Nicolau (G.), « Inaccessible droit », *RRJ* 1998-1, p. 15 ;

Pactet (P.), « La loi, permanence et changements », Mélanges Chapus, 1992, p. 503 ;

Pollaud-Dulian (F.), « À propos de la sécurité juridique », *RTD civ.* 2001. 487 ;

Pougoué (P-G.), « Considérations sur le droit traditionnel devant la Cour suprême du Cameroun », in Les cours suprêmes en Afrique*, ouvr. coll. Sous la direction de G. Conac*, Economica, Paris, 1990 ;

ReitaTran (A.-M.), « Excès et dérives dans l'art de légiférer, Quelques réflexions axées sur le droit des affaires », *D.* 2006, p. 2919 ;

Soulas de Russel (D.), Rimbault (R.), « Nature et racines du principe de sécurité juridique : une mise au point », *RID comp.* 2003,1, p.85 ;

Terré (Fr.), - « Le rôle actuel de la maxime Nul n'est censé ignorer la loi », in *Travaux et recherches de l'Institut de droit comparé*, t.XXX, 1966, p. 91 ;

- « La « crise de la loi », in *La loi, Archives de philosophie du droit*, tome 25, p. 17 ;

Zenati (F.), « L'évolution des sources dans les pays de droit civil », *D.* 2003, chr.15.

2- L'OHADA et l'intégration juridique en Afrique

Ouvrages

Akam Akam (A.) (dir.), *Les mutations juridiques dans le système OHADA*, ouvrage collectif, L'Harmattan, Paris, 2009 ;

Issa-Sayegh (J), Lohouès-Oble (J), *OHADA, Harmonisation du droit des affaires*, Bruylant, 2002, p. 42 ;

Tiger (P.), *Le droit des affaires en Afrique OHADA*, Puf, Que sais-je, 1ère éd. 1999 ;

Articles

Alliot (M.), « Problèmes de l'unification du droit africain », *Journal of African law,* vol. II, n°2, 1967 ;

Boumakani (B.), « Le juge interne et le droit OHADA », Penant 2002, p. 146 ;

Cerexhe (E), « L'intégration juridique comme facteur d'intégration régionale », *Revue Burkinabé de droit,* n° spécial 2001 (39-40), p. 21 ;

Issa-Sayegh (J), J. Kaufmann, « Les conventions multilatérales interafricaines de sécurité sociale dans les pays francophones au sud du Sahara », *Revue Penant*, n° 791, p. 302 ;

Kéba Mbaye, - « L'histoire et les objectifs de l'OHADA », in *L'organisation pour l'harmonisation du droit des affaires en Afrique (OHADA*), *Petites aff,* 13 oct. 2004, n° 205, p. 4 ;

- « L'unification du droit en Afrique », *Revue sénégalaise de droit*, n° 10, décembre 1971, p. 65 ;

Khalil Diallo, « La problématique de l'intégration africaine : l'équation de la méthode », *Ohadata* D-05- 16, p. 2 ;

Larba Yarga, « L'OHADA, ses institutions et ses mécanismes de fonctionnement », *Revue Burkinabé de droit,* n° spécial 2001 (39-40), p. 29 ;

3- L'attractivité et l'efficacité du droit OHADA

Ouvrages

Gatsi (J.) (dir.), *L'effectivité du droit de l'OHADA*, PUA, 2006 ;

Gay (L.), Pini (J.), *Autour de la qualité des normes*, Bruylant, Bruxelles, 2010 ;

Gay (L.), Vidal-Naquet, *L'efficacité de la norme juridique*, Bruylant, Bruxelles, 2012 ;

Pougoué (P-G.), Kalieu (Y.R.), *Introduction critique à l'OHADA*, Presses universitaires d'Afrique, Yaoundé, 2008.

Articles

Akam Akam (A.), « L'OHADA et l'intégration juridique en Afrique » in *Les mutations juridiques dans le système OHADA*, (sous la dir. de A. Akam Akam), L'Harmattan, 2008, p. 21 ;

Carbonnier (J.), « Effectivité et ineffectivité de la règle de droit », *Année sociologique*, 1958 ;

Lagarde (X.), « Brèves réflexions sur l'attractivité économique du droit français des contrats », D. 2005, n° 39, p. 2745 ; B. du Marais, « Attractivité économique du droit : le droit français peut-il survivre dans la compétition internationale ? » *Droit et Patrimoine*, n° 170, mai 2008, p. 38 ;

Mincke (Ch.), « Effets, effectivité, efficience et efficacité du droit : le pôle réaliste de la validité », *RIEJ,* 1998, p. 130 ;

N. Molfessis, « La sécurité juridique et l'accès aux règles de droit », *RTD civ.* 2000. 662 ;

Ouafo Bepyassi, « Le droit de l'OHADA : un capital vital pour le redressement de l'économie africaine », in J. Gatsi (sous la dir.), *L'effectivité du droit de l'OHADA*, PUA, 2006, p. 49 ;

Paillusseau (J.,) « Une révolution juridique en Afrique : l'OHADA », in *Dialogues avec M. Jeantin,* Dalloz 1999, p. 93 ;

Raynouard (A.), « Faut-il avoir recours à l'analyse économique du droit (AED) pour assurer l'efficacité économique du droit ? », www.crdp. umontreal.ca ;

Sawadogo (F. M.,) « La problématique de la cohabitation des ordres juridiques OHADA, UEMOA, CEDEO », in *Actes du colloque sur la mise en cohérence des processus d'intégration économique et juridique*, Ouagadougou, 8, 9 et 10 janvier 2007, inédit.

4- L'Harmonisation du droit des contrats en Afrique

Ouvrages

Pougoué (P-G.), Kalieu (Y.R.), *Introduction critique à l'OHADA*, PUA, Bruxelles, 2008.

Articles

Abarchi (D.), « Problématique des réformes législatives en Afrique : le mimétisme juridique comme méthode de construction du Droit », in *Les grands articles de doctrine de l'OHADA*, (sous dir. A. Feneon), Ed. Juris Africa, 2013, p. 37 ;

Blanc (D.), « Droit européen des contrats : un processus en voie de dilution ? », *D.* 2008, chron .564 ;

Blanc (D.), Deroulez (J.,) « La longue marche vers un droit européen des contrats », *D.* 2007, chron. 1615 ;

Fauvarque-Cosson (B.), « Un nouvel élan pour le cadre commun de référence en droit européen des contrats », *D.* 2010. Chron. 1362 ;

Kere (I.), « L'OHADA et l'harmonisation du droit des contrats : propos et questions préliminaires », *Rev.dr. unif.* 2008 ;

P. Rémy-Corlay, « Harmonisation européenne du droit des contrats, l'acquis communautaire, les avancées », *R.T.D. civ.* 2005. 350 ;

Witz (I.), « La longue gestation du code européen des contrats, Rappel de quelques initiatives oubliées », *R.T.D.civ.* 2003. 447.

5 - Eléments pour une théorie unitaire du contrat

Ouvrages

Conseil d'État, *Le contrat, mode d'action publique et de production des normes,* La documentation française, 2008, EDCE n° 59 ;

Hoepffner (H.), *La modification du contrat administratif*, tome 260, LGDJ, coll. « Bibliothèque de droit privé », 2009 ;

Vidal (L.), *L'équilibre financier du contrat dans la jurisprudence administrative*, Bruylant, 2005.

Articles

Beduschi-rtiz (A.), « La notion de loyauté en droit administratif », *AJDA* 2011 p. 1 ;

Bienvenu (J.-J.), « Le droit administratif : une crise sans catastrophe », Droits 1986, n° 4, p. 93 ;

Boulouis (N.), « Regards d'un rapporteur public du côté du droit privé des contrats », *AJDA* 2009, 921 ;

Canedo (M.), « L'exorbitance du droit des contrats administratifs », in F. Malleray (dir), *L'exorbitance en droit administratif en questions*, LGDJ, Coll. « Faculté de droit et des sciences sociales de Poitiers », 2004, p. 125 ;

Cauchard (M-P.), « La crise du droit administratif : entre discontinuité et continuité », in H. Simonian-Gineste (sd), *La (dis) continuité en droit*, Actes du colloque annuel de l'IFRD, LGDJ, PUT 1 Capitole, 2014 ;

Chénedé (Fr.), « Les emprunts du droit privé au droit public en matière contractuelle », AJDA, 2009, p. 923 ;

Eckert (G.), « Les pouvoirs de l'administration dans l'exécution du contrat et la théorie générale des contrats administratifs », *Contrats Marchés publ.* 2010, chron. 9 ;

Enseinmann, « Droit public-droit privé, en marge d'un livre sur l'évolution du droit civil français du XIXe au XXe siècle », RDP, 1952, 903 ;

Ferrari (B.), « Le déclin du droit administratif français : entre chimère et réalité », *AJDA* 2006, p. 1021 ;

Gaudemet (Y.), « Pour une nouvelle théorie générale du droit des contrats administratifs : mesurer les difficultés d'une entreprise nécessaire », *RD publ.* 2010. 313 ;

Mrad (G.), « La fin du contrat administratif », in A. Zaradny et alli (sd), *La fin du droit* ?, Actes du colloque des 5 et 6 décembre 2013, mare et martin, 2015, p. 133 ;

Rainaud (J-M.), « Le contrat administratif : volonté des parties ou loi de service public ? », *RD publ.* 1985. 1183 ;

Seube (J-B.), « Contrats privés ?, contrats administratifs : points de convergences ? in *Mélanges en l'honneur du professeur M. Guibal*, vol. I, Université de Montpellier, coll. Mélanges, 2006, p. 367 ;

Truchet (D.), « Avons-nous encore besoin du droit administratif ? », in *Mélanges Francis Lachaume, P*aris, Dallz, 2007, p. 103 et s. ;

Waline (J.), « La théorie générale du contrat en droit civil et en droit administratif », in Études offertes à J. Ghestin, *Le contrat au début du XXIe siècle*, LGDJ, 2001, p. 965.

6- Requiem pour les groupes de contrats ?

Ouvrages

Cozian (M.,) *L'action directe,* LGDJ, 1969 ;

Goubeaux (G.), *La règle de l'accessoire en droit privé*, LGDJ, 1969 ;

Jamin (Ch.) et Billiau (M.), *Traité de droit civil, Les effets du contrat*, 2ème éd. LGDJ. 1994 ;

Leclerc (F), *Les chaînes de contrats en droit international privé*, J.D.I. 1995 ;

Néret (J.), *Le sous-contrat*, LGDJ, 1979 ;

Teyssié (B.), *Les groupes de contrats*, LGDJ, 1975 ;

Viney (G.), *Traité de droit civil, Introduction à la responsabilité*, 2e éd, LGDJ, 1995.

Articles

Berlioz-Houin et Berlioz, « Le droit des contrats face à l'évolution économique », *Mélanges R. Houin*, Dalloz-Sirey, 1985, p. 3 ;

Cabrillac (M.), « Remarques sur la théorie générale du contrat et les créations récentes de la pratique commerciale », *Mélanges Marty,* 1978, p. 235 ;

Contamine-Raynaud (M.,) « Les rapports entre la garantie à première demande et le contrat de base en droit français », in *Mélanges Roblot*, 1984 ;

Cornu (G.), « L'évolution du droit des contrats en France », *Journées de la Société de législation comparée, RID comp.*, n° spéc., vol.1, p.447 ;

Delebecque (Ph.), - « L'appréhension judiciaire des groupes de contrats », in *Le juge et l'exécution du contrat*, PUAM, 1993, p. 117 ;

- « La notion de groupes de contrats : quels critères ? » *Cah. Dr. Entreprise,* 1989/2, n° 4, p. 26 ;

Du Garreau de la Méchenie (H.D), « La vocation de l'ayant cause à titre particulier aux droits et obligations de son auteur », *RTD. Civ.,* 1944. 499 ;

Jestaz (Ph.), « L'évolution du droit des contrats spéciaux dans la loi depuis 1945 », in *L'évolution contemporaine du droit des contrats*, Journées Savatier, 1985, p. 117 ;

Jourdain (P.), « La nature de la responsabilité civile dans les chaînes de contrats après l'arrêt de l'assemblée plénière du 12 juillet 1991 », *D.*1992. 149 et notam., n° 155 ;

Le pargneur (L.), « De l'effet à l'égard de l'ayant cause particulier des contrats générateurs d'obligations relatifs au bien transmis », *RTD. Civ.*, 1924. 499 ;

Salah Mohamed Mahmoud, « Groupe de contrats : intérêt de la notion en droit international privé et dans le droit de l'arbitrage international », *RDAI/IBLJ*, n° 5, 1996. 693 ;

Savatier (R.), « Le prétendu principe de l'effet relatif des contrats », *RTD. Civ.* 1934.525 ;

Thibierge (C.), « Libres propos sur la transformation du droit des contrats », *RTD civ.*, 1997.357 ;

Viney (G.), « L'action en responsabilité entre participants à une chaîne de contrats », in *Mélanges Holleaux,* Litec 1990, p. 399.

7- L'information dans le contrat de transport de marchandise par route

Ouvrages

Fabre-Magnan (M.), *De l'obligation d'information dans les contrats. Essai d'une théorie*, LGDJ, 1992 ;

Grynbaum (L.) et Nicod (M.) (sous la dir de), *Le solidarisme contractuel, mythe ou réalité* ?, Economica, 2004 ;

Picod (Y.), *Le devoir de loyauté dans l'exécution du contrat*, LGDJ, 1989 ;

Vignal (N.), *La transparence en droit privé des contrats (Approche critique de l'exigence*), PUAM. 1998.

Articles

Bertrand (A.), « L'obligation de conseil et de renseignements en droit de l'informatique en 1986 », *Expertises,* 1986, p. 114 ;

Boccara (B.), « Dol, silence et réticence », *Gaz. Pal.* 1953, 1. 24 ;

Brou Kouakou (M.), « Le nouveau droit des contrats de transport de marchandises par route dans l'espace OHADA », *Penant* 2003, p. 394 ;

Cabrillac (M.), « Remarques sur la théorie générale du contrat et les créations récentes de la pratique commerciale », in Mélanges G. Marty, 1978, p. 235 ;

De Juglart (M.), « L'obligation de renseignements dans les contrats », *RTD civ.*, 1945. 1 ;

Ghestin (J.), « L'obligation précontractuelle de renseignements en droit français », in *Le contrat aujourd'hui : comparaisons franco-anglaises*, LGDJ, 1987 ;

Jestaz (Ph.), « L'évolution du droit des contrats spéciaux dans la loi depuis 1945 », in *L'évolution contemporaine du droit des contrats*, Journées Savatier 1985, p. 117 ;

Lacasse (N.), Putzeys (J.), « L'Acte uniforme de l'OHADA relatif aux contrats de transport de marchandises par route », *Dr. eur. Transp.* 2003, p. 673 ;

Lucas de Leyssac (C.), « L'obligation de renseignements dans les contrats », in *L'information en droit privé*, (sous la dir. de Y. Loussouarn et P. Lagarde), LGDJ. 1978, p. 305 ;

Mazeaud (D.), « Le nouvel ordre contractuel », *Rev. contrats*, 2003 ;

Mestre (J.), « La transparence en droit des contrats », *RJ com.* 1993 (n° spécial, La transparence), p. 82 ;

Mousseron, « Un principe de départ : la liberté contractuelle », *Cah. dr. ent.* 1995/2, p. 5

Picod (Y.), « L'exigence de bonne foi dans l'exécution du contrat », in *Le juge et l'exécution du contrat*, PUAM, 1993, p. 57.

8- Le comportement de la victime et la responsabilité civile

Ouvrages

Fages (B.), *Le comportement du contractant*, PUAM, 1997 ;

Groutel (H.), *Le droit à indemnisation des victimes d'un accident de circulation, L'assurance*, Paris, 1987 ;

Honorat (J.), *L'idée d'acceptation des risques dans la responsabilité civile*, LGDJ, 1969 ;

Reifegerste (S), *Pour une obligation de minimiser le dommage*, PUAM, 2002 ;

Roujou de Boubée (M.E.), *Essai sur la réparation*, LGDJ. 1974 ;

Viney (G.), *L'indemnisation des victimes d'accidents de la circulation*, LGDJ, 1992.

Articles

Aubert (J-L.), « La victime peut-elle être obligée de minimiser son dommage », *RJDA* 2004, p. 355 ;

Chabas (Fr.,), « Fait ou faute de la victime », *D.* 1973, chron. 207 ;

Dalcq (R.O.), « L'obligation de minimiser le dommage dans la responsabilité quasi délictuelle », *R.D.A.I.* 1987. 363 ;

Elland-Goldsmith, « La "mitigation of damages" en droit anglais », *RDAI.* 1987. 347 ;

Esmein (P.), « L'influence des risques pour la victime éventuelle d'un accident », *RTD civ.* 1938, 394 ;

Gency-Tandonnet (D), « L'obligation de modérer le dommage dans la responsabilité extracontractuelle », Gaz.pal, 2004. 1. doctr. 1485 ;

Groutel (H.), « L'acceptation des risques : dérapage ou décollage ? », *Resp. Civ. et ass.* juillet-août 1999, p. 4 ;

Issa-Sayegh (J.), « Nature et régime juridiques des règles d'indemnisation des victimes d'accidents causés par les véhicules terrestres à moteur », *Penant,* 1997, p. 160 ;

Kruithof (R), « L'obligation de la partie lésée de restreindre le dommage », RJCB. 1989, n° 3, p. 14 ;

Liénard (M.), « Les évènements qui influencent le dommage postérieurement au fait dommageable », *Bull. Ass.* 1972, p. 395 ;

Lohouès Oble (J.), « L'indemnisation des préjudices corporels dans les pays membres de la CIMA », *L'Assureur africain*, n° 32, mars 1999, p. 21 ;

Pimont (R.), « Remarques complémentaires sur le devoir de minimiser son propre dommage », Rev. Lamy Dr. civ., 2004 ;

Tunc (A.), « Les causes d'exonération de la responsabilité de plein droit de l'article 1384, alinéa 1, du Code civil », *D.* 1975, chron. 83.

9- La cessation des fonctions des dirigeants sociaux en droit OHADA

Ouvrages

Berr (Cl.), *L'exercice du pouvoir dans les sociétés commerciales*, Sirey, 1961 ;

Issa-Sayegh (J.), Lohoues-Oblé (J.), OHADA, Harmonisation du droit des affaires, Bruylant, 2002 ;

Pougoué (P-G.,) Anoukaha (F.), Nguebou (J.), *Le droit des sociétés commerciales et du groupement d'intérêt économique OHADA*, PUA (coll. droit uniforme), 1998.

Articles

Adom (K.), « La révocation des dirigeants de sociétés commerciales », *Rev. Sociétés*, 1998. 488 ;

Aubert (J-L.), « La révocation des organes d'administration des sociétés commerciales », *RTD com.*, 1968 ;

Azavant (M.), « La sanction civile en droit des sociétés ou l'apport du droit commun au droit spécial », *Rev. Sociétés*, 2001. 442

Barbiéri (J-F.), « La révocation des dirigeants sociaux : pour la liberté statutaire », *JCP E*. Cah.dr. entr. 3/2001, p. 5 ;

Caussain (J.J.), - « À propos du devoir de loyauté des dirigeants de sociétés », *Mélanges B. Mercadal*, 2002 ;

- « La précarité de la fonction de mandataire social (Révocation et modes de protection) », *Bull. Joly*, 1993, § 151, p. 523 ;

Creff (G.,) « La responsabilité des dirigeants sociaux retirés », *RTD com.* 1978. 479, spéc. n° 2 ;

Daigre (J.J.), « Le petit air anglais du devoir de loyauté des dirigeants », *Mélanges P. Bézard*, 2002, p. 79 ;

De Laender (M-H.), « La révocation des dirigeants sociaux », *Dr. sociétés*, mai 2000, p. 4 ;

Dione (D.), « La révocation des dirigeants des sociétés anonymes et des sociétés à responsabilité limitée à la lumière de l'acte uniforme relatif au droit des sociétés commerciales et de groupement d'intérêt économique », *Rev. EDJA* (Dakar), n° 54 (juil-aoûtsept) 2002. 55 ;

Lucas (F-X.), « L'avenir de la révocabilité ad nutum des dirigeants sociaux », *Dr. soc.* nov. 2001, p. 3 ;

Martin (D.), « La démission des organes de gestion des sociétés commerciales », *Rev. sociétés*. 1973. 373 ;

Reigné (Ph.), « Révocabilité ad nutum des mandataires sociaux et faute de la société », *Rev. Sociétés,* 1991. 449 ;

Reiner-Sacau, « Les protections des dirigeants d'entreprise », *Dr. et patr.* 1995. 23 ;

Souleau (H.), « La démission des dirigeants des sociétés commerciales », *RTD com.* 1972. 21.

10- La responsabilité civile des dirigeants sociaux en droit ohada

Ouvrages

Berdah (J.P.), *Fonctions et responsabilité des dirigeants de sociétés par actions*, Sirey 1974 ;

Cagnoli (P.), *Essai d'analyse processuelle du droit des entreprises en difficulté*, Biblio. Dr. privé, LGDJ, 2002 ;

Hadji Artinian (S.), *La faute de gestion en droit des sociétés*, Litec, 2001 ;

Le Cannu (P.), *Droit des sociétés*, Montchrestien, 2002 ;

Pougoué (P-G.), Kalieu (Y.R.), *L'organisation des procédures collectives d'apurement du passif OHADA*, PUA, 1999 ;

Sawadogo (F.M.,) OHADA, *Droit des entreprises en difficulté*, Bruylant, 2002 ;

Sortais (J-P.), *Redressement et liquidation judiciaire des entreprises*, Dalloz, 1991.

Articles

Barbiéri (J-F.,) « Responsabilité de la personne morale ou responsabilité de ses dirigeants ? La responsabilité personnelle à la dérive », in *Mélanges Y. Guyon*, 2003 ;

Calvo (J.), « L'action en comblement de passif et la faute de gestion », *Petites aff.*, n° 63, 27 mai 1998, spéc. 16 ;

Caussain (J-J.), « À propos du devoir de loyauté des dirigeants de société », *in Mélanges B. Mercadal*, 2002, p. 303 ;

Chesné (G.), « L'exercice "ut singuli" de l'action sociale dans la société anonyme », *RTD com.* 1962. 347 ;

Couret (A.), « Interrogations autour de la réparation du préjudice individuel de l'actionnaire », *RJDA* 5/97, p. 391 ;

Creff (G.), « La responsabilité des dirigeants sociaux retirés », *RTD com.* 1978. 479 ;

Cuif (P-F.), « Le conflit d'intérêts. Essai sur la détermination d'un principe juridique en droit privé », RTD com. 2005, p. 1 ;

Daigre (J-J.), « Le petit air anglais du devoir de loyauté des dirigeants », in *Mélanges P. Bézard*, 2002, p. 79 ;

Didier (Ph.,) « Les fonctions de la responsabilité civile des dirigeants sociaux », *Rev. Sociétés,* 2003, p. 238 ;

Freyria (F.), « Libres propos sur la responsabilité civile dans la gestion d'une entreprise », in *Mélanges L. Boyer*, 1996, p. 178 ;

Godon (L.), « Des actionnaires, des dirigeants et des salariés de sociétés anonymes », in Mélanges Y. Guyon, 2003, p. 433 et notam. p. 435 ;

Grossi (I), « La responsabilité des dirigeants », *Dr et patrim.* 2003, n° 118, p. 50 ;

Le Nabasque (H.), « Le développement du devoir de loyauté en droit des sociétés », RTD com. 1999. 273 ;

Campana (M-J.), « La responsabilité civile du dirigeant en cas de redressement judiciaire », *RJ com.* 1994. 133 ;

Pollaud-Dulian (F.), « De quelques avatars de l'action en responsabilité civile dans le droit des affaires », *RTD com.* 1997. 349 ;

Rive-Lange (J-L.), « La notion de dirigeant de fait », *D.* 1975, chron., p. 41 ;

Saint-Alary-Houin (C.), « La responsabilité patrimoniale des dirigeants des sociétés en difficultés », *Rev. proc. Coll.* 2001, p. 145 ;

Tricot (D.), - « Les critères de la gestion de fait », Dr. et patrim., Janv. 1996 ;

- « La responsabilité civile des organes de gestion des sociétés et les règles générales de la responsabilité civile en droit français », in *Trav. Ass. H. Capitant*, 1967, t. XV, p. 26 ;

Vatinet (R.), « La réparation du préjudice causé par la faute des dirigeants sociaux devant les juridictions civiles », *Rev. Sociétés*, 2003, p. 247 ;

Vidal (D.), « La responsabilité civile des dirigeants sociaux », *JCP E*, 3/2001, p. 16.

11- La responsabilité sociale de l'entreprise et le droit

Ouvrages

Gerry Vernieres (S.), *Les « petites » sources du droit. À propos des sources étatiques non contraignantes*, Economica, 2012 ;

Gond (J-P.), Igalens (J.), *La responsabilité sociale de l'entreprise*, Que sais-je, Puf, 4ème éd. 2014, ;

Lepineux, Rose (J.-J.), Bonanni et Hudson, La RSE - *La responsabilité sociétale des entreprises. Théories et pratiques*, Dunod, 2010 ;

OCDE, *Principe directif à l'intention des entreprises multinationales*, version 2008 ;

Thibierge (C.) (sous la dir.), *La force normative. Naissance d'un concept*, LGDJ, Bruylant, 2009 ;

Trebulle, O. Uzan (sous la dir.), *Responsabilité sociale de l'entreprise, Regards croisés Droit et gestion*, Economica, 2011.

Articles

Acquier (A.), Gond (J-P.), « Aux sources de la responsabilité sociale de l'entreprise à la (re) découverte d'un ouvrage fondateur », *Social Responsibilities of the Businessman d'Howard Bowen, Finance Contrôle Stratégie*, vol. 10, n° 2, juin 2007, p. 5 ;

Cazal (D.), « RSE et théorie des parties prenantes : les impasses du contrat », *Revue de la régulation*, n° 9, 1er semestre 2011 ;

Dezeuze (E.), « Responsabilité sociale de l'entreprise et le droit de l'information financière », in *Fr. G. Trébulle, O. Uzan (sous la dir.)*, Responsabilité sociale de l'entreprise, Regards croisés Droit et gestion, Economica, 2011, p. 282 ;

Gambelli (F.), « Définition et typologie des normes techniques », *Petites Aff.*, 1998, p.5 ;

Huglo (C.), « La conformité, la pierre angulaire du droit de l'environnement », *JCP E* 2012, n° 1473, p. 40. ;

Pontier (J.M.), « La certification, outil de modernité normative », *D.* 1996, chron. P. 360 ;

Kamdem (E), Ikelle (R), « Pratiques RSE dans les pays en développement : premiers résultats de terrain dans les entreprises malgaches », *Revue camerounaise de management*, n026, juillet-décembre 2013, p. 19-33 ;

Kenmogne Simo (A.), « La responsabilité des entreprises africaines en matière de droits humains », *Cahiers Juridiques et Politiques* (Université de Ngaoundéré), 2010, p. 35-49 ;

Neau-Leduc (Ch.), « La responsabilité sociale de l'entreprise : quels enjeux juridiques ? », *Droit social*, 2006 p. 952 ;

Nguihe Kante (P.), « La responsabilité sociale de l'entreprise existe-t-elle sur le plan juridique », in *La responsabilité sociétale de l'entreprise au Cameroun*, Actes du colloque international de Yaoundé (7-9 juin 2011), Presses de l'UCAC, 2012, p. 343 et s. ;

Deumier (P.), « Les sources de l'éthique des affaires. Codes de bonne conduite, chartes et autres règles éthiques », in *Libre droit*, Mélanges en l'honneur de Philippe Le Tourneau, Dalloz 2008, p. 337 ;

Supiot (A.), « Du nouveau au self-service normatif : la responsabilité sociale des entreprises », in *Études offertes à J. Pélissier*, Dalloz, 2004, p. 541 ;

Tchagang (E.), Ambiana (D.), « Responsabilité sociale d'entreprise et banques africaines de développement : analyse théorique et étude empirique », *Revue camerounaise de management*, n027, janvier-juin 2014, p. 13-27 ;

Trebulle (G.), « Quel droit pour la RSE ? », in Fr. G. Trébulle, O. Uzan (sous la dir.), *Responsabilité sociale de l'entreprise, Regards croisés Droit et gestion*, Economica, 2011, p. 3.

12- Crise (s) de la justice au Cameroun

Ouvrages

Cadiet (L), *Découvrir la justice*, Dalloz, 1997 ;

Gros (F.), *Les vertus du juge*, Dalloz, 2008 ;

Kuty (F.), *L'impartialité du juge en matière pénale : de la confiance décrétée à la confiance justifiée*, éd. Larcier, 2005 ;

Magendie (J.Cl.), *Les sept péchés capitaux de la justice française*, éd. Léo Scheer, 2012 ;

Mbock (Ch. G.) (sous la dir), *L'opération Épervier au Cameroun ; un devoir d'injustice* ?, L'Harmattan, 2012 ;

Rawls (J.), *Théorie de la justice*, Seuil, 1987.

Articles

Aba'a oyono (J.C.), « Les mutations de la justice à la lumière du développement constitutionnel de 1996 », *Afrilex,* 2000/01 ;

Akam Akam (A.), « La loi et la conscience dans l'office du juge », *RRJ-Droit prospectif*, 2012, pp.126 ;

Cadiet (L.), Guinchard (S.), « La justice à l'épreuve des pouvoirs, les pouvoirs à l'épreuve de la justice », in *Justices,* n° 3 : *Justice et pouvoirs*, Dalloz, 1996, pp. 1-12 ;

Fometeu (J.), « La distance du juge. Chronique d'humeur à propos d'un dilemme de magistrat », *Cah. Jur. et Pol*, (Université de Ngaoundéré), 2014, p. 103 ;

Garapon (A.), « La démocratie à l'épreuve de la justice », in *Ce qui a changé dans la justice depuis 20 ans*, *Justices*, Dalloz, 1, p. 43-54, spéc. pp. 51-53 ;

Kamto (M.), « Une justice entre tradition et modernité », in *Afrique contemporaine*, n° 156, pp. 57 ;

Marin (J.Cl.), « Réflexions sur le statut du magistrat du parquet », Discours prononcé sur le Statut du magistrat (18/10/15), https:/www.cur de cassation.fr ;

Moneboulou Minkada (H.M.), « Justice idéale et justice juridique : plaidoyer pour une justice juridique légitime », in *Annales africaines* (Université Cheikh Anta Diop), Déc. 2016, Vol. 2, no 5, pp. 229-247 ;

Nkou Mvondo (P.), « La crise de la justice de l'État en Afrique noire francophone, Étude des causes du divorce entre la justice et les justiciables », *Penant,* n° 824, 17, p. 209.

13- La loi et la conscience dans l'office du juge

Ouvrages

Carbasse (J-M), Depambour-Tarride (L) (sous dir), *La conscience du juge dans la tradition juridique européenne*, ouvrage coll., PUF, 1999 ;

Carbasse (J-M), Depambour-Tarride (L) (sous la dir), *La conscience du juge dans la tradition juridique européenne*, ouvrage coll., Puf, 1999 ;

Carbonnier (J), *Droit civil. Introduction au droit*, Puf – Quadrige, coll. Thémis, 26eme éd., 1999 ;

D'Ambra (D), *L'objet de la fonction juridictionnelle : dire le droit et trancher les litiges*, LGDJ, 1994 ;

Doat (M.), Darcy (G.) et Labrot (V.) (sous la dir.), *L'office du juge*, éd. Le Sénat, coll. Les colloques du Sénat, 2009 ;

Le Bars (Th), *Le défaut de base légale*, LGDJ., 1997 ;

Magendie (J.Cl.), *Les sept péchés capitaux de la justice française*, Ed. Léo Scheer, 2012

Ost (F), Van de Kerchove (M), Gérard (Ph), *Fonction de juger et pouvoir judiciaire*, Bruxelles, FUSL, 1983 ;

Peychère (F), *La découverte du sens en droit*, Actes du colloque de l'Association française de philosophie du droit du 5 avril 1991, Stuttgart, 1992 ;

Terré (F), *Regards sur le droit*, Dalloz, 2010 ;

Tournier (C), *L'intime conviction du juge*, PUAM, 2003.

Articles

Akam Akam (A.), « Libres propos sur l'adage Nul n'est censé ignorer la loi », *R.R.J*, 2007/3, p. 30 ;

Banamba (B.), « Regard nouveau sur un texte déjà trentenaire : le cas du décret du 19 décembre 1969 portant organisation et fonctionnement des juridictions traditionnelles de l'ex-Cameroun oriental », *RASJ* (Université de Yaoundé II), 2000, vol. 1, n° 2, p. 102 ;

Bandrac (C), « De l'acte juridictionnel et de ceux des actes du juge qui ne le sont pas », in *Mélanges P. Drai*, 1999 ;

Blanchot (A), « Le droit et le bon sens », *Mélanges A. Decoq*, Litec, 2004, p. 25 s, et précisément p. 30 ;

Carbasse (J-M), « Le juge entre la loi et la justice : approches médiévales », in Carbasse (J-M), Depambour-Tarride (L) (sous dir), *La conscience du juge dans la tradition juridique européenne*, ouvrage coll., PUF, 1999, p. 68 ;

Dion (N), « Le juge et le désir du juste », *D.* 1999, chron. 195 ;

Douchy-Oudot (M), « L'office du juge », *Mélanges G. Goubeaux*, Dalloz, LGDJ, 2009, p. 99 s ;

Du Bois de Gaudusson (J), « Le statut de la justice dans les États d'Afrique francophone », in *Afrique contemporaine*, numéro 156 (spécial, 4e trimestre 1990) ;

Frison-Roche (M.A), « Les offices du juge », in *Mélanges Foyer*, PUF., 1997, p.463 s ;

Jestaz (Ph), « Equité », in *Autour du droit civil. Écrits dispersés. Idées convergentes*, Paris, Dalloz, 2005, pp.3-17 ;

Lagarde (X.), « Qu'est-ce qui est juste ? Propos de juriste », *Mélanges G. Goubeaux*, Dalloz, 2009, p. 299 s ;

Le Clech, « L'insuffisance des motifs, manque de base légale des décisions judiciaires », JCP. 1948. I.690 ;

Mimin, « Les énonciations nécessaires, base légale des jugements », *JCP*. 1946.I. 541 ;

Moury (J), « De quelques aspects de l'évolution de la jurisdictio (en droit judiciaire privé) », in *Mélanges Perrot*, Dalloz, 1996, p. 299 ;

Ourliac (P), « L'office du juge dans le droit canonique classique », in *Mélanges Hébraud*, Université des sciences sociales de Toulouse, 1981 ;

Rials (S.), « L'office du juge », *Droits*, n° 9, 1989, p. 4 :

Wiederkehr (G.) « Qu'est-ce qu'un juge », in *Mélanges Perrot*, Dalloz, 1996, pp. 575-586.

14- L'émergence de l'action collective en droit en droit camerounais

Azard-Baud (M.J.), « Décomplexer l'action de groupe par l'aménagement du régime de l'aide juridictionnelle et des frais et dépens », *Gaz.Pal*, 2 novembre 2016, n° 42 ;

Baccache (M.), - « Les spécificités de l'action de groupe en droit de la santé », *D.* 2016. 64 ;

- « Action de groupe et responsabilité civile », *RTD. civ.* 2014, p. 450 ;

- « Domaine de l'action de groupe quant aux préjudices subis », *G.P* du 15 mai 2013, n° 136 ;

Boccara (M.), « L'introduction de l'action de groupe dans le paysage procédural français », *Banque & Droit-Hors série*, novembre 2014, p. 6 ;

Chone-Grimaldi (A.-S.), Raschel (L.), « L'action de groupe à la française : tout vient à point à qui sait attendre ! », *Resp. civile et assurances*, n° 5, mai 2014 ;

Claudel (E.), « Action de groupe et autres dispositions concurrentes de la loi consommation : un dispositif singulier », *RTD. Com.* 2014, p. 33 ;

Dubuisson (B.), « Les dommages en série-responsabilité, assurance et indemnisation », *Revue Générale des assurances et des responsabilités*, (2015), 15182 ;

Faillet-Sblandano (M.), « Les actions de groupe in futurum », *Petites Aff.*, 26 mai 2016, n° 105 ;

Guégan-Lécuyer (A.), « Incertitude et causalité dans la perspective des dommages de masse », in *Risques, assurances, responsabilités : le traitement juridique et judiciaire de l'incertitude,* p.1 ;

Haeri (K.), « L'action de groupe en matière de produits de santé : une procédure complexe à l'efficience incertaine », *D.* 2016, p. 330 ;

Haeri (K.), Javaux (B.), « L'action de groupe à la française, une curiosité », *JCP,* 31 mars 2014 ;

Hilt (P.), « L'action de groupe consacrée par la loi n° 2014-344 du 17 mars 2014 relative à la consommation : peut-on s'en satisfaire ? », *G.P,* 24 avril 2014, n° 114, p. 28 ;

Mainguy (D.), Depincé (M.), « L'introduction de l'action de groupe en droit français », *JCP E,* n° 12, 20 mars 2014 ;

Rousseau (M.), « La difficulté d'établir la responsabilité civile de l'entreprise en matière de pollution », JCP éd. E. 1, suppl. n° 1 ;

Vincent (A-L.), « Les actions de groupe, une réforme nécessaire au regard des lacunes des procédures alternatives prévues par le droit français », *Petites Aff.*, 25 mars 2014, n° 60, p. 44 ;

Zarka (J-Cl.), « L'action de groupe en matière environnementale dans le projet de loi de modernisation de la justice du XXIe siècle », *Petites. aff.*, 20 juillet 2016, n° 144.

15- La formation en arbitrage dans l'espace OHADA

Ouvrages

Ben Hamida (W.), Ngwanza (A.), Harelimana (J-B.), *Un demi-siècle africain d'arbitrage d'investissement CIRDI. Regards* rétrospectifs et prospectifs, LGDJ, 2019 ;

Jaime Ramirez (M.L.), *Arbitrage et protection des investissements internationaux*, Saarbrucken, EUE, vol. II. ;

Koffi Akakpo (M.), *La protection de la partie faible dans l'arbitrage*, Harmattan, 2018 ;

Meyer (P.), OHADA, *Droit de l'arbitrage*, Bruylant, Bruxelles, 2002 ;

Pougoué (P-G.), Tchakoua (J-M.), Féneon (A), *Droit de l'arbitrage dans l'espace OHADA*, PUA, Yaoundé, 2000.

Articles

Clay (Th.), « L'enseignement et la recherche en droit de L'arbitrage ». in *Cahiers de l'arbitrage*, n° 3, 2017), p .419 ;

Kamto (M.), « La participation des personnes morales africaines de droit public à l'arbitrage OHADA », in *L'OHADA et les perspectives de l'arbitrage en Afrique*, Bruylant, 2000, p. 89 ;

Kenfack Douajni (G.), « Le juge étatique dans l'arbitrage OHADA », *Rev. Camerounaise arb*. 2001, n° 12, p. 3 ;

M'Bosso (J.), « Le fonctionnement du centre d'arbitrage CCJA et le déroulement de la procédure arbitrale », *Rev. Camerounaise arb*. 2001, n° spécial, p. 42 ;

Mballa Owona (R.), « L'arbitrage dans le contentieux des contrats de partenariat public privé en Afrique subsaharienne francophone : l'exemple du Togo », *RRJ. Droit prospectif*, 2018-4, p. 1779 et s ;

Nemeudeu (N.), « La recherche du critère d'arbitrabilité des litiges concernant les personnes morales de droit public en droit OHADA », *RASJ*, vol. 6, n° 1 (2009).

Ngwanza (A.), « L'essor de l'arbitrage international en Afrique subsaharienne : les apports de la CCJA », in *Revue de l'ERSUMA*, n° 6, Janvier 2006 ;

Ngwe (M-A.), « État des lieux de l'arbitrage en Afrique », in *Conférence de l'Association française d'Arbitrage*, Paris, 19 sept. 2018, www.afa-arbitrage.com ;

Sockeng (R.), « Justice étatique et justice arbitrale dans l'Acte uniforme relatif au droit de l'arbitrage : vers une nécessaire complémentarité », *Rev. Camerounaise arb*. 2000, n° 7, p. 10 ;

Sossa (D.C.), - « L'extension de l'arbitrabilité objective aux accords de développement économique dans l'espace OHADA », *Ohadata* D-10-50.

TABLES DES MATIÈRES

Structures éditoriales du groupe L'Harmattan

L'Harmattan Italie
Via degli Artisti, 15
10124 Torino
harmattan.italia@gmail.com

L'Harmattan Hongrie
Kossuth l. u. 14-16.
1053 Budapest
harmattan@harmattan.hu

L'Harmattan Sénégal
10 VDN en face Mermoz
BP 45034 Dakar-Fann
senharmattan@gmail.com

L'Harmattan Cameroun
TSINGA/FECAFOOT
BP 11486 Yaoundé
inkoukam@gmail.com

L'Harmattan Burkina Faso
Achille Somé – tengnule@hotmail.fr

L'Harmattan Guinée
Almamya, rue KA 028 OKB Agency
BP 3470 Conakry
harmattanguinee@yahoo.fr

L'Harmattan RDC
185, avenue Nyangwe
Commune de Lingwala – Kinshasa
matangilamusadila@yahoo.fr

L'Harmattan Congo
67, boulevard Denis-Sassou-N'Guesso
BP 2874 Brazzaville
harmattan.congo@yahoo.fr

L'Harmattan Mali
Sirakoro-Meguetana V31
Bamako
syllaka@yahoo.fr

L'Harmattan Togo
Djidjole – Lomé
Maison Amela
face EPP BATOME
ddamela@aol.com

L'Harmattan Côte d'Ivoire
Résidence Karl – Cité des Arts
Abidjan-Cocody
03 BP 1588 Abidjan
espace_harmattan.ci@hotmail.fr

L'Harmattan Algérie
22, rue Moulay-Mohamed
31000 Oran
info2@harmattan-algerie.com

L'Harmattan Maroc
5, rue Ferrane-Kouicha, Talaâ-Elkbira
Chrableyine, Fès-Médine
30000 Fès
harmattan.maroc@gmail.com

Nos librairies en France

Librairie internationale
16, rue des Écoles – 75005 Paris
librairie.internationale@harmattan.fr
01 40 46 79 11
www.librairieharmattan.com

Lib. sciences humaines & histoire
21, rue des Écoles – 75005 Paris
librairie.sh@harmattan.fr
01 46 34 13 71
www.librairieharmattansh.com

Librairie l'Espace Harmattan
21 bis, rue des Écoles – 75005 Paris
librairie.espace@harmattan.fr
01 43 29 49 42

Lib. Méditerranée & Moyen-Orient
7, rue des Carmes – 75005 Paris
librairie.mediterranee@harmattan.fr
01 43 29 71 15

Librairie Le Lucernaire
53, rue Notre-Dame-des-Champs – 75006 Paris
librairie@lucernaire.fr
01 42 22 67 13

www.ingramcontent.com/pod-product-compliance
Lightning Source LLC
LaVergne TN
LVHW021150061026
849535LV00002B/415
* 9 7 8 2 3 4 3 2 1 3 0 7 1 *